es 1550
edition suhrkamp
Neue Folge Band 550

W0221351

Während die meisten zeitdiagnostischen Aussagen von heute sich in symptomatischer Weise der Präposition *post* bedienen – Postmoderne, Postmaterialismus, Posthistoire, Postindustrialismus, nach 1968, nach Freud, nach der Metaphysik, nach Tschernobyl –, soll der vorliegende Band die vorherrschende Blickrichtung umkehren. Was zeigt sich dem Realität sondierenden Blick, wenn man die Gegenwart nicht mehr nur als Nach-Vergangenheit versteht? Welche Horizonte gehen auf, wenn wir im Jetzt nicht nur den Hohlraum sehen, der vom Verschwinden der eben noch dominierenden Aktualität zurückgelassen wird, sondern auch schon den Vorschein der Zukunft? Ist die Unterstellung berechtigt, daß heute jeder Zeitgenosse unweigerlich auch sein eigener Futurologe ist? Was heißt es, in einer Zeit wie dieser sich eine Zukunft vorzustellen? Peter Sloterdijk bat 32 Autorinnen und Autoren (Literaten, Philosophen, Historiker, Politiker) darum, ihre »Stichworte zur aktuellen Lage der Zukunft« zu Papier zu bringen. Die These, wonach »die Zukunft schon begonnen hat«, soll nicht den Multis und Programmdirektoren des Computerzeitalters überlassen werden.

Vor der Jahrtausendwende: Berichte zur Lage der Zukunft

Herausgegeben
von Peter Sloterdijk

ERSTER BAND

Suhrkamp

edition suhrkamp 1550
Neue Folge Band 550
Erste Auflage 1990
© Suhrkamp Verlag Frankfurt am Main 1990
Erstausgabe
Alle Rechte vorbehalten, insbesondere das der Übersetzung,
des öffentlichen Vortrags
sowie der Übertragung durch Rundfunk und Fernsehen,
auch einzelner Teile.
Satz: Hümmer, Waldbüttelbrunn
Druck: Nomos Verlagsgesellschaft, Baden-Baden
Umschlagentwurf: Willy Fleckhaus
Printed in Germany

2 3 4 5 6 – 95 94 93 92 91 90

Inhalt

ERSTER BAND

III. Die Welt als Plädoyer und Projekt

Vorwort

Die Einladung

Im Frühjahr 1988 wandten sich der Verlag und der Herausgeber mit folgendem Brief an eine Reihe von Autoren:

Im Herbst 1988 begeht die edition suhrkamp – 1963 gegründet – ihr 25jähriges Jubiläum. Gleichzeitig wird der Band 1500 dieser Taschenbuchreihe erscheinen, die während der gesamten Dauer ihres Erscheinens als ein zuverlässiger Indikator für die geistige Entwicklung der Bundesrepublik wirkte. Innerhalb des Jubiläumsprogramms soll an hervorgehobener Stelle ein Sammelband herausgegeben werden. In ihm sollen Autoren als Prognostiker in eigener Sache Szenarien, Visionen und Drehbücher über das formulieren, was sie auf sich selbst und ihre Umgebung, auf ihre Person und ihre Gesellschaft zukommen sehen, Konzepte der Neubildung unserer Denk- und Lebensweisen entwerfen.

Während die meisten zeitdiagnostischen Aussagen von heute sich in symptomatischer Weise der Präposition post bedienen – Postmoderne, Postmaterialismus, Posthistoire, Postindustrialismus, nach 1968, nach Freud, nach der Metaphysik, nach Tschernobyl –, um mit gewissermaßen epilogischen Mitteln ihren Standort in den raschen Zeitströmungen zu markieren, soll der geplante Band auf einer Umkehrung der vorherrschenden Blickrichtung basieren. Was zeigt sich dem Realität sondierenden Blick, wenn man die Gegenwart nicht nur als Nach-Vergangenheit versteht? Welche Horizonte gehen auf, wenn wir im Jetzt nicht nur den Hohlraum sehen, der vom Verschwinden der eben noch dominierenden Aktualität zurückgelassen wird, sondern auch schon den Vorschein der Zukunft? Haben wir recht zu behaupten, daß die »postistische« Geste für uns nicht die einzige Orientierungshilfe in den beschleunigten Zeitläufen darstellt? Ist die Unterstellung berechtigt, daß heute jeder Zeitgenosse unweigerlich auch sein eigener Futurologe ist? Liegen wir richtig mit der Vermutung, daß inzwischen jedes Individuum als Autor seines eigenen Zukunftsdrehbuchs tätig ist, von Tag zu Tag, von Jahrzehnt zu Jahrzehnt? Was heißt es in solchen Zeiten, einen nächsten Schritt zu konzipieren? Mit welchen Szenarien tasten sich die Zeitgenossen an jene berüchtigte Wende ins 21. Jahrhundert heran, von dem uns bloß noch ein Dutzend Jahre trennen? Mit welchen Strategien leben die einzelnen von ihrem Lebenshorizont aus ihrer persönlichen Jahrhundert- und Jahrtausendwende entgegen? Wie legen sie heute ihre Lebensläufe an? Was heißt es für sie, in einer Zeit wie dieser sich eine Zukunft vorzustellen?

Herausgeber und Verlag laden die Autoren dazu ein, im Rahmen des es-Jubiläums als Propheten, Futurologen, Zukunftsdesigner, Kartenleser, Geschichtsphilosophen, Zeitdiagnostiker, Apokalyptiker, Konjekturalbiographen, Erfinder, Zukunftsträumer, Visionäre und Zeitreisende in eigener und allgemeiner Sache tätig zu werden. Mit guten Gründen – nämlich aus aktuellem Anlaß und mit langfristiger Neugier – bitten wir die Eingeladenen darum, ihre *»Stichworte zur aktuellen Lage der Zukunft«* zu Papier zu bringen. Die These »Die Zukunft hat schon begonnen« wollen wir nicht den Multis und den Programmdirektoren des Computerzeitalters überlassen. Es ist eine zugleich reizvolle und ernsthafte Herausforderung an die Lebenskunst der heutigen Generationen, vielfältige Beweise dafür zu liefern, daß wir nicht nur in einem Posthistoire leben, sondern auch in einer »Vorzukunft«. Das Nach ist nicht alles – noch immer sind wir Wesen, die etwas vor sich haben. Sagen Sie, verehrte Autoren, in Ihrer Sprache, was es heute heißt, etwas vor sich zu haben.

Die Antworten, die im vorliegenden Buch versammelt sind, haben die Suggestionen und Hypothesen der Einladung zugleich widerlegt und bestätigt. Widerlegt haben sie die Vermutung, die Angesprochenen könnten sich dazu verführen lassen, als Futurologen in eigener Sache aufzutreten. Was die hier vereinigten Essays gemeinsam haben, ist ihr eher antispekulativer oder besser antiphantastischer Zug. Kaum einer der Autoren und keine der Autorinnen sind der Suggestion erlegen, auf einem literarischen Futurologenball mitzutanzen. Was aufgrund der Einladung zustandekam, ist darum kein kalifornischer Basar der Zukünfte, auch kein Kongreß der Wahrsager und der Propheten, kein New-Age-Symposium und keine apokalyptische Messe. Die Verfasser und Verfasserinnen erschienen zur Party nicht maskiert, auch nicht in Gala, sondern in ihrer alltäglichen, freilich höchst individuellen Kleidung. Ihre Zusammenkunft bestätigt die Einladung unter einem anderen Blickwinkel: es stellt sich heraus, daß Zukunft, wenn sie schon nicht in einen Jahrmarkt verwandelt werden kann, so doch in jedem Fall eine Sache der Vielfalt bleibt. »Die« Zukunft ist vielsprachig, schon jetzt. Wie bei so vielen anderen großen Begriffen werden wir auch bei diesem den Gebrauch des Singulars zurückdrängen und statt dessen einen klugen Plural einüben müssen. Die Pluralisierung des Zukünftigen geht mit seiner Individualisierung und Regionalisierung Hand in Hand. Daher läßt sich feststellen, daß alle Zukünfte, von denen hier die Rede ist, sozusagen Autorenzukünfte sind; sie zeigen die Handschrift derer, die sie verfaßt haben; sie dokumentieren die Standorte und die Augenblicke, von denen aus sie formuliert wurden.

Es ging dem Herausgeber nicht darum, ein weiteres Sachbuch über Zukunftsperspektiven der Gesellschaft zu produzieren; unter keinen Umständen sollte ein Reader vom Typus »Wege ins dritte Jahrtausend« zustandekommen, in dem eine Expertenrunde sich über die Zukunft von Künstlicher Intelligenz, Medizin, Freizeit, Erziehung, Wissenschaft, Sexualität, Gewerkschaften, Politik und Raumfahrt ausließe. Darum wurden die Eingeladenen weniger in ihren Experten- als ihren Autoreneigenschaften angesprochen; folglich ist der Essay, nicht die Abhandlung, die dominierende Form. Im Versuch wird Zukunft zur Versuchung. Was zur Sprache kommt, sind gegenwärtige Zukünfte, wie sie sich im Horizont geistesgegenwärtiger Intelligenz präsentieren. Indem die Autoren und Autorinnen auf ihre jeweiligen Gegenwarten – auch dieser Plural fällt noch schwer – deuten, betreiben sie Zeitdiagnostik im Gewand der Zukunftstheorie.

Peter Sloterdijk

I. Unter dem Makroskop

Eberhard Sens
Der Heilige Georg
und die planetarische Perspektive

Dank an Janet und Colin Bord, Rachel Carson, Steve Elsworth, Peter Russell, E.T. Stringer, Immanuel Velikovsky, Wyn Craig Wade, Alfred North Whitehead, Hans Joachim Wilke.

1. Der Held der alten Welt

Er war vielleicht ein Offizier im 4. Jahrhundert, der zum Märtyrer wurde. Sein Kult kam im Mittelalter durch die Kreuzfahrer nach Europa. Die vorherrschende Darstellung ist die als Ritter. Nach einer Legende aus dem 12. Jahrhundert hat er einen Drachen getötet, der eine Königstochter zu verschlingen drohte. Georg ist der Schutzheilige der Krieger.

2. Neue Zeichen

Der Sache mit der »Titanic« sind wir bis auf den Grund nachgetaucht. Im Grunde ist die Geschichte erzählt. Der Eisberg war der Täter. Aber es gibt gute Details.

Harold Bride hatte die British School of Telegraphy besucht und war seit Juli vergangenen Jahres als Funker angestellt. Nach seiner Aussage hatte die »Titanic« ein ganz neuartiges Funkgerät gehabt, das stärkste, das es derzeit gab – eine Tatsache, die niemanden im Ausschuß überraschte. Er und Phillips, der Erste Funker, seien hauptsächlich mit der Durchgabe privater Funksprüche der Passagiere beschäftigt gewesen.

Am Nachmittag vor der Kollision war das Funkgerät

ausgefallen, aber Phillips hatte es reparieren können. Dadurch war er jedoch mit den Privattelegrammen in Verzug geraten und hatte deshalb während des ganzen Abends hektisch gearbeitet. Etwa fünf Minuten vor Mitternacht war Bride aufgewacht, um Phillips abzulösen. Er hatte keine Ahnung, daß das Schiff inzwischen mit einem Eisberg kollidiert war.

»Hat Ihnen Mr. Phillips zu diesem Zeitpunkt gesagt, daß das Schiff beschädigt ist?«

»Er sagte, daß es wohl irgendeinen Schaden gegeben habe und er annehme, daß wir zu Harland & Wolff zurückkehren müßten«, entgegnete Bride.

»Zur Werft in Belfast?«

»Ja, Sir.«

»Was haben Sie dann getan?«

»Ich habe ihn abgelöst.«

»Wo ist er hingegangen?«

»Er wollte zur Koje gehen.«

»Hat er das getan?«

»Er ist in den Nebenraum gegangen, aber dann kam der Kapitän ... Er hat genau folgendes gesagt; also, er sagte: ›Ihr ruft am besten Hilfe herbei.‹ Als Mr. Phillips seine Stimme hörte, kam er heraus und fragte, ob wir einen Notruf senden sollten. Der Kapitän entgegnete: ›Ja – sofort!‹«

Fünfunddreißig Minuten nach der Kollision funkte Phillips den ersten Notruf über den Atlantik: – · – · – – · – – · · · Der Kapitän kehrte in den Funkraum zurück und fragte, was er sende. »CQD«, entgegnete Phillips, »CQD – come quick, danger«. Bride kam plötzlich »das Groteske der Lage« zum Bewußtsein. »Funke doch SOS«, sagte er zu Phillips, »das ist das neue Zeichen, und vielleicht ist es deine letzte Chance, es zu funken.« Phillips lachte über den Scherz, und die beiden Funker

»wechselten noch viele Späße«, während Phillips den neuen Notruf funkte: · · · ——— · · ·.

Der Mensch lernt dazu.

Das wird leicht übersehen. Der Satz, man sieht nur, was man weiß, paßt gut auf eine Kulturkritik, die auch nur sieht, was sie schon weiß. Sie hat alles längst schopenhauerisch finalisiert und redet in Talkshows gutgelaunt vom Ende des Untiers; oder sie weicht erfahrungshungrig auf Metaebenen aus und lächelt überlegen, der Bildungskanon gibt Belesenen viel Stoff für Reflexionsetüden, schon in der Psychoanalyse, wenn sie eine eigene ist, ist das nicht förderlich; sie sieht, in unserer postmodernen Moderne, vor lauter Zeichentheorie die Zeichen nicht; oder aber sie hat den Schauerroman des 18. Jahrhunderts gelesen, läßt sich von keiner Meldung aus dem Wald mehr erschrecken und proklamiert pathetisch eine unaufgeregte Nüchternheit.

Harold Bride, der Funker, hatte die neuen Zeichen gut gelernt. Noch können wir nicht sicher sein, wer sie empfängt.

Das Sichere ist nicht sicher. So wie es war, blieb es nicht. Ein schönes Beispiel für Lernen ist London, 1952: Dezember, ein sehr kalter Monat. Man heizt, soviel es geht. In den Schulen, Krankenhäusern, Fabriken, den Büros und Wohnhäusern werden große Mengen Kohle und Öl verbrannt. Am Morgen des 5. Dezember eine Inversionswetterlage, eine Schicht sehr kalter Luft schiebt sich über die Stadt und verhindert den Abzug des Rauchs. Smoke and fog. Smog. »Der Nebel war so dicht, daß du dein Auto nicht alleine parken konntest. Dein Beifahrer mußte aussteigen und dich mit der Taschenlampe an den Bordstein dirigieren.« Die Leute verletzen sich, weil sie gegen die Laternenmasten laufen, deshalb lassen die Behörden in Whitehall an den Masten in Augenhöhe Signale anbringen. Der Verkehr der Hauptstadt steht still. Acht Seeleute finden ihr Schiff nicht wieder und bitten einen Hafenpolizisten um Hilfe. Der geht voran; fünf Minuten später fällt er in die Themse, zwei Seeleute hinter ihm auch. Von da an trägt die Hafenpolizei Schwimmwesten und lange Stangen, um Leute aus dem Wasser ziehen zu können.

Es war die schlimmste Katastrophe, die die Stadt London in diesem Jahrhundert in Friedenszeiten erlebt hat. An den vier Tagen Smog im Londoner Dezember 1952 starben 4000 Menschen. Die Überlebenden beschlossen, daß sich so etwas nicht wiederholen sollte. Das ist schon bemerkenswert. Man sollte sich über die Selbstverständlichkeiten wundern, das ist der Beginn der Philosophie. Man beschloß eine Reihe von Gesetzen. The Clean Air Act 1956.

London 1952 war der Beginn der Hochschornsteinpolitik. Man darf die Behauptung wagen, daß niemand, wirklich niemand daran gedacht hat, was das für Folgen hat haben müssen. Niemand würgt mich, ihr Freund', arglistig! und Keiner gewaltsam! 15 Jahre oder 20 später waren Tausende skandinavischer Seen tot. Klug sein, heißt nicht, keine Fehler zu machen. Das ist unmöglich. Dumm aber ist, wer immer dieselben Fehler macht. Die Menschheit macht immer größere Fehler. Aber bis vor kurzem waren es noch neue Fehler.

Zur Erkenntnis, daß äußere Faktoren, Umweltfaktoren im Innern zu krankhaften Veränderungen führen können, kam ein Londoner Arzt. Rachel Carson berichtet darüber. Sir Percival Pott behauptete 1775, der Krebs des Scrotums, der bei Schornsteinfegern so häufig war, werde durch den Ruß verursacht, der sich auf ihren Körpern ansammle. Aber Pott konnte den »Beweis«, was wir darunter verstehen, nicht erbringen. Heute ist seine Wahrnehmung bestätigt, wissenschaftlich.

Wovon Carsons Buch *Silent Spring* handelt, der Stumme Frühling, wie die Insektizide von außen nach innen wandern und was sie bewirken – dafür entwickelte James Lovelock das hyperempfindliche Gerät, den »Electron Capture Detector«, 1959 in Yale. Die Spuren von DDT, massenweise in Gebrauch, waren nun in Millionstelgramm nachweisbar, und jetzt wußte man genau, warum der Bussard – weil er, wie Bussarde das tun, Mäuse gefressen hat und die Mäuse, wie Mäuse das tun, Körner gefressen hatten – warum der Bussard ohne ersichtlichen Grund plötzlich tot vom Himmel fiel. Solches Wissen ist heute Verfügungswissen beim Kantinenmittagstisch, ob man lieber das Menü-1-Gyros wegläßt oder die Menü-2-Flunder. Ganze Zeitschriften leben von dieser Frage. Die Glieder der Nahrungskette – irgendwie ja auch eine Vorstellung von der great chain of being.

Rachel Carsons Buch, der klassische Text, kam 1962 heraus; und erst 1979 erschien die große gedankliche Zusammenfassung, die versteht, was die vielen fremden Stoffe bewirken, wenn sie sich im Körper der Erde ansammeln: *Gaia: A new look at life on Earth,* und der Entdecker ist wieder James Lovelock.

The Earth: mit den Fehlern sind auch die Lernkreise größer geworden. Wir sind beim größten Lernkreis angekommen. Nicht Leute, deren Angsthaushalt aus der Balance geraten ist, fürchten das, sondern es wird gemessen von den Helden der unaufgeregten Nüchternheit; den Vertretern der entmoralisierten wissenschaftlichen Facharbeit, die mit kaltem Blick die kleinsten klimatischen

Veränderungen registrieren. Ohne Wunschdenken, im Gegenteil.

Als die Meteorologen der britischen Antarktisstation 1977 plötzlich eine starke Abnahme des Ozongehalts gemessen hatten, glaubten sie, ihre Meßinstrumente seien defekt. Auch die Nasa-Ingenieure trauten ihren Wettersatelliten nicht. Erst 1984, als die Meßinstrumente den Briten wiederum eine Abnahme des Ozongehalts über dem Südpol vermeldeten, stärker als zuvor, schrieben die einen Aufsatz. In *Nature*. Das Lernen an der Natur hat mit deren Dimensionen Schwierigkeiten.

Die Ökologie war jahrzehntelang die Botin der schwarzen Nachrichten. Sie hat ein Lehrstück nach dem anderen geliefert. Andere, frühere Gesellschaften wußten es besser. Aber die HöherWeiterSchnellerGesellschaft wußte es nicht besser. London 1952 war der Imperfekt: niemand wußte es. Dann kamen die Aufstiegsjahre des Konjunktiv irrealis: man hätte es wissen können. Heute leben wir in der Zukunft. Die Gewißheiten haben sich zum Futurum I vorgearbeitet – es wird sein –, und sie überlegen, ob sie zum Futurum II fortschreiten sollen.

Dem Marineoffizier und Polarforscher Richard Byrd gelang als Erstem der Flug zum Südpol. 1929, bei seiner ersten von vier großen Expeditionen, auf denen er die Antarktis erkundete: fast die gesamte Küste; und riesige Inlandgebiete, vom Roßmeer bis zum Weddellmeer – das Byrd-Land. Ein neuer Blick auf einen noch unbekannten Teil der Erde. Seine ersten Basislager errichtete er am Roß-Schelfeis, an der Bay of Whales. Jede Karte der Antarktis verzeichnet sie.

Die Walfisch-Bay gibt es nicht mehr. Im Oktober 1987 löst sich vom Schelfeis ein Eisberg. Der Eisberg ist etwa

140 km lang und 35 km breit. Seine Fläche ist doppelt so groß wie die des Saarlandes. Dieser Eisberg war einmal die Bay of Whales des Richard Byrd. Jetzt driftet das Eis ins Meer, langsam.

Der Schnee, der auf die Antarktis fällt, verwandelt sich in Eis. Aber jedes Jahr bricht mehr als doppelt soviel Eis ab. –

Whodunit? Das Ozonloch? Die Schmutzpartikel im Niederschlag, die sich im Sonnenlicht erwärmen? Schon der Treibhauseffekt? Ein Zufall? – Der Eisberg ist nicht der Täter.

3. Standpunkt

Die Situation hat ein Bild, und es ist bereits hinreichend verbreitet, die Morgenzeitung liefert es täglich. Zum Beispiel die *International Herald Tribune*; ein Blatt, das von sich sagt, man könne es in 164 Ländern der Erde lesen und es hätte unter seinen Lesern den höchsten Anteil von Millionären; aber es ist trotzdem eine gute Zeitung. Herausgegeben wird sie in Paris, aber gedruckt zur gleichen Zeit an ziemlich vielen Orten – in London, Zürich, Miami und Singapur, in Den Haag, Marseille und Tokyo, in Rom, Hongkong und eben in Paris. Eines Tages, kürzlich, meldete die *International Herald Tribune* einen Regierungssturz, einen Streik, Kurseinbrüche, einen Flugzeugabsturz und daß auf einer Auktion das Blumenbild eines Impressionisten den Rekordpreis erzielte. Neuheiten. Das Wichtige stand nicht im Nachrichtenteil; es stand in den Anzeigen. Eine spanische Fluggesellschaft warb mit ihrer Erfahrung und der angenehmen Atmosphäre an Bord, ein amerikanisches Kreditkarten-Unternehmen stellte heraus, daß *seine* Karten an fünf Millionen

Plätzen der Erde akzeptiert würden, das Goethe-Institut pries deutschen Sprachunterricht in allen seinen Vertretungen an, und eine japanische Bank verwies auf die günstigen Konditionen ihrer langfristigen Kredite zur Industrieansiedlung.

Die Anzeigen hatten eines gemeinsam: immer war, als Photographie oder als Zeichnung zwischen dem werbenden Text, die Erde zu sehen, das Bild der Erde in ihrer Kugelgestalt, gesehen von draußen, aus dem All. Ein Zufall, diese Verwendung desselben Symbols, und keiner. Denn das Bild des Globus drückt aus, was sich mittlerweile hergestellt hat; längst gibt es einen Weltmarkt, die Handelswege sind immer länger geworden, durchkreuzen sich vielfach und umschließen die Erde wie ein Netz. Waren- und Geldströme erreichen die entferntesten Winkel, so wie es ein leichtes geworden ist, in die entlegensten Gegenden der Erde zu reisen; die Kommunikationsverbindungen sind dicht geflochten, und beinahe alle sind angeschlossen an die Radiowellen, Satellitenbilder und Telephone; kurzgeschlossen – wenn man wollte, könnte man jemanden in Tokio aus dem Schlaf klingeln.

Das alles teilen die Anzeigen auch mit: die Erde ist ein einziger Zusammenhang aus Ware- und Geldbeziehungen geworden; und so gibt es auch eine Zeitung, die überall erscheint und die – wie sie es sieht – das Geschehen auf der Erde zusammenfaßt und meldet, was ihr wichtig erscheint. Es gibt eine globale Situation, und die Erdkugel ist ihr Symbol. Aber es ist mehr.

Das Bild der Erde hat sich in den letzten Jahren dramatisch verändert. Die Erde kann anders verstanden werden, und langsam diffundiert das in die Köpfe der Zeitgenossen, in feinen Kanälen sickern die Tropfen eines anderen Verständnisses, vielleicht sammeln sie sich noch zur Einsicht. – Das Bild der Erde, gesehen aus der Distanz des Raumes, gibt es seit zwei Jahrzehnten; 1969 war das Jahr der Mondlandung, als sich die neue Perspektive bot, der gekrümmte Horizont des Mondes und die Erde, zur Hälfte Tag und zur Hälfte Nacht.

Die Geologen haben viele Jahre damit zugebracht, Gefundenes zusammenzutragen und zu vergleichen. Sie sammelten madagassischen Sandstein und indischen. Sie stellten fest, daß beide Sandsteine – obwohl durch den Indischen Ozean getrennt – einander sehr ähnlich waren. Aber sie konnten nicht sagen, warum. Es gab den Globus, aber keine globale Theorie. Heute wird die Erde vermessen und durchleuchtet, Satelliten und Computer sind die kombinierten Werkzeuge dazu. Die Forschungssatelliten der Landsat-Serie tasten seit Anfang der siebziger Jahre die Erdoberfläche ab, ihre Sensoren registrieren das sichtbare Licht und die infrarote Strahlung. Satelliten messen Temperaturen und Luftströmungen, Klimazonen und die Bewegung der Kontinente, die Computeranalyse entschlüsselt die Daten, und es entsteht ein Bild, das auch immer tiefer und genauer in die Erdgeschichte reicht. Es zeigt sich, wie sehr – seit den Anfängen der Erde vor 4,7 Milliarden Jahren – die Dinge in Fluß sind. Es wird immer klarer offenbar, wie viele Perioden die Erdgeschichte hatte, katastrophische und solche der ruhigen Entwicklung, wie Ozeane entstanden sind, daß Kontinente sich verschoben haben und den indischen Sandstein vom madagassischen getrennt, welche bitteren Entwicklungsstufen das Leben genommen hat von den ersten Einzellern bis zum Leser. Die verschiedensten Wissenschaften tragen Puzzlestücke zu diesem Bild bei, Geologen und Biologen und Paläontologen und Meereskundler und Kosmologen, und im Ergebnis des vielfältigen, aber einen Bilds der Erde verschwinden die

Grenzen der einzelwissenschaftlichen Bezirkshoheiten. Und je mehr man herausbekommt, um so dynamischer, bewegungsreicher wird dieses Bild. Der Roman der Erde, ein Epos, ein Schöpfungsdrama.

Die Erde ist das Steinfundament, die Lithosphäre; sie ist das Wasser, die Hydrosphäre und ihre Zirkulation; sie ist die Atmosphäre; und sie ist die Sphäre des organischen Lebens, die Biosphäre. Alles hat sich als wechselseitige Bedingung zur Voraussetzung. Stein, Wasser, Luft und Leben passen zueinander, verbinden sich und sind unverbunden nicht zu verstehen. All diese Sphären greift der Mensch an.

Gegenwartsfähigkeit wäre die Eigenschaft, die Zeichen der Zeit zu lesen und die Lage zu erkennen. Nur welche Zeichen und wie? Immerhin gibt es Beispiele. Vor hundert Jahren wurde in Paris ein Zeichen der Zeit gesetzt. Die große Industrie hatte triumphiert und 1889, auf der Weltausstellung, machte sie das sichtbar und ließ einen Riesen aus Eisen entstehen. Er erhob sich hoch wie nie, trat breitbeinig auf und stampfte, um seinen Anspruch auf die Weltherrschaft zu bekräftigen, seine Füße in alle vier Himmelsrichtungen. Der Eiffelturm war ein Wahrzeichen des Industriekapitalismus und ist ein Symbol der Moderne. Aber der Eiffelturm war nicht nur ein Siegessymbol, sondern er eröffnete auch der Wahrnehmung neue Dimensionen. Er eroberte die Vertikale. Am Turm konnte man in die Höhe fahren und heruntersehen, 300 Meter tief, und man überblickte einen zuvor nie gesehenen Raum: die Stadt, die neue Zusammenballung, die große Metropole. Zur Bewegung auf der Erde, zur Epoche der Geschwindigkeit von Eisenbahn und Automobil, paßt dieser Überblick.

Unser Eiffelturm ist der Blick aus dem Raum auf die

Erde. Dieser Blick organisiert eine neue Wahrnehmung. Er ist eine andere Weltanschauung. Mit dem Wettersatelliten übersehen wir nonchalant einen ganzen Kontinent; wäre die Auflösung stark genug, könnten wir bei wolkenlosem Wetter und klarer Sicht uns sehen, wie wir die Buchseite wenden, Selbstbildnis in planetarischer Perspektive.

»Liegt von der Erde erst mal ein aus dem Weltraum aufgenommenes Photo vor, wird das einen der größten Umdenkprozesse der Geschichte auslösen«, meinte Fred Hoyle 1948. Inzwischen ist das Photo da. Wie das mit dem Umdenkprozeß ist, wird sich noch zeigen. Die planetarische Perspektive braucht Zeit, um verstanden zu werden. Columbus entdeckte nicht einfach Amerika, sondern nur ein sehr kleines Stück Land, andere entdeckten mehr Land, Inseln, Küstenstreifen. Es dauerte Jahrzehnte, bis ein ungefähres Bild existierte von dem, was nun Amerika sein sollte. Einige zweifeln heute noch, ob es Amerika gibt. Die kopernikanische Wende, die Einsicht, daß die Erde keine Scheibe ist, obwohl alle fünf Sinne dafür sprechen, daß wir auf festem Grund stehen und alles sich um uns dreht, die kopernikanische Revolution hat sehr lange gedauert.

Der Blick von außen auf die Erde ist von welthistorischer Dimension. In aller bisherigen Geschichte blieb die Erde den Menschen unsichtbar. Wie der einzelne sich nicht selbst ins Auge sehen kann, so konnten die Menschen den eigenen planetarischen Lebensraum nicht sehen. Das ist jetzt anders. Mittlerweile gibt es unzählige Abbildungen dieser Kugel, deren Oberfläche, ihr Lebensraum, ist eine hauchdünne Schicht: Wasser, Land, mit Zentimetern fruchtbaren Bodens, Pflanzen, Tiere und eine Lufthülle wie Firnis.

Den Langzeitrekord für Raumflüge hält eine sowjetische Expedition. Einer der beiden Kosmonauten wurde wegen Herzrhythmusstörungen vorzeitig zurückgeholt; der andere schaffte schließlich 326 Tage Schwerelosigkeit, nach der Landung mußte er aus dem Raumfahrzeug getragen werden. Im Weltraum verändern sich die Körperfunktionen, die Muskeln erschlaffen, das Herz wird kleiner, ein Teil der Hirnmasse wird zerstört, die Knochen verlieren Kalk und werden brüchig. Die kosmische Strahlung kommt aus allen Richtungen, trifft ohne den Schutz, den das Erdmagnetfeld und die irdische Lufthülle bieten. Es gibt kein Entrinnen von uns.

In seinem Buch *Die Sorge geht über den Fluß* hat Hans Blumenberg notiert: »Der Blick aus dem Raum läßt die Erde, wenn es so zu sagen erlaubt ist, in einem Meer von Negativität erscheinen: eine Insel im Nichts. Das macht sie sichtbar in einem eminenten Sinn: schmerzhaft deutlich.« Der Satz spricht die eigene Schlußfolgerung nicht mit; sie lautet: »In einem Meer von Negativität ist die Insel im Nichts die reine Positivität.« Die Erde macht Sinn, allen Sinn, der bisher erfunden wurde und noch erfunden wird. Und allen Unsinn. Die Erde ist ein guter Standpunkt. Das ist eine Nachricht, und die Symbole der Nachricht kann man überall sehen. Auch in der *International Herald Tribune,* allerdings nicht auf der ersten Seite. Aber das Wichtige steht nie auf der ersten Seite.

4. ManKind

Was die Erde ist, beginnt, verstanden zu werden, und neue Sätze der Identität werden möglich. Wir sind das planetarische Verhältnis: wir sind der Rhythmus von Schlafen und Wachen, der Bewegung der Erde um sich selbst und um die Sonne; wir sind die Größe der Erde, wäre sie nur etwas schwerer und die Gravitation stärker, hätten alle Körper eine andere Gestalt; wir sind die Verwandlung des Energiestroms der Sonne, und befände sie sich an einer anderen Stelle in der Galaxie, dann hätte der Wechsel von phlegmatischen Phasen und kataklystischen Erschütterungen vielleicht gar keine Evolution zugelassen oder eine ganz andere. Wir sind all dies, und das Verstehen dieser Identitäten ist keine tautologische Leere. »Everything in the world is made just that we can manage to live in the world«, schreibt Bertrand Russell, »and if the world were ever so little different, we could not manage to live in it.«

Das Teil-Sein als Erkenntnisaufgabe für das selbstmächtige Subjekt der Geschichtsphilosophie – ein Besatzungsmitglied eines Ufos hätte es da leichter: was Geowissenschaftler und Klimatologen versuchen, eine vergleichende Planetenkunde, hätte das Ufo-Wesen bereits erfahren; den inneren Bereich des Sonnensystems, die Nachbarplaneten, die die schlechten Alternativen darstellen. Die Venus – zur Hitze, der Mars – zur Kälte hin abgestürzt, dazwischen, in der Balance, die Erde. Der Blick auf die Erde offenbarte dem Ufo-Wesen ihre Zirkulationen; daß alle Lebewesen an diesen Kreisläufen teilhaben, in diesen Flüssen leben. Vielleicht würde es denken, die Menschen leben *in* der Erde. Sie leben in dem, was Erde ist. Es würde von diesen Menschen eine Geo-Politik erwarten. Im Gespräch würde es solcherart Vorschläge machen zur Semantik der Erde.

Das menschliche Maß, was es ist – die aristotelische Mitte und vita brevis und höchstens achtzig Jahre, es ist sehr unklar. Das menschheitliche Maß wird heute klar, es ist die Erde. Aber die Menschheit hat mit einer neuen Geo-

Politik Schwierigkeiten, weil sie Schwierigkeiten mit sich hat. In den nightmare nineties werden die Lehrstücke die Menschen vor allem über sich selbst aufklären. Kant hatte schon einen Begriff von Menschheit, aber noch keine Ahnung von ihrer Gestalt. Auch das hat sich geändert, die Peripherie kommt in Sicht und das Ganze wird überschaubar.

Noch ist die Menschheit mit Selbstwahrnehmung beschäftigt, zumeist durch Vernichtung dieser Peripherie, auf direkteste indirekte Weise. Die Mörder von Auschwitz hatten noch Namen, sogar die Bürokraten. Sich den Namen des Bomberpiloten von Hiroshima zu merken, gab es kaum Gründe, die Spur wird unscharf hinter Los Alamos. Die Vernichtungsmaschinen der gegenwärtigen Zukunft sind Überschwemmungen, Verwüstungen und Erosionen. Ihr gesellschaftlicher Charakter ist in Natur aufgegangen; deshalb auch sind die Gesellschaftskatastrophen in der Mitte dieses Jahrhunderts nicht mehr der Schlüssel zum Verständnis der Zukunft.

Mit der Vernichtung ihrer Peripherie kommt die Gestalt von Menschheit in Sicht, was sie einmal gewesen sein wird. Die Ränder der Menschheit leben noch unerkannt in den Wäldern. In Amazonien, wo der Urwald jährlich um ein Gebiet schrumpft, fast so groß wie die Bundesrepublik, werden diese Menschheitsangehörigen zu Hunderttausenden ermordet. In allen Urwäldern leben Menschen, und mit dem Verschwinden der Wälder sehen wir die Peripherie verlöschen. Manchmal tritt die Menschheit sich selbst gegenüber, und es werden bezeichnende Begegnungen.

Am 21. Juli 1977 sah Yang Wanchun im Shennongjia-Wald in der Provinz Hubei einen »behaarten Menschen«. Obwohl das Geschöpf die Anwesenheit von Yang Wanchun bemerkte, kam es immer näher, bis die beiden zwei Meter voneinander entfernt waren. Nur noch ein Entwässerungsgraben trennte sie.

»Das Geschöpf war ungefähr 7 chi – 2,30 Meter – groß, die Schultern waren 3 chi – 1 Meter – breit. Die vorderen Extremitäten waren einen Meter lang und reichten bis unter die Kniescheibe. Der Kopf war größer als der eines Menschen. Die Haare fielen unordentlich bis auf die Schultern. Die Haare der Brauen waren kürzer und verdeckten einen Teil der Stirn. Die Knochen über den Augen waren weit vorgewölbt, und die Augen lagen sehr tief.

Während wir einander gegenüberstanden, gab der behaarte Mensch 11 oder 12 verschiedene Laute von sich. Sie schienen abwechselnd das Tschilpen eines Spatzen, das Bellen eines Hundes, das Wiehern eines Ponys, das Knurren eines Leoparden und das Weinen eines Kindes nachzuahmen. Über eine Stunde lang gab er unaufhörlich diese Laute von sich. Schließlich trat ich ein paar Schritte zurück, hob einen Stein auf und warf ihn dem behaarten Menschen an die Brust. Er schrie auf und rannte in südöstlicher Richtung davon...«

Der »Wilde Mann« – berichtet Liu Minzhuang von der Huadong-Universität in Schanghai – soll lachen können.

Die Dimensionen der Situation ermessen, in der sich Naturgeschichte und Menschengeschichte nach fast gänzlich vergessenen katastrophischen Anfängen neu begegnen und vermischen, die Zeichen lesen, die Lehrstücke sammeln zur Selbstwahrnehmung, und sie verdichten, wenn die Schatten größer werden, und, vielleicht in einem Augenblick, erkennen, das wäre die Rettung.

5. Ein Schlüssellochbeschlag

Carl Gustav Jung antwortete am 23. Januar 1948 in einem kurzen Brief dem Pfarrer Jakob Amstutz aus Frauenkappelen bei Bern, »mit vorzüglicher Hochachtung und bestem Dank«. Jakob Amstutz hatte Jung eine Zeichnung geschickt: die Umrißzeichnung eines Beschlages aus dem Jahr 1690, für ein Schlüsselloch auf einem alten Bauernspeicher im Berner Land.

»Sehr geehrter Herr Pfarrer,

Ich danke Ihnen bestens für die ungemein interessante Darstellung. Es ist eine Art Ritter St. Georg, bei dem aber der untere Teil ein Drache ist. Eine durchaus ungewöhnliche Darstellung! Es ist, wie wenn darin das Bewußtsein ausgedrückt wäre, daß der Drache die untere Hälfte des Menschen ist, was in Tat und Wahrheit ja auch der Fall ist. Man kann daher dieses Bild gut als eine Darstellung des innern Konfliktes auffassen oder auch als das Gegenteil, nämlich als einen Ausdruck der Tatsache, daß Drache und Held eigentlich zusammengehören und eines sind ...«

Thomas H. Macho
So viele Menschen
Jenseits des genealogischen Prinzips

Wer da vorüberging, erfuhr das Leid,
von alten Wurzeln losgetrennt zu leben.
In goldner Zeit, an glücklichen Gestaden
war Sünde auch ein Name, auch ein Kleid.

Eugenio Montale[1]

Wenn die Völker das Wimmeln verlernen.

Elias Canetti[2]

I

Mitten in Schweden, nach einem theaterwissenschaftlichen Seminar und dem Besuch exemplarischer Aufführungen von *Warten auf Godot* und der *Gespenstersonate*, wird die Protagonistin einer Erzählung von Danilo Kiš zur nächtlichen Konsultation einer Bibliothek eingeladen. Diese Bibliothek entpuppt sich jedoch bald als Labyrinth, nicht unähnlich der berühmten Klosterbibliothek Umberto Ecos[3] oder jener *Bibliothek von Babel*, die Jorge Luis Borges[4] beschrieben hat. Jeder Raum der Bibliothek ist einem Buchstaben des Alphabets zugeordnet; und in altertümlichen Regalen stehen zahllose, mit Eisenketten an ihren jeweiligen Standort geschmiedete Bücher. »Der gewaltige Staub, der sich an den Rändern aufgeschichtet hatte, sowie die schaukelnden, dunklen Spinnweben, bezeugten nur zu deutlich, daß diese Bände hier sonst niemand bewegte. Die Bücher waren in Fesseln geschlagen wie die Sklaven auf den Galeeren, doch an diesen Ketten hier gab es nicht einmal Schlösser.«[5]

Nach kurzem Aufenthalt entdeckt die einsame Leserin: Alle Bücher dieser seltsamen Bibliothek sind *Biographien;* und sie bilden ein einziges, ein ungeheuerliches Lexikon – eine Enzyklopädie der Toten. »Das also, dachte ich im stillen, ist die berühmte *Enzyklopädie der Toten!* Ich hatte mir vorgestellt, es sei ein uraltes Buch, ein altverfaßtes, hochehrwürdiges Buch, so wie das *Tibetanische Totenbuch* oder das *Leben der Heiligen,* eine esoterische Schöpfung des menschlichen Geistes also, in der nur Einsiedler, Rabbiner und Mönche ihren Genuß finden können.«[6] Mitten in Schweden, in diesem rätselhaften Bibliothekslabyrinth, stößt unsere Heldin auf die Biographie ihres verstorbenen Vaters, und sie beginnt sein Leben zu studieren: die Geschichte *vor* ihrer Geschichte, einen Bericht, der den Moment ihres eigenen Anfangs wie ein Samenkorn enthält.

Die *Enzyklopädie der Toten* beansprucht unzählige Buchseiten. Zwar ist sie in komprimiertem Stil – gleichwohl detailgetreu und anschaulich – geschrieben; auch stellt die Ich-Erzählerin fest, daß die Enzyklopädie erst um 1789 begonnen wurde und daß sie obendrein auf eine Behandlung der bekannten Persönlichkeiten, aller historischen, politischen und künstlerischen Prominenzen, verzichtet. Nichtsdestoweniger aber verdeutlicht dieses Archiv Gottes, diese Gedächtnisstütze für den Jüngsten Tag, die phantastische und gigantische Last einer kollektiven Befolgung des Friedhofsimperativs par excellence: *unvergessen.* Wo uns zu dämmern anfängt, daß die Toten keine amorphe Masse bilden, sondern die Gesamtheit jener ebenso unverwechselbaren wie vielfach der Erinnerung entfallenen Individuen, die einmal diesen Planeten bewohnten, da erfaßt uns ein Schwindelgefühl, ein elementarer Schrecken: plötzlich wird uns bewußt, daß der Erdboden, auf den wir treten, aus dem Humus von tausend Generationen, aus Knochen und Staub unserer Ahnen besteht. Wie jämmerlich wirken die Scharen der Gegenwart vor den gewaltigen *Massen der Toten!*

Die Zahl der Schatten ist größer als die Zahl der Menschen unter dem Sonnenlicht; und die Zahl der Atmenden, Sprechenden, Liebenden ist eine *quantité négligeable* gegen die Dunkelziffer der Atemlosen, Stummen und Solitären. Die Mythologen haben es übrigens immer gewußt, ebenso wie die Propheten und Dichter: daß unsere toten Vorfahren stets in der Mehrheit waren und wir selbst, ihre lebendigen Nachkommen, von vornherein in der Minderheit. Vielleicht hat die Wahrnehmung dieser numerischen Asymmetrie ein Zentrum traditionaler Totenkulte gebildet; womöglich haben die lebenden Menschen die Gewalt und Rache ihrer schweigsamen Ahnen gefürchtet, weil sie auch um ihre hoffnungslose quantitative Unterlegenheit wußten. Gegen die *Wilde Jagd* konnte kein Kampf und kein Gefecht nützen, sondern bestenfalls ein klug gewähltes Versteck. »Gewaltig ist die Zahl. Gewaltiger aber sind sie selbst und machen stumm«, so schrieb Hölderlin von den toten Heroen[7]; und ein römischer Ausdruck für *sterben* lautete schlicht und einfach: *ad plures ire,* zur Mehrheit überlaufen. Denn die »Gemeinschaft der Toten ist groß. Gegenüber den Lebenden sind, nach altem Volksglauben, die Toten stets die Mehreren, die plures, (...) die Mächtigeren, Besseren, Höheren, (...) sie sind die ›größeren Chöre‹, und darum drängen sie auch die Sterblichen durch die Macht ihrer Taten und ihrer Zahl zu heiligem Schweigen und verehrendem Verstummen.«[8]

Ad plures ire. Diese fundamentale Gewißheit menschlicher Kulturen, diese Ahnung vom »ungeheuren Zuge«[9] des Totenvolks und von den »unsäglichen Summen«[10] der Verstorbenen, haben wir inzwischen weitgehend aus unserem Bewußtseinshorizont verbannt; dennoch wird der eine oder andere Zeitgenosse den *suspense*-Effekt jener unauffälligen Notiz gespürt haben, welche am 20. Mai 1988 in der *Zeit* erschienen ist:

»Es gibt statistische Daten, die unheimliche Gefühle erzeugen. Etwa die Tatsache, daß derzeit mehr Menschen auf diesem Planeten leben, als summa summarum jemals gelebt haben. Anders ausgedrückt: Die Zahl der Lebenden übertrifft die Zahl der Toten des Menschengeschlechts. Fünf Milliarden Vertreter der Gattung *Homo sapiens* bevölkern den Globus, und wenn man den Prognosen glauben darf, werden es schon um die Jahrtausendwende acht oder neun Milliarden sein. Der Neandertaler zählte allenfalls nach Hunderttausenden und war froh, wenn er sich zu Gruppen fand, die groß genug waren, das Überleben der Art zu sichern. Der römische Kaiser Augustus wäre bei konsequenter Durchführung seiner Volkszählung auf eine Weltbevölkerung von lediglich 400 Millionen gekommen – eine Zahl, die bis zur Mitte dieses Jahrtausends nur unwesentlich anstieg. Selbst Schiller konnte noch davon träumen, daß alle Menschen Brüder werden; knapp 900 Millionen waren es gegen Ende des 18. Jahrhunderts. Dann aber gab es zuerst in Europa, später auch auf den anderen Kontinenten den ›demographischen Übergang‹: die Sterbeziffer sank plötzlich deutlich unter die Geburtenrate. Seitdem haben die Mathematiker Mühe, eine Formel zu finden, die den Anstieg beschreibt. Auf jeden Fall ist sie derart exponentiell, daß die Summe all ihrer (vergangenen) Teilmengen sich der Jetzt-Zahl immer nur annähern, sie aber nie erreichen kann. (...) Wir waren noch nie so viele.«[11]

Ich habe die Rechnung nicht nachgeprüft. Ob wir heute, morgen oder übermorgen die Zahl der Toten aufgeholt haben werden, ist nicht entscheidend. Vielleicht ist auch nicht entscheidend, daß diese Nachricht bloß im Rang einer Marginalie veröffentlicht und vermutlich auch kaum bemerkt wurde, sondern – als schlichter Kern der zitierten Meldung – die immerhin wahrscheinliche Tatsache, daß heute *so viele Menschen* leben wie niemals zuvor; und daß demnächst eine *Enzyklopädie der Lebenden* größere Gebäude, Regale und Bibliotheksetats benötigen würde als die eingangs erwähnte *Enzyklopädie der Toten* von Danilo Kiš.[12]

II

So viele Menschen. Ein Spaziergang auf der Wiener Mariahilferstraße, vom Westbahnhof zum Burggarten, an einem Einkaufssamstag in der Vorweihnachtszeit. Tausende drängen sich auf den Gehsteigen, und an den Geschäftsportalen – es sind wirklich Portale – bilden sich Warteschlangen. Die Menschen scheinen keine Zeit zu haben, gelegentlich blicken sie auf die Uhren, rempeln den Nächststehenden zur Seite. Ich selbst, gerade allein, mit steigender Lust auf Tratsch und Kaffee, versuche in Blickkontakt mit irgendeiner hübschen Maid zu kommen; keine Chance. Also tröste ich mich mit einem Experiment: ich probiere aus, ob ich überhaupt einen Blickkontakt aufbauen kann, egal, zu welchem Menschen. Und stelle verblüfft fest, daß mein Unternehmen scheitert. Nach einer Viertelstunde gebe ich auf.

Ein anderes Bild fällt mir ein: der Wiener Heldenplatz, vor gut fünfzig Jahren; Menschenmassen, die dem »Führer« zujubeln. Ob sie einander bemerken? Oder ob sie nur den Einzigen, den Mittelpunkt ihrer Aufmerksamkeit, wahrnehmen? Sind Leute totgetrampelt worden, wie vor dem Europacup-Finale in Brüssel? Oder haben sich gar Liebespaare gefunden – bei dieser Stimmung, bei dieser Gelegenheit einer »Anschluß«-Feier? Und wer hat sich wem »angeschlossen«? So viele ausgestreckte Hände: haben sie wirklich bloß den »Hitler-Gruß« vollzogen? Oder haben sie wenigstens einige Hände berührt? Merkwürdige Sehnsüchte scheinen erwacht zu sein, von denen die Älteren bis heute erzählen; die Sehnsucht zum Beispiel, einen kurzen Blick in die »stahlblauen« Augen des »Führers« zu werfen. Doch von den vielen anderen Augenpaaren, die sich am Heldenplatz eingefunden hatten, schweigen die Berichte der Zeugen.

Szenenwechsel: Paris, im Sommer 1970. In den Kinos der Metropole ist gerade der Film über das *Woodstock-Festival* angelaufen; und vor den Kassen drängen sich die Menschen. Sie lassen sich rühren von der Botschaft des Films: Natur, Gemeinschaft, Musik, Liebe und *peace.* Der Kommentator betont wiederholt, daß unglaublich viele nach Woodstock gekommen sind und daß selbst die kühnsten Erwartungen und Prognosen übertroffen wurden. Und seine Stimme scheint in merkwürdigen Jubel umzuschlagen, wenn er versichert, daß diese Menschenmassen ein Friedenszeichen gesetzt haben, weil sie – gegen alle Befürchtungen der Veranstalter – freundlich und liebevoll miteinander umzugehen verstanden.

So viele Menschen. Ob wir uns schon daran gewöhnt haben, daß die Anzahl unserer Artgenossen eine geradezu unfaßbare, jedenfalls nicht mehr vorstellbare Dimension erreicht hat? Stanisław Lem hat die Gewalt des Samenflusses errechnet, der das Wachstum der Menschengattung beschleunigt: »Der Strom von Sperma, jene 43 Tonnen, die in jeder Minute in die weiblichen Genitalien gespritzt werden, macht 430 000 Hektoliter aus, und die Statistik stellt sie mit den 37 850 Hektolitern siedenden Wassers zusammen, die bei jedem Ausbruch der größte Geysir der Welt (im Nationalpark Yellowstone) ausstößt. Der Sperma-Geysir ist 11,3 mal so stark und sprudelt ununterbrochen, pausenlos.«[13] Ein solches Beispiel mag belustigen; unbehaglichere Empfindungen bewirkt hingegen die Exponentialrechnung Denis de Rougemonts: »Wenn wir uns weiterhin mit der gegenwärtigen Geschwindigkeit vermehren sollten (...), können wir für die Zukunft folgende Tabelle aufstellen:

6 Milliarden im Jahre 2000
24 Milliarden im Jahre 2070
192 Milliarden im Jahre 2175
450000 Milliarden im Jahre 2575

Kurz nach dem Jahre 2600 berühren sich alle Menschen, und da hören meine Berechnungen notgedrungen auf. ›Man wird alle ernähren können‹, versichert mir ein Ernährungswissenschaftler, ›aber sie werden im Stehen essen müssen.‹«[14]

So viele Menschen. Nur eine kleine Verschiebung ist notwendig, und wir beginnen uns zu ängstigen: *so* viele Menschen – *zu* viele Menschen. Seit dem 19. Jahrhundert sind immer wieder Ideologien aufgetaucht, die eine mehr oder weniger gewaltsame Beschränkung des Gattungswachstums befürwortet haben: sozialdarwinistische Programme, Selektions- und Euthanasieforderungen, Vorschläge zur Elitenzüchtung, malthusianische Anrufungen der apokalyptischen Reiter.[15] Wir wissen inzwischen, daß die Anwendung solcher Ideologien die Billigung grauenhafter Konsequenzen einschließt: die Errichtung von Konzentrationslagern und Gaskammern, die Führung von Kriegen, den Einsatz von Massenvernichtungswaffen, die demographischen Effekte von Hungersnöten, Seuchen oder Naturkatastrophen.

Unsere Ängste vor *zu vielen Menschen* sind indes durch die Gewalt- und Schreckenserfahrungen des 20. Jahrhunderts nicht besänftigt worden; allerhöchstens haben wir gelernt, gegen politische Vorschläge zur Bremsung der Gattungslawine mißtrauisch zu sein und unsere massenpsychologischen Affinitäten mit ebensolcher Distanz wahrzunehmen wie unsere Idiosynkrasien gegen Menschenansammlungen und Ballungszonen. Nichtsdestoweniger hat sich das Stichwort von der *Bevölkerungsexplosion* nachdrücklich in unser Bewußtsein eingebrannt; als würden wir schon die *kritischen Massen* spüren, die den letzten großen Donnerschlag auslösen könnten. *Zeitbombe Stadt*, so lautet der Titel einer jüngst veröffentlichten Studie von Gerhard Schweizer, in der folgende Entwicklungsprognosen für die Bevölkerungszunahme in den fünfzehn größten Metropolen der Welt zitiert werden:

	1987		2000		2025	
1.	Mexico City	18,0	Mexico City	27,6	Mexico City	36,7
2.	Tokyo	14,5	Shanghai	25,9	Shanghai	36,1
3.	Shanghai	14,0	Tokyo	23,8	Peking	31,9
4.	Sao Paulo	13,5	Peking	22,8	Sao Paulo	29,6
5.	Kairo	13,3	Sao Paulo	21,5	Bombay	27,9
6.	Kalkutta	12,5	New York	19,5	Kalkutta	26,4
7.	New York	11,8	Bombay	16,3	Jakarta	23,6
8.	Bombay	11,2	Kalkutta	15,9	Dacca	23,5
9.	Buenos Aires	11,0	Jakarta	14,3	Tokyo	20,7
10.	Paris	10,6	Rio de Janeiro	14,2	Madras	20,6
11.	Peking	9,5	Seoul	13,7	Karachi	20,2
12.	Teheran	9,4	Kairo	12,8	Rio de Janeiro	19,9
13.	Rio de Janeiro	9,1	Madras	12,3	Bangkok	19,8
14.	Moskau	9,0	Buenos Aires	12,2	New York	19,8
15.	London	8,7	Los Angeles	12,1	Kairo	19,6

(Einwohnerzahlen in Millionen, die Vororte miteingerechnet)[16]

Diese Zahlen wirken obszöner, als Stanisław Lems spermatographische Statistik: wie eine ernüchternde Droge gegen jeden Anflug von gattungssubjektivistischem Größenwahn. Und sie sind wahrscheinlich zu niedrig geschätzt, wie der Autor bemerkt: denn »amtliche Zählergebnisse müssen noch lange nicht die tatsächlichen Bevölkerungszahlen wiedergeben. So werden beispielsweise in der Dritten Welt Slumbewohner nur unzureichend registriert, ›illegale‹ Zuwanderer teilweise sogar ignoriert. Die Zukunftsprognosen sind 1982 in einer Studie der Vereinten Nationen veröffentlicht worden. Wie unsicher aber solche Prophezeiungen sind, beweist das Beispiel Kairo. Ägyptens Hauptstadt erscheint für das Jahr 2000 erst an 12. Stelle mit 12,8 Millionen Einwohnern. Tatsächlich bewegt sich Kairo bereits 1987 auf 14 Millionen zu! Umgekehrt könnten andere Städte ihr Wachstum während der nächsten vier Jahrzehnte entscheidend verlangsamen, wenn neue, bisher nicht voraussehbare Sozialentwicklungen das Geschehen beeinflussen.«[17] – Die Ausmalung solcher *Sozialentwicklungen* bleibt der horrorgeschulten Phantasie des Lesers überlassen: aber selbst Hungerkatastrophen, Seuchen, Bürgerkriege, Überschwemmungen oder Dürrezeiten[18] werden die »Bevölkerungsexplosion« kaum verhindern, sondern höchstens ein wenig verlangsamen können.

III

Mich fasziniert und bedrückt ein Traum. Ein unmöglicher Traum: die Geschichte der Menschentiere von ihren Anfängen bis in die allernächste Gegenwart – ja bis in die Zukunft hinein – zu erzählen; ein Traum immerhin, den sich meine Artgenossen (die Menschentiere) stets gerne und gründlich erfüllt haben. Denn von Anfang und Ende, von Geburt und Tod, von Ursprung und Untergang der Menschentiere und ihrer Welt erzählen bereits die ältesten Mythen, Legenden und Kosmogonien, diese Geschichten von Wiederholungen und von Sündenfällen, von Paradiesen und von Höllenfahrten, von glücklichen

Fügungen und von grausigen Mordtaten. Trotz aller Vielfalt im Detail, die sich den narrativen Obsessionen der Menschentiere verdankt, bleibt ein gemeinsames Grundornament in allen Teppichen ihrer Erzählkunst sichtbar: die Überzeugung, daß das Leben früher schöner war als heute und daß es höchstens *irgendwann* einmal wieder so schön sein wird, wie es ursprünglich gewesen ist.

Der Traum vom *goldenen Zeitalter*, vom einfachen, glücklichen Leben, vom *verlorenen Paradies* und vom schuldlosen Dasein – dieser Traum wird gar zu schnell als romantische Phantasie denunziert, als Zivilisations-Projektion, als rousseauistisches Artefakt: inzwischen häufen sich nämlich die Indizien für einen tieferen Wahrheitsgehalt dieses Traums. Nach archäologischem Befund haben die Menschen während vieltausend Jahren – als Wildbeuter, als Jäger und Sammlerinnen – in mehr oder weniger egalitären Kleingruppenformationen gelebt; und nichts deutet darauf hin, daß unsere Vorfahren aggressive und gewalttätige Räuber gewesen sind.[19] Das Märchen von den prähistorischen »Urhorden«, die ihre Väter aufgefressen haben, gilt ebenso als widerlegt wie die Spekulationen über die Ausrottung des Neandertalers durch die bösen Cromagnon-Menschen.[20] Und Kriege oder Opferkulte lassen sich jedenfalls bis zum Ende der letzten Eiszeit nicht nachweisen.

Ursprungsphilosophische Konstruktionen wirken rasch verdächtig: denn gerade die seltsamsten Ideologien haben sich durch Usurpationen des Anfangs zu legitimieren versucht. Indes muß die Behauptung, daß menschliches Leben vor der *neolithischen Revolution* weniger mühselig und leidvoll gewesen ist als unter den hochkulturellen Bedingungen von Ackerbau und Viehzucht, keineswegs schon zur Aufnahme ursprungsphilosophischer

Hypotheken zwingen: der Zivilisationsprozeß wird ja noch nicht als Verfallsgeschichte interpretiert, wenn gezeigt werden kann, daß und wie er sich als Reaktion auf geänderte *frame-works* menschlicher Existenz differenziert und entfaltet hat.[21] Anders gesagt: wer die Lehre vom *Sündenfall* verwirft, braucht deshalb noch längst nicht dem Glauben ans *verlorene Paradies* abzuschwören. Er wird sich allerdings fragen müssen, *warum* die Menschen aus dem Paradies vertrieben wurden, wenn sie doch gar kein Verbot übertreten und keine Schuld auf sich geladen hatten.

Die einzig halbwegs verläßliche Antwort auf die Frage nach dem Motor der neolithischen Revolution lautet: *zu viele Menschen.* »Man nimmt an, daß sich die Bevölkerung vom frühen Aurignacien bis zum Ende der Eiszeit etwa verzehnfachte. J. G. Rozoy schätzt die Bevölkerung Frankreichs im Magdalénien auf zehn- bis fünfzehntausend, die des Epipaläolithikums auf fünfzig- bis fünfundsiebzigtausend und die des mittleren Neolithikums auf etwa eine halbe Million.« Und offenbar konnte diese »Bevölkerungszunahme nicht mehr durch Spaltungen der Gruppen und Auswanderungen abgefangen werden, zumal sich ja durch das Abschmelzen der großen Eismassen und dem damit verbundenen Anheben des Meeresspiegels der Lebensraum erheblich verkleinert hatte«.[22] Seßhaftigkeit, Ackerbau und Viehzucht wurden also durch eine erste »Bevölkerungsexplosion« begünstigt oder sogar erzwungen; das *Paradies* war hingegen dünn besiedelt.

Die ersten Sätze jener unmöglichen Gattungsgeschichte, von der ich immer noch träume, müßten demnach lauten: im Garten Eden wohnten nur wenige Menschentiere. Aber sie haben sich langsam vermehrt; und die Geschichte ihrer allmählichen Vermehrung ist zur

Geschichte ihrer Vertreibung aus dem Paradies geraten. *Wir sind eben zu viele Menschentiere geworden.* Nach dem Bericht der *Genesis* wohnte zunächst (neben dem Gott, den Engeln und den Tieren) nur ein einziger Mensch im Paradies. Doch Gott bedauerte den Einsamen, und schuf ihm eine Gefährtin. Prompt nahm das Unheil seinen Lauf: ein Unheil, das als Zusammenhang zwischen Schuld, Erkenntnis, Scham und sexueller Lust, als Verdammung des Mannes zur Mühsal der Arbeit, und als Verdammung der Frau zu den Schmerzen der Mutterschaft, ausgemalt wurde. Mit der Vertreibung aus dem Paradies wurde den *Stammeltern* die Möglichkeit versagt, das Rätsel der Unsterblichkeit *anders* zu lösen als durch Zeugung und Geburt von Kindern. Denn nicht umsonst konstatierte der Schöpfergott: »Siehe, Adam ist geworden wie unsereiner und weiß, was gut und böse ist. Nun aber, daß er nicht ausstrecke seine Hand und breche auch von dem Baum des Lebens und esse und lebe ewiglich!« Weniger zur Strafe, als zum Selbstschutz des Demiurgen, wurde Adam aus dem Paradies gejagt. Er zog die Konsequenzen, und »hieß sein Weib Eva, darum daß sie eine Mutter ist aller Lebendigen«.[23] Erst nach der Versperrung des Weges zum Lebensbaum wurde die Gefährtin Adams zur Mutter der Menschheit berufen: und mit einem Schlag traten *Geburt* und *Tod* in die Welt, gewissermaßen als Besiegelung einer merkwürdigen Schuld. Die Kette der Abstammungen wurde geschmiedet, eine Fessel der Generationen, welche die Rückkehr ins Paradies unmöglich machen sollte.

»Am wenigsten ist in der exegetischen Tradition gefragt worden nach der Vielheit der menschlichen Individuen. Offenbar haben die beiden ersten Menschen im Paradies noch keine Nachkommenschaft gezeugt. Und es wäre ganz plausibel, wenn dies außerhalb des Schöpfungsplans gelegen hätte, da die mit dem

Zugang zum Baum des Lebens verbundene Unsterblichkeit *in Weltzeit* die Erhaltung der Gattung durch Fortpflanzung überflüssig gemacht hätte: Wozu mehr Menschen als die von Gott eigenhändig geschaffenen? Alles weitere außerhalb des Urzustandes steht schon unter der Voraussetzung des Todes, der durch die Sünde in die Welt gekommen sein soll – genuin: durch die zur Wache mit dem Schwert eingesetzten Cheruben, die *den Weg zum Baum des Lebens zu hüten* hatten. Daß das Weib unter Schmerzen gebären sollte, weil sie der Schlange gefolgt war, schien seinen Akzent auf dem *in Beschwer* zu tragen – wie aber, wenn er auf dem *Gebären* überhaupt gelegen hätte? Für jene beiden Ersten war der Garten offenbar gerade ergiebig genug, um sie keine Bedürfnisse empfinden zu lassen. Proliferation paßt nicht in das Konzept des Paradieses auf dem Raum eines lieblichen Gartens.«[24]

Erst nach dem Verlust der Unschuld begann die Vermehrungslawine zu rollen: »Adam erkannte sein Weib Eva, und sie ward schwanger.«[25] Diese allererste Schwangerschaft brachte freilich – als sollte sie den Gottesfluch beglaubigen – den Brudermörder Kain zur Welt; ein makabrer Anfang prägte also das Zeugungs- und Geburtsregister der Patriarchen, jenen Stammbaum der Menschengattung, der in den Versen des vierten und fünften Kapitels der *Genesis* aufgezeichnet wurde. Mit dürren, monoton wiederholten Worten schildern diese Verse eine langwierige Sukzession der Kopulationen und Geburten, eine Sukzession, die neuerlich den Zorn des Demiurgen hervorrufen mußte – und folgerichtig eine *zweite* Katastrophe: »Ich will die Menschen, die ich geschaffen habe, vertilgen von der Erde, vom Menschen an bis auf das Vieh und bis auf das Gewürm und bis auf die Vögel unter dem Himmel; denn es reut mich, daß ich sie gemacht habe.«[26] Kurzum: der Gott widerrief seine Schöpfung.

Bekanntlich wurde einzig und allein die Familie Noahs

verschont: im *Uterus* einer Arche. Nach dem Vorbild paradiesischer Singularität entkam nur *ein* Clan, auch sämtliche Tiergattungen bloß in paarweiser Vertretung, dem Vernichtungsschlag des schöpfungsmüden Demiurgen. Mit dieser einzelnen Familie schloß der Gott einen Vertrag, nachdem er sein Zerstörungswerk verrichtet hatte. Und erst dieser Vertrag, dieses *neue Bündnis* zur Fortsetzung des Schöpfungsunternehmens, sanktionierte die doppelt unheilvoll begonnene Selbstvermehrung des Menschengeschlechts: denn ab nun erlaubte der Schöpfergott, was ihn zuvor erbost hatte. »Seid fruchtbar und mehret euch und erfüllet die Erde.«[27] Und abermals: »Seid fruchtbar und mehret euch und reget euch auf Erden, daß euer viel darauf werden.«[28] Wir haben diese Empfehlung (oder war es doch ein Befehl?) eines wankelmütigen Gottes befolgt, eines Gottes, der sich offenbar nicht entscheiden konnte, ob er *ein einziges Ebenbild* oder *viele Ebenbilder* seiner Majestät erschaffen wollte. Wir *sind* jedenfalls viele Menschentiere geworden, nach der Vertreibung aus dem Paradies, und nach der Vernichtung durch die Wasserfluten. »Inzwischen weiß jeder, was es heißt, daß er einer von vielen – und dazu noch von zu vielen – ist.«[29]

IV

In Gestalt eines Kurzmythologems hat das *erste Buch Mose* die Etablierung jener sozialen Synthesis beschrieben, die sich als *genealogische Ordnung* charakterisieren läßt: als die neue, post-paradiesische Logik der Abstammung und Territorialität. Seßhafte Gesellschaften, die das Zusammenleben vieler Menschen regulieren mußten, waren nämlich auf verbindlichere Formen sozialer Organisation angewiesen als die nomadisierenden Kleingruppen der Wildbeuter. Hierarchien und Zugehörigkeiten durften nicht mehr situativ entschieden werden;[30] die Bindungen an begrenztes Land, an Vorräte und an Häuser mit stationären Einrichtungen versperrten die Möglichkeit jener Konfliktlösung, die in nomadischen Kulturen »stets die einfachste gewesen ist – sich aus dem Weg zu gehen«.[31] Der Mensch ist ein *Fluchttier*, behaupten die Anthropologen[32], ein Wesen, das allen Bedrohungen und Konflikten zu entweichen trachtet: also auch jenen Bedrohungen und Konflikten, die von den Angehörigen der eigenen Gattung – und sogar des eigenen Stammes – auszugehen scheinen.

»Die Schwierigkeit, im Zweifelsfall einander ausweichen zu können, hat in Çatal Hüyük, der größten Siedlung des 6. Jahrtausends v. Chr., Spuren hinterlassen. In dieser in Anatolien gelegenen ›Weltstadt‹ lebten nach Schätzung des Ausgräbers James Mellaart 5000 bis 6000 Menschen. Fugenlos mit gemeinsamen Mauern aneinandergebaut, waren die einzelnen Häuser nur mit Hilfe von Leitern durch Öffnungen in den Dächern zugänglich. Der Weg zur eigenen Wohnung führte daher über die Dächer der Häuser anderer Familien, ein, wie die vielen Knochenbrüche und Schädelverletzungen an den Skeletten der Bewohner verbürgen, nicht ganz ungefährlicher Zugang zu den eigenen vier Wänden. Mellaart vermutet, ›zu große Nähe zum Nachbarn‹ habe die Einwohner öfters zum Knüppel greifen lassen, als der öffentlichen Gesundheit zuträglich gewesen sei, ›die vielen Schädelverletzungen beweisen es‹.«[33]

Die Menschen von Çatal Hüyük konnten nicht mehr weggehen, wenn sie sich nicht vertrugen (oder die Wohnungseingänge verwechselten). Notwendigkeiten der Streitschlichtung auf engem Raum erzwangen daher soziale Institutionen: etwa die Institution des *Gerichts*. Mit der Etablierung von Gerichten verbanden sich die Erfindung der *Schrift*, die Kategorien der *Wahrheit*, der *Zeu-*

genschaft, des *Gedächtnisses*, der *Kausalität* und des *Beweises*, Ideen der *Neutralität* und einer hierarchisch legitimierten *Urteilskraft*. Als entscheidend erwies sich indes die unvermeidbare Konzeption einer *neuen Zeit:* einer linearen Zeitordnung, die sich von der Wahrnehmung zyklischer Zeiten unmerklich abzusondern begann. Nicht zufällig wurden die Wasseruhren als Redezeitmesser für die altägyptischen Gerichtsverhandlungen erfunden;[34] und nicht zufällig erinnern noch unsere heutigen Redeweisen von einer *gerichteten Zeit* oder von *zeitlichen Prozessen* an die Ursprünge jenes *Fortschritts*, der sich den *Gesetzen* unserer Seßhaftigkeit verdankt – der Unmöglichkeit nämlich, tatsächlich und mit weitausholenden Schritten *fortzugehen*.

Mit der Vertreibung aus dem Paradies begann gewissermaßen die *Historie:* die neolithische Revolution ereignete sich als irreversibler *Sturz in die Zeit*.[35] Während die nomadischen Wildbeuter, die nach unseren Kriterien *nirgends und überall zuhause* waren, sich an den *Räumen* orientieren mochten, die durch ihre Wanderungen aufgeschlossen wurden, erzwang die dauerhafte Besiedlung abgegrenzter Territorien ein System neuer, *zeitlich* gerichteter Antworten auf jene Fragen, die – von den ältesten Kosmogonien bis zur jüngsten Philosophie – als Elementarfragen der Menschentiere gelten können. »Wer sind wir? Wo kommen wir her? Wohin gehen wir?«[36] – diese Fragen wurden von der Bewegung im Raum auf eine (imaginäre) Bewegung in der Zeit verschoben. Zugehörigkeit und soziale Position mußten nun durch Geburt und Abstammung festgelegt werden und nicht mehr – wie bei Jägern und Sammlerinnen – durch individuelle Kooperationsfähigkeit und freie Entscheidung. Verwandtschaftssysteme gerieten zur primären, buchstäblich *verheerenden* Organisationspotenz; die *putative*

Verwandtschaftslogik der Wildbeuter, welche erlaubte, Verwandtschaftsbeziehungen aus Freundschaft und Sympathie abzuleiten[37], wurde hingegen suspendiert.

Die seßhaft gewordenen Menschentiere entwickelten ein geschärftes Bewußtsein von genealogischer Bindung und Verpflichtung, ein Bewußtsein freilich auch von jener *Schuld*, die sich dem Wissen um die primäre Verursachung, die existentiale *Fremdbestimmung* des eigenen Lebens, assoziiert. Geburt und Tod wurden zunehmend – und höchst folgenreich – identifiziert; die rituelle Auseinandersetzung mit den toten Ahnen verführte notwendig zur Wahrnehmung des *Nachteils geboren zu sein*, zu einer Wahrnehmung mundaner Gravitationsverhältnisse, welche die ältesten Mythen, Hochreligionen und philosophischen Spekulationen miteinander teilen.[38] Totenkulte erlangten ein besonderes Gewicht: in ihnen verkörperte sich die Ordnung der Zugehörigkeit, eine regulative Konfrontation mit den eigenen Anfängen. Im Gegensatz zur sozialen Organisation nomadisierender Wildbeuter bezeichnete Abstammung nunmehr eine »dauerhafte körperliche Bindung an die Gruppe, in die man geboren worden war. Selbst im Tod blieb man noch an sie gebunden.«[39] Die Freiheit von Jägern und Sammlerinnen, »nur dann zusammenzuleben, wenn man sich auch verstand«, mußte aufgegeben werden; ab jetzt entschied die Geburt »über soziale Zugehörigkeit im Leben wie im Tod. Selbst wer irgendwo in der Wildnis gestorben war, wurde skelettiert zurück ins Dorf bzw. Lager geholt, um im Tod mit den anderen Mitgliedern seiner Sippe vereint zu werden« – nach Maßgabe einer »Abstammungsideologie, die Dorf und Friedhof« assimiliert und »Menschen, die einander im Leben verbunden waren, auch im Tod zusammenführt«.[40]

Diese »Abstammungsideologie« begann wohl auch die

Beziehungen zwischen den Geschlechtern zu dominieren: wo früher Männer und Frauen kommuniziert haben mochten, trafen nun ausschließlich Mütter, Väter, Söhne oder Töchter aufeinander. Die Karriere *primärmasochistischer* Impulse, die hochkulturelle Begünstigung destruktiver Akosmizität, verdankte sich solcher Subsumption des Geschlechtsverhältnisses unter die »heilige Ordnung« der Genealogie.[41] Das blutige Drama zwischen Müttern und Söhnen, zwischen den *Göttinnen* und ihren *Helden*[42], wurde ebenso forciert und ausdifferenziert wie jene – erst unter genealogischen Prämissen relevante – Konkurrenz zwischen Müttern und Vätern, die ein bis heute geläufiger Spruch bezeugt: *mater semper certa, pater semper incertus.* (Anders gesagt: Söhne, die Väter werden wollten, die also ein Heldenschicksal auszuschlagen gedachten, mußten männliche Abstammungsordnungen konstruieren und durch institutionelle Gewalt garantieren.)

Seßhaftigkeit und genealogische Ordnung etablierten ein neues Paradigma menschlicher Existenz: ein Paradigma der diachronen Zeit, ein Paradigma der Konfliktregelung, ein Paradigma neuer Beziehungen zwischen Lebenden und Toten, zwischen Eltern und Kindern, zwischen Männern und Frauen, ein Paradigma des Wissens (Kausalität) und ein Paradigma der Produktion (Technik). Die *neolithische Revolution* vollzog sich als *kinetische Revolution,* als topologische Besetzung der Zeit; sie vollzog sich tatsächlich als Umsturz bestehender Verhältnisse und Werte – auch wenn dieser Umsturz so lange gedauert haben mag, daß wir geneigt wären, den Ausdruck *Revolution* zu vermeiden. Aber wer sagt denn, daß sich die *wirklichen* Revolutionen kurzfristig ereignen? Vielleicht sind selbst unsere Theorien von Revolutionen und Fortschritten nur ein Moment jenes primordialen Umsturzes, den das Buch *Genesis* sorgfältig zusammengefaßt und in allen wesentlichen Dimensionen protokolliert hat.

V

Die Wahrnehmung der genealogischen Pflichten, diese Quelle existentialer Schulderfahrungen par excellence, induzierte nicht nur jene zunehmende Verfinsterung menschlicher Lebensgefühle, die Hans Peter Duerr im dritten Teil seiner *Sedna* – wohl kaum zufällig unter dem Titel *Fluchtversuche*[43] – protokolliert hat, sondern auch *Gegenentwürfe* in steigender Zahl, die dem *Nachteil geboren zu sein* auf ihre Art zu entrinnen trachteten. Die fötale Philosophie des Taoismus[44], die buddhistische Abwendung vom ewigen Reigen der Tode und Geburten[45], ja selbst die hellenistischen oder indischen Seelenwanderungsmysterien[46], lassen sich in bestimmter Hinsicht als gewaltige *Unterbrechungsanstrengungen* deuten, als implizite Negation und Kritik des genealogischen Prinzips.

Den vielleicht folgenschwersten Einbruch ins System genealogischen Denkens unternahm indes der Nazarener; denn dieser Einbruch ereignete sich auf dem Boden jener Religion, die das Prinzip genealogischer Legitimation von Zugehörigkeit – als Kern einer *Auserwählungsidee* – besonders geschärft hatte, nicht zuletzt um den Preis eines gesteigerten Bewußtseins von existentialer Schuld, was die alttestamentarischen Schriften nachdrücklich bezeugen. Zwar hatte die mosaische Religion immer wieder versucht, den Gott als *Vater* zu postulieren, und das heißt: als ein spirituelles Abstammungsprinzip, das die genealogische Opferdramaturgie überwindet – doch ohne Erfolg. Denn stets wenn sich der ersehnte Vatergott offenbarte, benahm er sich ähnlich wie eine archaische Muttergöttin; ihm fiel gewissermaßen keine überzeugende Alternative ein. Zwar schuf er die Frau *nach* dem Mann und *aus* dem Mann – aber ganz im Stile des bewährten Entbindungsmodells: er holte Eva aus der *Bauchhöhle* Adams heraus, er formte sie aus der Rippe des ersten Menschen. Nicht einmal vom Sohnesopfer konnte er sich völlig trennen; mindestens wollte er nachprüfen, ob Abraham prinzipiell bereit *wäre,* seinen Isaak abzuschlachten. Er strafte mit Hilfe des mütterlichen Elements – der fötalen Wasserfluten –, und er rettete seine Getreuen im Uterus der Arche. Unentschieden, zwischen Schöpfungs- und Vernichtungsabsichten schwankend, blieb er unberechenbar, launisch, den Fruchtbarkeitskulten nicht abgeneigt: diesen Tänzen ums goldene Kalb – jedenfalls bis zur Verkündung des Dekalogs. In den Gesetzestafeln wurde der Preis für den Vatergott erstmals fixiert: Du sollst dir kein Bildnis machen, du sollst meinen Namen nicht aussprechen. Als *Vatergott* ist Jahwe der Unsichtbare, der *deus absconditus,* der schweigende und verborgene Gott, der selbst in den christlichen Kirchen vorwiegend symbolisch dargestellt wird.

In solchem Horizont also erscheint der *Messias:* als das leibhaftige Versprechen jener möglichen *Erlösung* von der Existentialschuld, die ihren Gott nicht mehr ins Nirwana der Bild- und Namenlosigkeit zu verbannen braucht. Er nennt sich *Menschensohn,* den Sohn eines Vaters, von dem er zärtlich als *Abba* – Väterchen – spricht. Und er duldet keine genealogische Differenz zwischen sich und diesem Vater: »Ich und der Vater sind eins.«[47] Seinen Jüngern versichert er: »Wenn ihr mich kenntet, so kenntet ihr auch meinen Vater. Und von nun an kennet ihr ihn und habt ihn gesehen. Spricht zu ihm Philippus: Herr, zeige uns den Vater, so genügt uns. Jesus spricht zu ihm: So lange bin ich bei euch, und du kennst mich nicht, Philippus? Wer mich sieht, der sieht den Vater; wie sprichst du denn: Zeige uns den Vater?«[48]

Der Nazarener predigt ein neues Ideal der Liebe: einer Liebe ohne Zwang, ohne Sorge, aber vor allem ohne *Schuld.* Er spricht vom Vater, der den verlorenen Sohn umarmt[49], vom Vater, der nicht rächt, sondern verzeiht; er träumt von menschlichen Beziehungen, die keiner Umkehrung bedürfen, keiner logischen Rechtfertigung durch Geburt und Gesetz. Von seiner Mutter will er nichts wissen: schon als Kind entgegnet er ihr – sie hat ihn gesucht –, ob sie nicht gewußt habe, »daß ich sein muß in dem, das meines Vaters ist«?[50] Und später antwortet er dem Boten, der ihm mitteilt, seine Mutter und seine Brüder wollten ihn sprechen, beinahe lakonisch: »Wer ist meine Mutter, und wer sind meine Brüder?«[51]

Dieser *neue Sohn* darf nicht am Leben bleiben. Er muß hingerichtet werden, um des verborgenen Gottes willen, zu dem er im Todeskampf schreit, die uralte Klage des Psalmisten: »Mein Gott, mein Gott, warum hast du mich verlassen? Ich heule; aber meine Hilfe ist ferne.«[52] Er fleht zu dem geheimnisvollen und abwesenden Vater, der allein vom Schrecken des Opfertodes, des genealogischen Zwanges, erlösen könnte; zu jenem spirituellen Ursprung, der nicht umsonst – und gerade im 22. Psalm – als Entbindungsinstanz und als Schutz gegen den primärmasochistischen Sog angerufen wird: »Denn du hast mich aus meiner Mutter Leibe gezogen; du warst meine Zuversicht, da ich noch an meiner Mutter Brüsten war. Auf dich bin ich geworfen von Mutterleib an; du bist mein Gott von meiner Mutter Schoß an.«[53]

Der Menschensohn stirbt, aber er stirbt nicht als Sohn

einer Mutter. Zwar hat der letzte Evangelist die Mutter Jesu unter dem Kreuz erscheinen lassen; aber tatsächlich verschafft er dem Sterbenden bloß eine Gelegenheit, die *Mutterlosigkeit* seines Todes zu unterstreichen und die Opferlogik neuerlich zu widerrufen: »Da nun Jesus seine Mutter sah und den Jünger dabeistehen, den er liebhatte, spricht er zu seiner Mutter: Weib, siehe, das ist dein Sohn! Darnach spricht er zu dem Jünger: Siehe, das ist deine Mutter!«[54] In den anderen Evangelien wird mit keinem Wort erwähnt, daß die Mutter des Nazareners bei seiner Kreuzigung überhaupt anwesend war;[55] Johannes führt sie erstmals ein, mit einer rhetorischen Figur, die immerhin verrät, was diese Einführung eigentlich ausdrücken will. Denn schließlich wird ja die genealogische Beziehung zwischen der Mutter und ihrem Sohn geradezu voluntaristisch »umgebogen«. Warum eigentlich? Sollen wir ernstlich annehmen, Johannes habe diese Szene einzig und allein erfunden, um seiner Leserschaft zu verdeutlichen, wie sich der Gemarterte, knapp vor dem Tode, seiner Mutter anzunehmen gedachte? Oder sollen wir gar glauben, der Berichterstatter habe sich selbst zum Verwandten des Meisters ernennen wollen? – Nein, viel eher schon bekundet die zitierte Passage, daß Jesus nicht als *Sohn* gestorben ist: weder als Sohn einer Mutter noch als Sohn jenes himmlischen Vaters, den er bloß als einen traditionell Abwesenden anzurufen vermochte. Auch in der Passion bleibt der skandalöse Grundton einer antigenealogischen Soteriologie deutlich hörbar: der Klang dieses weltfremden Projekts einer geschwisterlichen Liebe und einer Kriegserklärung an jede Abstammungsideologie, welcher die *Bergpredigt* nicht widerlegt, sondern vielmehr erst ermöglicht: »Ihr sollt nicht wähnen, daß ich gekommen sei, Frieden zu senden auf die Erde. Ich bin nicht gekommen, Frieden zu senden, sondern das Schwert. Denn ich bin gekommen, den Menschen zu erregen wider seinen Vater und die Tochter wider ihre Mutter und die Schwiegertochter wider ihre Schwiegermutter. (...) Wer Vater oder Mutter mehr liebt als mich, der ist mein nicht wert; und wer Sohn oder Tochter mehr liebt denn mich, der ist mein nicht wert.«[56] – Den *Waisenkindern* wird die Zukunft geschenkt. Und ein toter Christus wird vom »Weltgebäude« herabsteigen, um den gestorbenen Kindern unter »strömenden Tränen« zu versichern: »Wir sind alle Waisen, ich und ihr, wir sind ohne Vater.«[57]

Das Todesgebet und die Tränen des Nazareners sind vergessen worden, und der Impuls seiner antigenealogischen Revolte wurde systematisch verdrängt. Nicht umsonst hat die organisierte Christenkirche ihren Gott zum *Muttersohn* gekrönt: zum Kind, das bis heute und fast in jeder Kathedrale oder Kapelle, auf Mutters Schoß präsentiert wird. Nicht umsonst auch hat die Kirche das Bild der *Mutter Gottes unter dem Kreuz* favorisiert: in Gestalt der *mater dolorosa*, der *Pietà*, die den geopferten Sohn in ihrem Schoße birgt, hat sich die merkwürdige Szene aus dem Johannesevangelium historisch durchgesetzt. Nicht umsonst hat die Kirche den einsamen Tod des *Menschensohns* in die vegetationszyklisch inspirierte Dramaturgie einer Auferstehungsszene eingeordnet; sie hat also dieses verzweifelte Sterben zu einem ebenso erträglichen wie umstandslos wiederholbaren Ereignis depotenziert. Auf Golgatha wurden gewissermaßen die Ostereier versteckt. Nicht umsonst haben christliche Kirchenfürsten und Theologen die versuchte *Erlösung* von der *Erbschuld* neuerlich als Opfermysterium glorifiziert[58], als Geschichte der Selbstversöhnung Gottes durch die Abschlachtung seines einzigen Sohnes; nicht umsonst auch haben sie die Paradoxie dieser mörderischen Selbstbeziehung Gottes aus einer Spekulation über innertrinitarische Verwandtschaftsregeln abzuleiten versucht. Nicht umsonst hat die institutionalisierte Kirche die Idee des genealogisch freigesprochenen Sohnes in ein System hierarchischer Sukzessionen verkehrt; und nicht umsonst hat sie die Predigt einer *synchronen Geschwisterlichkeit* in ein grausames Missionsspektakel übersetzt, in den zynischen Egalitarismus von Vernichtungsschlägen, welcher noch – guten Gewissens – die Unterscheidung zwischen »schuldig« und »unschuldig« Gemetzelten dem opferhungrigen Gott selbst zu überlassen gestattete.

VI

Allen institutionellen Gewalten zum Trotz ist der Funke antigenealogischer Rebellion nicht mehr erloschen. Bereits in den Schriften der *Gnosis* ist das Feuer wieder lebendig: die Idee egalitär organisierter Gemeinden, ohne hierarchische Nachfolgeregeln, ohne Dominanz von Geburt, Geschlecht oder Lebensalter.[59] Zahlreiche gnostische Sekten haben die Auferstehungsgeschichte abgelehnt: und mit ihr die kirchliche Erlösungspatronanz. Im Geiste Marcions haben sie die Integration der alttestamentarischen Texte in den orthodoxen Kanon kritisiert; sie haben sich abgewandt vom Gott der Schöpfung, um den *fremden Gott* der Liebe zu suchen.[60] Und dieser Gott der Liebe galt ihnen vor allem als ein Gott ohne genealogische Filiationen, als Gott der *Präsenz*, der jedem Mann und jeder Frau genauso erreichbar bleiben wollte wie den Aposteln, den Bischöfen und selbsternannten Nachfolgern des Erlösers. Nicht zufällig tauchen in den gnostischen Evangelien die Frauen wieder auf: aber justament *nicht* als Mütter oder Töchter, sondern als Gefährtinnen und Freundinnen[61], die sich der gnostischen Lebenskunst befleißigten; einer Lebenskunst, die vor allem jegliche Mitwirkung am Schöpfungsgeschehen verweigerte. Die Kirchenväter haben diesen praktischen Widerstandskern mit besonderer Strenge angeprangert und verfolgt: den gnostischen Versuch, jede Beteiligung an der Sukzession von Zeugungen und Geburten auszuschließen, sei es durch asketische oder durch sexualmystische Praktiken und Anschauungen.[62]

Die gnostische Häresie hat gewissermaßen ein Erlösungsparadigma tradiert, das auch im Zentrum der orthodoxen Evangelien hörbar geblieben ist: das Ideal einer Entlastung von Existentialschuld durch die praktizierte Negation genealogischer Ordnungskriterien. Selbst in den authentischen Paulusbriefen (die sich eben *nicht* durch sexistische Maximen auszeichnen[63]) wird diese Botschaft – als ursprüngliche Missionsidee – vorgetragen: die Intention zur Gründung eines Gottesvolkes, das kein Volk mehr ist, sich also nicht durch genealogische Zugehörigkeitsregelung definieren muß. Eine *Taufe* sollte die *Erbschuld* tilgen, als eine Ernennung, die den Schatten genealogischer Namenspflichten auszulöschen vermag: als eine *Wiedergeburt aus dem Wasser* zur Heilung des primärmasochistischen Traumas.

»Für Paulus gibt es keinen Unterschied mehr zwischen Juden und Griechen, Sklaven und Freien, denn alle sind durch die Taufe in die ecclesia des Messias aufgenommen und alle haben die Rechte von Abrahams Samen. (...) In der paulinischen Gemeinde schließen sich Menschen zusammen, die sich von allen natürlich organischen Gebundenheiten, von Natur, Kunst, Kult und Staat gelöst haben und bei denen entsprechend die Leerheit und Entfremdung von der Welt und die Entzweiung mit der Weltlichkeit einen hohen Grad erreicht hat. (...) Im Gegensatz zu den alten, gewachsenen Gebundenheiten ist die christliche Gemeinde ein unorganisches, nachträgliches, ›pneumatisches‹ Zusammensein lauter einzelner.«[64]

An dieser Vision haben alle bedeutsamen Ketzer- und Revolutionsbewegungen des Abendlandes partizipiert: die joachimitischen Spiritualen, die Katharer, die Franziskaner, die Bauernkrieger Thomas Münzers, ja selbst die Jakobiner, die Marxisten und die Anarchisten. Alle diese Bewegungen haben den Geist einer *geschwisterlichen Liebe* gepredigt; und sie haben jede Gesellschaftsordnung abgelehnt, die sich auf Privilegien der adeligen Abstammung, der hierarchischen Weihen oder der ökonomischen Klassenzugehörigkeit stützen wollte. In elementarer Hinsicht sind Joachims Visionen vom *Dritten Reich* des Heiligen Geistes eng verwandt mit dem jakobinischen Programm der *fraternité* oder mit der marxistischen Utopie einer Gesellschaft, die jedem Menschen erlaubt, nach Maßgabe seiner Fähigkeiten und Bedürfnisse – und nicht seiner Herkunft – zu existieren.[65]

Freilich darf nicht verschwiegen werden, daß diese antigenealogischen Revolutionsversuche, die organisierten Anstrengungen zu einer Überholung der Geschichte, immer wieder gescheitert sind. Entweder wurden die Bewegungen selbst vernichtet – wie die Katharer oder die Bauernheere Thomas Münzers – oder sie haben sich mit dem Terror neuer Zugehörigkeitsordnungen verbündet, mit dem fatalen Rhythmus der Guillotine oder der Massenerschießungen. Allzuschnell hat sich die eingefleischte Opferlogik wieder durchgesetzt; und neuerlich wurde das organisationstheoretische Paradoxon der jesuanischen Lehre verfehlt: jene Predigt der *Feindesliebe*, die zugleich das Schwert der Trennungen und Konflikte in die Abstammungsgruppen, in die Familien, versenkte. Mit zahlreichen Gleichnissen hat der Nazarener sein Gebot der *Nächstenliebe* erläutert: nicht die Nächsten in der *Zeit*, unsere Verwandten, sollen wir lieben, sondern die situativen, die kontingenten *Nächsten*, gewissermaßen die Nächsten im *Raume* jeweiliger Gegenwart.[66]

Und doch sind die vielfältigen Niederlagen oder schuldhaften Verstrickungen der Ketzer- und Revolutionsbewegungen nicht *weniger* evident als der nahe Untergang des genealogischen Prinzips. Wir leben schon in der Dämmerung einer *neuen Zeit*, die uns allerdings wie eine Krise erscheint. Unser zeitgenössisches Bewußtsein ist gewissermaßen panisch imprägniert; und diese Panik verdankt sich einer massiven Irritation. Als *neue Unübersichtlichkeit* bringt sich nämlich die systematische Verwirbelung traditioneller Herkunftsordnungen zur Geltung[67], eine Verwirbelung, die sich nicht allein aus der realen Auflösung nationalstaatlicher Autarkiesimulationen erklären läßt, sondern auch aus dem katastrophischen Ende des letzten – und vielleicht gewaltsamsten – Versuchs, ein genealogisches System zu errichten. Der europäische Faschismus, und insbesondere der Nationalsozialismus, haben das historische Ende des Abstammungsparadigmas sichtbar gemacht: die Unmöglichkeit, eine moderne Gesellschaft nach genealogischen Kriterien zu organisieren. Der Wahnsinn des technisierten Massenmords an den Juden, dieses Phantasma eines apokalyptischen Endkampfs zwischen zwei auserwählten Völkern, hat uns nachdrücklich belehrt: nicht nur über die barbarischen Potentiale abendländischer Kultur, sondern auch über die Untauglichkeit genealogischer Denkmuster. Nach 1945 haben wir tatsächlich die *Historie* eingebüßt, wie Jean Baudrillard behauptet:[68] aber nicht durch die Herrschaft der Medien, sondern eher schon durch die erzwungene Fragilisierung diachroner Zeithorizonte, durch den immer spürbarer werdenden Abschied von jenem Grundschema, welches die Zukünfte aus den Herkünften zu deduzieren versprach. *No future*. Wir haben die Zukunft als das bestimmte *Noch-Nicht* des genealogischen Pfeils verloren.[69] Wir sind gleichsam in die Gegenwart abgestürzt.

Denn wir sind *zu viele Menschentiere* geworden, um uns noch nach genealogischen Prinzipien organisieren zu können. Die Menschenmassen auf dem Wiener Heldenplatz, vor fünfzig Jahren, wurden eben *nicht* durch einen arischen Stammbaum vereint, sondern durch eine genealogische Fiktion, durch eine kollektive Adoptionsphantasie: *ein Volk, ein Reich, ein Führer*. Wer kannte schon seine »Volksgenossen«, ja schlimmer noch, wer konnte sie von den »Volksfeinden«, die nicht dazugehören sollten, wirklich unterscheiden? Das propagandistische Ideal des »gesunden Volkskörpers« mußte sich notwendig als paranoider Wahn, als Denunziationsmaschine, als hygienische Panik und als *blinde* Aggression etablieren. Ein »Volk ohne Raum«? – In seiner *Politik* hat Aristoteles nicht nur den »Umfang des Gebietes«, sondern auch die begrenzte *Anzahl* der Bürger als notwendige Voraussetzung der idealen *polis* qualifiziert:

> »Welches die Grenze des Zuwachses ist, ist aus den Tatsachen leicht zu entnehmen. Die politischen Aufgaben verteilen sich auf Regierende und Regierte. Die Aufgabe des Regierenden ist, anzuordnen und zu entscheiden. Um aber gerecht urteilen zu können, und die Ämter dem Würdigsten geben zu können, müssen die Bürger einander nach ihren Qualitäten kennen. (...) Es ist also klar, daß dies der beste Maßstab für einen Staat ist: die höchste Zahl der Einwohner, die noch überschaubar bleibt und ein Leben in Autarkie ermöglicht.«[70]

Bewußt spricht Aristoteles von *Überschaubarkeit*. Die

Staatsbürger müssen einander wahrnehmen können; sie müssen einander kennen und *anzusehen* vermögen, um einander ihre Präsenz und Zugehörigkeit *bezeugen* zu können.[71]

Wir hingegen leben längst schon in der *société anonyme.* Kein überflüssiger Blickwechsel ist erlaubt; und im urbanen Gedränge, beim Weihnachtsbummel über die Mariahilferstraße, ereignen sich nur noch zufällige Berührungen und Augenkontakte. »Jeder Mensch trachtet instinktiv nach seiner Burg und Heimlichkeit, wo er von der Menge, den Vielen, den Allermeisten *erlöst* ist, wo er die Regel ›Mensch‹ vergessen darf, als deren Ausnahme.«[72] Der typische Bewohner eines vielstöckigen Mietshauses hat seine Nachbarn kaum jemals gesehen; mit seinen Freunden verkehrt er nicht selten per Brief und Telefon. In der zukunftsarmen Postmoderne demonstriert das horizontale Netzwerk der Post seine unverzichtbare Modernität. Gelegentlich liest unser – unbekannter – Mitbürger von *Bevölkerungsexplosionen* in der *Dritten Welt;* gelegentlich hört und sieht er die Nachrichten über Hungersnöte, Seuchen, Bürgerkriege und Naturkatastrophen. Aber er ist nicht wirklich erreichbar: in seiner Burg.

VII

Das genealogische Prinzip – diese Verschiebung menschlicher Beziehungen vom Raum in die Zeit – wurde erfunden, um den sozialen Kosmos *zu vieler Menschen* ordnen zu können. Von der Durchsetzung dieser Ordnung berichtet das erste Buch Mose. Inzwischen sind wir in eine merkwürdige Kehre dieser Geschichte eingetreten: das genealogische Prinzip muß nämlich wieder aufgegeben werden, und neuerlich, um den sozialen Kosmos *zu vieler Menschen* ordnen zu können. Für die Notwendigkeit solcher Neuordnung plädieren bereits die christlichen Evangelien – wie sich freilich erst jetzt erkennen läßt. Vielleicht dürfen wir doch von hinten ins Paradies zurückkehren? Vielleicht wird uns die Frucht vom *Baum der Erkenntnis* nochmals angeboten, auf daß wir in den *Stand der Unschuld* zurückfallen könnten, wie Heinrich von Kleist – im Essay über das Marionettentheater – zu vermuten wagte?

Vielleicht bleibt uns gar keine andere Wahl, als auf die Maximen der Wildbeutermoral, auf die Normen egalitärer Organisation, auf die Ökonomie des Teilens und Verschwendens, auf den Primat putativer Verwandtschaftspolitik, und auf die Perspektiven einer sympathetischen Kosmologie zurückzugreifen. Vielleicht bleibt uns gar keine andere Wahl, als für eine moderne Verschwisterung von Wahrheit und Liebe einzutreten: für die Auflösung dieser ehemals notwendigen Scheidung zwischen den wahren und den liebevollen Urteilen, zwischen den vernünftigen und den empathischen Handlungen, zwischen den gerechten und den kontingenten Schmerzen. – Wie sonst sollen wir Zeitgenossen von sechs Milliarden Menschen werden? Wie sonst sollen wir zu *Kosmopoliten* avancieren, zu mündigen Passagieren dieses überaus gefährdeten planetaren Raumschiffs?

Noch wissen wir nicht genau, wie sich unser Leben nach dem Ende des genealogischen Denkens gestalten wird. Mit György Konrád ahnen wir die vage Verpflichtung zu einem bedingungslosen *Planetarismus,* eine Verpflichtung indes, die nicht mit einer neuen Gattungsmission verwechselt werden darf, sondern vielmehr die – paradoxe – Wahrnehmung genealogisch entbundener Individualität verlangt. *Antipolitisch* (und nicht: *apo-*

litisch) hat Konrád den Standpunkt des »verdächtigen Kosmopoliten« genannt, der jede Kooperation mit »lokalen Dummheiten« verweigert.[73] Im Mißtrauen gegen alle Optionen auf die Zukunft des Menschengeschlechts, in habitueller Schwerhörigkeit gegenüber jeglicher Missionsrhetorik und politischer Identifikations-Propaganda, artikuliert sich dieser Standpunkt; ein *Standpunkt des Opfers*[74], das lieber leben mag als sterben und das seiner Angehörigen und seiner Toten gedenken kann, ohne die Lust auf Wehrdienste und ohne irgendeine Nötigung zum Ahnenkult zu verspüren. Vielleicht enthält die eingangs zitierte Meldung von der quantitativen Besiegung der Totenheere auch eine zweite, tröstliche – und nicht mehr kriegerische – Botschaft: die Aufforderung nämlich zu einer neuen und freien, zu einer liebevollen und buchstäblich *erlösten* Erinnerung unserer Herkunft; zu einer Erinnerung ohne Zwänge, Ängste und mörderische Schuldempfindungen.

Anmerkungen

1 Eugenio Montale: *Gedichte 1920–1954*, München/Wien 1987, S. 87
2 Elias Canetti: *Das Geheimherz der Uhr. Aufzeichnungen 1973 – 1985*, München/Wien 1987, S. 84
3 cf Umberto Eco: *Der Name der Rose*. Roman, München/Wien 1982, S. 215 ff; cf ferner Umberto Eco: *Die Bibliothek*, München/Wien 1987
4 cf Jorge Luis Borges: *Die Bibliothek von Babel*, in : *Gesammelte Werke*, Band 3/I, München/Wien 1981, S. 145–154
5 Danilo Kiš: *Enzyklopädie der Toten. Erzählungen*, München/Wien 1986, S. 46
6 Ebda, S. 46

7 Friedrich Hölderlin: *Gedichte* (= Gesammelte Werke Band I), Potsdam 1921, S. 227

8 Walther Rehm: *Orpheus. Der Dichter und die Toten*, Darmstadt 1972, S. 297 (cf auch S. 648 ff)

9 Gottfried Keller, zitiert nach Jakob und Wilhelm Grimm: *Deutsches Wörterbuch*, Band XXI, München 1984, Spalte 625; cf ferner Conrad Ferdinand Meyer: *Sämtliche Gedichte*, Stuttgart 1978, S. 230: »Wir Toten, wir Toten sind größere Heere / Als ihr auf der Erde, als ihr auf dem Meere!«

10 Rainer Maria Rilke: *Die Gedichte*, Frankfurt/Main 1986, S. 704

11 cf *Die Zeit* (Zeitmagazin) Heft Nr. 21 vom 20. Mai 1988, Hamburg 1988, S. 8

12 Der quantitative Sieg über die Toten stürzt auch die Reinkarnationslehre in eine Krise, wie Karl Markus Michel konstatiert: »Die Erdbevölkerung vermehrt sich rasant – wo kommen die benötigten Seelen her? Waren sie vorfabriziert, von allem Anfang an? Werden sie nachgefertigt, wenn Bedarf besteht? Oder ist schon nicht mehr alles Fleisch auf Erden beseelt? Das zu vertreten wäre freilich riskant, weil ruf- und berufsschädigend. Wir wollen lieber annehmen, daß sich heute oft mehrere Leiber in *eine* Seele teilen, wodurch auch verständlich würde, warum diese geteilten Seelen zunehmend der therapeutischen Streckung bedürfen.« (Karl Markus Michel: *Grüße aus dem Jenseits. Ein Forschungsbericht*, in: Kursbuch 86, Berlin 1986, S. 83)

13 Stanisław Lem: *Eine Minute der Menschheit. Eine Momentaufnahme*, Frankfurt/Main 1983, S. 40

14 Denis de Rougemont: *Die Zukunft ist unsere Sache*, München 1987, S. 17

15 cf Jost Herbig: *Nahrung für die Götter. Die kulturelle Neuerschaffung der Welt durch den Menschen*, München/Wien 1988, S. 28 ff; cf ferner Heidrun Kaupen-Haas (Hg.): *Der Griff nach der Bevölkerung. Aktualität und Kontinuität nazistischer Bevölkerungspolitik*, Nördlingen 1986

16 Gerhard Schweizer: *Zeitbombe Stadt. Die weltweite Krise der Ballungszentren*, Stuttgart 1987, S. 334

17 Ebda, S. 333

18 cf Dennis Meadows (et al): *Die Grenzen des Wachstums. Bericht des Club of Rome zur Lage der Menschheit*, Stuttgart 1972, S. 26 ff; cf ferner *Global 2000. Der Bericht an den Präsidenten*, herausgegeben von Reinhard Kaiser, Frankfurt/Main 1980, S. 143 ff; cf ferner Peter J. Opitz (Hg.): *Die Dritte Welt in der Krise. Grundprobleme der Entwicklungsländer*, München 1985 (2. Auflage), S. 45 ff und S. 186 ff

19 cf Hans Peter Duerr: *Sedna oder Die Liebe zum Leben,* Frankfurt/Main 1984, S. 11 ff
20 cf Herbig, a. a. O., Seite 55
21 cf Duerr, a. a. O., Seite 13
22 Ebda, S. 328 ff (Anmerkungen 4 und 9 zu § 8); cf ferner Leon Festinger: *Archäologie des Fortschritts,* Frankfurt a. M./New York 1985, S. 121 ff. (Die These von der »ersten Bevölkerungsexplosion« ist freilich umstritten, wie besonders Herbig (a. a. O., S. 147 ff) betont; festzustehen scheint lediglich, daß Seßhaftwerdung und Bevölkerungswachstum als multifaktorielle Prozesse aufgefaßt werden müssen – als kybernetische Regelkreise, die einander wechselseitig bedingen. Natürlich stellen auch Herbig oder Festinger nicht in Abrede, daß Seßhaftigkeit und Bevölkerungszunahme eng miteinander zusammenhängen: und nur dieser polykausale *Zusammenhang* ist für unsere Argumentation relevant.)
23 *1. Mose 3.22* und *3.20* (zitiert nach der deutschen Übersetzung Martin Luthers); cf ferner Robert von Ranke-Graves/Raphael Patai: *Hebräische Mythologie. Über die Schöpfungsgeschichte und andere Mythen aus dem Alten Testament,* Reinbek bei Hamburg 1986, S. 93 ff
24 Hans Blumenberg: *Matthäuspassion,* Frankfurt/Main 1988, S. 24
25 *1. Mose 4.1* (nach der Übersetzung Martin Luthers)
26 *1. Mose 6.7* (nach der Übersetzung Martin Luthers)
27 *1. Mose 9.1* (nach der Übersetzung Martin Luthers)
28 *1. Mose 9.7* (nach der Übersetzung Martin Luthers)
29 Blumenberg, a. a. O., Seite 26; cf ferner Émile M. Cioran: *Die verfehlte Schöpfung*, Frankfurt/Main 1979, S. 14
30 cf Frank Robert Vivelo: *Handbuch der Kulturanthropologie. Eine grundlegende Einführung*, München 1988, S. 71 ff; cf ferner Bernhard Streck (Hg.): *Wörterbuch der Ethnologie,* Köln 1987, S. 251 ff
31 Herbig, a. a. O., S. 196
32 cf Dieter Claessens: *Das Konkrete und das Abstrakte. Soziologische Skizzen zur Anthropologie,* Frankfurt/Main 1980, S. 63 ff
33 Herbig, a. a. O., Seite 196
34 cf Peter Janich: *Die Protophysik der Zeit. Konstruktive Begründung und Geschichte der Zeitmessung*, Frankfurt/Main 1980, S. 226 f; cf ferner Rudolf Wendorff: *Zeit und Kultur. Geschichte des Zeitbewußtseins in Europa*, Opladen 1980 (2. Auflage), S. 39 ff und 66 f
35 cf William Irwin Thompson: *Der Fall in die Zeit. Mythologie, Sexualität und der Ursprung der Kultur*, Reinbek bei Hamburg 1987, S. 155 ff

36 Ernst Bloch: *Das Prinzip Hoffnung* (= Werkausgabe Band V), Frankfurt/Main 1985, S. 1

37 cf Vivelo, a. a. O., S. 75 f

38 cf Émile M. Cioran: *Vom Nachteil, geboren zu sein*, Frankfurt/Main 1979; cf ferner Thomas H. Macho: *Tod und Vergeltung. Ein Fragment über das Gericht*, in: *Manuskripte*, Heft 98, Graz 1987, S. 4 f; cf ferner ders.: *Himmel als Abgrund. Fragment über den Geburtstag*, in: *Manuskripte*, Heft 100, Graz 1988, S. 224 f

39 Herbig, a. a. O., S. 207

40 Ebda, S. 204

41 cf Gerhard Schwarz: *Die »Heilige Ordnung« der Männer. Patriarchalische Hierarchie und Gruppendynamik*, Opladen 1985

42 cf Heide Göttner-Abendroth: *Die Göttin und ihr Heros. Die matriarchalen Religionen in Mythos, Märchen und Dichtung*, München 1980; cf ferner Erich Neumann: *Die Große Mutter. Eine Phänomenologie der weiblichen Gestaltungen des Unbewußten*, Olten/Freiburg/Brsg. 1974

43 cf Duerr, a. a. O., S. 229 ff

44 cf Peter Sloterdijk: *Eurotaoismus. Zur Kritik der politischen Kinetik*, Frankfurt/Main 1989, S. 174 ff; cf ferner Max Kaltenmark: *Lao-tzu und der Taoismus*, Frankfurt/Main 1981, S. 69 ff

45 cf Werner Kohler: *Leben und Sterben in fernöstlichem Verständnis*, in: Gunther Stephenson (Hg.): *Leben und Tod in den Religionen. Symbol und Wirklichkeit*, Darmstadt 1980, S. 317–332

46 cf Richard Reitzenstein: *Die hellenistischen Mysterienreligionen nach ihren Grundgedanken und Wirkungen*, Darmstadt 1980; cf ferner Joachim Friedrich Sprockhoff: *Die feindlichen Toten und der befriedende Tote. Die Überwindung von Leben und Tod in der Entsagung*, in: Stephenson, a. a. O., S. 263–284

47 *Joh. 10.30* (nach der Übersetzung Martin Luthers)

48 *Joh. 14.7–9* (nach der Übersetzung Martin Luthers)

49 cf Thomas H. Macho: *Fragment über die Verzeihung*, in: *Zeitmitschrift. Journal für Ästhetik*, Heft 4, Düsseldorf 1988, S. 135–145

50 *Lk. 2.49* (nach der Übersetzung Martin Luthers)

51 *Mt. 12.48* (nach der Übersetzung Martin Luthers)

52 *Ps. 22.2* (nach der Übersetzung Martin Luthers)

53 *Ps. 22.10–11* (nach der Übersetzung Martin Luthers)

54 *Joh. 19.26–27* (nach der Übersetzung Martin Luthers) Bemerkenswert ist, daß Jesus seine Mutter stets – und nicht nur in dieser Textpassage – als »Weib«, als *Frau* also und *nicht* als Mutter, anspricht!

55 Die Mutter Jesu wird weder bei Markus noch bei Matthäus und Lukas erwähnt; und das Gewicht dieses Befundes wird gleichsam

verstärkt durch die penible Aufzählung aller anwesenden Frauen, die wir Markus und Matthäus verdanken (*cf Mk. 15.40–41* bzw. *Mt. 27.55–56*).

56 *Mt. 10.34–37* (nach der Übersetzung Martin Luthers)

57 Jean Paul: *Siebenkäs,* Stuttgart 1983, S. 299; cf ferner Adolf Holl: *Tod und Teufel,* München 1976, S. 112f

58 Um eine Interpretation des opferkritischen Kerns christlicher Lehre hat sich besonders René Girard bemüht; cf René Girard: *Das Ende der Gewalt. Analyse des Menschheitsverhängnisses,* Freiburg/Brsg. 1983, S. 187ff; cf ferner ders.: *Der Sündenbock,* Zürich 1988, S. 148ff

59 cf Elaine Pagels: *Versuchung durch Erkenntnis. Die gnostischen Evangelien,* Frankfurt/Main 1987, S. 70ff

60 cf Adolf von Harnack: *Marcion. Das Evangelium vom fremden Gott. Eine Monographie zur Geschichte der Grundlegung der katholischen Kirche,* Darmstadt 1985, S. 93ff

61 cf das *Philippusevangelium,* in: Wilhelm Schneemelcher (Hg.): *Neutestamentliche Apokryphen in deutscher Übersetzung,* Band I, Tübingen 1987 (5. Auflage), S. 155ff; cf ferner Pagels, a. a. O., S. 94ff

62 cf Hans Leisegang: *Die Gnosis,* Stuttgart 1985 (5. Auflage), S. 186ff; cf ferner Steven Runciman: *Häresie und Christentum. Der mittelalterliche Manichäismus,* München 1988, S. 23ff

63 cf Pagels, a. a. O., S. 111f

64 Jakob Taubes: *Abendländische Eschatologie,* Bern 1947, S. 61 und 64

65 Wahrscheinlich hat Ernst Bloch den elementaren Zusammenhang zwischen christlich-häretischen Ketzerbewegungen und dem Marxismus am deutlichsten wahrgenommen, und zwar sowohl in Ernst Bloch: *Geist der Utopie* (= Werkausgabe Band III), als auch in ders.: *Thomas Münzer als Theologe der Revolution* (= Werkausgabe Band II), oder in ders.: *Atheismus im Christentum. Zur Religion des Exodus und des Reichs* (= Werkausgabe Band XIV), und natürlich auch in ders.: *Erbschaft dieser Zeit* (= Werkausgabe Band IV), alle Frankfurt/Main 1985

66 »Wenn die Gruppenmitglieder untereinander gut auskommen, so heißt das noch lange nicht, daß die Aggression zwischen den Gruppen abgebaut wird, eher im Gegenteil. Das hat, meine ich, Jesus schon ganz klar gesehen. Was heute not täte, wären Menschen, die *in* der Gruppe sich auflehnen, Widerstand leisten, Außenseiter, die es fertigbrächten, die systemimmanente Feindlichkeit unter den Gruppen zu beseitigen. Ansonsten wird man später die wachsende Zuneigung *innerhalb* der Gruppen als eine Kompensation dafür

bezeichnen müssen, daß die Aggression *unter* den Gruppen ins Ungemessene und in die totale Vernichtung gewachsen ist.« (Peter Noll: *Diktate über Sterben & Tod,* Zürich 1984, S. 49)

67 cf Peter Heintel/Thomas H. Macho: *Der soziale Körper. Kynismus und Organisation,* in: *Peter Sloterdijks Kritik der zynischen Vernunft,* Frankfurt/Main 1987, S. 290–323

68 cf Jean Baudrillard: *Zu spät!,* in: Jürg Altwegg (Hg.): *Die Heidegger Kontroverse,* Frankfurt/Main 1988, S. 166–171

69 cf Sloterdijk, a.a.O., S. 328ff

70 Aristoteles: *Politik,* München 1973, S. 226 (VII. Buch, 4. Abschnitt)

71 Die genealogische Ordnung hängt von der Möglichkeit solcher Zeugenschaft ab: *bezeugt* werden muß, daß ich zur polis gehöre, daß ich durch meine Abstammung – meine *Zeugung* – das Recht der Staatsbürgerschaft erworben habe. Auf den Zusammenhang zwischen sozialem Gedächtnis und Zeugenschaft hat u.a. Maurice Halbwachs aufmerksam gemacht (cf Maurice Halbwachs: *Das kollektive Gedächtnis,* Frankfurt/Main 1985, S. 34ff).

72 Friedrich Nietzsche: *Jenseits von Gut und Böse,* in: *Sämtliche Werke* (Kritische Studienausgabe) Band V, München/Berlin/New York 1980, S. 43

73 cf György Konrád: *Stimmungsbericht,* Frankfurt/Main 1988, S. 60

74 cf Ebda, Seite 22ff.

Georg Kohler
Warum nicht Apartheid
Wie sich das 19. im 21. Jahrhundert wiederholen sollte

> Man braucht nur auf die Straße zu gehen, morgens und an den Zeitungsstand. Da fällt es einem wie Brillen von den Augen. Endlich weiß man, was Zeit ist: Solang man auch trödelt, es wird nicht früher.
>
> *Rudolf M. Lüscher**

Erwarten wir nun eigentlich etwas oder warten wir im Grunde auf nichts? Wer beschreibt unsere Seelenlage treffender: Samuel Beckett oder Tom Robbins? Ist das Posthistoire angebrochen, der endlose Advent des *Wartens auf Godot,* oder behält doch dieser amerikanische Popsarkast Robbins recht, der sicher scheint, daß der Vorhang zu einem anderen Drama aufgehen wird: »Im letzten Viertel des 20. Jahrhunderts, einer Zeit, in der die westliche Zivilisation zu rasch zur Neige ging, um es sich wohl sein zu lassen, und doch wieder zu langsam, um richtig aufregend zu sein, hockte fast alle Welt auf der Kante eines immer teurer werdenden Theatersessels und wartete, daß etwas Bedeutendes passierte. Daß etwas Bedeutendes passieren mußte, war klar. Schließlich konnte sich nicht das gesamte kollektive Unbewußte darin irren. Aber was würde es sein?«[1]

Zur Gegenwartserfahrung gehört offensichtlich beides: das Gefühl, daß es um alles, und das Gefühl, daß es um nichts mehr geht. Und vor allem der Verdacht, daß das kein Gegensatz ist, sondern das kontradiktorische

Gesetz, nach dem die rückhaltlos modern gewordene Moderne sich selber produzieren muß. Am Reflexionskrampf, den heute das auslöst, was früher aufmunternd »gesellschaftliche Utopie« heißen durfte, zeigt sich die unheimliche Selbstbezüglichkeit, -produktivität und -widersprüchlichkeit unserer Welt mit fast apodiktischer Evidenz: Wenn es die Zeit charakterisiert, daß von ihr alle Entwürfe, die das Jahrhundert einst als zukunftweisend vorgefunden hat, ausprobiert und dabei glanzlos geworden sind (sofern sie sich nicht als blutiger Wahnsinn entlarvt haben), wenn der Katalog denkbarer Möglichkeiten erschöpft scheint und als einzige Alternative die Rettung der Gegenwart vor und durch sich selber bleibt, dann ist eben nicht die Aufhebung, sondern die Verwirklichung des Widerspruchs – Selbsterhaltung durch die Ursachen der Selbstgefährdung zu bewirken – das der gegebenen Lage angemessene Zukunftsprogramm.

Aber vielleicht ist es sinnvoll – vorerst und noch einige Gedanken lang –, schärfer zwischen theoretischer Diagnose und praktischen Empfehlungen zu trennen.

Ihre gottlos autoreflexive Struktur nötigt die Moderne, als zugleich unüberbietbar und katastrophal aufzutreten, als ewige Endzeit, deren Nach nur sie selber oder die Sintflut bringen kann. Die auf Fernsicht achtenden Theorien der achtziger Jahre biegen von ganz verschiedenen Beobachtungspunkten her in diese Zentralperspektive ein. Auf zwei dieser Theorien möchte ich ausdrücklich hinweisen. Sie beleuchten komplementär die Unentrinnbarkeit der modernen Kondition. Anregungen von Jakob Taubes und Günther Anders folgend hat Peter Sloterdijk mit Hilfe der jüdisch-christlichen Gedankenfigur einer geschichtsphilosophischen »Frist« den aporetischen, zu narzißtischem Größenwahn tendierenden Begriff der Moderne entfaltet bzw. auf den Punkt seiner größten inneren Spannung gebracht.[2] Ulrich Becks Konzept und Darstellung der »Risikogesellschaft« liefert dazu die empirische Wahrheit: Am Material einer vor dem Gewirr unserer Weltzivilisation nicht zurückschreckenden Soziologie zeigt sich die handfeste Realität der auf und vor sie selbst gestellten, vom Bewußtsein gegebener Fristen gleichzeitig mobilisierten und paralysierten Menschheit.[3]

Sloterdijk zielt auf das endlos-explosive Moment der paradoxen Tiefenstruktur des modernen Weltverhältnisses, er markiert es als den »nervösesten Punkt der Gegenwartskrise«: Von der Sorge um Befristung getrieben ist die Modernität an den vorausgesetzten Auftrag gebunden, ihren Fortschritt zum Ende der Geschichte ins Endlose zu verlängern. So wird sie »in ein unlösbares Dilemma gestürzt: einerseits kann die Moderne nach sich selber nur noch das Schlimmste kommen sehen; andererseits liegt das Schlimmste präzise auf ihrem eigenen Kurs, den zu verlassen sie sich verbietet, weil sie keine Alternativen zu ihr für denkbar hält«.

»Risikogesellschaft« ist für solche Selbstverstrickung ein beinahe beschwichtigender Name. Er steht für das notwendig gewordene Reflexionsgeschehen im alle Machbarkeitsgrenzen auflösenden Fortschritt. In dieser heute nicht mehr zu übersehenden Rückbeugung verwirklicht sich die letzte Möglichkeit der Gegenwart, endlos endlich zu bleiben. Denn »Risikogesellschaft« nennt Beck ja jenes Stadium der Wachstumsgesellschaft, in dem die Folgen und Nebenfolgen der letzteren zum Kern der bestimmenden Hauptprobleme des ganzen Planeten geworden sind. Die Moderne erreicht damit die Autonomie, die vor ihr keine Epoche besessen hat. Sie schafft sich selbst die Übel, die sie allein heilen zu können verspricht. Noch einmal also: Alles Warten auf Besserung erfüllt sich in der Wiederholung des Alten. Oder in der Angst, daß das nicht mehr, und das bedeutet dann: daß nichts mehr geht. Beckett, Robbins, Sloterdijk und Beck – sie alle reden vom selben.

Die Unüberbietbarkeit der Moderne (und die schweizerische Art, es dabei bewenden zu lassen)

Vor uns also: die Gegenwart. »Business as usual« läßt sich folgern. Und das könnte auch heißen, daß erstens alles, was geschieht, für gewöhnlich ein Geschäft wird, und zweitens, daß deshalb fast alles, was möglich ist, irgendwann geschehen dürfte. Als Risikogesellschaft erleben die umsichtigen Spekulanten die Welt ja schon längst. Die Vertrauten des zinsheckenden und zinsfressenden Wesens der Frist, die Kenner des großen und kleinen Kapitals müssen daher auch wissen, wie man mit dem Ganzen fertig werden kann.

»Keine Panik und mutige Investitionen« lautet vereinfacht das Rezept. Wie man's macht, kann man bei den Großen lernen, schließlich sind sie ja nicht ohne Grund erfolgreich und groß geworden. »Warum Daimler-Benz?« fragt der *Spiegel*-Interviewer den mächtigen Aufsichtsratsvorsitzenden und Sprecher des Bankhauses, dessen Bilanzsumme viele Staatsbudgets übertrifft, und Herrhausen entgegnet der Frage, weshalb ein Mammut von einem Konzern noch mammutiger und um den ganzen Luft- und Raumfahrtkomplex der Bundesrepublik Deutschland erweitert werden soll, mit kaum erhobener Stimme und ganz ohne Europessimismus: »Warum Daimler-Benz? Wenn Sie gestatten, mit einem Lächeln diese Frage zu beantworten: vielleicht weil Daimler-Benz weiter voraus denkt als manch andere Unternehmen.

Daimler-Benz sucht Zukunft, Daimler-Benz sucht Zukunftsmärkte, Daimler-Benz verläßt sich nicht allein darauf, Automobilbauer zu sein. (...) Daimler-Benz orientiert sich hinein in wachsende Märkte, die charakterisiert werden durch hohe Technologie. Was meinen Sie, was los ist in Japan, was meinen Sie, was los ist in Amerika? (...) Ich habe immer gesagt, wir können das alles auch, aber wenn wir es können wollen, dann müssen wir es auch tun.«[4]

Natürlich, High-Tech und »Bigness as usual«[5] birgt Risiken; doch der Verzicht auf sie ebenso: Wirtschaftssklerosen, Niedergang der Innovationsquote, Wettbewerbsnachteile im Kampf der Multis, die Gefahr, bald nur noch Kolonie zu sein in der weltweiten Konkurrenz ums ökonomische Imperium – »was meinen Sie, was los ist in Japan?« Ja, ja, das ahnen wir, und der eurochauvinistische Reflex funktioniert beinahe so automatisch wie das Argument mit der Sicherung von Arbeit und Wohlstand. Leben ist immer lebensgefährlich, trösten wir uns; nicht umsonst ist man längst zu Hause in der Welt von Sandoz und Tschernobyl. Und möglicherweise ist es nichts anderes als der gelungene Fortschritt selbst, der – verglichen mit früheren Jahrhunderten – unglaublich hohe Grad individueller Lebensgarantien, geschützter Freiheiten, berechenbarer Existenzchancen und gesellschaftlichen Reichtums, der uns übertrieben ängstlich macht. »Angstneurotisch« sagen einige sogar, denn die verbreitete Übelstandsnostalgie der Angehörigen moderner Kultur sei das Resultat systematisch frustrierter Angstbedürfnisse.

»Je mehr Krankheiten die Medizin besiegt, desto größer wird die Neigung, die Medizin selber zur Krankheit zu erklären; je mehr Lebensvorteile die Chemie der Menschheit bringt, um so mehr gerät sie in Verdacht, ausschließlich zur Vergiftung der Menschheit erfunden zu sein; je länger Kriege vermieden werden, desto bedenkenloser gilt die vorhandene Friedensvorsorge als pure Kriegstreiberei (...)«[6] Solche Theorie psychosozialer Angstmechanik möchte die Realität vor den Katastrophen der Einbildungskraft retten. Weil es die Angst nicht mehr so recht brauche, da die Epoche immer mehr wirkliche Gefahren – vom Kindbettfieber bis zur Verweigerung des Urlaubsgeldes – beseitigt habe, habe man eben neue Angstgründe erfinden müssen. Dazu geschaffen, Angst zu empfinden und dank ihr zu überleben, sei der Mensch nicht mehr dazu disponiert, jemals angstlos zu leben, obwohl er den modernen Entzug von Widrigkeiten doch eigentlich mit entspannter Genugtuung genießen könnte.

Neben den furchtlosen Cäsaren des Konsums, den Herren über Chips und Crispies, den Weltstrategen des Nescafés, neben den Clans Lockheed und McDonald und neben ihren neurasthenischen Gegnern, den allemal Angstbereiten und – allerdings – Angst*fähigen*, den weniger Robusten und Schwankenden zwischen hellsichtiger Wahrnehmung und projektiver Panik ist mindestens noch eine dritte Attitüde und Zukunftshaltung zu registrieren. Ich fürchte, es ist diejenige, die mir am nächsten steht, und ich denke, sie prägt das Dutzendgesicht der Zeit am stärksten. Charakteristisch für sie ist das Bewußtsein der Distanz – zwischen mir und der schlimmen Welt, ihrer und meiner Zukunft; und auch ein beruhigendes Wissen der Unbeeinflußbarkeit dessen, was im allgemeinen geschieht.

Man darf dabei sogar ein gutes Gewissen haben: Die Geschichte ist voll von denen, die mit besten Absichten aufs Ganze gingen und nur Schaden angerichtet haben.

Eine Stimmung behaglich blinzelnder Hilflosigkeit also, ein – je nachdem: ziemlich stumpfes oder sanguinisches, gelegentlich melancholisches – Gefühl schöner Verantwortungsentlastung für die Übel, von denen man überall hört, liest und unterlaßlos Bilder zu sehen bekommt.

Die Voraussetzungen solch zutraulich-agnostischer Weltdistanz – gesicherte Einkommensverhältnisse; das Talent, nicht sehr viel mehr zu verlangen, als man erreichen kann; ein gewisses Vertrauen in die Solidität der gefundenen Arrangements; der Wunsch nach planfähiger Alltäglichkeit und ein eher schläfriges Verhältnis zu gegebenen Fristen von Lebens- und Weltzeit – gehören mindestens seit 1960 zum Innenbau »schweigender Mehrheiten«. Und es sieht so aus, als habe man heute besonders gute Gründe für ihre Geltung.

Sicherlich, daß es irgendwann (in zwanzig, dreißig Jahren vielleicht) schiefgehen könnte, hält man für gar nicht so unwahrscheinlich. Aber bis dahin mag ja noch manches passieren, und vor allem sind die historischen Lektionen der Kulturrevolution von 1968 ins kollektive Gedächtnis deutlicher denn je eingeschrieben – bilden doch die achtziger Jahre die objektive Replik auf die Einstellungen von damals: als die umfassende Revokation fast all ihrer kritischen Erwartungen.

Eine symptomatische Textkonfrontation mag als Beispiel dienen. Auf der Suche nach »Bedingungen der Revolutionierung spätkapitalistischer Gesellschaften« kommt, im Jahre 1968, Jürgen Habermas u.a. auf die »Protestgruppe der Schüler und Studenten« zu sprechen. Er erwägt, ob bei ihnen, den materiell mehrheitlich privilegierten Nutznießern bürgerlicher Tugenden, eine systemsprengende Sensibilität zu finden sein könnte »für den ideologisch verschleierten Zwang jener bürokratisierten Arbeits- und Lebensformen (...), innerhalb derer der Wohlstand von vergangenen Generationen erarbeitet worden ist. (...) Ein Unverständnis dafür, warum das Leben einzelner trotz des hohen Standes der technischen Entwicklung nach wie vor durch das Diktat der Berufsarbeit, durch die Ethik des Leistungswettbewerbs, durch den Druck der Statuskonkurrenz, durch Werte der possessiven Verdinglichung und der angebotenen Surrogatsbefriedigung bestimmt ist, warum die Disziplin der entfremdeten Arbeit, Tilgung von Sinnlichkeit und ästhetischer Befriedigung aufrechterhalten werden. Dieser Sensibilität muß eine strukturelle Ausschaltung praktischer Fragen aus der entpolitisierten Öffentlichkeit unerträglich werden.«[7]

Genau zwanzig Jahre später berichtet ein Vertreter jener Studenten, denen die unauffällige Gewalt oder – je nach Optik – die entlastenden Steuerungsleistungen sozialer Systeme, Institutionen und Traditionen in der Tat zum Problem geworden waren, zwanzig Jahre später beobachtet Matthias Horx, wie sich die »kids« entwickelt haben, die er als junger Pädagogikstudent 1972 bis 1975 in einem antiautoritären Frankfurter Kinderladen zu beaufsichtigen und vor allem zu »motivieren« hatte.[8] Was ist aus Nicky, Kai, Hilke und Anja geworden? und aus der aggressiven Sarah, die »kratzte und biß, wenn man auch nur eine Sekunde lang nicht aufpaßte (...), die kleine Nicky an den Ohren zog und Kai am Pimmel, wenn wir ins Schwimmbad gingen« –?

Man ist ein bißchen erschrocken, wenn man die Antworten hört, so sehr passen sie zu den Klischees und uralten Mustern; zu denen, die den Hedonismus, die Gelegenheitsbereitschaft, den gleitenden Pragmatismus des Zeitgeistes behaupten, und zu denen, die – generationenkonfliktlogisch – von allem Anfang an wußten, daß Kinder von APOs das Gegenteil ihrer Eltern werden: »Sarahs

Terrain ist die Innenstadt. Dort geht sie samstags demonstrieren, wie es ihre Eltern in den Siebzigern taten, nur auf ihre Weise; ihre Route führt quer durch alle einschlägigen jugendlichen Boutiquen (...). ›Ich lebe hier und jetzt‹, sagt Kai ganz cool, ›ich habe nicht die geringste Lust, mir über das nächste Jahr hinaus Gedanken zu machen.‹ Das nächste Jahr wird er in Amerika verbringen (...) ausgerechnet Amerika! Die amerikanische Kultur, das ist für seine Mutter immer noch ein rotes Tuch (...). Und Anja, als hätte sie es auswendig gelernt: ›Wir sind ja oft selber erstaunt über uns, daß wir so wenig engagiert sind.‹«

Horx' Fazit variiert ein bekanntes Lied: Am Ende der antiautoritären Bewegung und ihrer Kinder wartet die Sehnsucht nach Normalität, nach verläßlichen Rollen und tragbaren Lebenskompromissen. Und die Eltern? Sie, die alles auf den Begriff bringen wollten und zu verbalisieren verstanden, haben es nun mit einer Generation zu tun, deren pubertärer Widerstand sich im Rückzug aus der Autorität des Über-Alles-Sprechen-Könnens verwirklicht. »Sie ahnen, daß sich in der Konsumfreude der Kinder auch eine Kritik an der Unmäßigkeit der Emanzipationsära ausdrückt. Sie sind nicht ohne Bitterkeit und Schuldgefühle.« So stehen wir da, bisweilen ratlose Zaungäste jener Geschichte, die wir auf deren Weg zur Freiheit zu befördern entschlossen waren, immer noch – oder erneut – betroffen von dieser »strukturellen Ausschaltung praktischer Fragen aus der entpolitisierten Öffentlichkeit«.

Ich sage es nicht nur mit Sarkasmus: Die sogenannte Postmoderne, die in Wahrheit eine vergleichsweise friedliche Phase im Selbstüberbietungs- und -verlängerungsprozeß der Moderne ist, die Postmoderne ist die allgemeine Verschweizerung unserer Kultur.

Selber Schweizer, weiß ich, wovon ich rede, und es gibt viele Situationen, in denen ich die eingefleischte Scheu meiner Landsleute vor allem Großen und Prinzipiellen, ihre Pathosferne, ihr Mißtrauen gegen alles Heroische, ihren längst vollzogenen Abschied aus der großen Geschichte und ihre Emsigkeit im System der Bedürfnisse und bei dessen Ausweitung verteidigen möchte. Aber ein ungutes Gefühl beschleicht mich dann doch, wenn ich sehe, wie sehr die helvetischen Kategorien der Lebensbewältigung dominant werden. Nur: Was eigentlich ist daran störend? Am Vorrang des Ökonomischen über die Politik, an der Favorisierung von Kaufmannsidealen vor aristokratischen Handlungsbegriffen und gegenüber jeder Utopie; am selbstsuggestiven und insofern wirksamen Glauben an die eigene Stabilität; am Kohlschen Konsenselan und seinen taktischen Schlauheiten; an der Tatsache, daß Regieren unter Fabius/Rocard ungefähr dasselbe wie unter Chirac bedeutet; an der vergleichbaren Tatsache, daß Labour Hoffnungen auf einen Wahlsieg sich nur machen darf, wenn die Partei zur »Mitte« rückt; am Reaganschen Moderationskurs und daran, daß nun auch der Realsozialismus, seine Warenseele entdeckt habend, weltmarktfähig zu werden wünscht; kurz: am flinken, nicht mehr allzu dramatischen Lauf der Dinge in unserer westlichen Welt vom Atlantik bis zum Ural? Was stört mich daran?

Um es geradewegs zu sagen: Nicht das ausgesprochen Freundliche dieser Philosophie der erwartbaren Erwartungen, sondern ihre bis auf weiteres verschwiegenen Hintergrundgedanken, das Unausgesprochene und Implizite. Es könnte nämlich nur zu rasch offensichtlich werden, daß der Sinn fürs Mittelmaß und Naheliegende, fürs Design und das Käufliche am guten Leben den harten Kern einer militanten Apartheidsidee verbrämt. Es könnte sein, daß sich hinter den postmodernen Fassaden ein Betonbunker der Segregation verbirgt. Und es könnte sein, daß das nach all den Enttäuschungen mit den Projekten der Moderne verständliche Bedürfnis, die großen Probleme ruhen zu lassen und sich ans Machbare zu halten, mit zähnebleckender Abwehr und böser Gereiztheit reagiert, wenn ihm plötzlich klar werden sollte, daß die großen Probleme auf sein Versöhnungsangebot nicht eingehen werden.

Noch einmal: Ich will meinen Landsleuten nicht unrecht tun, und man darf nicht vergessen, daß die Schweiz gemessen an ihrer Bevölkerungszahl mehr Flüchtlinge aus der Dritten Welt aufnimmt als die meisten anderen europäischen Länder. Aber wie dicht die Oberfläche lässiger postmoderner Pluralität und Zufriedenheit an eine isolationistische Tiefenideologie gnadenloser Apartheidsreflexe, brütender Xenophobien und erbitterter Defensivreaktionen stößt, läßt sich – durchaus stellvertretend für die latente Verfassung aller reichen Industrienationen – ganz gut am schweizerischen Beispiel studieren. An ihm zeigt sich mit repräsentativer Deutlichkeit, daß es in Zukunft nicht möglich sein kann, es mit augenzwinkerndem common sense bei der selbstwidersprüchlichen Unüberbietbarkeit der Moderne bewenden zu lassen, sondern daß wir aller Wahrscheinlichkeit nach noch viel tiefer in ihre Kontradiktionen hineinkommen müssen; die Frage ist bloß, ob blindlings oder mit offenen Augen.

Warum nicht Apartheid?!

Daß wir in mehr als einer Welt, aber auf einer einzigen Erde leben[9], ist das Aktuelle der Zukunft. In ihm verbindet sich der postmoderne Saum mit dem wirbelnden Strom der Moderne. Die latent apartheidwillige Mulden- und Nischenphilosophie *à la manière suisse* dreht diesen Satz gewissermaßen um: Sie geht davon aus, daß wir in einer Welt und auf vielen Erden leben. Nämlich in der einen Universalwelt ökonomischer Beziehungen und auf jenen vielen Privaterden, in deren Intimität und Familiarität wir liebenswürdig und warmherzig und wieder fit werden für die kalkulierende Kälte, dank derer wir der Unberechenbarkeit der mundanen Außenbezirke zu trotzen vermögen.

Man bewirtschaftet die entlegensten Zonen des Planeten (die winzige Schweiz gehört zu den weltweit mächtigsten Auslandsinvestoren), aber man möchte stets zurückkehren können auf den anderen Stern einer unantastbaren nationalen Identität. Und wenn die immer stärker einsetzende Süd-Nord-Völkerwanderung dieses Phantasma durchkreuzt (Tausende stellen jedes Jahr ein Asylgesuch; man ahnt, daß es nur eine kleine Vorauswelle kommender Flüchtlingsmeere ist; für die neunziger Jahre ist ein Wanderungspotential von einer bis eineinhalb Milliarden Menschen prognostiziert[10]; die Weltbevölkerung könnte sich in zwanzig Jahren nochmals verdoppeln, und um der Armut zu entfliehen, kommen sie jetzt schon), wenn es unübersehbar zu werden droht, daß die Welt rund ist und jeder Punkt der Erde von jedem anderen aus erreichbar, dann wird die Lage scharf und der Drang bald unbezwingbar, sich in einem streng bewachten exklusiven Réduit zu verschanzen, das zu halten jede Anstrengung rechtfertigt und jedes Mittel lohnt. Wozu eigentlich hat man dieses wunderbare, guttrainierte und motivierte Milizheer?

Ich fange an zu übertreiben, ich weiß. Die offiziellen Instanzen machen es sich nicht leicht, und selbst die Boulevardpresse hütet sich noch, rabiaten Fremdenhaß oder offenen Rassismus zu schüren. Aber erstens kann man unter den Forscheren unter unseren Rechtspolitikern das laute Nachdenken darüber schon hören, wie die Armee und ihre »Betreuungsdetachemente« das etwas schüttere Grenzwachtkorps beim Schutz vor den gegenwärtigen Türken- und Tamileninvasionen verstärken könnten, und zweitens und vor allem spielt die Schweiz in diesem Szenario nicht die Rolle des Sündenbocks, sondern die des Frühwarnpostens: Die Apartheidslösungen, die Visionen von der kontrollierbaren Separation, von der Bantustanisierung der Restwelt und von der Großen Mauer (oder den Elektrozäunen), die unsere Reservate behüten sollen, sind keine helvetische Spezialität. Kurz: Ich halte es angesichts vieler Indikatoren und globaler Trends für realistisch, mit einer gesamteuropäischen Karriere des Apartheidsthemas zu rechnen – und das bedeutet nicht zuletzt: mit dem LePenismus als der Nordweltzukunftspartei.

»(...) Heuschreckengleich, vital, gefräßig / Wild, unersättlich, ohne Zahl / Erfüllt von Kräften übermäßig / Ergießt nach Norden sich sein Strahl« (...)[11] »Panmongolismus« – Vladimir Solowjews Schreckensvorstellung vom neuen Mongolensturm, der Europa erobern und für Jahrzehnte besetzt halten wird, bis die asiatischen Völkerscharen von einer großeuropäischen Streitmacht wieder vertrieben werden, war ein Stichwort der letzten Jahrhundertwende. Es kristallisiert dieselben diffusen Ängste einer Epoche spätimperialistischer Politik, die auch Wilhelms II. Ausspruch von der »Gelben Gefahr« mobilisierungswirksam machten. Albert Speers Architekturphantasien von ungeheuren Wehrstädten zur Absicherung des »Dritten Reiches« in den öden Weiten des tiefen Ostens exorzieren noch – vielmehr: gerade – im letzten europäischen Eroberungskrieg den Alptraum vom Verschlungenwerden durch das Andere, Fremde, Barbarische, das den Kontinent seit Xerxes und Darius begleitet.

Heute, hundert Jahre nach Solowjew, ist es weniger Harmagedon, das Projektionsfeld der großen Schlacht, das die Bilder und Begriffe liefert, durch die sich die Angstenergien des kollektiven Unbewußten an massenwirksame Parteiprogramme binden lassen. Und es sind nicht so sehr die schlitzäugigen Horden des Ostens, sondern das alles unterwandernde maghrebinische Gewimmel, das träge Okkupationsheer von palavernden Afrikanern, das Desperadovolk aus dem Chinesischen Meer, die überall auftauchenden Tamilenphysiognomien, an denen sich die alten Abwehraggressionen entzünden. Eher als mit Eroberern habe man es mit Schädlingen zu tun. Man müsse sich gegen sie wehren wie gegen eine ägyptische Plage. Eine »Perspektive zivilisatorischen Untergangs« sei »über die ganze Mittelmeerküste gekommen«, meint Peter Scholl-Latour in seinem jüngsten Buch, und er zitiert einen Ungenannten, der »die Schwarzen« ja noch ertragen zu können glaubt, aber »mit den Arabern (sei) die Grenze des Erträglichen überschritten«, da gebe es, heißt es an anderer Stelle, keine »respektierte Nachtruhe und kaum Hygiene. Da wird der Schlendrian zum Vandalismus.«[12] – Apartheid als fällige und gerade noch rechtzeitige zivilisationspolizeiliche Maßnahme – warum nicht?

Soll man ernsthaft diskutieren über eine solche Frage? Vielleicht wird man es bald einmal müssen. Vorderhand aber ist es besser, darüber nachzudenken, was diese Notwendigkeit verhindern hilft.

Wenn wir in vielen Welten, aber nur auf einer einzigen

Erde leben, ist es am Ende diese selbst, das Gewicht ihrer Endlichkeit, nach dem sich jede mögliche Zukunft und die Kürze von Segregationsillusionen seßhafter Reicher bemißt. In einer Epoche zunehmend mobilisierter Armut entwertet und untergräbt – nicht nur moralisch – die Misere der einen auch den Wohlstand der anderen. Solche Dialektik durchbricht jede Grenze und Apartheid. Um zu wissen, was passieren kann, braucht man ja bloß sein bißchen futurologische Phantasie in Gang zu setzen und Zeitung zu lesen.

Zum Beispiel im Zürcher *Tages-Anzeiger* vom 22. September 1988. Auf den hinteren Seiten dieses Blattes findet sich der kleine Bericht über eine zu erwartende Vertreibung aus dem Paradies oder, wenn man es noch einmal biblisch will, über eine tropische Minisintflut. Die Malediven, südwestlich von Ceylon im Indischen Ozean gelegen, ragen durchschnittlich nur wenig mehr als einen Meter über den Wasserspiegel. Durch die stetige Zunahme des Kohlendioxyds in der Atmosphäre könnte es zu einer globalen Erwärmung und damit zu einer Erhöhung des Wasserstandes kommen. Die Schätzungen liegen zwischen fünfzig Zentimetern und zwei Metern für die nächsten hundert Jahre. Abdul Gajum, Präsident der 190 000 Inselbewohner: »Ein Anstieg des Meeresspiegels um einen Meter bedeutet das Ende meiner Nation!«[13]

Die Klimakatastrophe des globalen Treibhauseffektes ist eine einigermaßen vertraute Figur im schwarzen Repertoire ökologischer Prognostik. Seit Jahren auf der Bühne, wird sie mit jedem Auftritt weniger fiktiv. Die Maledivianer dürften weder ihre ersten noch ihre größten Opfer werden. Eher noch steht hier ein Zentrum der Ersten Welt im Visier: Eine verheerende Dürre hat im letzten Sommer die USA heimgesucht, hat Ernten vernichtet, Viehbestände dezimiert, Großfeuer entfacht und die Menschen mit wachsender Furcht vor bleibenden Konsequenzen beunruhigt. Fruchtbares Ackerland in Staatengröße könnte durch Hitzestürme vom verdorrten Mutterboden abgefegt, ein riesiges Territorium buchstäblich verwüstet werden. Die Ursache der Trockenheit von 1988 ist unklar. Allerdings paßt die unmittelbar kausale pazifische Warmluftströmung exakt in die wissenschaftlich-prognostischen Szenarien der Klimatologen, die sich mit den denkbaren Auswirkungen des Treibhauseffekts befassen.[14]

Die überschwemmungsbedrohten Insulaner von den Malediven gehören zu den potentiellen Verlierern der Risikogesellschaft genauso wie die Farmer von Texas oder Nord-Dakota; das macht sie gleich und zu Bürgern derselben Erde. Doch das ist noch kein starkes Argument gegen eine Politik der Hemisphärensezession. Denn auch im gemeinsamen Unglücksfall sind die einen gleicher als die anderen. Bleiben wir also auf der Südseite. Wohin sollen sie fliehen, die Boat People vom Ari-Atoll und von Male? Nach Trivandrum oder Mangalore, an die überbevölkerten Westghats? Oder in die andere Richtung, nach Somalia und ins hungernde Ogaden? Nach Thailand, in die kambodschanischen Flüchtlingscamps oder zu den Müllmenschen an den Kanälen und Bahndämmen Kalkuttas, zur mordlustigen schwarzen Göttin Kali? Wäre es dann nicht besser, gleich auf dem Wasser zu bleiben, die Küsten zu plündern, einen rostigen Frachter zu überfallen und vor allem die Yachten der Hellhäuter, die allemal ein gutes Lösegeld wert sind; alles zu holen, was und wie man es kriegen kann, bis man eingefangen wird und gehängt...?

Was ich sagen will: Absehbar ist als Folge von Überbevölkerung und Umweltkrisen nicht nur die Zunahme des sogenannten Migrationspotentials; absehbar ist nicht nur der gewaltige Druck, den dieses Potential in den bereits labilen Zonen der Menschheit ausüben wird. Absehbar ist auch die gegen die reiche Nordwelt zielende terroristische Energie, die ein seinem Elend überlassener Süden trotz allem freisetzen könnte. Ein Terrorismus, vor dessen subversiver Gewalttätigkeit und tödlicher Flüchtigkeit allenfalls eine Strategie der geschlossenen Grenzen schützt, die freilich nur um den Preis totaler Militarisierung der eigenen, auf zivile Freizügigkeit angewiesenen Gesellschaft zu haben wäre.

Ich behaupte nicht, daß Dritte-Welt-Terror und Zivilisationsguerilla zu verhindern sind, wenn man die Vorstellung der Kontrollierbarkeit von Bevölkerungsbewegungen gänzlich preisgibt und alle Länder zu großen Schmelztiegeln erklärt. Das führte mit Sicherheit ebenso zum Zusammenbruch unserer einigermaßen repressionsarmen Ordnungen. Nein, es geht nicht um die Streichung jeglicher Einwanderungspolitik, sondern um die Einsicht, daß mit Apartheid in welcher Form auch immer (z. B. als Kreditvergabestreik der westlichen Banken) das Problem nicht zu lösen ist: daß wir gemeinsam auf einer einzigen Erde leben.

Das triftigste Argument für unser Interesse an einer Temperierung der Nord-Süd-Gegensätze ist gleichwohl nicht Terrorismus. Um das zu erinnern, ist die Geschichte vom Schicksal der Maledivianer noch einmal anders zu erzählen.

Alles könnte vielleicht ja wieder gut werden. Die Malediven liegen auf einem unterseeischen Bergrücken, der aus zweitausend Metern emporsteigt. Der gesamte Archipel besteht aus Korallenkalk, erzeugt von Korallenpolypen, winzigen Lebewesen, die aus dem mit der Nahrung aufgenommenen und wieder abgesonderten Kalk ihre labyrinthischen, stetig sich vermehrenden

Wohnhöhlen mauern. Die jährliche Zuwachsrate ist gering; je nach Art liegt sie bei einem bis mehreren Zentimetern; dennoch ausreichend, um mit der Zeit riesige Riffe zu bilden. Möglicherweise genügend, um den wärmebedingten Anstieg des Meeresspiegels auszugleichen. Die sanfte Macht unaufhörlich tätiger Korallenbaumeister könnte den Einwohnern zu Hilfe kommen gegen die Gewalt entgleister Naturkreisläufe. Doch nur unter der Voraussetzung, daß die Blumentierchen sauberes, sauerstoffreiches Wasser finden. Eben dies ist fraglich. Der Wohlstandsmüll, nicht bloß der der Touristen, nimmt zu. Weil die Kehrichtabfuhr zu teuer ist, werden allein auf der Insel Male täglich mehr als dreitausend Abfallsäcke ins Meer geworfen. Die Tüten fangen sich in den Korallen und ersticken sie.

Ökologischer Selbstmord mag im Fall der Malediven eine lokale Angelegenheit sein, im möglichen Großformat der Vernichtung tropischer Feuchtwälder ist er es nicht mehr. Und ebensowenig wäre er es, wenn die Dritte Welt suizidal dem Entwicklungspfad der Ersten folgend den Anstieg des CO_2-Gehaltes in der Atmosphäre massiv beschleunigte; durch intensiven Gebrauch von DDT und anderen stabilen Pestiziden sowie durch städtische und industrielle Verschmutzung die Menschheitsressourcen der maritimen Umwelt kaputt machte; wenn sie mit dem ertragssteigernden Einsatz von biologisch und synthetisch erzeugten Stickstoffdüngemitteln die Ozonschicht der Stratosphäre zersetzte; usw.

Das Fazit ist klar: Es gibt keine Apartheid von und vor den Tatsachen und Konsequenzen unserer Erdbürgerlichkeit. Aus dem Zusammenhang zwischen gewinnträchtiger Weltökonomie, planetarischer Modernisierung und selbstläufiger Vererdung der Folgelasten, aus der dadurch bewirkten tellurischen Fraternité *à contre cœur* gibt es keinen Ausstieg. Nur verschiedene Möglichkeiten, sich in ihn einzubinden.

Camdessus oder die Statuten

Die schiere Wucht ihrer Massen und die ökologische Abhängigkeit des Nordens von der Vernunft und von den Selbsterhaltungsinteressen des Südens sind mächtige Hebel der Schwachen: Not lehrt denken. Das gilt wohl für beide Seiten. Worüber also sollten wir streiten?

Es läßt sich sehr allgemein und mit Hilfe wohlbekannter Kategorien sagen: Was seit Beginn des 19. Jahrhunderts in den nationalen Gesellschaften des Westens die zu lösende Aufgabe war und mit der Einrichtung des Sozialstaates in der Zeit nach 1950 in gewisser Weise abgeschlossen worden ist – die Verwirklichung eines Modells fundamentaler Anrechtsstrukturen, das die kritische, an den Menschenrechten Freiheit, Gerechtigkeit und Wohlstand interessierte europäische Fortschrittsphilosophie des 17. und 18. Jahrhunderts inspiriert hat – das muß in internationaler, weltinnenpolitischer Gestalt das Zentralprojekt des 21. Jahrhunderts bilden. Die Globalprobleme der Ökologie sind ein Kapitel dieses Programms; nur in seinem Rahmen sind sie mit Aussicht auf Erfolg zu bearbeiten. Das praktische Thema des 19. aktualisiert sich im 21. Jahrhundert auf Weltebene: die Universalisierung der Prinzipien und Rechte einer bürgerlichen Gesellschaft.

Ja ja, ich weiß. So zu reden ist entweder unverbindlich oder naiv. Ein frommer Wunsch jedenfalls. Ergo zu vergessen? Ergo doch Apartheid? – wenn auch kaschiert von der zynischen Vernunft derer, die sich bei solchen Ideologiefehlern nicht mehr ertappen lassen; statt dessen skeptisch den Eurozentrismus der Menschenrechte zu bedenken geben und dann die Korruption der regierenden Schichten in all den Schwellen- und Fußbodenländern dieser Erde; zu blinzeln beginnen und/oder zu warten auf Godot in einem hochsubventionierten Theatersessel?

Die Menschenrechtsskepsis solcher *disinvoltura* ist zwar ebenso billig wie heuchlerisch, doch ihr zweites Argument ist leider um so triftiger: Diese sogenannten einheimischen »Eliten«, parasitäre Nutznießer nachkolonialer Gewissensbisse und superkapitalistischer Investitionstriebe, diese kleinen und großen Mobutus und Menghistus, Marcos und Duvaliers sind in aller Regel nicht bloß Gehilfen, sondern Hauptverantwortliche für die Ausbeutung ihrer Völker. Aber ist das ein prinzipielles, soll heißen: unlösbares, oder ein strategisches Problem?

Nimmt man zum Zweck fernhorizontlicher Zuversicht das letztere an, kommt die Entgegnung schneller als irgend etwas sonst; man weiß ja, wo Handlungswille mit guter Absicht unausweichlich hineingerät: in den Treibsand ungeplanter Nebenfolgen, ins Rotieren der Gegensteuerung, in die Pannen und Havarien der Antriebe, in die Perversionen der Tat.

Folgt daraus die Praxis der Handlungsverzichte, das seinlassende Nicht-Handeln? Also, zum dritten Mal und nun endgültig: Apartheid?

Gehandelt wird allerdings immer und ohnehin. Und mit sehr handfesten Intentionen: Gefragt, warum der »Internationale Währungsfonds« seinen Kreditländern im Hinblick auf die Sparwirkungen in der Bevölkerung nicht auch vorschreibe, *wie* die Bilanzen auszugleichen seien, sondern allein, *daß* es zu geschehen habe, antwortet der IWF-Chef Michel Camdessus, ohne zu zögern: »Unsere Statuten erlauben uns nur, Auflagen zu machen, die unmittelbar geeignet sind, das Zahlungsbilanzgleichgewicht eines Landes wiederherzustellen. Wenn wir also etwa einen Abbau des Haushaltsdefizits verlangen, dann ist das von den Statuten abgedeckt. Der Zusammenhang zwischen der Höhe der Ausgaben für die Volksgesundheit etwa und der Zahlungsbilanz ist dagegen nur schwer herzustellen.«[15]

Das Resultat solcher Zurückhaltung ist überwiegend das gleiche: Die Regierungen beschränken nicht die Kosten von Waffenkäufen und Polizei (den Repressionsapparat wird man ja bald nötig haben!), Prestigeprojekten und eigenen Apanagen, sondern von Nahrungsmittelhilfen, von Bildungsausgaben, von Spitälern und medizinischer Versorgung und ähnlichem. Das bedauert der Direktor und bekennt: »Ich bin davon überzeugt, daß nichts die Demokratie mehr stärkt als eine vernünftige Wirtschaftspolitik.« Und dann kommt sein basaler Satz: »Wir treten ein für eine vernünftige Wirtschaftspolitik und arbeiten folglich daran mit, die demokratischen Tendenzen in der Dritten Welt zu fördern.«

Das »folglich« verrät es: Als entscheidende Triebkraft des Wandels und lebensnotmildernder Modernisierung gelten die Wirtschaft und das ökonomische Interesse. Funktionieren die Märkte dank der richtigen staatlichen Rahmenpolitik, dann gibt es Freiheit, mithin auch keinen Hunger (oder allenfalls umgekehrt – zuerst das Fressen, dann die Moral). Aber diese Rechnung stimmt ganz einfach nicht. Sie stimmt weder für die Evolution der europäischen Gesellschaft seit dem 16. Jahrhundert noch, soweit es sich überblicken läßt, für diejenige der ehemaligen Kolonialländer. Kapitalismus und das Institut des Eigentums allein garantieren nirgends sozial ausgeglichenen Wohlstand und eine Demokratie, die auf die Loyalität ihrer Bürger zählen darf.[16]

Wo nicht schon die Idee lebendig ist, daß allgemeine Anrechte existieren, ein unkündbares Recht aller Angehörigen darauf, sich nicht nach Almosen ducken zu müssen und ein Leben in Selbstachtung führen zu können, da verschärft die Expansion der Bruttosozialprodukte die Klassengegensätze eher, als daß sie dadurch gemildert würden[17]: »Wo es Anrechtsschwellen gibt, wirken diese nicht als (lediglich verzögernde – G. K.) Filter, sondern als absolute Barriere. So werden die Reichen reicher, manchmal viel reicher, während die Armen so arm bleiben wie eh und je und manchmal, vor allem bei raschem Bevölkerungswachstum, noch ärmer werden. Mittelschichten kommen überhaupt nicht zustande.«[18]

Dem Argument aus den Aporien des Tuns erwidert also nicht bloß das Trivialapriori, daß auch Nicht-Handeln nicht von der Endlichkeit unserer Vermögen erlöst, kontert nicht nur die kalkige Einsicht, daß Unterlassen stets auch Eingriff ist, sondern vor allem die präzise Kritik an der geltenden Suprematie einer rein wirtschaftlich orientierten Entwicklungspolitik. Denn die Logik des Ökonomischen ist für sich allein genommen zu schwach, um das Fällige zu befördern: die erdbürgerrechtliche Grundrechtsordnung aller Angehörigen unserer Weltgesellschaft...

Jemand hat einmal gesagt, die mittelalterliche Welt habe viele lokale, voneinander relativ unabhängige Wirtschafts- und Marktsysteme besessen, aber eine übergreifende Moral. Heute sei es gerade umgekehrt: zur einen Ökonomie existiere keine universale, sie fundierende und regulierende Normativität. Es mag offenbleiben, ob dieses Urteil historisch triftig ist; festzuhalten ist jedenfalls die Einsicht, daß ökonomische Imperative ein Geflecht transökonomischer Verbindlichkeiten brauchen, um nicht Handlungsimpulse und Verhaltensformen zu erzeugen, die das Ganze zerstören.

Die unbedingte Logik zweckrationalen Konkurrenzhandelns, die die Richtigkeit von Wirtschaftsaktivitäten bestimmt, führt fast automatisch zur Rücksichtslosigkeit von Brandrodern. Und sie produziert ebenso zwingend Totalinstrumentalisten, die weder auf die langfristigen Dringlichkeiten der Ökologie noch auf den Selbstzweckcharakter, auf die Würde der Person achten. Das ist die Erfahrung, die die europäische Zivilisation zuallererst an ihrer eigenen Geschichte machen kann. Sie droht erst recht einer Weltzivilisation, die – im Zeichen der Steigerung menschlicher Optionschancen – von ihrem europäischen Ursprung die Mobilmachung sämtlicher Energien und Lokaltraditionen übernommen hat, aber nicht den Gedanken unverletzbarer Ansprüche des Individuums und moralisch-rechtlich zwingender Handlungsgrenzen.

Das Statut, das Michel Camdessus und seinem IWF (diesem Templerorden westlicher Wirtschaftsreligion) besser zur Grundlage diente als die halbierte Vernunft eines rein wirtschaftspolitischen Credos, ergibt – oder ergäbe – sich also erst aus der Vergegenwärtigung dieser außerökonomischen Voraussetzungen unserer zur weltumspannenden Risikogesellschaft gewordenen Moderne. Oder mit anderen Worten gesagt: »Nachdem Europa einmal, willentlich oder nicht, diese (Welt)Zivilisation geschaffen hat, muß es nun missionarisch sein mit Bezug auf denjenigen Gedanken, ohne den dieser Export nichts anderes als eine universale Entmenschlichung des Menschen sein würde.«[19]

Menschenrechte als späteuropäische Weltmission... Kann das gutgehen? Die Radikalskepsis gegen jede Form wohlwollender Vernunft und gegen die Illusionen zielvorstellenden Handelns ist nicht mehr zum Schweigen zu bringen; selbst dann nicht, wenn dieser Skepsis klar ist, wie apart sie schließlich enden könnte.[20] Zu tief wurzelt sie im vernünftigen Kern der Vernunft selbst, im Vermögen unbestechlicher Selbstbesinnung. Wer der Skepsis dennoch widerspricht, kann es am Ende nur, weil er nicht allein andere Ziele und ein geändertes Verhalten empfiehlt, sondern zugleich ein anderes Verhältnis zu allem Tun erhofft. Im sich selbst entglittenen Labyrinth der Risikogesellschaft wird es also stets notwendig sein, die Rückkehr zur alten trikolorischen Orientierung von *Liberté, Egalité, Fraternité* mit neuen missions- und macherkritischen Paßwörtern zu verknüpfen. Aber ebenso sind die Möglichkeiten der Mächtigen zu bezeichnen, die die Hebel der Schwachen in Gang setzen können, wenn die Not sie endlich beide gelehrt hat zu denken:

Die Verbreitung der Prinzipien erdbürgerlicher Gesinnung darf und muß sich nicht zuletzt jener Muster bedienen, die man heute benutzt, um die »vernünftige Wirtschaftspolitik« durchzusetzen, von der Camdessus mit soviel Zuversicht träumt. Also: Schaffung von Anreizsystemen in der Dritten Welt zur Beförderung der vorökonomischen, rechtlichen und sozialen Bedingungen, die im Norden Entwicklung ermöglicht haben. Was in concreto z. B. bedeutet, die IWF-Politik gegenüber den Klientenstaaten an deren Rücksicht auf Menschenrechte, demokratische Prozeduren und Ausbildung von Sozialstaatsstrukturen zu koppeln. Oder die systematische, wiederum mit dem Interventionspotential westlicher Kapitalhilfe unterstützte Reform des Landeigentums. Oder diplomatischer Druck der OECD-Länder zugunsten der Einhaltung und des Schutzes von Gewerkschaftsfreiheit und des Aufbaus unterschiedlicher politischer Parteien usw.

Es ist selbstverständlich, daß eine derartige Erziehungsdiktatur von vornherein unglaubwürdig wäre, würde sie die Effekte der internationalen Arbeitsteilung aus der Diskussion ausblenden, also etwa die in den Transferpreisen zwischen Erster und Dritter Welt enthaltenen Subventionen der »Peripherie« für das »Zentrum« gar nicht zur Debatte stellen. Und aus dem gleichen Grund muß der Norden ebenso dafür sorgen, daß seine Multis die Umweltschutzgesetze, die in Europa und in den USA gelten, auch in Indien oder in Brasilien respektieren – und zwar unabhängig davon, ob sie dort schon lokales Recht bilden oder nicht.

Selbstsorge, neumodern

Die Schwierigkeiten des Programms sind offensichtlich. Sie könnten auch den zum Zyniker machen, der es nicht schon ist. Einerseits zielt die Veränderung von Anspruchsrechten auf nichts anderes als auf die Revolutionierung von Gesellschaften, auf die schmerzhafte Liquidierung alter Vorrechte und auf den kulturellen Konflikt um die Begründung neuer Werte. Andererseits verlangt die erdbürgerliche Gesellschaftstheorie von ihren westlichen Protagonisten die unmögliche Praxiskombination einer globalen Politik der Stärke zur langfristigen Abschaffung der eigenen Vorherrschaft.

Doch je paradoxer und selbstwidersprüchlicher es ist, um so besser trifft es die Situation, und um so genauer formuliert es die praktische Wahrheit der einfachen Einsicht, daß wir in vielen Welten, aber auf einer Erde leben. Denn zur Erde kommen heißt in der menschheitsgeschichtlichen Gegenwartsminute, da kollektive Selbsterhaltung mit der Katastrophe, also – im gelingenden

Fall – mit der rettenden Kehre jener Prozesse und Motivationen zusammenfällt, die der risikogesellschaftlichen Selbstgefährdung zugrunde liegen, zur Erde kommen heißt, ohne Größenwahnsinn mit rückhaltloser Selbstbewahrung anfangen zu müssen.

Gutgegangen ist das bisher nicht, und dennoch sind das Bewußtsein von und die Arbeit an der notwendigen Selbsterzeugung so unausweichlich, wie sich die Wesen von Technik und Wissenschaft, von Kapitallogik und Konkurrenzwirtschaft als planetarische Wirklichkeit durchgesetzt haben. Nachdem uns durch diese Mächte alles disponibel und damit auch fraglich geworden ist: Kultur und Natur, materielle Ressourcen und die Geltung der Werte, sind wir in eine Situation geraten, in der wir über nichts mehr werden disponieren können, was wir nicht selbst in irgendeiner Weise intentional (mit)hervorgebracht und uns als eine Antwort auf praktische Fragen gegeben haben: keine Kultur und keine Natur, keine Ressourcen und keine Moral. Reflexiv, selbstbezüglich ist die Risikogesellschaft in jeder Hinsicht.

In dieser vom Sturm des Fortschritts oktroyierten Rückbewegung besteht aber auch ihre eigentliche und letzte Chance, das altmodern-selbstmörderische Gottesprojekt absoluter Selbstermächtigung in die fälligen Vollzüge neumodern-menschheitlicher, umsichtiger Selbstsorge zu verwandeln. Zur Erde gekommen, können wir auf ihr nur bleiben, wenn wir sie nicht als Katapult zur Alleroberung mißverstehen, sondern als das zerstörbare Refugium begreifen der gefährdet-gefährlichen Urnestsucher, heimatvertriebenen Symbiotiker und ewigen Putschisten gegen jedes Gegebene[21], die wir Menschen sind und als die wir – vielleicht – im allerletzten Moment noch lernen, Frieden mit unserer Endlichkeit zu halten und jene kontradiktionenfreundliche, dem Unterwegs-Sein und -Bleiben mehr als den großen Zieleinheiten verpflichtete Kunst des Vermittelns und Equilibrierens entdecken, die die tödliche Dialektik des Alles-Tun-Könnens und deshalb Machen-Müssens zu durchkreuzen vermag.

Anmerkungen

* Aus einem posthum veröffentlichten Text des Schweizer Philosophen und Essayisten Rudolf M. Lüscher (1948–83): *Schnauzkrampf. Fussnote zum kleinen Kay,* in: *Anschläge. Plakatsprache in Zürich: 1978–88,* Katalog zur Ausstellung im Museum für Gestaltung in Zürich, 1988, S. 36–40. Für hilfreiche Gespräche bei der Ausarbeitung dieses Aufsatzes möchte ich mich bei meinen Freunden Volker Bornschier und Robert Nef bedanken.

1 Aus: Tom Robbins, *Still Life With Woodpecker,* 1980, deutsch: *Buntspecht,* Reinbek 1983.

2 Vgl. *Nach der Moderne,* in: Peter Sloterdijk, *Eurotaoismus. Zur Kritik der politischen Kinetik,* Frankfurt/Main 1989.

3 Vgl. das Kapitel »Reflexive Modernisierung: Zur Generalisierung von Wissenschaft und Politik«, in: Ulrich Beck, *Risikogesellschaft. Auf dem Weg in eine andere Moderne,* Frankfurt/Main 1986.

4 Aus: *»Ich hoffe, die Rüstungsindustrie schrumpft«, Spiegel*-Gespräch mit Daimler-Benz-Aufsichtsratschef Alfred Herrhausen über die Konzernstrategie und das Waffengeschäft, in: *Der Spiegel,* Nr. 31, 1. August 1988, S. 34–43.

5 Die Variante verdanke ich H.M. Enzensbergers Bemerkungen zu *Brüssel und Europa – eins von beiden,* in: *Lettre International,* Nr. 1, Sommer 1988, S. 31.

6 Vgl. Odo Marquards Artikel in der Serie »Zeitgeist und Postmoderne«: *Die arbeitslose Angst,* in: *Die Zeit,* Nr. 50, 12. Dezember 1986. Das Zitat stammt aus Horst Eberhard Richters Replik auf diesen Artikel, in: *Die Zeit,* Nr. 4, 16. Januar 1987.

7 Aus: Jürgen Habermas, *Über einige Bedingungen der Revolutionierung spätkapitalistischer Gesellschaften,* in: ders., *Kultur und Kritik,* Frankfurt/Main 1973, S. 70–87.

8 Vgl. Matthias Horx, *Die Kids aus dem Kinderladen,* in: *Zeitmagazin,* Nr. 38, 16. September 1988.

9 Ich variiere damit den Satz, den Hans Blumenberg der Einleitung in seiner Aufsatzsammlung: *Wirklichkeiten, in denen wir leben*, Stuttgart 1981, vorangestellt hat: »›Daß wir in mehr als einer Welt leben‹, ist die Formel für Entdeckungen, die die philosophische Erregung dieses Jahrhunderts ausmachen.«

10 Aus der *Neuen Zürcher Zeitung* vom 12. September 1988, Nr. 212, S. 17: »(...) sprach der Delegierte für das Flüchtlingswesen (DFW), Peter Arbenz, von den weltweiten Migrationsbewegungen, deren Ursachen – im Einzelfall häufig miteinander verbunden – demographischer, ökonomischer, ökologischer und politischer Art sind. Für die neunziger Jahre wurde ein (hier nicht näher definiertes) Wanderungspotential von 1 bis 1,5 Milliarden Menschen prognostiziert; denn die Bevölkerung könnte sich in 20 Jahren nochmals verdoppeln, und die Menschenrechtssituation werde sich kaum wesentlich verbessern (...)«

11 Aus Wladimir Solowjews Gedicht *Panmongolismus* (1894); in der Übersetzung Adrian Wanners abgedruckt in: *Neue Zürcher Zeitung*, Beilage »Literatur und Kunst«, 20./21. August 1988, S. 66.

12 Vgl. Peter Scholl-Latour, *Leben mit Frankreich*, Stuttgart 1988.

13 Zitiert nach dem Zürcher *Tages-Anzeiger*, 22. September 1988, S. 69.

14 Vgl. *Die Zeit*, Nr. 29, 15. Juli 1988, Zeit-Dossier, S. 9ff.

15 Aus: *»Sie überschätzen unsere Macht«*, *Spiegel*-Gespräch mit Währungsfonds-Direktor Michel Camdessus, in: *Der Spiegel*, Nr. 36, 5. September 1988, S. 110–116.

16 »(Lange) war die Theorie im Schwange, daß der Reichtum der Privilegierten der Dritten Welt im Laufe der Zeit ›durchfiltern‹ würde. Zuerst (so meinte man vor allem in Lateinamerika, wo Raúl Prebisch diese Theorie entwickelt hat, vgl. The Economic Development of Latin America and Its Principal Problems, Buenos Aires 1950) würden zwar die Oberschichten reicher, dann aber würde sich allmählich eine Mittelschicht entwickeln, und am Ende würden die vielen an der Basis der sozialen Pyramide durch den wachsenden Wohlstand des Ganzen ihre Stellung verbessern können. Aber: Nur in Gesellschaften, die bereits offen sind, kann Reichtum durchfiltern.« Aus: Ralf Dahrendorf, *Fragmente eines neuen Liberalismus*, Stuttgart 1987, S. 224.

17 Mit viel Belegmaterial diskutieren (und stützen) diese These z. B. Volker Bornschier, *Multinationale Konzerne, Wirtschaftspolitik und nationale Entwicklung im Weltsystem*, Frankfurt 1980; sowie ders. (mit Christopher Chase-Dunn), *Transnational Corporations and Underdevelopment*, New York 1985.

18 Ralf Dahrendorf, op. cit., S. 224.

19 Robert Spaemann, *Universalismus oder Eurozentrismus (Zur Universalität der Menschenrechte)*, in: *Merkur*, 1988, S. 706–712.

20 Den Europäismus solcher Skepsis entdeckt, wer die anderen reden hört und *sie* sagen läßt, was sie von Europa erwarten – wie etwa der Afrikaner Kum'a Ndumbe III: »An dieser Schwelle angelangt, träumt Ihr von Europa, träumen wir von Europa. Welches Europa noch? Oder welches Europa schon? (...) Ich als Afrikaner flehe Euch jedoch an: Klärt Eure Völker auf. In einem Land mit so viel Wissen schwimmen sie jahrhundertelang in einem Meer von unglaublicher Unwissenheit über andere. In einem Land so großer Gelehrter und Dichter verbrachten sie ihre Zeit, das Leben der anderen in ein Nicht-Leben zu verwandeln. Anstatt Leben zu erhalten, anstatt zum Wohle der gesamten Menschheit zu wirken (...). Ich flehe Euch an, sagt Euren Völkern, sie sollen diesem Zustand der Dinge ein Ende setzen, denn noch haben sie die Macht dazu (...). Aber ich warne Euch. Ich, Afrikaner, ich warne Euch, sagt Euren Völkern auch, die Stunde hat geschlagen, die anderen verlangen ihr tägliches Brot, die Milliarden Menschen, die wir sind. Wir wollen keinen Hungertod mehr sterben. Lieber geht die Welt in die Luft, als daß wir unseren ungeborenen Kindern schon die Gräber ausheben. Wir wollen eine Welt des Friedens, nicht des begrenzten Friedens in Europa, wir wollen eine Welt, auf der sich jeder Erdenbürger entfalten und glücklich werden kann.« Aus: *»Damit der Traum von Europa kein Alptraum für die Welt wird«*, in: *Rowohlt Literaturmagazin* Nr. 22, Sonderband *»Ein Traum von Europa«*, hg. von Hans Christoph Buch, Reinbek 1988, S. 91–96.

21 Selbstsorge statt Selbstermächtigung, die Kehre vom Gottesprojekt zur Kultur des endlich Weltlichen braucht für die alten Zwecke nicht neue Mittel, sondern eine andere Art des Handelns; ein Handeln, dessen Subjekte den eigenen Motiven trauen können, weil sie die Arbeit am Wunsch, auf der Erde zu bleiben, nicht mehr verwechseln mit der Anamnesis jenes akosmisch-seligen Daseins, aus dem wir gestürzt sind, um hier anzukommen; vgl. dazu den Schluß von Peter Sloterdijks *»Nach der Moderne«: Für eine Ontologie des Noch-Seins,* in: ders., op. cit.

Gerburg Treusch-Dieter
Der Anfang vom Ende
Zur Geschichte der Strahlung von Platon bis Tschernobyl

Seit Jahrtausenden ordnen Schöpfungsmythen und philosophische Diskurse die Materie oder das Weibliche der Form oder dem Männlichen unter: Der strahlende Geist formt das passivempfangende Weibliche. Diese Ordnung findet ihr Ende in Tschernobyl – die Materie beginnt zu strahlen. Ausgehend von den Begriffen Materie, Ursprung, Fülle wird die Verbindung von antiker Philosophie und dem heutigen wissenschaftlichen Zugriff auf die Materie konzipiert.

Fülle?

Ich habe keine gefunden, außer an zwei geschichtlichen Enden: heute und einst. In den Berichten von heute offenbarte sich eine 1500 bis 2000 hiroshimabombenstarke Fülle, mit der jedoch nichts anzufangen ist. In einer Mythe von einst findet sich ein weiblicher Leichnam, aus dem eine ganze Welt gemacht wird: Fülle durch Opferung. Mythen von der Opferung der Frau gibt es mehrere. Doch keiner spricht sie so strahlend aus wie der babylonische Mythos von Marduk und Tiamat: »Tiamat und Marduk, der weiseste der Götter ... begannen den Kampf. Der Herr entfaltete sein Netz, band sie. Er schleuderte ihr den bösen Wind ins Gesicht. Tiamat öffnete den Mund, um ihn zu verschlingen ... Ihr Bauch schwoll an ... Er schoß einen Pfeil ab, der ihr den Bauch durchbohrte, ihr die Eingeweide zerriß ... Er überwand sie, nahm ihr das Leben, warf ihren Leichnam auf den

Boden, erhob sich über ihm ... Mit seiner unerbittlichen Waffe spaltete er ihr den Schädel, schnitt ... ihr die Adern durch. Der Nordwind trug ihr Blut weit fort. Als seine Väter dies sahen, waren sie glücklich und frohlockten ... Der Herr, nunmehr befriedigt, untersuchte den Leichnam.« Aus ihm macht er, Stück um Stück, die Welt. Eine Weltschöpfung, die auch für das Alte Testament zum Vorbild geworden ist.

Materie?

Zwischen dieser einstigen Weltschöpfung und ihrem möglichen Ende heute fängt mit der klassischen Antike, deren strahlendes Vermächtnis aus unseren Köpfen nicht wegzudenken ist, die Rede über die Materie an. Platon schreibt sie fest. Aristoteles, die Stoa und Plotin schließen sich an. Der Kirchenvater Augustinus aber macht diese Rede zur Grundlage seiner systematischen Erklärung der Schöpfung aus dem Nichts, die für das Christentum, auf der Basis des Alten Testaments, verbindlich geworden ist.

Ursprung?

Einer, aus dem die Welt entsteht, wurde schon erwähnt: jener Leichnam. Und auch der andere, aus dem nichts mehr entsteht: die in Tschernobyl durchgegangene Energie. Beide sind der Effekt von Spaltung. Mythisch: »Mit seiner unerbittlichen Waffe spaltete er ihr den Schädel.« Wissenschaftlich: »Mit einem nur tischgroßen Apparat zertrümmerte Otto Hahn im Labor das von Natur aus radioaktive Element Uran.« Die alte Ursprungsfrage, wer oder was zuerst da war, die Henne oder das Ei, ist sie damit nicht für beide geschichtlichen Enden geklärt? Es ist der Hahn. Der Vogel, der den strahlenden Morgen, das Licht begrüßt. Schon in Mythen und Märchen liebt er vor allem Tiamat-Goldmarie. Und heute hat er es so weit gebracht, daß »der Mensch nach Belieben Strahlen aller

Art durch die Uranspaltung erzeugen kann, um die in Atomen gebündelten, immensen Energien zu entfesseln«. Eine Entfesselung, für die er einst, als die Energien noch im Blut, nicht im Atom gebündelt waren, die Opferung brauchte. Seit Otto Hahn gibt es Betoneier in der Landschaft, schnelle Brüter. Doch auch damals gab es das Weltei mittels der Henne nur durch den Hahn.

Es wird deutlich, Materie, Ursprung, Fülle haben mit dem Weiblichen zu tun: mit Matrix, Matrize, Matratze, Mist, Modder, Möse, Müll, Mumpitz, Masse, Matsch und so weiter. Oder einfach mit Mutti. Dieses Weibliche wird von einer strahlenden Waffe, einem strahlenden Geist gespalten oder zertrümmert. Wobei dieser Geist im Zuge des Umschlags von Mythos in Wissenschaft schließlich und endlich selbst Strahlen erzeugt. Doch vorerst:

Ein gerechtes Wort zwischen Mythos und Wissenschaft

Zwischen der Opferung von einst und Platons Festschreibung der Rede über die Materie gibt es beim Tragiker Aischylos eine Stelle, durch die Orestes vom Muttermord freigesprochen wird. Muttermord, Mord an der Mutti? Opferung à la Tiamat. Der strahlende Gott Apoll spricht zu Orest: »Mein gerechtes Wort vernimm: nicht ist die Mutter ihres Kindes Zeugerin, sie hegt und trägt den eingesäten Samen nur; es zeugt der Vater, aber sie bewahrt das Pfand ... Denn Vater kann man ohne Mutter sein.« Eine Botschaft des Lichts, der Aufklärung. Zwar ist der Mord an der Mutti damit geschichtlich nicht abgetan. Doch für Fortgeschrittene wie Aischylos und andere seiner Zeit ist ihre Opferung in ein Theorem überführt, das sie erübrigt. Denn warum eine opfern, die sowieso nichts zeugt? Mal war es die ganze Welt, die aus ihr hervorging. Jetzt ist es nicht mal mehr ein Kind. Mutti wird durch diese strahlende Botschaft gespalten: erstens in eine, die nicht zeugen kann; zweitens in eine, die Pfandleihanstalt, Mietmutter für den Vater ist. Dabei wird mit der Opferung auch die Geburt negiert.

Platons Ideen und Reflexe

Bei dieser Spaltung setzt Platon mit einem ebenso strahlenden Geist wie der Apollons an. Wie er sich eine Welt in Ordnung vorstellt, steht im *Timaios.* Über allem Seienden gibt es das stofflose Licht. Stets sich selbst gleich, ist es nur mit dem Licht der Vernunft zu erfassen. Von Platon auch der Vater genannt, strahlt es nach unten, wo es stofflich getrübte Reflexe seiner zündenden Ideen erzeugt: die sichtbare Welt, angesichts derer auch das Licht der Vernunft nicht ungetrübt bleibt. Aber worin befindet sie sich, die sichtbare Welt? Es müßte an sich die Mutti sein, wenn es sie gäbe. Doch es gibt sie nicht. Statt dessen gibt es die Amme: die Materie als Aufnahmeort und Aufnehmerin, die ein »unsichtbares, gestaltloses, allempfängliches Wesen« ist. Mietmutter einer Strahlung, die von ihr als Schatten zurückgeworfen wird. Da alles, was die Mutter als »Zeugerin« wäre, an ihr gestrichen ist.

Sie ist leerer Raum. Opfer, das nie war. Geburt, die es nicht gibt. Luft, Lücke, Loch, das auch im Denken eine Leere ist. Denn sie ist nichts, hat kein Sein, ist: unerkennbar. Wer es trotzdem versucht, dem bleibt nur ein Erkennen »ohne Sinneswahrnehmung«. Ein Erkennen, das keines ist. Ein »Afterdenken«, das nur Lug und Trug erfaßt: Fabeln, Mythen, Märchen, in denen sich verbirgt, was nicht gedacht werden darf. Das heißt, die Spaltung der Mutti in bestrahlte Amme und ausgeblendete »Zeugerin« wird durch ein Denk- und Berührungsverbot durchgesetzt, das der negierten Opferung entspricht. Nur zur Hälfte oder als »Mitursache« ist sie in Platons Ordnung zugelassen. Der Rest bleibt dunkel.

Aristoteles' Quintessenz

Aristoteles hat zwar viel gegen Platon, aber dagegen nichts. Die Materie bleibt auch bei ihm, was sie bei diesem ist: gespalten. Gleichwohl modifiziert Aristoteles. Denn nach ihm ist das Licht, die Strahlung zu weit weg. Als Äther oder Quintessenz kann sie zwar ruhig da oben bleiben, wie die Materie hier unten. Aber in der sichtbaren Welt muß zusätzlich etwas geschehen. Denn wer richtet sich schon nach bloßen Reflexen himmelweit entfernter Ideen? In der sichtbaren Welt muß Form, Strahlung in die Sachen selbst. Hier hat sich die Form mit der Materie, das Männliche mit dem Weiblichen zu verbinden. Keineswegs bis zur Aufhebung des Denk- und Berührungsverbots, das Opfer und Geburt negiert. Als »Zeugerin« bleibt die Mutti-Materie tabu. Doch als Hälfte oder Mangel hat sie am Seienden teil: durch die Form. Sie imputiert den Äther, die Quintessenz aller Strahlung, der Mutti-Materie qua männlichem Samen, damit er in ihr das Menschenmögliche bewirkt. Der Rest bleibt dunkel.

Stoische Lichtsamen

Nur scheinbar hebt die Stoa das Denk- und Berührungsverbot zwischen Form und Materie, zwischen Männlichem und Weiblichem, zugunsten einer einzigen strahlenden Ursubstanz auf. Zwar ist die Strahlung dieser Ursubstanz von nun an immanent, doch als Logos spermatikos. Allüberall ejakulierend, versieht er jedes Ding der sichtbaren Welt mit »Lichtsamen«, durch den es logisch an der Ordnung partizipiert. Die Materie bleibt dabei, was sie ist: gespalten. Obwohl der Logos spermatikos Opfer und Geburt bereits so weitgehend negiert, daß die Unterscheidung zwischen »Zeugerin« und Amme fast hinfällig wird. Weil er sich die »Zeugerin« mittels der Amme zu integrieren scheint. Letztere geht ganz in der Ordnung auf, strahlt mit. Der Rest bleibt dunkel. Er bleibt desto dunkler, je feuriger die strahlende Ursubstanz zum Erdinnern hin wird.

Neuplatonische Bestrahlung

Die stoische Diesseitigkeit wird von Plotin wieder auf den Kopf gestellt. Auf den Kopf eines strahlenden Einen, aus dem tutti frutti alles emaniert. Durch stufenweisen Samenfluß, versteht sich, bis hinab zur Materie, die allenfalls noch einer unreinen Pollution entspricht. Pollution: Indiz für Impotenz. Darum wird die Materie von Plotin dem »Eunuch« verglichen, dem »Mann ohne Glied«. Nur als glatte Fläche hat sie an der Ordnung teil. So, wie man Spiegel zur Focussierung der Sonne aufstellt. Der Rest bleibt dunkel. Denn als »Zeugerin« ist sie das »Ausgesonderte« schlechthin. Es gibt sie nicht. Das heißt, die Materie ist nur mehr als »Bettlerin« präsent. Sie steht jener Fülle durch die Opferung der Tiamat, aus der die Welt hervorging, als endgültiger Mangel gegenüber. Dabei wird das von Platon gesetzte Denk- und Berührungsverbot, das Aristoteles modifiziert, die Stoa neutralisiert, von Plotin durch die vollkommene Profanierung der Materie restauriert. Vollkommen profaniert, ist sie kaum mehr die Karikatur des Weiblichen. Wörtlich ist sie »ein Possen, der sich verflüchtigt«. Sie ist reif für die Schöpfung aus dem Nichts.

Die Schöpfung aus dem Nichts

Die Schöpfung aus dem Nichts wird von Augustinus aus dem bisher vorhandenen kreiert. Das Plotinsche Eine, personalisiert zum Schöpfergott, erhält Platons Ideen als Gedanken, aus denen, zack – auf einmal, die ganze Welt entsteht: potentiell. Als Plan, der erst im Lauf der Geschichte Wirklichkeit wird. Und zwar dadurch, daß jene Gedanken, brav nach Aristoteles, als Form die Materie realisieren. Da der Geschichtsplan jedoch ein Heilsplan ist, sind diese Gedanken Formen in besonderer Form. Es sind die Logoi spermatikoi der Stoa, die der Schöpfergott ins Nichts der Materie verstrahlt oder ejakuliert. Mittels dieser »semines rationes« wird die Schöpfungsordnung der Materie oder dem Weiblichen einprogrammiert. Doch so, daß sie oder es nicht mehr, wie noch bei Platon oder Aristoteles, als Mitursache fungiert. Zwar heißt es bei Augustinus, analog der Stoa, daß die Materie mit diesen »semines rationes« schwanger geht. Aber à la Plotins »Bettlerin« gebiert sie nichts.

Die Materie oder das Weibliche sind einer Mietmutter vergleichbar, die die Pille genommen hat. Mitursache nur zum Schein, treten sie der Schöpfungsordnung hemmend oder katastrophisch entgegen. Als »Erbsünde« schlechthin, in der das Denk- und Berührungsverbot gegenüber Opfer und Geburt wiederkehrt: trotz der Schöpfung aus dem Nichts. Weshalb die Materie oder das

Weibliche zum nichts des Nichts erklärt werden muß. Was im Zuge der Realisierung des Heilsgeschichtsplans, der schließlich in Fortschritt umschlägt, auch gelingt, wie die »Hexenverbrennungen« zu Beginn der Moderne beweisen. Allerdings hat dieser Heilsgeschichtsplan neben dem vorgesehenen auch einen unvorhergesehenen Preis. Denn der bereits bei Augustinus nicht an seine Schöpfung gebundene Gott wird mittels Fortschritt abgeschafft. So daß wir heute der Antike samt ihrer Vorgeschichte näher sind denn je.

Das Nichts der Schöpfung

Näher denn je sind wir der Antike und ihrer Vorgeschichte, weil sich der Mensch wiederum zum Gott gemacht hat, was der Genese von Göttern wie Marduk, Apollon und anderen durchaus entspricht. Doch mit einer Differenz: denn diese Götter samt nachfolgenden Geistern okkupierten zwar bereits alles, was an Strahlen, Strahlung, Bestrahlung wahrnehmbar und denkbar war. Aber mangels technischer Mittel blieb es beim Schein des Blitzes in der Faust. Heute ist es geschafft. Materie und Welt sind technifiziert. Gleichzeitig hat der Mensch nichts mehr in der Hand, trotz der auf seine technischen Mittel gegründeten Gottesposition. In direkter Verkehrung zu sich selbst als Gott ist er zum weltlosen Punkt regrediert, der dem Atom entspricht, das für ihn vielleicht zum letzten Mal der Ausgangspunkt seiner Weltmacht ist.

Heißt darum die Materie, aus der das Atom durch Zertrümmerung gewonnen wird, Uran? Ein strahlender Göttername, bei dem es keinen Unterschied macht, ob er auf Uranos oder Urania zielt. Weil die beherrschte Materie von denen, die sie beherrscht, nicht mehr zu unterscheiden ist. Kraft ihrer Spaltprodukte setzt sich der Mensch als Atom oder Gott ein unsichtbares Pantheon aus Plutonium, Neptunium etcetera zusammen, das jedes bisherige an Strahlung übertrifft. Oder: in den Schatten stellt. Mit ihm wird, einen zweiten größtmöglichen Unfall angenommen, seine gesamte Vorgeschichte im Hier und Jetzt explodieren. Während er das Nichts der Schöpfung realisiert. Nicht obwohl, sondern weil diese Vorgeschichte nur die Katastrophe als Kehrseite der »friedlichen Nutzung« der Materie kennt.

Störfall Materie

Bereits Tiamat, durch deren Opferung im babylonischen Mythos die Welt entsteht, die heute möglicherweise zu Ende geht, tritt gegen die aus ihr gemachte Welt und ihren Herrn als Bedrohung auf. Es kommt zum Kampf, der allerdings noch eine Konfrontation auf gleicher Ebene zwischen Herrn und Opfer einschließt. Sobald Opfer und Geburt negiert sind, wird die Katastrophe subversiv, die von der Materie als »Zeugerin« zu befürchten ist. Platon, Aristoteles und die Stoa nehmen eine zyklische Vernichtung ihrer Weltordnung an, die stets als *tödliche Geburt* aufgefaßt ist: ob sie durch Beben, durch die Selbstbewegung der Materie oder durch das Feuer im Erdinnern eintritt. Selbst Plotin, dessen Weltordnung keine »Zeugerin« mehr kennt, schließt – eben darum – eine Verschlingung durch die Materie nicht aus. Auch im Nichts der christlichen Schöpfung verbirgt sich, soweit sie auf dem Alten Testament basiert, das Tohuwabohu, in dem die gespaltene Tiamat verheerend wiederkehrt: ihr dunkler Rest, der selbst bei der Atomspaltung noch immer nicht auszuschließen ist. Denn, so der Chef des Tschernobyl-Bautrupps (ganz gegen alle Weisung): »auch das gespaltene Atom, selbst wenn wir es friedlich nennen, hat so seine Tücken«. Die Materie ist in dem Maß »Restrisiko«, wie sie als Rest aufgebraucht ist. Mittels Atomisierung.

Fehlende Sinne

Die Materie hat sich immaterialisiert. In den Berichten zu Tschernobyl ist sie das »nicht mit Händen, Augen, Ohren Wahrnehmbare«. Selbst zu »erspüren« sei sie, die radioaktive Strahlung, nicht. Als sei es möglich, daß der Mensch für etwas, das er selbst produzierte, kein Sinnesorgan besitzt: Zweifelsohne ist es möglich, wenn er keines mitproduziert. Wenn er es nicht trotz, sondern wegen seiner strahlenden Ideen, Formen, Logoi spermatikoi, semines rationes, Emanationen, Emissionen wegrationalisiert. Doch macht nicht der Effekt dieses strahlenden Vermächtnisses, der Effekt, daß die Materie nun ihrerseits zurückstrahlt, plausibel, daß der Mensch sehr wohl ein Sinnesorgan für ihre Immaterialisierung besäße, hätte er es nicht bereits seit Platon abgestellt? Da dieser die Materie, mittels Denk- und Berührungsverbot gegenüber Opfer und Geburt, zum »unsichtbaren« und »gestaltlosen« Wesen erklärt. Wenn aber dieses Denk- und Berührungsverbot bis hin zur Immaterialisierung der Materie wirksam blieb, dann drängt sich auch die umgekehrte Frage auf: die, ob nicht die Atomspaltung ihrerseits der Effekt dieser abgestellten, dieser geschichtlich nicht mitproduzierten Sinne ist? Ein Effekt, der aus der Negierung der Materie resultiert, die ihre Reduzierung auf ein Nichts impliziert.

Fallout

Erstaunlicherweise strahlt die in Tschernobyl durchgegangene Energie in einer Weise zurück, die die geschichtsübliche Dialektik von »friedlicher Nutzung« und Katastrophe übertrifft. Zwar ging sie einerseits nach unten ab in den Beton. Was den vorhandenen, den geschichtlich entwickelten Sinnen entspricht, insofern sie zum x-ten Male auf die Katastrophen-Metaphorik der tödlichen Geburt rekurrieren: als »Uranbrei«, -»kuchen«, -»pfropf« oder -»klumpen« sei sie abgegangen, die Energie. Als Abortus. Andererseits aber blieben die Sinne für den Fallout nach oben aus. Dementsprechend strahlt die immaterialisierte Materie, trotz Katastrophe, ebenso zurück, als ob es um ihre »friedliche Nutzung« ginge. Als ob sie das nichtseiende, alles durchdringende Wesen sei, das gestaltlos und unsichtbar ist.

Man hätte sie wie eh und je »mit Schweigen nach innen und außen« übergehen können, wäre dieses Strahlen nicht in sich verkehrt. Eine Verkehrung, die unbeschreiblich ist, auch wenn sie mit »ungreifbarer Gefahr«, mit »schleichender Seuche« beschrieben wird. Mit dieser in sich verkehrten Strahlung wird die geschichtsübliche Dialektik von »friedlicher Nutzung« und Katastrophe in dem Maß übertroffen, wie sie nichts mehr verseucht, nichts mehr beschmutzt. Strahlend sauber realisiert sie, was von der Materie, die von sich selbst als »Zeugerin« gereinigt ist, geschrieben steht: sie bringt nichts hervor, läßt alles zerfallen.

Materie im Rückwärtsgang

An den weiblichen Zonen des Körpers, an Haut, Mund, Gedärmen fängt die »Strahlenkrankheit« an, die nichts weiter als der Tod in der Form von wucherndem Leben ist. Krebs. Rückwärtsgang der Gestalten, der Sichtbarkeit der Materie. Er dringt von da in den Körper ein, wo sie zum Inbegriff des Friedlichen erklärt ist. Ausgehend von Gras, Kräutern, Milch. Wobei die Schwangeren am meisten gefährdet sind. Eben darum ist es kein Zufall, daß die Geburt zum gleichen Zeitpunkt, wo die Fülle der Materie als endgültiger Mangel, als Krebs im Rückwärtsgang auftritt, gen- und reproduktionstechnologisch ersetzt werden soll: die In-vitro-Fertilisation ist der Weg dahin. Durch sie wird die Spaltung des Weiblichen in »Zeugerin« und Amme ein für allemal realisiert, indem sie Eispenderin und Mietmutter kombiniert. Gleichzeitig wird auch durch sie diese geschichtsübliche Dialektik darin übertroffen, daß sie den Lebensbeginn in sich verkehrt. Er findet zwar vorerst noch immer in vivo oder im Weiblichen statt. Doch damit, daß er aus dem Weiblichen heraus- und ins Reagenzglas verlegt, damit, daß er für die Zellkernspaltung freigegeben ist, ist sein Paradigma ab nun die In-vitro-Fertilisation.

Klar, daß auch die Gen- und Reproduktionstechnologie eine strahlende Botschaft hat, die sie mit dem Hahnenschrei der Aufklärung verkündet, der sie vom endgültigen Muttermord freisprechen soll. Ihre Legitimation: die Früherkennbarkeit von Erbschäden, die jedoch nichts anderes als die Langzeitwirkung des menschlich produzierten Rückwärtsgangs der Materie sind. Es ist offensichtlich, unsere geschichtlich entwickelten Sinne hätten sich auf ihren eigenen Ausfall zu richten, wenn es für die Erkenntnis des Fallouts, den sie aufgrund des strahlenden Vermächtnisses der Antike und ihrer Vorgeschichte produzieren, nicht zu spät sein soll.

Hans Magnus Enzensberger
Vermutungen über die Turbulenz

Der Pluralismus verschont nichts. Auch die Zukunft ist nicht gegen ihn gefeit. In allen natürlichen Sprachen ist sie, als ob sich das von selbst verstünde, ein Singularetantum, so wie die Vergangenheit und die Gegenwart, von denen die meisten unter uns nach wie vor glauben, daß sie nur *einmal* vorkämen. Wenn wir dagegen an das denken, was uns bevorsteht, schwindelt uns der Kopf. Die Fähigkeit, das was noch nicht da ist, unter die Einzahl zu subsumieren, ist uns abhandengekommen. In diesem Sinn haben wir nicht zu wenig Zukunft vor uns oder gar überhaupt keine, wie die verstaubte Parole *No future* uns weismachen will, sondern zu viel, will sagen: zu viele. Die Zukunft ist als homogene Vorstellung undenkbar geworden. Jede Überlegung, die ihr gilt, spaltet sich nach Art eines endlos verzweigten Entscheidungsbaums auf und bringt eine Mannigfaltigkeit hervor, der wir weder ausweichen noch Herr werden können.

Alle diese möglichen Zukünfte konkurrieren miteinander und stoßen sich in ihrem Gedrängel die Ellbogen wund. Das vermindert jede von ihnen und beschädigt sie in ihrer Dignität. Vermutlich hat das viel beklagte Schwinden der Utopie in dieser Selbstrelativierung des Möglichen seinen Grund. Nicht weil uns nichts mehr einfiele, sondern weil das Angebot an Zukunftsphantasmen unsere Fassungskraft überfordert, erscheinen uns die verfügbaren Entwürfe, gleichgültig ob Eutopie oder Dystopie, unverbindlich, um nicht zu sagen banal.

Die Futurologie ist die Wissenschaft vom Kaffeesatz. Die Muster und Strukturen, die sie deuten will, schreibt sie ihrem Material zu, um sie dann aus ihm herauszulesen; auf diese Weise ist der Mars zu seinen Kanälen gekommen und der Mond zu seinem Gesicht. Dieses psychodelische Verfahren kann sich auf ein stilles Einverständnis mit unseren alltäglichen *Projektionen* stützen. Es ist amüsant zu sehen, wie der mathematische Terminus sich mit dem psychoanalytischen kreuzt, ohne daß den beteiligten Disziplinen dabei ein Licht aufginge.

Der Zukunftspluralismus gehört inzwischen zur Innenausstattung der Normalität. Jeder, der »über den Tag hinaus denkt« – und wem bliebe das schon erspart? –, entwickelt unvermeidlich ganze Serien von Szenarios, die untereinander nicht nur inkonsistent sind, sondern sich gegenseitig ausschließen. Der gleiche Mensch, der davon überzeugt ist, daß eine weltweite Katastrophe unmittelbar bevorsteht, schließt, ohne mit der Wimper zu zukken, eine Lebensversicherung auf dreißig Jahre ab. Das Hin- und Herpendeln zwischen Wassermann-Zeitalter und Apokalypse, New Age und Rentenkalkül, Nirwana und Anlageberatung ist längst zu einem massenhaften Phänomen geworden. Über die gröberen Szenarios, in denen der Aberglaube nistet, kann man sich leicht lustig machen; aber auch unter Leuten, die sich für vollkommen vernünftig halten, hat die Zukunft ihre Konjunkturen, deren Auf und Ab rational schwer zu erklären sein dürfte. Der nukleare Krieg in Europa, noch vor wenigen Jahren ein obsessiver Angsttraum, ist aus der kollektiven Phantasie so gut wie ganz verschwunden. An seiner Stelle wird, in zahllosen Versionen, der ökologische Untergang beschworen. So erscheint noch das Unvorstellbare als bloße Variante, das Aussterben der Gattung als austauschbares Spielmaterial.

Auch die »Visionen« vom Untergang gehorchen dem Verwertungszyklus der Medien. Ihre Totalität ist scheinbar; die Endgültigkeit, die sie beanspruchen, läßt Platz für andere, die ebenso ausschließlich auftreten: Alles wird ganz anders, weil die Weltwirtschaft demnächst zusammenbricht, weil die künstliche Intelligenz das Subjekt ersetzt, weil unheilbare Seuchen alle andern Katastrophen überflüssig werden lassen, weil die Gentechnik dem Menschen ein Ende macht, und so fort.

Aber auch auf den Pessimismus ist kein Verlaß. Nicht nur die monatliche Tilgungsrate für das Eigenheim versieht ihn mit einem stillschweigenden, aber zähen Vorbehalt. Derselbe mündige Bürger, der von der unaufhaltsamen Vergiftung der Erde, vom Schmelzen der Polkappen, von der Erschöpfung aller Ressourcen überzeugt ist, hält zugleich an der Ideologie des *technological fix* fest und erwartet die erlösende Erfindung, das rettende Serum, den sanften Trick, der alle Energieprobleme ein für allemal lösen wird.

Die Koexistenz des Unvereinbaren herrscht auch in der Expertensphäre. Als Pioniere der modernen Wahrsagerei können die Ökonomen gelten. Seit eh und je, gänzlich unangefochten von jeder Widerlegung durch die Realität, stellen sie der Wirtschaft mit ernster Miene ihre Horoskope. Der orthodoxe Marxist berechnet das Datum, an dem der Kapitalismus endgültig zusammenbricht, der windige Anlageberater sagt auf Hochglanzprospekten die nächste Börsenhausse voraus. Beide finden ein gläubiges Publikum vor. Ihre Prognosen haben nur eines gemeinsam: die unerschütterliche Gewißheit, mit der sie vorgetragen werden. In diesem Punkt ist sich der Club of Rome mit der Kernkraftlobby ebenso einig wie der Klimaforscher mit dem Demographen: jeder hat die Zukunft, seine Zukunft, für sich gepachtet.

Den Platz auf der Wippe nimmt der Adressat dieser Bemühungen ein. Die Medien setzen ihn einem ständigen Wechsel von Untergangs- und Beruhigungsparolen aus, und es bleibt ihm kaum etwas anderes übrig, als sich an das labile Gleichgewicht von Panik und Apathie zu gewöhnen. Der *common sense,* der an das Durchwursteln glaubt, immunisiert sich auf die Dauer gegen die Handlungsanweisungen, die sowohl in positiven wie in negativen Prophezeiungen verborgen sind. Wer einen Blick in die Zukunftsszenarios aus den fünfziger, sechziger, siebziger Jahren wirft, wird zugeben müssen, daß der gesunde Menschenverstand in seiner Beschränktheit nicht schlechter abgeschnitten hat als alle *think tanks* dieser Welt.

Es sind also recht handgreifliche Erfahrungen, die der Geschichtsphilosophie den Boden entzogen haben. Die Naivität aller Theorien, die letzten Endes nur säkularisierte Versionen der Heilsgeschichte sind, ist auch für den, der mit dem spekulativen Denken wenig anzufangen weiß, eklatant geworden. Gleichgültig, ob sie im »progressiven« oder im »konservativen« Gewand auftreten – ihr Selbstvertrauen hat sehr gelitten, und man merkt ihnen an, daß sie nur noch ihren eigenen Nachlaß verwalten.

Überraschender- und denkwürdigerweise ist es ausgerechnet eine bestimmte Fraktion der »harten« Wissenschaften, die in dieser Lage neue Vorschläge zu machen hat, und zwar gerade dadurch, daß sie von ihrer eigenen Tradition, der Dogmatik des exakten Kalküls, Abschied nimmt. Aus der Thermodynamik, der Evolutions- und Systemtheorie, aber auch aus der Mathematik und der theoretischen Physik sind Ansätze hervorgegangen, die vielleicht aus den alten Sackgassen herausführen könnten.

Es geht dabei um neue Paradigmen der Selbstorganisation, um dissipative Strukturen und nicht-lineare Logiken. Dabei hat sich mindestens eines zweifelsfrei herausgestellt: daß die Evolution komplexer Systeme prinzipiell nicht exakt vorhergesagt werden kann. Ihr Ablauf wird von singulären Ereignissen, oft von hoher Unwahrscheinlichkeit, entscheidend beeinflußt. Winzige Inputs können sehr große Ensembles zum »Umkippen« bringen, während andererseits enorme Einflußgrößen dynamisch aufgefangen werden, ohne daß es zu unkontrollierbaren Turbulenzen kommt. Natürlich läßt sich das auch simpler ausdrücken. Man könnte behaupten, die Wissenschaft sei auf dem besten Wege, den Zufall wieder in seine alten metaphysischen Rechte einzusetzen. Allerdings wäre mit dem Rückfall in eine vorwissenschaftliche Begriffswelt nichts gewonnen.

Interessanter ist die Frage, ob sich solche neuen Denkweisen auch auf gesellschaftliche Prozesse anwenden lassen. Ihre Erfinder halten sich in dieser Hinsicht zurück, vermutlich nicht nur, weil sie sich nicht kompetent fühlen, sondern auch, weil sie vor den ideologischen Implikationen einer solchen Übertragung zurückschrecken. Sie haben keine Lust, der Politik ins Messer zu laufen. Umgekehrt halten es Soziologen und Gesellschaftskritiker seit ihrer siegreichen Polemik gegen den Sozialdarwinismus, also seit hundert Jahren, für eine ausgemachte Sache, daß von den Naturwissenschaften nichts zu lernen sei. Dieser Vorbehalt hat sich längst zu einem linken Denkverbot verfestigt. Erst in letzter Zeit nähert man sich vorsichtig der Frage, ob über mögliche Homologien zwischen physikalischen, biologischen und sozialen Prozessen überhaupt nachgedacht werden dürfe oder nicht.

Dabei legt gerade die Verfassung der reichsten Gesellschaften von heute solche Untersuchungen nahe. Sie haben von der Idee der Planbarkeit Abschied genommen. Mächtige und Ohnmächtige, Einzelne und Gruppen verfolgen nach wie vor ihre partikularen Ziele, aber die Bewegung des Ganzen entzieht sich ihren Absichten, ja ihrem Vorstellungsvermögen. Niemandem würde es einfallen, einen »Fünfjahresplan« zu ersinnen, um ihn dann in die Tat umzusetzen, von weiterreichenden Zielen ganz zu schweigen. Auch hat man es aufgegeben, anderen, Dritten, etwa der Dritten Welt, Entwicklungsstrategien à la Rostow anzutragen oder gar vorzuschreiben. Damit haben sich auch die einst so beliebten Verschwörungskonzepte erledigt, die den historischen Prozeß von geheimnisvollen, allmächtigen Zentren aus gesteuert sahen, und die Suche nach einem Subjekt der Geschichte, ob revolutionär oder evolutionär, hat sich als fruchtlos erwiesen.

Eine Instanz, die sie zentral zu steuern vermöchte, ist in diesen »avancierten« Ländern überhaupt nicht mehr zu erkennen; ja man könnte sogar behaupten, daß es sich hier um azephale Gesellschaften handelt – es wäre dies die ironische Auferstehung eines Zustandes, den die Ethnologen bei prähistorischen Völkern entdeckt haben wollen. Natürlich bedeutet das keineswegs, daß Macht, Reichtum, Chancen in einem solchen Ensemble gleichmäßiger oder gar gerecht verteilt wären. Es heißt nur, daß sich nach der Auflösung festgefügter, hierarchisch gegliederter Standes- und Klassenverhältnisse ein instabiles, dynamisches Fließgleichgewicht bildet, das sich dauernd planlos reproduziert und verändert. Regierungen und Parteien haben in einem solchen System längst aufgehört, »die Richtlinien der Politik zu bestimmen« oder gar, wie in den alten physiologischen Metaphern, als Kopf, Gehirn, Zentralnervensystem des Ganzen zu fungieren; sie versuchen allenfalls, um im Bilde zu bleiben, eine Art von hormonaler Steuerung, um zu verhindern, daß sich die

Turbulenzen zur Katastrophe aufschaukeln. Selbst mit dieser Aufgabe scheinen sie überfordert. Wo sie frontal gegen die Resultate des ungeplanten sozialen Prozesses anzugehen versuchen, scheitern sie regelmäßig: »das ist«, wie die Funktionäre dann zu sagen pflegen, »politisch nicht machbar«.

Aber nicht nur der Staat hat an Durchsetzungsfähigkeit verloren, auch die ökonomische Macht, trotz, ja vielleicht wegen ihrer hohen Konzentration, steht nicht mehr, wie einst, monolithisch und dauerhaft da. Wirtschaftliche Monumente wie Krupp, Dynastien wie die der Eisenbahnkönige und der Schlotbarone muten uns wie Fossilien aus dem 19. Jahrhundert an. Die multinationalen Konzerne von heute sind durch unvorhersehbare Störungen, Krisen, Einbrüche, Takeovers, fließende Besitzverhältnisse, plötzliche Raubzüge gefährdet bis zur Pleite. So wie das internationale Kapital täglich in Billionentransaktionen unkontrollierbar um den Erdball bewegt wird, wie der Wert der Währungen in einem permanenten elektronischen Experiment stochastisch ermittelt wird, so unterliegt auch die ökonomische Macht, verkörpert in riesigen, aber prekären Quallen, einem unbeherrschbaren Floating, einer raschen Folge von Auf- und Abstieg, Wachstum und Zerfall.

In einem dynamischen Regime, das sich in autokatalytischen Hyperzyklen dauernd verändert, gibt es aber auch Zonen der Trägheit und der Resistenz, die von Politikern und Technokraten systematisch unterschätzt werden. Wir haben in Westdeutschland und, vielleicht noch verblüffender, in Spanien gesehen, wie sich Gesellschaften innerhalb kürzester Zeit bis in ihre scheinbar unverbesserlichen Züge, bis in ihr kollektives Unbewußtes hinein (falls es so etwas gibt) verändern; wir haben andererseits erlebt, wie alle Versuche, ihre Mannigfaltigkeit einzuebnen, gescheitert sind. Auch dem Wandel sind Grenzen gesetzt, die sich der Berechenbarkeit entziehen. So stoßen zum Beispiel Projekte wie die Abschaffung des Brotes oder der Schrift auf einen schwer erklärbaren, aber offenbar zähen Widerstand; Teilsysteme wie die sogenannte Kleinfamilie haben sich, entgegen allen Erwartungen, als äußerst resistent erwiesen.

Diese Gemengelage zwischen Akzeleration und Trägheit, Verflüssigung und Beharrungsvermögen macht das Ganze nur noch undurchschaubarer. Es ist denkbar, daß solche Ambivalenzen den Prozeß für Einflußgrößen, die quantitativ winzig, aber im prägnanten Moment und an der richtigen Stelle auftreten, nur noch anfälliger machen. Das plötzliche Überschreiten von kritischen Schwellen spielt nicht nur in der Ökologie, sondern auch in der Politik eine immer wichtigere Rolle. Damit rückt auch ein altes, peinliches Thema, das die Marxisten für längst erledigt hielten, in ein neues Licht: die »Rolle der Persönlichkeit in der Geschichte«. Das Auftauchen eines Khomeini oder eines Pol Pot kann Millionen von Menschen den Kopf kosten; wenn ein aufgeklärter Zar erscheint, sind die Folgen unabsehbar; sollte ins Weiße Haus ein Irrer einziehen, so bräuchten wir uns über die Zukunft unseres Rentensystems nicht mehr lange den Kopf zerbrechen; und was geschehen würde, wenn sich ein genialer Religionsstifter der Medien bemächtigte, wagen wir uns nicht auszudenken. Auch dem, der die Lust daran, Hypothesen über die Zukunft aufzustellen, noch nicht verloren hat, muß klar sein, daß sie allesamt und jederzeit durch einen minimalen Faktor x, der die Fulguration auslöst, über den Haufen geworfen werden können.

Das Ende der Geschichtsphilosophie können die meisten von uns sicherlich leicht verschmerzen. Das bedeutet aber nicht, daß wir ohne Lebensperspektiven, Strategien, »Pläne« auskommen könnten. Die Folge ist, daß sich die Schere zwischen theoretischem Verständnis und Lebenspraxis immer weiter öffnen muß. Wenn an dem, was ich hier (ziemlich leichthin) anzudeuten versucht habe, etwas Richtiges ist, so ergibt sich daraus ein Verhalten, das keine allgemeine Verbindlichkeit mehr beanspruchen kann: jeder ist darauf angewiesen, seinen Vermutungen zu folgen, und selbst die stehen unter einem unausgesprochenen Vorbehalt: ich handle so, als könnte ich unter den fortwährend oszillierenden Zukünften meine eigene finden.

Auf die Gefahr hin, daß sie mit einem Bekenntnis verwechselt werden kann (und Bekenntnisse sind bekanntlich nur für den interessant, der sie ablegt), möchte ich eine solche Vermutung äußern. Die allenthalben verlangte und gerühmte Flexibilität, die allmählich in den Rang einer sozialen Kardinaltugend erhoben wird, halte ich für eine schlechte Strategie. Der bloße Sozialautomat, der immer nur auf gegenwärtige Zustände reagiert, verliert nicht nur den letzten Rest von Kontrolle über sein eigenes Los, er wird auch immer zu spät kommen. Der Hohn des Igels ist dem Hasen, der ihm hinterherhechelt, gewiß. Aber auch die umgekehrte Lösung taugt von Tag zu Tag weniger. Wer glaubt, es komme darauf an, frontal gegen »das System« anzugehen, als konservativer oder revolutionärer Einzelkämpfer, erliegt – wenn meine Beschreibung nicht falsch ist – einer Illusion; denn eine solche Haltung ist nur dann sinnvoll, wenn man über eine objektiv stringente Zukunftsperspektive verfügt (den »Sinn der Geschichte« kennt).

Die Frage, ob es mit dem Strom oder gegen ihn zu schwimmen gilt, scheint mir veraltet, weil sie eine unerträgliche Vereinfachung voraussetzt. Ergiebiger scheint mir das Verfahren des Seglers zu sein, der sowohl mit dem Wind als auch gegen ihn kreuzt. Ein solches Vorgehen, auf die Gesellschaft bezogen, erfordert extreme Aufmerksamkeit und stoischen Unglauben. Wer auch nur das nächste Ziel erreichen will, muß Zug um Zug mit tausend unvorhersehbaren Größen rechnen und darf sich keiner von ihnen anvertrauen. Aber mit Geistesgegenwart allein ist es nicht getan. Angst vor dem Anachronismus kann sich keiner leisten, der der Idiotie der Gleichzeitigkeit entrinnen möchte. Ein gewisser Eigensinn, der auf letzte Begründungen verzichtet, kann dabei nicht schaden.

II. Die Zeitigung der Zeit oder: Ob uns zukommt, was auf uns zukommt

Niklas Luhmann
Die Zukunft kann nicht beginnen: Temporalstrukturen der modernen Gesellschaft*

Die Geschichte der Zukunft

Die Geschichte der Zukunft reicht nicht sehr weit zurück. Das menschliche Leben sorgt natürlich immer schon für eine unmittelbare Zukunft wie auch für eine unmittelbare Vergangenheit. Diese unmittelbare Zeit, diese erfahrbare Zeit konditionierter und konditionierender Ereignisse hat man von einer weiter zurückliegenden Vergangenheit und einer ferneren Zukunft unterschieden, die miteinander in der Dunkelheit einer mythischen Zeit verschmelzen. Später wurde diese Vorstellung von der Philosophie in einer Zwei-Ebenen-Theorie der Zeit rekonzeptualisiert, in welcher sie zwischen ewiger Zeit und der Zeit wechselnder Ereignisse unterschied.[1] Unter der Prämisse dieser Zeitauffassung sahen mittelalterliche Philosophen keine Notwendigkeit, eine Differenz von Existenz und Fortdauer zu reflektieren. Schöpfung und Erhaltung war für sie eine identische Handlung Gottes, und das implizierte, daß die bloße Abfolge von Gedanken und Ereignissen die Idee der Zeit produziert, aber als solche die Relation zwischen Gott und seinen Kreaturen nicht verändert.

Erst der strukturelle Übergang von der traditionalen zur bürgerlichen Gesellschaft im 17. und 18. Jahrhundert löste diesen älteren Zeitbegriff auf und ersetzte ihn durch eine temporale Struktur, die in sich die Möglichkeit höherer Komplexität enthielt. Arthur Lovejoy reklamiert für das 18. Jahrhundert ein »Eindringen der Zeit in die Kette der Wesen«.[2] Das meint eine Restrukturierung der »series rerum« im Sinne einer Entwicklung von einfachen zu komplexen Formen. Die rückwärtsgerichtete Zeitrechnung »vor Christi Geburt« setzte sich im 18. Jahrhundert allgemein durch.[3] Durch diese Erfindung war die Vergangenheit von der Notwendigkeit befreit, in einem Anfangsereignis begründet zu sein. Sie wurde damit offen für eine unbegrenzte historische Forschung. Wenn aber die Vergangenheit nicht länger an einem fixierten Anfangspunkt beginnt, der Zeit selbst in Bewegung setzt, die beste aller möglichen Welten schafft und die natürlichen Formen definiert, was geschieht dann mit der Zukunft? Sofern Zeit selbst irgendeine Einheit besitzt, kann ein fundamentaler Wandel in der Auffassung der Vergangenheit nicht ohne Folgen für die Wahrnehmung der Zukunft bleiben.

Es bleibt hinzuzufügen, daß diese Verzeitlichung des Seins nicht nur die natürlichen Formen auflöste; gleichzeitig wurden durch sie auch die Grundlagen der aristotelischen Konzeption der Negation als Privation *(steresis, privatio)* zerstört.[4] Das Problem der Negativität mußte als eine universelle Kategorie reformuliert werden. Jedes Erleben und jedes Handeln impliziert seitdem Negation als Erfordernis selektiver Bestimmung, und die Zukunft wird zu einem Warenhaus von Möglichkeiten, unter denen wir nur mittels Negation wählen können.

Die Zukunft selbst, und das meint vergangene Zukünfte wie auch die gegenwärtige Zukunft, muß nun als etwas begriffen werden, was sich möglicherweise von der Vergangenheit sehr unterscheidet. Sie kann nicht länger als Annäherung an einen Wendepunkt charakterisiert werden, an dem sie in die Vergangenheit zurückkehrt oder sich die Ordnung dieser Welt oder sogar die Zeit selbst ändert. Als funktionales Äquivalent für das Ende der Zeit mag die Zukunft emergente Eigenschaften und noch-nicht-realisierte Möglichkeiten enthalten. Sie wird zur offenen Zukunft.

Das genaue Geburtsdatum dieser modernen Auffassung der Zukunft ist umstritten.[5] Einige Autoren denken an das 17. Jahrhundert, andere an die zweite Hälfte des 18. Jahrhunderts.[6] Die letztere Meinung scheint dem Sachverhalt angemessen, daß die zweite Hälfte des 18. Jahrhunderts ihre Erwartungen hinsichtlich kommender Ereignisse von Pessimismus auf Optimismus, von moralischem Niedergang auf Fortschritt umstellte.[7] Als spätestmögliches Datum kommt die Französische Revolution in Frage, die den Sinn von »Revolution« von Rückwendung in Vorwärtsbewegung veränderte und das Wort *avenir* gebräuchlich werden ließ. In den Veröffentlichungen des »Institut National« fand ich die Wendung: *Le temps present est gros d'avenir*[8], die dem Anschein nach in dieser Zeit verbreitet war (1798).

Die Formulierung *temps present* – die gegenwärtige Zeit – ist als solche interessant. In welchem Sinn kann Zeit gegenwärtig sein? Eine mögliche Interpretation ist, daß der Ausdruck »gegenwärtige Zeit«, indem er den Begriff des Gegenwärtigen betont, einen Verlust an Sinn und Dauer in der Gegenwart selbst kompensiert.[9] Wenn wir eine fast unbegrenzte historische Vergangenheit besitzen, die nur durch unsere aktualen Interessen strukturiert und limitiert wird, und wenn wir andererseits über eine offene Zukunft verfügen, wird die Gegenwart in der Tat zum Wendepunkt, der den Prozeß der Zeit von Vergangenheit in Zukunft umschaltet. Die Französische Revolution symbolisiert und beweist die Möglichkeit dieses Zeitverständnisses mittels ihrer Praxis. Die Deutschen ihrerseits schließen sich an, indem sie *Zeitgedichte* schreiben – dies im Sinne von Gedichten von politischer Aktualität.[10]

Die Punktualisierung der Gegenwart ging jedoch einer offenen Zukunft um mehr als einhundert Jahre *voraus*; sie war nicht etwa deren Folge. Schon im frühen 17. Jahrhundert wurde die Einheit von Existenz und Erhaltung gespalten, und die Gegenwart wurde danach als diskontinuierlich, und als in ihrer Fortdauer von sekundären Ursachen abhängig, aufgefaßt. Die aktuelle Gegenwart mußte man künftig als von Moment zu Moment stattfindenden Wandel denken. Die Transformation der Zeitperspektiven begann mit einer Rekonzeptualisierung der Gegenwart. Dies führte zu einer Reihe von Entlastungsstrategien: dem Systembegriff, einem wachsenden Interesse an Mechanismen und an Sicherheit und – während des 18. Jahrhunderts – zu einer Interpretation der Existenz als Gefühl. Aber erst vor dem Hintergrund des ökonomischen und politischen Durchbruchs der bürgerlichen Gesellschaft wurde die Lösung von Zeitproblemen durch temporale Mittel möglich: durch die Extension der Zeithorizonte von Vergangenheit und Zukunft und durch Orientierung der Gegenwart an deren Differenz. Oder, um es in der romantischen Sprache eines Lamennais auszudrücken: »Je fuis le présent par deux routes, celle du passé et celle de l'avenir.«[11]

Wenn dies es hinreichend wahrscheinlich macht – und es wäre leicht, weitere Evidenz anzuführen –, daß sich mit dem Aufkommen der bürgerlichen Gesellschaft die Struktur der Zeit drastisch in Richtung auf höhere temporale Komplexität verändert hat, dann müssen wir davon ausgehen, daß diese Umstrukturierung auf jede soziale Struktur und jeden Begriff einwirkt. Nichts wird seinen früheren Sinn behalten. Selbst wenn es eine formale Kontinuität in Institutionen oder Terminologien geben sollte, verbirgt diese nur den Sachverhalt, daß jede einzelne Form höhere Kontingenz und höhere Selektivität erlangt hat.[12]

Wir reagieren schon lange auf die Konsequenzen dieses Umbruchs. Wir beobachten den »Verlust eines stabilen Zustandes«[13], und wir wissen, daß eine höhere Veränderungsrate mehr antizipatorisches Verhalten verlangt – im wörtlichen Sinne: mehr Handeln vor dem Ereignis, mehr zukunftsorientierte Planung.[14] Dennoch besitzen wir bis jetzt kein befriedigendes Konzept der Zeit. Die vorherrschende »Lösung« dieses Problems ist die Unterscheidung mehrerer verschiedener Zeitbegriffe.[15] Was fehlt, ist eine überzeugende Theorie, die in der Lage wäre, Variationen der Sozialstruktur und Variationen temporaler Strukturen miteinander zu korrelieren. Dieses Defizit ist nicht nur ein Problem funktionalistischer Theorie; es hat ältere und tiefere Wurzeln.[16]

Für ein Konzept der Zeit

Die Auffassung, daß Zeit ein Aspekt der sozialen Konstruktion der Wirklichkeit sei, ist mittlerweile verbreitet. Sie nimmt an, daß es mehrere Zeiten, eine Pluralität von *Temporalgestalten* oder sozialen Zeiten gibt.[17] Diese Konzeption trennt Zeit und Chronologie. Daraus mögen sich mehrere Zeiten und eine integrierende Chronologie ergeben. Aber es bleiben Fragen offen: Ist es zulässig, die Einheit der Zeit auf die Einheit der Chronologie zu reduzieren? Fallen wir, wenn wir eine Pluralität von Zeiten annehmen, nicht auf den präaristotelischen Begriff der Zeit als Bewegung oder Prozeß zurück? Gibt es überhaupt einen Fortschritt, der über die klassische Definition der Zeit als Maß der Bewegung hinausführt?

Um eine unkontrollierte begriffliche Fusion von Zeit und Bewegung zu vermeiden, schlage ich vor, Zeit als Interpretation der Realität im Hinblick auf eine Differenz von Vergangenheit und Zukunft zu definieren. Diese Definition setzt natürlich voraus, daß das gesellschaftliche Alltagsleben die Erfahrung von Veränderung vermittelt und darüber hinaus in sich selbst den Ausgangspunkt für sein eigenes »timing« enthält. Diese Voraussetzung ist durch phänomenologische Analysen beweisbar. Die Erfahrung von Veränderung ist jedoch noch nicht wirklich Zeit, was Husserl selbst in späteren Jahren sah. Sie ist allgegenwärtig und unvermeidlich. Wenn man gerade keine Veränderung hört oder sieht, erfährt man sie doch in sich selbst. Sie ist die Mitgift organischen Lebens für ihre Vermählung mit Kultur. Und sie fungiert als Bedingung der Universalität von Zeit auf der Ebene von Kultur. Die Erfahrung von Veränderung bleibt aber im großen und ganzen offen für kulturelle Ausarbeitung und Variation, gerade weil sie eine *universelle* Prädisposition für die Temporalisierung des Erlebens ist.

Dieser konzeptuelle Ansatz bietet mehrere wichtige Vorteile:

– Er beginnt mit einer klaren Unterscheidung von Bewegung, Prozeß oder der Erfahrung von Veränderung einerseits und der kulturellen Konstitution von Zeit als einer generalisierten Dimension sinnhafter Realität andererseits.

– Somit kann Chronologie als ein standardisiertes Schema der Bewegung *und* der Zeit gedacht werden. Sie erfüllt mehrere Funktionen gleichzeitig: erstens die des Vergleichs und der Integration von Bewegungen, die nicht simultan präsent sind;[18] zweitens die der Herstellung von Relationen zwischen Vergangenheit und Zukunft in dem zweifachen Sinn fixierter und unveränderlicher Distanzen und der Bewegung chronologischer Einheiten (Daten, nicht Ereignisse!) von der Zukunft in die Vergangenheit; und drittens die der Verknüpfung der Erfahrung von Veränderung im Alltagsleben mit der relationalen Struktur der Zeit. Diese Funktionen sind durch den Gebrauch *einer* standardisierten Bewegung für die Herstellung von Distanz zwischen Daten untereinander verbunden. Nicht Zeit, wie Aristoteles meinte, sondern Chronologie schafft Distanz. Sie fungiert als ein evolutionäres Universal, das sehr einfache Regeln seines Gebrauchs mit hochkomplexen Funktionen kombiniert – wie Geld.

– Wir sollten also jede Verwechslung von Chronologie und Zeit vermeiden. Die Vorgehensweise, die ich vorschlagen möchte, bestimmt die temporale Dimension als die Relation von Vergangenheit und Zukunft. Dabei werden die jeweils geläufigen Auffassungen von Vergangenheit und Zukunft als die für die Konstitution der Zeit entscheidenden Faktoren betrachtet. Die in der Zeit mögliche Komplexität korreliert beispielsweise mit der möglichen Divergenz von vergangenen und künftigen Zuständen. Zunehmende Komplexität in der Zeit hat dann einen Einfluß auf die vorherrschenden Interpretationen von Vergangenheit und Zukunft. Die zu Beginn dieses Aufsatzes skizzierte Geschichte der Zukunft illustriert diesen Punkt.

– Die Relation von Vergangenheit und Zukunft hat nicht in allen Gesellschaften dieselbe Form. Man kann davon ausgehen, daß es Korrelationen dieser Relation mit anderen Variablen des Gesellschaftssystems gibt. Es läßt sich die Hypothese formulieren, daß zunehmende Systemdifferenzierung mit einer zunehmenden Dissoziation von Vergangenheit und Zukunft korreliert. Hohe Diskontinuität mag andererseits die Zeitperspektive in dem Sinn verkürzen, daß eine weiter zurückliegende Vergangenheit und eine entferntere Zukunft irrelevant werden. Diese Annahme wird durch einige empirische Evidenz gestützt[19] – sehr zur Überraschung derjenigen, für die die zunehmende Bedeutung von Zeit in der modernen Gesellschaft einfach eine Extension der Zeit im chronologischen Sinn meint.

– Dies führt uns zu der zentralen These zurück und legt die Formulierung nahe, daß die *Relevanz* von Zeit (tatsächlich will ich behaupten: Relevanz als solche) davon abhängt, daß es möglich ist, Relationen von Vergangenheit und Zukunft in einer Gegenwart zu vermitteln.[20] Alle temporalen Strukturen beziehen sich auf eine Gegenwart. Das Beharren der Gegenwart mußte, wie wir gesehen haben, erschüttert werden, ehe die moderne Gesellschaft ihre eigene Zeitlichkeit rekonstruieren konnte.

Die Zukunft als Zeithorizont

Die Zeit selbst und ihre Konzeptualisierungen werden durch die Mechanismen soziokultureller Evolution verändert. Dieses Faktum hat Konsequenzen für die Art und Weise, wie wir unsere Zukunft wahrnehmen und konzeptualisieren. Soziologische Analyse sieht sich deshalb einem Problem konfrontiert, das zwei Seiten aufweist: Ihr Begriff der Zukunft sollte für szientifische Verfahren einigermaßen geeignet sein, und er sollte ihrer eigenen historischen Situation angemessen sein. Beide Adäquanzbedingungen definieren divergierende Erfordernisse, insbesondere für unsere sehr späte und hochkomplexe Gesellschaft.

Um die Komplexität dieses Problems herauszuarbeiten, scheint es sinnvoll, drei verschiedene Weisen der Auffassung der Zukunft voneinander zu unterscheiden: eine chronologische Zeitauffassung, die Theorie der Modalitäten und phänomenologische Analyse.

Die *chronologische Auffassung* setzt Identität und Kontinuität der Zeit voraus und kennt nur ein Prinzip der Differenzierung: Daten. Die Zukunft ist die Reihe der Daten, die auf die Gegenwart folgt. Diese chronologische Auffassung meint, daß die Zukunft dort beginnt, wo die Gegenwart endet. Nun zeigt aber eine gründliche Analyse, daß wir nicht zwei unmittelbar verknüpfte Zeitpunkte denken können, ohne gleichzeitig ein Intervall zu denken, das sie trennt.[21] Schon mittelalterliche Autoren kamen zu dem Schluß, daß Beginnen und Enden nicht sein kann, außer als eine Eigenschaft der augenblickshaften Gegenwart.[22] Weiterhin wissen wir aus Kulturvergleichen wie auch aus empirischen Forschungen, daß wir im Alltagsleben Zeit als diskontinuierlich erfahren, daß die Zukunft von der Gegenwart losgelöst ist und daß nur wenige Gesellschaften und in diesen nur ein Bruchteil ihrer Mitglieder sich verpflichtet fühlen, diese Diskontinuitäten zu beschönigen und sie durch eine Art mathematischer Kalkulation einzuebnen.[23]

Seit dem Mittelalter hat man die *Modaltheorie* benutzt, um eine Zwei-Ebenen-Theorie der Realität zu formulieren, und mittels dieser die verschiedenen Modi reflektiert, in denen Sein und Nichtsein sich präsentieren können. Die Zeitmodi sind: Vergangenheit, Gegenwart und Zukunft. Es handelt sich natürlich um distinkte Modalitäten, aber auch hier findet erneut eine Art von Idealisierung und Angleichung statt. Es wird unterstellt, daß diese drei Zeitmodi, zumindest als Modi, gleichgestellt sind. Das mag sprachlichen Notwendigkeiten geschuldet sein. In der Sprache können wir zwischen diesen drei

Zeitformen wählen. Während Chronologie von mathematischer Kalkulation abhängt, ist die Theorie der Modalitäten auf Sprache angewiesen. Ihr Prototyp scheint zu sein: über etwas sprechen. In unserer historischen Situation jedoch – in der »gegenwärtigen Zeit«! – mag es erforderlich sein, nicht nur die »galileischen« Idealisierungen in Frage zu stellen, sondern auch die sprachlichen Schemata[24], die wir verwenden und von denen wir weiterhin abhängen. Die Theorie der temporalen Modalitäten läßt die Frage, ob ein Anfang als *remotio* der Vergangenheit und *positio* der Gegenwart oder alternativ als *remotio* der Gegenwart und *positio* der Zukunft aufgefaßt werden sollte, als unentscheidbar offen.[25] Hier würde die zentrale Frage lauten, ob die Behandlung der Gegenwart als einer der Zeitmodi adäquat ist.[26]

Die Theorie der Modalitäten scheint ein rationales Modell des Sachverhalts anzubieten, daß Sinn immer etwas ist, das seine Identität erhält, indem er auf Horizonte weiterer Exploration und Modifikation verweist.[27] Wenn dies zutrifft, werden wir *phänomenologische Analysen* benutzen müssen, um den Weg zu den Ursprüngen der Zeit zu finden. Das heißt, die Zukunft wie auch die Vergangenheit als Zeithorizonte der Gegenwart zu begreifen. Der Gegenwart kommt dann in ihrer Funktion, Zeit und Realität zu integrieren und eine Mehrzahl von *constraints* für die temporale Integration von Zukunft und Vergangenheit zu verkörpern, ein besonderer Status zu.

Dieses konzeptuelle Neuarrangement zwingt dazu, genauer zu formulieren, was es bedeutet, die Zukunft als Zeithorizont der Gegenwart zu begreifen. Die wichtigste Folgerung wird durch den Titel dieses Aufsatzes signalisiert: Die Zukunft kann nicht beginnen. Tatsächlich ist die wesentliche Eigenschaft eines Horizontes, daß wir ihn niemals berühren können, ihn nie erreichen, ihn auch niemals überschreiten können, daß er aber dennoch zur Definition der Situation beiträgt. Jede Bewegung und jede Denkoperation verschiebt den leitenden Horizont nur, ohne ihn je zu erreichen.

Wenn wir Prozesse oder Aktivitäten als beginnend oder endend charakterisieren, benutzen wir eine Terminologie, die der Gegenwart zugehört. Verwenden wir diese Ausdrücke, um auf entfernte Zeitpunkte zu verweisen – zum Beispiel: das Römische Reich begann niederzugehen –, nehmen wir auf eine vergangene Gegenwart oder eine zukünftige Gegenwart Bezug. Dieser iterative Gebrauch temporaler Modalitäten, der zumindest bis Augustinus zurückreicht, ist für eine Theorie der Zeit, die Zeit und Chronologie unterscheidet, unerläßlich. Aber das ist nicht genug. Zusätzlich können wir eine Unterscheidung zwischen zukünftigen Gegenwarten und der gegenwärtigen Zukunft formulieren; und wir können, wenn dies erforderlich ist, über die Zukunft zukünftiger Gegenwarten, die Zukunft vergangener Gegenwarten *(modo futuri exacti)* und weitere Fälle sprechen.[28] Dieser iterative Gebrauch von Modalformen ist in der Modaltheorie immer ein Problem gewesen;[29] zum Beispiel: warum nicht »die Zukunft der Zukünfte« wie »der Himmel der Himmel« *(coelum coeli)*? Nur durch eine phänomenologische Analyse läßt sich die Auswahl sinnvoller Kombinationen modaler Formen rechtfertigen. Durch sie wird evident, daß jede Iteration temporaler Formen ihre Grundlage in einer Gegenwart haben muß.[30]

Akzeptieren wir diese Unterscheidung einer gegenwärtigen Zukunft von zukünftigen Gegenwarten, kann man eine offene Zukunft als die gegenwärtige Zukunft definieren, die für mehrere wechselseitig exklusive zukünftige Gegenwarten Raum hat. Offene Zukunft ist zweifellos nur eine vage Metapher. In gewisser Hinsicht war die Offenheit der Zukunft seit Aristoteles' berühmtem Kapitel IX *peri hermeneias*[31] Thema logischer und theologischer Diskussionen. Sie wurde aber nur in bezug auf die Grenzen der Logik und der menschlichen Kognition bei deren Anwendung auf zukünftige Ereignisse diskutiert – und nicht als Technik der Defuturisierung der Zukunft mittels des binären Codes der Logik.

Während Denker der Antike mit Generalisierungen ihrer Alltagswelt anfingen, die sie mittels kosmologischer und theologischer Annahmen gewannen, und nicht über »die« Zukunft nachdachten, vielmehr über kommende Ereignisse und die Möglichkeit ihrer privativen Negation[32], erfahren wir unsere Zukunft als einen generalisierten Horizont überschüssiger Möglichkeiten, die in dem Maße, in dem wir uns ihnen nähern, reduziert werden müssen. Wir können unterschiedliche Grade von Offenheit denken und bezeichnen *Futurisierung* als zunehmende und *Defuturisierung* als abnehmende Offenheit einer gegenwärtigen Zukunft. Defuturisierung mag zu dem Grenzwert führen, wo die gegenwärtige Zukunft mit den zukünftigen Gegenwarten verschmilzt und nur noch eine Zukunft möglich ist. Faktisch schließt die Struktur unserer Gesellschaft aus, daß Defuturisierung so weit voranschreitet. Aber es gibt Techniken der Defuturisierung, die genau auf diesen Umstand reagieren. Leon Brunschvicg hat unsere Aufmerksamkeit auf den Sachverhalt gelenkt, daß der statistische Kalkül die Zukunft defuturisiert, ohne sie mit nur einer Ereigniskette zu identifizieren.[33] Und tatsächlich korrespondiert das im 17. und 18. Jahrhundert neu aufkommende Interesse an Zufall, Glücksspielen und Statistik eng mit einem entstehenden Interesse an der Zukunft und der Idee, daß es eine rationale und sogar sichere Strategie sein mag, das Unsichere dem Sicheren vorzuziehen.[34] Es gibt Weisen, von der Zukunft Gebrauch zu machen, ohne sie zu beginnen und ohne sie auf eine Kette datierbarer zukünftiger Gegenwarten zu reduzieren.

Neudefinition temporaler Integration: Technologie und Utopien

Wir sind nun in der Lage, das Problem temporaler Integration neu zu definieren. Eine mögliche Interpretation wäre, daß man temporale Integration erreicht, indem man Wunschdenken und phantastische Perspektiven in realistische Perzeptionen überführt, die sich an den Ereignissen der Vergangenheit orientieren, sofern diese die Gegenwart strukturieren.[35] Eine solche Sicht wertet Realismus als Reife. Aber warum das? Wenn Kinder, die der Unterschicht angehören, bestimmte schulische und berufliche Aspirationen aufgeben, mag dies für sie viel günstiger sein. Es wäre aber nur dann rational, wenn die Realität selbst rational wäre. Die Identifikation temporaler Integration mit realistischer Orientierung unterstellt eine perfekte Welt – *realitas sive perfectio*. Das ist eine wohlvertraute traditionelle Prämisse, aber sie differenziert Zeit und Realität nicht hinreichend, um temporale Integration als ein Mittel der Kontrolle der Realität – nicht notwendigerweise ihrer Veränderung – einzusetzen.

Es gab Gesellschaften, die sich der Realität als Rationalitätskontrolle bedienen mußten. Unsere Gesellschaft hingegen muß Rationalität als Realitätskontrolle benutzen. Ihre Strukturen und ihre Umwelt sind zu komplex für adaptives Verhalten[36], und zudem steht nicht genug Zeit für Anpassung zur Verfügung. Unter der Bedingung hoher Komplexität wird Zeit knapp. Zeit muß für Realität als vorherrschende Dimension substituiert werden, während die Zukunft sich als dominanter Horizont aufdrängt. Eine Gesellschaft dieses Typs benötigt Formen und Verfahren temporaler Integration, die vor allem damit befaßt sind, die gegenwärtige Zukunft und zukünftige Gegenwarten zu kombinieren und die Vergangenheit nur als ein Bündel von Tatsachen zu behandeln, für die gilt, daß wir sie nicht mehr daran hindern können, zu werden oder zu existieren.

Die vorherrschende Konzeption der gegenwärtigen Zukunft scheint eine utopische zu sein[37] – mit pessimistischen oder optimistischen Obertönen. Die Zukunft dient als Projektionsfläche für Hoffnungen und Befürchtungen. Ihre utopische Formulierung gewährleistet rationales Verhalten gegenüber verschiedenen (vorhersagbaren und unvorhersagbaren) zukünftigen Gegenwarten – dies zumindest in der Form kohärenter Negation. Von der Zukunft erwartet man, daß sie die kommunistische Gesellschaft oder das ökologische Desaster, die Emanzipation von jeder Herrschaft oder den »l'homme integrale« im Sinne von Sartre und Merleau-Ponty mit sich bringt.[38] Dies ist die Zukunft, die nicht beginnen kann. Sie bleibt eine gegenwärtige Zukunft und nicht zuletzt ein untrügliches Zeichen für die Präsenz von Kritikern. Diese Zukunft entfernt sich, wenn wir uns ihr anzunähern suchen. Solange die strukturellen Bedingungen der gegenwärtigen Gesellschaft fortdauern, verschwindet sie nicht, aber sie mag sich mit neuen Symbolen und Bedeutungen versehen, wenn die alten durch Enttäuschungen und neue Erfahrungen abgetragen sind. Unsere jüngsten Erfahrungen scheinen zu zeigen, daß diese utopischen Zukünfte ihren eigenen Wandel beschleunigen und sich so schnell verändern, daß sie nie eine Chance bekommen, getestet zu werden und in einer Gegenwart Bestätigung zu erlangen.

Technologien andererseits orientieren sich an zukünftigen Gegenwarten. Sie transformieren diese in eine Sequenz antizipierter Gegenwarten. Sie postulieren und antizipieren kausale und stochastische Verbindungen zwischen zukünftigen Ereignissen, um diese in die gegenwärtige Gegenwart zu inkorporieren. Das impliziert zwei wichtige Reduktionen von Komplexität. Durch die erste werden Ereignisse, die emergente Rekombinationen unabhängiger Kontingenzen sind, in ihrem Charakter so verändert, daß sie eine Trägerfunktion im Prozeß der Bestimmung übernehmen können. Die zweite läßt ein sequentielles Muster hervortreten, eine Kette miteinander verknüpfter Ereignisse; sie sequentialisiert Komplexität, indem sie mehr oder weniger von interferierenden Prozessen abstrahiert.[39] Eine durch Technologie defuturisierte Zukunft kann als eine Scheingegenwart fungieren, aus der wir unsere gegenwärtige Gegenwart auswählen, um sie zu einer möglichen Vergangenheit zukünftiger Gegenwarten zu machen. Um diese Wahl und – wichtiger noch – dieses ganze Verfahren technologischer Defuturisierung zu rechtfertigen, benutzen wir Werte. Die Funktion von Werten ist dann, die Qualität der gegenwärtigen Wahl trotz technologischer Defuturisierung zu garantieren. Jede Verfeinerung technologischer Vorhersage und Kontrolle wird jedoch zukünftige Gegenwarten um so unvorhersehbarer werden lassen, da sie die Zahl anfechtbarer Annahmen über die gegenwärtige Zukunft multipliziert. Das verlangt in der jeweiligen Gegenwart entsprechende Mechanismen des Umgangs mit Überraschungen: Lernfähigkeit, geplante Redundanzen und die generalisierte Fähigkeit der Substitution funktionaler Äquivalente.

Technologie und utopische Entwürfe haben naturgemäß sehr verschiedene Zugangsweisen zur Zukunft. Ihre Differenz legt Optionen und polemisches Verhalten nahe. Viele ideologische Diskussionen und politische Konfrontationen unserer Tage speisen sich aus dieser Bifurkation. Wenn man sich auf dem Boot namens Utopia einschifft, wird man sich Technologien gegenüber künftig sehr kritisch verhalten, und dies zu Recht, selbst wenn man bereit ist, eine Technologie zu benutzen, um mit dem Boot von der Küste loszukommen. Wenn man sich andererseits daranmacht, Technologien zu verbessern, mag man sich – und dies erneut zu Recht – über Leute ärgern, die die Zukunft als Substitut der Realität benutzen und in die eigene Arbeit interferieren, ohne zu ihr beizutragen. Jede Seite sucht ihre eigene Zukunftsperspektive zu totalisieren und die der anderen Seite zu unterdrücken.[40] Die Totalität aber ist die Differenz selbst: die Differenz von gegenwärtiger Zukunft und zukünftigen Gegenwarten. Diese Differenz ist selbst ein historisches Faktum, produziert und reproduziert durch die Struktur unserer Gesellschaft. Solange wir in einer hochkomplexen Gesellschaft leben, können wir sie weder vermeiden noch umgehen. Aber daraus folgt nicht, daß man sich an dieser unfruchtbaren Polemik beteiligen muß.

Kritische Diskussion und Polemik haben jedoch einen wichtigen Vorteil: sie sind gegenwärtiges Verhalten. Jeder Versuch, sie zu ersetzen, indem man das Problem temporaler Integration aufwirft, würde die Lösung dieses Problems in die Zukunft verschieben und auf diese Weise in utopische oder technologische Kanäle hinübergleiten. Erneut würde auch das Problem temporaler Integration ein Problem der Utopie oder der Technologie werden und sich auf diese Weise perpetuieren.

Eine offene und unbestimmte Zukunft scheint eine Verlagerung von Erkennen auf Handeln nahezulegen, wie Marx meinte, oder heute: von der Voraussage zur Schaffung der Zukunft.[41] Das klingt wie: Wenn du nicht sehen kannst, mußt du handeln! Beide aber, Voraussage und Handeln, haben ihre utopischen und technologischen Aspekte. Das Problem temporaler Integration wird nicht dadurch gelöst, daß man das eine durch das andere substituiert. Die gegenwärtige komplexe Gesellschaft muß beide Wege einschlagen, um die Komplexität ihrer Zukunft zu reduzieren; für sie geht es eher darum, Voraussagen und Handlungen in komplexen selbstreferentiellen Mustern zu sequentialisieren. Es gibt kein Problem der Wahl zwischen Voraussage und Handeln, aber es mag sich das Problem sozialer und struktureller Limitationen der Kombinierbarkeit von Voraussagen und Handlungen stellen.

Soziale Kommunikation als eine nichttemporale Extension von Zeit

Mittlerweile sollte deutlich sein, daß wir temporale Integration und also auch die Integration von utopischen Entwürfen und Technologien nur als eine Leistung der Gegenwart erwarten können. Für ältere Gesellschaften, die sich als in einer dauernden oder sogar ewigen Gegenwart lebend dachten, stellte sich deshalb unser Problem nicht. Erst in der Moderne und nur durch Verkürzung der zeitlichen Ausdehnung der Gegenwart wird das Problem der Beharrung oder *conservatio* aktuell[42], und erst dann divergieren utopische Entwürfe und Technologien. Indem sie in den letzten zweihundert Jahren die Zeit restrukturiert hat, hat sich die Gegenwart auf die Funktion temporaler Integration spezialisiert; sie verfügt jedoch nicht über genug Zeit, um dies leisten zu können.

An dieser Stelle können wir die Bedeutung der theoretischen Beiträge von George Herbert Mead[43] und Alfred Schütz[44] zu der Frage der Interrelationen von zeitlicher und sozialer Erfahrung verstehen. Beide Autoren waren sich des Sachverhalts bewußt, daß soziale Kommunikation *für die Akteure die Gegenwart definiert* (weil sie die Akteure an die Prämisse der Simultaneität bindet) und daß sie zusätzlich *die Chance einer nichttemporalen Extension von Zeit* bietet. Mit den Worten Meads: »The field of mind is the temporal extension of the environment of the organism« – und die Mechanismen, die dies zuwege bringen, sind soziale Mechanismen.[45] Aber dann kann auch die Umwelt von Systemen als eine nichttemporale Extension der Zeit benutzt werden.

Andere Personen sind nur insofern sozial relevant, als sie in der Kommunikation andere Vergangenheiten und/oder andere Zukünfte präsentieren. Auf hochselektive Weise transformieren sie entfernte zeitliche in gegenwärtige soziale Relevanzen. Und es ist diese Selektivität, die sozialer Kontrolle unterworfen werden kann – zum Beispiel mittels des zweifachen Mechanismus von Vertrauen und Mißtrauen.[46] Diese nichttemporale Extension der Zeit mittels Kommunikation konstituiert Zeithorizonte für selektives Verhalten, d.h., eine Vergangenheit, die niemals reproduziert werden kann, weil sie zu komplex ist, und eine Zukunft, die nicht beginnen kann. Erneut ist es die temporale Komplexität, die Selektivität erzwingt, damit sinnhaftes Verhalten und Kommunikation möglich werden.

Diese Überlegungen führen uns zu den denkgeschichtlichen Ausgangspunkten für das Verstehen evolutionärer Interdependenzen zwischen sozialen und zeitlichen

Strukturen zurück. Da das Wissen um diese Zusammenhänge als gesichertes Wissen betrachtet werden kann, können wir es uns nicht leisten, auf viel einfachere Begriffe der Zukunft zurückzufallen, wie dies bei den meisten Versuchen sozialer Prognose geschieht. Die Konzeption der Interdependenz ist jedoch in sich selbst zu unklar und unbestimmt, um sich als Bezugsrahmen für die Weiterführung der Analyse zu eignen. Weder Mead noch Schütz hatten angemessene Nachfolger. Der nächste Schritt ist in der Tat sehr schwierig. Er verlangt, daß man die analytischen Limitationen und Gewinne veranschlagt, die sich aus neuen Kombinationen ergeben könnten.

Angesichts der Erfahrungen, die wir mit der bürgerlichen Gesellschaft gemacht haben, sollten wir die Fähigkeit besitzen, die Grenzen einer sinnvollen Extension der Zeit zu kalkulieren; wir sollten die sozialen Korrelate einer hohen Differenzierung zeitlicher Horizonte kennen; es müßte möglich sein, eine Veränderung temporaler Strukturen, die aus sozialem Wandel – beispielsweise einem eventuellen Niedergang des Geldmechanismus – resultieren würde, zu antizipieren; wir müßten imstande sein, den Grad an Heterogenität temporaler Strukturen abzuschätzen, den wir in verschiedenen Subsystemen unserer Gesellschaft tolerieren können; es wäre wichtig zu wissen, wie die schrumpfenden Zeithorizonte von Familien die Wirtschaft tangieren und wie wir dem wohlbekannten negativen Einfluß, den die Zeitperspektiven einer wachsenden Wirtschaft auf das politische System haben, entgehen können;[47] und schließlich – und das ist nicht der unwichtigste Punkt – sollten wir wissen, auf welche Implikationen wir uns einlassen, wenn wir uns auf Uhren und Daten verlassen, um die differenten Zeitperspektiven verschiedener Sektoren unserer Gesellschaft zu integrieren, und mit welchen dysfunktionalen Konsequenzen zu rechnen ist, wenn wir uns der Chronologie bedienen, um diese wesentliche Funktion zu erfüllen.

Sicher ist, daß wir dieses Sample komplexer, die Zukunft betreffender Fragestellungen nicht auf eine einzige reduzieren dürfen: wie man die Zukunft beginnen kann. Es ist schwierig, zu sehen, wie man bei der Ausarbeitung dieser Fragen oder sogar ihrer Beantwortung vorgehen könnte. Systemtheorie scheint der einzige konzeptuelle Bezugsrahmen zu sein, der über hinreichende Komplexität verfügt. Bisher hat die Systemtheorie jedoch nur sehr einfache chronologische Begriffe von Zeit und Zukunft verwandt und die Zukunft schlicht als den Zustand eines Systems zu einem späteren Zeitpunkt gedacht.[48] Nur Umwelt, aber nicht Zeit, wird als ein Set möglicher Beschränkungen auf Systemzustände berücksichtigt. Als wissenschaftliches Verfahren ist es natürlich völlig legitim, von Zeit zu abstrahieren; aber dann muß man auch darauf verzichten, Zeitbegriffe bei der Präsentation der Ergebnisse zu verwenden.

Im Vergleich zu dem Grad konzeptueller Ausarbeitung von Zeitproblemen ist die Systemtheorie in ihrer begrifflichen Komplexität viel weiter fortgeschritten. Die Theorie der Zeit hinkt hinterher, nicht die Systemtheorie. Nicht nur die Sozialwissenschaft, sondern auch die Theorie der Geschichtswissenschaft leidet an dieser Defizienz. Sollte es gelingen, die Zeittheorie voranzubringen, könnten sich hochgradig suggestive Forschungsmöglichkeiten hinsichtlich der Korrelationen zwischen Systemstrukturen und temporalen Strukturen eröffnen.

Die Theorie der Zeit muß ihre vage und auf einer chronologischen Zeitauffassung basierende Idee, langfristig sei alles möglich, in ein Konzept temporaler Strukturen mit limitierten Veränderungsmöglichkeiten umformen. Eine Vorbedingung für mögliche Korrelationen ist, daß beide Variablen reduzierte Kontingenzen in dem Sinne sind, daß sie nicht jede beliebige Form annehmen können. Wir müssen deshalb nach zeitinhärenten Beschränkungen möglicher Korrelationen suchen (diese treten an die Stelle älterer Begriffe der Substanz oder des Wesens der Zeit), *bevor* wir darangehen, Korrelationen zwischen Systemstrukturen und temporalen Strukturen herzustellen. Diese zeitinhärenten Beschränkungen sind nichtsdestoweniger Resultate soziokultureller Evolution und keine apriorischen Annahmen über die Natur der Welt oder die Bedingungen der Erkenntnis.

Wenn wir Zeit als die Relation zwischen (mehr oder weniger differenzierten) Zeithorizonten begreifen und wenn wir eine konzeptuelle Sprache benutzen, die iterative Modalisierungen (gegenwärtige Zukunft, zukünftige Gegenwarten, Zukunft vergangener Gegenwarten etc.) zuläßt, und wir die Funktion der Gegenwart und die der Chronologie in diesen Begriffen definieren, mögen wir über hinreichende Grundlagen verfügen, um diese Art von Forschung zu beginnen. Aber wir sollten uns den Sachverhalt bewußt halten, daß eine Bindung an diese Konzeptualisierungen auch eine Bindung an die Moderne beinhaltet. Ältere Gesellschaften entwickelten keinen dermaßen elaborierten Bezugsrahmen, und sie benötigten ihn auch nicht, um sich selbst zu verstehen. Sie lebten – aus strukturellen Gründen, die zu erklären wir möglicherweise imstande sind – in einer weniger differenzierten Zeit.

Soziale Systeme sind nichttemporale Extensionen von Zeit. Sie ermöglichen, daß die Zeithorizonte anderer Akteure in einer gleichzeitigen Gegenwart zugänglich werden. Dies macht für Sozialsysteme eine zweifache Relation zur Zeit erforderlich: eine *sequentielle*, die als Prozeß oder als Handeln im Sinne von Mitteln und Zwecken verstanden werden kann, und eine *strukturelle*, die als Differenz zwischen System und Umwelt aufgefaßt werden kann. Unter Bezug auf Zeit bedeutet die Differenz von System und Umwelt, daß sich kein komplexes System ausschließlich auf Punkt-für-Punkt-Beziehungen zu seiner Umwelt verlassen kann – d. h. auf eine instantane Anpassung durch unmittelbares Erleben und unmittelbare Reaktion.[49] Das System benötigt für seine eigenen Operationen Zeit. Das setzt voraus, daß unter normalen Bedingungen kein einzelnes Ereignis das ganze System auf einmal verändern wird. Alles auf einmal zu ändern, kommt der Zerstörung des Systems gleich. Mit anderen Worten: Es ist kein Zustand eines komplexen Systems vorstellbar, der dadurch erreicht würde, daß alles auf einmal umgestellt wird. Die strukturelle Technik, deren sich ein System bedient, um eine Lage, in der sich alles auf einmal verändert, zu vermeiden, ist Differenzierung – oder genauer: ein Entsprechungsverhältnis interner und externer Differenzierung.[50] Erst auf dieser theoretisch relativ anspruchsvollen Ebene der Relation zwischen den Relationen System/Umwelt und Struktur/Prozeß können wir unser Problem lokalisieren. Es gilt dann, daß Systeme aus zeitlichen Gründen im Verhältnis zu ihrer Umwelt auf eine Differenz von Struktur und Prozeß angewiesen sind. Andererseits entwirft die Zeitperspektive der modernen Gesellschaft die Differenz von gegenwärtiger Zukunft und zukünftigen Gegenwarten. Diese beiden Unterscheidungen, die in sehr verschiedenen intellektuellen Traditionen ausgearbeitet worden sind, scheinen zu konvergieren. Wenn dies zutrifft, ist es möglich, Systemtheorie und phänomenologische Forschung zusammenzuführen.

Der Prozeß des Kontinuierens von Kommunikation unter der Prämisse der Gleichzeitigkeit ist in sozialen Systemen der Garant sequentieller sozialer Gegenwarten, die unablässig neue Zukünfte und neue Vergangenheiten konstituieren. Diese sequentiellen Gegenwarten sind und bleiben Gegenwarten, weil sie eine simultane Integration der Perspektiven verschiedener Akteure verlangen. Struktur andererseits eröffnet unserer Gesellschaft eine offene Zukunft, indem sie die Selektivität zukünftiger Gegenwarten sicherstellt.

Wenn man dies in konkreteren Begriffen formuliert, heißt es, daß Struktur zweierlei ermöglicht und sogar notwendig werden läßt: Wahlhandlungen aufzuschieben und die gegenwärtige Zukunft als eine Art Reservoir für später zu treffende Entscheidungen zu benutzen. Gleichzeitig operiert das System in der Gegenwart unter der Prämisse, daß es seine Prozesse kontinuieren muß. Als System reproduziert es seine Gegenwart Schritt für Schritt. Diese Sequentialisierung von Gegenwarten ist jedoch als sinnhaft nur zu verstehen, soweit sie eine Kette von Wahlhandlungen ist, nicht als eine Reihe von Fakten. Die Wirkung des Kommunikationsprozesses liegt in der Produktion und Reproduktion von Wahlsituationen.

Im nächsten Schritt müssen wir diesen allgemeinen Begriff eines Aufschubs von Wahlhandlungen aufbrechen und zwei sehr verschiedene Formen unterscheiden: erstens Gratifikationsaufschub und zweitens Negationsaufschub. Beide haben ihre funktionalen und institutionellen Korrelate. Gratifikationsaufschub ist ein wesentliches Erfordernis des Wirtschaftssystems als eine Bedingung der Realisierung von Kapitalinvestitionen. Negationsaufschub ist ein wesentliches Erfordernis des politischen Systems als eine Bedingung des Vertrauens in politische Macht. Beide benötigen institutionelle Unterstützung, beide sind für ihre gegenwärtige Motivation auf eine gegenwärtige Zukunft angewiesen. Beide verlangen eine funktionierende Integration von utopischen Entwürfen und Technologie und eine Art von Sicherheitsgrundlage für Vertrauen.[51] Beide würden ein beträchtliches Schrumpfen der Zeithorizonte nicht überleben. Beide können durch eine zu hohe Fluktuationsrate utopischer Vorstellungen und technologischer Innovationen gefährdet werden. Und schließlich, setzen wir nicht zuviel als selbstverständlich garantiert voraus, wenn wir meinen, daß es möglich ist und trotz sich verändernder struktureller Bedingungen möglich bleiben wird, Gratifikations- und Negationsaufschub zu separieren und spill-over-Effekte zu vermeiden? Oder wird eine Weigerung, Gratifikationen noch länger aufzuschieben, auf eine Weigerung, Negationen aufzuschieben, hinauslaufen; und wird schließlich das Schrumpfen von Zeithorizonten im Wirtschaftssystem das Vertrauen in Politik, politische Ideologien, Wertvorstellungen etc. gefährden?

Alle diese Fragen betreffen das, was wir *bürgerliche Gesellschaft* zu nennen gewohnt sind, und sie beziehen sich auf die Kontinuität oder Diskontinuität ihrer Strukturen unter sich wandelnden Bedingungen. Die *bürgerliche Gesellschaft* war eine revolutionäre Gesellschaft mit einer ausgeprägten strukturellen Betonung von Zeit und korrespondierenden Vereinfachungen ihrer innergesellschaftlichen und ihrer System/Umwelt-Beziehungen. Das Prinzip ihrer Zukunft war einfach die Verleugnung ihrer Vergangenheit[52] mittels des antistrukturellen Postulats der Gleichheit.[53] Die Selbstauffassung dieser Gesellschaft in ihrer bürgerlichen Variante verließ sich ausgeprägt auf zeitbenutzende und zeitbindende Mechanismen wie Geld und Rechtsverfahren. Mittlerweile sind uns die hochkomplexen Operationsbedingungen und die engen Grenzen möglicher Effektivität, denen diese Mechanismen unterworfen sind, bewußt. In ihrer marxistischen oder dialektischen Variante muß die Gesellschaftstheorie ihre Zukunftskonzeption aus Negationen der Gegenwart gewinnen; es gibt aber in unserer gegenwärtigen Gesellschaft weit mehr zu negieren, als Dialektiker je gebrauchen könnten, um eine und nur eine wünschbare Zukunft zu konstruieren oder sie sogar zuwege zu bringen: Sie müssen ein zentrales Problem fokussieren, also Zentralisierung überbetonen, und Komplexität unterbeleuchten, um eine strikt lineare Theorie zu entwerfen, mittels derer der »Geschichtsprozeß« rekonstruiert oder sogar verändert werden kann.

Es gibt somit viele Gründe, zu vermuten, daß die *bürgerliche Gesellschaft* in der Temporalisierung der Realität sehr weit ging und daß die feindlichen Zwillinge bürgerliche und marxistische Theorie diese Voraussetzung miteinander teilen. Damit ist die Frage nicht entschieden, ob dies eine temporäre Verzerrung ist, die für eine Periode des Übergangs in einen neuen Typ von Weltgesellschaft charakteristisch ist, oder ob es dauerhafte Erfordernisse hochkomplexer Gesellschaften und/oder eine Beschleunigung des evolutionären Prozesses, die in der bisherigen Geschichte keine Parallelen kennt, reflektiert. Wir sind sicher nicht in der Lage, diese Frage ohne weitere Forschung auf konzeptueller wie empirischer Ebene zu entscheiden. Aber wir verfügen über die intellektuellen

Ressourcen, um die langweiligen Kontroversen marxistische vs. bürgerliche oder utopische vs. technokratische Theorie hinter uns zu lassen, und es sind die Ausgangspositionen einer Systemtheorie der Gesellschaft verfügbar, die die Tatsache, daß die Zukunft nicht beginnen kann, erkennt und durch eine höhere Komplexität ihrer Zeitauffassung das kompensiert, was als ein Verlust an Zukunft erscheinen könnte.

(Aus dem Englischen von Andrea Leupold)

Anmerkungen

* S. Holmes, S. Seidman und A. J. Vidich möchte ich für Kommentare zu einer ersten Fassung dieses Textes danken.

1 Vgl. für neuplatonische Anfänge die von S. Sambursky und S. Pines herausgegebenen Texte, *The Concept of Time in Late Neoplatonism*, Jerusalem 1971. Vgl. auch Pitirim A. Sorokin, *Social and Cultural Dynamics*, 4 Bde., New York 1973, B.d 2, S. 473ff.

2 Vgl. Arthur O. Lovejoy, *Die große Kette der Wesen. Geschichte eines Gedankens*, Frankfurt/Main 1985, S. 294.

3 Vgl. Adalbert Klempt, *Die Säkularisierung der universalhistorischen Auffassung*, Göttingen 1960, S. 81ff.

4 Bei diesem handelte es sich natürlich nur um einen der traditionellen Negationsbegriffe (die Diskussion verschiedener Negationsbegriffe war in der Spätmittelalterzeit und in der Frühneuzeit recht komplex): aber seine Auflösung machte nichtsdestoweniger eine Rekonstruktion des Begriffs der Negation als solchen erforderlich.

5 Vgl. Robert Nisbet, *Social Change and History*, New York 1969, S. 106ff.

6 Vgl. Reinhart Koselleck, Historia Magistra Vitae, in: Manfred Riedel (Hg.), *Natur und Geschichte*, Stuttgart 1967, S. 196–220; ders., *Vergangene Zukunft der frühen Neuzeit*, in: *Festgabe für Carl Schmitt*, Berlin 1968, S. 551–566.

7 Vgl. Carl L. Becker, *The Heavenly City of the Eighteenth Century Philosophers*, New Haven 1932.

8 So Henri Grégoire, *Sur les moyens de perfectionner les sciences politiques*, Mémoires de l'Institut National (Classe des sciences morales et politiques), Bd. 1 (Paris 1798), S. 552–556. Die Zukunft scheint, zumindest in diesem politischen Kontext, als sehr nahegerückt wahrgenommen zu werden *(prochainement!)*. Eigentlich ist weder das Wort *avenir* noch die Wendung *Le temps present est gros d'avenir* während der Französischen Revolution erfunden worden. Die Wendung dient als Motto in Louis Sebastien Merciers' Buch *L'An deux mille quatre cent quarante: Rêve s'il en fut jamais* (London 1772). Mercier verweist auf Leibniz. Bei Leibniz nachsehend, finden wir eine charakteristische Differenz. Er spricht nicht von »der gegenwärtigen Zeit«, sondern nur über die Gegenwart als solche und benutzt diese Wendung lediglich, um zu zeigen, daß Monaden eine temporale Dimension besitzen. Zum Beispiel: *Essais de Theodicée* § 360 (in C. J. Gerhardt, Hg., *Die philosophischen Schriften von Gottfried Wilhelm Leibniz,* Hildesheim 1961, 6: 329): »C'est une des regles de mon système de l'harmonie que le present est gros de l'avenir.« Oder *Principes de la Nature et de la Grace, fondées en raison* § 13 (Gerhardt 6: 604): »Le present est gros de l'avenir, le futur se pouvait lire dans le passé, l'éloigné est exprimé dans le prochain.« Oder *Lettre à Bayle,* undatiert (Gerhardt 3: 66): »Le present est toujours gros de l'avenir ou chaque substance doit exprimer dès à present tous ses estats futurs« – also: keine offene Zukunft! Oder *Nouveaux essais sur l'entendement* (Gerhardt 5: 48): »Le present est gros de l'avenir et chargé du passé.«

9 Auf der Ebene des Persönlichkeitssystems gibt es einige Evidenz für dieses duale Verständnis der Gegenwart: entweder als eine sehr kurze oder als eine ziemlich lange Dauer. Siehe Thomas J. Cottle und Stephen L. Klineberg, *The Present of Things Future: Explorations of Time in Human Experience,* New York 1974, S. 108.

10 Vgl. Jürgen Wilke, *Das »Zeitgedicht«: Seine Herkunft und frühe Ausbildung,* Meisenheim am Glan 1974.

11 Lamennais, *Correspondence,* Bd. II, S. 378 zit. n. Georges Poulet, *Etudes sur le temps humain,* Bd. 1, Paris 1949, S. XXXII.

12 Das Wörterbuch *Geschichtliche Grundbegriffe* (erschienen: Bd. 1–5, 1972–1984) versucht genau diesen Punkt zu machen.

13 So die Formel von Donald A. Schon, *Beyond the Stable State,* New York 1973.

14 Siehe nur F. E. Emery und E. L. Trist, *Towards a Social Ecology: Contextual Appreciations of the Future in the Present,* London und New York 1973, S. 88.

15 Siehe beispielsweise die viel diskutierte Unterscheidung der linearen Dimension und der Modalitäten der Zeit bei J. Ellis McTaggart,

The Unreality of Time, Mind 17 (1908), S. 457–474, neu gedruckt in: Ders., *Philosophical Studies,* New York und London 1934, S. 110–131. Für die deutsche *historisch-geisteswissenschaftliche* Tradition vgl. Martin Heidegger, *Der Zeitbegriff in der Geschichtswissenschaft, Zeitschrift für Philosophie und philosophische Kritik* 160 (1916), S. 173–188.

16 Vgl. Herminio Martins, *Time and Theory in Sociology,* in: John Rex (Hg.), *Approaches to Sociology: An Introduction to Major Trends in British Sociology,* London und Boston 1974, S. 246–294.

17 Vgl. Pitirim A. Sorokin und Robert K. Merton, *Social Time: A Methodological and Functional Analysis, American Journal of Sociology* 42 (1937), S. 615–629; Pitirim A. Sorokin, *Sociocultural Causality, Space, Time,* New York 1961, S. 171 ff; Georges Gurvitch, *The Spectrum of Social Time,* Dordrecht 1964, insbes. S. 20 ff über multiple Zeiten.

18 Die primäre Funktion primitiver Zeitrechnung scheint die Integration wiederkehrender ökologischer Veränderungen und verhaltensregulierender sozialer Normen zu sein. Vgl. Daniel M. Maltz, *Primitive Time-Reckoning as a Symbolic System, Cornell Journal of Social Relations* 3 (1968), S. 85–112.

19 Vgl. Lucien Bernot und René Blancard, *Nouville: Un village français, Paris 1953, S. 321–332;* Johan Galtung, *Images of the World in the Year 2000: A Synthesis of the Marginals of the Ten Nations Study,* 7. Weltkongreß der Soziologie, Varna 1970 (Ms.); Margaret J. Zube, *Changing Concepts of Morality 1948–1969, Social Forces* 50 (1972), S. 385–393.

20 Das heißt nicht, daß die Gegenwart durch ihre Funktion erklärt werden kann. Es gibt immer den basalen Sachverhalt einer psychologischen (»specious«) Gegenwart, die Zeit und Realität vermittelt. Wir müssen deshalb im Anschluß an George Herbert Mead, *The Philosophy of the Present,* Chicago 1932, S. 88, funktionale Gegenwarten von der psychologischen (»specious«) Gegenwart unterscheiden. Eine Gegenwart ohne Funktion (d.h. ohne Kontext) wird aus diesem Grund auf eine psychologische Gegenwart reduziert.

21 Aristoteles, *Physik,* VI, 236a.

22 Siehe das Kapitel *De incipit et desinit* der *Regule Solvendi Sophismata* des William Heytesbury (14. Jahrhundert) in der Darstellung durch Curtis Wilson, *William Heytesbury: Medieval Logic and the Rise of Mathematical Physics,* Madison 1956, S. 29 ff.

23 Vgl. Sorokin und Merton, a.a.O. (1937); Cottle und Klineberg, a.a.O. (1974), S. 108 ff.

24 Vgl. Edmund Husserl, *Die Krisis der europäischen Wissenschaften*

und die transzendentale Phänomenologie, in: *Husserliana,* Bd. IV, Den Haag 1954.

25 Siehe erneut William Heytesbury, in: Wilson, a. a. O. (1956).

26 Es gibt hier enge Parallelen zu den Schwierigkeiten, in die Kant geriet, als er die drei (!) Modalitäten der Notwendigkeit, Möglichkeit und Wirklichkeit als differente Erkenntnismodi egalisierte (diese an die Stelle der traditionellen *Paare necessarium/contingens* und *possibile/impossibile* setzend). Das Problem liegt in der Unterscheidbarkeit einer vollständig konditionierten Möglichkeit von Wirklichkeit. Vgl. Ingetrud Pape, *Tradition und Transformation der Modalität,* Hamburg 1966, I, S. 224 ff. Siehe auch Nicolai Hartmann, *Möglichkeit und Wirklichkeit,* Meisenheim am Glan 1949², insb. S. 223 ff. Kant konnte sich nicht vorstellen, das Mögliche als etwas zu denken, das durch die Hinzufügung von etwas wirklich wird, weil die Hinzufügung dann etwas wäre, das nicht möglich ist (*Kritik der reinen Vernunft* B, S. 283 ff). Aus denselben Gründen sehen wir uns außerstande, die Zukunft als etwas zu denken, das beginnt, eine Gegenwart zu werden.

27 Zum Begriff des Horizonts siehe Edmund Husserl, *Ideen zu einer reinen Phänomenologie und Phänomenologischen Philosophie,* Bd. 1, in: *Husserliana,* Bd. III, Den Haag 1950, S. 48 ff, 100 ff, 199 ff; *Erfahrung und Urteil: Untersuchungen zur Genealogie der Logik,* Hamburg 1948; *Erste Philosophie,* Bd. 2, in: *Husserliana,* Bd. VIII, Den Haag 1959, S. 146 ff.; *Analysen zur passiven Synthesis,* in: *Husserliana,* Bd. XI, Den Haag 1966, S. 3 ff. George Herbert Mead stößt auf diese Metapher, ohne Husserl zu erwähnen; vgl. Mead, a. a. O. (1932), S. 26: »There is nothing transcendent about this powerlessness of our minds to exhaust any situation. Any advance which makes toward greater knowledge simply extends the horizon of experience, but all remains within conceivable experience.«

28 Für weitere Ausführungen siehe Niklas Luhmann, *Weltzeit und Systemgeschichte,* in: Ders., *Soziologische Aufklärung,* Bd. 2, Opladen 1975, S. 150–169.

29 Siehe nur Alexis Meinong, *Über Möglichkeit und Wahrscheinlichkeit: Beiträge zur Gegenstandstheorie und Erkenntnistheorie,* Leipzig 1915.

30 Dies ist die zentrale Idee von George Herbert Mead. Mead selbst benutzt die Formulierung »past pasts« im Sinne von Vergangenheiten vergangener Gegenwarten. Vgl. Mead, a. a. O. (1932), S. 7.

31 Zur mittelalterlichen Diskussion *de futuris contingentibus* und deren Bedeutung für kirchliche Politik siehe Thomas von Aquin, *In 1. Peri Hermeneias,* lect. XIII, XIV; *Quaestiones disputatae de Ve-*

ritate, q. II, art. 12; *Summa Theologiae* I, q. 14, art. 13; William Ockham, *Tractatus de praedestinatione et de praescientia Dei et de futuris contingentibus*, Philotheus Boehner (Hg.), St. Bonaventure, N.Y., 1945; Leon Baudry (Hg.), *La Querelle des futurs contingents (Louvain 1465–1475)*, Paris 1950.

32 Vgl. Paulus Engelhardt, *Der Mensch und seine Zukunft: Zur Frage nach dem Menschen bei Thomas von Aquin*, in: *Festschrift für Max Müller*, Freiburg-München 1966, S. 352–374.

33 Leon Brunschvicg, *L'expérience humaine et la causalité physique*, Paris 1949, S. 355.

34 Vgl. Ernest Coumet, *La Théorie du Hasard est-elle née par Hasard?*, in: *Annales: Economies, Sociétés, Civilisations* 25 (1970), S. 574–598.

35 Siehe beispielsweise Cottle und Klineberg, a.a.O. (1974), S. 70ff.

36 Russel L. Ackoff und Fred E. Emery, *On Purposeful Systems*, London und Chicago 1972, insb. S. 30ff, verfolgen eine ähnliche Absicht mittels der Unterscheidung von zielsuchenden und zweckgerichteten Systemen.

37 In einer wichtigen Hinsicht ist der Verweis auf »Utopias« hier irreführend, da das literarische Hilfsmittel einer Utopie ursprünglich gerade deshalb erfunden wurde, weil Kritiker sich nicht imstande sahen, die Zukunft ihrer eigenen Gesellschaft als Projektionsschirm zu benutzen. Der Wendepunkt kann exakt datiert werden: 1768 begann Mercier *l'An deux mille quatre cent quarante* zu schreiben.

38 Eine umfassende Darstellung solcher imaginärer Annäherungen an die Zukunft bietet Fred L. Polak, *The Image of the Future*, 2 Bde., New York 1961. Er schenkt jedoch der historischen Variabilität der Zeit selbst nicht genug Aufmerksamkeit. Vgl. auch Wendell Bell und James A. Mau, *Images of the Future: Theory and Research Strategies*, in: Dies. (Hg.), *The Sociology of the Future: Theory, Cases and Annotated Bibliography*, New York 1971, S. 6–44.

39 Eine scharfe Kritik der technokratischen Zeitkonzeption findet sich bei Herbert G. Reid, *The Politics of Time: Conflicting Philosophical Perspectives and Trends. The Human Context* 4 (1972), S. 456–483; ders., *American Social Science in the Politics of Time and the Crisis of Technocorporate Society: Toward a Critical Phenomenology, Politics and Society* 3 (1973), S. 207–243.

40 Dies ist das, was Habermas im Sinn hat, wenn er den Gebrauch von Technologie und Systemtheorie als Ideologie entlarvt. Vgl. Jürgen Habermas, *Technik und Wissenschaft als »Ideologie«*, Frankfurt/Main 1968; Jürgen Habermas und Niklas Luhmann, *Theorie der*

Gesellschaft oder Sozialtechnologie – Was leistet die Systemforschung?, Frankfurt/Main 1971. Siehe auch Robert Boguslaw, *The New Utopians: A Study of System Design and Social Change*, Englewood Cliffs, N.J. 1965; Joseph Bensman und Robert Lilienfeld, *Craft and Consciousness: Occupational Technique and the Development of World Images*, New York 1973, S. 282 ff; Robert Lilienfeld, *Systems Theory as an Ideology, Social Research* 42 (1975), S. 637–660.

41 So Bettina J. Huber, *Some Thoughts on Creating the Future, Sociological Inquiry* 44 (1974), S. 29–39.

42 Vgl. Hans Blumenberg, *Selbsterhaltung und Beharrung: Zur Konstitution der neuzeitlichen Rationalität* (Abhandlungen der Akademie der Wissenschaften und der Literatur in Mainz), Wiesbaden 1970.

43 Mead, a. a. O. (1932).

44 Siehe vor allem Alfred Schütz, *Der sinnhafte Aufbau der sozialen Welt*, Wien 1932.

45 Mead, a. a. O. (1932), S. 25.

46 Für eine ausführlichere Behandlung siehe Niklas Luhmann, *Vertrauen: Ein Mechanismus der Reduktion sozialer Komplexität*, 2. erw. Aufl., Stuttgart 1973.

47 Für eine klassische Formulierung siehe Alexis de Tocqueville, *L'Ancien régime et la révolution*, 5. Aufl., Paris 1866.

48 Siehe als ein ziemlich typisches Beispiel Ervin Laszlo, *A Strategy for the Future: The Systems Approach to World Order*, New York 1974.

49 Vgl. Talcott Parsons, *Some Problems of General Theory in Sociology*, in: John C. McKinney und Edward A. Tiryakian (Hg.), *Theoretical Sociology: Perspectives and Developments*, New York 1970, S. 27–68.

50 Vgl. W. Ross Ashby, *Design for a Brain*, New York 1952. Vgl. auch Uriel G. Foa, Terence R. Mitchell und Fred E. Fiedler, *Differentiation Matching, Behavioral Science* 6 (1971), S. 130–142.

51 Für die Funktion von Sicherheitsgrundlagen im Verhältnis zu generalisierten Kommunikationsmedien siehe Talcott Parsons, *On the Concept of Power* und *On the Concept of Influence*, in: Ders., *Sociological Theory and Modern Society*, New York 1967, S. 297–354, 355–382. Weiterhin Niklas Luhmann, *Symbiotische Mechanismen*, in: Otthein Rammstedt (Hg.), *Gewaltverhältnisse und die Ohnmacht der Kritik*, Frankfurt/Main 1974, S. 107–131.

52 Vgl. Joachim Ritter, *Hegel und die französische Revolution*, Köln 1957.

53 Eine wohlbekannte Formulierung ist Antoine de Condorcet, *Es-*

quisse d'un tableau historique des progrès de l'esprit humain (1794). Für die fortdauernde Wirkung dieser Idee und für empirische Korrelationen zwischen Zukunftsorientierung und der Betonung von Gleichheit siehe James A. Mau, *Social Change and Images of the Future: A Study of the Pursuit of Progress in Jamaica,* Cambridge 1968. Da Gleichheit Freiheit impliziert und Freiheit Ungleichheit impliziert, kann sich das Gleichheitspostulat nicht auf Realität, *sondern nur auf Zeit* beziehen. Seine einzige Funktion liegt darin, die Relevanz der Vergangenheit zu bestreiten – beispielsweise die Relevanz von Biographien und askriptivem Status für den Zugang zum Erziehungssystem (Chancengleichheit) oder zu politischen Wahlen.

Manfred Frank
»Die eigentliche Zeit in der Zeit«

Warum leben und weben wir in der Zeit? Die Frage ist der Art nach verschieden von der anderen, warum es uns gibt, oder gar: warum überhaupt Seiendes ist und nicht vielmehr nichts. Mit der letzteren, die Wittgenstein als mystische bezeichnet hat (*Tractatus* 6.44), stoßen wir auf den Tiefengranit, an dem unser philosophischer Spaten sich umbiegt. Die erste aber kann als Erkundigung nach einem *Wie* verstanden werden und macht dann eine Erläuterung wenigstens denkbar. Wie also ist es, in der Zeit zu sein?

Ich deute die Wie-Frage als eine solche nach der Struktur. *Ist* aber die Zeit überhaupt (an ihr selbst) strukturiert? Kant schwankte merkwürdig bei der Beantwortung dieser Frage. Als reine Form der Anschauung kann die Zeit nicht wahrgenommen werden (ihr fehlt die Empfindungskomponente); sie kann aber ebensowenig erkannt sein, denn Erkenntnis setzt Begriffsarbeit voraus (*KrV* B 207, B 218/9, B 225). Andererseits soll doch nicht erst durch Anwendung der Verstandesbegriffe (vor allem dem der Relation) so etwas wie Ordnung in dieselbe kommen. Vielmehr gibt es drei eigene »Modi der Zeit«: Beharrlichkeit, Folge und Zugleichsein; und aus ihnen entspringen drei Regeln aller Zeitverhältnisse der Erscheinungen, an welche die Dreigliedrigkeit der Verstandesbegriffe gleichsam anknüpfen kann.[1] Mithin hat die Zeit eine minimale Eigen-Struktur, unabhängig vom logisch-mathematischen Gerüst, das etwa die Mengenlehre in ihre Verhältnisse einbaut. Zu dieser minimalen Eigen-Ordnung gehören ferner die Einzelnheit und die

Stetigkeit des Zeitflusses (*Mund. sens.* § 14), also der Umstand, daß die Zeit Anschauung (einzeln), nicht Begriff (allgemein) ist (jede bestimmte Zeit ist in derselben unermeßlichen Zeit enthalten, während Individuen zu Begriffen nicht im Verhältnis des Enthaltenseins stehen), sowie der andere, daß die Zeit nicht aus Einheiten zusammengesetzt gedacht werden kann, die nicht selbst schon zeitlich wären, so daß der Grenzbegriff des Augenblicks kein Teil, sondern ein Grenzwert des Zeitflusses ist.

Gewöhnlich gliedern wir die Zeit in Vergangenheit, Gegenwart und Zukunft. Sollen wir erneut sagen, diese Ordnung komme der Zeit als solcher zu? Oder sie sei der Niederschlag einer der Zeit hoffnungslos äußerlichen, ganz subjektzentrischen Perspektive, die ein Mathematiker nicht einmal als Strukturierungsvorschlag ernst nehmen würde? Und wo – wenn nicht in der Zeitfolge – hätten wir das Pendant für unsere lebensweltliche Gliederung in Kants Einteilung zu suchen?[2]

Aber hätte selbst Kants Ansicht von der vorbegrifflichen Eigenstruktur der Zeit Aussicht, Gnade zu finden vor den Augen der Wissenschaftler? Nehmen wir das Beispiel der Stetigkeit. Wer könnte wirklich präzise angeben, wieviele Zeit*punkte,* Zeit*intervalle* oder *Ereignisse* z.B. zwischen zwei Uhrzeiten liegen? Gibt es aber keine *bestimmte* Zeitdauer, was soll, logisch-mathematisch betrachtet, unter einer *unbestimmten* Zeitdauer verstanden werden?[3] Mathematisch können wir die Regel befolgen: »Beginne mit einem Punkt, und füge an jeden Punkt genau einen Nachfolger«, und kommen so durch einen Sprung zur Menge der natürlichen Zahlen. Aber gilt das auch für die zeitliche Wirklichkeit? Bildet der Läufer im Stadion auf seinem Weg vom Startloch zur Ziellinie transfinite Mengen? Oder projizieren wir auf seinen Lauf, dessen psychische und physische Elemente unterbestimmt sind, nur eine mengentheoretische Ordnung, die ihm völlig äußerlich ist? Dann hätten Zeit und Zeitabschnitte keine scharfen Konturen, weder endlich noch unendlich viele, weder Punkte, noch Intervalle noch sonstige Strukturen. Wir bedienten uns eines Modells, das die Wirklichkeit durch ein Bild entstellt. (Frage: woher kann ich das wissen? Kenne ich die Wirklichkeit vor und unabhängig von ihrer Strukturierung? Und kann es unstrukturierte, unmodellierte, unbildliche Kenntnisse geben? »Jedes Bild, das sein Urbild nicht vollständig reproduziert, muß Trennungen und Strukturen hineinprojizieren, die dort nicht sind. Darum werden Zenons Paradoxien immer ihren Stachel behalten« [l. c.].)

Wenn es ausgemacht ist, daß wir nur bei logisch-mathematischen Strukturen mit Objekten unter ganz bestimmten Existenz- und Identitätsbedingungen zu tun haben (das ist Ulrich Blaus Pointe), diese Bedingungen selbst aber weder physische noch psychische (sondern zeitlos mengentheoretische) Entitäten sind, müssen wir dann unsere Ansicht von der Dreigliedrigkeit der Zeit nicht verwerfen als hoffnungslos unterbestimmt? Und mit ihr auch Kants Gedanken einer vorbegrifflichen Zeitordnung?

Andererseits scheint uns die Unterbestimmtheit der Begriffe Vergangenheit, Gegenwart und Zukunft nicht daran zu hindern, diese Ausdrücke sinnvoll und erfolgreich zu gebrauchen sowie ihren Gebrauch andere zu lehren. Ob es Gegenwart »gibt« oder ob sie nicht vielmehr ein ausdehnungsloses Differential zwischen Vergangenheit und Zukunft ist, weiß ich nicht; aber die Beantwortung dieser Frage scheint ohne Belang zu sein für die Gewißheit, die ich habe, in der Zeit zu existieren, und zwar – metaphorisch gesprochen – auf der Grenze zwischen Gewesensein und Seinwerden. Von dem, was ich je immer schon gewesen bin, pflege ich zu sagen, daß ich es *bin*; von dem aber, was mir erst bevorsteht, daß ich es *nicht bin* (im Sinne von: *noch* nicht bin). Ich *bin* in gewisser Weise meine Vergangenheit, und dies scheint der hier relevante Sinn von »sein« zu sein. Denn alles, d.h. alle Eigenschaften, Beziehungen oder Ereignisse, die mich definieren oder in meine Definition als Kontexte eingegangen sind, spreche ich oder sprechen andere mir in der Weise zu, daß sie sagen: ich *sei* dies alles (geworden). So bin ich gewissermaßen und bin *nur*, was ich geworden (also gewesen) bin; mein Vergangensein erschöpft mein (Was-)Sein. Daß ich das je jetzt feststelle (oder mir sage), hat nur zu bedeuten, daß ich von meinem Sein ständig wegdrifte in Richtung Zukunft oder Nichtsein. Aus einer Perspektive des Nicht-Seins halte ich Heerschau über meinen Seinsbestand.

Weil das so ist (d.h., weil unser lebensweltliches Ausdrucksinstrumentar es uns so zu beschreiben nahelegt), kann man leicht auf den Gedanken verfallen, der Vergangenheit eine überragende Bedeutung für unser Sein zuzusprechen. Wenn ich mich von dem her zu verstehen habe, was an Vergangenem von mir (immer noch) gilt, dann bin ich, wie man ein berühmtes Gadamer-Wort abwandeln könnte, auf unverfügliche Weise mehr Vergangenheit als Zukunft. Die Hermeneutik des ausgehenden 19. und weiter Teile des 20. Jahrhunderts hat diese Perspektive eingenommen: Zu meinem Selbstverständnis bin ich auf die Wirkungsgeschichte aller Sinnzusammenhänge angewiesen, die sich in meinem Sein ihr anonymes Stelldichein geben. Sein heißt: Aus- und In-Traditionen-Sein. So werden meine in die Zukunft gerichteten Entwürfe gleichsam von der Schwerkraft der Traditionen in die Vergangenheit zurückgezogen. Das Blei unter meinen hermeneutischen Füßen hemmt die Flucht meiner Sinnperspektiven in die Zukunft. Beim späten Heidegger scheinen alle Initiativen des kreativ und autonom auf die Zukunft geöffneten Subjekts präveniert von einem totalitär gewordenen Sein, gedacht als Unentrinnbarkeit der Vergangenheit (einer unserer Verfügung entrückten fortgeltenden vormaligen Seins-Auslegung, deren Macht zu brechen nur des Seins, nicht unser Werk sein könnte; daher die Rede vom »Seins-Geschick«).

Liegt in dieser Auffassung nicht der Keim für eine modisch gewordene Einstellung? Derrida sprach kürzlich von einem neuerdings erhobenen apokalyptischen Ton in der Philosophie. Er sieht überall aufs Ende vor, und dies Ende wird vorgestellt unterm Schema der konsumierten, der zum Stillstand gebrachten oder erschöpften Vergangenheit(spotentiale).

Es bedarf keiner zusätzlichen Schreck-Visionen (wie des atomaren Holocaust, der universellen Vergiftung der Natur als Lebens-Mittel und Lebens-Raum, des Erlöschens der Sinnreserven des Abendlandes usw.), um die stationär gewordene, ans ewig Vergangene festgeleimte, bleierne Zeit zu einem Alptraum werden zu lassen. Wir empfinden angesichts dieser Vorstellung größtes Unbehagen, auch wenn's Unbehagen an der Wirklichkeit selbst sein sollte. Aber wie wird das Unbehagen die Realität los, von der es heimgesucht wird?

Nie, wenn's eine Realität ist. Aber es ist, Gottlob, keine. Der Primat des Vergangenen ist *nicht* die Realität unseres In-der-Welt-Seins. Bevor er dem Trend teils folgte, teils ihm neue Akzente setzte, war es Heidegger selbst gewesen, der in ihm die schmähliche Haltung der »Verfallenheit« diagnostizierte. Dasein ist vielmehr wesenhaft Entwurf, Loslösung vom Gewordensein im Blick aufs Werden. Und erst aus der Rückwendung des Zukunftsentwurfs aufs Gewordensein des »Daseins« widerfährt diesem eine Sinn-Gebung. So ist die Bedeutung, in der sich unser Gewesensein (also, nach der vorhin vorgeschlagenen Sprachregelung: unser Sein) hält, nichts Gewesenes, sondern der Reflex eines Zukünftigen, und die Zukunft ist *der ›primäre Sinn der Existenzialität‹*; »die Zukunft [hat] in der ekstatischen Einheit der ursprünglichen und eigentlichen Zeitlichkeit einen Vorrang. (...) *Das primäre Phänomen der ursprünglichen und eigentlichen Zeitlichkeit ist die Zukunft*« (*Sein und Zeit*, Tübingen [9]1967, § 65, S. 327 und 329). Sartre, als Schüler des frühen Heidegger, pflegt das so auszudrücken: Es ist aus den Fernen der Zukunft, daß ich mir ankündigen lasse, was es mit mir für eine Bewandtnis hat. Nennen wir – wieder getreu unserer tastenden Sprachregelung – die Zukunft das Nichtsein (denn sie ist noch *nicht*), so müssen wir sagen: Es ist das Nichtsein, welches das Sein bestimmt (*L'être et le néant*, Paris 1943, S. 130). »Bestimmt« meint hier auch: motiviert.

»Nur weil ich mich von meinem en-soi durch eine nichtende Bewegung auf meine Möglichkeiten hin absetze, nur darum kann dieses en-soi den Wert eines Motivs oder eines Antriebs erwerben. Motive und Antriebe haben von selbst keinerlei Sinn, sie gewinnen ihn erst im Innern eines projektierten Zusammenhangs, und der ist eben durchaus ein Zusammenhang von Nicht-Existierenden« (l. c., S. 512/3).

Wenn das so ist, dann scheint sich das Verhältnis von Sein und Nichtsein, Vergangenheit und Zukunft unversehens umzukehren: Der Primat des Vergangenen weicht dem des erst Kommenden. Das Gewesene erwirbt seinen Sinn in letzter Instanz allein aus ihm. Nichts von dem, was mir an Gewesenem (noch) anhängt, kann den *Sinn* determinieren, unter dem ich es jeweils jetzt erschließe (ich sollte sagen: das Vergangene ist interpretationsabhängig, es hat motivierende, aber keine determinierende Gewalt). Man wird fragen: Gilt dies auch, wenn die Vergangenheit ein Sinnzusammenhang (etwa eine kulturelle Tradition) ist? Gerade dann. Ein Zeichen, so hatte Saussure gesagt, ist »en soi nul«. Es kommt zu dem Sinn, den es hat, nicht wie der Kaktus zu seinem Ableger oder die Pupille zu ihrer Erweiterung beim Lichtentzug. Ich kann eine genetisch fixierte oder in der Kindheit erworbene Disposition zur Allergie haben. Die determiniert bei gegebenen Rahmenbedingungen unweigerlich meinen physischen Zustand, nicht aber meine Einstellung zu ihm (ich kann ihr diese oder jene Bedeutung beimessen, sie als Handicap oder Chance zu bewußterer Lebensführung auffassen usw.). Einen Sinn haben heißt: gedeutet worden sein; und Deutungen sind – anders als Naturprozesse – nicht determiniert. Der in Traditionszusammenhängen sedimentierte Sinn kann meine aktuelle, in Zukunftsentwürfen gewählte Sinngebung zwar motivieren, aber nicht kausal erzwingen. Denn er wird Sinn erst unter einer Hypothese, und die ist das Werk einer aus der Zukunft des hermeneutischen Entwurfs auf die vergangene Wirkungsgeschichte des Zeichens (oder des Zeichenkorpus) zurückschlagenden Deutung. Wenn, anders gesagt, die Grammatik ihre motivierende Kraft erst antreten kann, wenn ihr deterministischer Bann hermeneutisch schon gebrochen ist, dann begeht eine *petitio principii,* wer den Sinn umgekehrt für das Werk (im Sinne von: die Wirkung) einer übermächtigen Vergangenheit erklärt.

In diesem Sinne leben wir als Zeitwesen eigentlich in der Zukunft. Sie ist, mit einem Wort Schellings, »das in der Zeit eigentlich Zeitliche« (*SW* I/7, S. 238; I/6, S. 275 und 276 u.). Auch wer unter der Bürde der Vergangenheit zusammenzubrechen behauptet, leidet eigentlich an dem, was Musil Möglichkeitssinn nannte. Wer mit einer Tat aus dem Leben geht, der er keinen Sinn mehr verleihen konnte, an dessen Deutung arbeitet die Nachwelt weiter; und kein noch so erschütterndes Ereignis steht wahrhaft fest unter dem wechselnden Mond der Hermeneutik. Auch die Verantwortung, die ich für Taten zu übernehmen habe, ist eigentlich nicht meine Vergangenheit, sondern meine Zukunft. Selbst die übermächtige Vergangenheit wird von der Zukunft bestimmt, und der Sinn meines vergangenen Lebens (meines Seins, nach unserer Sprachregelung) – und, sofern in mein Leben die Geschicke alles bewußten Lebendigen verflochten sind: der Weltgeschichte – nimmt stets aufs neue die Deutung an, in der meine jeweils nächste Zukunft ihn erscheinen läßt. Ich glaube mich getragen durch meine Vorleistungen, aber jetzt kann ich sie nicht mehr als verdienstlich deuten, und ihre entlastende Hebekraft schwindet. Umgekehrt dachte ich, »ich trüg' es nie«, und habe es nicht nur doch getragen (»aber frag' mich nur nicht, wie«), sondern ich gebe der alten Bürde eine ganz neue Bedeutung, weil – sagen wir – die Zukunft den Wert des Leidens mich in einem neuen Lichte hat sehen lassen. Und so mit allen anderen Sinngebungen, die im Grunde nichts anderes sind als Neudeutungen von schon Gedeutetem.

Alle Deutung ist wesentlich innovativ. Auch der Konservative muß das Alte, an dem er hängt, allaugenblicklich neu und beharrlich wieder deuten als das, was es zu bewahren gilt; denn von selbst bewahrt sich nichts. Diese Haltung aber drückt nicht die Schwerkraft übermächtiger Tradition, sondern den Willen aus, alle Zukunft im voraus in Vergangenheit zu verwandeln. Der Konservative führt ein Leben im Futur-Perfekt: die Veränderungen, die er der Welt und sich selbst angedeihen läßt, werden immer schon gewesen sein. Aber das erspart ihm nicht den Entwurf seiner Zukunft, die allein über den Sinn seiner Vergangenheit entscheidet, wie immer er auch seine Treue als Kausalität des Gestrigen auslegen und damit verfälschen mag. Wer sagt: »Erkläre die Welt, verändre sie nicht«, oder wer der Philosophie zur Aufgabe macht, »alles zu lassen, wie es ist«, sieht nur nicht, daß Lassen Verändern und Erklären Neudeuten ist. Das Alte ist durch nichts an sich selbst gebunden. Dies Nichts bringt seine Bedeutung in die Schwebe. In dieser Schwebe, in diesem Nichts, nistet die Zukunft. Ihr gehört die Freiheit und Unabsehbarkeit alles Sinns ebenso wie die Vergeblichkeit alles Traditionalismus und die Notwendigkeit aller Umgestaltungen.

Aber warum haben wir eigentlich Zukunft? Ich nehme die Frage wie die frühere im Sinne einer Struktur-Erkundigung. Was macht, daß bewußt Lebende wesentlich Zukunft haben, daß sie – auch wenn sie rückwärtsgewandt Wirkungsgeschichte treiben oder sich als Bewahrer von Üblichkeiten geben – stets unweigerlich (höchstens verdrängbar) in die Zukunft gerichtet sind? Daß auch für sie Schellings Wort gilt, die Zukunft sei das in der Zeit eigentlich Zeitliche? Die Antwort kann nur sein: weil sie unheile, d. h. unganze Wesen sind und weil sie, was sie von der vollendeten Gänze trennt, als Zukünftigkeit austragen müssen.

Wenn eine Erfahrung die Moderne charakterisiert, so ist es der Zwiespalt zwischen der rationalistischen Anforderung, alles aus den Gründen der Subjektivität schöpfen und diese Subjektivität doch nicht als ihr eigenes Werk begreifen zu können. Autonomie und unverfügliche Abhängigkeit sind die Pole dieses Gefühls. Die Romantik machte sich des Subjekts »schlechthinnige Abhängigkeit« von einem Absoluten verständlich unter dem Schema eines von seiner Vergangenheit prävenierten Selbstbewußtseins. Wenn das Bewußtsein die Augen aufschlägt, so mußte immer schon etwas geschehen sein, dessen Urheber nicht es war. Diese Erfahrung bringen (der späte) Heidegger und Gadamer vortrefflich zur Geltung. Nicht ebensogut aber die andere, korrelative, daß Selbstbewußtsein heißt: das eigene Gewordensein aus der Zukunft des Noch-nicht-Seins verändern, bestimmen, (um)deuten. Unter beiden Hinsichten – als vergangene und als zukünftige Wesen – sind wir verfehlte Absoluta, wenn »absolut sein« heißt: in ungetrennter Einheit zugleich und zumal sein, was in den Wesenstendenzen einer vom Sein prävenierten und einer in die Zukunft sich entfliehenden Gegenwart in eine Relation (das semantische Gegenteil von Absolutheit) zerbrochen ist. Gleichzeitig scheint die Zeit das Schema der Wiederherstellung des Verlorenen. Und sie muß – als eine nie endende Endlichkeit oder als »Sehnsucht nach dem Unendlichen« – unendlich dauern, weil zu keiner Zeit und in keiner Zukunft eingeholt und angemessen dargestellt werden kann, was außer aller Zeit ist: die fugenlose Identität des Seins und seiner Deutung durch den Begriff.

So sahen es die Romantiker, Novalis z. B. und Schelling. Novalis sah unser bewußtes Leben als Pendelschlag zwischen konträren Polen sich abspielen. Den einen nannte er »Gefühl« (ein Zustand ungegenständlichen Inneseins), und den anderen »Reflexion« (in ihm wird das Gefühl Thema, Gegenstand). Die von dem Einheitsgefühl, das wir in allem Selbstbewußtsein untrüglich haben, bezeugte, von der Dualität der Relata zugleich verfehlte Einheit kann sich im Widerspiel von Gefühl und Reflexion nicht instantan oder im Nu realisieren. So legt sie das Selbst sich als Ursprung seiner Zeitlichkeit aus. Die absolute Identität, unfähig, sich unter ihren beiden Aspekten gleichzeitig dem Bewußtsein zu offenbaren, muß sich in sukzedierende Phasen zerlegen. Die Erfahrung, wonach das Subjekt vom »Sein« immer schon »präveniert« worden ist, wird vom Bewußtsein erlebt als Ablösung von seiner Vergangenheit. Auf diese Trennung wird es – da es ja wesenhaft Einheit ist – reagieren mit dem Streben nach Wiederaneignung des Verlorenen, und dieses kann sich nur auf die Zukunft richten. Eine solche Hoffnung muß enttäuscht werden. Denn es ist eine leicht einsehbare »Täuschung«, zu erwarten, es »würde ein Zeitpunkt kommen, wo dieses eintreten würde«. Denn, sagt Novalis,

»erstlich ist es an und für sich ein Widerspruch, daß in der Zeit etwas geschehn solle, was alle Zeit aufhebt (...). Die Zeit kann nicht aufhören – *Wegdenken* können wir die Zeit nicht – denn die Zeit ist Bedingung des denkenden Wesens – die Zeit hört nur mit dem Denken auf. Denken außer der Zeit ist ein Unding« (Novalis, *Schriften*, hg. von Paul Kluckhohn und Richard Samuel, Stuttgart 1960ff. [zit.: *NS*], Bd. II, S. 269, Nr. 564).

Durch Höherverlegung der Identität – außer allem Zugriff des Bewußtseins – hat Novalis das Geschehen reflexiver Selbstvermittlung ganz in die Sphäre der Zeit heruntergeholt. Das im Zugriff der Reflexion immer schon verfehlte Gefühl wird »Gedächtnis« oder »Erinnerung«; das vom »Ergänzungstrieb« anvisierte Komplement des Verfehlten wird im Bewußtseinsmodus der »Hoffnung« oder »Ahndung« erschlossen. Als Gefühl oder Gedächtnis »setzt sich das Ich seinen Grund voraus«: es »ek-sistiert« (Novalis vermerkt die »bedeutungsvolle Etymologie dieses Worts«) als ein »Außer-sich-Seyn-beim-Seyn« (l.c. S. 199, Nr. 282; S. 106, Nr. 2). »Das Ich existiert« meint: »Es findet *sich, außer* sich« (S. 150, Nr. 98), nämlich als von seinem Vergangensein unvordenklich überholt. Das ist aber nur die eine Weise, in welcher das Subjekt seinen Mangel an Sein spürt – die andere kündigt sich ihm an im Ausstand seiner Zukünftigkeit. So wie im Gedächtnis der Grund ihm »vorausgesetzt« ist, so ist er im Zukunftsentwurf ihm »*nach*gesetzt« (S. 591, Nr. 284) und heißt alsdann »Zweck«.

»Zweck und Grund sind eins – nur jener heraus und dieser hineingesehn. *Anfang* und *Ende* sind Eins. Ich kann den Grund *Im vorherigen* oder *nachherigen suchen*« (l.c. III, S. 401, Nr. 701).

Darum wird das Gefühl – zeitlich interpretiert – »Erinnerung« aus der »irrdischen Zeit« heraus in die »2te Welt« genannt (III, S. 259, Nr. 100).

»Aller wircklicher Anfang ist ein 2ter Moment. Alles, was da ist, erscheint nur unter einer *Voraussetzung* – Sein individueller Grund, sein *absolutes Selbst* geht ihm voraus – muß wenigstens vor ihm gedacht werden. Ich muß *allem* etwas absolutes *Vorausdenken* – voraussetzen – Nicht auch *Nach*denken, *Nachsetzen*?« (II, S. 591, Nr. 184)

So wie dem vergangen-überschrittenen Grund der Gemütszustand Erinnerung oder Gedächtnis, so entspricht dem zukünftig-angestrebten Zweck der von Hoffnung oder Sehnsucht (vgl. z.B. III, S. 349, Nr. 496; S. 355, Nr. 516; S. 283, Nr. 245, Z. 33/4; S. 287 oben, Nr. 261; S. 460, Nr. 1023; S. 641, Z. 30/2). In der Ersetzung der Kognitionsverben durch solche, die Zeitbewußtsein anzeigen, kommt Anerkennung der Zeitlichkeit jenes unvordenklichen Selbstvermittlungsprozesses zum Ausdruck. Das Subjekt erfaßt seine Abhängigkeit als Vergangenheit und sein Streben nach Komplettierung des Mangels an Sein als seine Zukünftigkeit. So präsentiert sich die Selbstvermittlung als ein »Schweben« (II, S. 266f., Nr. 555/6) zwischen zwei »Ewigkeiten«: einer »a parte ante« und einer »a parte post« (II, S. 198, Z. 14) – ein Prozeß, der einmal als »Zersetzung« des absolut Einen ins Diskrete der mannigfaltigen Wirklichkeit, ein andermal als »Sehnsucht« oder »Ergänzungstrieb« erlebt wird: Strebungen, die durch Vorlaufen in die Zukunft den

Mangel zu beheben trachten, den ihnen die Ablösung vom (vergangen-gesetzten) Grund – also das Ereignis der »inneren Selbstscheidung« (II, S. 547, Nr. 112) – zugefügt hat.

Ganz ähnlich – und zu Unrecht nicht minder unbekannt – sind Schellings Überlegungen zur Zeitlichkeit des endlichen Menschensubjekts. Die Dinge, meint er, »sind insofern in der Zeit, als sie nicht alles in der That und auf einmal sind, was sie dem Begriff nach seyn könnten, d. h. sie sind in der Zeit wegen der Differenz des Begriffs und des Seyns« (*SW* I/6, S. 275). Das Sein und eine gewisse (begriffliche) Auffassung vom Sein treten auseinander; und zukünftig heißt, »wovon der Begriff und die Möglichkeit vorhanden ist ohne das Seyn und die Wirklichkeit« (l. c.). Als Zukunft langt das Subjekt in die Ganzheit vor, die ihm faktisch fehlt. Insofern verhalten wir uns als künftige zu unserem Nichtsein. Das Sein – für Schelling der Inbegriff alles dessen, wovon wir sagen können, wir *seien* es als Uns-selbst-gleiche – haben wir immer schon verloren im Modus des Vergangenseins. »Daher erscheint auch das zeitliche Vergehen als ein Zurückgehen in die Identität« (l. c., S. 276). Und die Gegenwart? Sie ist die relative Indifferentiierung eines allen Nichtseins beraubten Identischseins (Vergangenheit) mit einem alles Seins baren Nichtsein (oder Zukünftigsein). So kann man von uns sagen (mit einer berühmten Formel Sartres, die sich aber fast gleichlautend schon bei Novalis findet [*NS* II, S. 226, Nr. 330]), wir seien nicht, was wir sind (nämlich je nicht mehr vergangene), und seien, was wir nicht sind (zukünftige, noch nicht ins Sein gelangte). Dies unser Zukünftigsein ist aber unser wahres Wesen, und insofern kann Schelling sagen, »die Zukunft [sei] eigentlich die Zeit in der Zeit« (*SW* I/6, S. 275 und 276; ebenso I/7, S. 238).

Zeitlich existiert, sagt Schelling anderswo gern, dessen Sein seinem Begriff unangemessen ist. Was Ulrich Blau für den Grund etwa der Zenonischen Paradoxe und der Fremdheit logisch-mathematischer Strukturen gegenüber dem wirklichen Zeitablauf hielt, wird hier zu dessen Definition selbst. Wem verweigert ist, in der Identität mit seiner vollen Deutung (seinem Begriff) zu bestehen, das muß in ungleichen Augenblicken sich mit sich – sein Sein mit seinem Seinsverständnis – vermitteln. Die Mittelbarkeit dieser Struktur wird dann verhindern, daß es je »ganz«, das heißt: unbezüglich es selbst sein kann (eine ohnehin selbstwidersprüchliche Forderung).

Gern hat das über der Romantik lastende Klischee ihr kraftloses Schmachten nach gewesenen Zeiten (erst der griechischen Polis und ihrer heiteren, symbolischen Naturansicht, dann den schönen seligen Zeiten des Mittelalters, schließlich der vorbürgerlich-vorrevolutionären Epoche) etikettiert. Sehnsucht wurde mit Nostalgie, mit dem Wunsch zur Rückkehr an einen imaginären Ursprung, verwechselt. Friedrich Schlegels berühmte Definition der Philosophie als »Sehnsucht nach dem Unendlichen« (*Kritische Ausgabe* seiner Werke, hg. von Ernst Behler, München – Paderborn – Wien 1959ff. [zit.: *KA*], Bd. XII, S. 7, passim; *KA* XVIII, S. 418, Nr. 1168) meint aber gerade »das erste Herausgehen aus sich selbst« (l. c., S. 557, Nr. 94) in Richtung auf die gleich anfangs verfehlte, nun als Künftigkeit ausstehende Totalität. Kosmologisch gewendet: »Das Welt-Ich kann sich dieser [mit dem ersten Schritt verlorenen] Einheit (Einfachheit) nicht bewußt sein, ohne eine unendliche *Sehnsucht* zu fühlen, diese ursprüngliche Leerheit durch Mannigfaltigkeit und Fülle zu bereichern. Die Ahndung der unendlichen Fülle gibt der Tätigkeit des Welt-Ichs den ersten Anstoß« (*KA* XII, S. 429). So ist romantischer Sehnsucht die Ausrichtung aufs Zukünftige ganz wesentlich, und nichts wäre so falsch, wie ihr ohnmächtiges Schmachten nach Vergangenem zu attestieren. Im ersten *Weltalter*-Entwurf von 1811 schreibt Schelling:

»Wie wenige kennen eigentliche Vergangenheit! Ohne kräftige, durch Scheidung von sich selbst entstandene, Gegenwart gibt es keine. Der Mensch, der sich seiner Vergangenheit nicht entgegenzusetzen fähig ist, hat keine, oder vielmehr er kommt nie aus ihr heraus, lebt beständig in ihr. Ebenso jene, welche immer die Vergangenheit zurückwünschen, die nicht fortwollen, indes alles vorwärts geht, und die durch ohnmächtiges Lob der vergangenen Zeiten wie durch kraftloses Schelten der Gegenwart beweisen, daß sie in dieser nichts zu wirken vermögen« (*Die Weltalter.* Fragmente, hg. von Manfred Schröter, München 1946, Fragment I, S. 11).

Auf der Suche nach anschlußfähigen Vorgänger-Formationen hat sich das Denken einer sogenannten Postmoderne auch der Romantik besonnen. Diese Erbschaft läßt sich indes nur antreten, wenn die eigentliche Romantik unter den Projektionen der Postmoderne verschwindet. Die Postmoderne indiziert durch ihren Namen den leeren Abschied von einer abendländischen Tradition, ohne ihr etwas erkennbar Neues entgegenstellen zu können. In Kunst und Architektur praktiziert sie einen entfesselten Historismus, der Gotik neben Butzenscheiben, Bauhaus neben Empire stellt. Der einzig erkennbare Unterschied zum musealen Arrangement ist die Aufhebung der Chronologie, die Durchmischung der Stile und die Exposition-quer-Beet. Hier wird die Geste der Überwindung von Tradition zur leeren Gebärde: die verabschiedete Vergangenheit spreizt sich als total gewordene, als unüberwindliche und dennoch ihrer Verbindlichkeit beraubte, auf. Ich glaube in ihr wiederzuerkennen, was ich vorhin die Besessenheit nannte, alle Zukunft im voraus in

Vergangenheit zu verwandeln. Sie nähert den Postmodernismus dem Konservativismus, der Lebensführung im Futur-Perfekt. Sie sollte sich nicht auf die Romantik berufen, welche die Zukunft als das in der Zeit eigentlich Zeitliche auszeichnet und keineswegs mit der gestrandeten Zeit gleichsetzt. Auch wer uns den Erhalt bedrohter Üblichkeiten als Wert predigt, kann das sinnvoll nur tun, wenn er die Predigt mit einem zukunftsgerichteten Engagement verbindet. Es muß vom blindwütigen Fortschritt bedrohte Traditionen zunächst nach ihrem Erhaltungswert sichten und sodann tätig zu schützen suchen. Von selbst erhält sich nichts. Alles so lassen, wie es ist, heißt: der machthabenden Zerstörung nicht nur nicht in die Arme fallen, sondern sie durch repressive Toleranz unterstützen. »Wer will / daß die Welt / so bleibt / wie sie ist«, sagt Erich Fried, »der will nicht / daß sie bleibt« *(Status quo)*.

Es hilft auch nichts, gegen uniformistische Tendenzen, die allem weltverändernden Engagement anzuhaften drohen, dadurch zu begegnen, daß man »möglichst viele Blumen zum Blühen bringt«. Pluralismus kann kriegerisch, er kann agonistisch sein (wie bei Lyotard). Bei Blumen ist die Gefahr für eine zukünftige Menschheit gering, bei Diskursen (wenn sie nicht kontrafaktisch durch Gewaltverzicht geschützt werden) kann das Engagement für einen pluralistischen *Status quo* als solchen das Engagement für den naturwüchsigen Sozialdarwinismus und die Auslese der physisch Stärksten bedeuten. Das entlarvt die latente Aggressivität hinter den Quer-Beet-Expositionen und Stil-Salaten im ent-teleologisierten Historismus der Postmoderne. Die ent-fesselte Manipulation des Gewesenen kommt auch nur scheinbar von einer Zukunftsvision frei. Im Bereich des sprachlichen Handelns hat Schleiermacher dies besonders treffend aufgedeckt: Jedes Verstehen fremder Rede ist ein Verständnis nicht nur des zugrundeliegenden sprachlichen Codes, sondern der Eigentümlichkeit des Sprechers, »wie er in der Sprache mitarbeitet: denn er bringt teils Neues hervor in ihr, da jede noch nicht gemachte Verbindung eines Subjekts mit einem Prädikat etwas Neues ist, teils erhält er das, was er wiederholt und fortpflanzt« (*Hermeneutik und Kritik*, Frankfurt/Main 1977, S. 167). Auch im letzteren Fall gibt es hermeneutische Tätigkeit, die freilich, bei bloßer Wiederholung des schon Erschlossenen, wie bei den »Wettergesprächen«, gegen Null tendiert (l. c., S. 82/3). Sie ist darum aber nicht ein Nicht-Tun, sondern ein tätiges Wiederholen und Neuschematisieren in Traditionen sedimentierten Sinns. Und dieses Wiederholen bezieht seine Bedeutung nicht minder aus Zukunftsentwürfen als die gewollte Innovation. Auch der Neokonservative lebt, wenngleich mit *mauvaise foi*, in der Zukunft; auch ihm ist sie die eigentliche Zeit in der Zeit.

Rousseaus Savoyardischer Vikar wußte noch, daß in einem pragmatischen Selbstwiderspruch sich bewegt, wer handelnd mit einer apokalyptischen (ins Ende gekommenen, gestrandeten) Zukunft zu rechnen vorgibt. In jeder Handlung, die wir unternehmen (und ich rechne auch den wertkonservativen Erhalt des Erhaltenswerten unter die Handlungen, auch das nicht-agonal konzipierte Pflanzen von tausend Blumen), ist unthematisch ihr Gelingen und ihr Lohnen unterstellt. Diese Unterstellung hat nicht den Charakter einer (theoretisch erbrachten) Demonstration, sondern eines praktisch zukunftsöffnenden Glaubens. Für dessen Gegenstand kann, wie es der unorthodoxe Vikar lehrt, der Name »Gott« (oder ein Äquivalent) eintreten. Wer immer sich auf eine (z. B. moralisch den Interessen der »ärmsten und zahlreichsten

Klasse« verpflichtete) Aktion einläßt, unterstellt – unbeweisbar, aber praktisch wirksam – deren Realisierbarkeit. Sartre hat das in einem späten Interview als Quell auch seines Engagements und als die quasi-religiöse Komponente seines Schaffens einbekannt.

»Hoffen heißt: Ich kann keine Handlung vollziehen, ohne darauf zu rechnen, daß sie sich wird realisieren lassen. Und ich denke nicht, dies sei eine lyrische Illusion; es gehört vielmehr zum Wesen des Handelns. Das heißt, daß Handeln, indem es zugleich Hoffnung ist, grundsätzlich nicht zu einem absoluten und sicheren Scheitern verurteilt sein kann. Damit ist nicht gesagt, daß es also notwendig sein Ziel verwirklichen muß, aber es muß sich in einer als Zukunft gesetzten Verwirklichung des Ziels vorstellen (...).

In jedem Augenblick, da ich Bewußtsein von irgend etwas habe oder da ich irgend etwas tue, gibt es so etwas wie eine Verpflichtung, die über das Wirkliche hinausgeht. Sie macht, daß die Handlung, die ich vollziehen will, eine Art inneren Zwangs als Bewußtseinsdimension mit sich führt. Alles Bewußtsein kann tun, was es tut, nicht weil das, was es tut, so wertvoll wäre, sondern, ganz im Gegenteil, weil irgendein Ziel, das es sich steckt, sich in ihm darstellt unterm Merkmal einer Verpflichtung, und für mich ist das der Ausgangspunkt der Moral« (*L'espoir maintenant...*, in: *Le nouvel observateur*, Nr. 800, 10. bis 16. März 1980, S. 56 und S. 59).

Anmerkungen

1 Im Schematismus-Kapitel sagt Kant, Schemata seien »*Zeitbestimmungen* a priori nach Regeln«; die unter ihnen, die der Kategorie der Relation entspricht, gehe auf die »*Zeitordnung*« (A 145/6 = B 184/5).

2 Offenbar sind die drei Dimensionen (oder, wie man seit gut 60 Jahren lieber sagt, die drei Ekstasen) der Zeit Entfaltungen dessen, was Kant

die Zeitordnung nannte: die Gliederung der Zeitabfolge nach Regeln. Nach welcherlei Regeln? Hat nicht die Objektivität der Sukzession ihren Grund in der Anwendung der Kausalkategorie? Vielleicht ihre *Objektivität.* Aber auch und schon ihre erscheinungshafte Natur? Gibt es keine vorbegriffliche Eigenordnung des Zeitflusses? Darauf deutet Kants dunkle Rede von der präkategorialen »Synopsis durch den Sinn« (A 94, 97), aber auch seine Unterscheidung zwischen »Form der Anschauung« und »formaler Anschauung« (B 160/1). Letztere meint eine nicht »zum Begriff des Verstandes« gehörende, in der Ästhetik »bloß zur Sinnlichkeit gezählte« »Einheit« der Zeit.

3 Ich folge den spannenden Überlegungen, die Ulrich Blau in seinem Aufsatz *Die Logik der Unbestimmtheiten und Paradoxien* (Kurzfassung), in: *Erkenntnis* 22 (1985), S. 369–459, vorgestellt hat. Vgl. derselbe, *Die Paradoxie des Selbst,* in: *Erkenntnis* 25 (1986), S. 177–196, vor allem S. 191/2ff.

Stanisław Lem
Die Vergangenheit der Zukunft

I

Die Überschrift dieses Essays enthält keineswegs einen Widerspruch, kündigt sie doch hauptsächlich jene Voraussagen an, für die ich als Autor verantwortlich zeichne und die ich vor fünfundzwanzig bis dreißig Jahren in meinen nichtbelletristischen Werken gemacht habe. Genauer gesagt geht es um Prognosen, die zwischen 1954 und 1968 entstanden sind. Den Schwerpunkt bildet dabei das Jahr 1963, denn im Dezember dieses Jahres habe ich die *Summa technologiae* bei meinem polnischen Verlag abgeliefert. Zum Einleitungswort gehört auch das Bekenntnis, daß ich das Aussortieren und die Prüfung meiner über verschiedene Werke verstreuten Versuche, die Zukunft »so weit wie möglich« auszuloten, gern jemandem anderen überlassen hätte. Da sich dazu aber niemand willig und bereit fand, sehe ich mich genötigt, das Kognitiv-Zukunftsorientierte vom Belletristischen aus eigener Kraft in aller Kürze zu scheiden.

Aus der Not, hier: aus der immerhin erheblichen Zeitspanne zwischen dem Heute und der Zeit, in der die *Summa technologiae* (und verwandte Schriften) entstanden ist und in der sich kein Sachverständiger dieser obigen Prüfung widmen wollte, läßt sich eine Tugend machen: man kann nämlich die bereits tief in der Vergangenheit verwurzelten Prognosen mit dem vergleichen, was inzwischen tatsächlich eingetreten ist. Allerdings sollte ich hier anfügen, daß ich kaum zu hoffen gewagt habe, auch nur einen Bruchteil des Vorausgesagten erleben zu dürfen. Die Beschleunigung des Tempos der szientifisch-technologischen Umwälzungen hat sich als weit größer erwiesen, als ich sie einzuschätzen wagte.

II

Vielleicht lohnt es sich, sich mit dem sogenannten Popperschen Theorem auseinanderzusetzen, welches besagt, daß wir gegenwärtig keineswegs wissen können, was wir demnächst wissen werden, denn sonst wüßten wir es schon jetzt. In seiner extrem strengen Form ist dieses Theorem natürlich wahr: Hätte ich schon zwanzig Jahre vorher bis aufs letzte Wort gewußt, was Thomas Mann im *Zauberberg* schreiben würde, hätte ich den Roman eben *vor* ihm schreiben können. Einen dermaßen zugespitzten Sinn darf man dem Satz Poppers jedoch nicht beimessen. In der entgegengesetzten Form besagt dieses Theorem wiederum nur, daß es in Zukunft irgendeinen Fortschritt auf irgendwelchen Gebieten des Wissens und Wirkens geben wird. Die Extreme reichen also von einem absurden Allwissen bis zu einem banalen Fast-nichts-Wissen. Herman Kahn[1], einer der bekanntesten, obzwar nicht einer der erfolgreichsten Futurologen (denn aus der Menge seiner Prognosen hat sich fast gar nichts bewahrheitet), hat versucht, die obige Diskrepanz folgendermaßen zu beseitigen:

Es muß ein goldenes Mittel zwischen dem unmöglichen Allwissen (über die Zukunft) und dem Fast-Null-Wissen geben. Als Grundlage, als Rahmen für die Spekulation (»a frame for speculations«) nehmen wir uns die Methode der »surprise-free prediction«, der überraschungsfreien Prognose. Innerhalb dieses Rahmens kann man nachher Abweichungen vom überraschungsfreien Lauf der zukünftigen Zeit einfügen. Diese Abweichungen bilden dann Kahnsche »Szenarios«.

In abstracto scheint dies durchaus vernünftig zu sein. Doch bei einiger Überlegung erweist sich die Methode als absurd: »Der Rahmen« gleicht einer Geschichte (Historie), die leer, d. h. nicht mit »Ereignissen« gefüllt ist. In einer fiktiven Rezension [*Cezar Kouska: »De Impossibilitate Vitae; De Impossibilitate Prognoscendi«*, in: *Die vollkommene Leere*, S. 182] habe ich dem Denker an der Schwelle des 20. Jahrhunderts folgende Fragen gestellt: »Hältst du es für wahrscheinlich, daß man in Kürze ein silbriges, dem Blei ähnliches Metall entdecken wird, das fähig ist, alles Leben auf der Erde zu vernichten, wenn man zwei Halbkugeln aus diesem Metall mit einer einfachen Handbewegung zusammendrückt, so daß daraus etwas wie eine große Orange wird? Hältst du es für möglich, daß die alte Kutsche dort, in die ein gewisser Herr Benz einen ratternden Motor von anderthalb Pferdestärken eingebaut hat, sich in Kürze so vermehren wird, daß sich von den stickigen Ausdünstungen und Motorabgasen in den großen Städten der Tag in Nacht verwandeln wird und daß das Problem, wo man dieses Vehikel nach Abschluß der Fahrt lassen soll, zum Hauptunheil der mächtigsten Metropolen anwachsen wird? Hältst du es für wahrscheinlich, daß aufgrund des Prinzips des Feuerwerks und des Fußtritts die Menschen in Kürze beginnen werden, auf dem Mond herumzuspazieren, wobei im gleichen Augenblick Hunderte von Millionen anderer Menschen auf der Erde diese Spaziergänge werden sehen können? Hältst du es für möglich, daß man in Kürze künstliche Himmelskörper mit Einrichtungen wird herstellen können, durch die man aus dem kosmischen Raum die Bewegungen jedes Menschen auf dem Feld oder auf der Straße in der Stadt wird verfolgen können?

Meinst du, daß der Bau einer Maschine wahrscheinlich ist, die besser Schach spielen wird als du, besser Musik komponieren, und in wenigen Minuten Berechnungen ausführen wird, die alle Rechenmeister, Buchführer und Buchhalter der Welt zusammen bis zum Schluß ihres Lebens nicht schaffen würden? Hältst du es für möglich, daß im Zentrum Europas bald riesige Industriewerke entstehen werden, in deren Öfen man lebendige Menschen verheizen wird, wobei die Zahl dieser Unglücklichen *Millionen* erreichen wird?« (S. 182–183)

Es ist klar, behauptet mein Held, daß im Jahr 1900 nur ein Verrückter alle diese Ereignisse auch nur für ein bißchen wahrscheinlich gehalten hätte. Als ich also bei einem Interview (*Frankfurter Allgemeine Zeitung*, 10. April 1987) erklärte, daß nur das *absolut* Unwahrscheinliche zuträfe, war das mein Ernst. Nichtsdestoweniger habe ich die Aufstellung gewisser Prognosen für möglich gehalten. Im Grunde genommen war der Hauptgedanke meiner *Summa technologiae* durchaus einfach.

Das irdische Leben – in seiner ganzen, Millionen von Gattungen umfassenden Mannigfaltigkeit – ist eine *viribus naturae* kreierte Technologie, und es wird möglich sein, diese Technologie zu übernehmen, zu beherrschen und den Bedürfnissen der Menschen entsprechend umzuwandeln. Als ich davon schrieb, war nur der von Crick und Watson 1953 postulierte und erkannte Erbcode in das Fundament der theoretischen Biologie eingegliedert. Meine damaligen Erwägungen ließen sich etwa so nachvollziehen: der Erbcode der DNS ist ein »Wort, das Fleisch wird«, eine »sich selbst materialisierende Rezeptur«, und es wird einmal möglich sein, diese (genetische) Molekularsprache zu beherrschen, d. h., sie als grundsätzlich neue Abart der Technik anzuwenden. Wenn wir heute (1988) ein Kunstherz erzeugen, muß sein Besitzer an einen Motor »angeschlossen« werden, was ihn zum Krüppel macht. Demgegenüber ist das natürliche Herz eine Pumpe, die schon innerhalb ihrer Wände den »Motor« enthält. Das ist unseren Lösungen so überlegen, daß niemand versucht, es technisch zu wiederholen beziehungsweise zu imitieren. Und im allgemeinen gibt es, in allen Produktionsprozessen des Menschen seit der Zeit, da er den ersten Stein in die Hand nahm, um ihn zu behauen, die *Werkzeugmaschine* (anstelle der menschlichen Hand) – und den bearbeiteten Gegenstand. In der Biologie gibt es eine solche Teilung in Werkzeug und Objekt überhaupt nicht. Alles »erzeugt sich selbst«. »Das Wort wird Fleisch.« Das ist die differentia specifica der Natur. Meine *Summa* und ihre Prognosen beruhen auf der Überzeugung, daß wir das lernen werden.

Ich hatte beim Schreiben enorme Schwierigkeiten zu überwinden, denn es ist äußerst schwer, eine grundsätzlich nichtexistierende Technik – oder das ihr zugrundeliegende, theoretische Wissen – begrifflich konkret zu artikulieren. Ich habe also von einer »Imitologie« und von »Geningenieurkunst« gesprochen, weil es den schlichten Begriff »Gentechnologie« von heute noch nicht gegeben hat. Die manipulative und industrialisierte Gentechnologie existiert heute bereits in vielen Produktionsbereichen, nicht nur in der theoretischen Molekularbiologie und der Medizin; es gibt bereits entsprechende Handbücher und Studienrichtungen. Als ich aber 1959–1960 die *Summa* zu schreiben anfing, gab es noch nichts dergleichen. Darüber hinaus bin ich in der *Summa* bis zu dem – von mir so bezeichneten – Begriffshorizont der Epoche vorgestoßen, indem ich von der »Züchtung von Information« als einer zukünftigen Verlängerung einer grundsätzlich umgewandelten »Bioingenieurkunst der Sprache« berichtete. Die natürliche Biotechnologie basiert auf dem Darwinschen Satz vom »survival of the fittest«: das überlebt, was der Umwelt am besten angepaßt ist. Diesen Satz sollte meine »Informationszucht« zu der Direktive umkehren: »Das überlebt, was am genauesten die Umwelt *ausdrückt*.« Das »Ausdrücken der Umwelt« bedeutet eine Automatisierung des Theorienaufbaus. Wie eine auf biologischer Basis der »recombinant DNA« beruhende Selbstorganisation von (kognitiv wertvollen, empirischen) Theorien in concreto zu bewerkstelligen wäre, wußte ich weder damals, beim Abfassen der *Summa*, noch weiß ich es heute: dieses Wissen läßt sich tatsächlich dem Theorem von Popper zufolge nicht vorwegnehmen.

Die strategische Hauptrichtung jedoch der »Machtübernahme« im Bereich derjenigen Technologien, welche als Biogenese und Bioevolution *viribus naturae* entstanden sind (um schließlich auch die Menschheit hervorzubringen), scheint mir heute wahrscheinlicher geworden zu sein als vor siebenundzwanzig Jahren.[2]

III

Im Herzen Afrikas ist vor Jahrmillionen ein natürlich ausgebildeter Atommeiler entstanden, dessen Überreste in unserer Zeit entdeckt wurden, um uns zu beweisen, daß uns die Natur auch auf dem Gebiet der Kernspaltung und der Kernenergiegewinnung vorausgewesen ist. Somit ist die »futurognostische Methode«, die ich sowohl in der *Summa* wie auch anderswo angewandt habe, etwas fast Banales. Die institutionalisierte Futurologie aber, deren Vertreter Herman Kahn war, der vor einigen Jahren gestorbene Gründer der Rand Corporation, Berater des

Pentagons, der Autor unzähliger Szenarios und Bücher wie *Thinking about the Unthinkable* (über den Atomkrieg), *The Year 2000, The Next Two Hundred Years* usw., hat gänzlich andere Methoden zum Ausloten der Zukunft eingesetzt. Ich will nur ein kleines Beispiel aus seinem Werk zitieren, um zu zeigen, wie jene Prognosen Schiffbruch erlitten haben. In dem Band *Das 198. Jahrzehnt,* »eine Team-Prognose für 1970 bis 1980« (in Wahrheit aber reicht sie bis etwa 1985), 1969 beim Verlag Christian Wagner erschienen, hat Kahn als »Modell für 1980« im Kapitel »Weltpolitik« zehn Haupttendenzen (Trends) aufgezählt, die seinen »Spekulationsrahmen« begrenzen sollten:

1. Der Krieg oder selbst die Anwendung von Gewalt sollten »undenkbar werden«.

2. Die Entwicklung der Technologie und andere Entwicklungen sollten die historisch-strategische Bedeutung vieler geographischer Gebiete »noch stärker« verringern, »für die USA gibt es schon heute keine solchen lebenswichtigen Gebiete« mehr.

3. Keine Staaten würden mehr Gewalt anwenden, um fremdes Gebiet zu erobern, Beute zu machen oder als Strafe für Beleidigung...

4. Auch religiös oder ideologisch motivierte Gewalt schien ihm zukünftig unmöglich.

5. »Die USA und die UNO werden ... bereit sein ... den Erfolg militärischer Aggression ... stark einzuschränken ...«;

6. 1980 würde es in dieser Reihenfolge folgende Abstufung des Bruttosozialprodukts geben: 1. USA, 2. UdSSR, 3. Japan, 4. BRD und Frankreich.

7. Was China angeht, erklärte Kahn, die Chinesen würden den Weg der Industrialisierung meiden, weil sie der Meinung seien, daß eine »gute Regierung ihren Bauern

nur angemessene Nahrung, Kleidung, Unterkunft, ärztliche Betreuung bieten muß ... und alle diese Forderungen scheinen in China erfüllt zu sein.« (Das hat er 1969 behauptet!)

Die Bemerkung ist keine Übertreibung, daß alles von Kahn für 1969 bis 1985 Vorausgesagte sich nur als Gegenteil seiner Voraussagen bewahrheitet hat. Es ist eben zu »Überraschungen« gekommen wie dem chinesischen Straffeldzug gegen Vietnam, zum Sturz des Schahs, zu der im Iran errichteten Theokratie, zur Hochindustrialisierung Chinas, zur Invasion in Afghanistan, zur Ohnmacht der UNO wie der USA in allen Kriegen, zur Krise im Persischen Golf (der für den Westen lebenswichtig wurde) usw. usf.

Man braucht nicht besonders viel Verstand, um zu begreifen, wieso alle derartig entworfenen Prognosen zu sich selbst verspottenden Fiktionen werden. Es gab niemals und es gibt eben keine »überraschungsfreie Historie«. Die Voraussage der *politischen* Zukunft der Welt ist ebenso unmöglich, wie die Voraussage des Ablaufs einer erheblichen Anzahl von Simultanschachspielen, deren Resultate die nächste »Generation von Spielen« bestimmen werden, usw. Allein *die Grundlagenforschung* läßt sich in ihren *Hauptrichtungen* voraussagen.

IV

K. O. Hondrich hat in der *Frankfurter Allgemeinen Zeitung* vom 30. 4. 1988 über »Zukunftsvisionen für die Industriegesellschaft« u. a. folgendes behauptet: »Vor 25 Jahren waren die Zukunftsexperten, einschließlich der vorsichtigsten, zum Beispiel in drei Punkten einer Meinung. Bis 1985 sollten Fusions-Kraftwerke fast die gesamte Energieversorgung der industrialisierten Welt übernommen haben, Krebs würde heilbar sein; Computer könnten direkte Übersetzungen von einer Sprache in die andere anfertigen.«

In meiner *Summa technologiae* (1963) habe ich behauptet, es werde in absehbarer Zeit keine Computerübersetzungen geben können, Krebs werde (bis auf unbestimmte Zeit) unheilbar bleiben und Kernfusion sei eine Chance der fernen Zukunft. Ich habe einige dieser »negativen Prognosen« vor zehn Jahren im Vorwort zur DDR-Ausgabe der *Summa* begründet. U.a. schrieb ich dort: »Was... die Biologie angeht, so war ich (wie der Text meines Buches beweist) ein Optimist in bezug auf die ›genetische Ingenieurkunst‹ und ein Pessimist in bezug auf die Liquidierung von Geschwulstneubildungen. Die Chancen der ersteren hielt ich für beträchtlich, weil die Vererbung in ihren Mechanismen kombinatorisch ist, das heißt (...) die Prozesse der Verbindung und der Trennung (...) von Merkmalen des Organismus in der Natur der *normale* Zustand sind. Was also die Natur (...) umkomponiert, können auch wir durch zielgerichtetes Eingreifen erreichen, sofern dieses als Rekombination der Gene nicht dem Grundmechanismus der Vererbung widerspricht. Die Geschwulstbildungen hingegen hielt ich (...) für unheilbar, weil für den Effekt eines ›Lapsus‹, hervorgerufen durch Viren oder den Verlust spezifischer Information. (...) Die Rekonstruktion des ›verlorenen‹ (zerstörten) Lebensprogramms durch kurierendes Eingreifen von außen ist technisch nicht ausführbar. (...) Wenn der genetische Ingenieur also nur Potenzen nutzen muß, die im Organismus normalerweise vorhanden sind, so müßte derjenige, der den Krebs liquidieren will, gar die Grundlagen der ›Technologie des Organismus‹ umkonstruieren und Sicherungen einbauen, die von der Natur *niemals* und *nirgends* geschaffen worden sind. (...) Wird der Mensch also eines Tages die Geschwulstbildungen beseitigen (...), so wird dies eine der spätesten, weil schwierigsten Aufgaben der genetischen Ingenieurkunst sein.« (Volk und Welt, 1980, S. 11–12)

In der *Summa* habe ich auch, über einige Kapitel verstreut, die These zu belegen versucht, warum es einen *sehr langen Weg* zur »künstlichen Intelligenz« der Maschinen geben muß. Bereits etwas irritiert habe ich in einer Fußnote zu meinem Essay *Bemerkungen eines Antisemioten* (deutsch in meinen *Essays*, Insel Verlag, 1981) erklärt: »Es ist verblüffend, wie hartnäckig sich bezüglich dieser Frage [d. h. der maschinellen Übersetzung] Falschmeldungen wiederholen. In *Les ordinateurs – mythes et réalités* (Paris 1968) erklären J. M. Font und J. C. Quiniou, in der UdSSR habe eine Maschine einen ›gewissen‹ Roman von Dickens aus dem Original ins Russische übertragen, und die Übertragung sei, verglichen mit der durch einen professionellen literarischen Übersetzer, ›völlig annehmbar‹ gewesen! Das ist völlig unwahr. (...) Somit ist die Behauptung der französischen Autoren, die leider für eine gewisse Art von ›Popularisierung der Wissenschaft‹ recht typisch ist, eine gewöhnliche Fälschung, die entweder auf Ignoranz oder auf bösem Willen beruht. Bislang hat die Automatisierung des Übersetzens nur geringe Erfolge zu verzeichnen, die jedoch durch solche, das Laienpublikum irreführende Äußerungen sicher nicht gefördert werden.« (S. 62)

V

Die angeführten Zitate müssen hier als meine Beglaubigungsschreiben einem doppelten Zweck dienen. Zum ersten bezeugen sie, daß ich in meiner futurologieorientierten Skepsis noch vorsichtiger war als die von Hondrich so genannten »vorsichtigsten« unter den Futurologen. Auch die Chancen der industriellen Kernfusion habe ich pessimistisch eingeschätzt. In allen diesen Fällen war meine Skepsis sachlich begründet. In der Krebsforschung so, wie von mir zitiert. In der Computerwissenschaft, weil ich den gähnenden Hiatus zwischen dem bereits Erreichten und der zum Übersetzen nötigen semantischen Kompetenz ermessen konnte. Bei der Kernfusion wegen einer Reihe physikalisch-technischer Grenzbedingungen, die sie *außerhalb* eines Sterns enorm schwierig zu verwirklichen machen.

Doch zum zweiten darf sich meine Aufgabe in diesem Essay nicht auf das »Ausmisten futurologischer Augiasställe« beschränken. Was ich nicht weiß, hat mich schon immer heiß gemacht; nicht um der (damals noch nicht vorhandenen) Mode der Zukunftsforschung nachzukommen, sondern aus Wißbegier habe ich in den *Dialogen* (1954–1957) und in der *Summa* (1963) Prognosen entworfen, die sich (leider) in der Gesamtbilanz einer mikroskopischen Verbreitung erfreuen konnten. In Polen hat kein Hahn danach gekräht; außerhalb der polnischen Grenzen war es um mein diskursives Werk noch schlimmer bestellt. *Summa* ist nur in russischer, ungarischer, serbokroatischer und deutscher Fassung erschienen. Obwohl es ausschließlich selbsternannte Futurologen gibt, hing natürlich der Ruf und der Wirkungskreis eines jeden Autors nicht vom Wahrheitsgehalt seiner Prognosen ab – der, meist nicht vorhanden, ließ sich ja *nur* im nachhinein feststellen –, sondern von der Reklame, von der »Amplifikation«, der »Verstärkung« im Wirkungskreis der bereits anerkannten, weil weitbekannten Bestseller-Futurologen. Regierungen erwarten sich Glaubwürdigkeit von Universitäten und Instituten wie dem Hudson Institute oder der Rand Corporation wegen ihrer Mitarbeiterzahl, den monumentalen Ausmaßen der Projekte, dem hohen Kostenaufwand – klar, daß sich da niemand für einen Kerl interessieren konnte, der in der unverständlichen polnischen Sprache ohne die geringste Subvention, ohne Anhänger, Sekretariate, Sponsoren, ohne den Zugang zum futurologischen Schrifttum sich irgend etwas ausgedacht und niedergeschrieben hat. Es gibt nichts Erfolgreicheres als den Erfolg, und basta.

In einem beträchtlichen Grad waren alle Methoden, die von »Delphi«, die der »überraschungsfreien Prognosen«, die der »Szenarios«, Humbug, ungeachtet dessen, ob irgend jemand das alles ernst nahm oder auch nicht. Als ich zum Mitglied des Komitees »Polen 2000« ernannt wurde, habe ich bei der ersten Sitzung erklärt, daß alles, was sich machen ließe, für die Politiker uninteressant bleiben würde, und wofür sie brennendes Interesse verspürten, ließe sich nicht voraussagen. Als advocatus diaboli war niemand von mir entzückt.

Jetzt, im nachhinein, kann man den futurologischen Müll sofort von den stichhaltigen Prognosen unterscheiden. Man könnte meiner *Summa* ein ganzes Fachglossar anhängen, um zu erklären, daß ich beim Entwurf der »Informationszucht« mittels der Gentechnologie grammatikalisch-lexikographische Begriffe benutzt habe, weil es damals Benennungen wie »Plasmid«, »Gensonde«, »Restriktasen«, »Ligasen«, »monoklonale Antikörper« und eine Menge anderer nicht gegeben hat. Dasselbe gilt für andere prognostizierte Techniken. Auf prognostischem Gebiet sind die Auslesekriterien gänzlich von denen verschieden, die in der Empirie zur Auswahl »tüchtiger naturwissenschaftlicher Theorien« eingesetzt werden. Eine empirische Theorie kann man niemals verifizieren, und sogar das von Popper ausgeklügelte Falsifizierungsverfahren hat viele Haken. Eine Prognose kann natürlich ein reines Rätselraten sein. Die »Methode der komplexen Trends« ist ebensowenig sicher wie alle bereits angeführten. Man kann keine langfristigen meteorologischen Voraussagen zustande bringen, weil die Bewegungen der Luftmassen zum Teil chaotische Turbulenzen sind, deren Zukunft in demselben Sinne nicht determinierbar ist wie der Ausgang einer Reihe von Bridge-Spielen. Beim Prognostizieren habe ich mich an das gehalten, was bereits der Fall war: An erster Stelle waren ja die biologischen Gattungen vorhanden, und die große Frage lautete, ob wir denn fähig sein würden, das molekulare Alphabet der Gene in irgendwelchen »Bio-Linotypen« zusammenzusetzen?[3] Inzwischen sind die Ansätze in Gestalt von Bioreaktoren bereits in Gang. Es war prinzipiell *unmöglich*, das Tempo des Wachstums des Wissens vorauszusagen.[4] Es war prinzipiell *möglich*, an die Verwirklichung von Tatsachen zu glauben, welche von den Naturkräften bereits vor fast vier Milliarden Jahren »gemacht« worden sind. Darüber hinaus habe ich einfache Denkmodelle benutzt, die mir zum Beispiel klarmachten, daß in der Natur, im Weltall, also auch auf unserem Planeten, *kein* exponentielles Wachstum eine beliebig *lange* Zeit dauern kann. Deswegen habe ich in der *Summa technologiae* von Prozessen geschrieben, »die vielleicht so manche Zivilisation im Weltall zum Schweigen gebracht haben«. Ich wußte damals noch nicht, daß es »Future-Futurologen« und »No-Future-Futurologen«, das heißt kraftprotzende Optimisten und schwarzseherische Katastrophisten geben wird. Es war mein Glück, daß es sie zu der Zeit, da ich schwer um die *Summa technologiae* rang, noch nicht gab.

VI

Es wäre kleinlich und dumm von mir, wollte ich mit dem Gesagten und noch Kommenden behaupten, »ich war verkannt, doch hatte ich recht«. Es liegt mir wenig daran, recht zu behalten. Wie der zitierte Autor der *FAZ* bemerkt, brauchen wir Zukunftsvisionen, weil der Mensch ohne Zukunft nicht leben kann. Eine No-Future-Einstellung ist Nihilismus. Unsere Wohlfahrtsstaaten scheinen alle entfalteten Kräfte der kompliziertesten Technologie zu dem Zweck zu fokussieren, das Dasein der Durchschnittsmenschen in einem elektronischen Steinzeithöhlenalter genußreich zu gestalten. Der wird alles »real oder im Ersatzerlebnis« tun können, ohne irgend etwas von den Mikro- oder Megamächten zu begreifen, die ihn bedienen werden. Es handelt sich um eine plausible, wenngleich in der Tradition unserer Kultur unbekannte Kreuzung von Paradies und Hölle. Eben durch den Wohlstand lassen sich anti-intellektuelle, irrationale, »pro-magische«, anti-szientistische, den Terrorismus und das Sektenwesen gebärende Komponenten des Zeitgeists erklären.

Hier ist kaum der Ort, um über meinen Kulturpessimismus zu reden. Da wir uns nicht auf eine transzendente Ethik und von oben sanktionierte Ästhetik berufen dürfen, leben wir in einer Zeit, in der an erster Stelle das zum Kunstobjekt wird, was in der gesamten bisherigen Menschheitsgeschichte *nie* als Kunstobjekt hätte ausgegeben werden dürfen. Also Dreck und Haufen von Exkrementen, Fettstühle, stachelig unbequeme Möbel, den goldenen Schnitt verhöhnende Verzerrungen aller Proportionen oder, bündig, Chaos, Destruktion und Abfall. Nur diejenigen, die einem solchen Genius temporis nicht unterworfen sind, zum erheblichen Teil die Völker, die versuchen, sich aus dem Joch des Totalitarismus zu befreien, finden eine derartige Ausrichtung und Auslese in der Kunst befremdend oder erschreckend.

Sie vermögen nicht zu begreifen, warum es die Besitzenden nach dem Ekelhaften gelüstet, denn ihnen sind die paradiesischen Höllen der automatisierten Befriedigung aller Sinne und Triebe noch fremd. Die wachsende Komplexität unserer Welt hat das Staatswesen zu einer immer weniger regierbaren Domäne gemacht. Diesem Zustand ist der »Verblödungsgradient« unter den Politikern zu verdanken. Wie mein fiktiver Feyerabend im Roman *Lokaltermin* sagt: »Ein Idiot, zumal wenn er ein Vollidiot ist, wird, wenn sie es ihm anbieten, auf der Stelle bereit sein, Präsident der Vereinigten Staaten zu werden. Ein Mann von Bedacht wird erst einmal nachdenken, ein Weiser sich lieber aus dem Fenster stürzen.« (S. 188) Wie ich höre, obzwar ich das überhaupt nicht verstehe, aber frech genug bin, um das zu gestehen, leben wir in einer »postmodernen« Periode in einem »Dekonstruktivismus«. Alles Sinnvolle und Rationale wurde bereits ausprobiert. Augenscheinlich ist uns zum Genuß allein das Blöde, Irrationale und Unverständliche geblieben. Da ist aber urplötzlich das *Virus* gekommen. Als Rationalist und Jünger der biologischen Zunft darf ich nicht laut sagen, was ich mir im geheimen denke: diese Zivilisation bedurfte in ihrer Allpermissivität einer Notbremse, und zwar einer nichtdemokratischen, nichtpersuasiven, geradezu furchterregenden. Wir haben aus unserer Gesetzgebung die Todesstrafe verbannt, die Natur aber hat das nicht nachvollzogen.

Nicht einer klassenlosen Wohlfahrtsgesellschaft oder einer Selbstentfaltungsgemeinschaft oder der »intelligenten«, von lauter kreativen Schöpfern wimmelnden Gesellschaft oder auch einer Risikogesellschaft Aussterbender scheinen wir zuzusteuern, sondern einer Handvoll hochindustrialisierter Staaten im ewigen »kalten« Belagerungszustand, Festungen des Wohlstands, von Hungers sterbenden, elenden, verseuchten Milliarden der Dritten Welt in agonalem Geheul um Einlaß bestürmt – um in einer Welt zu überleben, in der die Reichsten ihr Überleben einer privaten, stets in frischem Zustand erhaltenen »Luftblase« und einem speziell für sie gereinigten Wasser verdanken werden.

Denn leider hatten Wissenschaftler wie Barry Commoner recht, als sie an der Seite des Clubs of Rome mene, mene tekel upharsin uns an die Wand malten. Die Waldfläche hat sich im Verlauf dieses Jahrhunderts weltweit um 30% verringert; in zehn Jahren wird die Sechsmilliardenzahl an Erdbewohnern überschritten, die Verdopplungszahl der Weltbevölkerung wird sich, allen Epidemien, gar AIDS und dem Massenhungersterben zum Trotz, noch weiter beschleunigen, und in jeder Stunde des Jahres 1990 wird eine – die nächste – Tier- oder Pflanzengattung unwiderruflich ausgerottet. Bereits jetzt kommen 10 000 Gattungen jährlich um, als Folge der totalen Überlastung der Biosphäre. Ob sich dagegen etwas machen läßt? Ganz bestimmt. Zugleich aber: Was im Prinzip machbar ist, läßt sich infolge der realpolitischen, traditionell festgefügten, geschichtlich einzementierten Sitten und Gebräuche nicht machen, und was sich machen läßt, wird die Katastrophe nur unwesentlich in das uns bevorstehende Jahrhundert hinein verschieben.

VII

Der in den USA herausgegebene *Citation Index* läßt erkennen, was für eine Bedeutung in den Naturwissenschaften und den ihnen angrenzenden Gebieten (z. B. Statistik und Mathematik) bestimmte Bücher oder Aufsätze erlangt haben – denn das kognitive Gewicht wird an der Größe des »Zitatenschweifs« ermessen, den die entsprechenden Publikationen nach sich ziehen. Obwohl mein Werk sich in etwa 35 Sprachen und ungefähr 18 Millionen Büchern verbreitet hat, kann ich mich nicht als einer von denen brüsten, denen es gelungen ist, die Zukunft, wenn auch bruchstückhaft, auszuloten. Der *Citation Index* stellt mir hier ein schreckliches »Ungenügend« aus, weil er mich durch die Nullzahl von futurologischen oder verwandten Zitaten (z. B. in der Philosophie der Technik, der Zukunftsforschung) in Fremdpublikationen zu einer »Nonperson«, zu einem in diesem Bereich nichtexistierenden Autor abstempelt. Ich darf also ohne jegliche Übertreibung sagen, daß alles, was ich in der »futurognostischen Dimension« gemacht habe, gänzlich verkannt wurde. Das aber kann man schon verkraften in Anbetracht der absoluten Gleichgültigkeit, die die Welt gegenüber den Kassandrarufen vieler weltbekannter Forscher, dem Club of Rome und aller seiner Horrorszenarios für das 21. Jahrhundert, des Nullwachstum-Konzeptes (Zero growth) usw. gezeigt hat.

Und wahrhaftig bedurfte es keiner besonderen Weisheit, um bereits vor 28 oder 30 Jahren festzustellen, daß ein exponentielles, also im Grenzbereich unendliches Wachstum auf der endlichen Erdoberfläche nicht möglich ist. Was damals nicht erkannt werden konnte, das war die sich ausnehmend schnell erschöpfende Tragfähigkeit der irdischen Biosphäre für die vernichtend expandierende Technosphäre. Heute ist die Bedrohung im ganzen wie in verschiedenen Detailbereichen diagnostiziert, dagegen gemacht wird aber so gut wie gar nichts. Katalysatoren für die Verbrennungsmotoren oder Filter für Industrieanlagen (Schornsteine) einschließlich der Wasserreinigungsanlagen sind in ihrem Schutzvermögen mikroskopisch im Vergleich zu der bereits allumfassenden Vergiftung und Verschmutzung, und die nicht nur von mir geforderten »Technologien zweiten Ranges«, die den Schäden entgegenzuwirken hätten, welche primär die Energie- und Produktionsanlagen heraufbeschwören, gibt es im globalen Maßstab überhaupt nicht. Somit ist die Vision von den reichsten Industriegesellschaften als »Staaten im Belagerungszustand«, die von den verhungernden Massen der Dritten Welt umwogt werden und umzingelt sind, vielleicht ebenfalls wenig wahrscheinlich, weil diese Staaten weder gegen die verpestete Luft noch die vergifteten Gewässer zu Festungen werden könnten. Es sei denn, man neigt dazu, jene Horrorszenarios ernst zu nehmen, die wir in den siebziger Jahren der Science-fiction zu verdanken haben: eine tote Erde, mit Leichenbergen bedeckt, und unter gewaltigen Glaskuppeln als geschlossene Überwachungsgesellschaften die Enkel der heutigen Reichsten. Werden vereinzelte Wissenschafts- bzw. Technologiezweige in ihren in die Zukunft weisenden Tendenzen geprüft, kann man immerhin durchaus plausible, d.h. im Futurum Imperfektum erfaßbare Tatbestände schildern. Es geht ungefähr um das, was die Amerikaner Technology Assessment nennen, also nicht allein um Details einer Technologie in ihrem Endzustand nach einer Phase beschleunigter Entwicklung, sondern darüber hinaus um die Darstellung des wahrscheinlichen Weges jener Entwicklung, wobei auch soziale Antriebe und Widerstände

(z. B. moralischen Typs) in das Gesamtbild einzubeziehen sind.

Ich zitiere Fragmente aus der *Summa* (1963): »Man kann zu dem Endresultat der natürlichen Prozesse gelangen, indem man das, was heute die Natur vollbracht hat, nicht genau plagiiert, sondern indem man sich durch einen ›Nebeneingang‹ in den Verlauf dieser Prozesse einschaltet. (...) Stellen wir uns vor, wir könnten das... (Menschen-)Ei zur Embryogenese stimulieren (...). Aus der sich entwickelnden Frucht entfernen wir (...) (z. B.) nur Teile, (...) aus denen sich das Gehirn ausformt. (...) Es ist anzunehmen, daß dagegen Einwände ethischer Natur erhoben werden. Um ihnen auszuweichen, werden wir *nicht* das menschliche Ei zur Entwicklung bringen, sondern lediglich die gesamte in ihm enthaltene Erbinformation kopieren. (...) Als... ›Abzugsmaterial‹ dient uns ein synthetisch hergestelltes (also nicht einem Organismus entstammendes) System von Ribonukleinsäuren; das Ei liefert lediglich die ›Instruktion‹, wie diese Moleküle miteinander zu verbinden sind. (...) Und erst diese unsere ›künstlichen‹ Chromosomen machen wir zum Ausgangspunkt der Entwicklung. Sollte auch daran jemand Anstoß nehmen, so machen wir eben einen noch größeren Umweg. Die Erbinformation (der Chromosomen) bringen wir in der Symbolsprache der Chemie zu Papier, stellen danach synthetisch entsprechende Chromosomen her und lassen das so gewonnene ›Ei aus dem Labor‹ in die embryogenetische ›Produktion‹ gehen. Man sieht, wie sich durch unser Vorgehen der Unterschied zwischen dem ›Natürlichen‹ und dem ›Künstlichen‹ verwischt.« (*Summa technologiae*, Frankfurt/Main 1981, S. 307, 309, 310)

In der »Einundzwanzigsten Reise« meiner *Sterntagebücher* berichtet darüber ein Mönch wie folgt: »Die Kirche kann dem Fortschritt von Zeit zu Zeit Schlachten liefern, aber wenn sie eine Front verteidigt, sagen wir die Unantastbarkeit der Empfängnis, vollzieht der Fortschritt, anstatt einen frontalen Kampf zu führen, ein Umkreisungsmanöver, mit dem er den Sinn der verteidigten Positionen liquidiert. Vor tausend Jahren verteidigte unsere Kirche die Mutterschaft, und da liquidierte das Wissen den Begriff der Mutter, indem es zunächst den Akt der Mutterschaft in zwei Teile spaltete, indem es ihn dann aus dem Körper verlegte, nach außen also, und indem es schließlich eine Synthese des Keims vollzog, so daß nach drei Jahrhunderten ihre Verteidigung jeglichen Sinn verloren hatte. Damals mußte die Kirche der Befruchtung aus der Entfernung und der Empfängnis im Laboratorium zustimmen, der Geburt in einer Maschine und dem Geist in der Maschine und der Maschine selbst, die der Sakramente teilhaftig wurde, und dem Verschwinden des Unterschieds zwischen dem natürlich geschaffenen und dem künstlichen Sein.« (Frankfurt/Main 1988, S. 250–1)[3]

Das wurde vor siebzehn Jahren geschrieben, als es noch nicht zu der heute wohlbekannten »Zweiteilung der Mutterschaft« gekommen war – aber die Richtung des Fortschritts auf dem Gebiet biotechnischer Fertigkeiten ist sehr wohl sichtbar, in dem ersten, 29 Jahre »alten«, wie dem zweiten, 17 Jahre »alten« Zitat. Kein Wunder, daß ich die heute sehr modischen Diskussionen über das Erlaubte und das Unerlaubte in der embryogenetisch ausgerichteten Biologie mit einem »sentiment du déjà vu« lese. Ich habe das nun einmal vor einem Vierteljahrhundert vorweggenommen, nicht nur die »biotechnizistische« Komponente, sondern auch die heftigen Zusammenstöße der religiös sanktionierten und/oder humanistisch-agnostisch verankerten Moralgebote mit dem »Fortschritt«. Darüber hinaus habe ich in vielen Erzählungen und Romanen (nicht zuletzt in dem zwischen 1975 und 1980 verfaßten *Lokaltermin*) das tragikomische Ringen der Gesetzgeber mit dem ihre Kodexe annullierenden Gang des »Fortschritts« versinnbildlicht.

VIII

Selbstverständlich kann ich hier nur einige ausgewählte, winzige Ausschnitte aus einem Schaffen erwähnen, das mich Jahrzehnte gekostet hat.

Ich will nun zu meiner ältesten beziehungsweise frühesten Prognose zurückkehren: sie wurde 1953–54 verfaßt und 1957 in dem Band *Dialoge* veröffentlicht, der in der bescheidenen Auflage von 3000 Exemplaren erschien und damals in Polen keine einzige Rezension erhalten hat. Die Begriffsapparatur wurde der Kybernetik entlehnt, und zwar, weil ich *irgendeine* Terminologie brauchte, es gab weder eine Synergetik, noch eine kybernetische Soziologie, noch mathematische Katastrophen- oder Chaos-Ordnung-Theorien.

Ich habe versucht, die Ursache der Kräfte zu finden, die im »realen Sozialismus« das ganze System in aperiodische Schwingungen versetzen. Anders gesagt, ging es um Schwankungen in der politischen Linie zwischen zwei Extremen, im allgemeinen Sprachgebrauch »Frost« und »Tauwetter« genannt, die einander abwechseln. Ich habe diese Schwankungen »Oszillationen zweiter Art« genannt, weil die im Kapitalismus wohlbekannten Haussen und Baissen der Konjunktur in meinem Modell als »Oszillationen erster Art« fungierten. Im Sozialismus, der politische und ökonomische Macht zentralisierend vereinigt, sollten, so meine Darstellung, mehrere Faktoren am Werk sein, die eine Art Teufelskreis bilden, denn Marxens utopischer Plan läßt sich nicht ohne Gewaltanwendung ins Leben einführen; da es aber einer derart umstrukturierten Gesellschaft an *Motivation* zur Produktivität, zur instrumentellen, kognitiven und künstlerischen Kreativität fehlt, muß der Staat als Aufseher allgegenwärtig werden. Das führt schließlich zu einer Stagnation, die den zentralen Machtapparat zur »Lockerung« der restriktiven Gewaltanwendung nötigt. Es kommt zu einer »Neuen Ökonomischen Politik«, die aber – o Grauen – zum marktorientierten, also dem »kapitalistischen« System tendiert. Die Schraube wird angezogen, und ein solcher Staat verhält sich wie ein Oszillator. »Um ... die ihrer Automatismen beraubten Produktionsprozesse erst zu ermöglichen und anzutreiben, haben sich zwei gigantische Institutionen herausgebildet: die bürokratische Pyramide der Überwachung und die Pyramide des Repressionsapparats. Die Arbeit der Gesellschaft ernährt diese Zwangsmaschine. So sieht die Realisierung des Plans der Zusammenarbeit Freier mit Freien aus ...« (*Dialoge*, Frankfurt/Main 1980, S. 233)

Und weiter, an anderer Stelle im selben Text: Es hat »den Anschein, daß sich ein und dasselbe zentralistische Modell in Staaten unterschiedlicher Größe in seiner Funktion aufrechterhalten läßt, indem auf verschiedenartige Weise Gewalt angewendet wird, um seine Oszillationen zu beseitigen; in einem großen Staat muß natürlich beträchtlich mehr Gewalt angewendet werden als in einem kleinen, woraus man den völlig falschen Schluß ziehen könnte, daß alle Herrscher über große Staaten größere subjektive Neigungen zum Autokratentum und zur Tyrannei besitzen als die Regierenden in kleinen Staaten. In Wirklichkeit haben wir es hier jedoch nur mit der Manifestation einer bestimmten dynamischen Gesetzmäßigkeit zu tun, die einen ebenso objektiven Charakter hat, wie diejenige, die bewirkt, daß der Elefant im Vergleich zu jedem anderen kleineren Säugetier derart mächtige Füße hat.« (S. 238f)

Daraus wollte ich den Schluß ziehen, daß auch die »Periode der Schwingung« von der Größe des Staatswesens abhängt. Genauer gesagt, handelte es sich insofern um keine politischen Prognosen, als die von mir so benannten »Oszillationen« aperiodisch sein müssen, ebenso wie die Konjunkturschwankungen im Kapitalismus, so daß sie keine zeitlich datierten Voraussagen zulassen. Meinen »uralten«, weil vor fünfunddreißig Jahren entstandenen *Dialogen* ist ebenso wie der *Summa technologiae* anzusehen, wie schlimm es ist, ein allzu früher Vorläufer zu sein. Denn ein solcher kann nicht einmal zur Kassandra seiner Zeit werden, denn, obwohl man nicht auf sie hörte, ist uns Kassandra dem Namen nach bekannt geblieben. Der verfrühte Verkünder erstaunlicher oder grauenhafter Dinge bleibt oft auch dem Namen nach unbekannt. Ich hege nicht den geringsten Zweifel, daß dieser Aufsatz, zusammen mit dem Band, in dem er steckt, wie ein Wassertropfen unsichtbar im Ozean des in jüngster Zeit sintflutartig angewachsenen Schrifttums versinken wird.

Ich habe ihn nicht geschrieben, um auf einige meiner Prognosen zu pochen oder um jene vorausgeahnte Zukunft zu zeigen, die hie und da bereits Vergangenheit geworden ist – und auch nicht, um Priorität bei der Erwartung einer »Perestrojka« zu beanspruchen. Ich habe ihn für meinen Sohn geschrieben, um ihm zu zeigen, daß es allen Hindernissen zum Trotz doch möglich ist, jene Schatten wahrzunehmen, die das kommende Zeitalter wirft; denn wie der Dichter gesagt hat: »Coming events cast their shadows ahead.«

1 Die enorm angewachsene – besonders in den fünfziger und sechziger Jahren – Literatur zum Problem eines Atomkrieges (H. Kahn hat mit *Thermonuclear War* und *Thinking about the Unthinkable* erheblich dazu beigetragen) hat mich schon immer als falsch formuliertes, falsch dargestelltes und falsch bekämpftes Phänomen irritiert. Die primitivste Überlegung macht einen solchen Krieg unmöglich und a fortiori »überflüssig« insofern, als er zwischen Staaten ausgefochten werden müßte, die zur friedlichen Energiegewinnung viele Atomreaktoren bauen. Es war mir von vornherein ganz selbstverständlich, daß *jeder* mit sogenannten konventionellen Mitteln (also z. B. großen Bomben von gewaltiger Sprengkraft, vergleichbar den englischen »blockbusters« im Zweiten Weltkrieg) geführte Krieg unweigerlich in Kürze die Zerstörung vieler Atomkraftwerke, die der Energiegewinnung dienen, zur Folge hätte. Dann würde auch das »konventionell« bombardierte Land von radioaktiven Aschewolken heimgesucht – nach dem GAU von Tschernobyl kann man sich das jetzt besser vorstellen als vor zwanzig Jahren. In meinen Augen wurde die ganze Sache zur Sensation um der Sensation willen aufgeblasen: warum dieses, doch jedem Kind im schulpflichtigen Alter einsichtige Argument jenen furchteinflößenden Lärm um den Wasserstoffbombenkrieg nicht zum Verstummen gebracht hat, ist mir bis heute unbegreiflich.

2 Unsere Technologien sind meist im Makrobereich wirksam. Wenn es um die Erzeugung von Dingen geht, die so klein sind wie »chips«, ist die Bearbeitung mittels Makrowerkzeugen auf den Mikrobereich ausgerichtet. Bereits 1959 hat P. Feynman eine Reihe von Maschinen vorgeschlagen (»envisioned a succession of machines«), die eine progressiv immer kleinere »Nachkommenschaft« herstellen sollten. Die Mikrogrenze müßte aus molekularen »Maschinen« bestehen. Diese »Bauanleitung« ist dem Konstruktionsprinzip der Natur in der Bioevolution entgegengesetzt, denn das Leben wird aus einzelnen Atomketten mittels Selbstorganisation zu Autoreplikatoren, die sodann im Verlauf der Embryogenese reife Organismen aus der einzelligen Fortpflanzungssubstanz heranwachsen läßt. Meine »Informationszucht« sollte sich nicht zwischen Mikro- oder Makro-»Maschinen« abspielen, sondern zwischen Informationsträgern unterschiedlicher Ordnung und Größe. Die Evolution in ihrer Gesamtheit kann als gewaltiger Lehrprozeß betrachtet werden; die Selbstorganisation ist aber keine »Selbstbelehrung«, sondern ein *selektives* Sammeln und Zusammenfügen der den »Biobau« fordernden Information. Wäh-

rend aber der Bauplan des Organismus aus Genen – also entwicklungsfähigen »Anweisungsträgern« (aus dem »Kürzel« des potentiellen Organismus) zur vollen Gattungsgestalt reift – sollten in meiner »automatisierten Theorienbildung« die Umwelt-Invarianten (als ihre markantesten Züge) sich (mikrominiaturisierend) zur »Theorie« auskristallisieren. Oder, anders gesagt – diejenigen Umweltattribute, die für ihren Zustand »wesentlich« sind, sollten aus Molekülpolymeren »herausgelesen« und in die »Sprache« aperiodischer Kristalle »übertragen« werden. Der Gedanke an sich ist keineswegs so unsinnig, wie man auf den ersten Blick meinen könnte. Der Informationsgehalt einer menschlichen Fortpflanzungszelle entspricht etwa dem eines tausendseitigen Buches. Ein Erwachsener enthält etwa tausendmal mehr Information. Das scheint erstaunlich zu sein, denn die zum Aufbau des Organismus nötige Information ist Tausende Male größer als die im befruchteten Ei enthaltene. Woher also kommt eigentlich die zusätzliche Information, um jenes gewaltige Defizit auszugleichen? Aus der Umwelt und aus der wechselseitigen Lage und Funktion der einzelnen Zellen, Gewebe und Organe. Die Fortpflanzungszelle ist also eine »Maschine, die die Umwelt und sich selbst informativ anzapft«: was an das »Münchhausen-Prinzip« erinnert (Münchhausen hat sich bekanntlich am eigenen Zopf aus dem Sumpf gezogen). Das ist möglich, weil der Embryo lernfähig ist: er absorbiert und benutzt *nicht beliebige* Informationen, sondern sucht »sich die ihm zum weiteren Wachstum« notwendigen aus. Wenn *das* möglich ist, darf man sich die Umkehrung solcher Prozesse vorstellen: Moleküle, die sich mit kognitiv relevanter Information ihrer Umwelt »ernähren« beziehungsweise »belehren«, um (ohne Universitätsprofessor) *Theorien* zu entwerfen!

Ähnliche – obwohl bescheidenere – Ideen wurden in den letzten Jahren in der Fachliteratur als sogenannte »nanotechnology« besprochen. Diese hat aber nichts mit der Episteme gemeinsam. K. Eric Drexler hat 1986 bei der Anchor Press ein Buch über die »nanotechnology« herausgegeben. Ihm ging es an erster Stelle um Mikromaschinen, die, von Nanocomputern, »Nands«, gesteuert, den menschlichen Körper zu Heilungszwecken durchdringen sollen. Ihrer Größe entsprechend sollen sie aus einzelnen Molekülketten aufgebaut werden.

Eine am Begriffshorizont unserer Zeit gerade noch vorstellbare »äußerst raffinierte« Anwendung dieses nanotechnologischen Prinzips bildete die in meinem Roman *Lokaltermin* (1982) ausgedachte »Ethosphäre«, die in Form allgegenwärtig vorhandener (in der Luft, im Wasser, im menschlichen Körper) schwebender »intelligenter Moleküle« die Rolle des Arztes, des Schutzengels und des Retters in der Not angenommen hat. (Mehr darüber findet sich in dem Buch *Informations- und Kommunikationsstrukturen der Zukunft. Workshop mit Stanisław Lem*, München 1983.)

A. K. Dewdney schrieb 1988 im *Scientific American* (Jan. 1988, S. 91): »Of course, it is all dream – for now, at least. We are barely at the threshold of a possible plunge into the nanorealm.«

Wenn das *heute* ein Traum ist – was war es eigentlich vor siebenundzwanzig Jahren?

3 Das »biologische Bauwesen« ist stark von den umweltlichen Grenzbedingungen abhängig. Als es in der Luft etwa 50% Sauerstoff und nicht wie heute 21% gab und als die atmosphärische Dichte ebenfalls weit größer war als gegenwärtig, konnten auf festem Land dank des entsprechend »aufgeheizten« Stoffwechsels hundert Tonnen wiegende Gigantosaurier entstehen, und ein anderer Saurier, Quetzalcoatlus Northropi, konnte bei einer Flügelspannweite von 15 Metern und fast 80 kg Körpergewicht fliegen. (Was sich alles aus im Bernstein eingeschlossenen Jahrmillionen alten Luftblasen entnehmen ließ.)

4 Von Belang sind die Umstände, die zu einer falschen Prognose führen. In einem kürzlich verfaßten Aufsatz über AIDS habe ich behauptet, das Human Immune Deficiency Virus (HIV), ist es einmal als Provirus in die Desoxyribonukleinsäure retro-transkribiert und in den DNS-Strang der Wirtszelle (z. B. eine Lymphozyte der Helferklasse) eingeschleust worden, es dort nicht mehr festgestellt (und a fortiori auch nicht mit beliebigen Mitteln vernichtet) werden kann. Sein »Unsichtbarwerden«, wenn es bereits in das Lymphozyten-Genom eingefügt worden ist, glaubte ich auch für die kommenden achtzig Jahre als unabwendbaren Tatbestand erklären zu müssen.

Einige Wochen später wurde berichtet, daß die amerikanische Genfirma Cetus Corporation folgende Methode des Virusnachweises patentiert hat: Die virale Erbsubstanz wird mittels einer chemischen Reaktion, ausgelöst durch eine spezifische Polymerase, zur Vervielfältigung »genötigt«. D. h., das ruhende und »verborgene« Virus wird katalytisch zur massenhaften Replikation »gezwungen«, und seine Vermehrung wird festgestellt: auf diese Weise, vermutet man, kann das Provirus – also die AIDS-Infektion – auch dann diagnostiziert werden, wenn in der Blutprobe auch nur eine *einzige lymphozytäre* Zelle das Provirus im Genom enthält. Zur »zwanghaften« Vermehrung wird das Provirus durch ein Enzym gebracht, das aus den hitzeresistenten Bakterien, die in heißen Quellen leben, gewonnen wurde.

Eine Erwägung dieser Möglichkeit war a priori jedoch nicht auszuschließen. Der Gedankengang, der mich zu meiner falschen Behauptung gebracht hat, ließe sich folgendermaßen nachvollziehen: Das Provirus besteht aus Nukleotiden, die sich – einzeln genommen – durch nichts von den einzelnen Nukleotiden der Lymphozyten – oder, ganz allgemein – beliebiger Nukleotiden – unterscheiden, weil der Erbcode immer aus denselben «Nukleotidenbuchstaben« besteht. Somit sieht das in das Wirtsgenom »eingeschleuste« Provirus wie eine Reihe von »Buchstaben des normalen Erbcodes« aus, läßt sich also von denen des Wirts nicht unterscheiden. Doch habe ich nicht den recht elementaren Umstand in Erwägung gezogen, daß es immerhin um ein Ganzes geht, das der selbständigen Replikation fähig werden kann, wenn es dazu angeregt wird. Im vorhinein war zwar die Chance einer solchen »Anregung« durch eine katalytische Substanz völlig unbekannt, sie ließ sich aber auch nicht a priori ausschließen. Natürlich ist es weit einfacher, das Provirus zur Replikation zu bringen – denn das ist ja seine normale, todbringende, spezifische Potenz –, als es im »verkrochenen Zustand« zu vernichten, ohne zugleich die Wirtszellen zu töten, denn gegen eine schädigende Einwirkung ist das Provirus durch seine *fast* vollkommene Ähnlichkeit mit dem normalen Wirtsgenom geschützt. Aber »demaskieren« muß sich das Virus ja einmal in Zukunft, und hier liegt seine schwache Stelle – man kann nämlich die in die Gene des Virus eingebaute »Spätzündung« katalytisch zu einer »sofortigen Zündung« zwingen. Hätte ich daran gedacht, hätte ich zumindest nicht erklärt, auch in 80 Jahren würde man das im Genom »versteckte« Provirus noch nicht diagnostizieren können. Im allgemeinen soll man also nicht im voraus ausschließen, was anhand der uns bekannten Merkmale und Potenzen eines Tatbestands prinzipiell *möglich* ist.

Rüdiger Safranski
Warum die Vergangenheit meinen Bedarf an Zukunft deckt

Es gibt fast nichts, was uns vertrauter wäre als die Zukunft. Die Probleme, die unsere Zivilisation jetzt produziert, verdichten sich zu einem Szenario, in dem wir uns mittlerweile so selbstverständlich bewegen wie in unseren eigenen vier Wänden. Zukunft – das ist: das Abschmelzen der Polarkappen, Genmanipulation, Overkill, das Ozonloch, das Rentenfinanzierungsloch.

Die öffentliche Zukunft ist der reine Horror. Manche sagen: der reine Horrorfilm.

Die Reichweite meiner Bekanntschaft mit der öffentlichen Zukunft und die Reichweite meines möglichen Handelns driften dramatisch auseinander.

Es gab Zeiten, da waren menschliche Handlungsmöglichkeiten geschützt durch Nichtwissen. Das Handeln blieb verknüpft mit einem Nahbereich, der sich noch annähernd verantworten ließ.

Da wir nun aber vom Großen und Ganzen und seiner Zukunft so unabsehbar vieles wissen können, verliert das lebensgeschichtliche Improvisieren im Nahbereich seine Unschuld.

Das Große und Ganze und seine Zukunft, die öffentliche Zukunft also, ist zu einer Art Gewissen geworden. Jede Zeitungslektüre kann als Kapuzinerpredigt wirken: »Was tust du gegen das Abschmelzen der Polarkappen, was tust du gegen das Ozonloch?! – Du mußt dein Leben ändern!«

Ich und die Polarkappen, Ich und das Ozonloch – das scheinen die zeitgemäßen existentiellen Situationen zu sein. Es gibt offenbar eine neue Art von »Eigentlichkeit« und »Uneigentlichkeit«. Ich bin »eigentlich«, wenn ich vorlaufe in die öffentliche Zukunft des möglichen Gattungstodes.

Da bekanntlich alles mit allem zusammenhängt, ökologisch und systemtheoretisch, finde ich mich unversehens in einem Netzwerk von lauter neuen existentiellen Imperativen gefangen. Wie entrinnt man dem Schicksal, zum Katastrophenvermeidungshysteriker zu werden?

Das Über-Ich, so wie es Freud sich ausgedacht hat, ist harmlos im Vergleich zu jenem Über-Ich, das die öffentliche Zukunft uns einpflanzt. Zwar dürfen wir jetzt wieder über Bäume sprechen, aber es muß ein Gespräch übers Waldsterben sein, wenn es zukunftsethisch Bestand haben soll.

So etwas hält kein Mensch aus. Und so geschieht, was in ähnlich gelagerten Fällen immer geschehen ist: man läßt sich auf das Spiel der Spaltungen ein. Da gibt es die öffentliche Zukunft und die private. Der beruhigende Gedanke an die Altersversorgung koexistiert friedlich mit der leidenschaftlichen Apokalypsepredigt. Mit jeder Liebesgeschichte und Wohnungseinrichtung, mit jedem Arbeitsvertrag und Buchprojekt zweigen wir uns aus einer Zukunft, die uns kaum eine Chance läßt, eine kleine private Zukunft ab, die uns, nur mäßig von der öffentlichen Katastrophenvermeidungsethik gebremst, weiterwursteln läßt. Wir sind, ob wir das merken oder nicht, mit der Gewitztheit des »als ob« imprägniert. So wird unsere Spaltungsexistenz in Sachen Zukunft lebbar. Wenn wir die Zukunft ungespalten leben wollten, müßten wir entweder die öffentliche Katastrophenzukunft leugnen und eine Auto-Partei gründen. Oder wir müßten zu Zivilisation-Flagellanten werden: wir müßten, um die künftige Katastrophe zu vermeiden, das gegenwärtige Leben vermeiden. Die Spaltungsexistenz in Sachen Zukunft ist mit einer anderen lebbaren Vorrichtung verbunden: der Arbeitsteilung.

Mit dem Über-Ich hat es sich immer schon so verhalten, daß man einen Teil seiner Zumutungen ablenkt durch Delegation. Es muß Akteure des Über-Ich geben, damit ich nicht alles selbst machen muß, was mir das Über-Ich gebietet. Auch das Zukunftsprojekt halte ich nur mit Hilfe der Arbeitsteilung aus. Zum Glück gibt es leidenschaftliche Spezialisten fürs Künftige. Das müssen ja nicht nur die Weitermacher sein. Es gibt ja auch ihre Kritiker.

Mir jedoch fällt zur öffentlichen Zukunft nichts mehr ein, und ich bin deshalb froh, daß es Leute gibt – und sie sind auch in diesem Band versammelt –, denen dazu etwas einfällt.

Ich glaube nicht, daß man diejenigen, die sich vom Projekt Zukunft in die Verantwortung nehmen lassen, bedauern muß, bloß weil sie, aus meiner Sicht, stellvertretend handeln. Sie verhalten sich zukunftsethisch einwandfrei. Bei ihnen fällt die morgendliche Zeitungslektüre noch auf fruchtbaren Boden. Und gerade deshalb tun sie, was sie nicht lassen können. Die Zukunft läßt sie nicht los. Und mich läßt die Vergangenheit nicht los. Die Vergangenheit deckt meinen Bedarf an Zukunft. Eduard Mörike, nachdem er das Pfarramt aufgegeben hatte, hielt in Stuttgart Vorträge über Literatur vor einem Auditorium höherer Töchter. Er kam ins Schwitzen. Griff nach seinem Schnupftuch. Vergriff sich. Bekam den dicht hinter ihm befindlichen Fenstervorhang zu packen. Wischte sich die Stirn und versuchte dann, das Stück Tuch, das kein Ende nehmen wollte, in die Tasche zu stopfen.

Ein verschollenes Ereignis des schwäbischen Surrealismus. Vergegenwärtige ich mir diese Szene, so verstehe ich annähernd, was diesen wunderlichen Mann in die Ekstase seiner Orplid-Welt befördert haben muß und was er dort suchte.

Das ist beispielsweise so ein Stück Vergangenheit, die für mich zukünftig, weil unabsehbar, ist. Man könnte auch einfach sagen: lebendig.

So ein Stück Leben aber müßte kollabieren, wenn ich es ungeschützt dem Gedanken ans Ozonloch aussetzte. Das Vergangene braucht auch eine Ozonschicht, damit es leben kann. Zu dieser Ozonschicht gehört, den Gedanken ans Ozonloch fernzuhalten. Ich bemerke: das will mir kaum gelingen.

Andern ergeht es ähnlich. Sie behelfen sich mit diskursiver Überproduktion. Ein beträchtlicher Interpretationsaufwand verwandelt Mörikes Griff nach dem Fenstervorhang in einen zukunftsrelevanten Casus, der sich mit Fug und Recht in die große Zukunftsdebatte einbringen läßt.

Das gleicht der Dienstverpflichtung von Steckenpferden. Nichts gegen Steckenpferde. Im Gegenteil: ich wünschte mir, das Leben wäre ein Steckenpferd und könnte wie ein solches geritten werden. Aber die Dienstverpflichtung von Steckenpferden widerstrebt mir.

Und so muß mir, der ich Mörike und das Ozonloch weder voneinander fernhalten noch zusammenbringen kann, der wütende Trotz helfen: mit Mörike und Konsorten richte ich nichts aus gegen die Ozonlöcher – gleichwohl, ich halte mich fest am Fenstervorhang Mörikes! Aus seinem Stoff ist eine Zukunft gemacht, die sich lohnt – für mich jedenfalls. Ich will ihn mitnehmen.

Das ist mein Beitrag zur Zukunft.

III. Die Welt als Plädoyer und Projekt

Peter Glotz
Software und Souveränität
Über die Zukunft der Telekommunikation und die Isolation der Eliten in Europa

> »Zweckrational handelt, wer sein Handeln nach Zwecken, Mitteln und Nebenfolgen orientiert und dabei sowohl die Mittel gegen die Zwecke, wie die Zwecke gegen die Nebenfolgen, wie endlich auch die verschiedenen möglichen Zwecke gegeneinander rational abwägt... Die Entscheidung zwischen konkurrierenden und kollidierenden Zwecken und Folgen kann dabei ihrerseits wertrational orientiert sein: Dann ist das Handeln nur in seinen Mitteln zweckrational.«
>
> *Max Weber*

1

Die Europäische Gemeinschaft teilt mit: Bereits bis zum Ende dieses Jahrhunderts werden bis zu sieben Prozent ihres Bruttosozialprodukts direkt von der Telekommunikation abhängen – im Vergleich zu gegenwärtig etwas mehr als zwei Prozent. Der Weltmarkt für Telekommunikationsgeräte, Telekommunikationsdienstleistungen und Informationstechnologien zusammengenommen umfaßt schon heute ein Volumen von mehr als 500 Milliarden ECU. Es wird geschätzt, daß Ende dieses Jahrhunderts indirekt mehr als 60 Prozent der Beschäftigung in der Gemeinschaft von der Telekommunikation stark beeinflußt werden. Die Zukunft der Telekommunikation, heißt das, ist eines der zentralen Probleme der europäischen Industrie, der europäischen Gewerkschaften, der europäischen Parteien und Regierungen.

Das Problem ist nur: Die Diskurse gehen durcheinander. Ein Bürgertum als integrierende oder gar führende Klasse ist – jedenfalls in der Bundesrepublik Deutschland – nicht erkennbar; es zerfällt in separierte Expertenkulturen: zum Beispiel Wissenschaft, Wirtschaft, Politik, Kultur. Die Wissenschaftler schwärmen von den *roaring twenties*; aber von denen des nächsten Jahrhunderts; was für ein Wunder, daß man eine Million Transistoren auf eine halbe Briefmarke montieren kann. Die Wirtschaft will Endgeräte verkaufen, mit neuen Dienstleistungen – *value added services* – neues Geld verdienen und die eigenen Normen in Europa, möglichst der ganzen Welt durchsetzen. Die Politiker streiten sich um die Wiedervereinigung oder das Vermummungsverbot; daß die Post, früher eine gravitätische Hoheitsverwaltung, inzwischen zur Schaltzentrale der zukünftigen Gesellschaft wird, fällt nur wenigen auf. Die Medienkonzerne wollen Fernsehen veranstalten; basta. Die Sozialwissenschaft begreift sich entweder als technokratische Beratungsinstanz (Wie organisiert man Deregulierungsprozesse? Wo sind neue Märkte erschließbar?) oder als Kulturkritik. Die Kulturkritik wiederum teilt sich in unterschiedliche Ströme; die Kulturkritiker der Massenkommunikation (massenkulturelle Nivellierung, Gefährdung der Kindheit, Explosion des Entertainments) zucken mit den Schultern, wenn die Kulturkritiker der Individualkommunikation mit ihren Kürzeln kommen (ISDN, IBFN, HDTV, PAD, usw.). Das Ergebnis ist absehbar: Eine Strategie für den überlegten, sozial gesteuerten Ausbau einer europäischen Telekommunikationsinfrastruktur ist unwahrscheinlich. Die Gefahr, daß die unausgetragenen Konflikte sich irgendwann zu einem

»weltanschaulichen« Streit verdichten, wie er in der Bundesrepublik über die Kernenergie geführt wurde, ist groß.

Der Grenzgänger Walther Rathenau hat 1918 in einer kleinen Schrift mit dem unpräzisen Titel *Zeitliches* die Unfähigkeit seiner Gesellschaft zur »Zukunftspolitik« bitter beklagt. Der Neuerer wäre kein Neuerer, wenn er nur die »Widerstände der Gesamtlage einzuschätzen verstände«. Der Stand der Großbürger und Kaufleute lehne das »Außergeschäftliche« ab; eine bestimmte »Gattung von Interessenten, die es nicht über sich vermag, die Sache der Gemeinschaft über die Sache des eigenen Nutzens zu stellen« habe zur Bildung der »europäischen Gewitteratmosphäre« ein gut Teil beigetragen. »Fernaufgaben« anzuschneiden habe unter diesen Verhältnissen keinen Sinn und fiele niemandem ein, der einige Verwaltungserfahrung mitbringe. Rathenau wußte nichts vom Vier-Megabit-Speicher und der Kunst, in Silicium Löcher zu bohren. Bleibt die Frage, ob man trotzdem – bei einiger Überwindung des eigenen Sprachgefühls – mit Rathenaus Begriffen von 1918 (Zukunftspolitik, Fernaufgaben, Gesamtlage) den politischen Prozeß von 1988 kritisieren könnte?

2

Den Anstoß für den ungeheueren Innovationsprozeß der Informationstechnik in den siebziger Jahren gab die Verschmelzung von Datenverarbeitung, Mikroelektronik und Nachrichtentechnik. Jetzt explodieren die *value added services*; diese Wortkombination, die noch kaum einer kennt, wird zum Markenzeichen eines neuen Software-Zeitalters.

Der technische Fortschritt vollzieht sich in zwei Welten: Individualkommunikation und Massenkommunikation. In Wirklichkeit sind die zwei Welten aber eine Welt; nur daß unsere Gesellschaft es noch nicht richtig gemerkt hat. Die Postgewerkschaft und die Mediengewerkschaft sind zweierlei; die Medienpolitik ist klassische Innenpolitik, von der »Postpolitik« getrennt. Die Software-Interessen der europäischen Hardware-Industrie sind gering; die technischen Kenntnisse der Programmleute auch. Was können die Techniker dafür, daß sich die Distributionsapparaturen schneller verwandeln, als der »Programm-Markt« es realisiert?

Die Kommunikations-Gewohnheiten der Menschen ändern sich rasch. Das Fernkopieren (Telefax) ist erst ein paar Jahre alt; aber der Satz »Kopierst Du mir das einmal schnell rüber« verändert die Welt; jedenfalls für Journalisten, Schriftsteller, Sachbearbeiter in Export/Importfirmen, nicht zu reden von Bankern und Brokern. Gleichzeitig gehen über das flächendeckende »Schmalbandkupfernetz« – dieses wunderbare, riesengroße, in Jahrzehnten von der Post aufgebaute Leitungssystem aus schmalen Kupferadern, eben das Telefonnetz – neue Datendienste. Eigene rechnergesteuerte Vermittlungsstellen garantieren eine rasche Datenübertragung, Leitungs- und Paketvermittlung. Über irgendeinen in Mannheim aufgestellten Computer kann man von jeder Dateneingabestation über das Fernsprechnetz Nachrichten zwischenspeichern; ein elektronisches Postfach. Und über »Bildschirmtext« kann zu jedem, der ein Telefon und einen Fernsehapparat hat, eine elektronische Brücke geschlagen werden; Kontostand, Terminkalender, Computer-Spiele, Rechendienstleistungen, Weiterbildungsprogramme. Beleuchtungen, Heizungen, Verkehrsampeln, Sirenen wird man künftig von fern einschalten können;

die Zeit, wo zum Ablesen des Energieverbrauchs jemand kommen mußte, wird bald vorbei sein – über TEMEX (Fernmessen und Fernwirken) können die Verbrauchswerte elektronisch abgerufen werden. Bald werden die Menschen auch dann erreichbar sein, wenn sie unterwegs sind. In der Bundesrepublik ist das Auto-Telefon heute ein Prestige-Symbol für die obere Oberschicht: Spitzenpolitiker und Vorstandsvorsitzende. Das zweitmächtigste Industrieland der Welt verfügt (in zwei analogen Netzen für Mobiltelefone) gerade über 100 000 Teilnehmer; die Gebühren sind astronomisch, die Verbindungen schlecht. Im kleinen Skandinavien hat das Mobilfunknetz immerhin 400 000 Teilnehmer; und Anfang der neunziger Jahre, nachdem ein kostengünstiges digitales Mobilfunk-System eingeführt sein wird, geht man von einer europaweiten Kapazität von 10 Millionen Teilnehmern aus, davon 2 Millionen in der Bundesrepublik. Das heißt: Das tragbare, schnurlose Telefon und das Auto-Telefon wachsen zusammen. Die Kulturkritiker werden sagen: Wie schrecklich, auch noch im Urlaub, an einem Strand, in der Basilicata oder auf einer Hallig in Schleswig-Holstein wird man mich erwischen. Geschäftsleute, Journalisten, Wissenschaftler, Verliebte, Menschen mit schwerkranken Angehörigen und Lottospieler, die verzweifelt auf die neuesten Zahlen warten, aber werden investieren – in neue »Endgeräte«. Und auf den Fahrten in den Urlaub werden sie sich von neuen Verkehrsleitsystemen informieren lassen: zuerst von regionalisierten Verkehrshinweisen, die automatisch von Computern in Verkehrszentralen erzeugt, codiert, digital übertragen und im Autoradio gespeichert werden; später von »Travel-Piloten«, kleinen Bildschirmen, die dem Fahrer den Ausschnitt einer Straßenkarte, die momentane Position des Fahrzeugs und die Lage des Fahrziels zeigen.

Die grundstürzende Veränderung aber wird vom schrittweisen Umbau des bestehenden Telefonnetzes zu einem Universalnetz auf Glasfaserbasis für jede Art von Telekommunikation – ob Sprache, Bilder, Text oder Daten – ausgehen. Das Fernsprechnetz wird »digitalisiert«, das heißt: Die elektro-mechanische Vermittlungstechnik wird durch eine speicherprogrammierte elektronische Vermittlungstechnik ersetzt, und das in einem Prozeß von 30 Jahren bei über 6000 Ortsvermittlungsstellen. Digitalisierung heißt: Es werden Computer bzw. Mikroprozessoren eingesetzt, die nur Ziffern (englisch *digits*) verarbeiten können. Der Rechner erkennt die gewählten Rufnummern und die Nummer des anrufenden Teilnehmers und sucht selbständig die günstigste freie Leitung heraus. Gleichzeitig mit der Digitalisierung werden alle »schmalbandigen« Übertragungsdienste für Sprachen, Daten, Text und Festbilder auf einem einzigen Netz – dem ISDN *(integrated services digital network)* – integriert. Die Kommunikation wird schneller und vielfältiger; man kann während eines Telefongesprächs auf einem anderen Kanal Daten oder Texte über Bildschirmgeräte mit demselben Gesprächspartner austauschen oder mitten im Gespräch in einer anderen Verbindung Daten abfragen. Später – bei zunehmendem Einsatz von Glasfasern – werden sogar »breitbandige« Dienste abgewickelt werden können; dann wird die Integration der Individual- und der Verteil- (oder Massen-)Kommunikation zu einem integrierten Fernmeldenetz »IBFN« (Integriertes Breitbandiges Fernmeldenetz) möglich. Es würden dann Rechnerkommunikation, schnelle und ganzheitliche Datenkommunikation, grafische Datenverarbeitung, Fernsehen und Bildtelefon auf einem modernen Netz ermöglicht, auf dem auch ganz konventionell telefoniert werden könnte.

Die Investitionen, die diese Veränderungen verlangen, sind unglaublich; alleine für die Bundesrepublik wird – allerdings über Jahrzehnte – über ein Investitionsvolumen von rund 300 Milliarden DM geredet. Das Projekt ist nur mit dem Eisenbahnbau im 19. Jahrhundert und der Massenmotorisierung in der ersten Hälfte des 20. Jahrhunderts vergleichbar – und zieht gerade deshalb die Kritik »Größenwahn« auf sich. Man kann dieser Kritik mit dem Argument begegnen, daß am Anfang unseres Jahrhunderts die Vorstellung, es könne in jedem Haushalt ein Telefon stehen, monströser Futurismus war. Daß sich die Bedingungen gesellschaftlicher Kommunikation allerdings grundlegend wandeln werden, läßt sich nicht bestreiten. *Die Lokomotive war das Symbol für die kollektive, das Auto das Symbol für die individuelle Mobilisierung aller Lebensverhältnisse. Der IBFN-Anschluß wird das Symbol für die radikal dezentralisierte Kommunikation; mit großen Potentialen der Freiheit und der Differenzierung, aber auch Gefahren der schmerzlosen Entmündigung.*

Die Veränderungen gelten natürlich nicht nur für die »geschäftliche« Kommunikation; auch nicht nur für die »Individualkommunikation«. Im gleichen Zug wird die Infrastruktur für die Massenkommunikation »modernisiert«. Diese Entwicklung steht auf drei Säulen: Kabelfernsehnetze, terrestrische Frequenzen und direkt empfangbare Satelliten.

In der Bundesrepublik investiert die Post derzeit jährlich rund eineinhalb Milliarden DM für diese Infrastruktur; bis Ende 1990 sollen 15 Millionen Haushalte ans Kabelfernsehen angeschlossen sein – bei 25 Millionen Haushalten entspricht dies dann einem Versorgungsgrad von 60 Prozent. Gleichzeitig hat die Post eine Fülle neuer Frequenzen, von deren Existenz die breitere Öffentlichkeit nicht einmal wußte, erschlossen. Der Druck der neuen Kaste privater Rundfunkveranstalter hat die Findigkeit der Techniker unglaublich erhöht; fast täglich fanden sie irgendwo eine neue Welle, die bisher für die NATO, die Bundeswehr, ein großes öffentliches Unternehmen oder den Heiligen Geist reserviert war. Vom Sommer 1989 ab soll es dann auch direkt-empfangbare Satellitensysteme geben; vorausgesetzt, der »TV SAT 2« scheitert nicht ebenso an irgendeiner Schraubenkombination wie der »TV SAT 1«, bei dem sich ein Sonnensegel nicht entfaltete. Damit werden die technischen Voraussetzungen für eine ganz neue Form der Kommunikation geschaffen sein: Eine immer größere Zahl von Europäern wird nicht nur zwei, drei, vier oder fünf, sondern zwanzig oder dreißig Fernsehprogramme empfangen können, darunter auch fremdsprachige. *Ätherpiraten kommen mit einer Parabolantenne und einigem Decodier-Zubehör auf 300 Programme.* Die Spekulationen der Kommunikatoren müssen sich radikal ändern. Während sie über Jahrzehnte davon ausgehen konnten, daß sie ihre Zielpersonen erreichten, wenn sie ihre Botschaft über zwei oder drei Kanäle aussandten, finden sie sich jetzt einem ganz und gar zerstreuten Publikum gegenüber. Der Bürger, so allein er sein mag, kann sich durch *zapping* (durch das Wellenreiten mit der Hilfe der Fernbedienung) sekundenschnell von einem Programm zum anderen bewegen. Die Erfindung und billige Massenproduktion von Video-Recordern (derzeit haben 35 Prozent aller Bürger der Bundesrepublik ein solches Gerät) führt im übrigen dazu, daß der verfluchte Rezipient auch noch die Zeit aufheben kann; er ist in der Lage, interessante Sendungen zu speichern, und kann sich in die Situation manövrieren, daß er an einem bestimmten Abend kurz vor nationalen Wahlen, wo alle Fernsehsysteme dieselbe »Elefantenrunde« senden, dieser »Information« schlicht entflieht – zum Beispiel zu einem Humphrey Bogart-Film, den er vor sechs Wochen aufgezeichnet oder gerade eben in einer Videothek ausgeliehen hat. Das Publikum flutscht weg; es ist überall und nirgends. Es kann sich einerseits jeder Information über die Wirklichkeit entziehen, indem es von Welle zu Welle, von Traumwelt zu Traumwelt flieht. Es kann sich aber auch gegen jede Manipulation wehren, gegen jede Erziehung, jede pädagogische Anmaßung, jede arrogante Belehrung. Die gesellschaftliche Regulierung visueller Kultur wird immer indirekter, immer komplexer.

Und gleichzeitig arbeitet die europäische Industrie fieberhaft an einem neuen, riesigen Projekt: dem hochauflösenden Fernsehen – HDTV *(high definition television)*. Der HDTV-Bildschirm ist größer, hat ein Breitbandformat und kann nicht mehr nur 180 000, sondern 700 000 Bildelemente wiedergeben. Das Ergebnis: bessere Bilder, besserer Ton, die Wahlmöglichkeit zwischen verschiedenen Sprachen. Die Geräte werden vorwärts und rückwärts »kompatibel« sein; das heißt: Niemand muß seinen Apparat wegwerfen, wenn in neuer Qualität gesendet wird. Auf Dauer aber wird eine völlig neue Generation von Fernsehempfängern (und von professioneller Studiotechnik) entwickelt. Wozu, fragen die einen? Die Bilder seien doch längst gestochen scharf. Sie müssen noch schärfer, noch größer, noch plastischer werden, sagen die anderen; und manchmal rutscht ihnen gleichzeitig noch ein Wort heraus, das wie »Wachstum« klingt.

3

Nun gibt es kritische Einwände gegen den Ausbau der Kommunikations- und Informationstechniken, die nicht auf die *Zivilisierung* des Modernisierungsprozesses zielen, sondern die *Prämissen* sozialökonomisch-kapitalistischer Modernisierung in Frage stellen. Von der Struktur her sind das ethisch verwurzelte Argumente, die eine prinzipiell andere Art der »Bewältigung von Welt« fordern. Es wäre zwar übertrieben, den Verfechtern dieser Argumente eine nicht-interventionistische Einstellung zu Natur und Gesellschaft zu unterstellen; aber zweifellos wollen sie nur die *minimale* Intervention dulden. Ihre Kampfbegriffe lauten »Innenweltverschmutzung«, »Sozialverschmutzung«, »Arbeitsplatzsterben«, »Kommunikationssterben« (Kubicek/Rolf). Ihre Methode beschreiben sie als »kommunikations-ökologisch« (Mettler-Meibom); man könnte diese Haltung auch als *ethisch motivierten Minimalismus* bezeichnen. Warnende Stimmen dieser Art hat es immer gegeben und muß es geben; das Projekt der Moderne ist seit 400 Jahren von Wellen des Optimismus und des Pessimismus begleitet worden. Die eindrucksvollste Formulierung der Angst vor aller modernen, indirekten Kommunikation stammt aus einem Brief Kafkas an Milena Jesenskaja: »*Die leichte Möglichkeit des Briefeschreibens muß – bloß theoretisch angesehen – eine schreckliche Zerrüttung der Seelen in die Welt gebracht haben. Es ist ja ein Verkehr mit Gespenstern und zwar nicht nur mit dem Gespenst des Adressaten, sondern auch mit dem eigenen Gespenst, das sich einem unter der Hand in einem Brief, den man schreibt, entwikkelt oder gar in einer Folge von Briefen, wo ein Brief den anderen erhärtet und sich auf ihn als Zeugen berufen kann. Wie kām man nur auf den Gedanken, daß Men-*

schen durch Briefe miteinander verkehren können (durch eine bestimmte Art Schrift*). Man kann an einen fernen Menschen denken und kann einen nahen Menschen fassen, alles andere geht über Menschenkraft. Briefeschreiben aber heißt, sich vor den Gespenstern entblößen, worauf sie gierig warten. Geschriebene Küsse können nicht an ihren Ort, sondern werden von den Gespenstern auf dem Wege ausgetrunken. Durch diese reichliche Nahrung vermehren sie sich so unerhört. Die Menschheit fühlt das und kämpft dagegen, sie hat, um möglichst das Gespenstische zwischen den Menschen auszuschalten, und den natürlichen Verkehr, den Frieden der Seelen zu erreichen, die Eisenbahn, das Auto, den Aeroplan erfunden, aber es hilft nichts mehr, es sind offenbar Erfindungen, die schon im Absturz gemacht werden, die Gegenseite ist so viel ruhiger und stärker, sie hat nach der Post den Telegrafen erfunden, das Telefon, die Funkentelegrafie. Die Geister werden nicht verhungern, aber wir werden zugrunde gehen.«*

Von der Struktur her bringt die Fundamentalkritik zum Beispiel Argumente, die das Bewußtsein sehr kleiner Minderheiten der Bevölkerung zum Maßstab machen. Wenn beim ISDN ein Dienstmerkmal »Identifizieren« vorgesehen ist, was dazu führt, daß der Angerufene den Standort des Anrufers erkennen kann, wird dies bei Millionen von Zweckkommunikationen keinerlei Anstoß erregen; für den unabsichtlichen Zeugen eines Verbrechens, der seine Identität verbergen möchte, läßt sich eine Sonderlösung seines Kommunikationsproblems finden – ISDN-Teilnehmeranschlüsse sollen ja nicht zur Pflicht gemacht werden, auch in einer späteren Ausbaustufe wird keineswegs jeder Telefonapparat an das ISDN angeschlossen sein. Auch der Zweifel an der Gesetzestreue von Behörden und Unternehmen, krasser noch:

der Zweifel an der Beständigkeit des demokratischen Systems, ist als Einwand schwer praktikabel. Natürlich ist die Vorstellung, Heinrich Himmler hätte sich mit seiner Gestapo eines hochmodernen Kommunikationssystems bedienen können, bedrückend; aber kann sie wirklich zur prinzipiellen Ablehnung der Vernetzung von Datenübertragungseinrichtungen führen? Der einzig wirkliche Schutz vor umfassender »Verdatung« ist der Verzicht auf die Vernetzung von Datenstationen. Das Argument gleicht aber dem der geschundenen sozialdemokratischen Funktionäre, die im Untergrund gegen Hitler gekämpft hatten; viele von ihnen waren nach 1945 strikt gegen eine EDV-gestützte Mitgliederkartei, weil sie den Mißbrauch einer solchen Kartei unter totalitären Bedingungen fürchteten. Im keineswegs auszuschließenden Extremfall behalten solche Argumente gegen den Alltagsverstand der Massen recht. Daß diese »Massen« ihren Alltag aber mit der Selbstalarmierung der Kulturkritik bestehen könnten, kann bezweifelt werden.

Der Grundimpuls dieser Kulturkritik ist eine Kritik der Akkumulation, sozusagen die Frage: Wohin soll das alles noch führen? So sehr diese Frage als »Warnschrei« ihre Funktion hat, so sehr verkennt sie, daß der Kapitalismus von Natur aus eine »Form oder Methode der ökonomischen Veränderung« (Schumpeter) ist und nie »stationär« sein kann. Die ökologischen Schäden, die durch die moderne Technik angerichtet worden sind, sind nur durch noch modernere Technik behebbar, jedenfalls eingrenzbar. Umweltschutz und Energieeinsparung gewinnen neue Perspektiven durch die Mikroelektronik (»Messen und Regeln«). Die Massenmotorisierung kann durch Verkehrsleitsysteme erträglicher gemacht, die Verkehrsdichte durch neue Kommunikationstechniken (Video-Konferenzen) gemildert werden. Es ist nicht zu bestreiten, daß die Netzausbaustrategie ISDN auf Wachstum zielt und auch die Besitzer »einfacher Hauptanschlüsse« zur Nutzung neuer Dienste anregen (nicht zwingen) will. Der Vorwurf »maßloser Wachstumsstrategie« (Kubicek) ignoriert allerdings die »Gesamtlage« der Weltwirtschaft im ausgehenden 20. Jahrhundert. Wo soll denn expandiert werden? Sind die Bedenken gegen Kernenergie, Gentechnik und Weltraumfahrt nicht viel schwerwiegender als die Einwände gegen ein Wachstum der Märkte für Informationstechniken und Informationsdienstleistungen?

Der eigentliche Beweggrund dieser Kritik ist die Angst vor dem Rationalisierungspotential der Informationstechnik; diese Angst kann man gut verstehen. Die »schöpferische Zerstörung«, die von der Mikroelektronik und ihren Anwendungsformen ausgehen wird, wird unerbittlich sein, und die Ausrechnungen über die segensreichen »Kompensationen« müssen vage bleiben. Die Risiken jeder neuen »langen Welle« wirtschaftlichen Wachstums sind erheblich; und die Überzahl der Opfer kommt allemal von unten. Wer allerdings den unaufhörlichen Aufstieg und Niedergang einzelner Familien, Branchen und Unternehmen in die obere Sphäre hinein und aus ihr heraus aufhalten will, muß das System wechseln – und das ist auch eine ziemlich risikoreiche Operation.

Bleibt die Kritik am ISDN als einer »zentralistischen« Technologie, die besonders störanfällig sei, zum Beispiel gegen Computer-Viren (Frederik Vester). Diese Kritik ist im Prinzip nicht abwegig, aber falsch adressiert; man muß sie gegen die Digitalisierung richten, nicht gegen die Netzintegration. Die elektronische Vermittlungstechnik ist *insgesamt* weniger störanfällig als die elektromechanische; wenn allerdings Störungen eintreten, ist die Störwirkung breiter, gefährlicher. Solche Probleme müssen (und können) bekämpft werden; zum Beispiel durch Redundanz und Fehlerprogramme. Den Problemen der Digitalisierung dadurch ausweichen zu wollen, daß man den gesamten, in allen industriellen Gesellschaften in Gang gesetzten Prozeß unterbricht, wäre allerdings der gerade Weg in den wirtschaftlichen und sozialen Abstieg. Die Amerikaner könnten von solchen Ausstiegsversuchen ein Lied singen; sie haben einmal geglaubt, die Japaner zu ihren Lieferanten machen zu können; inzwischen gibt es keine amerikanische Unterhaltungselektronik, keine amerikanische Bauelemente-Industrie mehr. Oder die Italiener; die haben ein paar Jahre den Schritt vom Schwarzweiß-Fernseher zum Farbfernseher verweigert; seitdem haben sie ihre ganze TV-Industrie verloren. In der Welt international vernetzter Geld- und Warenmärkte endet der Versuch zur ökologischen Inselbildung bei massiven Wohlfahrtsverlusten, also letztendlich bei Systemzermürbung unter populistischem Protest.

4

Den fundamentalistischen Protest kann die Gesellschaft abweisen, genauer gesagt: Sie kann ihn überhaupt nur an Zeitwenden aufgreifen; eine solche Zeitwende war der Übergang vom Mittelalter zur Renaissance, eine andere der Zerfall des Ancien Régime in der Französischen Revolution. Dafür, daß wir in einer solchen Wende-Periode leben, spricht trotz Bahro, Capra und dem aufkommenden Sektenwesen wenig. Andererseits ist der Widerspruch zwischen kapitalistischer Modernisierung und politischer Modernität mit Händen zu greifen; große Gesellschaften, die den Prozeß der Internationalisierung,

Kommerzialisierung und Privatisierung der Kommunikation ungesteuert ablaufen lassen, werden ins Trudeln kommen.

Internationalisierung: Die entscheidende Frage kann man mit dem Begriff »Software-Abhängigkeit« umschreiben; es geht um die Software-Souveränität der Europäer. Die neu hinzugekommenen medialen Distributions- und Verwertungsmöglichkeiten haben die Software-Programme zu einem äußerst knappen Gut gemacht; mit der Konsequenz steigender Preise. Eine PROGNOS-Studie erwartet in Westeuropa bis zum Jahr 2000 eine Steigerung des gesamten Programm-Marktumsatzes um 230 Prozent im Vergleich zu 1986. Für 1992 wird eine »Programmversorgung« von 40750 Stunden, für das Jahr 2000 von 60130 Stunden vermutet; bei 913 Programmstunden jährlicher Sehdauer bei einem Erwachsenen. Da der Preisvorteil fremdproduzierter gegenüber eigenproduzierter »Fernsehware« erheblich bleiben dürfte, muß man drei Entwicklungen einkalkulieren: überragende amerikanische Marktstellung, Produzenten-Sterben in Europa, Händler-Dominanz (als Beispiel Leo Kirch). Bei den europäischen Kanälen stieg der Anteil an Programmimport – vorwiegend aus Übersee – zwischen 1983 und 1986 von 30 auf rund 50 Prozent. Mehr und mehr verlieren die Europäer die Fähigkeit, ihre eigenen Zeichen, Bilder und Klänge zu verbreiten – und lassen es zu, daß die Kanäle ihrer elektronischen Bilderzeugungsapparate mit anderswo gefertigten Produkten verstopft werden.

Ein weiteres Problem ist die »On-line-Kommunikation«, das heißt der Zugang zu Datenbanken. Ein Großteil aller weltweit on-line-zugänglichen wissenschaftlich-technologischen Informationen ist in Datenbanken der Vereinigten Staaten konzentriert; und dort diskutiert man über den Einsatz neuer »Nutzungsüberwachungsprogramme« *(conditional access)*. Die Gefahr ist groß, daß die »Programme« der deregulierten Dienstleistungsgesellschaft der Zukunft – von den Finanzdienstleistungen bis zur Infrastruktur der internationalen Medien – in Amerika erstellt werden (Hermann Schwengel).

Kommerzialisierung: Die alten »Verleger« von Goethes Cotta bis zu Axel Springer verschwinden, jedenfalls bei den mächtigen, großen *networks*. Die Verleger von gestern handelten noch mit Ideen und Waren zugleich, selbst Springer butterte Jahr für Jahr viele Millionen aus ideellen Gründen in das konservative Projekt *Die Welt*. Die neuen Kanal-Besitzer sind aus anderem Holz: Berlusconi, Maxwell, Murdoch, Kirch und Companie. Berlusconi hat sein Geld in der Immobilienbranche verdient; auch weitere Branchenwechsel erscheinen nicht ausgeschlossen. Seine jungen Helfer werden als cool, tough und unsentimental geschildert; weltanschauliche Projekte verfolgen sie nicht. *Dafür tragen die jungen Herren leichtes Schuhwerk, vornehmlich Tennisschuhe, und das auch in der City.* »Medienmanagement« wird zu einer neuen Dienstleistung; während die Medien früher über Ereignisse berichtet haben, werden die Ereignisse jetzt arrangiert, zugerichtet und verkauft, Fußball zum Beispiel. Als nach einem Grubenunglück in Hessen sechs Bergleute in einer Luftblase überlebt hatten und aus dem Loch gezogen worden waren, standen sie schweigend in der »Tagesschau«; »Äußerungen sind nicht möglich«, sagte der Sprecher, »weil eine große Illustrierte die Rechte an der Geschichte dieser Bergleute gekauft hat«. Die Sehgewohnheiten ändern sich; das *zapping* vermittelt ein anderes Weltbild als der Familienempfang des Fernsehkochs Clemens Wilmenrodt hinter dem Nierentisch. Die Individualisierung nimmt zu; beispielsweise durch das Wachstum des Video-Sektors (Vervierfachung bis zum Jahr 2000); der Marktanteil von Videos wird für das Jahr 2000 auf 20 Prozent geschätzt. Parallel dazu entwickelt sich eine Schwächung alter Institutionen; die Mitgliederdichte in Gewerkschaften, Parteien, Kirchen wird geringer, der Altersdurchschnitt höher. Die Forschung registriert einen größer werdenden *knowledge gap*: Das neue Mediensystem ermöglicht eine raschere, vielfältigere, intelligentere Information als je und erzeugt gleichzeitig eine Polarisierung – zwischen einer erstklassig informierten Minderheit und einer auf vielen (nicht allen) Feldern schlecht informierten Mehrheit. Das Ganze ist durchaus noch politisch gestaltbar; aber nicht mehr lange. Wir leben in einer »Gründerzeit«. Wenn die Konsortien und Konglomerate erst einmal gefestigt sind, trotzen sie der politischen Einflußnahme. Sie werden bald gefestigt sein.

Privatisierung: »Das Netz« – eine wundervolle Apparatur; die Kommunikationsadern unserer Gesellschaft. Achtzig Jahre lang ist diese Apparatur von hoch-motivierten Technikern, schlecht bezahlt, mit »hoheitlichem« Auftrag, aufgebaut und vervollkommnet worden. Jetzt wird »das Netz« überall »dereguliert«; in vielen europäischen Ländern auch privatisiert. Was dann?

Die »Netzbetreiber« werden in Zukunft über einen Datenbestand verfügen, der Informationen eines bisher nicht vorstellbaren Ausmaßes enthält. Jede einzelne Kommunikation kann Datenspuren hinterlassen, die den einzelnen Menschen zugeordnet werden können. Ist es gut, private Netzbetreiber zuzulassen und ihnen auch die Garantie des Datenschutzes anzuvertrauen?

Die Investitionen in »das Netz« waren sehr hoch; und über viele Jahrzehnte verteilt. Gewinn brachte »das Netz« erst nach langem Anlauf; hohe Gewinne erst in den letzten Jahrzehnten. Die Aufgaben der Zukunft – eine neue europäische Telekommunikations-Infrastruktur – kosten erneut gigantische Summen. Kommt eine solche Infrastruktur zustande, verbessert dies die Wettbewerbsfähigkeit der europäischen Wirtschaft schlagartig; kommt sie nicht zustande, wird Europa koloniales Terrain. Ist es richtig, sich in dieser Situation auf private Unternehmen zu verlassen, die auf einen *return of investment* von höchstens fünf Jahren angewiesen sind?

Macht es schließlich Sinn, die »sozialisierten«, also gerade nicht privaten, sondern privater Verfügungsgewalt entzogenen, sei es staatlichen, sei es öffentlich-rechtlichen Kommunikationsunternehmen (BBC, RAI, ARD, ZDF usw.) immer stärker unter Druck zu setzen, immer kleiner zu machen? Beispiel Gebührenverweigerung: Die größte Fernsehanstalt Europas, das Zweite Deutsche Fernsehen, erwägt, seine Auftragsproduktionen um 15 Prozent zurückzuschrauben. Wird die Vielfalt gesellschaftlicher Kommunikation durch solche Privatisierungsprozesse nicht so eingeengt, daß es *in the long run* zu massiven Kommunikationsstörungen und neurotischen Konflikten kommen muß?

Wir stehen im Prozeß einer »Kulturalisierung« der Industriegesellschaften; in der Bundesrepublik sind im Wirtschaftssektor Kultur schon so viele Menschen beschäftigt wie in der Chemie- und Textilindustrie zusammen. Die »Verachtung der Software« (egal, was unsere Apparate spielen, Hauptsache, die Leute kaufen sie) ist nicht zynisch, sondern dumm. Wer die intelligenten Minderheiten ausgrenzt, enttäuscht und übergeht, riskiert auf die Dauer nicht nur die Macht, sondern sogar den Gewinn.

5

Das traurige Szenario sieht so aus: Die Vereinigten Staaten liefern die Software, die Japaner liefern die Hardware und Europa ist ein großer Käufer-Markt. Noch ist das aufzuhalten; aber in der Mikroelektronik, der Unterhaltungselektronik und in der Informationsverarbeitungstechnik sind die Europäer schon in hohem Maße auf japanische Zulieferungen angewiesen. 1986 wurden in Westeuropa etwa zwei Drittel der benötigten integrierten Schaltkreise importiert. Von den 15 umsatzstärksten Software-Anbietern auf dem Weltmarkt sind derzeit 12 US-Firmen, die 80 Prozent des Weltmarktes abdecken. In den USA beschäftigt das größte Software-Unternehmen mehr als 40 000 Mitarbeiter, in Frankreich über 5000 Mitarbeiter; in Deutschland gibt es kein einziges, das 1000 Mitarbeiter erreicht. Das sind die Angstträume der einen.

Die Angstträume der anderen sehen so aus: In der elektronischen Gesellschaft des Jahres 1999 ist das Fernmeldegeheimnis aufgehoben. Massenmedien sind weitgehend verschwunden. Die Reste gehören zwei Konzernen, denen auch die Datenbanken und Informationsabrufdienste sowie die Video-Produktionen gehören. Jeder der beiden Konzerne ist personell mit einer der früheren Volksparteien verflochten; diese Parteien gibt es noch, aber sie haben keine aktiven Mitglieder mehr. Gleichzeitig ist die Zahl »geschlossener Hauswirtschaften« enorm angestiegen, sie haben sich aus der elektronischen Welt abgemeldet und als Selbstversorger zusammengeschlossen. Zum Teil leben sie davon, daß sie vom Aussterben bedrohte Pflanzen und Tiere aufziehen und gegen Bezahlung zur Besichtigung freigeben (Kubicek/Rolf).

Angstträume müssen nicht wahr werden; aber der Stoff, aus dem die Träume komponiert werden, ist real. Der große alte Japaner Konosuke Matsushita, Gründer und heute Berater der Matsushita Electric Industrial Company in Osaka, attestiert dem Westen eine »innere Krankheit«. Man glaube im Westen fest daran, daß ein gesundes Management bedeute: Männer, die entscheiden, und Männer, die ausführen. Das aber sei der falsche Weg; die Japaner hätten ihn längst überwunden. Matsushita hat recht, aber er schildert in seiner Kritik des »Taylorismus« nur ein einzelnes Symptom der Krankheit, Kommunikationsstörungen zwischen Arbeit und Kapital. Das Problem »des Westens« ist größer – Karl Jaspers hat es die »Bodenlosigkeit des Spezialistischen« genannt. Die »Lebensmächte« Wirtschaft, Wissenschaft, Kultur und Politik sind in getrennte Subkulturen auseinandergefallen; teilweise in in sich gespaltene, zum Beispiel die *hard sciences* und die *soft sciences*. Die Gesellschaften des Westens haben das vernünftige Argumentieren über ihre »Zwecke«, »Mittel« und »Nebenfolgen« verlernt. Deshalb ist es leicht möglich, daß Matsushita recht bekommt mit seinen Siegesträumen – und der »okzidentale Rationalismus« absinkt.

Die Frage ist immerhin, ob die bevorstehende Europäisierung Europas die Lage ändert; ob also der Zwang zur Kooperation über die abgelebten Nationalstaaten hinaus neue Energien freisetzt, ob sich die zerstörte Bourgeoisie Deutschlands an der weit selbstbewußteren Bourgeoisie Frankreichs ein Beispiel nimmt oder ob die österreichischen, schwedischen, deutschen Gewerkschaften die ziemlich demolierten englischen mitziehen. Wird Europa neue Energien freisetzen?

Eine neue Argumentationskultur müßte auf verschiedenen Ebenen entwickelt werden:

Arbeit / Kapital / Staat
Es ist absurd, daß Europa sich einbildet, ohne koordinierende Industriepolitik auskommen zu können. Die Idee, wir bräuchten ein »MITI«, mag zu japanisch sein; aber wenn Staat, Industrie und Gewerkschaften es versäumen, sich ein – wenn auch jederzeit korrigierbares – »Bild« der Zukunft zu machen, wenn sie die notwendige »antagonistische Kooperation« verweigern, geht es abwärts mit Europa.
Hardware / Software
Die einen kämpfen um ISDN, HDTV (ein großer Laden: 30 Organisationen aus 9 Ländern in 10 Projektgruppen, 600 Forscher und Entwickler in einem Eureka-Projekt) oder ISO (ein Architekturmodell zur Rechner-Kompatibilität); die anderen schlagen sich um das »duale System« zwischen öffentlich-rechtlichen und privaten Rundfunkanstalten, den deutsch-französischen Kulturkanal oder europäische Produktionsgemeinschaften. Aber was die einen tun, interessiert die anderen einen Dreck. Die deutschen öffentlich-rechtlichen Rundfunkanstalten haben lange den Versuch, zu einem europäischen Standard für hochauflösendes Fernsehen zu kommen, boykottiert; vermutlich um gegenüber den privaten Konkurrenten einen kleinen Vorteil herauszuschinden. Vielen Hardware-Managern ist es ganz und gar gleichgültig, was von wem auf ihren Maschinen gespielt wird, Hauptsache, die Maschinen werden gekauft. Die öffentlich-rechtlichen Rundfunkanstalten werden durch Gebühren-Boykott ausgehungert? Warum nicht, wir Private halten zu den Privaten. Programm? Was interessiert uns die Ideologie? Ein Konzept für »Kommunikation in Europa« existiert nicht.
Wissenschaft / Politik
Wir haben eine Dominanz der Distributions- und Ver-

wertungsapparaturen; erst der Apparat, dann reden wir über die Frage, ob wir ihn brauchen und wozu wir ihn nutzen. Das liegt an der engen Kooperation der *hard sciences* mit der Wirtschaft – bevor die Politik überhaupt merkt, was für neue Entwicklungen wichtig werden, sind in diese Entwicklungen schon Milliarden investiert, sind die Prozesse irreversibel. Der Informationsrückstand der Gewerkschaften ist blamabel, selbst die Kommunikation zwischen *hard-* und *soft sciences* ist dünn und zufällig. Die Politik gerät in die Gefahr, Entwicklungen nicht mehr zu steuern, sondern nur noch zu kommentieren, was auf der Linken und bei den Kirchen den raschen (und gefährlichen) »Verbotsimpuls« auslöst. Politiker werden zu Darstellern; am erfolgreichsten ist ein »Gemisch aus Greisentum und Versonnenheit« (Siegfried Kracauer).

Kultur / Ökonomie

Die wachsende Vernetzung von Konsum und Kultur bringt die Gefahr mit sich, daß klassische Öffentlichkeiten zerstört werden. Wo werden denn deutsche, französische, italienische Minderheitsfilme aufgeführt, wenn die Kino-Ketten alle in amerikanischer Hand sind (und die Kinos immer weniger werden)? Wo ist der Platz für das politische Magazin im durchkommerzialisierten Mediensystem der Zukunft? Wo entsteht produktive Spannung zwischen den ästhetisch-kulturellen, den politischen, den ökonomischen Eliten? Wo werden Reibungsflächen, Unvereinbarkeiten zwischen Programm-Suggestionen aufgebaut (Reck/Starobinski)? Es gibt Experimente: *Channel 4* in Großbritannien, *la sept* in Frankreich, *Spiegel-TV* in der Bundesrepublik, Alexander Kluges Idee vom *»Herausgeberprinzip«*: Die großen Kommunikationsunternehmen machen (kleine) Räume für Minderheitenkommunikation frei; sie erlauben »Herausgebern«, ihnen dann und wann eine halbe Stunde oder fünf

Seiten ins Handwerk zu pfuschen. Die entscheidende Frage ist: Wird es zu einer »kulturellen Zähmung der kapitalistischen Modernisierung« kommen? Sie ist nicht weniger wichtig als die (nicht ungefährdete) sozial-staatliche Zähmung der kapitalistischen Modernisierung.

6

Europa hat eine Chance, wenn es die Modernisierung zivilisiert; dazu müßte es einen Pluralismus unverträglicher Lebensformen akzeptieren. Die separierten Subkulturen müßten miteinander ins Gespräch gebracht werden; das wäre sowohl ein Problem der Öffnung von Mentalitäten als auch der Institutionalisierung. Von Maurice Barrès stammt die Bemerkung, vor dem Ersten Weltkrieg habe es in Europa vier Einrichtungen gegeben, die diesen Kontinent vor dem Einbruch der Barbarei schützten: die Sorbonne in Paris, das englische Parlament, die römische Kurie und den preußischen Generalstab. Diese Liste wäre zu überarbeiten.

Was Europa braucht, ist die Neugierde zwischen den Fronten. Europa braucht Grenzgänger, wie Walther Rathenau einer war, der verstiegene jüdische Großindustrielle, Mitglied in 100 Aufsichtsräten, Chef der damals mächtigen AEG, Autor einflußreicher Zeitdiagnosen, Förderer der Kunst, Gesprächspartner vieler Seiten, Anwalt von »Zukunftspolitik« und »Fernaufgaben«, ein Mann, der sich für die »Gesamtlage« interessiert hat. Als Anreiz, Rathenau nachzueifern, könnte man den Zeitgenossen sagen: Er ist zur Hauptfigur im bedeutendsten Roman des Jahrhunderts geworden, in Musils *Mann ohne Eigenschaften.* Allerdings müßte man der Wahrheit halber dann wohl auch hinzufügen: Nach dem Krieg, als die Lage ziemlich verzweifelt war, haben sie ihn noch einige Monate zum Minister gemacht, und dann haben ein paar Ver*hetzte* ihn *erschossen. Die Losung war: »Auch Rathenau, der Walther / erreicht kein hohes Alter / knallt ab den Walther Rathenau / die gottverdammte Judensau.«* Aber vielleicht läßt sich diese Art Ende im Europa des späten 20. Jahrhunderts ja vermeiden.

Literatur

Diese Arbeit ist von zwei Gelegenheitsschriften angeregt; von Walther Rathenaus Broschüre *Zeitliches* (S. Fischer Verlag, Berlin 1918) und Hermann Schwengels Essay *An den Grenzen der neokonservativen Collage des Politischen. Modernisierung, Lebensstile und politische Modernität* (noch unveröffentlicht). Ich widme den Aufsatz (ungefragt) vier »Grenzgängern«: dem Unternehmer Ludwig Bölkow und seinem zuweilen als Sektierertum verunglimpften Kampf um eine neue langfristige Energiepolitik, dem Schriftsteller Alexander Kluge und seinem Versuch, einen »Westkanal« zustande zu bringen und Minderheiten Öffentlichkeit zu erhalten, Professor Dr. Hans-Peter Dürr, der sich nicht davor fürchtet, bei manchen Physiker-Kollegen als unseriös, weil politisch, angesehen zu werden, und dem Metaller Horst Hinz, der seit Jahrzehnten für eine schöpferische Anwendung moderner Technik kämpft, manchmal auch gezwungenermaßen gegen ein paar der eigenen Leute.

Euro-HDTV. Mit einem Kraftakt zum Erfolg, in: *Funkschau* 22/1988, S. 24ff.

Klaus W. Grewlich, *Positivsummen-Spiel USA – Japan – Europa?* In: *Außenpolitik* III/1988, S. 217–236.

Jürgen Habermas, *Theorie des kommunikativen Handelns*, Frankfurt/Main 1981.

Karl Jaspers, *Die geistige Situation der Zeit* (1931), Berlin 1971.

Kommission der Europäischen Gemeinschaften, *Grünbuch Telekommunikationspolitik der Gemeinschaft. »Auf dem Wege zu einer dynamischen europäischen Volkswirtschaft«*, COM (1987) 290: Zusammenfassung, Brüssel 1987.

Herbert Kubicek/Arno Rolf, *Mikropolis. Mit Computernetzen in die »Informationsgesellschaft«*, Hamburg 1985.

Barbara Mettler-Meibom, *Postpolitik am Scheideweg? Über die Notwendigkeit, die ordnungspolitische Debatte auch als eine infrastruktur- und technologie-politische Debatte zu begreifen*, in: *Media Perspektiven* 7/1988, S. 409–420.

Frank Müller-Römer, *HD MAC oder wirkliches HDTV? Gedanken zum weiteren Vorgehen*, hg. von der Technischen Direktion des Bayerischen Rundfunks, 1988.

Prognos-Studie, *Der Programmbedarf bis zum Jahr 2000*. Zitiert nach: *Info-Dienst NEUE MEDIEN*, Sept. 1988, S. 8 ff.

Hans-Ulrich Reck (Hg.), *Kanalarbeit. Medienstrategien im Kulturwandel*, Basel und Frankfurt/Main 1988.

Christa-Maria Ridder, *Strukturen und Strategien der amerikanischen Programmindustrie*, in: *Media-Perspektiven* 10/1988.

Michael Sauga, *Die endliche Geschichte*, in: *Wirtschaftswoche* 20/1988.

Hermann Schwengel, *Der kleine Leviathan*, Frankfurt/Main 1988.

Zukunftskonzept Informationstechnik 2000. Erste Fassung 25. 3. 1988, nicht veröffentlichtes Arbeitspapier des Bundesministers für Forschung und Technologie.

Max Weber, *Wirtschaft und Gesellschaft*, Bd. I, Tübingen 1956.

Erwin Chargaff
Geben Sie mir eine andere Zukunft!

Ein kleines Buch wieder besucht – Was hat mir vorgeschwebt, als ich vor ein paar Jahren ein kleines Buch, *Kritik der Zukunft,* schrieb? Natürlich die Gegenwart, obwohl es die eigentlich nur gibt als Hinterteil der Vergangenheit oder als Vorderteil der Zukunft. Wäre die Zeit, dieser geheimnisvolle Begriff, wäre sie Materie oder Energie, so müßte man, an die entsprechenden Erhaltungssätze der Physik denkend, sagen, daß, je länger die Vergangenheit werde, desto kürzer die Zukunft. Glücklicherweise gibt es aber bereits eine Wissenschaft, die Futurologie – ich habe sie vor kurzem als Kristallballistik beschrieben –; und Wissenschaften sind die beste Garantie für den Fortbestand des von ihnen jeweils benötigten Materials. Die Krebsforschung garantiert das Fortleben von Krebserkrankungen. Was wären die Viren ohne die Virologie? Und so wird es also auch eine Zukunft geben, solange es Futurologen gibt. Habe ich hiermit einen neuen Konservierungssatz aufgestellt? Hoffentlich nicht, denn ich will keine Satire auf die Wissenschaften schreiben. Diese würden zu den edelsten Betätigungen gehören, wären sie nicht auf Menschen angewiesen. Und der Mensch ist nur soso, wie schon Pascal in eleganterer Form gesagt hat.

Der Laie ist bekanntlich kraß, und als solcher besitze ich nicht die geringste Lizenz, über die Zukunft nachzudenken. Mit den heutigen Wissenschaften geht es mir so wie seinerzeit dem Groucho Marx mit den Klubs. Er sagte bekanntlich, daß er einem Klub, der ihn als Mitglied aufzunehmen bereit sei, gar nicht angehören wolle.

Wenn ich in dem vorher erwähnten Büchlein in laienhafter Weise von der Zukunft sprach, so war diese die direkte Fortsetzung der damaligen Gegenwart, also 1982. Das ist noch immer der sicherste Standpunkt: der niedrige Hügel, auf dem man steht, gestattet keine ferne Perspektive; aber wenn man hinunterfällt, ist auch nicht viel passiert. Die alten Wunderrabbis hatten einen weiteren Blick, aber auch der reichte nicht nach Auschwitz.

Zukunft, unendlich brüchig, unendlich dehnbar – In meiner Schreibtischlade habe ich Gummibänder verschiedenen Alters. Nehme ich ein frisches, so kann ich es sehr weit dehnen; es wird immer dünner, aber es bricht nicht. Ein altes Band reißt hingegen fast sofort, wenn ich an ihm ziehe. Dabei sehen die beiden Bänder gar nicht verschieden aus. So können ein sehr junger und ein sehr alter Mensch in gleicher Weise von der Zukunft sprechen, aber die Spannkraft ihrer Begriffswelten ist sehr verschieden.

Es bedarf keiner Parabel um auszudrücken, daß für einen Achtzigjährigen das Jahr 2000 in kaum erreichbarer Zukunft liegt, nicht aber für einen Dreißigjährigen. Jener spricht als zögernder Utopist, dieser wird höchstens zwei Automobile verbraucht haben. Denkt man aber an das Jahr 2500 oder 3000 – und warum nicht das Jahr 30125? –, so haben sich alle Unterschiede geglättet, und alt und jung sind gleich fähig, kompletten Unsinn zu reden. Autoren von Science-fiction sind bestenfalls Zukunftsarchäologen: sie graben in der Luft; aber die von ihnen auf den Aldebaran verpflanzten Trottel sind immer noch Trottel des 20. Jahrhunderts. Ich denke nicht, daß wir uns in irgendeine zukünftige Zeit hineinfühlen können, wenn sie nicht fast so aussieht wie unsere Gegenwart. Die gleiche Einschränkung gilt, glaube ich, auch für die Vergangenheit. Zwar sagt man mir, daß unsere

Epoche, im Gegensatz zu frühern, sich in alles Vergangene hineinversetzen könne; wir seien edel klassisch mit der Antike, tiefgläubig romanisch und gotisch mit dem Mittelalter; wir hätten eine neue Lust zu leben mit der Renaissance, usw. Also ganz anders als in frühern Zeiten. »Denn die reichen Jüden/Bau'n mit Caryatiden«, schrieb der bekannt feinfühlige Jacob Burckhardt, und wollte damit auf baslerisch-urwüchsige Art gegen das Protzertum der Gründerzeit protestieren. Tatsächlich ist es auch mit unserem Rückversetzungsvermögen nicht weit her. Man kann aus seiner Zeit nicht hinaus. Ob es die Cherusker in Krems sind aus den *Letzten Tagen der Menschheit* oder, sagen wir, Ronald Reagan als Sardanapal, immer wird es eine Groteske.

In Wirklichkeit können wir die Vergangenheit genauso wenig erkennen wie die Zukunft. Wir können den Pomp und das Elend der Kriege, der Hungersnöte, der Seuchen heraufbeschwören; wir können lesen, was in den Zeiten geschrieben und behauptet worden ist; wir können die Künste und die Schriften der Vergangenheit als Dokumentation ansehen, wahrscheinlich zu Unrecht; aber was in den Seelen der einzelnen vorgegangen ist, wie das Brot und der Wein geschmeckt haben, wie sich das Leben der Menschen in die Falten der Alltäglichkeit gelegt hat, wie sie geweint, wie sie gelacht, wie sie gebetet haben, das können wir nicht zurückrufen. Wir bleiben im Panzer unserer eigenen Gefühlswelt; der erbarmungslose Anachronismus der Barockzeit war ehrlicher. Wenn wir über die Vergangenheit oder die Zukunft sprechen wollen, tasten wir unsern schmalen Weg zwischen zwei riesenhaften schwarzen Löchern.

Ich muß gestehn, ich weigere mich, an das Jahr 30125 zu denken. So ein schwindelerregendes Datum wird mich erst interessieren, wenn die Mediziner endlich den

Tod abgeschafft haben. Sie sind auf dem besten Wege dahin, würgen aber vorläufig noch ein bißchen an dem Stachel. Sobald das menschliche Genom völlig analysiert ist, werden die Genetiker ihre Finger auf eine Stelle der riesenhaften Sequenz – ein Buch von anderthalb Millionen Seiten – legen; und die Frage »Tod, wo ist dein Stachel?« wird endlich beantwortet sein. Dort ist der Stachel, 15 000 Nukleotide lang. Wenn wir die aus dem Embryo herausschneiden können, wird der Tod endlich tot sein. Anfangs werden nur sehr reiche Eltern der unsterblichen Säuglinge es sich leisten können. Aber en gros wird es bald billiger werden, wie alle Scheußlichkeiten dieser Welt. Ob derartige Ewiggeburten patentierbar sind, wird sich erst zeigen müssen. Wahrscheinlich werden sie es sein, um so mehr, als die ersten die letzten sein dürften.

Vorläufig will ich aber annehmen, daß alle Leser dieser Zeilen um 2100 tot sein werden, und beschränke mich auf diesen Zeitraum.

Hundert Jahre – In Robert Musils Schriften gibt es aus dem Jahre 1928 eine Notiz, die er mehrmals abgewandelt hat. Sie lautet: »Es ist leichter vorauszusagen, wie die Welt in hundert Jahren aussehen wird, als wie sie in hundert Jahren schreiben wird.« (Da ich aus Frisés höchst unfrisierter ersten Ausgabe [1957] zitiere, mag der Wortlaut nicht ganz richtig sein.) Da der Schuster immer von seinem eigenen Leisten träumt, interessierte sich Musil hauptsächlich für das Schreiben. Machen wir eine kleine Probe: 1728 – 1828 – 1928, große Unterschiede in Stil und Vokabeln, besonders im ersten Centennium; 1788 – 1888 – 1988, selbst im letzten Jahrhundert keine besonders großen Unterschiede. Es kommt also darauf an, wo man den Raster ansetzt. Das ist ein Spiel, das man mit der Vergangenheit als Reflex der Zukunft immer treiben kann. Je nach dem gewählten Datum lassen sich Glück und Unglück in der Weltgeschichte – die Frage, die Burckhardt so anziehend fand – ganz verschieden verteilen. Tatsächlich hat in den von mir gewählten Zeiträumen die Welt sich mehr verändert als das Schreiben.

Musils Frage, wie die Welt in hundert Jahren schreiben werde, wage ich jedoch kühn zu beantworten: sie wird überhaupt nicht mehr schreiben. Wie viele Generationen von Schreibautomaten im Jahre 2028, nicht zu reden von 2088, bereits verrostet auf Computerfriedhöfen liegen werden, kann ich gar nicht berechnen. »Die Welt« – jeder Aphoristiker, nicht nur Musil, wiederholt den Fehler, von »der Welt« zu sprechen, wenn er sich meint –, die Welt hat schon jetzt fast verlernt zu schreiben. Oft ist man zwar noch tastender Tastendrücker, aber schon die Vierjährigen lernen, mit Knöpfchen umzugehn; und wenn Hänschen Hans wird, wird er wissen, daß der dritte Knopf von rechts in der zweiten Reihe ihm die Weisheit der Welt auf den Schirm bringt. Daß diese in der Bildsprache der Comics zu ihm redet, wird er gar nicht mehr bemerken. »Condensations of Plato designed for easy reading« wird es auch schon nicht mehr geben.

Wer alt genug ist, sich an Buchhandlungen oder Bibliotheken zu erinnern, wie sie vor sechzig oder siebzig Jahren ausgesehen haben, und sie damit zu vergleichen, was sie jetzt sind, wird gerne in den viel- und nichtssagenden Jubelruf einstimmen: »Die Zukunft hat schon begonnen.« Genauer genommen begann sie mit Gutenberg und Columbus, oder sie hat eigentlich nie aufgehört zu beginnen. Allerdings muß es in der *aurea aetas* besonders viele und berechtigte Pessimisten gegeben haben, denn der Fortschritt war noch nicht erfunden.

Da ich ein Mann der Wissenschaft, also der Zukunft bin, sind mein Latein und Griechisch nicht, was sie sein sollten. Da man ferner nirgendwo so vereinsamt sein kann wie in der Riesenstadt New York, fehlt mir die Gelegenheit, mich bei Gelehrteren zu erkundigen. Ich habe nämlich den Eindruck, daß der Begriff »Zukunft« im Griechischen nicht sehr präsent ist und selbst im Lateinischen erst in der Spätzeit. (So viel habe ich aus meinem Liddell-Scott und Lewis-Short herauszulesen geglaubt.) Und so wage ich die Frage: ist die Zukunft erst mit der Verbreitung des Christentums als lebendes, zitterndes Wort aufgewacht? Das ist aber eine Frage, die ich nur stelle, ohne sie hier weiterzuverfolgen.

Schwund eines anatomisch unverbürgten Organs – Ich denke hier an das von mir, wahrscheinlich ohne Berechtigung, formulierte Organ, das ich Persönlichkeitszentrum genannt habe. Es ist ein Organ, das sich einschaltet, wenn irgend etwas sich den Grenzen nähert, die die Aufschrift tragen »Ich bin ich«. Dieses Ich kommt also in so vielen voneinander verschiedenen Exemplaren vor, wie es Menschen gibt auf der Erde. Kein Anatom hat dieses Organ jemals gesehn; dennoch behaupte ich, daß seine Verkümmerung und sein vielfaches Verschwinden erst zu meinen Lebzeiten und geradezu vor meinen Augen eingesetzt haben. Die Kräfte, die diese verhängnisvolle Amputation bewirken, sind unter den Namen Reklame, Propaganda, Publicity usw. längst bekannt gewesen, zumindest seit den dreißiger Jahren des vorigen Jahrhunderts, aber lange Zeit fehlte es ihnen an Intensität. Diese erlangten sie erst, und in einem sich immer weiter steigernden Maß, seit dem wirklichen Beginn unserer Gegenwart, also seit 1914. Es ist kein Zufall, daß das auch die Epoche ist, in der man von der Amerikanisierung der Welt und von dem Aufblühen der Naturwissenschaften zu sprechen anfing.

Extrapolationen – Einer der wenigen Vorteile, die ein

alter Mensch besitzt, ist, daß er Vergleiche mit Hilfe seiner eigenen Vergangenheit anstellen kann. Ich kann also z. B. die Jahre 1928 – 1958 – 1988 miteinander vergleichen und daraus die kommenden sechzig Jahre Zukunft extrapolieren. Das ist natürlich ein gewagtes Unternehmen, denn der Strom des Heraklit fließt nicht mit konstanter Geschwindigkeit. Versuche ich es dennoch, so komme ich zu dem Schluß, daß in hundert Jahren die Menschen fast ausschließlich als Konsumenten auftreten werden, obwohl ich hoffe, daß sie auch dann zumindest die Exkremente noch selbst hinzutun werden. Man muß annehmen, das alte Gesetz werde auch künftig gelten, nämlich daß das Schlechte das Bessere verdrängt; allerdings mit dem Zusatz, daß dann, in der Zukunft, das Schlechte wieder das Bessere geworden sein wird. Und so weiter, bis zum Jüngsten Gericht.

Ich sehe eine noch weiter fortgeschrittene Versklavung der Menschen durch die Massenmedien. Mehr als vierundzwanzig Stunden im Tag kann auch in der Zukunft das Fernsehgerät nicht eingeschaltet sein; jetzt sind es im durchschnittlichen amerikanischen Haushalt bereits sieben Stunden. Einigen wir uns also darauf, daß es in hundert Jahren etwa fünfzehn Stunden sein werden. Die über den Schirm huschende Jauche wird nicht duftender geworden sein. Der Bürger wird einen noch größeren Teil seines Lebens als stumpfer Zuschauer verbringen. Wenn die Welt endgültig verkabelt ist, wie es die Zukunftsfreudigen erhoffen, wird er seine Wohnung noch seltener zu verlassen brauchen, als es jetzt der Fall ist. Die Post und die Apokalypse kommen direkt ins Haus.

Ich denke, man kann sagen, daß die Menschen immer autistischer werden, nach innen gestülpt, aber innen ist nichts. Diese Kontaktlosigkeit, sogar mit sich selbst, wird sie immer mehr in die Drogen treiben, aber auch in die Verbrechen. Schon in unserer Zeit – seit dem Zweiten Weltkrieg – scheint die größte Kraft im Herzen des Menschen, das Gewissen, fast verschwunden zu sein. Damit man mich nicht der Übertreibung beschuldige, will ich gern zugeben, daß das Gewissen sicherlich noch in vielen Herzen lebt, aber als öffentlich wirksame Kraft ist es nicht mehr fühlbar. Wenn ich lese, daß der Ministerpräsident von Israel die unglücklichen Palästiner als Heuschrecken bezeichnet, die die Macht seines jungen Landes einfach zerquetschen werde, frage ich mich, ob soviel Phantasie- und Erinnerungslosigkeit auch noch im vorigen Jahrhundert denkbar gewesen wäre.

Nichts ist gefährlicher als die Phantasie der Phantasielosen, denn sie wird die Wirklichkeit. Diese Wirklichkeit kann man in New York in einer blutigen Fülle auskosten, wie sie früheren Zeiten unverständlich gewesen wäre: Martern aller Arten; etwa zehn Morde am Tag; Verbrechen, die in ihrer Buntheit sogar das im Fernsehen vorhandene Vergnügungsangebot übertreffen; in heißem Wasser gekochte Säuglinge; gefolterte Kinder: ein Gehenna der Stumpfheit. Und dazu die Drogensucht, der Drogenkrieg und die über AIDS plappernden Gelehrten! Kann es noch schrecklicher werden? fragt man sich. Es kann, es wird.

Wenn das die Zukunft der Menschheit ist, möchte man in den Ruf ausbrechen, den ich als Titel über diese Zeilen gesetzt habe. Aber ich fürchte, dieser Herzensschrei wird ebenso wirkungslos verhallen wie die Bitte des Kunden im Reisebüro um einen anderen Globus. Es gibt nur eine Weltkugel, es gibt nur eine Zukunft. Aber ist das wahr? Dem mißmutigen Reiselustigen konnte der Inhaber des Reisebüros versichern, ein angenehmerer Globus sei undenkbar. Er konnte das tun, weil er sich von der amerikanischen Raumbehörde NASA wenig Gutes für den Touristenverkehr versprach. Hätte er das auch bezüglich der Zukunft sagen können? Vieles ist denkbar, wenig wahrscheinlich.

Imponderabilien – Hinter jeder Kassandra, die weiß, was kommen wird, aber man glaubt ihr nicht, verbirgt sich ein Präsident oder Bundeskanzler, der nicht weiß, was kommen wird, aber man glaubt ihm. Da auch Esel von der Statistik profitieren, können sie manchmal recht haben. Ich denke aber nicht, daß ein Politiker – und sie machen sich überall breit, auch in den Wissenschaften, Künsten, dem Geschäftsleben usw. – jemals darüber hinausgehen kann, den unwünschenswerten Status quo mit allen fiktiven Ornamenten zu behängen, um ihn fälschlich als wünschenswert erscheinen zu machen. So werden wir immer mit Mätzchen darüber hinweggetäuscht, daß unsere Welt zu kompliziert geworden ist für die Menschen. Nur die, denen die Gnade früher Stumpfheit zuteilgeworden ist, glauben noch, daß sie in einer regierbaren Welt leben. In Wirklichkeit kann man nur auf ein Wunder hoffen. (Ich sage hier »man kann«, nicht »ich kann«, denn die »Elpis« hat sich geweigert, mir eine Versicherungspolizze auszustellen.)

Einmal, im Jahre 1968, habe sogar ich auf ein Wunder gehofft. Die sogenannte Entwickelte Welt – ob rechts, links oder in der Mitte – erschien mir überall derartig abstoßend, ja verbrecherisch, daß die damals anhebende Revolte der Jugend in mir übertriebene Hoffnungen auslöste. Immer wieder belegen wir die kommende Generation mit Erwartungen, die wir selbst gegenüber unsern Eltern auch nicht erfüllt haben. Ich hatte immer geglaubt, daß nur ein Generalerbrechen, gleichsam ein Luddismus der Seelen, dem Elend der Menschen ein Ende bereiten könne. Millionen von Händen in die Hüften gestemmt: »Wir machen nicht mit!« Das war eine kindische Hoffnung, aber vielleicht die einzige seit meinem dreißigsten Lebensjahr.

Man kann sich aber auch andere Wunder vorstellen, und die haben wenig mit Hoffnung zu tun. Und dazu kommt noch das Unvorstellbare. Wenn ich die Annahme vertrete, daß die Welt in einhundert Jahren nicht viel anders aussehen werde als jetzt, nur noch schäbiger, schmutziger, gefährlicher, ziel- und hoffnungsloser, noch mehr kujoniert von Naturforschung und Technik, lasse ich aus, was ich mir nicht vorstellen kann: Katastrophen, Kriege, Aufstände, aber auch eine derartig weltumfassende Lethargie, Apathie, Erschlaffung, daß alle Räder stillestehn, auch die in Ostasien. Irgendwie muß ja die Natur Sicherheitsvorkehrungen getroffen haben, damit eine die Erde schwer belästigende Spezies verschwinde. »Alles Verderben wird zuletzt von den Naturwissenschaften kommen« (Kierkegaard). »Ich denke fast, daß es die Bestimmung der Naturwissenschaften ist, die menschliche Rasse auszurotten« (Peacock). Sie waren nicht die einzigen im 19. Jahrhundert, die etwas kommen sahen, was unterdessen eingetroffen ist. Da es jedoch im Wesen eines Fluches liegt, daß man ihn erst erkennt, wenn es zu spät ist – sonst wäre es kein Fluch –, geht man sicherlich nicht fehl mit der Annahme, daß nichts dagegen unternommen werden kann. Ein Messias in Form einer Nuklearkatastrophe wird kein schöner Messias sein, aber, Gott, wird er strahlen!

Eine Welt, die nicht mehr an den Teufel glaubt, muß von ihm geholt werden. Daher kommt es häufig vor, daß der Fluch, als Segen transvestiert, sich in Herz und Knochen schleicht. Die Gewissenlosigkeit, mit der man uns von dem Segen der Naturforschung und der friedlichen Nutzung der Kernenergie vorgedudelt hat, wird sich noch bezahlt machen. Selbst wenn der strahlende Messias die Welt verschont, die dauernde allmähliche Verseuchung mit ionisierender Strahlung oder andern tödlichen Giften bleibt ihr nicht erspart. Aus allen Kernkraftwerken, aus allen Brütern, ja aus allen chemischen Fabriken trieft es Tag und Nacht in »harmlosen« Spurenmengen: »nicht genug, um die Volksgesundheit zu bedrohen«, sagen die Communiqués. Aber nichts ist harmlos, wenn es sich summiert. Wenn jetzt schon fast überall auf der Welt Wasser und Boden und Luft vergiftet sind, wie wird es erst in hundert Jahren damit aussehen? Bei aller Bewunderung für die Bestrebungen, die Umwelt zu retten, habe ich wenig Hoffnung, daß sie gegen die Dummheit und die Habgier viel ausrichten können. Vorläufig fungiert der Umweltschutz als Kanarienvogel im Käfig in der Fleischerei, ein Gewissensschmuck für die Feiertage.

Da nun kommt in meinen Überlegungen wieder das Unvorstellbare zur Geltung. In jedem dicken Pessimisten sitzt ein kleiner hagerer Optimist, der hinaus möchte. Sollte dieser am Ende recht behalten? Ich grüße ihn gerne aus großer Ferne, diesen Optimisten, wie er im Jahre 2100 eine wieder spartanisch gewordene Welt betrachtet, eine magere, dünn besiedelte Welt, die sich des meisten Komforts begeben hat, die mit den Giften und Morden auch die Überheblichkeit losgeworden ist zu glauben, daß es dem Menschen möglich sei, sich durch technische Tricks und Kniffe über sein Schicksal zu erheben.

Matthias Horx
Verschämtes und verspätetes Plädoyer für die Weltraumfahrt

Aus meiner Kindheit stammt der Geborgenheitsgeruch dieser wundersamen Alben, in die man bunte Bilder einkleben durfte, auf denen es um die Zukunft ging. Darauf fuhren fröhliche Familien (Vati mit steifem Hut) in atomkraftgetriebenen Automobilen durch die Landschaft, Mutti kommandierte in der vollautomatischen Küche die Roboter (die noch wie *echte* Roboter aussahen), fröhliche Kinder winkten durch die Luken von Tauchschiffen zu den noch fröhlicheren Walen hinüber, und ein strahlendes Team weißbekittelter Onkel sorgte mit Atomblitz und Hubschraubern dafür, daß es je nach Bedarf regnete oder die Sonne schien. Es gab eine Zukunft, in der praktisch alles besiegt sein würde, was ein Kind beunruhigen konnte: Kriege und Regenwetter, Arbeit und Armut, Krankheit, auch der Tod.

Mit 12 Jahren war ich sicher, daß ich niemals sterben müßte: den Doktoren würde schon etwas einfallen, bis ich erwachsen war – schließlich hatte man auch die Herzverpflanzung, die Pille und den Sputnik erfunden. Ein paar Jahre später glaubten wir an die große Umwälzung, die der Menschheit endlich zur Vernunft und zur allgemeinen Gerechtigkeit verhelfen würde. Keine Frage, daß die Sozialdemokratie, die mit dem guten Vater Willy Brandt an die Macht gekommen war, bis dahin für alle Studien-, Freizeit- und Berufswünsche meiner Generation sorgen würde. Die rasante Expansion des Bildungswesens, deren Nutznießer wir Abiturienten der späten sechziger/frühen siebziger Jahre waren, schien ein Prozeß ohne Limit, ebenso wie die ständig steigenden Wattzahlen unserer Stereoanlagen. Bald hieß es: Anarchie ist machbar, Herr Nachbar. Wir waren Kinder der Machbarkeits-Ära, und wir handelten und fühlten entsprechend.

Je mehr die Revolution unser Denken bestimmte, desto »böser« wurde die Technik. Bei der ersten Mondlandung, ich war 14, durfte ich die erste Nacht meines Lebens aufbleiben, und wie gebannt saß ich vor dem Fernseher, hörte die krächzenden Laute und sah die flakkernden Bilder unserer Jungs draußen in *outer space*. Kubricks Film *2001 – Odyssee im Weltraum* befriedigte wenig später alle unsere Bedürfnisse nach Mythos, nach Psychodelik und technizistischer Ästhetik, er zeigte nicht nur den Aufbruch ins Weltall, sondern auch den zweiten Vektor, die Reise nach innen. Die Wende kam wenig später mit der strengen Politisierung, die, wie nicht wenige aus meiner Generation, so auch mich erfaßte: Fast über Nacht wurde ich zum erklärten Technikfeind.

So ging das eigentlich die ganzen siebziger Jahre über, es kulminierte in der Anti-Atomkraft-Bewegung am Ende des Jahrzehnts: Technik, das war Imperialismus schlechthin, Weltraumfahrt Verschwendung und im Endeffekt Völkermord an der Dritten Welt. Wir suchten fanatisch nach der Unmittelbarkeit, der Wärme, dem Authentischen, dem Eros. Unsere studentische Armutskultur verachtete alles, was clean, reich und kompliziert wirkte, wir schluckten keine Pillen und gingen nicht zum Arzt, wenn wir Zahnweh hatten, wir zogen (bisweilen) aufs Land, wir verfochten in unseren Alternativprojekten eine fröhliche Dilettantenkultur, die vor allem eines suchte: Unmittelbarkeit. Eine Gesellschaft, die auf hochentwickelter Technik basierte, schien uns automatisch kalt, entfremdet, unüberschaubar. Nur die Wattzahlen der Hifianlagen stiegen weiter und weiter.

Heute gehen wir auf die Vierzig zu, und ein Mittel gegen die Sterblichkeit ist nicht in Sicht. Wir haben inzwischen vielleicht einen Computer auf dem Schreibtisch stehen (den wir nicht selten mit Genuß bedienen), aber der Mythos Technik befindet sich in einer viel ernsthafteren Krise, als wir Kritiker sie jemals provozieren konnten. Der Traum der sechziger Jahre, jene grenzenlose Fortschrittsgläubigkeit, ist überall ausgeträumt, trotz Autos mit Bordcomputer und Laserdisc für jedermann. In allen Bereichen, die *an die Substanz* gehen, sind Technik und Naturwissenschaft an eine unsichtbare Wand gelaufen. Nicht nur, daß sie ihre ökologischen Folgeschäden nicht in den Griff bekommt – ob es Aids ist oder Krebs, am Ende erweist sich die mächtige Technik bei den *wirklich wichtigen Dingen,* bei den Dingen des Lebens, als machtlos, als gänzlich inkompetent. Wer sich einmal mit Künstlicher Intelligenz oder Gentechnologie beschäftigt hat, weiß, wie unendlich grobschlächtig unsere achsofortschrittlichen Technologien in Wahrheit sind, wer einmal ein wenig in die Quantenphysik hineingerochen hat, weiß, wie sehr die Wissenschaft in den Grenzbereichen im dunkeln tappt.

Es dürfte ein einigermaßen aberwitziges Unterfangen sein, mitten in dieser unaufhaltsamen Slow-Down-Bewegung der technologischen Mythen ausgerechnet ein Plädoyer für die Raumfahrt, dieses milliardenfressende Ungeheuer, zu halten, die Hydra mit den tausend militärischen Köpfen. Wozu soll man Menschen auf den Spitzen von fliegenden Bomben festschnallen, die mit Tausenden von Tonnen Explosivstoff gefüllt sind, um sie in die Umlaufbahn zu jagen (wir haben ja bei Challenger erlebt, wohin das führen kann)? Dort oben, soviel ist gewiß, ist noch nicht einmal für die Belange der Industrie wirklich etwas zu holen. Auch die Teflonpfanne war letztenendes ein Flop, wir braten unsere Steaks längst wieder in der soliden Gußeisernen. Kugellager? Medikamente? Letzten Endes alles Quatsch, unrentabel, Kokolores, wie einem jeder Wissenschaftler mit gesundem Menschenverstand schnell beweisen kann. Ganz zu schweigen von dem stets richtigen Argument, daß wir das viele Geld dringend gegen das Elend auf diesem Planeten brauchen.

Es gibt also keinen einzigen Grund für die Weltraumfahrt, der einer rationalen Kritik standhielte. Dennoch existiert etwas, was uns die Weltraumfahrt gebracht hat, das nicht mit rationalen Maßstäben zu messen ist und dennoch einen *Wert* darstellt: Bilder. Bilder des blauen Planeten. Bilder von *draußen*. Wir haben uns derart an sie gewöhnt, daß sie uns gar nicht mehr auffallen – aber sie wirken in unserem Unterbewußtsein.

Ich behaupte, daß diese Bilder über eine viel größere »Geschichtsmächtigkeit« verfügen, als wir bisher ahnen. Ich vermute, daß es ohne die Bilder aus dem All keine Ökologiebewegung gäbe, jedenfalls keine, die derart paradigmatisch daherkäme (sie wäre dann allenfalls eine Umweltschutzbewegung). Quasi aus dem Hintergrund unserer Wahrnehmung haben die Bilder aus dem Weltraum einen fundamentalen *Wandel der Perspektive* ermöglicht, wenn man so will: eine Bewußtseinserweiterung. Wer sie intensiv erfahren hat – und das sind mehr Menschen, als wir denken –, erklimmt in seiner »Welt-Anschauung« gleichsam eine höhere Stufe. Aus dem Weltall sieht man keine Nationen und keine nationalen Interessen mehr, sondern *Zusammenhänge* – die Erde als bewohnbares, zerbrechliches Raumschiff. Diese Bewußtseinserweiterung durch »hinausgehen« ist nicht neu, sie ist so alt, wie die menschliche Kultur. Um zu wissen, wie das eigene Dorf funktioniert, ja was ein *Dorf* (und was Heimat) überhaupt *ist,* muß man es verlassen haben. Bevor man das Dorf nicht aus der Ferne gesehen hat, bleibt sein sozialer Zusammenhang eine Totalität mit geschlossenen Horizonten, der Gedanke »Dorf« letzten Endes eine Abstraktion.

Es scheint mir, daß diese Erfahrung der Relativität und des Staunens, die man angesichts der Bilder aus dem Weltall empfinden kann, auf längere Sicht nicht nur ein ästhetisches oder erkenntnistheoretisches Vergnügen darstellt, sondern ein Überlebenselexier ist. Vielleicht haben sie die außenpolitische Krise, die Anfang der achtziger Jahre zwischen den Supermächten kulminierte, tatsächlich ein Stück weit abgefedert. Die Bilder des blauen Planeten fordern und fördern jene im Grunde absurde Emphase, mit der man bisweilen über »die Menschheit« spricht, sie dämpfen die Faktoren »nationale Interessen« und »ideologische Systeme«.

Nun könnte man argumentieren, daß uns diese Bilder ja auch (preiswerte) Satelliten hätten liefern können oder daß wir über diese Bilder nun zur Genüge verfügen und daß es deshalb genug sein soll mit dem Millionen-in-die-Luft-Pulvern, daß wir uns jetzt endlich daran machen sollten, die »Neue Sicht der Dinge«, verdammt nochmal, in die Tat umzusetzen und mit unserem Planeten ökologisch undsoweiter ins reine zu kommen.

Es war wichtig, daß *Menschen* dort oben waren, die von ihren Erfahrungen berichten konnten. So »zombiehaft« die Armstrongs und Aldrins auch gewesen sein mögen – man hat die Astronauten jahrelang durch die Mühlen paramilitärischer Konditionierungsprogramme gejagt, bevor man ihre Metabolismen auf den Mond schoß –, dort draußen sind viele von ihnen irgendwie ausgeflippt. Von den sechzig, siebzig Astronauten, die bis heute die Erde aus der Umlaufbahn gesehen haben, sind einige fromme christliche Fundamentalisten geworden, manche haben religiöse Sekten gegründet, andere reden heute im New-Age-Slang, und alle, selbst die eher trockenen Deutschen, schwärmen pathetisch von jener »zerbrechlichen Kugel im All«. Das mögen Kindereien sein. Aber ein solcher Bericht ist mehr als ein Bild; ungleich wichtiger als die Bilder selbst ist der Einfluß, den eine bestimmte Perspektive auf den Berichtenden hat.

Zum zweiten: Natürlich zieht der Drang nach »Außen« zwangsläufig Energien von der Aufmerksamkeit nach »Innen« ab. Um im Bild zu bleiben: Wer das Dorf verläßt, interessiert sich womöglich nicht mehr für die Kläranlage, die dringend gebaut werden muß (und verpraßt sein Geld unnütz in der Stadt). Ergo: Weltraumfahrt ist nicht nur *nutzlos*, sie *schadet*, weil sie die Illusion fördert, daß »wir« einfach auf den Mond übersiedeln können, wenn »wir« die Erde endgültig verpfuscht haben.

Aber das ist auch schon wieder zweckrational gedacht, in einem sehr simplen Input-Output-Muster. (Abgesehen davon, daß man sich womöglich viel mehr für die Kläranlage interessiert, wenn man *zurückkehrt*.)

Ich denke einfach, daß der Vektor »Nach Außen« aus der menschlichen Psyche nicht zu eliminieren ist. Mehr noch: Daß jeder ernsthafte Versuch, ihn zu unterdrükken, irgendwann katastrophale Folgen hat.

Ich meine damit jetzt nicht diese »Go West«-Phantasien, wie man sie oft in der amerikanischen Raumfahrtideologie spürt. Ich meine jene spezifisch menschliche Ungeduld, die es uns aus irgendeinem Grund nicht erlaubt, an einem Ort zu verharren, ohne daß wir dabei stagnieren und früher oder später *dumm* werden. Ich meine diesen verdammten Wunsch, *irgendwie zu wissen, wie es draußen ist.*

Natürlich wissen wir es längst: Da draußen ist die Leere und nichts als sie. Unter Aufbietung aller Kräfte und Kosten mag es vielleicht gelingen, auf einem weiteren öden Steinbrocken zu landen, inmitten einer staubigen Wüste auf einem verkraterten Planeten, der so unwirtlich ist, daß sich keine Mikrobe darauf halten kann. Natürlich ist da draußen nichts zu entdecken. Jedenfalls nichts *Nützliches.*

Aber wenn es da draußen nichts gibt, dann sollten wir wenigstens dieses Nichts erforschen und erfahren.

Die kleine Silbe »wir« ist verräterisch. Sie enthält bei näherer Betrachtung die ganze Anmaßung des Unterfangens. Natürlich werden nicht »wir« da hinausfliegen, sondern vielleicht einmal unsere Ururenkel (und auch von denen nur die allerkräftigsten, reichsten und fittesten). Wer, bitteschön, ist »wir« auf dem Planeten, wo Milliarden hungern?

Also gut: Es geht um etwas Metaphysisches. Es geht um so etwas wie einen evolutionären Prozeß, der sich objektiven Kriterien entzieht. Ich gebe zu, daß solche Kategorien von Biologisten besetzt sind, von spinnerten Darwinisten und von finsteren Ideologen. Timothy Leary zum Beispiel, der alte LSD-Schlucker, plädiert unter anderem deshalb so vehement für die Weltraumfahrt, weil er es für die Pflicht der hyperintelligenten Herrenrasse »Amerikaner« hält, den Kosmos zu besiedeln. Nicht viel anders, in sozialistischem Anstrich, hören wir es bisweilen von der anderen Seite. Meine Argumentation ist viel restriktiver: Ich kann mir keinen kulturellen, zivilisatorischen Prozeß vorstellen, der *nicht* versucht, nach »draußen« zu kommen. Ich kann mir das Resultat eines »Zunagelns« der Horizonte (allen Öko-Ideologien zum Trotz, von denen ich geprägt bin) auf Dauer nur als kulturelle, mentale und soziale Regression denken.

Wir stehen vor einer Dekade, die grundlegend anders sein wird als andere Jahrzehnte: Die »neunziger Jahre« weisen auf das Millenium. Aus der Geschichte wissen wir, welche Wirkungen solche Großdaten auf die Kulturgeschichte haben. In der Phantasie der Menschen werden sie automatisch zu Wendezeiten, Anlaß für messianische, apokalyptische, wahnhafte Projektionen. Beim letzten Millenium kamen in Europa Hunderttausende ums Leben, weil sie ihre Häuser verkauften und in die Kirchen zogen, wo sie verhungerten oder vor Angst starben, als die Uhren zwölfmal schlugen – am 31. 12. des Jahres 999 erwartete man mit Sicherheit das Jüngste Gericht.

Daß es diesmal ohne Erschütterungen abgehen wird, ist mehr als unwahrscheinlich. Aus allen Ecken werden sie kommen, die Welterwecker und Eschatologen, die Propheten und Fanatiker, die radikalen Sekten und fundamentalistischen Prediger, die die Große Wende verkünden, den Zeitenwechsel, das Reich der Seligen oder den Untergang der Menschheit. Zur Jahrtausendwende wird die Sehnsucht nach Mythen überhand nehmen.

Ich glaube nicht, daß man mit den Mitteln der Aufklärung und der rationalen Vernunft allein diesen Aufstand der Fundamentalisten in den Griff bekommt. Man benötigt einen Gegen-Mythos, er müßte so mythologisch wie nötig und so säkular wie möglich sein. Die Weltraumfahrt würde sich als »aufgeklärter Mythos« anbieten. Sie müßte uns keineswegs daran hindern, im Sinne der Aufklärung zu argumentieren – gegen die Gentechnik etwa oder wider die Atomkraft.

Das Wort »Gier« in »Neugier« sagt schon, daß es sich um keine vernünftige Regung handeln kann. Doch unsere Reiselust ist ungebrochen, selbst wenn wir einstweilen noch zu Hause bleiben müssen. Das Nichts und seine Erforschung – das könnte so etwas wie eine Metapher sein für das metamagische Spiel, das in einer hochentwikkelten, säkularisierten Gesellschaft noch möglich ist. Das Nichts erfahren (oder wenigstens Botschafter zur Erkundung aussenden): Für die überzüchteten Individuen der Neuzeit, mit ihrer ständigen Angst vor dem Tod und ihrer Unfähigkeit, zum tröstenden Glauben zurückzukehren, ist das vielleicht das letzte mögliche Abenteuer.

Bodo Hombach
»Denken folgt auf Schwierigkeiten und geht dem Handeln voraus« Aufruf zur Renovierung der Reformpolitik

– »Im Namen des Gesetzes verbiete ich das Öffnen dieser Tür!«
– »Oh Gott, welch ein Gebrüll, wenn man etwas Neues und Gutes tun will.«

(Strindberg, *Ein Traumspiel*)

Die apokalyptischen Reiter sind abgeworfen, die Epoche dramatischer Untergangsvisionen liegt hinter uns. Sie sind im Rückblick als Signale der Verunsicherung zu verstehen in einer Gesellschaft, die zuvor von Wandlung und Fortschritt verwöhnt war. Diese Gesellschaft hat sich zu Recht geweigert, in die Sackgasse »Endzeit« getrieben zu werden.

Nach dem Sturm, der scheinbar alle gewohnten politischen Konzepte erschüttert und durcheinandergeworfen hat, wiederbelebt sich der Wunsch nach permanenten, kleinen und zielorientierten Reformschritten, nach jenem tradierten Politikmodell also, das viele gerade neu zu erfinden glauben, nachdem es schon mehrfach für tot erklärt und in akademischen Zirkeln begraben wurde.

Wer, in aller Unbefangenheit, die Leitartikelwelt der letzten 10 Jahre verfolgt, wird merken, daß die gesellschaftliche Dynamik und der gesellschaftliche Wandel die rituellen Akte der Selbstvergewisserung längst selber tangieren, gefährden. Oder aber: Keiner weiß genau, wie es weitergeht.

Die Urteile schwanken hin und her zwischen dem konservativen Herangehen: »Wir leben in der besten aller möglichen Welten« und dem »progressiven« Herangehen, das ohne eine fundamentale Veränderung unserer Institutionen, unserer Verhaltensweisen, ja unserer Einstellung zum Leben überhaupt für diese Welt keine Zukunft in Würde erkennt. Dem unreflektierten »weiter so« des konservativen Gemütes steht zu oft ein ebenso unreflektiertes »alles muß geändert werden« des progressiven Gehabes gegenüber.

Sozialdemokraten und Gewerkschafter stehen vor der bemerkenswerten Aufgabe, die Erfolge ihrer eigenen Politik in ihr Denken zu integrieren: Man kann nicht dauerhaft auf einer bestimmten Problemsicht bestehen, während man selbst laufend dazu beiträgt, eben dieses Problem zu lösen. Je mehr Bildung, je mehr soziale Sicherheit – und sei es durch Erbschaft – in dieser Gesellschaft erreicht werden, desto schneller verlieren alte kompensatorische Politikkonzepte ihre Funktion. Beharrt man auf den Sicherheiten von gestern, so wandeln sie ihren Charakter, geraten zur bedürfniswidrigen Konformität, zur Begrenzung von Eigeninitiative und Eigenverantwortung. Die Reflexion über die Veränderung hinkt ihrem Tempo hinterher!

Diese Gesellschaft sitzt gleichsam staunend da, höchst beeindruckt von der Geschwindigkeit, mit der sie sich entwickelt und verändert. Und die Politiker? Je deutlicher sie ihre Ziele aus den Augen verloren haben, desto größer wird ihre Eile, desto emsiger ihre Geschäftigkeit.

Wenn ich mich nicht sehr täusche, verliert sowohl die Dramatik des konservativen Zugriffs zur Politik – Angst vor der Veränderung – als auch die Dramatik des sogenannten progressiven Gestus – Angst vor der Gegenwart – zur Zeit an Attraktivität, zerbröselt sich in Randgruppen. Und das ist gut so.

Manchem mag aufgegangen sein, daß die moralische Kritik an der Wachstumsgesellschaft gerade in jenem Augenblick begann, als es nicht mehr gelang, Wachstumsprozesse angemessen zu initiieren. Manchem mag aufgegangen sein, daß die übermächtige Inanspruchnahme von Rationalität auf diesem Felde des Momentes der Rationalisierung nicht ganz entbehrt. Ich frage, wo ist hier die verborgene dritte Ursache? Arbeitslose Akademiker, denen der Einstieg – der Gestaltung und Einfluß erlaubte – verwehrt wird. Müssen sie nicht Sympathien für den Ausstieg formulieren? In diesem Zusammenhang eine Anekdote:

Von Albert Einstein wird berichtet, daß er eines Nachts mit einem Kollegen, auf dem Weg nach Hause, vielleicht nicht mehr ganz Herr seiner Sinne, aber Herr seiner Gedanken, unter einer Gaslaterne des damaligen Zürich offenkundig zielsicher den Boden nach einem Gegenstand absuchte. Auf die Frage seines Kollegen, was er denn suche, antwortete Einstein, einen Schlüssel. Auf die Frage, ob er diesen denn hier verloren hätte, antwortete Einstein, hier nein, aber hier sähe er wenigstens etwas. Man darf vermuten, daß Einstein seinen Schlüssel nicht an dieser Stelle fand, man darf aber auch vermuten, daß er irgendwie doch nach Hause gekommen ist.

Wir, die praktisch-politisch Handelnden, haben Mühe, eine Orts- und Zeitbestimmung der Gegenwart vorzunehmen. Insoweit Politik aber nicht das täppische Herumtasten im Dunkeln bleiben soll, so ist wenigstens eine fragmentarische Bestimmung erforderlich, wo wir denn stehen, politisch, ökonomisch, eingeordnet in das, was wir als geschichtliche oder kulturelle Evolution zu verstehen uns angewöhnt haben.

Ortsbestimmung: Haben diejenigen recht, die davon schreiben, daß die durch Europa geprägte Weltgeschichte mit dem Zweiten Weltkrieg zu Ende gegangen sei? Wandelt sich die Welt von einer bipolar durch die beiden Supermächte geprägten Struktur zu einer multipolaren Struktur, und welche Rollen spielen die »alten Weltmächte« in dieser Struktur? Werden sie zu guter Nachbarschaft fähig sein?

Zeitbestimmung: Trotz der fulminanten gegenwärtigen Rückerinnerung an die deutsche Schande und Scham des Dritten Reiches befinden wir uns nicht wirklich an der Schwelle zur Nach-Nachkriegszeit, und was heißt dies für die deutsche Politik? Insbesondere aber für meine Partei, die Sozialdemokratische Partei Deutschlands.

Zeitgeistbestimmung: Läßt sich die Postmoderne pünktlich von der Vormoderne unterscheiden, und was besagt dies für die gegenwärtige, insbesondere die gegenwärtige sozialdemokratische Politik?

I. Die Sozialdemokratie muß die Freiheit haben, Traditionsbestände da zu entrümpeln, wo sie sich als nicht stimmig oder nicht zeitgemäß (im Gegensatz zu zeitgeistgemäß) herausgestellt haben.

Wir singen noch gern die alten Lieder über Proletarier, die nichts zu verlieren hätten als ihre Ketten, doch hat diese romantische Erwärmung der Gemüter mit der Realität der Arbeiterschaft von heute nichts mehr zu tun. So darf man zwar noch von der Revolution singen, doch der Sozialismus alter Prägung ist als politische Perspektive verloren. In Wahrheit will niemand den sozial korrigierten Kapitalismus – bei all seinen Schwächen – für diesen Sozialismus aufgeben.

Der Sozialismus ist tot. Zumindest in seiner bisherigen Begriffsbestimmung. Das erklärt uns keiner so gut wie die modernen deutschen Gewerkschaftsführer. Das beweist uns keiner so eindringlich wie die Anführer regierender sozialistischer Parteien. Wir sollten endlich unser Trauergehabe ablegen. Die um den Begriff kämpfen wollen, werden sich an anderen Ausdeutungen versuchen. Viele müssen es, um ihre formale Legitimation so lange wie möglich zu wahren. Es ist doch einfach ein Unding, daß um uns herum, rings in der Welt, bürokratische Wirtschaftssteuerungssysteme durch verkehrswirtschaftliche Elemente reformiert werden und manche, selbst in der Sozialdemokratie, abstrakt über das Verhältnis von Staat und Macht räsonieren. Wir müssen uns ernstlich auf unsere eigenen Erfahrungen einlassen, ohne den Sozialismus als enttäuschte Kenner gänzlich ins Land Utopia zu verlegen.

Wenn ich zu schreiben wage, der Sozialismus sei tot, so meint dies, daß wir die Idee als gescheitert betrachten sollten, eine Gesellschaft nach Blaupausen zu konstruieren und von ihr zu erwarten, daß sie human, effektiv und stabil sei. Dieses theoretisch inspirierte Vorhaben hat sich in der Praxis als Ideologie entpuppt, die nicht mit, sondern nur gegen die Bürger durchgesetzt werden kann. In Wahrheit werden in solchen Systementwürfen auch noch die Bürger konstruiert, die mit dem System zusammenpassen sollen, mithin ein Sonderfall dessen, was Bertolt Brecht dem damaligen Ministerpräsidenten der DDR geraten hat; er solle sich ein neues Volk wählen, wenn er mit dem alten nicht zufrieden sei. Der Sozialismus als Gegenentwurf hat seine Schuldigkeit getan. Dem Kapitalismus wurde die soziale Reform aufgezwungen. Die reale Erscheinungsweise des Sozialismus ist weder Gegenmacht noch gegengedacht. Sie dient vielmehr dem Kapitalismus als Legitimation, selbst in seiner grauslichsten Entartung.

Die reflektierende Welt unserer Tage kritisiert – häufig zu Recht – die Megalomanie der Technik, z. B. den Gigantismus des Schnellen Brüters, hält aber inne, wenn es um die Bombastik der theoretisch institutionellen Ordnungen der Wirtschaft und damit des gesellschaftlichen Zusammenlebens geht. Genauer gesagt: Wir sollten einsehen, daß wir nicht nur eine fehlerfreundliche Technik brauchen, sondern auch eine fehlerfreundliche politische Ordnung des Gemeinwesens. Die Ordnung sollte so beschaffen sein, daß sie es ermöglicht, die Fehler, die vorkommen, in dieser Ordnung noch zu berücksichtigen und zu korrigieren. Alles andere ist freiheitsfeindlich. Dies ist eine etwas populistische Variante dessen, was Hans Jonas das »Prinzip Verantwortung« nennt. So wie eine Technik inhuman ist, die zur Katastrophe führt, wenn Menschen Fehler machen, so ist eine Gesellschaft inhuman, die keine offenen Formen des Umgangs mit menschlichen Fehlern kennt. Frei nach Karl Popper ist nach einem System zu verlangen, das auch Schurken übersteht.

Wer sich die gegenwärtigen Reformbemühungen der Sowjetunion und in allen planwirtschaftlichen Systemen vor Augen führt, spürt, daß diese Reformbemühungen geleitet sind von dem Interesse, Prozesse effizient zu organisieren. Gerade weil es nicht Ausdruck einer moralischen Gesinnung, sondern Einsicht in die unintelligente Organisation von Prozessen ist, scheinen mir diese Reformen Aussicht auf Dauer zu haben. In diesen Reformbemühungen spiegelt sich zugleich das Defizit eines großen Teils der deutschen Linken nach der 68er Studentenrevolte: Ein Teil dieser Linken ist systematisch verwöhnt von der Führung moralischer Diskurse, systematisch entwöhnt aber von Diskursen, die sich um effektive Problemlösungen bemühen.

Das Wahre, Gute, Schöne und Grundsätzliche ist längst gesagt: Die französische Revolutionsverfassung, die US-amerikanische Freiheitserklärung und unser Grundgesetz lesen sich phantastisch. Von Rosa Luxemburg kann man zitieren, was man anmerken muß, um Linkes mit Freiheitlichem zu versöhnen. Der Ruf nach neuen Inhalten ist oft Ausdruck mangelnder Literaturkenntnis und zugleich sinnfälliges Zeichen fehlender Fortschritte in praktischer Umsetzung.

Meine These ist, daß die – im emphatischen Sinne – theorielose Sozialdemokratie nicht das Ergebnis unzumutbarer Naivität ist, sondern das Ergebnis verarbeiteter Erfahrung mit dogmatisch theoriefixierten Ordnungen. Um sozialdemokratisch zu sein, ist es ein Akt der Vernunft, nicht sozialistisch zu sein im angebrachten Sinne.

Wir haben aber noch sehr viele Tabus zu brechen, und man muß Oskar Lafontaine loben, daß er damit angefangen hat, bürokratisch erstarrte Verhältnisse wieder in Bewegung zu bringen. Lafontaine ist konkret und damit unbequem geworden; und die hervorgerufene Diskussion ist noch längst nicht zu Ende.

Allerdings dürfen der Ärger, den er sich eingehandelt hat, und reduzierte Stimmen auf den Parteitagen in der SPD nicht zu der Erkenntnis führen, daß es besser sei, allgemein und unverbindlich zu bleiben. Dieser ängstliche Schluß wäre ein bedauerlicher Schritt zurück.

II. Die Sozialdemokratie muß die Freiheit haben, historisch gewordene und historisch plausible Institutionen zeitgemäß neu zu definieren.

Von meinem Arbeitszimmer aus sehe ich eine Brücke. Nahezu täglich gehen oder fahren arbeitslose Anstreicher über diese Brücke, die dringend eines Anstrichs bedürfte. Diese Anstreicher bekommen Arbeitslosenunterstützung, dürfen die Brücke nicht streichen, sind unglücklich mit ihrem Los. Es ist grotesk, wenn die Politik es nicht möglich machen kann, daß diese Anstreicher die Brücken streichen, etwas mehr Geld im Portemonnaie haben als zuvor und folglich zufriedener sind.

Viele Einrichtungen, die sich die Menschen gegeben haben, machen einen vernünftigen Sinn nur in dem Kontext, in dem sie geschaffen wurden. In einer Zeit, in der Arbeitslosigkeit gleichsam nur zufällig, im Regelfalle nur für wenige Wochen oder Monate anfiel, war es sinnvoll, Arbeitslosengeld oder Arbeitslosenhilfe in dem Sinne zu zahlen und zu verwenden, wie wir es gewohnt sind. In einer Zeit, in der Arbeitslosigkeit nur ein Randproblem war, war es sinnvoll, umfrangreiche und flächendeckende Sozialpläne zu erstellen. Auf dem gegenwärtigen Niveau der Arbeitslosigkeit – mit mehr als 900 000 Langzeitarbeitslosen – ist dies wenig produktiv. Es ist viel vernünftiger – im Regelfalle –, mit dem Geld, aus dem wir die Arbeitslosigkeit finanzieren, Arbeitsplätze und Beschäftigung zu schaffen. Wobei Sozialdemokraten sich über eines klarwerden sollten: So begründete Arbeitsverhältnisse können schlecht konkurrieren mit den Arbeitsverhältnissen, die aufgrund knapper Qualifikation einzurichten möglich sind.

So geht es in manchem Grundsatzstreit gar nicht im Ernst um das *OB*, sondern um das *WIE*: Die Probleme werden nicht durch Fixierung auf überkommene Regelungen gelöst, sondern es bedarf neuer Gestaltung, die dafür zu sorgen imstande ist, daß mit den Veränderungen die sozialen Belange neu und besser, der Zeit angemessen, geregelt werden. Wenn wir diesen Wandel nicht bewußt gestalten, wird sich die Modernisierung der Gesellschaft ohne unser Mittun, ohne die von uns gewollten sozialen Sicherungen durchsetzen. Die gesellschaftliche Dynamik wartet nicht auf die Parteien.

Allerdings muß darüber gewacht werden, daß angestrebte Flexibilisierungen und Deregulierungen tatsächlich zu einer Erhöhung der Freiheitsspielräume der Individuen führen und nicht lediglich zu einer Anpassung an betriebswirtschaftliche Wünsche der Unternehmen.

Das so gern in diesem Zusammenhang zitierte Plakat mit der Parole »Samstags gehört Papi mir« bezeichnet einen wichtigen Schritt auf dem Weg zur Verkürzung der Arbeitszeit, erinnert an die Durchsetzung der Fünftagewoche. Es gibt keinerlei Grund, diese soziale Errungenschaft aufzugeben, wenn sie nicht durch weitere Verbesserungen der Lage der Arbeitnehmer ersetzt wird. Samstag und Sonntag können also nicht zu normalen Arbeitstagen werden, es muß selbstverständlich bleiben, daß der Verzicht auf ein freies Wochenende mit besonderen, von den Tarifparteien zu vereinbarenden Zuschlägen oder mit entsprechendem Freizeitausgleich zu entschädigen ist.

Die notwendige gesellschaftliche und ökonomische Vitalisierung wird dazu führen, bisherige Formeln und Tabus zu sprengen. Aber wir müssen diese Veränderungen wagen. Die Linke muß überprüfen: Bis wohin bedarf es kollektiver Sicherungen, und was kann getrost dem einzelnen überlassen bleiben? Es ist sinnlos, generalisierende Debatten über den Sozialstaat an sich zu führen.

Innovative Reformpolitik muß die Gratwanderung zwischen Dynamisierung und Solidarität, zwischen menschlichen Schwächen, die man weder wegleugnen kann noch darf, und einer ordnungspolitischen Gemeinwohlorientierung immer wieder neu versuchen.

Eine ganze Reihe von Einrichtungen, die wir uns im Laufe der Zeit gegeben haben, sollten wir ab und zu befragen, ob sie noch zeitgemäß, effektiv oder ob sie sinnentleert seien. Und wir sollen uns ab und zu vergegenwärtige, daß es Dinge gibt, die zusammengehören, und solche, die nicht zusammenpassen. Wer die Option von Frauen stärken will, am Erwerbsleben teilzunehmen – nicht den Wunsch, sondern die Option –, der kommt für die nächsten zehn Jahre nicht um Arbeitszeitverkürzung herum. Wer die individuelle Arbeitszeit im relevanten Umfange verkürzen will, kommt nicht darum herum, Betriebszeiten von den individuellen Arbeitszeiten abzukoppeln. Wenn wir eine Frauenerwerbsquote haben sollten, die ähnlich hoch liegt wie die in Schweden, kommen wir wohl nicht darum herum, über die Ladenschlußgesetze neu nachzudenken. Ich weiß, daß diese Dinge weder in einem kausalen Zusammenhang stehen noch in einem bornierten mathematischen Zusammenhang nach dem Muster: Wer A sagt, muß auch B sagen. Sie liegen aber, wie dies der in seinen frühen Jahren sozialdemokratisch orientierte Ökonom Werner Sombart ausdrückte, in einem Sinnzusammenhang. Und Sinnzusammenhänge sind weder beliebig konstruierbar noch beliebig auflösbar.

Franz Steinkühler hat in seiner Rede vom 29. Oktober 1988 *Die andere Zukunft gestalten* den deutschen Gewerkschaften einen Platz an der Spitze und nicht im »Bremshäuschen der Reform« verteidigt. Die Linke kann nicht ohne Gewerkschaften die notwendigen Veränderungen vornehmen. Eine Frontstellung zu den Gewerkschaften ist unvernünftig.

Keiner sollte sich eine zu geringe Vorstellung davon machen, was es heißt, historisch gewordene Institutionen auf ihre Zweckmäßigkeit und ihre Sinnentsprechung immer wieder zu beurteilen. Diese »Reform unserer Vergangenheit« führt auf einigen Feldern zu Eingriffen in lieb gewordene Besitzstände, tangiert natürliche Trägheiten, rüttelt an Interessen. Die – mit ihr einhergehende – *Modernisierung des Staates* ist ein wagnisreiches, schwieriges, aber auch ertragreiches Konzept. Schwierig ist diese Reformbemühung deshalb, weil wir an vielen Stellen, wo wir Dinge durch Institutionen oder durch andere staatlich gesetzte Ordnungen geregelt haben, auf Marktsignale verzichten müssen, die anzeigen, daß wir »Knappheitsprobleme« nicht angemessen gelöst haben.

Im Prinzip war es 1966 bzw. 1969 richtig, davon auszugehen, daß es privaten Reichtum und öffentliche Armut gäbe. Heutzutage und angesichts der demographischen Entwicklung, die wir zu erwarten haben, sind die Dinge sehr viel komplexer geworden.

Sicher haben wir Überkapazitäten sowohl im Personalbestand als auch im Sachbestand der öffentlichen Verwaltungen. Ohne Zweifel macht ein veraltetes öffentliches Dienstrecht Schwierigkeiten, wenn nicht bei der Beseitigung, jedenfalls schon bei dem Abbau dieser Überkapazitäten. Dabei ist zuzugestehen, daß immer wieder neue Probleme anfallen, für die der Staat bisher keine Kapazitäten aufgebaut hat. In manchen Stadtverwaltungen haben wir aber ein Nebeneinander einer Fülle von Bauingenieuren, die kaum mehr etwas zu tun haben, weil die Stadt kein Geld mehr hat zu bauen, andererseits personell schlecht versorgte Kindergärten.

Eine – wie ich hoffe, alte – sozialdemokratische Wachstumsorientierung, die darin mündet, den Personalstand einfach aufzustocken, ohne für eine andauernde Re- und Umqualifikation im öffentlichen Dienst zu sorgen, stößt zu Recht an ihre Grenzen: Sie ist dem Bürger nicht zumutbar. Die Ökonomie in Deutschland hat gerade damit begonnen, Kriterien für die Effektivität der Organisation von Prozessen – insbesondere da, wo der Staat als Produzent auftritt – zu formulieren, die in eine Reformorientierung zur Veränderung dieser Prozesse einmünden sollten.

Bei der »Reform der Vergangenheit« gibt es weitere Bereiche, wo Reformbedarf besteht, ohne daß sich dieser Reformbedarf an Kriterien von Effizienz oder Ineffizienz alleine bemißt. Es gibt plausible Argumente dafür, daß die BürgerInnen, wenn sie denn genau wüßten, wieviel sie für den europäischen Agrarmarkt wirklich zahlen und was sie dieser buchstäblich kostet, sich verweigern würden und in einer ganz anderen Weise zu Sitzblockaden zu mobilisieren wären. Das europäische Agrarwesen mag einem manchmal scheinen wie die letzte Enklave, in der Bürokraten des »real existierenden Sozialismus« noch überdauern könten.

Oder: Ich weiß nicht, wie die Bürger entschieden hätten, wenn sie gewußt hätten, daß der Ausbau der Autobahnen auf Kurvengrenzgeschwindigkeiten von 150 km/Std. und mehr den Landschaftsverbrauch um ein Drittel erhöht und die Kosten explosionsartig in die Höhe getrieben hat. Es mag ja sein, daß die Bürger auch dann »freie Fahrt für freie Bürger« gewollt hätten. Aber man hat ihnen überhaupt keine Gelegenheit gegeben, zu wissen, was sie wollen sollten.

Effizienz da, wo der Staat als Produzent auftritt – auch um den Preis der Rationalisierung des öffentlichen Dienstes –, Transparenz da, wo es den Willen des Bürgers umzusetzen gilt: Das gehört zu einem vernünftigen sozialdemokratischen Reformprogramm.

III. Die Sozialdemokratie muß unterscheiden lernen, und zwar ohne schlechtes Gewissen, zwischen dem, was sie kann, und dem, was sie nicht können kann.

Wir befinden uns derzeit in einem kuriosen, ja stellenweise grotesken Verhältnis einer asymmetrischen Verantwortungszuschreibung: Während auf der einen Seite viele BürgerInnen den Politikern aller Parteien immer weniger zutrauen, mit bestimmten Problemen fertigzuwerden, werden just jene Politiker für eine Fülle von Schwierigkeiten verantwortlich gemacht, die ihnen angehängt werden wie ein Rucksack.

Martin Jänicke sieht in seiner Untersuchung *Staatsversagen. Die Ohnmacht der Politik in der Industriegesellschaft* – die politische Führung der Ministerien in Gefahr, zum »Instrument« der Bürokratie zu verkommen, für deren Fehler sie den Hut zu nehmen habe. Die Parlamentarier sieht er schlecht ausgestattet, in einer Fülle von Spezialmaterien versinken, darauf angewiesen, dem Urteil weniger Spezialisten zu folgen. Politik drohe in den westlichen Industriegesellschaften zum »Sündenbock« zu werden.

So werde das Selbstverständnis und die öffentliche Rezeption der Politiker in Frage gestellt. Sie geben sich als Macher, als Gestalter, Steuermänner, Lokführer einer Entwicklung aus, die sie lediglich von größeren Friktionen freizuhalten sich bemühen. Diese zunehmende Neigung der Politik, Führung nur darzustellen, führt zu vermehrter symbolischer Aktion, zu einem Schauspiel mit sinkender Glaubwürdigkeit.

Allzuoft argumentieren die Politiker heute damit, daß sie etwas täten »um der Glaubwürdigkeit willen«, ohne daß sorgfältig geprüft wird, ob es denn in dieser Situation das Richtige oder das Falsche ist. Glaubwürdigkeit kann so an manchen Punkten eher zur taktisch inspirierten Privatmoral geraten denn zu einem Ergebnis aufgeklärter Vernunft. Mit der Zeit drohen manche die Glaubwürdigkeit mit dem Recht auf die Treue zum eigenen Irrtum zu verwechseln. Nebenbei: Glaubwürdige Politik wird in Zukunft, wenn man den Wortblasen nicht mehr glaubt, am Gutgemachten sich orientieren und nicht am Gutgemeinten – und darin liegt eine Portion wirklicher Emanzipation. Wenn Politik dabei ihr Ideologierepertoire entrümpelt, braucht sie um Zustimmung nicht zu fürchten. Jedes seit langem bekannte und gleichwohl ungelöste Problem indes gefährdet nicht nur die Kompetenzvermutung zugunsten der regierenden Partei, sondern die Autorität des Staates und seiner Instanzen.

Es bewegt sich etwas in dieser Gesellschaft: Wirtschaft und Forschung modernisieren unsere Lebenswelt, und diese Modernisierung entpuppt sich mit der Zeit als fundamentale gesellschaftliche Veränderung. Ulrich Beck schrieb jüngst in seinem Buch *Risikogesellschaft*, daß die tiefgreifendsten gesellschaftlichen und technologischen Entwicklungen am wenigsten demokratisch legitimiert seien und daß diese Gesellschaft ihres Steuerungszentrums verlustig ginge – weder Politik noch Wirtschaft, weder Wissenschaft noch Technik hätten faktisch ein Gestaltungsprimat und könnten sich als Souverän des Hier und Jetzt fühlen.

In der Tat gibt es weltweit die »Gleichzeitigkeit des Ungleichzeitigen«. Was weder Kaisern noch Päpsten je gelungen ist, ihre weltliche oder geistliche Ordnung universell zu setzen, ist der naturwissenschaftlich gestützten

Technik gelungen: Sie hat nahezu den letzten Winkel der Erde erreicht. Im Prinzip bauen die Chinesen ihre Raketen nicht anders als die Russen, als die Amerikaner, als die Briten und als die Franzosen. Was nicht selbst produziert werden kann, wird importiert: Die Strände des Mittelmeers sind voll von Walkmen japanischer oder amerikanischer Produktion. Während die naturwissenschaftlich gestützte Technik nahezu universalen Charakter hat, gibt es eine Vielfalt der jeweils regionalen Ideologien, der Ordnungen, der Traditionen. Und nur im *Rückblick* haben wir manchmal eine Ahnung, wie sich die Lebensgewohnheiten durch sogenannte kleine technische Innovationen geändert haben. Die »Erfindung des Lichts« – die Glühbirne, d. h. das Unabhängigwerden vom natürlichen Sonnenlicht – ermöglicht erst die physikalische Zeit, die uns durch Quarzuhren zur Gewohnheit geworden ist. Flugzeug und Telefon haben die Kommunikationswege radikal verkürzt und geändert. Die Wassermühle, nahezu 2000 Jahre eine stationäre Technik, wird im 17. Jahrhundert in Frankreich zum Urahn der Dampfmaschine und damit der industriellen Produktion.

Mit jeder technologischen Entwicklung verändert sich aber nicht nur die äußere Welt, auch die »innere Welt« der Menschen verändert sich: ihre Verhaltensgewohnheiten, ihre Rezeptionsgewohnheiten, ihre Akzeptanzprinzipien und vieles andere. Die naturwissenschaftlichen Lehrbücher veralten heute im Durchschnitt nach sieben Jahren. Die Entwertung von Qualifikationen folgt ihnen meist unmittelbar auf dem Fuße. Die Diskrepanz zwischen Information und Erfahrung wird größer. Die Dynamik der universellen Vernetzung wird kompensiert durch das größere Gewicht regionaler Verwurzelungen. Überhaupt bewegt sich die Geschichte nicht *linear*, sondern nach dem Modus technologischer Innovationen und kultureller Kompensationen – da haben die konservativen Philosophen so unrecht nicht.

Was also kann Politik, die sich auf Verantwortung verstehen will, angesichts der Triebkraft technologischer und ökonomischer Innovation noch ausrichten? Ist sie zur Resignation gezwungen oder zur bloßen Donquichotterie? Ich meine, dies hängt stark vom Blickwinkel dessen ab, der zum Urteil sich befähigt fühlt. Deutschland im 19. Jahrhundert und Deutschland in der zweiten Hälfte des 20. Jahrhunderts unterscheiden sich sehr viel stärker als das Deutschland der zweiten Hälfte des 20. Jahrhunderts im Vergleich zu Schweden in der zweiten Hälfte des 20. Jahrhunderts.

Und vieles hängt davon ab, welche Unterscheidungen man zur Verfügung stellt, um Gesellschaften zu charakterisieren: Wer nur die Industriegesellschaft kennt, vielleicht noch präzisiert um das Adjektiv westliche, wird zwischen England und Schweden keinen Unterschied herausfinden. Wer nur in globalen und abstrakten Kategorien zu denken gelernt hat – eine noch nicht ganz verschwundene theoretische Attitüde –, wird die Unterschiede zwischen einer Bundesrepublik unter der Regierung Willy Brandts und einer Bundesrepublik unter der Regierung Helmut Kohls marginalisieren. Wer aber ansetzt bei der Alltagserfahrung, insbesondere bei der Erfahrung der Unterprivilegierten einer Gesellschaft, weiß um den Unterschied einer mehr oder minder solidarischen Konstruktion der gesellschaftlichen Wirklichkeit und einer Willkürordnung.

Vielen ist es zu wenig, daß Politik sich darauf beschränkt, die soziale und kulturelle Kompensation des technologischen Innovationsprozesses verantwortlich zu gestalten. Sie wollen gleichsam ins Zentrum der Bewegung, sie wollen den Prozeß der technologischen Entwicklung selbst unter die Botmäßigkeit des Politischen zwingen. Mir fällt es schwer, den Primat des Politischen, diese antike Daseinsform – sollte es sie je gegeben haben –, bruchlos auf das 20. Jahrhundert zu übertragen. Eine Politik, die eine technische Entwicklung erst dann erlaubt, wenn alle Nebenwirkungen bekannt sind, würde in Kauf nehmen müssen, so vermute ich, daß wir darüber noch heute auf dem Forum debattieren würden.

Gleichwohl: Es ist nicht zu leugnen, daß es im 20. Jahrhundert einige technologische Veränderungen gibt, die sich nicht durch das Ausmaß der mit ihnen verbundenen Veränderungen allein, sondern durch die Art der mit diesen Veränderungen verbundenen Gefahren auszeichnen.

Vorneweg: Es gibt Stellen, da hat sich die Politik zu *viel* in die Technik eingemischt. Daß in der Bundesrepublik der Katalysator qua Verordnung festgeschrieben wird – oder steuerlich privilegiert –, verhindert wohl eher die Suche nach einer besseren Lösung, als daß es dazu motiviert.

Die Behörde verordnet dem Konzern »wirtschaftlich vertretbare« Grenzwerte, und dann hat die Chemie eine Rechtfertigung für die Einleitung der Gifte und muß, selbst wenn es technisch möglich wäre, keine weiteren Anstrengungen zum Gewässerschutz übernehmen. Mit dem Grenzwert kann die Industrie wunderbar leben, sie hat eine öffentlich vorzeigbare amtliche Legitimation.

Diese Feststellung läßt sich nicht als Argument gegen Grenzwerte kehren, sondern macht die strukturelle Schwäche eines politischen Instruments deutlich, das allerdings verbesserungsfähig ist.

Die Politik sollte bei ihrem berechtigten Bemühen, technische Entwicklungen viel früher zu kennen, zu beurteilen und demokratisch zu kontrollieren, die Innovationsfähigkeit der Industrie deutlicher herausfordern. So muß uns eine festgelegte Höchstmenge an Giftstoffen im Autoabgas nicht daran hindern, weitere Reduktionen zu belobigen mit dem Ziel, einen Wettbewerb um das sauberste Auto zu befördern. Was spricht denn dagegen, die Nachfrage nach jenen Autos zu beleben, deren Abgase noch besser gereinigt werden, indem man den Kauf solcher Autos steuerlich begünstigt? Ein solches Verfahren könnte dann alle paar Jahre dem erreichten Stand der Technik angepaßt werden. Die Politik muß über mehr Angebote nachdenken, die jenes Verhalten privilegieren, das man gesellschaftlich anstrebt. Wenn wir weniger Müll produzieren wollen, können wir uns nicht mit dem moralischen Lamento begnügen und zusehen, daß Müll zu produzieren bequemer und profitabler ist, während Müll zu vermeiden kompliziert, teuer und zeitintensiv. Das könnte übrigens auch dazu führen, staatliche Einnahmen öfter nicht mehr qua Herrschaftsfunktion einzufordern, wie die allgemeinen Steuern, sondern als Abgaben, die an Kollektivinteressen geknüpft sind und wünschenswertes Verhalten mobilisieren. So muß es selbstverständlich werden, die ökologischen Kosten bei Abwasser- und anderen Abgaben in Rechnung zu stellen.

Es ist ungemein viel zu reformieren auch an unserem ständisch geprägten Wirtschaftssystem. Wenn man bedenkt, welche Restriktionen des Zugangs im Handwerksbereich durch Meisterrollen und Kammern gegeben sind, kann nur gefolgert werden: Auch hier ist viel Flexibilisierungsarbeit zu leisten. Hier, wo sie häufig notwendig wäre, um Dynamik zu erzeugen, lassen die Konservativen ja die Finger von ihrer so groß angekündigten »Deregulierung«. Sie schreiben Bücher gegen den Verbändestaat und bewegen nichts!

Flexibilisierung nur von staatlicher Bürokratie oder den Arbeitnehmern zu fordern, ist zu wenig – große Flexibilisierungsanstrengung muß im Bereich der Wirtschaft selbst geleistet werden. Und immer da, wo der Bürger vernünftig selbst entscheiden kann und wo diese Entscheidungen das Gemeinwohl zumindest nicht stören – ihn dazu zu befähigen, ist nicht nur eine Aufgabe der Bildungspolitik, sondern auch der Transparenz der Entscheidungssituation –, haben der Staat und eine Partei wenig zu suchen.

In Wahrheit geht es um die demokratische Legitimation solcher Technologien, die mit einem Zwangskonsum verbunden sind, mag man sie wollen oder nicht. Aus heutiger Sicht stellt sich die Frage nach einer demokratischen Legitimation auf dem Felde, wie wir unsere Energieversorgung organisieren und welche spezifischen Restriktionen die Gentechnologie und die Neurobiologie erfordern.

Hier ist nicht der Ort, um diese Dinge im einzelnen zu behandeln. Aber: Die Probleme, die hier in Rede stehen, sind im Normalfall ganz anderer Natur als die Fragen, die in Meinungsumfragen den Bürgern vorgelegt werden. Ein bloßes »Ja« oder »Nein« zur Atomkraft verschüttet eher das Problem, als daß es das Problem zu begreifen hilft. Gerade bei der Lösung unserer Energieversorgung geht es um die Wahl zwischen alternativen Entwicklungen und um die Einübung praktischer Urteilskraft. Auch wer nein sagt, wird um die Konsequenzen nicht herumkommen, die mit diesem Nein verbunden gedacht werden müssen.

Wie bei der Organisation des gesellschaftlichen Lebens – die traditionelle Linke hat dies politische Ökonomie genannt – geht es auch bei der technologischen Entwicklung darum, einer möglichst fehlerfreundlichen Ordnung das Wort zu reden, einer solchen, die ihre Irrtümer noch im System korrigieren kann.

IV. Die Sozialdemokratie muß unterscheiden lernen zwischen dem, was sie zur Geschichte zählt, und dem, was bloße Historie ist.

Politik, die sich realitätsgerecht weder als Nabel der Welt noch als bloßes Epiphänomen begreift, muß sich um das kümmern, was der Fall ist. Sie muß zumindest eine Ahnung davon haben, welche der gegenwärtigen Prozesse bloße Modeerscheinungen sind und welche zur vorhersehbaren Geschichte dazugehören. Ohne Anspruch auf Vollständigkeit greife ich einige, politisch sehr folgenreiche Geschehnisse heraus:

– Die grundlose Ungleichstellung von Frauen gegenüber Männern kann auf Dauer weder rationalisiert noch legitimiert werden;
– die mit der technologischen Dynamik verbundene Dequalifikation bzw. Qualifikation von Bildungsprozessen fordert und ermöglicht eine Neustrukturierung des Bildungssystems;
– die Arbeit hat Zukunft – aber die Berufsrolle im herkömmlichen Sinne verliert ihre prägende Funktion.

Der unterschiedliche Zugang zu den Bildungsinstitutionen war ein markanter Grund für die Ungleichstellung der Frauen. Wer immer auch an der Regierung in diesem Lande ist: Keine Regierung wird es gewaltfrei schaffen, den Prozeß der Teilhabe der Frauen am öffentlichen Leben wieder rückgängig zu machen. Er ist Teil unserer Geschichte – und folgenreich. Er konfrontiert die gegenwärtige konservative Regierung bis ins Mark mit ihrer Familienideologie. Was immer die gegenwärtige Regierung dazu tut – auch Akzeptierbares –, um die Zahl der Kinder in Deutschland zu erhöhen, um die Familien zu stärken, um den Frauen die Vereinbarkeit von Familie und Beruf zu ermöglichen, führt im Ergebnis auch dazu, daß das ökonomische Fundament der Familie instabil wird.

Der voraussehbare Wandel des Ordnungsfundamentes Familie mag auch manchen Sozialdemokraten Schauder über den Rücken jagen: Auf Dauer kann sich aber eine an Aufklärung orientierte Partei nicht mit der kontrafaktischen Unterstellung begnügen, daß mit der Familie alles beim alten bliebe. Und wenn dem so ist, so müssen wir alles tun, um den Menschen zu helfen, mit ihrer latenten Orientierungslosigkeit besser fertigzuwerden. Das hohe Lied, das sowohl linke als auch rechte Ideologen derzeit dem Prozeß widmen, der als Individualisierung in die Soziologie eingegangen ist, verkennt, daß jede Emanzipation mit *Freiheit* und mit *Orientierungslosigkeit* zugleich einhergeht. Wir können nichts anderes versuchen, als diesen Prozeß institutionell abzumildern, und, wo es geht, zu kompensieren.

Hand in Hand mit einer möglichen Instabilität der Familie als primärer Sozialisationsinstanz gerät die Rolle des Berufes als sekundärer Sozialisationsinstanz ins Wanken. Wer, wie die Konservativen, glaubt, es weiterhin mit den standardisierten Normalbiographien des 19. und 20. Jahrhunderts zu tun zu haben, wer glaubt, die Fundamente unserer sozialen Sicherheitssysteme allein auf die Berufsbilder gründen zu können, der ist der Zeit nicht voraus, sondern hinkt ihr mühsam hinterher.

Was folgt daraus, wenn der kämpferische, revolutionäre Solidaritätsbegriff als notwendiger Zusammenschluß jener, die in der gleich schlechten Lage sich befinden, abgelöst wird vom Bündnis jener, die Sozialpolitik brauchen, mit denen, die sie wollen? Selbst die modernen Mathematiker der Spieltheorie rechneten uns neuerlich vor, wie überkommen ihre alten Formeln sind.

Richtig sei vielmehr, daß die »kooperative Strategie« den Nutzen langfristig am ehesten mehrt.

Wenn die SPD den Begriff der Solidarität nicht verspielen möchte, muß sie ihn neu inhaltlich füllen. An zeitgemäßen Beispielen ist nachzuweisen, daß die solidarische Lösung letztlich den Interessen aller dient. Die bereits dem Deutschen Bundestag vorliegenden sozialdemokratischen Initiativen zur sozialen Grundsicherung tragen dem Wunsch nach größerer Gerechtigkeit der sozialen Sicherungssysteme ebenso Rechnung wie der verstärkten eigenständigen Lebensplanung sowie der Sicherung der finanziellen Grundlagen des Sozialversicherungssystems. Die soziale Grundsicherung vereinfacht das Versicherungssystem und verschafft ihm neue Legitimation und damit Bereitschaft, einzuzahlen. Zugleich kann mit dieser Grundsicherung ein Fundament für gesellschaftliche Vitalisierung gelegt werden: Nach dem Muster »risikobereit, weil gesichert«.

In diese Grundsicherung muß auch jemand hinein, der sagt: »Ich will nicht arbeitslos sein, ich will mich selbständig machen, ich habe eine Idee für eine gesuchte Dienstleistung«, und wenn er damit scheitert, muß er wissen, er wird aufgefangen.

Dabei pflegen wir ein anderes Menschenbild als die Konservativen. Sie behaupten, wenn man den Menschen 900,– DM im Monat gäbe, würden sie sich auf die faule Haut legen und apathisch und trunken den Tag vor dem TV verbringen. Wir hingegen gehen davon aus, daß eine Grundsicherung, verbunden mit der Aufforderung, sich den Zusatzbedarf selbst zu erwirtschaften, die Menschen zur Aktivität ermuntert.

Inzwischen hat die Sozialhilfe systemwidrig die Dauerfinanzierung Arbeitsloser übernommen, die von der Arbeitslosenversicherung nicht mehr erfaßt werden. Sie gleicht zudem zu niedrige Rentenbezüge aus und ist zuständig für die Opfer des Scheidungsfolgerechts. Es ist nicht nur beklagenswert, daß die Sozialhilfe von den Kommunen kaum noch finanzierbar ist. Der ursprüngliche Gedanke an Beratung und Betreuung, an Hilfe zur Selbsthilfe ist längst verlorengegangen. Damit verfällt ein Leitbild eines funktionierenden Sozialstaats.

Die soziale Grundsicherung könnte zudem ein entscheidender Einstieg für SPD und Gewerkschaften bei der Öffnung zu flexibleren Formen der Arbeit und Arbeitszeitregelungen sein, da die Sorgen der Arbeitnehmer wesentlich geprägt sind von bislang noch absehbar negativen Konsequenzen im gegenwärtigen System der sozialen Sicherung.

Im Prinzip geht es darum: Die *Vitalität* einer Gesellschaft zu mehren, ohne auf das profane konservative Prinzip zu setzen, daß Not erfinderisch mache. Eines hat der ideologisch geprägte Konservatismus in England gelehrt: Not macht nicht nur erfinderisch, Not zerstört auch viele Energien. Das veraltete Prinzip der Organisation leistungsloser Unterschiede zwischen den Menschen – das ist eine Langfassung dessen, was ich konservatives Prinzip genannt habe – kann nur noch ideologisch und nicht mehr rational legitimiert werden.

Ich füge die Bemerkung hinzu: Erst wenn die ideologisch geprägte Ungleichheit der Frauen Zug um Zug zurückgeführt wird, können wir mit Spannung verfolgen, welche die tatsächlichen Unterschiede sein werden. Ich sehe diesen Prozeß nicht ohne Neugier. »Erst wenn die Gleichheit der Bedingungen geschaffen ist, kann von Ungleichheit gesprochen werden«, übermittelt uns Bertolt Brecht als alte chinesische Weisheit *(Me-ti)*.

V. Mehrheiten zu gewinnen, darf für die
Sozialdemokraten kein despektierliches Anliegen sein.
Um zu gestalten, dürfen sie sich nicht damit begnügen,
sich moralisch im Recht zu fühlen.

Die Grünen, die sich soeben noch im Getriebe der Politik den Charme der Unbequemen bewahrt haben, sind erstaunlich schnell in eine strukturelle Krise geraten, zur quasi »normalen Partei« retardiert. Politik kann nicht dauerhaft an guten Absichten gemessen werden. Eine politische Partei, politische Gruppierungen, deren Anhänger glauben, sie stünden prinzipiell für das Gute und böten schon deshalb eine wirkliche Alternative, laufen Gefahr, Gesinnung mit Gestaltung zu verwechseln und sich der gestaltenden Verantwortung zu entziehen, weil diese allemal Abweichungen von der reinen Lehre zumutet.

Symbolische Politik als Ersatz für tatsächliche Gestaltungsfähigkeit, Gerede statt Taten – das überlebt sich schnell, ist ohnmächtig und langweilig.

Bei den Konservativen ist die Euphorie der frühen achtziger Jahre spürbarer Ernüchterung gewichen. Der Glaube, man könne kaltes Machtkalkül zur politischen Idee stilisieren, hat sich als Illusion erwiesen. Auf ihrem Parteitag 1988 in Wiesbaden hat die CDU ihren Versuch, sich zu reideologisieren, abgebrochen. Helmut Kohl hat nun auch Heiner Geißler geschafft. Damit liegt die Union im Trend, denn auch in Großbritannien und den USA geben sich regierende Konservative weniger ideologisch. Die Reaktion beginnt, sich selbst zu organisieren.

Eine konsequente Machterhaltungsstrategie hätte innerhalb der CDU weniger Ärger gemacht, denn in ihren Zirkeln bedarf es keiner besonderen Legitimation, an die Macht zu wollen, zu regieren. Jedoch die konservative Politik wertemäßig aufzuladen und ideologisch zu verorten, hat der CDU ihr lange Zeit unbekannte Konflikte und Zerreißproben beschert. Es wurde offenbar, wie geteilt der Wertehimmel der Union tatsächlich ist.

Zudem ist die CDU ordnungspolitisch gescheitert, sie hat ihre lauthals verkündeten Ziele weit verfehlt. Allerdings ist ihr politisches Versagen gegenwärtig nicht mit einem rasanten Zuwachs an Kompetenzvermutung zugunsten der Sozialdemokratie verbunden. Es gibt keinen Anlaß, anzunehmen, daß nun der Ruf nach effektiverer staatlicher Intervention, Planung oder Rahmensetzung folge. Kurt Biedenkopf ist ein einsamer Rufer.

Niemand soll glauben, daß die Sozialdemokratie gleichsam durch den Fahrstuhl der Geschichte automatisch an die Macht zurückkäme. In einer Vielzahl von Fällen steht sie sich selbst dabei im Wege, manchmal so, als wäre das Stolpern ihre genuin-politische Gangart. Zwar wird man abwarten müssen, ob die konservativen Parteien im Lande auch mit einer Sowjetunion zu leben lernen vermögen, die friedfertiger ist, als sie es vordem war. Man kann den Konservativen nicht absprechen, daß sie sich bemühen und gewisse Erfolge erzielen.

Weit mehr fürchte ich die Fallen, die sich die Partei selbst stellt. Trotz kluger Köpfe und Warner in der Programmkommission selbst machen wir Sozialdemokraten uns gerade daran, ein Programm zu beschließen, das, weil es schon immer so war, mithin in konservativer Attitüde, eine Geltungsdauer von 30 Jahren postuliert. Wie wird hier Realität herausgefiltert? Bei der Dynamik der gegenwärtigen Entwicklung kann, so vermute ich, die Halbwertzeit eines Programms nicht sehr viel länger sein als die Halbwertzeit von naturwissenschaftlichen Theorien: sieben bis zehn Jahre vielleicht. Nur die Grundwerte sind von Dauer, sie müssen aber jeweils situationsangemessen expliziert werden. Mir ist ein intelligentes Programm allemal lieber als ein bloß mutiges. Auch in der Beschränkung wird manchmal Weisheit sichtbar. Wer hilft beim Ausfüllen der unverzichtbaren Werte – Gerechtigkeit – Freiheit? Wer gibt eine zeitgemäße Hilfe bei der Ethik des Kompromisses, der Gewaltfreiheit?

Ohne die mobilisierende und integrierende Binnenwirkung der Programmarbeit zu unterschätzen, die ihre eigene Bedeutung und Rechtfertigung hat, muß jedoch in Erinnerung gerufen werden: Das Programm, und sei es noch so gut und fortschrittlich, schafft keine Mehrheiten.

Nicht das Programmatische, sondern die praktische Umsetzung, die etwas mit den wirklichen Sorgen und Hoffnungen der Bürger zu tun hat, die erkannte Probleme wirklich löst, ist das eigentlich Inhaltliche der Politik.

Um in unserer Gesellschaft die unterschiedlichsten produktiven Kräfte zu mobilisieren, reicht es nicht aus, visionäre Perspektiven zu entwickeln, sondern es gilt, Etappen zu bestimmen und konkrete Problemlösungen anzugehen. Dabei muß die politische Ordnung so gestaltet werden, daß individuelle Interessen und die Vernunft des Ganzen nicht dauerhaft auseinanderfallen.

Die Verknüpfung von ökonomischem, ökologischem, sozialem, technologischem und kulturellem Fortschritt als Optimierung der Ordnungspolitik zu gestalten, ist *die* herausragende Zukunftsaufgabe der Gesellschaft und damit der Politik. Es macht doch keinen Sinn, die reale Vernetzung, die Zusammenhänge zwischen diesen Bereichen zu ignorieren. So wird, um nur ein Beispiel herauszugreifen, ökologisch unbekümmertes Wirtschaften über kurz oder lang mit Sicherheit zu einem ökonomischen Problem.

Diese Gesellschaft braucht dabei die Hilfe der Intellektuellen und Künstler. An sie geht der Appell, ihre Kunst, ihre Texte, ihre Filme, ihre Lieder in den Dienst der Aufklärung zu stellen. Weder der Gesellschaft noch den Künstlern und Intellektuellen ist geholfen, wenn sie über das öffentlich-rechtliche Fernsehen und die privaten Kanäle die Nase rümpfen, statt sich ihrer zu bemächtigen.

Warum soll Kulturarbeit, die von allen verstanden wird, qualitativ schlechter sein als jene, die nur eingeweihte Kreise zu erreichen vermag. Die politische Relevanz von Themen und Ansichten wächst mit ihrer Kommunizierbarkeit. Was hingegen allzu hochgestochen daherkommt, trägt zu Problemlösungen oft nichts bei, wird um sich selbst kreisender Metadiskurs.

In unserer politischen Wirklichkeit mangelt es ja nicht an grundsätzlichen Orientierungen oder vernünftigen Programmen, sondern an vernünftiger und mutiger Umsetzung, am praktischen Vollzug. Für all jene, die sich mit der Sozialdemokratie identifizieren, muß der Zusammenhang zwischen Wunsch und Realität gewahrt bleiben. Geht dieser Sinn für das Machbare verloren, folgt aus der Diskrepanz ein Konflikt, der sich zu der fast schicksalhaften Frage zuspitzen läßt: »Akzeptiert die Partei einen regierenden Sozialdemokraten als einen der ihren?« Wenn die Partei sich mit der Bejahung dieser Frage schwertut, kann sie nicht wirklich regieren wollen.

In der nordrhein-westfälischen SPD, die nunmehr seit über 22 Jahren regiert, ist jene alte politische Tradition wach geblieben, die darauf besteht, daß Aufklärung popularisiert und verbreitet werden muß, soll sie nicht zwischen Buchseiten verkümmern. Das Bestreben, Bündnisse zu organisieren und durch Bodenständigkeit allgemein Zugang zu unserer Politik zu ermöglichen, sind Tugenden, an die es anzuknüpfen gilt, denn die vor uns liegenden Aufgaben verlangen die Fähigkeit, Interessenkonflikte zu minimieren, um gemeinsame Anstrengungen für komplizierte Problemlösungen freizusetzen.

Die SPD war immer ein Bündnisunternehmen heterogener Gruppen, immer eine Volksschullehrer- und Arbeiterpartei. Der Spagat zwischen den Betriebsräten und ihren ökologisch orientierten und studierten Kindern, der die SPD angeblich in eine Zerreißprobe treiben könnte, ist in Wahrheit ihre Stärke: Die moderne Variante der Tradition, gesellschaftlich divergierende Kräfte zusammenzuführen.

In der Vergangenheit machte es Sinn, wenn Parteipolitik sich ideologisch auf die eine oder andere Seite schlug. Politiker waren zur Schlichtung in Tarifkonflikten ungeeignet, die CDU trommelte für die Unternehmer, die SPD für die Gewerkschaften. Diese Scheidung taugt nicht mehr.

Zeitgemäße Politik muß also Synthesen bilden, muß zusammenführen, zugleich aber Spaltung, Benachteiligung und Unterprivilegierung zurückweisen. Diese »Versöhnung« ist ein Gegenentwurf zu einem von den Konservativen geförderten sozial ungebundenen Individualismus, der Verantwortungslosigkeit meint, zu einem Egoismus, der sich um die gesellschaftlichen Kosten privater wirtschaftlicher Erfolge nicht schert. Das von Johannes Rau formulierte Politikkonzept »Versöhnen statt spalten« könnte sich schneller als eine der bedeutendsten politischen Innovationen der letzten Jahre herausstellen, als oberflächliche Besprecher es zu träumen wagen.

Wer außer der SPD sollte diesen zusammenführenden Diskurs denn führen und dafür sorgen können, daß für die notwendigen Veränderungen, die sie in der Tat eine Weile vernachlässigte, letztlich gesellschaftliche Mehrheiten gewonnen werden?

György Konrád
Plädoyer für eine interkommunikative Architektur in Europa
Künstlerische Artikulation unseres Raum-Zeit-Erlebens

Die meisten Menschen träumen gern, und je mehr sie sich die künstlerische und die kindliche Fähigkeit des Sich-Wundern-Könnens und der unbefangenen Sehnsucht bewahren, desto eher trifft diese Behauptung zu. Die menschliche Phantasie ist eine Utopienfabrik. Dennoch mag es sein, daß sich der Mensch seiner Träume schämt, da diese in der Welt erlernter Werte mit mancherlei Realitätsprinzipien in Konflikt geraten, deren gemeinsame Eigenschaft darin besteht, das Persönliche und das Freie zu disziplinieren; das Unterhaltsame erhält einen grauen Anstrich, das Überraschende wird der Routine angepaßt, und dies geschieht immer im Namen eines höherwertigen Allgemeinguts. Natürlich enteignen diese mannigfachen Realitätsprinzipien auch die Utopie, und sie fabrizieren institutionelle, großindustrielle, serienmäßig produzierbare, quantomanische und kollektive Utopien, die eher dem administrativen als dem kreativen Menschen ähneln.

Glauben Sie ja nicht, daß ich den Begriff des kreativen Menschen den Künstlern und den Wissenschaftlern vorbehalten möchte. Ich bin überzeugt davon, daß jeder Sterbliche, sofern er Herr seines eigenen Lebens ist, kreativ sein kann. Sofern er das, was ihm zu Gebote steht, seine Zeit, künstlerisch gliedert. Zeit aber existiert für den Menschen nicht ohne Raum. Präzisieren wir also unsere Definition: Der kreative Mensch gliedert sein Raum-Zeit-Erleben künstlerisch. Selbst wenn er hinuntergeht in das Geschäft an der Ecke, so kann dieser Weg für ihn ein Raum-Zeit-Erlebnis sein, ein alle Sinne mobilisierender Schelmenroman, aber auch eine langweilige Wiederholung. Abhängig unter anderem davon, ob unser Mensch lieber einem Säugling ähneln will, der von der Außenwelt erwartet, daß sie ihm den Nuckel in den Mund steckt und der beim Ausbleiben des Nuckels nörglig wird, oder aber ob er sich lieber für das Verhalten eines kleinen Kindes entscheidet, das sich schon stundenlang allein beschäftigen kann.

Von der Neigung unseres Menschen hängt es ab, wovon er sich mehr angezogen fühlt, vom Normgemäßen, vom Mechanischen, vom Unpersönlichen, vom Funktionalen, vom Reduktiven, von der Abstraktion des Typs Nicht-anders-als, oder aber ob er noch fähig ist, die Augen aufzumachen, ob er fähig ist, seine Füße zu gebrauchen, ob er fähig ist, aus der Vielfalt der Wahrnehmungen seine kleine Tages-Flanieretüde zu komponieren.

Da es nun einmal eines jeden Menschen Gewohnheit ist, seinen Fuß gelegentlich vor die Tür zu setzen und innerhalb einer bestimmten Zeit einen bestimmten Raum zu durchqueren, in der Fortsetzung seiner inneren Wohnung, in der Wohnung, die sich Stadt nennt, deren kollektiver Eigentümer er ist, unter anderem mit dem Recht der von ihm bezahlten Steuern, ist er auch Eigentümer dessen, was er betrachtet. Jedem Menschen bieten sich fortwährend Gelegenheiten, neue Wahrnehmungen von seiner an Einzelheiten reichen Umgebung zu einem Strauß zu binden. Wenn es eine an Einzelheiten reiche Umgebung gibt! Wenn Raum und Zeit nicht allzu langweilig sind! Kann man einem Menschen oder einer Stadt ein deprimierenderes Attribut verleihen, als daß sie langweilig seien? Langeweile bedeutet, daß nichts geschieht. Für den Fußgänger ist die autogerechte Stadt langweilig. Müssen wir uns tatsächlich isoliert voneinander in einen Kasten sperren lassen, wo wir von den anderen lediglich über den Bildschirm eines kleinen flimmernden Gehäuses hören? Verfügen wir in Europa über soviel Raum, daß wir in der Stadtentwicklung die Amerikaner nachahmen müssen, die Raum im Überfluß besitzen? Müssen wir den Weg der amerikanischen Stadtplanung beschreiten, einer Stadtplanung, die ihren eigenen Reiz und innere Konsistenz und die auch ihre Vernunftmäßigkeit besitzt, die aber selten mit den Inspirationen rechnete, wie sie beschränkte Räume und in die Tiefe gehende Zeit mit sich brachten?

Im Gegensatz zum Diffusen ist als europäische Tradition eher die Densität zu sehen, hier in Europa können wir uns gegenseitig bestens auf die Nerven gehen, hier können wir uns voreinander nicht in unbewohnten Raum flüchten, weshalb der Frage dramatische Bedeutung zukommt, ob wir über eine Existenz des angenehmen Nebeneinander hinaus, welche dem amerikanischen Muster entspricht, intelligente Lebensstrategien entwikkeln können, komplexe und flexible Lebensverhältnisse, denn von allen Leistungen ist die ordnende Weisheit der menschlichen Angelegenheiten die höchste.

Deshalb dürfen wir behaupten, daß die Stadt als Kunstwerk, als geschaffenes und sich formendes Lebensgeflecht das beste ist, was unsere Zivilisation aus sich hervorgebracht hat. Und dies verleiht der Forderung Nachdruck, mit unseren Städten nicht ebenso umzugehen wie mit unseren Flüssen. Unerwähnt bleibt hierbei, daß die Wertung der Kriegskunst bei einer derartigen Siedlungsdichte schwierig ist. Viel haben wir gemordet, und viele Tode sind wir gestorben, so daß wir nunmehr im Umgang miteinander rücksichtsvoller sein wollen.

Auch wissen wir bereits, welch heikle Aufgabe es ist, auf diesem kleiner gewordenen Erdteil miteinander auszukommen. Es erscheint also begründet, daß sich der selbstsichere Planungsgeist durch kontinuierliche Selbstbeobachtung korrigieren muß. Eine Möglichkeit der Selbstbeobachtung besteht in der Distanz zu uns selbst, um uns mit anderen vergleichen zu können. Zurückblikend von einem fernen Kontinent auf uns selbst können wir sagen, Europäer ist jemand, der eine Ahnung hat von der Geschichte seines Wohnorts, man kann also sagen, gemeinsam lebt er im Raum mit den Menschen aus alten Zeiten. Europäer ist, wer es mag, daß vielerlei anzutreffen ist auf engem Raum, denn er langweilt sich nicht gern. Europäer ist, wer Anspruch erhebt auf die interessante Vielfalt menschlicher Ereignisse. Zeitkultur und Raumkultur gründen sich auf zwei verschiedene Paradigmen, berechtigterweise steht ihnen ein jeweils eigenes Selbstbewußtsein zu.

Wer schon in einem richtigen Dorf gelebt hat, der weiß, daß auch dort eine Straße reiche Eindrücke vermitteln kann, wenn wir beispielsweise bereit sind, eine Ziege oder einen Fliederbusch zu betrachten. Der Abwechslungsreichtum während eines Spaziergangs hängt also nicht von der Siedlungsgröße ab. Der Abwechslungsreichtum eines Spaziergangs – sofern wir angesichts eines künstlerischen Raum-Zeit-Erlebens Anspruch erheben auf eine glückliche Kollaboration von Äußerem und Innerem, von Blick und Sehenswürdigkeit, von Geruchsorgan und chemischer Umwelt, von Trommelfell und akustischem Hintergrund –, mit einem Wort, der erfolgreiche Ausgang des Spaziergangs hängt vom Detailreichtum, von der Diversität ab.

Wenn die Umgebung langweilig ist, werden nach und nach auch ihre Bewohner langweilig, langweilig und gelangweilt, was einem schönen Circulus vitiosus gleichkommt, denn sie selbst werden dann zugleich auch die Schöpfer der Langeweile, die Hüter der Langeweile und die Zensoren der Langeweile, für deren Begabungsentfaltung sich auch im kleinen Familienheim Möglichkeiten eröffnen, denn dort sind die Minderjährigen, eine Weile noch sind sie Anarchisten, und bis es gelingt, auch aus ihnen, wie es sich gehört, Langweiler zu machen, solange können auf der ebenen, ereignislosen, funktionalen, homogenen Oberfläche der Langeweile angstmachende Risse entstehen.

Wir Menschen sind phantastisch begabt, wenn es darum geht, uns gegenseitig zu langweilen. Zu dieser soliden Schlußfolgerung gelangte ich nach Beobachtung der Fernsehprogramme in zahlreichen Ländern. Zu dieser Konsequenz gelangte ich als Teilnehmer zahlreicher Konferenzen. Zu dieser Erkenntnis gelangte ich, nachdem ich zahlreichen designierten oder aus der Rivalität siegreich hervorgegangenen Politikern ins Gesicht gesehen hatte (um von ihrem Text hier nicht zu reden).

Und es gibt wirklich keinen Grund, daß ich mit Anerkennung für die ostwestliche Architektengemeinschaft geize, dennoch: So viele langweilige Häuser und Stadtviertel, wie sie unsere zeitgenössischen Architekten den nach uns kommenden Generationen als Denkmal hinterlassen haben, gewissermaßen als geistiges Selbstporträt unserer Zeit, war vielleicht keine einzige Generation zuvor in der Lage hervorzubringen. Man kann Städte bauen, in denen der Mensch nicht frei ist. Wo du nicht Flaneur sein kannst, dort kannst du auch nicht frei sein. Der Spaziergang ist eine Selbstdarstellung, keineswegs eine unzeitgemäße Nostalgie. Wenn wir die Schauplätze der Interkommunikation verringern oder gar beseitigen, dann können wir geistlosere, materialistischere und untertänigere Stadtbewohner produzieren. Wir können eine Umwelt schaffen, in der die Persönlichkeit kontinuierlich verkümmert und in der der Mensch in seinem Bestreben nach Selbstverwirklichung behindert wird. Die Menge löblicher Gegenbeispiele, so wage ich zu behaupten, hat sich sozusagen im Kampf gegen die herrschende Windrichtung durchsetzen können, gegen antiurbane urbanistische Doktrinen und Menschenbilder.

Lassen Sie uns wiederholen, gleich und gleich gesellt sich gern, der Langweilige freut sich über den Langweiligen. Doch damit gibt er sich nicht zufrieden, er entwirft seine welkmachenden Philosophien. Beispielsweise sei der Mensch eine ersetzbare Teileinheit, ein untergeordnetes Ding in einem höherwertigen Ganzen. So denkt jede Art von Etatismus über den Zivilisten, über die Person, er will sie eingliedern, kneten, glätten, in ein Schema einfügen. Auf einer niedrigeren Stufe der Industriegesellschaften ist dies sogar eine durchaus normale Idee. Produktionseinheit, Verbrauchseinheit, Produktion und Reproduktion, sittliche Aufgabe des Menschen ist es, sich dem größeren Ganzen unterzuordnen, dem Apparat, der Organisation, gelegentlich kann hierunter im unmittelbaren physischen und im weitesten politischen Sinn des Wortes auch ein Militärlager zu verstehen sein.

Ich lebe in einem Land, wo es in meiner Jugend natürlich war, daß die Politiker von den Menschen als den Massen sprachen, so in der Mehrzahl, wo das Schulkind durch seine guten Lernergebnisse das Friedenslager stärkte und wo die Ehre identisch wurde mit dem Dienst am Kollektiv, was makellose Hingabe bedeutete an den Parteistaat beziehungsweise dessen Führer, in denen das Kollektiv seine Verkörperung erfuhr. Diese Mentalität, so meine ich, kann auch in dieser Stadt nicht als ein nie bemerktes Phänomen betrachtet werden.

Wenn das Individuum für das höherwertige Ganze einzustehen hat, dann ist es zum Beispiel durchaus verständlich, wenn den kleinen Dörfern die Existenzberechtigung abgesprochen wird, weil sie nicht wirtschaftlich betrieben werden können, weil die Schaffung von größeren zentralisierten Einheiten zweckmäßiger ist, um von dort aus die Führungsaufgaben bequemer bewältigen zu können, und so weiter. Also muß man ihnen Schule und Gemeindeverwaltung nehmen. Selbst in den siebziger Jahren noch war ein solches Denken in den Ingenieurbüros und im Planungsamt von Budapest unter jungen und gebildeten Architekten und Volkswirtschaftlern, die mehrere Sprachen sprechen und die Fachliteratur kennen, durchaus verbreitet. Nicht einmal Parteimitglieder waren sie, sie waren eher kirchlich gebunden, dennoch waren sie der Macht der Planungsratio keineswegs feindlich gesinnt. So wurde schließlich die Bautätigkeit in den Außenbezirken praktisch unmöglich gemacht, man kriminalisierte die Bewohner von Einödhöfen, wenn diese ihr Haus instand setzten oder ausbauten, und viel Ärger mußten auch die Menschen in den kleinen Dörfern über sich ergehen lassen. Der sanftere, der ungarischere Weg der Auszehrung bestand in den siebziger Jahren in der systematischen Verelendung. In den achtziger Jahren wurde diese Siedlungspolitik von den zuständigen Stellen aufgegeben, doch bis dahin hatte diese Politik bereits viel Schaden angerichtet. Schöne und wiederbelebbare Stadtteile waren dem Erdboden gleichgemacht worden, um aus Betonfertigteilen errichteten Satellitenstädten Platz zu machen.

Der Stadtsoziologe hatte ein feineres Gespür dafür und konnte auch statistisch nachweisen, daß die zum Abriß bestimmten Häuser von deren Bewohnern nicht weniger geliebt wurden als die vom Wohnungsbaukombinat hingestellten Wohnungen. Daß ein Stadtteil ein äußerst kompliziertes Lebensgefüge ist, welches es einfach um seiner selbst willen zu schonen gilt, dies scheint man in Budapest allmählich zu begreifen. Allerdings kann die Schonungslosigkeit auch soweit gehen, daß die Führung eines Landes im Zeichen von Wirtschaftlichkeit und Modernisierung von dreizehntausend Siedlungen eines Staatsgebiets siebentausend mit Hilfe von Bulldozern von der Erdoberfläche verschwinden lassen will, um statt dessen Ackerland zu schaffen, und dies nennt sie Rekonstruktion des Siedlungssystems. Wenn Urbanisten mit ihrem Fachverstand solche Greuelvorstellungen unterstützen, wie sie gerade heute in Rumänien verwirklicht werden, dann können wir uns über die Verantwortung dieser politischen Urbanisten ebenso Gedanken machen, wie es vor einigen Jahren der internationale Verband der Psychiater tat, indem er die Verfechter der politischen Psychiatrie kollegial unter moralischen Druck gesetzt hat. Siebentausend Dörfer werden sie morden, organische Lebenseinheiten, und all dies im Namen einer urbanistischen Vernunft. Siebentausend Geschichten, eine Einheit von Häusern und Gegenständen, von Bräuchen und Sehenswürdigkeiten, die durchaus einen künstlerischen Wert repräsentieren, und zwar nicht nur in einem denkmalpflegerischen Sinn, sondern auch in jenem Sinn, wie die Emsigkeit einer alten Frau im Gemüsegarten oder ihr Traum in jenem Zimmer, in dem sie zur Welt gekommen ist, eben durch ihre Personalität, durch ihre historische Furchung, als künstlerischer Wert betrachtet werden kann.

Es sei nochmals betont, daß diese technokratische, destruktive Rationalität, durch die in ganz Mitteleuropa kaum weniger Häuser zerstört worden sind als im Weltkrieg, keineswegs böswillig war, und reinen Gewissens benutzte sie den Fachjargon der Städtebauarchitekten, Stadtökonomen und Tiefbauingenieure. Diesem Phänomen können wir noch nicht Lebewohl sagen. In Ungarn wird gerade jetzt durch eine technische Greuelvorstellung ein äußerst schöner Abschnitt der Donau kaputtgemacht, und ich kann wirklich versichern, daß eine angesehene Gruppe von ambitiösen Wasserwirtschaftlern engagierte Anhänger dieser umweltzerstörerischen Strategie ist. Zweifellos haben wir es hier mit einem echten Konflikt zu tun.

Die Zahl der Architekten nimmt ständig zu, die Architekten wollen bauen, und um bauen zu können, muß in unseren engen europäischen Räumen Bestehendes abgerissen werden, dies bedarf keiner Erklärung. Betrachten Sie es bitte nicht als Miesmacherei, wenn ich Architekten daran erinnere, daß ihr schöpferisches Interesse oft mit dem Fortbestand der ungeschützten Schöpfungen des Alltagslebens in Konflikt geraten kann. Am Zustandekommen dieser ungeschützten Bauten sind viele Menschen beteiligt, gemeinsam erschaffen sie, zumeist im Verlauf vieler Jahre, in ihrer kleineren oder größeren Siedlungsumwelt Lebensfülle und Detailreichtum. Wenn der Romanschriftsteller dem Architekten einen Rat geben darf, so würde er ihn zur Achtung vor der Zeit auffordern. Vor der unsichtbaren Zeit, die manchmal ebenso materiell und sichtbar wird wie das Geflecht von Runzeln auf einem alten Gesicht.

Gewiß spüren Sie, daß ich unzufrieden bin mit den postindustriellen, den postmodernen, den postkapitalistischen und den postkommunistischen Begriffen, sofern jene nur andeuten, was wir danach sein werden, wenn wir überhaupt sein werden, doch im Hinblick darauf, was das eigentlich ist, dem wir entgegensehen, darauf bleiben sie uns mit ihren utopischen Vorschlägen die Antwort schuldig. Da jeder die eigene Ware am meisten lobt und da jeder von sich ausgeht, sollten Sie sich nicht wundern, wenn ein Romanschriftsteller mit seiner eigenen romanhaften Vision herausrückt.

In meinem Utopia leben interessante Menschen, und auch die Stadt selbst ist interessant. Sowohl die Wohnung als auch deren Bewohner haben ein Gesicht. Wie sie sein werden, wie sie sich verhalten werden, läßt sich im vornherein nur vage vorstellen. Was mögen wir an einem Roman? Die Interaktion und Interkommunikation interessanter Figuren. Der Romanleser erinnert mich ein wenig an einen Touristen, der in einer aufregenden und unbekannten Stadt umherstreift, wo er sich vermutlich auch verirrt, seine Augen aber hält er offen, und dem Zufall hat er phantastische Begegnungen zu verdanken. Nun ja, die Stadt, die Straße kann auch für denjenigen, der dort sein ständiges Zuhause hat, voller unbekannter, unerwarteter, sogar abenteuerlicher Elemente sein, ebenso wie sich auch alte Eheleute gegenseitig überraschen können.

Zu dieser kontemplativeren und rücksichtsvolleren Haltung gehört eine Philosophie, derzufolge wir traditionelle Lebensformen im Namen angeblich höherer Prinzipien und Vernunftgründe möglichst nicht zerstören dürfen. Aufrufen möchte ich die Konfraternität der jungen europäischen Architekten zur Gewissensprüfung, ja zur Demut gegenüber dem Leben der anderen, vor allen Dingen zum Respekt vor der Persönlichkeit. Es wäre ein großes Unglück, wenn man die lokalen, die regionalen Kulturen nun statt im Namen des Nationalstaats unter dem Vorwand einer europäischen Integration zerstörte.

Die Architektur sollte eine Kunst des Fingerspitzengefühls sein. Sie sollte genau das Gegenteil von jener Megalomanie sein, die sich in so vielen europäischen Städten aus Modernismus, Machtwahn, Autoritätsstrenge und technischer Kaltsinnigkeit zu einem einzigen antihumanen Komplex zusammengefügt hat. Nicht nur wahnsinnige Diktatoren zerstören; auch das Bündnis von Geld und Freiheit kann unter dem Einfluß von Moden und Manien zerstören. Wertvolle Innenstädte in Westeuropa sind verschwunden, weil die Städte genügend Geld besaßen, um an ihrer Stelle, mitten im Herzen der Polis, trostlose Glas- und Betonmonster in die Höhe schießen zu lassen. Uns dezent einfügen in eine vorhandene visuelle Umgebung, ist eine ebensolche Kunst, wie in eine Gesellschaft einzutreten und diese zu beleben, nicht aber zu vereinnahmen und zu übertönen. Deshalb ist es einem glücklichen Umstand zuzuschreiben, wenn Architekten nicht mit allzu gigantischen Werkverträgen überschüttet werden, wenn sie sich korrigieren und ergänzen oder eben die wechselseitigen Einflüsse ausgleichen. Die Arbeit des Architekten bedeutet nicht nur Expansion, sondern ebenso auch findige Anpassung an Vorhandenes.

Nicht das historisch Gewachsene, sonden die Veränderung, nicht das Alte, sondern das Neue muß sich erst einmal beweisen. Und was von den Werken der Zeit gerettet werden kann, das lohnt sich zu retten. Der Begriff von einer zärtlichen und einfühlsamen Modernisierung hat, so stelle ich mir vor, einen Sinn. Der Architekt ist verantwortlich für die Dialektik von gestern und heute Inspiriertem. Guten Gewissens schlage ich dem Architekten diese selbstbeschränkende und selbstkritische Haltung vor, weil es wenig positivere Tugenden zwischen Himmel und Erde gibt als die Selbstbeherrschung.

Wenn wir vor einer Zeit stehen, in der dem Menschen für die Freizeit wenigstens ebenso viele Stunden zur Verfügung stehen wie für die Arbeitszeit, dann kann die

Idee von einer Stadt aufgeworfen werden, die sich um den Mittelpunkt Freizeit organisiert, in der sich ein zu Fuß erreichbares, zusammenhängendes Netz glanzvoller Zentren und weniger betriebsamer Übergänge dem Passanten anbietet. Wo ballt sich das Leben? Wo die Menschen vielerlei machen und gerade deshalb zusammenkommen. Lassen Sie sich bitte durch den Kopf gehen, ob die Lebens- und Stadtfunktionen räumlich auch heute noch durch alle möglichen ausgeklügelten Zoning-Prinzipien voneinander getrennt werden müssen, so wie gestern geschehen. Daß die eindimensionalen, monofunktionalen Stadtviertel leblos sind, bedarf keiner Erklärung. Und daß immer mehr Arbeiten in unmittelbarer Nähe der Wohnhäuser verrichtet werden können, weil jene der Bioumwelt nicht schaden, ist ebenfalls ein Gemeinplatz. Diejenigen Stadtteile, in denen pulsierendes Leben herrscht, sind multifunktional. Architektur ist Lebensorganisation. Beruf und Herausforderung des Architekten bestehen ja gerade darin, einem Stadtviertel durch neue Funktionen Farbe zu verleihen.

Ich möchte zurückkehren zu meinen einführenden Überlegungen. Für wen bauen Sie, für welche Sorte von Mensch? Ich würde es für das ehrlichste halten, wenn Sie für Menschen bauten, die so sind, wie Sie selbst, noch dazu in ihrer besten Form. So wie Ihre bezauberndste Liebe und Ihr lustigster Verwandter. Für Menschen, in deren Gesellschaft Sie gern verweilen würden. Denn Utopia ist eine Metapher für gute Gesellschaft. Für eine gute Gesellschaft, in der die Zeit komprimiert ist.

Ich schlage Ihnen vor, jene Idee in Ihre Überlegungen einzubeziehen, wonach in Europa das bevorzugte Vehikel auch weiterhin die Füße bleiben sollten, und als seine menschlichste Bewegungsform sollte der Stadtbewohner nach getaner Arbeit, nach dem Essen und Schlafen, nach dem Waschen et cetera den Spaziergang betrachten. Das Gehen also, ohne sonderlich verblendete Zweckmäßigkeit, einzig zu dem Behufe, daß währenddessen unsere kontemplative Fähigkeit zur Geltung kommen möge. Spaziergang an einem stillen Ufer und auf einer Promenade, ja dies sind dauerhafte Ansprüche. Und ich wage zu behaupten, der Maßstab für die Schönheit jeder bebauten Umgebung ist das Auge des Fußgängers. Und ich gehe sogar so weit zu behaupten, daß etwas nicht Schönes im Sinne von Beständigkeit auch nicht nützlich ist.

Arme Satellitenstädter – Versuchskaninchen künstlicher Reizarmut und fabrikmäßiger Hospitalisation. Arme Standardbewohner, die zwischen gleichförmigen Häusern auf Autostraßen kreisen. Zum Trost essen sie viel, und wegen ihrer damit einhergehenden Gewissensbisse joggen sie gelegentlich, spazierengehen aber können sie nicht mehr. Ziemlich oft ist das Produkt Mensch der produktivistischen Gesellschaft mit den Bewohnern der Geflügelfarmen verglichen worden.

Nun, wenn es etwas Gegensätzliches zu dieser Greuelvorstellung gibt, dann denken wir an eine Gesellschaft, die wir am liebsten eine künstlerische Gesellschaft nennen würden. Ihr symbolisches Subjekt ist der Künstler, dem vielerlei Stoffe und Medien zur Verfügung stehen, angefangen vom Ziegel und dem Wort bis hin zur Zeit, der aus dem Stoff des Lebens ein Werk formt. Es bleibt einem jeden selbst überlassen, wie er mit seiner eigenen und im großen und ganzen durchschnittlichen Lebenszeit wirtschaftet. Zeitkultivierung, Zeitgliederung, Zeitnutzung, Zeitkunst, dies sind korrelative Begriffe von Raumkultivierung, Raumgliederung, Raumnutzung und Raumkunst. Inspiration und Praxis gemeinsam verleihen der zwischen unseren Gegenständen verstreichenden Zeit Gestalt. Es genügt nicht, wenn jemand seine

Aufgabe fachlich zufriedenstellend löst, er muß in der Ausführung seines Berufs künstlerischen Ansprüchen genügen.

Ihrem Wesen nach ist die künstlerische Gesellschaft eine zivile Gesellschaft, die nicht hierarchisch-direktiv, sondern kontraktlich-kooperativ organisiert ist, wo zwei Menschen wie zwei Freunde zusammenarbeiten, nicht aber wie Vorgesetzter und Untergebener. Emblem der künstlerischen Gesellschaft ist das besondere menschliche Antlitz. Norm ist nicht das Bekommen, sondern das Geben, nicht die Bequemlichkeit, sondern die Konzentration. Das Inkognito des Künstlers ist der Bürger. Den Bürger trägt der Künstler wie einen gut geschnittenen Wintermantel aus reiner Wolle.

Auch ein stilles Lächeln, eine taktvolle Bemerkung kann eine künstlerische Geste sein. Der Raum steht der Kunst offen. Neugierig sind die Künstler aufeinander, Langeweile haben sie nicht gern, versessen sind sie auf die Agora, die Alltagszeit betrachten sie als Theater und Kino, Freizeit und kreative Zeit sind für sie identisch, sie erheben Anspruch auf Raum für Interkommunikation und Einsamkeit. Mit einem Wort, ihre Seele gleicht einem Pendel, vom Zurückgezogensein stürzen sie sich ins Getümmel und umgekehrt. Unaufhörliches Getriebe? Unaufhörliche Weltabgeschiedenheit? Wirklich gut ist keines von beidem. Pendler sind wir, einem inneren Bedürfnis gehorchend, wie wir auch zwischen der Konzentration tagsüber und dem Traum des Nachts hin- und herpendeln. Unsere notwendigen Pole sind Gedränge und Leere, Innenstadt und Wiese.

Abschied von der städtefeindlichen Urbanistik, die aus einem unbegreiflichen Grund verärgert gewesen ist über die Straße und den Platz, über das bunte Treiben und die Rendezvous der Stadtbewohner, Abschied von einer

Städteplanung, die die Interessen der Wohnungsbaugesellschaften höher veranschlagte als die Interessen der Stadtbewohner, die stolz in den Planungsbüros die winzigen Modelle betrachtete und die ihre Intervention in den Leib der Stadt um so kreativer wähnte, je mehr solcher kleinen Styroporklötzchen sie auf jenem großen grünen Brett verschob. Und wenn wir schon vom Körper sprechen, gegenüber der Stadt gebärdete sie sich eher als Chirurg, nicht aber als Internist. Mit einem Wort, Abschied von der Hypertrophie eines fachlich-korporativen Ego. Als anziehendes Trugbild steht eine Stadt vor unserem geistigen Auge, die außer dem Planer sehr viele Subjekte vorzuzeigen hat und deren gleichberechtigtes Subjekt auch derjenige ist, den es zufällig dorthin verschlagen hat, ein Passant, der dort noch nicht einmal ansässig ist, der dessenungeachtet mit einer ihm geltenden Architekturbotschaft erfreut werden muß.

Vor dem geistigen Auge des Romanschriftstellers schwebt das Bild von einer Stadt, in der die Generationen auch nach ihrem Tod durch die von ihnen geschaffene Umgebung miteinander im Dialog bleiben, wo das Persönliche seine Rechte vom Normativen zurückerobert, wo die Menschen, statt die Auspuffgase des anderen zu inhalieren, sich lieber lohnenswerte Geruchserlebnisse zuteil werden lassen, angefangen vom Essensgeruch bis hin zum Duft der Rosen. Von einer Stadt phantasieren wir, in der besser der Lärm von Schritten durch die Fenster dringt als Motorengeheul, in der auch abends Lichter und Ereignisse zu einem viertelstündlichen Fußmarsch verlocken, in der wir ein Programm nicht nur konsumieren, sondern auch selbst füreinander veranstalten, wozu wir auf dem Spielplatz noch fähig waren.

(Aus dem Ungarischen von Hans-Henning Paetzke)

Gerda Lerner
Blick auf das Jahr 2000

Wie sollen wir uns die Zukunft nach dem Jahr 2000 vorstellen? Angesichts des gegenwärtigen Zustandes unserer Welt können wir uns dieser Frage entweder mit tiefem Pessimismus nähern und antworten, es sei wenig wahrscheinlich, daß die Welt bis ins 21. Jahrhundert überleben werde, oder wir können ihr mit einer völlig utopischen Vision begegnen. Eine solch utopische Sicht wäre vielleicht sogar viel zweckmäßiger als die abgenutzten, überaus unpassenden, auf Weisheit des 19. Jahrhunderts beruhenden Klischees, die Politiker, Staatsmänner und hohe Militärs unentwegt wiederholen. Wir müssen in dieser schlechtesten aller Welten handeln, als sei sie gut; tun wir dies nicht, sind wir zu Entfremdung, Anomie, Verzweiflung und, schlimmer noch, zur Ohnmacht verdammt. Mit dieser Ambivalenz nähere ich mich der Frage, um die es hier geht.

Im 20. Jahrhundert haben wir die atomare Revolution, die Medien- und die Kybernetikrevolution erlebt, von verschiedenen politischen Revolutionen ganz zu schweigen. Der Erste Weltkrieg bedeutete das Ende der sicheren Welt der imperialistischen Mächte und ihrer Herrschaft über die Kolonialgebiete. Autoritäre und faschistische Regime unterschiedlicher Art ersetzten den Lockeschen Gesellschaftsvertrag durch willkürliche Machtausübung. Der Holocaust, Triumph des Bösen in den »zivilisiertesten« Nationen der Welt, ließ »den Tod Gottes« Realität werden und zerstörte unwiederbringlich den Glauben der Menschen an die Fortschrittsidee, die den Rationalismus der Aufklärung getragen hatte. Der Zweite Weltkrieg löste keineswegs sein Versprechen ein, den Sieg des Guten über das Böse herbeizuführen und die Menschheit von der Gewaltherrschaft zu befreien, sondern er brachte Bombenteppiche auf Zivilisten durch konventionelle Waffen und schließlich die äußerste und mutwillige Destruktivität von Hiroshima und Nagasaki. Es folgten vierzig Jahre »kalter Krieg« zwischen den atomaren Supermächten, der in einer Sackgasse endete, in Ernüchterung, darin, daß in den hochentwickelten Nationen bürokratische Mittelmäßigkeit obsiegte und die Kluft zwischen den Reichen und den Armen dieser Welt unaufhaltsam breiter wird.

Neue Technologien, vor allem Waffen für die Kriegführung aus der Luft, haben Grenzen zu Land bedeutungslos werden lassen. Nun ist der Planet durch Massenkommunikation verbunden; die Welt ist geschrumpft, und das nationale Interesse wird heute so definiert, daß es weit außerhalb der eigentlichen Staatsgrenzen liegt. Multinationale Konzerne beherrschen die Weltwirtschaft und ihre reale Macht übertrifft die Macht der nationalen Regierungen.

Die Außenpolitik der Supermächte konzentriert sich zwar seit siebzig Jahren auf die ideologischen Unterschiede zwischen den kapitalistischen und sozialistischen Systemen der Welt, aber es läßt sich beweisen, daß die wahren Unterschiede die zwischen Besitzenden und Nicht-Besitzenden sind. Die Bevölkerungsexplosion und die ungleiche Verteilung der Ressourcen unseres Planeten bedrohen die Sicherheit jeder Industrienation ebenso sehr, wenn nicht gar mehr, als Regierungen mit einer anderen Ideologie. Schon die Tatsache, daß der große Teil der Welt in verzweifelnder Armut lebt, während ein kleiner Prozentsatz der Weltbevölkerung einen unproportional großen Prozentsatz unserer Ressourcen verbraucht, ist Grund genug zur Sorge. Die Tatsache, daß die Armen überwiegend farbig, die Reichen überwiegend weiß sind, sollte ein weiterer Grund zur Beunruhigung sein.

Die atomare Revolution, die seit vierzig Jahren durch das Wettrüsten und das Gleichgewicht des Schreckens der beiden Großmächte den Frieden wahrt, hat das Gefühl von Unsicherheit in unserem Leben nur noch verstärkt. Die Zerstörung allen Lebens auf der Erde ist jetzt eine technische Möglichkeit, die in unsere Angstträume eingedrungen ist, auf die politischen Institutionen aber noch keinerlei Auswirkungen hatte.

Wenn wir dies sowie die Tatsache bedenken, daß wissenschaftliches und technisches Wissen international geworden sind, muß der Begriff der nationalen Sicherheit neu definiert werden. Eine extreme militärische Gewalt ist heute keine Garantie mehr für politische und militärische Hegemonie. Atommächte können unter keinen Umständen miteinander Krieg führen, ohne Gefahr zu laufen, sich selbst und den Planeten völlig zu zerstören. Im nachatomaren Zeitalter stehen sich die Großmächte wie gelähmte Riesen gegenüber, bewegungsunfähig gerade wegen ihrer Hochrüstung. Und doch sind fundamentale gesellschaftliche Veränderungen, die in einer gerechteren Ressourcenverteilung zwischen Nationen und innerhalb jeder Nation bestehen, die absolute Bedingung für das Überleben der Menschheit. Die Frage ist, wie unter den derzeitigen Umständen solche sozialen Veränderungen herbeigeführt werden können. Bevor sie beantwortet werden kann, müssen wir uns zwei weiteren, kaum zu bewältigenden Gegenwartsproblemen zuwenden.

Wenn die atomare Revolution die militärische Macht eingeschränkt hat, so haben die technischen Revolutionen des 20. Jahrhunderts dazu geführt, daß Gedanken zur Begrenztheit der vorhandenen Ressourcen, ehemals Gegenstand esoterischer Überlegungen einiger weniger Philosophen und Naturliebhaber, in den Mittelpunkt des politischen Diskurses gerückt sind. Wie lange noch können wir Abfälle produzieren, bis unsere eigene Existenzmöglichkeit dadurch beeinträchtigt sein wird? Die drohende Zerstörung der Ozonschicht, das Waldsterben durch den sauren Regen und die Verschmutzung von Flüssen, Seen und den Weltmeeren durch Industriemüll verlangen nach internationalen Lösungen.

Unser technischer und naturwissenschaftlicher Erfindungsgeist hat zu Verbesserungen in der Gesundheitsversorgung geführt, die Todesfälle und pränatale Schäden verringern und das Leben weit über das hinaus verlängern, was in der Menschheitsgeschichte bislang als normale Lebensdauer galt. Unsere Fähigkeit, in die Vorgänge des Lebens und in den Vorgang des Sterbens einzugreifen, hat etliche ethisch-moralische Probleme aufgeworfen, denen zwei Grundfragen gemeinsam sind: Gibt es keinerlei Grenzen für das, was wir tun können? Wenn wir etwas technisch tun können, heißt das, daß wir es tun müssen?

Die bedeutenden Umwälzungen unseres Jahrhunderts in den Bereichen Technik und Kommunikation haben auch das Verhältnis der Menschen zur Arbeit grundlegend verändert. Eine Arbeitsethik, die lebenslange Ausübung einer einzigen speziellen Fertigkeit verlangt, entspricht nicht mehr den gesellschaftlichen Erfordernissen; sie könnte sogar produktionshemmend sein. Die Arbeit reicht nicht mehr, wenn alle Angehörige dieser Gesellschaft bis zu ihrem sechzigsten Lebensjahr wöchentlich vierzig Stunden arbeiten sollen. Die raschen Veränderungen der gefragten Qualifikationen verlangen eine Arbeiterschaft, die sich müheloser an technische Neuerungen anpaßt, als sie bislang von unserem Bildungssystem produziert wird. Ein längeres Leben mit kürzerer Lebensarbeitszeit verlangt veränderte Institutionen; es verlangt auch Menschen mit einem anderen Wertesystem im Hinblick auf Arbeit.

Die entmutigende Aufzählung der unlösbaren Fragen und tiefer Widersprüche, die Kennzeichen des 20. Jahrhunderts sind, ist Zeichen eines völligen Zusammenbruchs von Institutionen und Ideen. Bislang konnten wir uns durch die Anforderungen der letzten Jahrzehnte lavieren, ohne unser Denken wesentlich zu verändern und haben pragmatisch kleine Korrekturen an tradierten Handlungsweisen versucht. Allzuoft war selbst unser begrenztes Handeln unserem Denken voraus. Ein Beispiel für dieses Auseinanderklaffen ist der Pragmatismus, mit dem wir eine atomare Konfrontation der Supermächte vermeiden, in Verbindung mit völlig traditionellen (und unangemessenen) Vorstellungen zur Verteidigung, Souveränität und Sicherheit der Nation sowie unserer Machtausübung über andere Nationen. Ich sehe in diesem gegenwärtigen Zustand von Zusammenbruch, Ohnmacht und Anomie die nötige Voraussetzung für die Zukunft. Die Voraussetzungen für die Zukunft sind schon allenthalben sichtbar.

Seit jeher gingen im Patriarchat, das in der abendländischen Zivilisation mit der Gründung archaischer Staaten im 3. vorchristlichen Jahrtausend, und zwar im Nahen Osten, begann, mit »Fortschritt« oder sozialem Wandel zwingend heftige Kämpfe einher. Selbst Reformen, der langsame Anpassungsprozeß der herrschenden Institutionen, wurden durch die Androhung oder tatsächliche Ausübung von Gewalt vorangetrieben. Veränderung durch Umsturz ist für die meisten Menschen unseres

Jahrhunderts, mit Ausnahme der Pazifisten, der wesentliche Begriffsrahmen, in dem historischer Fortschritt vorstellbar ist. Inzwischen glauben viele – da wir aus der Geschichte nichts anderes kennen –, nur der mit Gewalt herbeigeführte Umsturz könne zu Gesellschaftsveränderungen im großen Maßstab führen. Die Vorstellung, Hierarchie sei unvermeidlich, ist so allgegenwärtig, daß eine Alternative zur bestehenden Ordnung nicht vorstellbar ist, es sei denn in den Begriffen der Umkehrung. Die Unterdrückten werden die Herrscher; die ehemaligen Unterdrücker werden nun ihrerseits unterdrückt.

Ich vertrete die Auffassung, daß die alten Arten sozialen Wandels – die des 19. Jahrhunderts – für die Gegenwart ganz und gar untauglich sind. Der gewaltsame Regierungsumsturz ist im Atomzeitalter nicht mehr praktikabel. Somit ist jede revolutionäre Doktrin überholt, die auf solchen Umsturztheorien basiert.

Zu den Zwängen des gewaltsamen Umsturzes gehört das Bedürfnis, die ehemals Herrschenden zu unterwerfen. Diese Unterdrückung begünstigt die Hierarchie im revolutionären Regime, und sie begünstigt die Bildung einer Gegenrevolution durch die seit kurzem Unterdrückten. Gewalt bringt Gewalt hervor: der Teufelskreis beginnt von neuem. Die Aufeinanderfolge von Diktaturen in gerade unabhängig gewordenen Kolonien, der irische Bürgerkrieg, der arabisch-israelische Konflikt: sie alle sind Beispiele unseres Jahrhunderts für die Tatsache, daß Gewalt im Dienst einer Gesellschaftsveränderung dazu führt, daß Gewalt und Unterdrückung als unumgängliche Begleiterscheinungen einer solchen Veränderung hingenommen werden.

Die Entstehung von Leninismus und Stalinismus in der Folge von gewaltsamem Umsturz und Bürgerkrieg hat bewiesen, daß eine Minderheit, die im Namen einer

Mehrheit über eben diese Mehrheit herrscht (die Partei als Speerspitze des Proletariats) ebenso korrupt, autokratisch und destruktiv sein kann wie jede beliebige herrschende Elite. Auch andere sozialistische Systeme des 20. Jahrhunderts haben, soweit sie überhaupt Bestand hatten, keine vielversprechenderen Modelle zur Ausübung von Regierungsgewalt geboten. Unterdrückung der Opposition, Einschränkung oder Nicht-Existenz von Presse- und Redefreiheit waren die Merkmale jeder dieser Regierungen. Bislang ist der sozialistische Humanismus auf der ganzen Welt vernichtet worden oder er kam zu Fall, bevor er sich ausbilden konnte.

In der Ära nach Hiroshima kann die herrschende Elite selbst kleiner Nationen in den Besitz von Atomwaffen mit solchem Vernichtungspotential gelangen, daß keine revolutionäre Gruppe mehr einen großen Bürgerkrieg gewinnen kann. Die wichtigsten Atommächte können keinen Krieg gegeneinander führen – sei es, um einer kämpfenden Revolutionsregierung zu helfen, sei es, um fundamentalere Gebiets- und Wirtschaftsinteressen zu verteidigen –, ohne dabei Gefahr zu laufen, sich selbst und den Planeten Erde völlig zu zerstören. In den vergangenen vierzig Jahren haben sich die atomaren Supermächte, die für unterschiedliche soziale und weltanschauliche Systeme stehen, gegenseitig gerade durch ihre extreme Rüstung paralysiert.

Angesichts dieser Ohnmacht bleiben uns Szenarien, wie sie in Vietnam oder bei der sogenannten Schweinebucht-Krise ausagiert wurden: die Atommächte unternehmen zur Verteidigung ihrer ideologischen oder territorialen Interessen alles, außer sich in eine direkte Konfrontation zu begeben. Die Kriege in Vietnam und Afghanistan haben die Grenzen eines solchen Szenarios gezeigt. Unter außergewöhnlichen Umständen, in Gebieten, die die territorialen Ansprüche der atomaren Supermächte nur marginal berühren, können Revolutionäre erfolgreich sein, aber der Preis dafür ist hoch und selbstzerstörerisch. Der Zwang, mit Waffen gegen eine Supermacht oder einen ihrer Vasallen zu kämpfen, läßt unweigerlich ein zentralistisches Militärregime entstehen. Dieses Regime muß, um den bewaffneten Kampf überleben zu können, im hohen Maße bürokratisch werden und abweichende Meinungen im eigenen Land unterdrücken, und dies führt zwingend zu Opposition und Klassenkampf.

Durch die Entwicklung hochdifferenzierter Techniken zur Überwachung, Bespitzelung und Gedankenkontrolle ganzer Bevölkerungsschichten haben die Herrschenden mehr Macht als jemals zuvor. Dies läßt ein langfristiges Überleben und einen möglichen Sieg revolutionärer Gruppen überaus unwahrscheinlich werden. Die einzigen Gruppen, die gegen dieses Aufgebot an repressiver Staatsmacht erfolgreich blieben, sind Terroristen. Die Entstehung eines weltweiten Terrorismus in der zweiten Hälfte unseres Jahrhunderts ist eine Reaktion auf die veränderte Machtverteilung zwischen Herrschenden und Beherrschten. Das Fehlen demokratischer Dissensmöglichkeiten und/oder die Verzweiflung der Unterdrückten angesichts ihrer Unfähigkeit, den Status quo zu verändern und Reformen zu initiieren, die ihre Forderungen erfüllen, lassen den Terrorismus inzwischen als unvermeidlichen Preis dafür erscheinen, daß den Unterdrückten Gerechtigkeit widerfährt. Aber wie die Gewalt gegen Massen, so zerstören auch die Anwendung und Befürwortung terroristischer Mittel zu revolutionären Zwecken sowohl die Personen als auch die Bewegungen, die sich dieser Mittel bedienen. Selbst wenn wir die Möglichkeit einräumen, für die es in der Geschichte kaum

Beispiele gibt, daß terroristische Gruppierungen tatsächlich etablierte Regierungen stürzen können, würden es die ehemaligen, jetzt etablierten Terroristen wichtig und richtig finden, diejenigen zu unterdrücken, die sie gerade gestürzt haben. Die Geschichte des orthodoxen Zionismus und der Regierungen einiger junger afrikanischer Staaten veranschaulicht diese Tendenz.

Häufiger hingegen geschieht es, daß als Reaktion auf eine tatsächliche oder vermeintliche terroristische Bedrohung faschistische Diktaturen entstehen. Aufgrund der neuen technischen Mittel, über die Herrschende verfügen, müssen alle, die grundlegende Gesellschaftsveränderungen anstreben, mit verheerenden Konsequenzen rechnen. Die Möglichkeiten dieser Herrschenden, ihre Gegner zu terrorisieren, ja körperlich zu vernichten, waren in der Geschichte nie größer. Auch können und dürfen wir nicht an ihrer Bereitschaft zweifeln, revolutionäre Gruppierungen völlig auszulöschen. So wurden einige Gruppen am linken Flügel der Reformation, beispielsweise die Wiedertäufer, buchstäblich vernichtet. Hitlers »Endlösung« ist ein grauenvolles Beispiel dafür, was ein repressives System vermag. Hitler wurde nicht besiegt, weil er zwölf Millionen Menschen ermordete, darunter sechs Millionen Juden und fast die gesamte europäische Roma- und Sinti-Bevölkerung; er wurde besiegt, weil seine Territorialgelüste die Sicherheit und die Wirtschaftsinteressen anderer Großmächte bedohten. Leider ist die Vorstellung möglich und realistisch, daß eine herrschende Klasse ihre Opposition ohne die Einmischung anderer Staaten einfach vernichten kann.

Um die Katastrophen eines Atomkrieges abzuwenden, sind in den Staaten mit Atomwaffen, den technologisch am weitesten entwickelten Ländern, erhebliche gesellschaftliche Veränderungen erforderlich. Eine

Theorie sozialen Wandels, die diesen Umstand unbeachtet läßt, kann nicht ernstlich in Betracht kommen. Es gibt Beispiele von Parteien oder Bewegungen, die eine Verbindung von Reform- und Revolutionsstrategien versucht haben, z. B. die Kommunistische Partei Italiens und die chilenische Regierung unter Allende. Diese Parteien waren in ihren Taktiken flexibel genug, um gewalttätige Konfrontationen zu vermeiden, und sie wollten auf demokratischem Weg an die Macht kommen. In beiden Fällen wurde eine Entwicklung, die auf eine demokratische Mehrheit hinführte, von den Vereinigten Staaten unterbrochen, und im Fall von Chile mündete diese Intervention in der Zerschlagung der Regierung. Man kann sich nur schwerlich Bedingungen für gesellschaftliche Veränderungen vorstellen, unter denen es nicht zu ähnlichen Interventionen käme. Gleichwohl bleibt dies die vielversprechendste Konstellation für eine revolutionäre Veränderung, wenn wir einmal von dem Umstand absehen, daß sie nicht die Frage beantwortet, wie eine solche Veränderung im Herzen der atomaren Supermächte geschehen soll.

Aber eine Gesellschaftsveränderung, die in einer gerechteren Aufteilung der Weltressourcen unter allen Nationen besteht, ist notwendige Voraussetzung für das Überleben der Menschheit. Implizit verlangt ein solcher Wandel auch das Ende hierarchischer Ideologien wie Rassismus und Sexismus. Die feministische Forschung hat gezeigt, daß diese Hierarchiekonzepte auf der Grundlage der geschlechtlichen Arbeitsteilung und der Ausbeutung weiblicher Reproduktionskraft durch Männer begründet wurden. Männer lernten, Hierarchie und Herrschaft über andere zu errichten, weil sie bereits zuvor über die Frauen der eigenen Gruppe Herrschaft ausgeübt hatten, und zwar durch deren Tausch in der Ehe. In der Bronzezeit wurde die Sklaverei institutionalisiert, die mit der Versklavung von Frauen und Kindern der Besiegten begann. Seit dem 2. vorchristlichen Jahrtausend, als im Nahen Osten die ersten archaischen Staaten entstanden, gehört die Kontrolle über das Sexualverhalten der Bürger und Bürgerinnen in jedem Staatsgefüge zu den wichtigsten Mitteln sozialer Kontrolle. Entsprechend wird die Klassenhierarchie durch geschlechtsspezifische Herrschaftsstrukturen in der Familie ständig erneuert. Um welches politische oder wirtschaftliche System es sich auch handeln mag: die Persönlichkeit, die in einer Hierarchie funktioniert, entsteht in der patriarchalischen Familie und wird dort gefestigt.

Ohne die Abschaffung des Sexismus kann kein anderes hierarchisches Konzept oder System erfolgreicher definitiv beseitigt werden. Ganz egal, wie sehr sich wirtschaftliche und soziale Beziehungen verändern, solange der Sexismus in der Familie und im Bewußtsein von Männern und Frauen immer wieder Ungleichheiten schafft, wird Hierarchie immer wieder neu geboren. Darum haben Männer, die gesellschaftliche Veränderungen anstreben, selbst ein Interesse daran, auf Privilegien zu verzichten, die ihnen die patriarchalische Herrschaft über Frauen verleiht. Was diese Männer wollen, ist nicht zu erreichen, wenn nicht die lange verborgene Kraft der Frauen mobilisiert wird. Ich bin überzeugt, daß von allen Weltanschauungen und Handlungsweisen, die auf Transformation abzielen, der Feminismus und seine Strategien der geeignetste Weg ist, der Frauen und Männern zur Verfügung steht.

Andererseits sind die Ziele des Feminismus nicht erreichbar ohne eine ungeheure kulturelle Revolution, die jede gesellschaftliche Institution und insbesondere die Familie umfaßt. Die erforderliche Gesellschaftsveränderung ist so grundlegend, daß die Kräfte der Veränderung jeden Winkel der Gesellschaft erreichen müssen. Von allen Unterdrückten sind nur die Frauen gesellschaftlich so situiert, daß sie solche Veränderungen bewirken können.

Die Beziehung der Frauen zu ihren Unterdrückern ist anders als die anderer Gruppen. Da Frauen zahlreich und in jeder Gesellschaftsschicht vertreten sind, können sie nicht behandelt werden, wie die Herrschenden Untergebene und Revolutionäre zu behandeln pflegen. Frauen sind überall. Man kann sie nicht ghettoisieren, man kann sie nicht vernichten. Andererseits können Frauen wegen ihrer engen Beziehungen zu Vertretern der Gruppe ihrer Unterdrücker – Väter, Brüder, Ehemänner, Söhne – keine Gewalt anwenden, um ihre Emanzipation zu erreichen. Sie müssen und werden auf Strategien vertrauen, die durch Überzeugungsarbeit und sozialen Druck zu einem neuen Bewußtsein bei Männern und Frauen führen. Die feministische Revolution wird kein Umsturz, sie wird eine Transformation sein.

Historische Vorläufer solcher Transformationen sind die Umwälzungen durch die großen Religionen: das frühe Christentum, die protestantische Reformation. Diese bedeutenden Transformationen gingen zwar mit Gewalt und Blutvergießen einher, doch wurde diese Gewalt im großen und ganzen von der etablierten Religion ausgeübt, die zu verhindern suchte, daß der neue Glaube sich durchsetzt. Dies mußte den etablierten Religionen unweigerlich mißlingen. Eine hundertjährige Verwüstung Europas durch Kriege endete mit der Koexistenz eines stark verwandelten Katholizismus und mehrerer protestantischer Kirchen, deren Charakter sich drastisch von dem unterschied, was ihre Stifter im Sinn gehabt hatten. In unserer Zeit, da Kriege zwischen den großen

Nationen undenkbar sind, sind die Theorien und Praktiken der auf Transformation abzielenden sozialen Bewegungen unsere einzige echte Hoffnung für eine Veränderung der Gesellschaft. Der Feminismus ist eine solche Bewegung.

Damit Frauen das Bewußtsein von Männern verändern können, müssen sie erst selbst zu einem neuen Bewußtsein gelangen. Das bedeutet, daß sich Frauen allein und gemeinsam von patriarchalischem Denken und patriarchalischen Reaktionsweisen befreien müssen, zu denen sie indoktriniert wurden. Frauen müssen das Bewußtsein, das sie individuell und in kleinen Interessengruppen haben, auf die Ebene eines kollektiven feministischen Bewußtseins bringen. Dieser Veränderungsprozeß hat schon begonnen. Seine Hilfsmittel sind die Frauenbewegung und die Frauenforschung, insbesondere die feministische Geschichtsforschung.

Die Frauenbewegung bietet einen weitgefächerten Katalog von Forderungen, der es erlaubt, über Klassen- und Rassenschranken hinweg große Koalitionen zu bilden. Solche Koalitionen sind ihrem Wesen nach instabil und entstehen häufig anläßlich einer ganz bestimmten Forderung, aber Frauen haben in jahrzehntelanger Organisationsarbeit bewiesen, daß sie solche Koalitionen aus politischen Gründen bilden und über lange Zeiträume hinweg aufrechterhalten können. Aber politische Koalitionen zielen auf konkrete Reformen, nicht auf Bewußtseinsveränderung ab. Diese Veränderung ist nur möglich mit einer bestechenden Theorie und einer inspirierenden Vision. Die feministische Kritik am patriarchalischen Wissensgebäude, die durch die Frauenforschung geleistet wird, legt das Fundament für eine korrekte Beschreibung der Wirklichkeit. Die feministische Geschichtswissenschaft, wichtiges Mittel zur Ausbildung eines feministischen Bewußtseins, bietet das Material, an dem eine neue Theorie überprüft, und den Boden, auf dem eine feministische Vision errichtet werden kann.

Um verstehen zu können, wie entscheidend die feministische Geschichtsforschung für das Entstehen eines feministischen Bewußtseins ist, müssen wir die besondere Beziehung von Frauen und Geschichte bedenken. Geschichte verleiht dem menschlichen Leben Sinn und verbindet jedes Einzelleben mit der Unsterblichkeit der Gattung. Indem sie ihre kollektive Vergangenheit bewahren und im Bezug zur Gegenwart neu interpretieren, definieren Menschen ihr Potential und ertasten die Grenzen ihrer Möglichkeiten. Aber im Patriarchat schrieben und interpretierten Männer die Annalen der Vergangenheit, und diese befaßten sich in erster Linie mit Handlungen und Absichten der Männer. Frauen waren, ebenso wie Männer, immer Agierende der Geschichte, blieben aber ausgeschlossen von der Dokumentierung, von den Interpretationen und Definitionen jener Werte, die historische Bedeutung verleihen. Sobald Frauen ihre Geschichte entdecken und sobald sie etwas erfahren über ihre Verknüpfungen mit der Vergangenheit und der Gestaltung der Gesellschaft, verändert sich ihr Bewußtsein unweigerlich und dramatisch. Dies ist für sie eine grenzüberschreitende Erfahrung, die es ihnen erlaubt, trotz aller Unterschiede wahrzunehmen, was sie mit anderen Frauen verbindet und schon immer verbunden hat.

Es wäre unrealistisch anzunehmen, daß Frauen allein das Patriarchat verwandeln und weniger hierarchische und trennende Formen gesellschaftlicher Organisation schaffen können. Dazu werden etliche Koalitionen und Allianzen zwischen Bewegungen nötig sein, deren Ziele sich ganz oder teilweise überschneiden, wie die Friedens-, die Ökologie- und die Schwulen/Lesbenbewegung. Typisch für alle ist ihr klassen- und nationenübergreifender Charakter, ihre Marginalität im Hinblick auf bestehende politische Institutionen, ihre Ablehnung von Militarismus, Nationalismus, Ausbeutung, Ungerechtigkeit und Vorurteilen. Sie sind natürliche Verbündete, und meiner Ansicht nach verfügt die feministische Theorie über eine klare gemeinsame Philosophie zur Bildung tragfähiger Koalitionen. Das feministische Handeln – das keine Hierarchie kennt, das Fühlen und Tun verbindet, Persönliches politisch macht, sich der Ganzheit und humaner Veränderung verpflichtet fühlt – ist ein geeignetes Modell. Damit wird die Herrschaft von Frauen über andere in solchen Koalitionen weder gefordert noch befürwortet. Diese Koalitionen können nur lebensfähig sein, wenn sie lernen, Macht über andere durch Macht für alle zu ersetzen, um das Gemeinwohl zu sichern.

Wir halten die Saat der Zukunft schon in der Hand. Die größte Gefahr für das Überleben der Menschheit sind *Machos* in Machtstellungen, ganz egal, welcher Teilbereich der antiquierten Sozialstrukturen ihnen untersteht. Sie sind in den Regierungen des Ostens ebenso gefährlich wie in denen des Westens, in hochentwickelten Ländern ebenso wie in unterentwickelten; sie sind ebenso nutzlos in der Führung von Armeen wie von Wirtschaftsunternehmen oder Gewerkschaften. Da sie sich auf nichts anderes verstehen als auf die Maximierung ihrer kurzfristigen Vorteile über andere sowie darauf, an just der illusorischen Macht zu kleben, die sie gerade haben, können sie sich nicht schnell genug den Veränderungen anpassen, die für das Überleben der Menschheit nötig sind. (Zu dieser metaphorischen Kategorie zähle ich übrigens auch einige Frauen in Machtpositionen des öffentlichen Lebens, die dorthin kamen, wo sie heute sind, weil sie dachten und handelten wie Männer. Bevor nicht die Führungspositionen aller Institutionen unserer Gesellschaft paritätisch mit Männern und Frauen besetzt sind, können wir nicht wissen, wie die Alternative eines weiblichen Führungsstils aussieht.) Schon jetzt aber wissen wir, daß die Führungsqualitäten, die Menschen beiderlei Geschlechts in der bevorstehenden Zeit des Übergangs brauchen werden, jenen näher sind, die Frauen über Jahrhunderte aufgrund ihrer historisch marginalen Teilhabe an der Macht ausgebildet haben: ein Gespür für andere, Überzeugungskraft, Geduld, Friedfertigkeit und einen nicht auf Konfrontation angelegten Führungsstil, die Fähigkeit, andere zu unterstützen, die Sorge um den Erhalt und Schutz der Erde, ihrer Ressourcen und um Menschen, die der Hilfe bedürfen. Solche Eigenschaften und solche Führungspersönlichkeiten gibt es schon, aber wir müssen lernen, sie zu erkennen, zu schätzen und zum Rollenmodell für andere zu machen.

Wir können von der Erfahrung der Friedensbewegung profitieren, um etwas über Alternativen zum Krieg und über friedliche Konfliktlösung zu lernen. Wir können von der Ökologiebewegung lernen, nicht so verschwenderisch zu leben und bescheidener zu denken. Von Menschen anderer Rassen und Kulturen können wir – ebenso wie von der Schwulen/Lesbenbewegung – lernen, angesichts der menschlichen Vielfalt weniger anmaßend zu sein, die Buntheit und den Reichtum menschlicher Möglichkeit zu schätzen. Ob wir all dies rasch genug und gut genug lernen können, um die Katastrophe abzuwenden, weiß ich nicht. Ich weiß nur, daß wir handeln müssen, als ob wir es könnten.

Was mich schließlich zu einer weiteren Ihrer Fragen bringt: Mit welchen Strategien versuchen Menschen, die angestrebte Zukunft zu erreichen? Ich kann nur für mich sprechen. Als feministische Wissenschaftlerin bemühe ich mich um Klarheit und eine bessere Analyse von Vergangenheit und Zukunft, die den Anforderungen nach Integrität und Anwendbarkeit gerecht wird. Ich glaube, daß alle bisherigen Weltanschauungen – Religionen, Philosophien und Erklärungsmodelle – mit nicht eingestandenen patriarchalischen Annahmen begründet wurden und Frauen daher marginalisieren. In meinem Bemühen, mich von solchen Annahmen zu befreien, versuche ich eklektisch und realitätsverbunden zu sein. Ich suche nach theoretischen Erklärungen, die davon ausgehen, daß Frauen und Männer für jedes Geschehen unserer Geschichte gleich wichtig waren, und ich prüfe jede Theorie, ob sie davon ausgeht. Tut sie es, bleibt offen, ob sie richtig ist oder falsch; tut sie es nicht, kann sie nicht richtig sein.

Privat versuche ich, so einfach wie möglich zu leben, Ressourcen nicht zu vergeuden und die Natur zu achten. Ich versuche, in meinen verschiedenen Lebensbereichen Gemeinschaften anzugehören und aufzubauen, und von Selbstbezogenheit zum Altruismus zu kommen. Ich glaube nicht, daß mir auch nur eines davon wirklich gelingen wird, aber ich kann und muß mich darum bemühen. Als Überlebende mehrerer großer Katastrophen bleibe ich, wie bereits eingangs gesagt, eine verhaltene, gelegentlich verzweifelte Optimistin. Wie alle Geschöpfe dieser Art brauche ich eine Utopie – meine ist die einer Welt, in der Frauen und Männer sich von patriarchalischem Denken befreit haben und in der es darum weder Herrschaft noch Hierarchie gibt. Eine Welt, die wahrhaft menschlich ist.

(Aus dem Amerikanischen von Ebba D. Drolshagen)

Inhalt des zweiten Bandes

IV. Konstanten – Zyklen – Trends

V. Reduktion von Komplexität – Steigerung von Wagnissen

edition suhrkamp
Eine Auswahl

Abelshauser: Wirtschaftsgeschichte der Bundesrepublik Deutschland 1945-1980. NHB. es 1241
Abendroth: Ein Leben in der Arbeiterbewegung. es 820
Achebe: Okonkwo oder Das Alte stürzt. es 1138
Adam/Moodley: Südafrika ohne Apartheid? es 1369
Adorno: Eingriffe. es 10
– Gesellschaftstheorie und Kulturkritik. es 772
– Jargon der Eigentlichkeit. es 91
– Kritik. es 469
– Ohne Leitbild. Parva Aesthetica. es 201
– Stichworte. es 347
Das Afrika der Afrikaner. Gesellschaft und Kultur Afrikas. es 1039
Andréa: M. D. es 1364
Arbeitslosigkeit in der Arbeitsgesellschaft. Hg. von W. Bonß und R. G. Heinze. es 1212
Aus der Zeit der Verzweiflung. Zur Genese und Aktualität des Hexenbildes. es 840
Bachtin: Die Ästhetik des Wortes. es 967
Barthes: Kritik und Wahrheit. es 218
– Leçon/Lektion. es 1030
– Literatur oder Geschichte. es 303
– Michelet. es 1206
– Mythen des Alltags. es 92
– Das Reich der Zeichen. es 1077
– Semiologisches Abenteuer. es 1441
– Die Sprache der Mode. es 1318
Beck: Gegengifte. Die organisierte Unverantwortlichkeit. es 1468
– Risikogesellschaft. es 1365
Beckett: Endspiel. Fin de Partie. es 96
– Flötentöne. es 1098
– Mal vu mal dit. Schlecht gesehen, schlecht gesagt. es 1119
– Worstward Ho. es 1474
Benjamin: Aufklärung für Kinder. Rundfunkvorträge. es 1317
– Briefe. 2 Bände. es 930
– Das Kunstwerk im Zeitalter seiner technischen Reproduzierbarkeit. es 28
– Moskauer Tagebuch. es 1020
– Das Passagen-Werk. 2 Bde. es 1200
– Über Kinder, Jugend und Erziehung. es 391
– Versuche über Brecht. es 172
– Zur Kritik der Gewalt und andere Aufsätze. es 103
Bernhard: Der deutsche Mittagstisch. es 1480
– Ein Fest für Boris. es 440
– Prosa. es 213
– Ungenach. Erzählung. es 279
Bertaux: Hölderlin und die Französische Revolution. es 344
Biesheuvel: Schrei aus dem Souterrain. es 1179
Bildlichkeit. Hg. von V. Bohn. es 1475
Bloch: Abschied von der Utopie? Vorträge. es 1046
– Kampf, nicht Krieg. Politische Schriften 1917-1919. es 1167

318/1/12.88

edition suhrkamp
Eine Auswahl

Böhme: Prolegomena zu einer Sozial- und Wirtschaftsgeschichte Deutschlands im 19. und 20. Jahrhundert. es 253
Bohrer: Plötzlichkeit. Zum Augenblick des ästhetischen Scheins. es 1058
Bond: Gesammelte Stücke. 2 Bde. es 1340
Botzenhart: Reform, Restauration, Krise. Deutschland 1789-1847. NHB. es 1252
Bovenschen: Die imaginierte Weiblichkeit. es 921
Brandão: Kein Land wie dieses. es 1236
Brasch: Engel aus Eisen. Beschreibung eines Films. es 1049
– Frauen – Krieg – Lustspiel. Ein Stück. es 1469
Braun: Verheerende Folgen mangelnden Anscheins innerbetrieblicher Demokratie. es 1473
Brecht: Der aufhaltsame Aufstieg des Arturo Ui. es 144
– Aufstieg und Fall der Stadt Mahagonny. Oper. es 21
– Ausgewählte Gedichte. es 86
– Baal. Drei Fassungen. es 170
– Baal. Der böse Baal der asoziale. es 248
– Der Brotladen. Ein Stückfragment. es 339
– Buckower Elegien. es 1397
– Drei Lehrstücke. es 817
– Die Dreigroschenoper. es 229
– Einakter und Fragmente. es 449
– Furcht und Elend des Dritten Reiches. es 392
– Gedichte und Lieder aus Stükken. es 9
– Gesammelte Gedichte. Bd. 1-4. es 835-838
– Die Geschäfte des Herrn Julius Caesar. es 332
– Die Gesichte der Simone Machard. es 369
– Die Gewehre der Frau Carrar. es 219
– Der gute Mensch von Sezuan. es 73
– Die heilige Johanna der Schlachthöfe. es 113
– Herr Puntila und sein Knecht Matti. es 105
– Im Dickicht der Städte. es 246
– Der Jasager und Der Neinsager. es 171
– Der kauk. Kreidekreis. es 31
– Leben des Galilei. Schauspiel. es 1
– Leben Eduards des Zweiten von England. es 245
– Mann ist Mann. es 259
– Die Maßnahme. es 415
– Die Mutter. es 200
– Mutter Courage und ihre Kinder. es 49
– Der Ozeanflug. es 222
– Prosa. Bd. 1-4. es 182-185
– Schweyk im zweiten Weltkrieg. es 132
– Stücke. Bearbeitungen. Bd. 1/2. es 788/789
– Die Tage der Commune. es 169
– Tagebücher 1920-1922. Autobiographische Aufzeichnungen 1920-1954. es 979

318/2/12.88

edition suhrkamp
Eine Auswahl

Brecht: Trommeln in der Nacht. es 490
– Der Tui-Roman. es 603
– Über den Beruf des Schauspielers. es 384
– Über die bildenden Künste. es 691
– Über experimentelles Theater. es 377
– Über Lyrik. es 70
– Über Politik auf dem Theater. es 465
– Über Politik und Kunst. es 442
– Über Realismus. es 485
– Das Verhör des Lukullus. es 740
Brecht-Journal. Hg. von J. Knopf. es 1191
Brecht-Journal 2. Hg. von J. Knopf. es 1396
Brunkhorst: Der Intellektuelle im Land der Mandarine. es 1403
Buch: Der Herbst des großen Kommunikators. es 1344
– Waldspaziergang. es 1412
Bürger, P.: Theorie der Avantgarde. es 727
Buro/Grobe: Vietnam! Vietnam? es 1197
Celan: Ausgewählte Gedichte. Zwei Reden. es 262
Cortázar: Letzte Runde. es 1140
– Das Observatorium. es 1527
– Reise um den Tag in 80 Welten. es 1045
Deleuze/Guattari: Kafka. es 807
Deleuze/Parnet: Dialoge. es 666
Denken, das an der Zeit ist. Hg. von F. Rötzer. es 1406
Derrida: Die Stimme und das Phänomen. es 945
Determinanten der westdeutschen Restauration 1945-1949. es 575
Ditlevsen: Gesichter. es 1165
– Sucht. Erinnerungen. es 1009
– Wilhelms Zimmer. es 1076
Doi: Amae. Freiheit in Geborgenheit. es 1128
Dorst: Toller. es 294
Dröge/Krämer-Badoni: Die Kneipe. es 1380
Dubiel: Was ist Neokonservatismus? es 1313
Duerr: Satyricon. es 1346
– Traumzeit. es 1345
Duras: Eden Cinéma. es 1443
– La Musica Zwei. es 1408
– Sommer 1980. es 1205
– Das tägliche Leben. es 1508
– Vera Baxter oder Die Atlantikstrände. es 1389
Duras/Porte: Die Orte der Marguerite Duras. es 1080
Eco: Zeichen. es 895
Eich: Botschaften des Regens. es 48
Elias: Humana conditio. es 1384
Enzensberger: Blindenschrift. es 217
– Einzelheiten I. Bewußtseins-Industrie. es 63
– Einzelheiten II. Poesie und Politik. es 87
– Die Furie des Verschwindens. Gedichte. es 1066
– Landessprache. Gedichte. es 304
– Palaver. Politische Überlegungen. es 696
– Das Verhör von Habana. es 553

318/3/12.88

edition suhrkamp
Eine Auswahl

Enzensberger: Der Weg ins Freie. Fünf Lebensläufe. es 759
Esser: Gewerkschaften in der Krise. es 1131
Faszination der Gewalt. Friedensanalysen Bd. 17. es 1141
Feminismus. Hg. von Luise F. Pusch. es 1192
Feyerabend: Erkenntnis für freie Menschen. es 1011
– Wissenschaft als Kunst. es 1231
Fortschritte der Naturzerstörung. Hg. von R. P. Sieferle. es 1489
Foucault: Psychologie und Geisteskrankheit. es 272
Frank: Gott im Exil. es 1506
– Die Grenzen der Verständigung. es 1481
– Der kommende Gott. es 1142
– Motive der Moderne. es 1456
– Die Unhintergehbarkeit von Individualität. es 1377
– Was ist Neostrukturalismus? es 1203
Frauen in der Kunst. 2 Bde. es 952
Frevert: Frauen-Geschichte. NHB. es 1284
Frisch: Biedermann und die Brandstifter. es 41
– Die Chinesische Mauer. es 65
– Don Juan oder Die Liebe zur Geometrie. es 4
– Frühe Stücke. es 154
– Graf Öderland. es 32
Gerhard: Verhältnisse und Verhinderungen. es 933
Geyer: Deutsche Rüstungspolitik 1860-1980. NHB. es 1246
Goetz: Krieg/Hirn. 2 Bde. es 1320
Goffman: Asyle. es 678
Geschlecht und Werbung. es 1085
Gorz: Der Verräter. es 988
Gstrein: Einer. es 1483
Habermas: Eine Art Schadensabwicklung. es 1453
– Legitimationsprobleme im Spätkapitalismus. es 623
– Die Neue Unübersichtlichkeit. es 1321
– Technik und Wissenschaft als Ideologie. es 287
– Theorie des kommunikativen Handelns. 2 Bde. es 1502
Hänny: Zürich, Anfang September. es 1079
Handke: Die Innenwelt der Außenwelt der Innenwelt. es 307
– Kaspar. es 322
– Phantasien der Wiederholung. es 1168
– Publikumsbeschimpfung und andere Sprechstücke. es 177
– Der Ritt über den Bodensee. es 509
– Wind und Meer. es 431
Henrich: Konzepte. es 1400
Hentschel: Geschichte der deutschen Sozialpolitik 1880-1980. NHB. es 1247
Hesse: Tractat vom Steppenwolf. es 84
Die Hexen der Neuzeit. Hg. von C. Honegger. es 743
Hilfe + Handel = Frieden? Friedensanalysen Bd. 15. es 1097
Hobsbawm: Industrie und Empire 1/2. es 315/316

318/4/12.88

edition suhrkamp
Eine Auswahl

Imperialismus und strukturelle Gewalt. Hg. von D. Senghaas. es 563
Irigaray: Speculum. es 946
Jahoda/Lazarsfeld/Zeisel: Die Arbeitslosen von Marienthal. es 769
Jakobson: Kindersprache, Aphasie und allgemeine Lautgesetze. es 330
Jasper: Die gescheiterte Zähmung. Wege zur Machtergreifung Hitlers 1930-1934. NHB. es 1270
Jauß: Literaturgeschichte als Provokation. es 418
Johnson: Begleitumstände. Frankfurter Vorlesungen. es 1019
– Der 5. Kanal. es 1336
– Jahrestage. Aus dem Leben von Gesine Cresspahl. 4 Bde. es 1500
– Karsch, und andere Prosa. es 59
– Porträts und Erinnerungen. es 1499
– Versuch einen Vater zu finden. Tonkassette mit Textheft. es 1416
Jones: Frauen, die töten. es 1350
Joyce: Werkausgabe in sechs Bänden. es 1434-1439
– Bd. 1: Dubliner. es 1434
– Bd. 2: Stephen der Held. es 1435
– Bd. 3: Ulysses. es 1100
– Bd. 4: Kleine Schriften. es 1437
– Bd. 5: Gesammelte Gedichte. es 1438
– Bd. 6: Finnegans Wake (englisch). es 1439
– Finnegans Wake. Übertragungen. es 1524
– Penelope. es 1106
Hans Wollschläger liest ›Ulysses‹. Tonbandkassette. es 1105
Kenner: Ulysses. es 1104
Kindheit in Europa. Hg. von H. Hengst. es 1209
Kipphardt: In der Sache J. Robert Oppenheimer. es 64
Kirchhoff: Body-Building. es 1005
Kluge, A.: Gelegenheitsarbeit einer Sklavin. es 733
– Lernprozesse mit tödlichem Ausgang. es 665
– Neue Geschichten. Hefte 1-18. es 819
– Schlachtbeschreibung. es 1193
Kluge, U.: Die deutsche Revolution 1918/1919. NHB. es 1262
Koeppen: Morgenrot. Anfänge eines Romans. es 1454
Kolbe: Abschiede und andere Liebesgedichte. es 1178
– Bornholm II. Gedichte. es 1402
– Hineingeboren. Gedichte 1975-1979. es 1110
Konrád: Antipolitik. es 1293
– Stimmungsbericht. es 1394
Kriegsursachen. Friedensanalysen Bd. 21. es 1238
Krippendorff: Staat und Krieg. es 1305
– »Wie die Großen mit den Menschen spielen.« es 1486
Kristeva: Liebesgeschichten. es 1482
– Die Revolution der poetischen Sprache. es 949

318/5/12.88

edition suhrkamp
Eine Auswahl

Kritisches Wörterbuch der Französischen Revolution. 5 Bde. es 1522
Kroetz: Bauern sterben. es 1388
– Frühe Prosa/Frühe Stücke. es 1172
– Furcht und Hoffnung der BRD. es 1291
– Heimarbeit. es 473
– Mensch Meier. es 753
– Nicht Fisch nicht Fleisch. es 1094
– Oberösterreich. es 707
– Stallerhof. es 586
Krolow: Ausgewählte Gedichte. es 24
Laederach: Fahles Ende kleiner Begierden. es 1075
– Vor Schrecken starr. es 1503
– Der zweite Sinn oder Unsentimentale Reise durch ein Feld Literatur. es 1455
Lefèbvre: Einführung in die Modernität. es 831
Lehnert: Sozialdemokratie zwischen Protestbewegung und Regierungspartei 1848-1983. NHB. es 1248
Lem: Dialoge. es 1013
Lenz: Leben und Schreiben. Frankfurter Vorlesungen. es 1425
Leroi-Gourhan: Die Religionen der Vorgeschichte. es 1073
Leutenegger: Lebewohl, Gute Reise. es 1001
– Das verlorene Monument. es 1315
Lévi-Strauss: Das Ende des Totemismus. es 128
– Mythos und Bedeutung. es 1027
Die Listen der Mode. Hg. von S. Bovenschen. es 1338
Literatur und Politik in der Volksrepublik China. es 1151
Löwenthal: Mitmachen wollte ich nie. es 1014
Logik des Herzens. Hg. von G. Kahle. es 1042
Lohn: Liebe. Zum Wert der Frauenarbeit. Hg. von A. Schwarzer. es 1225
Lukács: Gelebtes Denken. es 1088
Maeffert: Bruchstellen. Eine Prozeßgeschichte. es 1387
Mandel: Marxistische Wirtschaftstheorie. 1/2. es 595/596
Marcus: Umkehrung der Moral. es 903
Marcuse: Ideen zu einer kritischen Theorie der Gesellschaft. es 300
– Konterrevolution und Revolte. es 591
– Kultur und Gesellschaft 1. es 101
– Kultur und Gesellschaft 2. es 135
– Versuch über die Befreiung. es 329
Maruyama: Denken in Japan. es 1398
Mattenklott: Blindgänger. es 1343
Mayer: Anmerkungen zu Brecht. es 143
– Gelebte Literatur. Frankfurter Vorlesungen. es 1427
– Versuche über die Oper. es 1050

318/6/12.88

edition suhrkamp
Eine Auswahl

Mayröcker: Magische Blätter. es 1202
– Magische Blätter II. es 1421
McKeown: Die Bedeutung der Medizin. es 1109
Medienmacht im Nord-Süd-Konflikt. Friedensanalysen Bd. 18. es 1166
Meier, Chr.: Die Ohnmacht des allmächtigen Dictators Caesar. es 1038
Menninghaus: Paul Celan. Magie der Form. es 1026
– Schwellenkunde. Walter Benjamins Passage des Mythos. es 1349
Menzel/Senghaas: Europas Entwicklung und die Dritte Welt. es 1393
Milosz: Gedichte. es 1515
– Zeichen im Dunkel. es 995
Mitscherlich: Freiheit und Unfreiheit in der Krankheit. es 505
– Krankheit als Konflikt. es 237
– Die Unwirtlichkeit unserer Städte. es 123
– Sozialgeschichte der Jugend. NHB. es 1278
Moderne chinesische Erzählungen. 2 Bde. es 1010
Möller: Vernunft und Kritik. NHB. es 1269
Moser: Eine fast normale Familie. es 1223
– Der Psychoanalytiker als sprechende Attrappe. es 1404
– Romane als Krankengeschichten. es 1304
Muschg: Literatur als Therapie? es 1065
Die Museen des Wahnsinns und die Zukunft der Psychiatrie. es 1032
Mythos ohne Illusion. Mit Beiträgen von J.-P. Vernant u.a. es 1220
Mythos und Moderne. Hg. von K. H. Bohrer. es 1144
Nakane: Die Struktur der japanischen Gesellschaft. es 1204
Nathan: Ideologie, Sexualität und Neurose. es 975
Der Neger vom Dienst. Hg. von R. Jestel. es 1028
Die neue Friedensbewegung. Friedensanalysen Bd. 16. es 1143
Ngũgĩ wa Thiong'o: Der gekreuzigte Teufel. es 1199
– Verborgene Schicksale. es 1111
Nizon: Am Schreiben gehen. Frankfurter Vorlesungen. es 1328
Oehler, Dolf: Pariser Bilder I. es 725
– Ein Höllensturz der Alten Welt. Pariser Bilder II. es 1422
Oppenheim: Husch, husch, der schönste Vokal entleert sich. es 1232
Paetzke: Andersdenkende in Ungarn. es 1379
Paley: Ungeheure Veränderungen in letzter Minute. es 1208
Paz: Der menschenfreundliche Menschenfresser. es 1064
– Suche nach einer Mitte. es 1008
– Zwiesprache. es 1290
Peripherer Kapitalismus. Hg. von D. Senghaas. es 652

318/7/12.88

edition suhrkamp
Eine Auswahl

Petri: Schöner und unerbittlicher Mummenschanz. Gedichte. es 1528
– Zur Hoffnung verkommen. Gedichte. es 1360
Politik der Armut. Hg. von S. Leibfried und F. Tennstedt. es 1233
Populismus und Aufklärung. Hg. von H. Dubiel. es 1376
Powell: Edisto. es 1332
– Eine Frau mit Namen Drown. es 1516
Psychoanalyse der weiblichen Sexualität. Hg. von J. Chasseguet-Smirgel. es 697
Pusch: Das Deutsche als Männersprache. es 1217
Raimbault: Kinder sprechen vom Tod. es 993
Ribeiro, D.: Unterentwicklung Kultur und Zivilisation. es 1018
– Wildes Utopia. es 1354
Ribeiro, J. U.: Sargento Getúlio. es 1183
Rodinson: Die Araber. es 1051
Roth: Die einzige Geschichte. Theaterstück. es 1368
– Das Ganze ein Stück. Theaterstück. es 1399
– Krötenbrunnen. Ein Stück. es 1319
Rubinstein: Immer verliebt. es 1337
– Nichts zu verlieren und dennoch Angst. es 1022
– Sterben kann man immer noch. es 1433
Rühmkorf: agar agar – zaurzaurim. es 1307
Russell: Probleme der Philosophie. es 207
– Wege zur Freiheit. es 447
Schindel: Geier sind pünktliche Tiere. es 1429
– Im Herzen die Krätze. es 1511
– Ohneland. es 1372
Schlaffer: Der Bürger als Held. es 624
– Die Bande. Erzählungen. es 1127
Schönhoven: Die deutschen Gewerkschaften. NHB. es 1287
Schrift und Materie der Geschichte. Hg. von C. Honegger. es 814
Schröder: Die Revolutionen Englands im 17. Jahrhundert. NHB. es 1279
Schubert: Die internationale Verschuldung. es 1347
Das Schwinden der Sinne. Hg. von D. Kamper und C. Wulf. es 1188
Sechehaye: Tagebuch einer Schizophrenen. es 613
Senghaas: Konfliktformationen im internationalen System. es 1509
– Von Europa lernen. es 1134
– Weltwirtschaftsordnung und Entwicklungspolitik. es 856
– Die Zukunft Europas. es 1339
Simmel: Schriften zur Philosophie und Soziologie der Geschlechter. es 1333
Sloterdijk: Der Denker auf der Bühne. es 1353
– Eurotaoismus. es 1450

318/8/12.88

edition suhrkamp
Eine Auswahl

Sloterdijk: Kopernikanische Mobilmachung und ptolemäische Abrüstung. es 1375
– Kritik der zynischen Vernunft. 2 Bde. es 1099
– Zur Welt kommen – Zur Sprache kommen. es 1505
Söllner: Kopfland. Passagen. Gedichte. es 1504
Sport – Eros – Tod. Hg. von G. Hortleder und G. Gebauer. es 1335
Staritz: Geschichte der DDR 1949-1985. NHB. es 1260
Stichworte zur ›Geistigen Situation der Zeit‹. 2 Bde. Hg. von J. Habermas. es 1000
Struck: Kindheits Ende. es 1123
– Klassenliebe. es 629
Szondi: Theorie des modernen Dramas. es 27
Techel: Es kündigt sich an. Gedichte. es 1370
Tendrjakow: Sechzig Kerzen. es 1124
Theorie des Kinos. Hg. von K. Witte. es 557
Thiemann: Kinder in den Städten. es 1461
– Schulszenen. es 1331
Thompson: Die Entstehung der englischen Arbeiterklasse. 2 Bde. es 1170
Thränhardt: Geschichte der Bundesrepublik Deutschland. NHB. es 1267
Tiedemann: Studien zur Philosophie Walter Benjamins. es 644
Todorov: Die Eroberung Amerikas. es 1213
Treichel: Liebe Not. Gedichte. es 1373
Typologie. Hg. von V. Bohn. es 1451
Vargas: Gegen Wind und Wellen. es 1513
Vernant: Die Entstehung des griechischen Denkens. es 1150
– Mythos und Gesellschaft im alten Griechenland. es 1381
Versuchungen 1/2. Aufsätze zur Philosophie Paul Feyerabends. Hg. von H. P. Duerr. es 1044/1068
Verteidigung der Schrift. Kafkas »Prozeß«. Hg. von F. Schirrmacher. es 1386
Vom Krieg der Erwachsenen gegen die Kinder. Friedensanalysen Bd. 19. es 1190
Walser, Martin: Eiche und Angora. es 16
– Ein fliehendes Pferd. Theaterstück. Mitarbeit U. Khuon. es 1383
– Geständnis auf Raten. es 1374
– Heimatkunde. es 269
– Lügengeschichten. es 81
– Selbstbewußtsein und Ironie. Frankfurter Vorlesungen. es 1090
– Über Deutschland reden. es 1553
– Wer ist ein Schriftsteller? es 959
– Wie und wovon handelt Literatur. es 642
Weiss, P.: Abschied von den Eltern. es 85
– Die Ästhetik des Widerstands. es 1501
– Avantgarde-Film. es 1444

318/9/12.88

edition suhrkamp
Eine Auswahl

Weiss, P.: Die Besiegten. es 1324
– Fluchtpunkt. es 125
– Das Gespräch der drei Gehenden. es 7
– Der neue Prozeß. es 1215
– Notizbücher 1960-1971. 2 Bde. es 1135
– Notizbücher 1971-1980. 2 Bde. es 1067
– Rapporte. es 276
– Rapporte 2. es 444
– Der Schatten des Körpers des Kutschers. es 53
– Stücke I. es 833
– Stücke II. 2 Bde. es 910
– Die Verfolgung und Ermordung Jean Paul Marats ... es 68
Sinclair (P. Weiss): Der Fremde. es 1007
Peter Weiss im Gespräch. Hg. von R. Gerlach und M. Richter. es 1303
Wellershoff: Die Auflösung des Kunstbegriffs. es 848
Die Wiederkehr des Körpers. Hg. von D. Kamper und C. Wulf. es 1132
Wippermann: Europäischer Faschismus im Vergleich 1922-1982. NHB. es 1245
Wirz: Sklaverei und kapitalistisches Weltsystem. NHB. es 1256
Wissenschaft im Dritten Reich. Hg. von P. Lundgreen. es 1306
Wittgenstein: Tractatus logico-philosophicus. es 12
Wünsche: Der Volksschullehrer Ludwig Wittgenstein. es 1299
Ziviler Ungehorsam im Rechtsstaat. Hg. von P. Glotz. es 1214

318/10/12.88

es 1550
edition suhrkamp
Neue Folge Band 550

Während die meisten zeitdiagnostischen Aussagen von heute sich in symptomatischer Weise der Präposition *post* bedienen – Postmoderne, Postmaterialismus, Posthistoire, Postindustrialismus, nach 1968, nach Freud, nach der Metaphysik, nach Tschernobyl –, soll der vorliegende Band die vorherrschende Blickrichtung umkehren. Was zeigt sich dem Realität sondierenden Blick, wenn man die Gegenwart nicht mehr nur als Nach-Vergangenheit versteht? Welche Horizonte gehen auf, wenn wir im Jetzt nicht nur den Hohlraum sehen, der vom Verschwinden der eben noch dominierenden Aktualität zurückgelassen wird, sondern auch schon den Vorschein der Zukunft? Ist die Unterstellung berechtigt, daß heute jeder Zeitgenosse unweigerlich auch sein eigener Futurologe ist? Was heißt es, in einer Zeit wie dieser sich eine Zukunft vorzustellen? Peter Sloterdijk bat 32 Autorinnen und Autoren (Literaten, Philosophen, Historiker, Politiker) darum, ihre »Stichworte zur aktuellen Lage der Zukunft« zu Papier zu bringen. Die These, wonach »die Zukunft schon begonnen hat«, soll nicht den Multis und Programmdirektoren des Computerzeitalters überlassen werden.

Vor der Jahrtausendwende: Berichte zur Lage der Zukunft

Herausgegeben
von Peter Sloterdijk

ZWEITER BAND

Suhrkamp

edition suhrkamp 1550
Neue Folge Band 550
Erste Auflage 1990
© Suhrkamp Verlag Frankfurt am Main 1990
Erstausgabe
Alle Rechte vorbehalten, insbesondere das der Übersetzung,
des öffentlichen Vortrags
sowie der Übertragung durch Rundfunk und Fernsehen,
auch einzelner Teile.
Satz: Hümmer, Waldbüttelbrunn
Druck: Nomos Verlagsgesellschaft, Baden-Baden
Umschlagentwurf: Willy Fleckhaus
Printed in Germany

2 3 4 5 6 – 95 94 93 92 91 90

Inhalt

ZWEITER BAND

IV. Konstanten – Zyklen – Trends

V. Reduktion von Komplexität – Steigerung von Wagnissen

Inhalt des ersten Bandes

IV. Konstanten–Zyklen–Trends

Dieter Senghaas
Setzt sich der Prozeß der Zivilisation fort? Über die Zukunft internationaler Politik

Im internationalen System lassen sich zwei Prozesse von langer Dauer beobachten: Machtrivalitäten unterschiedlicher Reichweite sowie Vernetzungen (Interdependenzen) unterschiedlicher Dichte. Beide Erscheinungen sind für die internationale Politik von grundlegender Bedeutung: Machtrivalitäten, weil aus ihnen Gewalt, im Grenzfall Kriege, erwachsen können; Interdependenzen, weil sie Machtrivalitäten unterlaufen oder überwölben sollen. Zwischen beiden Erscheinungen besteht ein dialektischer Zusammenhang: Je unverstellter die Machtrivalitäten, um so weniger haben die Interdependenzen Chancen, Konflikte abfedern zu helfen; je ausgeprägter Interdependenzen, um so größer die Wahrscheinlichkeit, daß Machtrivalitäten in den Hintergrund gedrängt und unvermeidliche Interessenkonflikte in friedliche Bahnen gelenkt werden.

Potentiell gewalttätige und vor allem kriegerische Machtrivalitäten in eine friedliche Konfliktregelung zu überführen, ist Inhalt des Prozesses der Zivilisation. In ihm geht es also um die Transformation gewaltträchtiger in friedlich ausgetragene Konflikte. Dabei wird Macht nicht eliminiert, sondern eingegrenzt. Sie wird institutionell, im Grenzfall durch die Verrechtlichung der Auseinandersetzung, eingehegt.

Eine solche Verzivilisierung von Machtrivalitäten und damit von Politik hat zunächst unterhalb des internationalen Systems im klassischen westlichen Territorialstaat stattgefunden. In ihm kam es zu einer stufenweisen Monopolisierung von Gewalt bei gleichzeitiger Herausbildung einer arbeitsteiligen Gesellschaft und Wirtschaft. Die Entwicklung eines legitimen staatlichen Gewaltmonopols führte zur Entprivatisierung von Gewalt; eine weitflächige Vernetzung unter Wettbewerbsbedingungen machte zweckrationales ökonomisches Handeln zum Imperativ. Beides mäßigte praktisches Verhalten. Überdies provozierte die Monopolisierung von politischer Macht und ökonomischer Verfügungsgewalt im Laufe der Zeit die Forderung nach demokratischer Teilhabe von breiten, machtmäßig »enteigneten« Bevölkerungsschichten. So entwickelte sich in jahrhundertelangen gesellschaftspolitischen Konflikten schrittweise der demokratische Rechtsstaat. In ihm werden Konflikte beispielhaft institutionell geregelt.

Wird der in diesem Vorgang zum Ausdruck kommende Prozeß der Zivilisation die Grenzen des westlichen Territorialstaates überschreiten? Wird es auch jenseits seiner Grenzen zur Herausbildung von verzivilisierten, d. h. institutionell und rechtlich umschriebenen Formen des Konfliktes kommen? Ist diese begrenzte Erfahrung verallgemeinerungsfähig? Das sind zentrale Fragen über die Zukunft der internationalen Politik. Sie sind nicht einfach zu beantworten. Denn erforderlich sind Differenzierungen, die die unterschiedliche Sachlage in unterschiedlichen Teilen des internationalen Systems angemessen berücksichtigen.

Denn dieses internationale System ist ein Gebilde, in dem Machtrivalitäten und Interdependenzen in äußerst unterschiedlichen Mischungen vorliegen. Analytische Befunde und praktische Handlungsorientierungen sind deshalb von den jeweiligen markanten Handlungszusammenhängen internationaler Politik abhängig. Zu ihnen gehören der Bereich der westlichen Gesellschaften, die sozialistische Staatenwelt, die Dritte Welt und die Süd-Süd-Beziehungen sowie die Ost-West-Beziehungen und die Nord-Süd-Beziehungen.

Alle *westlichen Gesellschaften* (OECD) sind heute demokratische Rechtsstaaten; sie sind marktwirtschaftlich organisiert und enthalten mehr oder weniger ausgeprägte sozialstaatliche Komponenten. Der arbeitsteiligen Komplexität von Gesellschaft und Ökonomie entspricht ein relativ komplexes politisches System mit breiten Beteiligungschancen. Die meisten politischen Konflikte verlaufen in institutionell geregelten Bahnen. Ausnahmen bestätigen die Regel. Zwischen diesen westlichen Gesellschaften ist eine Struktur relativ dichter Vernetzung entstanden. An keiner anderen Stelle im internationalen System wird eine vergleichbare Höhe sozio-ökonomischer und institutioneller Interdependenz erreicht. Voraussetzung sind hierfür vergleichbare Binnenprofile, die relativ symmetrische Austauschstrukturen ermöglichen. Das führt in der Regel zu substitutiver Arbeitsteilung, also einem Wettbewerb in allen Sparten: von Agrargütern und Fertigwaren jedweder Art zu Technologie und Dienstleistungen. Diese Erscheinung ist in den großen bevölkerungsstarken OECD-Gesellschaften nicht weniger zu beobachten als in bevölkerungsmäßig kleinen, nur daß letztere eine höhere Spezialisierung, gewissermaßen in den Nischen der Weltwirtschaft, aufweisen. Ökonomischer Wettbewerb wird in diesem Kontext zur eigentlichen Austragungsform des Konfliktes. Konflikte sind dabei in einem weitgehend kooperativen Rahmen aufgehoben. Supranationale Institutionen und internationale Regelwerke, sogenannte internationale Regime, dienen als Plattform, auf der eine Konfliktregelung stattfindet. In keinem anderen Zusammenhang ist dieser Sachverhalt deutlicher zu beobachten als innerhalb der Europäischen Gemeinschaft. Hier, aber auch an anderer Stelle im OECD-Kontext ist die Chance einer Politik wechselseitiger Koordination und des Kompromisses groß.

Anders als in der Vergangenheit ist heute die Gefahr äußerst gering, daß Konflikte zwischen den westlichen Gesellschaften noch einmal gewaltsam-kriegerisch ausgetragen werden. Diese Gesellschaften verhalten sich untereinander vor allem wie Handelsstaaten. Innerhalb der vergangenen drei Jahrzehnte entstand zwischen ihnen eine Zone relativ stabilen Friedens. Ihn zu stören hieße, allseits erhebliche ökonomische Beeinträchtigungen in Kauf nehmen zu müssen. Die daraus sich ergebenden Wohlfahrtsverluste wären für alle Beteiligten konterproduktiv. Gesellschaften, die mit mehr als 70% ihrer gesamten außenwirtschaftlichen Aktivitäten miteinander vernetzt sind, können sich eine auf Konfliktaktivierung oder eine auf Kollision ausgerichtete Machtpolitik alten Stils nicht mehr leisten. Aus den Erfahrungen vergangener Jahrzehnte, insbesondere der zwanziger und dreißiger Jahre, scheinen die richtigen Lektionen gelernt worden zu sein.

So kommt es, daß »schlechte« Eigenschaften, die gewöhnlich internationaler Politik insgesamt zugeschrieben werden: nationalstaatlich-egozentrische Machtpolitik, Absicherung von Interessenpositionen durch eine Politik militärischer Rückversicherung, Einflußnahme über Drohung und Erpressung usf., in diesem Segment des internationalen Systems ganz in den Hintergrund gerückt, äußerst sublimiert oder gar völlig überwunden sind. Andere politische Prozesse, beispielsweise das Ausfeilschen von allseits tragbaren Kompromissen, überwiegen. In den Beziehungen zwischen den westlichen Gesellschaften wird man also eher an Vorgänge ihrer eigenen

Innenpolitik erinnert. Wenn der überzeichnende Begriff »Weltinnenpolitik« überhaupt auf einen Ausschnitt des internationalen Systems zutrifft, dann in der Tendenz auf die West-West-Beziehungen.

Der Prozeß der Zivilisation im oben definierten Sinne ist also nicht nur im Innern der westlichen Gesellschaften, sondern auch zwischen ihnen fortgeschritten. Und die Chance einer weiteren Verzivilisierung der innerwestlichen Beziehungen durch eine zunehmende Verdichtung des Austausches und durch zusätzliche Verregelungen und gemeinsame Institutionen ist nicht klein. Um sie zu nutzen, bedarf es allerdings erheblicher politischer Anstrengungen. Gefahren bestehen vor allem in weltwirtschaftlichen Abschwungphasen, in denen es zu einer Desintegration der erreichten Vernetzungen und zu einer Erosion bestehender internationaler Regelwerke kommen kann. Dann droht erneut die Renaissance herkömmlicher Machtpolitik und des sie unterfütternden Instrumentariums. Schleichende Entwicklungen in eine solche Richtung sind beobachtbar: ein gewisser Trend zum Protektionismus und zu neomerkantilistischer Außenwirtschaftspolitik, unilaterales Vorpreschen an Stelle multilateraler Koordination, eine Politik krasser Handels- und Zahlungsbilanzungleichgewichte, die sich auf die Weltwirtschaft störend auswirken müssen. Dennoch ließen sich die damit verbundenen Gefahren bisher begrenzen. Die eingespielten Rahmenbedingungen haben sich als relativ robust erwiesen.

In den Beziehungen zwischen den OECD-Gesellschaften besteht ein weiteres Gefahrenpotential in den zu beobachtenden erheblichen ökonomischen Gewichtsverlagerungen, weil dadurch langfristig die Problematik der politischen Vormachtstellung aufgeworfen wird. Für die Zukunft stellt sich hier vor allem die Frage, ob Japan auf dem Wege ist, in Ergänzung zu seiner weltwirtschaftlich führenden Rolle die Rolle einer Weltmacht im breiten Sinne des Begriffs anzustreben. Wird Japan im 21. Jahrhundert eine hegemoniale Stellung einnehmen – und damit wie England im 19. und die USA in der Mitte des 20. Jahrhunderts weltweite, insbesondere weltwirtschaftliche Ordnungsfunktionen übernehmen? Wird sich der aus der Vergangenheit bekannte Hegemoniezyklus von Aufstieg, Blüte und Verfall »großer Mächte« wiederholen? Bisher hat es nicht den Anschein, daß Japan eine prononcierte weltpolitische Rolle sucht. Aber eine Entwicklung in diese Richtung ist nicht auszuschließen, und sei es, daß Japan in Ergänzung zu seiner weltwirtschaftlich führenden Rolle einfach in eine weltpolitisch beherrschende Position hineinwächst, also eine Weltmacht wider Willen würde. Die angesprochene Hegemonie-Problematik ist also noch keineswegs ausgestanden. Sie könnte durchaus die internationale Politik in den ersten Jahrzehnten des 21. Jahrhunderts prägen.

Betrachten wir die Lage in der *sozialistischen Staatenwelt*. Unter zivilisationstheoretischer Perspektive gibt es hier erhebliche Defizite sowohl im Innern als auch zwischen den sozialistischen Staaten zu diagnostizieren. Im Innern werden sozialistische Staaten immer noch durch die Institutionen und Instrumente einer forcierten nachholenden schwerindustrielastigen Industrialisierung geprägt. Ein übermäßiger Zentralismus in Politik und Ökonomie führte zu einer historisch beispiellosen Machtkonzentration. Die Gesellschaft wird dabei zum Gegenstand einer breitgefächerten Manipulation von oben. Sie hat die allergrößten Schwierigkeiten, sich allmählich gegenüber den zentralen Instanzen von Partei und Staat, die mit einem Anspruch auf politisches Monopol auftreten, zu emanzipieren. Zwischen der relativen Komplexität der entstandenen Industriegesellschaften und den veralteten politischen Strukturen, die vor allem durch geringe Beteiligungschancen gekennzeichnet sind, besteht eine erhebliche Kluft. Sie war der Hintergrund für dramatische politische Ereignisse vor allem in den osteuropäischen Gesellschaften und jüngst in China. Inzwischen hemmt diese Kluft den Fortgang weiterer sozialistischer Entwicklung nachdrücklich. In manchen sozialistischen Gesellschaften wird diese Beobachtung heute offiziell geteilt. Angesichts der organisatorischen Diskrepanz zwischen politischem System und entstandenen industriegesellschaftlichen Strukturen sieht sich jeder sozialistische Staat früher oder später dem Erfordernis einer grundlegenden wirtschaftlichen und politischen Reform ausgesetzt. Je später diese beginnt, um so problematischer ist sie. Zu reformieren ist zum einen eine hochzentralisierte Ökonomie durch schrittweise Dezentralisierung bei Berücksichtigung marktwirtschaftlicher Prinzipien. Zum anderen gilt es, das politische System mit dem Ziel einer Erweiterung der Beteiligungschancen gesellschaftlicher Kräfte zu öffnen; ihnen muß es möglich werden, sich autonom zu organisieren. Ansonsten werden Reformen im Sande verlaufen. Es geht also hier um eine Konstituierung und Emanzipation der Gesellschaft gegenüber den überkommenen verkrusteten Partei- und Staatsmonopolen. Dabei kommt der Herausbildung eines unabhängigen Rechtswesens, überhaupt der Rechtssicherheit, eine zentrale Bedeutung zu. Das war im übrigen in der Frühphase westlicher Entwicklung nicht anders. Nur auf solchem Hintergrund können autokratie-ähnlich verfaßte sozialistische Staaten sich in demokratische Rechtsstaaten verwandeln, in denen das Prinzip gesellschaftlicher Selbstregulierung einen legitimen Platz hat und einen breiten Raum einnimmt. Es geht um die Legitimität von Interessenkonflikten und um ihre Institutionalisierung.

Die dirigistische Herrschaftsstruktur und Lenkung sozialistischer Gesellschaften führten bisher dazu, daß den wechselseitigen autonomen Vernetzungen gesellschaftlicher Kräfte erhebliche, in den vergangenen Jahrzehnten unüberwindbar erscheinende Schwierigkeiten im Wege standen. Dieser Sachverhalt führte zu den bekannten politischen Legitimationsdefiziten. Immer wieder ausbrechende Revolten und die Existenz einer Schattenökonomie deuten jedoch darauf hin, daß der Manipulation der Gesellschaft Grenzen gesetzt sind. Eine Politik, die Menschen entmündigt, verdummt selbst. Darin kommt eine sozialkybernetische Dialektik zum Ausdruck.

Was inzwischen jedoch im Innern, obgleich gegen das herrschende Ordnungsprinzip verstoßend, in wenigen Fällen gelegentlich schon geduldet wird: dissentierende Meinungen, Bürgerprotest, politische Organisationen außerhalb der Partei, also erste Ansätze autonomer Selbstorganisation, ist in den Beziehungen zwischen sozialistischen Staaten noch weithin ausgeschlossen: Diese Beziehungen unterliegen einer bleibenden strengen staatlichen Reglementierung. So erlaubt das Außenwirtschaftsmonopol keine autonomen Vernetzungen zwischen den gesellschaftlichen Kräften unterschiedlicher sozialistischer Staaten. Überdies verhindert die Abwesenheit von marktmäßiger Regulierung einen spontanen Austausch von Gütern und Dienstleistungen nach Gesichtspunkten komparativer Kosten und Vorteile. Das Ausmaß an Interdependenz zwischen sozialistischen Gesellschaften ist folgerichtig gering. Im Falle der kleineren sozialistischen Gesellschaften ist Zurückhaltung auch gleichzeitig ein Schutz vor dem »großen Bruder«. Mengenmäßig begrenzte Beziehungen sind insbesondere zwischen den beiden sozialistischen Weltmächten Sowjetunion und China zu beobachten. Hier verkamen die Beziehungen in den sechziger und siebziger Jahren zu einem Austausch von purer Propaganda. Machtrivalitäten gelangten ganz unverstellt zum Ausdruck, und mehrfach drohten kriegerische Auseinandersetzungen. Nicht anders stellt sich die Lage zwischen China und Vietnam dar, zwischen denen es sogar zu einem regelrechten, wenngleich kurzen Krieg kam. Inzwischen haben sich vor allem die sowjetisch-chinesischen Beziehungen entspannt. Ein Prozeß der Normalisierung hat eingesetzt. An die Stelle des Austausches von Invektiven ist erneut normale Kommunikation über unterschiedliche Interessen getreten. Diese Beziehungen gewinnen an Stabilität und Kalkulierbarkeit.

Der Prozeß der Zivilisation hat also in sozialistischen Staaten noch eine weite Wegstrecke vor sich: Es geht um die Emanzipation der Gesellschaft, die Demokratisierung der politischen Strukturen und die Einführung der Rechtsstaatlichkeit. Zwischen den sozialistischen Gesellschaften ist die Aufgabenstellung keine geringere: Hier geht es um die Entwicklung einer funktionalen Arbeitsteilung sowie die Herausbildung gemeinsamer Institutionen der Konfliktregelung, also um internationale Verregelungen, mit deren Hilfe gewaltsame Konflikte vermieden werden sollen.

Die Probleme sind also elementarer Natur und verlangen zu ihrer Lösung eine erhebliche Umgestaltung (Perestrojka) der bestehenden Strukturen. Nicht Anpassungen am Rande, sondern Änderungen im Kern sind erforderlich. Nur in ihrer Folge wird, aufbauend auf einem hohen Maß an sich selbst regulierenden Interdependenzen, eine sozialistische Staatengemeinschaft neuer Art, d.h. frei von Gewaltdrohungen und Gewalthandlungen, von sich ausschließenden ideologischen Führungsansprüchen und Rüstungskonkurrenz, vorstellbar. Eine solche besteht heute kaum in Ansätzen. Zu ihrer Entfaltung bedarf es einer vertieften Entspannung zwischen China und der Sowjetunion sowie einer erweiterten wirtschaftlichen, technologischen und wissenschaftlichen Kooperation zwischen den sozialistischen Gesellschaften. Zuallererst bedarf es aber einer erfolgreichen Reform im Innern jeder einzelnen sozialistischen Gesellschaft. Realistisch betrachtet, handelt es sich hier nicht um eine Aufgabe von Jahren, sondern von Jahrzehnten.

Von elementarer Natur sind auch die Aufgabenstellungen innerhalb der *Dritten Welt.* In diesem Ausschnitt des internationalen Systems hat der Prozeß der Zivilisation oft noch nicht einmal die Ebene des Territorialstaates erreicht. Das staatliche Monopol legitimer Gewalt ist noch vielfach umstritten. Dieser Sachverhalt wird durch zahlreiche Bürgerkriege und bürgerkriegsähnliche Auseinandersetzungen dokumentiert. Die Territorialstaaten, oft willkürlich zusammengewürfelte Gebilde, bauen meist auf inkohärenten, noch nicht durchstrukturierten Ökonomien auf. Von Volkswirtschaften oder »nationalen Systemen politischer Ökonomie« (F. List) zu sprechen, ist in vielen Fällen immer noch fehl am Platz. Der gesellschaftliche Zusammenhang wird durch ethnische und religiöse Zerklüftungen in Frage gestellt. In diesem Kontext geht es also häufig noch um die anfängliche Herausbildung von Staat, Gesellschaft und Ökonomie. Die Sozialisierung des Gewaltmonopols – und damit dessen Demokratisierung – hat noch kaum begonnen.

Sind die politischen und sozio-ökonomischen Strukturen innerhalb einzelner Staaten der Dritten Welt brüchig und in der Folge gewaltanfällig, so ist die Lage zwischen ihnen keine andere. Hier ist ein erhebliches Konfliktpotential zu diagnostizieren: eine Rüstungskonkurrenz mit konventionellen und in der Tendenz auch mit nuklearen Waffen, die Androhung von Gewalt sowie offene militärische Gewaltanwendung. Da überdies die Interdependenz zwischen den Staaten der Dritten Welt, also in den Süd-Süd-Beziehungen, auch bei unmittelbarer Nachbarschaft gering und in den meisten Fällen eine bisher zu vernachlässigende Größe ist, drohen Konflikte leicht gewaltsam zu werden. Wie jahrhundertelang in der europäischen Geschichte, finden Machtrivalitäten hier immer noch unverstellt statt, weder von völkerrechtlichen noch von Regeln politischer Klugheit eingehegt. In vieler Hinsicht gleicht die politische Szenerie in der Dritten Welt den für die europäische Geschichte diagnostizierten kleinen und großen »Ausscheidungskämpfen« (N. Elias). In Europa hat es Hunderte von Jahren gedauert, ehe sie durch Strukturveränderungen im Innern der Gesellschaften und zwischen ihnen aufgehoben wurden. In der Dritten Welt werden Jahrzehnte erforderlich sein, ehe sich die Gesellschaften intern konsolidieren und ehe es zu wechselseitigen robusten Verknüpfungen kommt.

In jeder Hinsicht befindet sich also die Dritte Welt in einem sehr frühen Stadium der Verzivilisierung politischer Konflikte. Hilfestellungen von außen könnten hilfreich sein. Bis heute sind aber eher geopolitisch motivierte Interventionen mit konterproduktiven Folgen zu beobachten.

Auch in den *Ost-West-Beziehungen* ist das Ausmaß an Interdependenz äußerst gering: Wirtschaftliche Vernetzungen sind minimal, wissenschaftlicher und technologischer Austausch sind begrenzt, und die menschlichen Kontakte über die Systemgrenzen hinweg sind spärlich, wenn man von den deutsch-deutschen Beziehungen absieht. So liegt eine Struktur vor, in der unvereinbare Interessen unmittelbar aufeinanderstoßen können. Eingedämmt werden sie durch das Risiko einer Eskalation von Konflikten in einen Nuklearkrieg und damit von der Abschreckungskonstellation.

Die Verzivilisierung des Ost-West-Konfliktes wird auch in Zukunft von Entspannung, Rüstungskontrolle und verstärkter Kooperation abhängig sein. Anzustreben ist ein sich verdichtendes Interdependenzgeflecht zwischen Ost und West, worin potentiell gewaltträchtige Konflikte in einen friedlichen gesellschaftspolitischen Wettbewerb transformiert werden. Ganz naheliegende Fragen wären zu stellen und gemeinsam zu bearbeiten: Wer produziert effizienter? Wer hat das leistungsfähigere Gesundheits- und Erziehungssystem? Wo werden frühzeitig welche gesellschaftlichen Probleme erfaßt und verarbeitet? Wie sieht es mit der Humanisierung des Arbeitslebens aus? usf., usf. Auf solche konkreten Politikfelder bezogen ließe sich der Konflikt versachlichen. Das setzt allerdings Schritte in Richtung auf seine Entmilitarisierung voraus. Hierzu muß die jahrzehntelang eingefahrene Rüstungskonkurrenz überwunden werden und Sicherheitspolitik an Prinzipien »gegenseitiger« oder »gemeinsamer« Sicherheit orientiert werden. Man müßte Sicherheitspolitik auf eine Vertrauen schaffende Sicherheitsstruktur ausrichten, in der das Sicherheitsdilemma, wie es in der Regel immer zwischen souveränen Staaten besteht, praktisch abgemildert wäre. Überdies könnte eine Abkopplung der Weltmächte von ihren geopolitischen Machtrivalitäten in der Dritten Welt zur weltpolitischen Einhegung des Ost-West-Konfliktes beitragen.

In den *Nord-Süd-Beziehungen* besteht eine relativ hohe, aber asymmetrisch gelagerte Interdependenz zwischen den westlichen Industriegesellschaften und der Dritten Welt. Asymmetrisch deshalb, weil in diesen Beziehungen erhebliche Chancenungleichheiten verankert sind. Der Konflikt ist im wesentlichen ein Verteilungskonflikt, eine Auseinandersetzung um unterschiedliche Wohlfahrtschancen. Die heute sichtbare Struktur hat sich in einer jahrzehnte-, oft jahrhundertelangen Geschichte herausgebildet. Ihre Überwindung wird deshalb ein langwieriger Prozeß sein. Wie läßt sich das darin enthaltene Konfliktpotential überwinden? Wie ist Chancengleichheit, Ziel einer Konflikttransformation in diesem Kontext, herstellbar?

Zwei Wege bieten sich an: einmal eine vertiefte Integration der Entwicklungsländer in die Weltwirtschaft, zum anderen ihre relative Entkopplung von der Weltwirtschaft. In beiden Fällen hängt jedoch die Entwicklungschance vor allem von der Entwicklungspolitik ab, die vor Ort betrieben wird. Eine vertiefte Integration kann die bestehenden Asymmetrien akzentuieren, wenn nicht die neuen Chancen für eine breitenwirksame Entwicklung genutzt werden. Bei Abkopplung droht eine sozio-ökonomische Regression, wenn nicht mit neuen Entwicklungsanstrengungen die neuen Rahmenbedingungen ausgefüllt werden. Beide Wege sind schwierig; sie können durch Hilfestellungen von außen erleichtert werden. Wichtig ist, daß bisher abhängige Länder durch Gegenmachtbildung an Autonomie gewinnen. Nur so können politische Gegengewichte entstehen. Dabei wären in diesem Zusammenhang Vernetzungen zwischen den Entwicklungsländern wünschenswert, wodurch eine Politik des Vertrauens auf die eigenen Kräfte untermauert werden könnte. Um sie ist es allerdings heute nicht gut bestellt, weil die Dritte Welt – ein äußerst vielfältiges Gebilde – in sich uneins ist, wie viele bilaterale und Regionalkonflikte dokumentieren.

Internationale Politik spielt sich schwerpunktmäßig innerhalb der dargelegten Handlungszusammenhänge ab. Sie sind die makropolitischen, makromilitärischen und makroökonomischen Achsen im derzeitigen internationalen System. Eine »Verzivilisierung« von internationaler Politik, also der Übergang von gewaltträchtiger Regellosigkeit zu friedlicher Konfliktregelung vermittels institutionalisierter Kooperation, müßte sich in ihnen in der jeweils angedeuteten Richtung vollziehen.

Diese Beobachtung beinhaltet, daß die Menschheit als Kollektiv noch keinen eigenen kohärenten Handlungszusammenhang verkörpert. Auch die vielgehörte Rede von den »wachsenden weltweiten Interdependenzen« oder von einer im Entstehen begriffenen »Weltgesellschaft« kann darüber nicht hinwegtäuschen.

Ohne Zweifel schrumpfen im ganzen internationalen System Entfernungen dank der Schnelligkeit, Reichweite und Preisgünstigkeit moderner Verkehrs- und Übermittlungstechniken. Doch die Wirkungen zunehmenden Tausches und internationaler Kommunikation sind zweischneidig. Tausch und Kommunikation begünstigen die Zentren, die sich in der Regel eng vernetzen, und sie führen zu einer Peripherisierung oder Marginalisierung jener Räume, die dem Außendruck und dem Verdrängungswettbewerb nicht standhalten können. Von diesem Vorgang wird derzeit mehr als die Hälfte der Menschheit betroffen. Als Ergebnis bildet sich im internationalen System ein »internationalisierter Kernbereich« heraus, in dem der Club der westlichen Industriegesellschaften mit den verwestlichten Segmenten der Gesellschaften der

Dritten Welt verknüpft ist. Die Kehrseite solcher »Internationalisierung« besteht in sozio-ökonomischer und sozio-kultureller Zerklüftung der meisten Länder der Dritten Welt. Diese Zerklüftung ist gleichzeitig die Produktionsstätte für gewaltträchtige Konflikte, die nicht selten internationale Ausweitungen haben.

Ohne Zweifel ist heute eine informationelle Vernetzung der Menschheit zu beobachten. Moderne Medien ermöglichen ohne Verzug und über alle Grenzen hinweg die verläßliche Übermittlung von Informationen an ein weltweites Massenpublikum. Eliten stehen, wo sie es für erforderlich halten, in ständigem Kontakt miteinander. Aber konstituiert sich dadurch »Weltgesellschaft«? Oder kommt nicht bestenfalls nur ein vages Zusammengehörigkeitsgefühl zustande? Werden durch internationale Kommunikation nicht selten überkommene Vorurteile und Stereotype bekräftigt?

Auch findet ohne Zweifel eine Art von Selbstbewußtwerdung der Menschheit statt. Seit den siebziger Jahren haben zahlreiche internationale Konferenzen die drängenden *Welt*probleme durchleuchtet: das Problem des Bevölkerungswachstums und der Behausung, der Ernährung und der Rohstoffsicherung, des Technologie- und Wissenschaftstransfers, der Industrialisierung und der Beschäftigung, der Verschuldung und Umwelt, usf. Zur Diskussion standen dabei nicht die Probleme einzelner Staaten und Regionen, Ethnien und Kulturräume, sondern die Lage der Menschheit insgesamt. Doch die Diskrepanz zwischen fundierten Problemanalysen und der Folgenlosigkeit von Aktionsprogrammen in der internationalen Politik ist unübersehbar. Das wachsende Wissen der Menschheit über sich bleibt weithin politisch ungenutzt.

Die Menschheit ist kein eigener Handlungszusammenhang, weil das internationale System eine homogene Beziehungsdichte und eine weltweite Kohärenz nicht kennt. Auch ist bisher das Instrumentarium für internationale Koordination und für bereichsspezifische Verregelungen (internationale Regime) unterentwickelt geblieben. Damit fehlt immer noch das institutionelle Medium, über das internationale Politik sich verzivilisieren könnte.

Aber die Menschheit ist auch kein eigener Handlungszusammenhang, weil sich das Leben der meisten Menschen immer noch innerhalb von nationalstaatlichen Grenzen abspielt. Zwar wurde schon vor langer Zeit der Nationalstaat für tot erklärt. Aber in den vergangenen Jahrzehnten ist eher seine Renaissance und Revitalisierung zu beobachten: Im OECD-Bereich sind ihm in der Folge aufgefächerter staatlicher Interventionen in Gesellschaft und Ökonomie neue Funktionen zugewachsen; die Bemühungen um Entregulierung werden daran wenig ändern. In den sogenannten Schwellenländern hat politische Steuerung im nationalen Rahmen an Durchschlagskraft gewonnen; ohne sie ist ihr relativer Entwicklungserfolg nicht zu verstehen. In sozialistischen Ländern ist der nationale Kontext für Politik bestimmend geblieben; sozialistischer Internationalismus hat nur noch, wenn überhaupt, eine residuale symbolische Bedeutung. In den Entwicklungsländern gibt es vielfältige Versuche, neue nationale Handlungszusammenhänge aufzubauen. Außerhalb der Europäischen Gemeinschaft ist der Regionalismus praktisch überall gescheitert. Politik ist heute also eher mehr als weniger in nationalen Handlungszusammenhängen verankert. Das macht die Sensibilisierung für real existierende internationale Probleme so schwierig.

Im übrigen ist weltweit auch die Wissenschaft – trotz hoher internationaler Mobilität – nationalen Traditionen, Denkstilen und »Muttersprachen« verhaftet geblieben. Gerade in den Wissenschaften wäre am ehesten noch eine kosmopolitische Orientierung zu erwarten. Sie müßte sich beispielsweise in global orientierten Fragestellungen und in einer Fülle komparatistischer Werke dokumentieren. Davon ist wenig zu sehen. Die jeweilige nationale Selbsteinkapselung vor allem der Geistes- und Sozialwissenschaften läßt sich kaum nur als Überbleibsel der Vergangenheit begreifen; auch sie ist ein deutliches Indiz für das reale Gewicht, das immer noch nationalen Kontexten zukommt.

Aber selbst wenn »Weltgesellschaft« real nicht existiert, kommt der Idee von Weltgesellschaft doch eine programmatische Bedeutung zu. Der Ausgangspunkt der Überlegung ist dem im Völkerrecht vergleichbar: Auch das Völkerrecht antizipiert den Zustand gewaltfreier Konfliktregelung und friedlichen Wandels, ohne zu unterstellen, er sei in der Wirklichkeit schon vorfindbar. Die programmatische Vorgabe soll wünschenswerte Entwicklungen fördern helfen. Gerade weil die Menschheit kein handelndes Subjekt ist, auch ein solches aller Wahrscheinlichkeit nach nie werden wird, andererseits aber unübersehbare *globale* Herausforderungen bestehen, ist eine an kollektiven Menschheitsinteressen orientierte Politik dringend geboten, zumindest eine solche Leitidee als konzeptuelles Korrektiv erforderlich.

Zwei Herausforderungen stehen dabei im Vordergrund: die Gefahr eines in seinen Folgen verheerenden Nuklearkrieges und die sich zuspitzende Zerrüttung der Biosphäre. Beide Herausforderungen können der internationalen Politik neue, nicht in überkommene Handlungszusammenhänge eingebundene Perspektiven und Impulse vermitteln: Einmal die Idee einer von Kriegen befreiten Welt, zum anderen die Idee ökologischer Sicherheit. Die erste ist ein alter Menschheitstraum, der durch die potentielle Gewalt moderner Massenvernichtungsmittel zu einem praktischen Imperativ geworden ist; die zweite reagiert auf Gefährdungen ganz neuer Natur, die Folgeschäden jedweder Spielart von Industrialismus. Die Abschaffung des Krieges würde den Nerv überkommener internationaler Politik treffen, denn jahrhundertelang bewertete sie Kriege als ein legitimes Mittel und ein kalkulierbares Risiko. Ökologische Sicherheit setzt eine Umwertung überkommener Werte voraus: eine Neubestimmung eines ökologieverträglichen Wachstums und eine Relativierung der Bedeutung militärischer Sicherheit. Weder die eine noch die andere Idee motiviert schon in ausreichendem Maße praktische Politik. Aber es mehren sich die Anzeichen, daß Politik sich einem wachsenden internationalen Problemdruck ohne Legitimationsverlust nicht länger entziehen kann. Das schafft heilsame Handlungszwänge in einer überdies derzeit für Innovationen relativ günstigen Konstellation internationaler Politik.

Valentin Braitenberg
Durch ein schmales Fenster betrachtet

Blicke in die Vergangenheit gewähren Einblicke in die Zukunft. Das Fenster, durch das man blickt, ist die Gegenwart. Die Vorhersage hängt von der Regelmäßigkeit des Geschehens ab, doch ist das Geschehen durch das Fenster nur begrenzt faßbar. Die Lehre ist ganz allgemein: je schmaler das Fenster, desto unschärfer das Bild. Wenn man nicht Historiker ist, lebt man fast nur in der Gegenwart: ein enger Spalt.

Mein Problem ist noch komplexer. Ich versehe meine Vorhersagen mit emotionalen Wertungen, und diese beeinflussen ihrerseits den Mechanismus der Vorhersage. Kein Mensch, am wenigsten ich selber, kann erkennen, in welchem Maße die Wahrscheinlichkeiten, aus denen ich die Zukunft entwickle, durch Hoffnung oder durch Bange verzerrt sind. In meinem Fall ist die Tendenz der Vorhersage eher optimistisch, nicht, weil die Gegebenheiten eine günstige Entwicklung erkennen lassen, sondern aus einer inneren Neigung heraus. Auch aus dem Gefühl, daß optimistische Vorhersagen, wenn sie nur von genügend vielen Menschen geteilt werden, tatsächlich die Zukunft zum Besseren wenden können. Hier wird der ganze Vorgang allerdings, wegen des nochmaligen Schlenkers in der kausalen Verknüpfung, sehr undurchsichtig.

Wenn man weiß, wie unsicher die Vorhersage und wie nützlich doch, kann man sich immerhin Regeln zurechtlegen, nach denen man aus der Vergangenheit die Zukunft ableitet. Die Gesetzmäßigkeiten, die im Bisherigen sichtbar werden, sind von zweierlei Art. Die einen heißen Trends (mangels eines treffenden deutschen Wortes, vielleicht Tendenzen oder säkulare Entwicklungen), die anderen Schwingungen oder Schwankungen. Bei einem Trend geht die Entwicklung in eine Richtung, ohne Anzeichen einer Wende, zum Unterschied von den Schwingungen, bei denen jeder Abweichung von einem Mittelwert eine Abweichung in die entgegengesetzte Richtung folgt und dieser wiederum eine Wiederkehr des ersten Zustands und so weiter. Ganz langsame Schwingungen sind von Trends nicht zu unterscheiden, doch kann man sich als *erste Regel* folgendes vorschreiben:

Einen Trend darf man nur annehmen, wenn man in der Lage ist, ihn mit außerhalb des beobachteten Systems liegenden Veränderungen in Zusammenhang zu bringen, oder genauer, wenn man einen Grund sieht, warum sich der Mittelwert, um den das System schwingt, verschoben haben könnte. Sonst bleibt die Vermutung, daß die Entwicklung irgendwann rückläufig wird und sich ins Gegenteil umkehrt, die naheliegendste. Um konkreter zu werden: Trends müssen irgend etwas widerspiegeln, das sich in der Welt, in der wir leben, angesammelt hat und weiter ansammelt. Dazu gehört in erster Linie der technische Fortschritt, inclusive der medizinische, weiter die Anstauung von verschiedenen Substanzen in der Erde, im Wasser und in der Atmosphäre und die Verarmung an anderen Substanzen. In willkürlicher Abwandlung eines gängigen, aber obskuren Begriffs, will ich alle fortschreitenden Entwicklungen, die keine Wende erwarten lassen, Fortschritt nennen, ob man sie mag oder nicht, also zum Beispiel auch die Zunahme der Menschen auf der Erde.

Die Regel besagt also mit ihrer Kehrseite, daß ich bei allen Veränderungen, die ich erlebt habe, wenn es mir nicht gelingt, sie auf wirklichen irreversiblen Fortschritt zurückzuführen, annehmen muß, daß es sich bloß um

Schwankungen handle. Die *zweite Regel* wäre dann, daß bei solchen Veränderungen eine Schwankung zurück zum historischen Mittelwert zu erwarten wäre, und darüber hinaus.

In manchen Fällen reicht ein Menschenleben, um nicht nur eine Bewegung in eine bestimmte Richtung, sondern eine Wende zu beobachten, eine Bewegung hin und zurück. Dann ist die Frage, ob Trend oder Schwingung schon fast entschieden, aber nicht ganz, denn auch fortschreitende Entwicklungen können von Schwankungen überlagert sein, Rückschläge erleiden, krumme Wege gehen.

Als *dritte Regel* schreibe ich mir vor: keine Veränderung ernst nehmen, die ich nur vom Hörensagen kenne, also nur solche, die ich im Laufe meines Lebens selbst beobachten konnte. Der Vergleich meiner Welt mit der, die mir mein Großvater schilderte, ist mir unheimlich. Die damalige Idealisierung war ganz anders als die unsere, im Vergleich der beiden könnten Scheinbewegungen auftreten.

Ich will ein paar Veränderungen schildern, die mir in meiner Erfahrung deutlich wurden, in der Reihenfolge, wie sie mir einfallen, und daran jeweils unter Anwendung meiner drei Regeln vorsichtige Prognosen knüpfen.

Kommunikation

Vielleicht sieht man und spricht sich jetzt nicht mehr und nicht öfter als früher, aber die Menschen, mit denen man im Laufe eines Lebens umgeht, sind mehr geworden und vor allem auf ein viel größeres Gebiet verteilt. Selbst wer Flugzeuge scheut, benutzt gerne das Telefon. Politiker kommen ihren Wählern durch das Fernsehen so nahe wie nie vorher, allerdings im Einweg-System. Wer gerne Auto fährt, nimmt seinen Nachmittagskaffee 30 km von dem Ort ein, wo er gefrühstückt hat. Das Städtle wird zur Großstadt, wo immer man auch wohnt, mit all den angenehmen und einigen der unangenehmen Begleiterscheinungen. Andererseits entstehen neue Gemeinschaften von Dorfgröße, überschaubare, intim verknüpfte Clubs, deren Mitglieder über die ganze Welt verteilt sind, zum Beispiel Wissenschaftler, die über dasselbe Problem arbeiten. Der Austausch von Ideen und Emotionen über das Telefon geht im Club so leicht von statten wie früher auf dem Dorfplatz; Klatsch, Mißgunst und Favoritismus blühen da genauso wie dort.

Die Vergrößerung des Interaktionsradius der Menschen beruht auf technischem Fortschritt. Die Möglichkeiten, die er bietet, sind noch nicht erschöpft. Also wird die Entwicklung in dieselbe Richtung weitergehen. Hier fällt die Diagnose Trend leicht. Neben den genannten Effekten – Großstadt überall, also Zwecklosigkeit der bisherigen Zusammenballungen und Ausbau von postalischen Interessengemeinschaften – sind politische Konsequenzen zu erwarten. Die geographisch-politischen Einheiten, deren Größe im vergangenen Jahrhundert von etwa 100 km auf 1000 km angewachsen ist (mit der Entwicklung der Eisenbahn?), werden sich vermutlich bei einer Größenordnung von 10000 km stabilisieren. Die Ausbreitung der einzelnen Sprachen kann nicht mehr ihr natürliches Maß abgeben, das Polyglottwerden der Nationen wird Probleme aufwerfen, die durch effizientere Übersetzungsmaschinen verringert, aber nicht abgeschafft werden und letztlich eine neue Einstellung der Sprache gegenüber verlangen.

Der Anteil von Büchern, die das Okkulte behandeln, hat in einer Universitätsbuchhandlung in Berkeley, in Mailand oder (etwas weniger) in Tübingen in den letzten Jahrzehnten sehr zugenommen. Ich kann nicht feststellen, daß die Evidenz für Geister jetzt besser oder mehr geworden ist als früher. Auch nicht, daß in der Physik sich jetzt etwa Freiräume aufgetan haben, in die diese Dinge ohne Widerspruch hineinpassen. Ich kann nur annehmen, daß es jetzt mehr Leute gibt, die gerne etwas lesen, was die Gesetze der Naturwissenschaft in Frage stellt, das Interesse an ihnen sogar verblassen läßt gegenüber den ungeheuren Behauptungen, die da aufgestellt werden.

Hier muß ich mir mit der Beantwortung der Frage, ob Trend oder Schwingung, mehr Mühe geben. Denn einerseits bin ich mir sicher, daß diese Art von Anti- oder Metaphysik ganz und gar ohne empirische Grundlagen ist, also einer Willkür entspringt, die garantiert bald in ihr Gegenteil umschlagen wird. Das würde eine neue aufklärerische Stimmung erwarten lassen. Andererseits ist die Mißgunst, der diese Willkür entspringt, verständlich. Sie hängt mit dem immer komplexeren physikalischen Weltbild zusammen, mit der immer größeren Mühe, die es dem abverlangt, der es wirklich verstehen will. Dieser Trend geht weiter. Immer mehr Leute gehen mit Geräten um, von deren Wesen sie keine Ahnung haben, immer öfter kommt es vor, daß jemandem die Rede abgeschnitten wird, wenn er meint, mit seinem Hausverstand über Dinge urteilen zu können, über die der Experte so schrecklich viel weiß. Angesichts des weit verbreiteten Unwillens, mathematisch formalisierte Wissenschaften zu erlernen, wird die unaufhaltsame Zunahme an technischem Wissen immer stärkere emotionale Reaktionen hervorrufen. Aber die Ausflüge ins Unbegründete, in die Mystik, die wahrscheinlich immer leidenschaftlicher werden, werden doch den Charakter von Schwingungen behalten, von ästhetischen Abenteuern.

Ich lerne daraus, daß mein Schema Gefahren birgt. Außer dem objektiv feststellbaren Fortschritt, dem des Wissens und dem der Veränderungen der Umwelt, muß ich wohl noch einen Fortschritt im emotionalen Bereich annehmen, fortschreitenden Unmut aufgrund von sich häufenden Erfahrungen, fortschreitenden Leichtsinn vielleicht und weiß Gott was noch alles.

Geschlechtliches

Das ist ein Kapitel, bei dem ich die Forderung nach der direkten eigenen Beobachtung von Veränderungen relaxieren muß, da es um Vorkommnisse geht, die in den allermeisten Fällen dem Beschauer entzogen sind. Zudem sind die Berichte darüber ganz besonders unverläßlich, durch Unter- bzw. Übertreibungen verfälscht, die beide aus Wunschdenken und Imagepflege resultieren können. Auch den mit allen Finessen der empirischen Soziologie gewonnenen Erhebungen mißtraue ich, denn bei ihnen beeinflußt das Wunschdenken nicht nur die Äußerungen der Befragten, sondern auch die Analyse der Ergebnisse seitens der Sexologen. Immerhin entnehme ich einigen persönlichen Beobachtungen, zum Beispiel, daß man in meiner Jugend als unverheiratetes Paar im Hotel gelegentlich abgewiesen wurde, jetzt aber offenbar nicht mehr, daß sich die Einstellung zum Sexualleben geändert hat. Daß die gesamte sexuelle Aktivität der Menschheit zu- oder abgenommen habe, halte ich hingegen für sehr unwahrscheinlich. Möglicherweise hat sich die durchschnittliche Zahl der Partner jedes einzelnen im Laufe seines Lebens vergrößert, obwohl man nicht vergessen darf, daß die früher florierenden Bordelle statistisch bei beiden Geschlechtern erheblich ins Gewicht gefallen sind. Möglich auch, daß das regelrechte Sexualleben jetzt in etwas jüngeren Jahren anfängt als früher, aber man darf dabei nicht nur an Universitätsstudenten denken: über die anderen Bevölkerungsanteile wissen wir weniger.

Was immer sich da geändert hat, ich würde es nicht sehr ernst nehmen. Man hat die Pille als eine nicht mehr wegzudenkende technische Errungenschaft gepriesen, von der man glaubte, daß sie ein für allemal sexuelle Tabus aus der Welt geschafft habe. Ich glaube das nicht. Kaum hat man begonnen, die neue Freiheit zu exerzieren, und schon stellen sich die alten Ängste wieder ein, in verschiedenen Gewändern: schreckliche Beschuldigungen der Pille, sie mache dick, führe zur Venenthrombose, was alles stimmen mag, sie fördere die Ausbreitung der Geschlechtskrankheiten, was sicher stimmt, und demoralisiere die Jugend. Merkwürdigerweise hat man vor einigen Jahren in den Vereinigten Staaten den relativ harmlosen Herpes als geschlechtlich übertragbare Krankheit sehr hochgespielt (als ob die anderen nicht reichten) und hat auch damals schon den erhobenen Zeigefinger der Frommen gesehen, die die Strafe Gottes willkommen hießen. Wenig später hat, wie zum Hohn, das schreckliche Aids den sexuellen Liberalismus, ganz unabhängig von geheimen Wünschen und Ängsten, in einem ganz neuen Licht erscheinen lassen und ihm Grenzen gesetzt, die aber wohl kaum enger sind als die, die unseren Großvätern durch die Syphilis gegeben waren.

Alles in allem scheint es in der Art, wie man vom Geschlechtlichen spricht, ziemlich regelmäßige, nach Jahrzehnten, vielleicht nach Jahrhunderten bemessene Schwankungen zu geben, in der durchschnittlichen Zahl der Geschlechtsakte pro Kopf und Nacht aber nicht. Die Liberalisierung, die viele als endgültig empfunden haben, erreicht nicht die Würde eines Trends, zeigt sich im Laufe meines Lebens schon als Phase in einem unsicheren Hin und Her. Eifersucht und Ekel, natürliche Gegebenheiten, sorgen von selbst für die Stabilität der Gepflogenheiten und haben die Liberalisierung bei den meisten Menschen ohnedies wirkungslos bleiben lassen. Die Jungfernschaft, das vielbesungene Kleinod, zur Zeit im Gespräch tabu, wird wieder im Ansehen steigen. Geschlechtliches in seinen zarteren Formen des Schwärmens, Hofierens, Dichtens wird wieder aufgewertet werden gegenüber dem direkten Weg zur ungeheuren Versenkung. Mit ebenso großer Wahrscheinlichkeit kann man allerdings irgendwann in der Zukunft eine Generation erwarten, die den verbilligten Zugang zum Sexuellen wieder als humanitären Fortschritt empfinden wird, usw.

Psychoanalyse

Ich habe vor 30 Jahren Moses, Einstein und Freud in einem Satz als Gestalten vergleichbarer Größe erwähnen hören. Während die Bedeutung der ersten beiden Herren unbestritten bleibt, ist die Gestalt Sigmund Freuds seither schon sehr verblaßt, zurechtgerückt als Soft-Porno-Autor im Professoren-Look, der seinen Erfolg zu einem großen Teil der herrschenden alt-österreichischen Prüderie verdankt. Die triumphale Vereinnahmung der Lehre von den Geisteskrankheiten, die allerdings weniger ihm als seinen Schülern anzulasten ist, hat ernsthaft praktizierende Psychiater weder zu seiner Zeit noch später berührt und erscheint jetzt allen bestenfalls als naiv. Der Widerschein seiner, sehr abgewandelten, Lehren in der Soziologie ist noch weithin sichtbar, wird aber nicht mehr Bestand haben als andere Leitmotive in diesem im allgemeinen wechselfreudigen Fach. Jerry Lettvin, Neurophysiologe am Massachusetts Institute of Technology, hat vorgeschlagen, man möge ein paar Fasern, die Freud als junger Neuroanatom im Hirnstamm beschrieben hat, das »Freudsche Bündel« nennen, damit der Name dieses verdienten Forschers nicht ganz in Vergessenheit gerate.

Frauen und Männer

Die Grammatik unterscheidet nach wie vor streng zwischen männlich und weiblich. Ebenso die Modejournale. Nur bei einer kleinen Minderheit von in Tübingen allerdings überrepräsentierten Menschen hat sich, seit ich so alt war wie sie, eine Angleichung der beiden Geschlechter in der Kleidung, im Schuhwerk, in der Frisur und im Denken durchgesetzt. Ob damit auch eine Angleichung im Wesen vollzogen ist, bezweifle ich. Wer ein Auge hat für solche Dinge, empfindet die angeborenen Unterschiede der Form, der Bewegung und des Charakters unter der uniformierenden Verhüllung nur um so pikanter.

Die Kleidungsmode, angetrieben durch einen wirtschaftlichen Motor, wird willkürlich diktiert von Modeschöpfern, aber doch nicht ganz. Sie hat ihre Eigengesetzlichkeit und spiegelt sicher auch grundsätzlichere Anliegen der Menschheit wider, wenn auch verzerrt, übertrieben, zynisch. Die Annäherung der Geschlechter schießt über das Ziel hinaus: Frauenschultern werden zu einer supermaximalen Männlichkeit aufgebläht, die kein Mann mit Würde tragen könnte, während Männer ihre Schultern in Pullovern schwächlich hängen lassen.

Was hier gespielt wird, ist die populäre Variante eines interessanten Projekts: die althergebrachte Verteilung verschiedener Arten von Arbeit zwischen Frauen und Männern aufzuheben, um dadurch mehr Menschen verfügbar zu machen für einen Arbeitsmarkt, der damals, als er anfing, noch nicht übersättigt war. Es schien wohl so, als könnte man nicht genug erziehbaren Intellekt unter den jungen Männern auftreiben, um den Ansprüchen der Industrialisierung und der wachsenden Bevölkerung nachzukommen; also mußten die Frauen her.

Frag ich mich jetzt, nach dem gewohnten Muster, ob das Ähnlicherwerden der Geschlechter ein weiterführender Trend oder bloß eine Schwankung sei, so entdecke ich Widersprüchliches. Das Bedürfnis nach intellektuellem Talent ist in den Industrienationen sicher gestiegen und muß weiter steigen, solange diese sich weiter entwickeln. Also Trend: die Wirtschaft kann es sich nicht leisten, den weiblichen Intellekt wie früher brach liegen zu lassen, Frauen müssen in die sogenannten männlichen Berufe. (Und zwar mehr als jetzt: eine vor kurzem von der Max-Planck-Gesellschaft veröffentlichte Statistik über die Zusammensetzung ihrer eigenen Belegschaft wirkt beschämend, ich weiß nicht, ob für die Frauen oder für die Max-Planck-Gesellschaft.) Andererseits spielt da ein anderer, nicht zu übersehender Fortschritt mit: die Zahl der Arbeitslosen steigt unablässig und wird weiter steigen. Die Gründe sind nicht aus der Welt zu schaffen, sie liegen in der zunehmenden Übernahme von Arbeit durch Maschinen. Wenn das so weitergeht, wird auf dem gewöhnlichen Arbeitsmarkt (also nicht auf dem intellektuellen) bald die Hälfte des gesamten Angebots an Arbeitskräften, Frauen und Männer zusammengenommen, genügen. Ich nehme mit Sicherheit an, daß dann die Zweiteilung der Menschheit in eine öffentlich arbeitende und eine zu Hause arbeitende Hälfte wieder zusammenfallen wird mit einer Trennung der Geschlechter. Das scheint ein allgemeines Gesetz zu sein: Wo es eine, wenn auch nur angedeutete Spaltung in zwei Hälften gibt, dort fällt das Ding auseinander, wenn man es in zwei Teile zerlegt: die Spalt-Tablette z. B., oder das Brötchen, oder die Rechten und die Linken bei einer Party, die sich in zwei Räumen abspielt. Es ist damit allerdings im Prinzip noch nicht entschieden, welches Geschlecht die eine und welches die andere Rolle übernehmen wird. Die Bedürfnisse der Brutpflege einerseits, die größere Körperkraft des Mannes andererseits legen aber nahe, daß es wieder zur traditionellen Rollenverteilung kommen wird.

Meine Analyse zusammenfassend: Die Angleichung der Geschlechter wird für die Mehrheit der Menschen wieder zunichte werden. Die jetzige Stimmung ist vermutlich kaum beständiger als die sie widerspiegelnde Mode. Die biologische Differenzierung der Geschlechter, die sich nicht nur auf das Genitale beschränkt, wird sich als grundlegende Polarisierung in allen ästhetischen Bereichen behaupten. Dagegen wird die Zahl der Frauen in den technischen Berufen, überhaupt bei aller gehobenen Schreibtischarbeit, zunehmen. Die Grammatik wird an der Unterscheidung von männlichen und weiblichen Formen festhalten und die derzeitigen lächerlichen oder doch ironischen Bastardisierungen wieder abschaffen.

Über Euthanasie kann man derzeit im selben Tonfall reden wie über Anästhesie. Über die Rechtmäßigkeit der Abtreibung von Embryonen zu reden, wirkt schon recht altmodisch, man diskutiert den Zeitpunkt, zu dem das dem klinischen Personal noch ästhetisch zumutbar ist. (Die »Fristenlösung« mit einer Frist von 18 Jahren, je nach dem Ausgang des Abiturs, die ich gerne ins Gespräch werfe, wird allerdings meist abgelehnt, obwohl sie eine konsequent vertretbare Zwischenstellung zwischen Euthanasie und Abtreibung einnehmen würde.) Man trifft gelegentlich noch Leute, die die Entrüstung über Auschwitz als übertrieben empfinden, es seien ja gar nicht sechs Millionen gewesen, sondern höchstens drei, sagen sie.

Ich entnehme aus alledem, daß in den Kreisen, in denen ich verkehre, das Menschenleben schon längst nicht mehr als das oberste, unter allen Umständen zu schützende Gut gilt, wie ich das in der Schule und im Haus noch gelernt habe. Zugegeben, auch damals machte man, mich als Kind schockierende, Ausnahmen: das Kriegsrecht und die Todesstrafe. Das lag aber in der Hand von Uniformierten, mit denen man ohnedies möglichst wenig zu tun hatte. Zivilisten (so weit ich sie kannte) waren sich in ihrer Humanität einig. Das ist heute nicht mehr so. Man empfindet Ärzte, die man zur Abwicklung von Geburten und zur Heilung von Krankheiten ruft, als ebenso zuständig für die Unterdrückung des Menschenlebens zum gegebenen Zeitpunkt. Im weißen Kittel wirkt das alles clean, und daß das eine wie das andere schmerzlos abläuft, wird ohnehin angenommen.

Ich fürchte (unter anderem für meine eigene Haut), daß diese Entwicklung einem fortschreitenden Trend entspricht. Der zugrundeliegende katastrophale Fortschritt ist der der Zahl der Menschen auf der Erde. Das wunderbare Gefühl, daß jeder neu hinzugekommene Mensch willkommen sei, konnte man bis vor einigen Jahrzehnten noch in den Vereinigten Staaten erleben, empfindet man heute noch in Israel, vielleicht in Australien und sicher in Neuseeland. Aber bald wird es auch dort unangenehm voll werden. Es kann nicht ausbleiben, daß dann Weltanschauungen hochkommen, die die These der Menschen als Erzfeinde des Menschen zur Grundlage haben.

Vor kurzem überraschte mich ein hiesiger Politologe mit einem Vortrag, der ganz auf der Voraussetzung aufgebaut war, daß alle Menschen, wenn sie nicht verhetzt sind, den Frieden wünschen und vor aller Tötung zurückscheuen. Ich glaube das nicht, empfinde diese Annahme eher als gefährlich. Man darf nicht übersehen, mit welcher Gier Nachrichten aufgesogen werden, die Kriegsschauplätze, Katastrophengebiete, Hungersnöte und Seuchen betreffen. Journalisten bringen ihre Aufsätze mit möglichst großen Totenziffern nicht aus Bosheit oder Zynismus in Umlauf, sondern weil sie wissen, wie gut sich solche Produkte verkaufen.

Die derzeitige Begeisterung vieler Menschen für den Tierschutz kann ich nicht als eine Ausweitung der Menschenliebe auf verwandte Tierarten empfinden. Im Gegenteil, neben der – menschenfeindlichen – Antipathie gegen die Naturwissenschaft empfinde ich dabei eine Relativierung des Menschenlebens, die gefährliche Konsequenzen haben kann. Wenn beides, Menschenleben wie Tierleben, gleichermaßen geschützt ist, so wird man auch beim Menschenleben, wie beim Tierleben, gelegentliche Ausnahmen gutheißen. Solange es Schlachthäuser gibt, Mäusefallen, das »Einschläfern« von Hunden und das Abschießen von tollwütigen Füchsen, ist es mir lieber, wenn dem Menschenrecht kein (fast) ebenbürtiges Tierrecht gegenübersteht. Das erste deutsche Tierschutzgesetz, dem jetzigen sehr ähnlich, ist im November 1933 erschienen, unterzeichnet von Adolf Hitler. Freilich war es die Frucht einer Stimmung, die schon lange vorher angehoben hatte, aber der Nationalsozialismus ja auch.

Wissenschaft

Wenn man Galilei liest, oder Helmholtz, aber auch Empedokles, so überrascht, wie sehr diese Herren (und viele andere) doch unsere Kollegen waren, kaum verschieden von uns im Ansatz und in der Stimmung. Wissenschaftler sind monoman, rücksichtslos, philosophisch versponnen; alle haben Mechanismen erfunden, mit denen sie sich jenseits des emotionalen Getriebes der restlichen Menschheit besinnliche Ruhe verschaffen.

Was neu ist, ist die gewaltig gestiegene Zahl der Leute, die in der und für die Wissenschaft arbeiten und sich um ihre technische Anwendung bemühen. Ich weiß nicht, ob es jetzt noch stimmt, aber vor ein paar Jahrzehnten hat einer einmal behauptet, daß die meisten Wissenschaftler, die je existiert haben, heute am Leben sind. Was die Naturwissenschaftler anbelangt (inclusive Techniker), glaubt man das schon: ihre sehr geringe Zahl in den vergangenen Jahrhunderten fällt kaum ins Gewicht.

Das ist ganz bestimmt keine Modeerscheinung, sondern die Folge der fortschreitenden Akkumulation von Wissen und von Fertigkeiten, auf deren Nutzen niemand verzichten möchte. Es werden nicht alle Völker so viel Wissenschaft betreiben, aber die, die es sich leisten können, sicher. Je mehr die Wissenschaft an den entscheidenden Orten zählt, desto mehr wird ihr Gedankengut zum Bestandteil der Kultur werden, ihre gedankliche Disziplin zum wesentlichen Merkmal der Bildung.

Innerhalb des breiten Volkes der wissenschaftlich Tätigen werden die, die Ausflüge ins Neuland wagen, wie ehedem nur sehr wenige sein, und die Erfolgreichen unter den Originellen noch viel weniger. Diese urtümlichen Wissenschaftler werden, wie früher auch, von der großen Zahl der Machenschaftler nicht verstanden werden, werden mit ihnen Kompromisse eingehen müssen, werden weiter parasitisch leben. Sie werden sich an bestimmten, unvorhersehbar wechselnden Orten ansammeln, und man wird es oft erst später merken. Die ihnen angemessene Form der Auseinandersetzung mit der Gesellschaft ist, wie schon bei Diogenes Laertes zu lesen, die Emigration.

Eliten

Die in meiner Kindheit bei arm und reich herrschende Vorstellung war, daß bessere (d. h. intellektuelle und leitende) Berufe bestimmten Bevölkerungsschichten vorbehalten waren, die dafür durch angeborenes Talent und feinere Erziehung legitimiert waren. Kritische Äußerungen dazu wurden in der Provinz, in der ich aufgewachsen bin, ins Pathologische verwiesen.

Nach dem Zweiten Weltkrieg schien diese Ansicht wie weggeblasen, auch in der Provinz, und wer Ähnliches äußerte, galt seinerseits als abnorm.

Vor kurzem ist das Wort Elite in Gesprächen um die Universität und um die deutsche Wirtschaft wieder aufgetaucht, zwar ohne daß deutlich gesagt wurde, was man darunter zu verstehen habe, aber mit wachsender Emphase.

Ich entnehme daraus, daß die öffentliche Meinung zwischen den beiden entgegengesetzten Bestrebungen der individuellen Exzellenz und der allgemeinen Pietät elastisch aufgehängt ist und regelmäßige Schwingungen ausführt, von denen man im Laufe eines Jahrhunderts ein oder zwei erleben kann.

Die Frage ist, ob es außerdem noch eine langsam fortschreitende Entwicklung in Richtung auf mehr demo- oder mehr aristokratisches Empfinden gibt. Aus dem Wechsel der politischen Stimmung im Laufe meines Lebens kann ich weder das eine noch das andere ableiten, und aus den Grundsatzerklärungen der Politiker noch weniger. Mir scheint aber, daß wir durch wissenschaftliche Erkenntnis und technische Möglichkeiten einiges gewonnen haben, was das Zurückschwingen in die extremen Positionen der früheren Zeiten unwahrscheinlich macht. Die unterschiedliche Erziehbarkeit verschiedener Menschen, vor allem in den Sparten, die viel mentale Disziplin verlangen, ist ein offenes Geheimnis. Selbst der menschenfreundlichste Lehrer wird zugeben, daß seine Bemühungen auf sehr ungleich fruchtbaren Boden fallen und daß, wo Lehrer knapp sind, eine Auswahl der Schüler unumgänglich ist. Andererseits hat sich in vielen, sorgfältigen Untersuchungen herausgestellt, daß die Erblichkeit des Talents fragwürdig ist. Die Kinder der Erfolgreichen sind zwar oft erfolgreicher als der Durchschnitt, vermutlich sogar unabhängig von der häuslichen Erziehung, aber bei den Enkeln ist der Vorteil schon kaum mehr festzustellen. Das spricht sehr gegen die Herausbildung von erblichen Eliten, so wie sie jahrtausendelang als selbstverständlich galt, und läßt rückblickend die Fragwürdigkeit solcher Institutionen erkennen. Talent wird benötigt, aber man kommt um die Schwierigkeit nicht herum, es in jeder Generation aus der Gesamtbevölkerung aufs neue herauszusieben.

Der technische Fortschritt, der sich auf die Demokratie auswirkt, ist hauptsächlich im Bereich der sogenannten Medien. Die Machthaber können die Volksmeinung jetzt viel gründlicher beeinflussen als früher über die Kirchen und die Schulen. Sie setzen ihre Äußerungen und ihre Mimik allerdings auch einer viel genaueren Kontrolle durch ihre Wähler aus. Viele Demokraten fürchten die Auswirkungen der elektronischen Medien. Ich glaube eher, daß sie Machtmißbrauch verhüten werden, vorausgesetzt, daß sie immer mehr unverfälschte Information vermitteln.

Fazit

Die einzelnen Gedanken, die mir gekommen sind, fügen sich nicht zu einer Geschichte, die sich leicht erzählen ließe. Das Unsichere, Fluktuierende, Vielfältige zeichnet das Lebendige im allgemeinen aus und unterscheidet uns von Kristallen und von Maschinen. Langsamer Fortschritt ist aber für alles Lebendige ebenso charakteristisch, und ist, mangels einer Definition von Gut und Böse, der Vorgang, an dem wir uns orientieren.

Ulrich Beck
Jenseits von Frauen- und Männerrolle oder Die Zukunft der Familie

Trägt das Modell der Ehe, der Elternschaft, der Weiblichkeit, der Männlichkeit, in der das Leben ein, zwei Generationen zuvor weitgehend unbefragt verlief, auch noch für den eigenen Lebensentwurf und für den Lebensentwurf der kommenden Generation? Sind wir Augenzeugen eines säkularen Wandels, in dessen Verlauf die Menschen aus den Lebensformen der Industriegesellschaft »entlassen« werden, ähnlich wie sie im Zeitalter der Reformation aus den Sicherheiten der Kirche in die irdische Suche nach Gleichheit und Glück »entlassen« wurden?

Auf diese unbescheidene Frage gibt auch die empirische Sozialforschung keine eindeutige Antwort. Gewiß, auf der einen Seite haben sich die Frauen epochale Gleichstellungen – insbesondere im Recht und in der Bildung – erkämpft. Doch nach wie vor sind in aller Regel sie es, die wischen, waschen und windeln – trotz Erwerbsbeteiligung. Und wie sich nun herausstellt, haben sie in der Berufswelt in den letzten Jahren wohl einige »sinkende Schiffe« erobert. Typische Frauenberufe sind oft solche, deren Zukunft durch Rationalisierungen bedroht ist. Zusammengenommen hat dies den paradoxen Effekt: das Mehr an Gleichheit (in Recht und Bildung) macht die Ungleichheiten (in Beruf, Familie, Politik) bewußter, ungerechter, konfliktvoller, zänkischer. Also: Im Kampf der Geschlechter beginnt eine neue Phase.[1]

Wir Männer reagieren darauf störrisch, pfiffig und

dumm zugleich. Wir betreiben eine Politik der verbalen, aber auch nur verbalen Zugeständnisse. Es herrscht die Illusion vor, mit einer gut eingeübten Rhetorik der Gleichheit und einem Schuß Biologie – Mutterschaft! – sei die alte Ordnung zu halten.

Doch auch die Frauen irren sich, wenn sie fordern, nun müßten wir Männer für ein paar Jahrhunderte »zurück an den Herd«. Dieser Rollentausch käme – historisch – dem Versuch gleich, den Adel zu Leibeigenen der Bauern zu machen. (Daß dies auf die Dauer nicht gutgehen kann, sollten die Frauen eigentlich selbst am besten wissen.)

Orson Welles hat in seinem letzten Film dieses Gezänk von Wesen, wahrscheinlich immer noch der Liebe fähig, die nicht mehr mit, aber auch noch nicht ohne einander leben können, in die richtigen geschichtlichen Dimensionen gerückt. Die Menschen haben zweitausend Jahre gebraucht, um die Schreckensbotschaft »all men are equal« in ihren Konsequenzen auch nur zu erahnen. Noch nicht einmal eine historische Sekunde lang, nämlich zwei Jahrzehnte, beginnt ihnen die noch völlig unabsehbare Katastrophe zu dämmern: »all women are equal too«!

Es handelt sich also nur scheinbar um die Probleme von Ich und Du. Was sich in die private Form des »Beziehungskonflikts« kleidet, sind vielmehr – gesellschaftstheoretisch gewendet – die Widersprüche einer im Grundriß der Industriegesellschaft halbierten Moderne. Die unteilbaren Prinzipien der Moderne – individuelle Freiheit und Gleichheit jenseits der Beschränkung von Geburt – werden im Entwurf der Industriegesellschaft immer schon geteilt und qua Geburt dem einen Geschlecht vorenthalten, dem anderen zugewiesen. Die Industriegesellschaft war und ist *nie* als *Nur*industriegesellschaft möglich, sondern immer nur als halb Industrie-, *halb Stände*gesellschaft.

Die Zuweisung zu den Geschlechtsrollen ist dabei Basis der Industriegesellschaft und nicht etwa ein traditionales Relikt, auf das zu verzichten ein Leichtes wäre. Ohne Trennung von Frauen- und Männerrolle keine traditionale Kleinfamilie. Ohne Kleinfamilie keine Industriegesellschaft in ihrer Schematik von Arbeit und Leben. Das Bild der bürgerlichen Industriegesellschaft basiert auf einer unvollständigen, genauer: *halbierten* Vermarktung menschlichen Arbeitsvermögens. Vollindustrialisierung, Vollvermarktung *und* Familien in den traditionalen Formen und Zuweisungen schließen sich aus. In den heute aufbrechenden Konflikten zwischen Männern und Frauen müssen so die ins Persönliche gewendeten Widersprüche einer Industriegesellschaft ausgetragen werden, die im Zuge von Modernisierungsprozessen die ständischen Grundlagen ihres Zusammenlebens aufhebt.

Doch nicht nur in den Schwierigkeiten der Partnerschaft, auch in den Idealisierungen der modernen Liebesbeziehung spiegelt sich noch einmal der Weg der Moderne. Die Überhöhung ist das Gegenbild zu den Verlusten, die diese hinterläßt. Gott nicht, Priester nicht, Klasse nicht, Nachbar nicht, dann wenigstens Du. Und die Größe des Du ist die umgedrehte Leere, die sonst herrscht.[2]

Das Bedürfnis nach geteilter Innerlichkeit, wie es im Ideal von Ehe und Partnerschaft ausgesprochen wird, ist also kein Urbedürfnis. Es wächst mit den Frösten der Einsamkeit, die die Moderne als Kehrseite ihrer Möglichkeiten beschert. In der Konsequenz führt der Weg aus Ehe und Familie meist wieder in sie hinein – und umgekehrt. Auch wenn es nicht die Familie ist: das Jenseits zu Frust oder Lust der Geschlechter ist immer wieder Frust oder Lust der Geschlechter, ihr Gegeneinander, Aufeinander, Untereinander, Nebeneinander, Ohneeinander, Füreinander – oder alles zugleich.

Die Familie zerfällt in gegensätzliche Lagen

Mit fortschreitender Modernisierung vermehren sich auch in der Familie die Wahlmöglichkeiten und Entscheidungszwänge. Alles muß nun erörtert, gerechtfertigt, in seinen Folgen durchdacht werden – mit dem Effekt: bislang Selbstverständliches verwandelt sich in Konfliktquellen; die Institution Familie zerfällt in die gegensätzlichen Lagen von Frauen und Männern.

Mit leichter Übertreibung kann man sagen: »anything goes«. Wer wann den Abwasch macht, die Schreihälse wickelt, den Einkauf besorgt, den Staubsauger herumschiebt, wird ebenso unklar, wie wer die Brötchen verdient, die Mobilität bestimmt, und warum eigentlich die schönen Nachtseiten des Bettes immer mit dem qua Standesamt hierfür vorgesehenen, angetrauten Alltagsgegenüber genossen werden sollen dürfen. Ehe läßt sich von Sexualität trennen und die noch einmal von Elternschaft, die Elternschaft läßt sich durch Scheidung multiplizieren und das Ganze durch das Zusammen- oder Getrenntleben dividieren und mit mehreren Wohnsitzmöglichkeiten und der immer vorhandenen Revidierbarkeit potenzieren. Aus dieser Rechenoperation erhält man rechts vom Gleichheitszeichen eine ziemlich umfängliche, selbst noch im Fluß befindliche Ziffer, die einen leichten Eindruck über die Vielfalt von direkten und mehrfach verschachtelten Schattenexistenzen vermittelt, die sich heute hinter den gleichgebliebenen und so treuen Wörtchen Ehe und Familie immer häufiger verbergen.

Was hier über die Familie an Enttabuisierungen hereinbricht – man denke auch an die durch Psychologie und Pädagogik vorgespiegelten Gestaltungsmöglichkeiten des Kindes, von der Alptraum-Realität der Humangenetik ganz zu schweigen –, dividiert die ehemals in ihr zusammengefaßten Lagen Stück für Stück auseinander: Frau gegen Mann, Mutter gegen Kind, Kind gegen Vater. Das fängt im Grunde genommen schon bei der konventionellen beruflichen Mobilitätsentscheidung an. Der Arbeitsmarkt fordert Mobilität unter Absehung von persönlichen Umständen. Ehe und Familie fordern das Gegenteil. Die Gretchenfrage lautet dann: Wer *verzichtet* auf ökonomische Selbständigkeit und Sicherheit, also auf das, was in unserer Gesellschaft die selbstverständliche Voraussetzung der Lebensführung ist? (Soweit dies überhaupt schon eine Frage ist.) Auch der *Zeitpunkt* der Elternschaft, über den nun diskutiert und entschieden werden muß, trifft im weiblichen und männlichen Lebenszusammenhang auf andere Voraussetzungen, Ängste, Wünsche; usw. usf.

Wenn derart jede(r) auch innerhalb der Familie sein »eigenes Leben« führen muß, verändern sich – wie Elisabeth Beck-Gernsheim[3] und Maria Rerrich[4] zeigen – auch die sozialen Beziehungen und die Bindungsqualität zum *Kind.* Einerseits wird das Kind Hindernis in diesem Individualisierungsprozeß. Es kostet Arbeit und Geld, ist unberechenbar, bindet an und würfelt die sorgfältig geschmiedeten Tages- und Lebenspläne durcheinander. Mit seinem Erscheinen entwickelt und perfektioniert das Kind seine »Diktatur der Bedürftigkeit« und zwingt mit der nackten Gewalt seiner Stimmbänder und dem Leuchten seines Lächelns den Eltern seinen kreatürlichen Lebensrhythmus auf. Gerade dies macht es auf der anderen Seite aber auch unersetzlich. Das Kind wird zur letzten verbliebenen, unaufkündbaren, unaustauschbaren Primärbeziehung. Partner kommen und gehen. Das Kind bleibt. Auf es richtet sich all das, was in die Partnerschaft hineingesehnt, aber in ihr unauslebbar wird. Das Kind gewinnt mit dem Brüchigwerden der Beziehungen zwischen den Geschlechtern Monopolcharakter auf lebbare Zweisamkeit, auf ein Ausleben der Gefühle im kreatürlichen Hin und Her, das sonst immer seltener und fragwürdiger wird. In ihm wird eine anachronistische Sozialerfahrung kultiviert und zelebriert, die mit dem Individualisierungsprozeß gerade unwahrscheinlich und herbeigesehnt wird. Die Verzärtelung der Kinder, die »Inszenierung der Kindheit«, die man ihnen angedeihen läßt – den übergeliebten, armen Wesen –, und das böse Ringen um die Kinder in und nach der Scheidung sind einige Anzeichen dafür.

Das Kind wird zur letzten Gegeneinsamkeit, die die Menschen gegen die ihnen entgleitenden Liebesmöglichkeiten errichten können. Es ist die private Art der »Wiederverzauberung«, die mit der Entzauberung und aus ihr ihre Bedeutung gewinnt. Die Geburtenzahlen gehen zurück. Die Bedeutung des Kindes aber *steigt*.[5] Mehr als eines wird es dann meistens nicht. Für mehr ist dieser Aufwand auch kaum leistbar. Doch wer glaubt, die (ökonomischen) Kosten würden die Menschen vom Kinder-in-die-Welt-Setzen abhalten, stolpert über seine eigenen Befangenheiten im Kosten-Nutzen-Denken.

Erst »Frauenfrage«, nun »Mutterfrage«?

Manche meinen nun, daß genau hier der Hebel für die Restabilisierung von Familie *und* Arbeitsmarkt liegt: Die »Frauenfrage« sei in die Frage der »Neuen Mütterlichkeit« umzuwandeln und abzuschieben. Auf den ersten

Blick scheinen die ökonomischen Bedingungen diese Politik zu begünstigen.

Von einer selbständigen, beruflich gesicherten Lebensführung ist die Mehrheit der Frauen weit entfernt. Auch heute sind (bei steigendem beruflichem Engagement) erst über die Hälfte (51,7%) aller Frauen zwischen 15 und 65 Jahren erwerbstätig (einschließlich Erwerbslosen). Anders gewendet bedeutet dies: Ein großer Teil der Frauen bleibt auf die Versorgung über Ehe und Ehemänner angewiesen. Die anhaltende Massenarbeitslosigkeit und die begrenzten, eher noch schrumpfenden Kapazitäten des Arbeitsmarktes ganz allgemein konservieren die traditionalen Rollen und Zuständigkeiten von Männern und Frauen.

Doch dasselbe ist anders: Hausfrauen sind nicht mehr Hausfrauen. Sie haben – im Durchschnitt – die gleiche Ausbildung wie ihr Ehemann und von ihren eigenen Müttern trennt sie oft die Weltendifferenz der Unfreiwilligkeit. Eher fraglich ist auch, ob die nachwachsende Männergeneration das Joch der lebenslangen Alleinernährerrolle noch einmal auf sich nimmt. Am Ende dürften die Barrieren des Arbeitsmarktes nur scheinbar die Kleinfamilie stabilisieren, tatsächlich aber genau im Gegenteil die Gänge vor den Scheidungsrichtern füllen oder die Wartezimmer der Eheberater und Psychotherapeuten.

Gleichzeitig wird auf diese Weise die neue Armut der Frauen vorprogrammiert. Wer unter den Bedingungen wachsender Scheidungszahlen die Frauen aus dem Arbeitsmarkt heraus und an den Herd zurückdrängt, muß wenigstens wissen, daß er für einen großen Teil der Gesellschaft die Löcher im sozialen Netz reserviert.

Dies verweist auf prinzipielle Mängel im Denken und Handeln aller Versuche, die alten Verhältnisse zwischen

Männern und Frauen in Familie und Beruf wiederherzustellen. Erstens stehen sie im offenen Widerspruch zu den inzwischen rechtlich fixierten Grundsätzen moderner, demokratisch verfaßter Gesellschaften, nach denen ungleiche Positionen nicht qua Geburt zugewiesen, sondern über Leistung und Erwerbsbeteiligung, die allen offensteht, erworben werden. Zweitens werden die Veränderungen innerhalb der Familie und zwischen den Geschlechtern auf ein privates Phänomen und Problem hin verkürzt und der Zusammenhang mit sozialen und kulturellen Modernisierungen verkannt.

Dies spiegelt sich nicht zuletzt in den oft propagierten Vorschlägen, durch die die zerfallende Familienharmonie wieder gekittet werden soll. Manche meinen, gezielte »Familienerziehungskurse« könnten Abhilfe schaffen. Andere sehen in einer Professionalisierung der Wahl des Ehepartners die zentrale Familientherapie. Wenn wir nur erst genügend Eheberatungsstellen und therapeutische Einrichtungen haben, meinen wiederum andere, werden die Probleme schon kapitulieren. Von der Pornographie über legalisierte Schwangerschaftsunterbrechungen bis zum Feminismus wird alles für die »Krise der Familie« verantwortlich gemacht und entsprechende Gegenmaßnahmen gefordert. Dabei ist die Rat- und Hilflosigkeit Pate der Erklärung. Die historische Entwicklung und gesellschaftlichen Zusammenhänge, aus denen die Konflikte entstehen, bleiben vollständig außerhalb des Blickfeldes.

Modernisierung ist aber – um in einem Vergleich Max Webers zu sprechen – kein Fiaker, aus dem man, wenn es einem nicht paßt, an der nächsten Ecke wieder aussteigen kann. Wer wirklich die Kleinfamilie in den Formen der fünfziger Jahre wiederherstellen will, muß die Uhren der Modernisierung zurückdrehen, das heißt: nicht nur versteckt – z. B. durch Mutterschaftsgeld oder durch Imagepflege der Hausarbeit – die Frauen aus dem Arbeitsmarkt verdrängen, sondern offen, und zwar nicht nur aus dem Arbeitsmarkt, sondern gleich auch aus der Bildung; das Lohngefälle wäre zu verstärken; letztlich müßte auch die gesetzliche Gleichstellung rückgängig gemacht werden: Es wäre zu prüfen, ob das Unheil nicht schon beim allgemeinen Wahlrecht angefangen hat. Kurz, die unhalbierbaren Prinzipien der Moderne müßten halbiert werden, und zwar dem einen Geschlecht – natürlich – zugewiesen, dem anderen – natürlich – vorenthalten werden, und dies ein für allemal.

Gleichheit und Vereinzelung

Als Gegenforderung wird die Forderung nach Gleichstellung der Frauen in allen gesellschaftlichen Bereichen erhoben. Die Prinzipien der Moderne sollen auch für Frauen gelten und gegen den männlichen Widerstand durchgesetzt werden – in der Hausarbeit, in den Parlamenten und Regierungen, in den Fabriken, im Management usw. In den Diskussionen der Frauenbewegung wird diese Gleichheitsforderung meist mit dem Anspruch auf *Veränderung* der »Männerwelt Beruf« verbunden. Gekämpft wird für ökonomische Sicherheit, Einfluß, Mitbestimmung der Frau, aber auch, um dadurch andere »weibliche« Orientierungen, Werte und Umgangsformen in das gesellschaftliche Leben hineinzutragen. Was dabei »Gleichheit« im einzelnen heißt, bleibt interpretationsbedürftig. Hier soll eine – meist ungesehene – Konsequenz einer bestimmten Interpretation zur Diskussion gestellt werden. Wenn »Gleichheit« im Sinne der Durchsetzung der Arbeitsmarktgesellschaft für alle gedeutet und betrieben wird, dann wird – implizit – mit der Gleichstellung letztlich die vollmobile Single-Gesellschaft geschaffen.

Die Grundfigur der *durchgesetzten* Moderne ist – zu Ende gedacht – der oder die *Alleinstehende (Lerke Gravenhorst).* In den Erfordernissen des Arbeitsmarktes wird von den Erfordernissen der Familie, Ehe, Elternschaft, Partnerschaft usw. abgesehen. Wer in diesem Sinne die Mobilität am Arbeitsmarkt ohne Rücksicht auf private Belange einklagt, betreibt – gerade als Apostel des Marktes – die Auflösung der Familie. Dieser Widerspruch zwischen Arbeitsmarkt und Familie (oder Partnerschaft ganz allgemein) konnte so lange verdeckt bleiben, wie Ehe für Frauen gleichbedeutend war mit Familienzuständigkeit, Berufs- und Mobilitätsverzicht. Er bricht heute in dem Maße auf, in dem die Teilung von Berufs- *und* Familienarbeit in die Entscheidung der (Ehe) Partner gelegt wird. Mit dieser marktkonformen Interpretation der Gleichheitsforderung erfaßt die Individualisierungsspirale immer stärker die Beziehungen zwischen Männern und Frauen. Daß dies nicht nur ein Gedankenexperiment ist, zeigen die sprunghaft ansteigenden Zahlen für Einpersonenhaushalte und alleinerziehende Mütter und Väter im internationalen Vergleich. Es wird aber auch an der Art der Lebensführung deutlich, die den Menschen unter diesen Bedingungen abverlangt wird.

In dem Leben, das – bei aller sozialen Orientierung und Vielfalt – im Kern allein geführt werden soll bzw. muß, sind Vorkehrungen erforderlich, die diese Art der Lebensführung gegen die in sie eingebauten Gefährdungen absichern. Kontaktkreise müssen aufgebaut und gepflegt werden für die verschiedensten Gelegenheiten. Dies erfordert viel Bereitschaft auf der eigenen Seite, die-

Lasten der anderen mitzutragen. Eine Intensivierung des Freundschaftsnetzes bleibt unverzichtbar und ist auch der Genuß, den das Single-Dasein bietet. Gerade auch die ausgesuchten Flüchtigkeiten haben ihre Reize. Alles dies setzt eine möglichst sichere Berufsposition voraus – als Einnahmequelle und als Selbstbestätigung und Sozialerfahrung –, die entsprechend gepflegt und behauptet werden muß. Der so entstehende »Kosmos des eigenen Lebens« wird auf das Zentrum des Ich, seine Verletzlichkeiten, Möglichkeiten, Stärken und Schwächen hin zugeschnitten und ausbalanciert.

Doch in dem Maße, in dem diese individualisierte Existenzführung gelingt, wächst die Gefahr, daß sie zu einem unüberschreitbaren Hindernis für die ja meist doch angestrebte Partnerschaft (Ehe, Familie) wird. In dem Single-Dasein wächst die Sehnsucht nach dem (der) anderen ebenso wie die Unmöglichkeit, diesen Menschen in den Bauplan des nun wirklich »eigenen Lebens« überhaupt noch aufnehmen zu können. Das Leben wurde ausgefüllt mit der Nichtgegenwart des anderen. Jetzt ist kein Raum mehr für ihn (sie). Alles atmet die Abwehr von Einsamkeit: die Vielfalt der Beziehungen, die Rechte, die man ihnen einräumt, die Gewohnheiten des Wohnens, die Verfügung über den Zeitplan, die Arten des Rückzugs, um die hinter den Fassaden bohrenden Schmerzen zu bewältigen. Dies alles wird durch die erhoffte Zweisamkeit in seiner mühselig austarierten Feinbalance gefährdet. Die Konstruktionen der Selbständigkeit werden zu Gitterstäben der Einsamkeit. Der Kreis schließt sich. Das »eigene Leben« muß besser gesichert, die Mauern, die die Verletzungen, vor denen sie schützen sollen, mitbedingen, höher gezogen werden.

In der hier vorgetragenen Art hat diese Überlegung zunächst eher idealtypischen Charakter. Wie die Daten zeigen, kommt ihr aber auch durchaus ein wachsendes Stück Realität zu. Mehr noch: Sie ist die wahrscheinlich ungesehene und ungewollte Konsequenz, in die die Forderung der Gleichheit der Geschlechter unter den gegebenen institutionellen Bedingungen hineinführt. Wer – wie Teile der Frauenbewegung – mit dem besten Recht Traditionen, unter denen die Moderne angetreten ist, weiterverlängert und die marktkonforme Gleichstellung von Mann und Frau einklagt und betreibt, muß auch sehen, daß am Ende dieses Weges aller Wahrscheinlichkeit nach nicht die gleichberechtigte Eintracht steht, sondern die Vereinzelung in gegen- und auseinanderlaufenden Wegen und Lagen, für die es heute unter der Oberfläche des Zusammenlebens bereits viele Anzeichen gibt.

Partnerschaft braucht eine andere Gesellschaft

Beide Extremszenarien verkennen den Grundsachverhalt, der hier im Zentrum steht. Die aufbrechenden Widersprüche zwischen Familie und Arbeitsmarkt werden dort durch eine Konservierung der Familie, hier durch eine Generalisierung des Arbeitsmarktes *nicht* gelöst. Unerkannt bleibt, daß die Ungleichheit zwischen Männern und Frauen kein Oberflächenphänomen ist, das *in* den Strukturen und Formen von Familie und Berufssphäre *korrigiert* werden kann. Diese epochalen Ungleichheiten sind vielmehr in die Grundschematik der Industriegesellschaft, ihr Verhältnis von Familien- und Erwerbsarbeit eingebaut. Mit ihnen brechen die Widersprüche zwischen Moderne und Gegenmoderne *in* der Industriegesellschaft auf. Entsprechend können sie auch nicht durch eine Begünstigung von »Wahlfreiheit« zwischen Familie und Beruf aus der Welt geschafft werden.

Die Gleichstellung von Männern und Frauen kann nicht in den institutionellen Strukturen gelingen, die ihrem Zuschnitt nach auf die Ungleichstellung bezogen sind. Erst in dem Maße, in dem das gesamte institutionelle Gefüge der entwickelten Industriegesellschaft auf die Lebensvoraussetzungen von Familie und Partnerschaft hin durchdacht und verändert wird, kann eine neue Art der Gleichstellung jenseits von Frauen- und Männerrolle Schritt für Schritt erreicht werden.

Beginnen wir mit der arbeitsmarktbedingten *Mobilität*. Zum einen wäre es denkbar, die Individualisierungseffekte der Mobilität selbst abzupuffern. Bislang wird mit großer Selbstverständlichkeit davon ausgegangen, daß Mobilität *individuelle* Mobilität ist. Die Familie, und mit ihr die Frau, zieht mit. Die damit aufbrechende Alternative: Berufsverzicht der Frau (mit allen Langzeitkonsequenzen) oder »Spagatfamilie« (als erster Schritt zur Scheidung), wird den Eheleuten als persönliches Problem zugeschoben. Demgegenüber wären *partnerschaftliche* Formen der Arbeitsmarktmobilität zu erproben und zu institutionalisieren. Nach dem Motto: wer den (die) eine(n) will, muß auch dem (der) anderen eine Beschäftigung verschaffen. Das Arbeitsamt müßte eine Berufsberatung und -vermittlung *für Familien* organisieren. Auch die Unternehmen (der Staat) müßten die »Werte der Familie« nicht nur beschwören, sondern durch partnerschaftliche Beschäftigungsmodelle (möglicherweise über mehrere Betriebe hinweg) sichern helfen. Parallel wäre zu prüfen, ob in bestimmten Bereichen nicht bestehende Mobilitätszwänge abgebaut werden könnten (etwa im akademischen Teilarbeitsmarkt). Auf derselben Linie liegt die soziale und rechtliche *Anerkennung von Immobilität* aus familial-partnerschaftlichen Gründen. Für die Bemessung der »Zumutbarkeit« von

Arbeitsplatzwechseln müßten auch die Gefährdungen der Familie mit aufgenommen werden.

Allerdings wirkt angesichts einer Massenarbeitslosigkeit um zwei Millionen herum die Forderung nach gedrosselter Allmobilität aller noch irrealer, als sie sowieso schon ist.

Ähnliche Effekte können dann vielleicht auch von ganz anderen Ansatzpunkten her, z. B. dadurch erzielt werden, daß der *Zusammenhang zwischen Existenzsicherung und Arbeitsmarktbeteiligung* insgesamt gelokkert wird. Sei es, daß die Sozialhilfe in Richtung Mindesteinkommen für alle Bürger aufgestockt wird; sei es, daß Gesundheits- und Alterssicherung von Erwerbsarbeit abgekoppelt geregelt werden. Diese Lockerung der Arbeitsmarkt-Schraube hat Tradition (sozialstaatliche Sicherungen, Verringerung der Arbeitszeit usw.). Sie steht mit der gegenläufigen Entwicklung, die sich in der Massenarbeitslosigkeit ausdrückt – Drängen der Frauen auf den Arbeitsmarkt bei gleichzeitiger Verringerung des Arbeitsvolumens durch Steigerung der Produktivität der Arbeit – sowieso auf der gesellschaftspolitischen Tagesordnung.

Doch selbst eine »familienfreundlich« gedrosselte Arbeitsmarktdynamik wäre nur die eine Seite. Das soziale Zusammenleben der Menschen müßte neu ermöglicht werden. Die in ihren Sozialbeziehungen ausgedünnte Kleinfamilie stellt eine ungeheure Arbeitsintensivierung dar. Vieles, was gemeinsam über mehrere Familien hinweg leicht(er) gelöst werden kann, wird, wenn man ihm allein gegenübersteht, zu einer Dauerüberforderung. Das beste Beispiel hierfür sind wohl die Aufgaben und Sorgen der Elternschaft. Doch mehrere Familien übergreifende Lebens- und Unterstützungszusammenhänge werden meist schon durch die Wohnverhältnisse ausgeschlossen. Die berufliche Mobilität und der Trend zum Single-Dasein sind bereits Beton geworden. Dabei ist dies nur ein Beispiel. Nicht nur Architektur, Stadtplanung usw. geben Individualisierung vor und schließen soziales Leben aus. Der konkreten Änderungsphantasie sind kaum Grenzen gesetzt. Kindererziehung könnte z. B. nicht nur durch die Ermöglichung nachbarschaftlicher Hilfen erleichtert werden, sondern auch durch neue Spezialisierung – »Tagesmütter« – oder durch ein Schulsystem, das nicht die elterliche Nachhilfe bereits zum Bestandteil des »hidden curriculum« gemacht hat usw.

Zu der Frage nach der Realisierbarkeit und Finanzierbarkeit dieser »Utopie« ließen sich sehr wohl einige Worte sagen. Sie ist hier aber nicht Thema. Hier ging es vielmehr im Kern um ein Grundsatzargument, nämlich darum, die falsche Alternative zwischen Familienkonservativismus und Marktgleichheit aufzubrechen. Allerdings ist durch diese oder andere institutionelle Veränderungen immer nur ein *Möglichkeits*raum zu schaffen und zu sichern. Die neuen Formen des Zusammenlebens *jenseits* der ständischen Zuweisungen müssen Männer und Frauen selbst erfinden und erproben. Damit gewinnen aber die viel geschmähten »Refugien der Privatheit und Innerlichkeit« einen zentralen Stellenwert. Nur auf den ersten Blick erscheint es dann noch so, als sei die gesellschaftliche Bewegung der siebziger Jahre in »subjektiven Selbstbespiegelungen« untergegangen. So nah und so weit man zu sehen vermag, wird heute im Alltag von Beziehungen und Bindungen innerhalb und außerhalb von Ehe und Familie unter der Last zukunftsunfähig gewordener Lebensformen schwere Arbeit geleistet. In der Summierung kommen hier Änderungen zustande, die man sich wohl abgewöhnen muß, für ein privates Phänomen zu halten. Was sich da zusammenläppert an empfindlicher Praxis in Lebensgemeinschaften aller Art, an rückschlagserfahrenen Neuerungsversuchen im Verhältnis zwischen den Geschlechtern, an neu aufgelebter Solidarität aufgrund geteilter und eingestandener Unterdrückung, geht der Gesellschaft vielleicht sogar anders an die Wurzel als »systemverändernde Strategien«, die auf der Höhe ihrer Theorie hängengeblieben sind.

Rainer Maria Rilke, der von den Irrungen, die hier allgemein werden, viel wußte, hat schon um die Jahrhundertwende (1904) gehofft: »Das Mädchen und die Frau, in ihrer neuen, eigenen Erfahrung, werden nur vorübergehend Nachahmer männlicher Unart und Art und Wiederholung männlicher Berufe sein. Nach der Unsicherheit solcher Übergänge wird sich zeigen, daß die Frauen durch die Fülle und den Wechsel jener (oft lächerlichen) Verkleidung nur gegangen sind, um ihr eigenstes Wesen von den entstellenden Einflüssen des anderen Geschlechts zu reinigen... Dieses in Schmerzen und Erniedrigungen ausgetragene Menschentum der Frau wird dann, wenn sie die Konventionen der Nur-Weiblichkeit in den Verwandlungen ihres äußeren Standes abgestreift haben wird, zutage treten, und die Männer, die es heute noch nicht kommen fühlen, werden davon überrascht und geschlagen werden. Eines Tages (wofür jetzt, zumal in den nordischen Ländern, schon zuverlässige Zeichen sprechen und leuchten), eines Tages wird das Mädchen da sein und die Frau, deren Name nicht mehr nur einen Gegensatz zum Männlichen bedeuten wird, sondern etwas für sich, etwas, wobei man an keine Ergänzung und Grenze denkt, nur an Leben und Dasein –: der weibliche Mensch. Dieser Fortschritt wird das Liebe-Erleben, das jetzt voller Irrung ist, (sehr gegen den Willen der überholten Männer zunächst) verwandeln, von Grund auf ändern, zu einer Beziehung umbilden, die von Mensch zu Mensch gemeint ist, nicht mehr von Mann zu Weib. Und diese menschliche Liebe (die unendlich rücksichtsvoll und leise, und gut und klar im Binden und Lösen sich vollziehen wird), wird jener ähneln, die wir ringend und mühsam vorbereiten, der Liebe, die darin besteht, daß zwei Einsamkeiten einander schützen, grenzen und grüßen.«

Die Rückschritte in den Fortschritten resultieren aus vielem. Sicherlich aber auch aus der Last der entgegenstehenden institutionellen Bedingungen. Vieles, was sich Männer und Frauen heute um die Ohren schlagen, haben sie nicht persönlich zu verantworten. Wenn sich diese Einsicht Bahn bricht, wäre viel, vielleicht sogar die zu den Veränderungen erforderliche politische Energie gewonnen.

Anmerkungen

1 Dazu ausführlich Ulrich Beck, *Risikogesellschaft*, Frankfurt/Main 1986, Kap. IV sowie ders./Elisabeth Beck-Gernsheim, *Das ganz gewöhnliche Chaos der Liebe*, Frankfurt/Main 1990.
2 Im einzelnen dazu »Die irdische Religion der Liebe«; in: ebd.
3 Elisabeth Beck-Gernsheim, *Mutterwerden – der Sprung in ein anderes Leben*, Frankfurt/Main 1989.
4 Maria S. Rerrich, *Balanceakt Familie*, Freiburg 1988.
5 Elisabeth Beck-Gernsheim, *Die Kinderfrage*, München 1988.

Cornelia Klinger
Die Frau von morgen – aus der Sicht von gestern und heute

Ein schlechter Anfang

Vor die Aufgabe gestellt, über die Zukunft nachzudenken, kam mir als erstes (und ich bin geneigt hinzuzufügen: wie könnte es auch anders sein) ein Stück Vergangenheit in den Sinn – ein Titel aus einem Antiquariatskatalog: *Die Frau von morgen, wie wir sie wünschen*, Erscheinungsjahr 1929.

Das Buch hatte ich nicht gelesen, aber sein Titel war mir in Erinnerung geblieben, vermutlich wegen des Zusatzes »wie wir sie wünschen«, in dem Optimismus, Naivität und auch ein Stück Anmaßung steckten, und dessen »wir« zweifellos der übliche männliche pluralis majestatis zugrunde liegen mußte. Auf jeden Fall war anzunehmen, daß die Zukunftserwartungen von einst einen guten »Aufhänger« bieten würden, um heute eine ähnliche Frage zu stellen. Insofern als Zukunftsentwürfe in der Regel mehr Aufschluß geben über die jeweilige Gegenwart als über die Zukunft, würde ein Vergleich mit den Visionen von einst eindrucksvoll ins Licht rücken, welche enormen Fortschritte in den seither vergangenen sechzig Jahren für die Sache der Frauen errungen worden sind, wie sehr sich die wirkliche Entwicklung von den engen, zeitgebundenen Wünschen unterschieden hat, wie weit das Morgen von gestern heute schon hinter uns liegt.

Von der soliden Basis der gesicherten Errungenschaften ausgehend würde sich dann hoffnungsvoll in die Zukunft blicken lassen. Aus dem Bewußtsein des erfolgreich zurückgelegten Weges ließe sich Zuversicht gewinnen für die noch vor uns liegende Strecke. Gleichzeitig böte ein solcher Hinweis auf die Zukunftserwartungen der Vergangenheit wohl auch Gelegenheit, daran zu erinnern, daß wir – trotz aller Fortschritte – derselben Regel der Zeitgebundenheit im Hinblick auf unsere heutigen Visionen unterworfen bleiben. Kurzum: ich erwartete ein Dokument zu finden, das aufschlußreich, lehrreich und aufgrund der Lächerlichkeit, die überholten Vorstellungen eigen zu sein pflegt, auch amüsant und komisch sein würde.

Die anschließende Lektüre des vielversprechenden Buches zeigte, daß ich recht hatte mit der Vermutung, daß das Personalpronomen »wir« ausschließlich männlich besetzt war. Es handelte sich um sechzehn teils vergessene, teils heute noch bekannte Schriftsteller, die ihre Vision von der Frau der Zukunft zu Papier gebracht hatten. Aber davon abgesehen sah ich mich in der Hoffnung auf einen amüsanten Aufhänger für mein Thema ziemlich betrogen. Je weiter ich las, desto klarer wurde mir, daß sich zwischen einst und jetzt gar nicht so viel Grundsätzliches verändert hat. Fast bin ich überzeugt, daß sechzehn Schriftsteller desselben Geschlechts und ähnlicher sozialer und kultureller Herkunft, heute nach ihren Wünschen hinsichtlich der Frau von morgen befragt, zu ähnlichen Antworten gelangen könnten wie ihre Kollegen damals.

Dabei liegt das Problem durchaus nicht etwa darin, daß ich keinesfalls meine Hand dafür ins Feuer legen würde, daß nicht auch heute noch ähnlich entschieden misogyne Positionen anzutreffen wären, wie sie z.B. Alexander Lernet-Holenia vertreten hat: »... es ist klar, daß die Frau an etwas ihr so Ungemäßes wie an ihre Freiheit erst dann denkt, wenn etwas ihr so Gemäßes wie ihre

Unfreiheit sie nicht mehr befriedigt.«[1] Mit Äußerungen wie dieser stand Lernet-Holenia bereits unter seinen fünfzehn Kollegen fast allein.[2] Ohne die statistische Repräsentativität der Textauswahl überschätzen zu wollen, würde ich behaupten, daß dies ein einigermaßen getreues Bild der Realität vermittelt: derartig kraß frauenfeindliche Vorstellungen dürften den Überlegungen von Männern über die Frau von morgen damals nicht wesentlich häufiger zugrunde gelegen haben als heute. Was aber eben umgekehrt heißt, daß ich nicht glaube, daß diese Denkungsart seither gänzlich ausgestorben sei. Lernet-Holenias Auffassung kann mit Fug und Recht als ewiggestrig gelten, und diese Bezeichnung sollte wörtlich genommen werden: alles Ewig-gestrige ist einerseits nie zeitgemäß und andererseits immer zeitresistent – unausrottbar.

Nicht, daß manifeste Frauenfeindlichkeit kein Kriterium darstellt, anhand dessen Vergangenheit und Gegenwart sich gültig voneinander scheiden ließen, war das Verblüffende an meiner Lektüreerfahrung, sondern daß auch sonst kein sicheres Unterscheidungsmerkmal in Sicht kam. Keine der in jenem Band aus dem Jahre 1929 versammelten Auffassungen ist heute undenkbar geworden. Einheitlich und einhellig waren die Anschauungen damals sowenig, wie sie es heute sind. Da standen auf der einen Seite die unerschrockenen Verfechter gleicher Rechte und gleicher Chancen für beide Geschlechter (wie etwa Stefan Zweig, Richard Huelsenbeck, Georg von der Vring und Walter von Hollander). Sie stehen denjenigen, die heute diese Position vertreten, in der Entschiedenheit und Konsequenz ihrer Forderungen nicht nach. Da gab es auf der anderen Seite jene, die den Akzent legen auf die Andersartigkeit des Weiblichen und auf das Recht der Frau auf ihre Andersartigkeit, ihren Eigen-Sinn. Ob dieses Recht neben, über oder an die Stelle des Rechts auf Gleichheit gesetzt wird, ist zwischen seinen Verfechtern strittig und im Einzelfall oft schwer auszumachen. Dessen ungeachtet sind es gerade Anschauungen dieser Art, die bei heutiger Lektüre so aktuell anmuten – ironischerweise viel aktueller, als sie uns noch vor fünfzehn Jahren erschienen wären.

Wenn z. B. Leo Matthias seinen als »Brief an die Tochter« deklarierten Beitrag unter den programmatischen Titel »Sei nicht tüchtig!« stellt und damit zur Abkehr vom als männlich kritisierten Leistungs- und weitergehend noch vom männlichen Realitätsprinzip aufruft und statt dessen von der Tochter fordert: »Sorg dafür, daß die Frauen wieder ihre Privilegien bekommen, ihr eigenes Recht, ihre eigene Moral. Sorg dafür, daß man diese armen Wesen nicht mehr wie Männer behandelt«[3], dann ist das von dem, was heute nicht nur manche Männer am männlichen Realitätsprinzip kritisieren, sondern auch von dem, was manche Feministinnen für Frauen fordern, gar nicht so weltenweit entfernt, nicht weit genug jedenfalls, um das Mißverständnis, das der Annahme einer Übereinstimmung zugrunde liegen könnte, völlig auszuschließen.

Eine ganz unmißverständliche Ähnlichkeit zwischen den Stimmen von damals und einer weit verbreiteten Stimmung von heute besteht im Hinblick auf die Hoffnung, daß die Befreiung der Frau darüber hinaus auch einen Schritt auf dem Weg zur Befreiung der Gesellschaft als ganzer, vielleicht sogar der Menschheit überhaupt bedeuten werde. Der Wunsch, daß die Befreiung der Frau sich nicht in der Gleichstellung mit dem Mann erschöpfen möge, ist auch da lebendig, wo das Recht auf Gleichheit als Voraussetzung seiner Erfüllung nicht in Frage gestellt wird. Diesem Wunsch liegt eine gehörige Portion

(Selbst-)Zweifel an der männlich-patriarchalisch bestimmten Ordnung der Dinge zugrunde.[4] Solche Zweifel mögen sich mittlerweile in ein anderes sprachliches Gewand kleiden, aber sie haben sich im Verlauf der letzten sechzig Jahre in vielen Hinsichten erweitert und vertieft – ohne daß sich freilich die Hoffnungen auf eine Überwindung oder grundlegende Umgestaltung dieser Ordnung (sei es durch den Aufstieg des »weiblichen Prinzips« oder durch irgend etwas sonst) erfüllt hätten. Eben diese Konstellation ist es, die die Forderungen von einst heute noch am Leben erhält.

Ich will keinen falschen Eindruck erwecken; natürlich tragen die Essays Zeichen ihrer Zeit, welche sie eindeutig von der unseren unterscheiden. Nur werden diese Unterschiede weniger an den zentralen Thesen und Programmen sichtbar als an den Rändern, in den vermeintlichen Nebensächlichkeiten – namentlich an den auffallend häufigen Ausführungen zum Thema Mode. Daß Schriftsteller, die die Frau zum Gegenstand ihrer Überlegungen machen, über kurz oder lang auf die Mode zu sprechen kommen, scheint ganz und gar in den konventionellen Rahmen zu passen. Und doch ist es mehr und anderes als das, was diese Texte vermitteln: Autoren des Jahres 1929 sind Zeitgenossen einer Revolution in der Erscheinungsweise der Frau gewesen, wie sie nicht nur in der Geschichte fast einzigartig sein dürfte, sondern wie sie sich auch seither nicht wiederholt hat. In den Beiträgen von Stefan Zweig, Emil Lucka, und auch bei Robert Musil kommt ein Erstaunen über »die Verwandlung der Frau«[5] zum Ausdruck, das uns ganz fremd und vergangen anmutet, weil wir in den dazwischen liegenden Jahrzehnten keine vergleichbare Erfahrung mehr gemacht haben:

»Ein Blick in eine illustrierte Zeitung vor fünfzehn, vor zwanzig Jahren, und man schrickt heute schon auf. Wirklich so gingen Frauen gekleidet, so eingemummt und aufgetürmt, so lächerlich überladen, so mittelalterlich vermauert und verschnürt? Wie etwas Historisches, wirklich nur mehr als ein Kostüm verschollener Zeiten ... starren wir jetzt schon im photographischen Bild dieselben Wesen an, mit denen wir selbst noch gesprochen, gelebt und geschlafen haben, und beginnen erst an diesen Bildern zu ahnen, welche unübersehbare Verwandlung wir miterlebt in diesen fünfzehn, in diesen zwanzig Jahren. Aus diesen in Korsette geschnürten, bis zum Hals mit gefälteltem Tuch verschlossenen, mit Röcken und Unterröcken behafteten, aus diesen beinlosen, künstlich bienenhaft taillierten und auch in jeder Regung und Bewegung künstlichen Wesen, aus dieser historischen Frau von vorgestern ist innerhalb einer einzigen Generation die Frau von heute geworden ...«[6]

Sollten diese letzten Bemerkungen ganz ernst zu nehmen sein, dann würden sie beinahe noch den Schluß nahelegen, daß ein wirklich einschneidender Bruch zwischen Vergangenheit und Gegenwart nicht zwischen 1929 und 1989 stattgefunden hat, sondern – wenn überhaupt – dann zwischen 1909 und 1929 ... Wie dem auch sein mag, es führt jedenfalls kein Weg an der Einsicht vorbei, daß die Suche nach einem spektakulären Aufhänger, mittels dessen aus dem triumphalen Siegeszug durch die jüngere Vergangenheit auf die geradlinige Fortsetzung dieser Bahn in eine strahlende Zukunft zu schließen wäre, sich als völliger Fehlschlag erwiesen hat.

Die Uhren gehen anders

So wenig der Ausflug ins Jahr 1929 meinen Wünschen und Hoffnungen entsprochen hat, so sehr entspricht er meinen tatsächlichen Erfahrungen mit der Problematik von Geschlechterverhältnis und Frauenbefreiung – Erfahrungen aus Vergangenheit und Gegenwart, die ich – konfrontiert mit dem offenbar allem besseren Wissen zum Trotz irgendwie Optimismus mobilisierenden Thema Zukunft – leichtsinnigerweise aus dem Blick verloren haben muß.

Das fatale Gefühl, daß der Kampf um die Veränderung der Geschlechterrollenverteilung immer wieder neu geführt wird und obendrein dabei immer wieder nach denselben Mustern abläuft, entsteht ja keineswegs nur dann, wenn man die Auffassungen von Männern aus den letzten sechzig Jahren vergleicht. Prinzipiell zeigt auch ein Vergleich zwischen den Argumenten und Strategien von Frauen, von Feministinnen ein ähnliches Bild[7] (ganz gleich, wie klar sich ihre Positionen jeweils von denen ihrer männlichen Zeitgenossen unterscheiden mögen). Und schließlich beschränkt sich der Eindruck einer quälenden Wiederkehr zwar nicht des Immergleichen, wohl aber des erschreckend Ähnlichen nicht auf die Parallelen zwischen der aktuellen Diskussion und der der zwanziger Jahre.

Das Erstaunen und die leise Verzweiflung, die aus den nachfolgend zitierten Sätzen von Silvia Bovenschen sprechen, habe ich bei der Beschäftigung mit diesem Thema oft empfunden: »... die Geschichte der Präsentation des Weiblichen in den kulturellen Diskursen ist eine Geschichte des Vergessens, der Aussparung und daher einer steten, obschon modifizierten Wiederholung des schon einmal Gedachten. Diese Uniformität und Folgenlosigkeit der Bestimmungen, ... die den Vorstellungsgehalt des Begriffs ›Weiblichkeit‹ prägten, erlaubt ihre Klassifizierung auch quer zum Geschichtsverlauf. Sie sind so, wie sie sich historisch abgelagert haben, wenig geeignet, die Hypothese einer gradlinigen, gar zu besserer Einsicht fortschreitenden ideengeschichtlichen Entwicklung zu fundieren. ... Im großflächigen geschichtlichen Vergleich über die Jahrhunderte hin schrumpfen die publizistischen Gefechte um dieses Thema, wenn man sie allein unter dem Aspekt der offenen Argumentationen für oder gegen die Frauen betrachtet auf ein kleines Bündel von relativ stereotypen Stellungnahmen zusammen.«[8]

Was die Frage des Fortschritts und der gesellschaftlichen Veränderungen zugunsten der Frau angeht, so hat die historische Frauenforschung noch weitere bittere Pillen zu verabreichen. Dem Wiederholungszwang, dem der Emanzipationsdiskurs unterliegt, entspricht die beispiellose Zählebigkeit der Diskriminierungsideologien oder genauer gesagt: jener Wiederholungszwang hat in dieser Zählebigkeit seine eigentliche Ursache. Die Ideologien zur Herabsetzung und Unterdrückung des weiblichen Geschlechts haben sich im Verlauf der abendländischen Geschichte als unglaublich veränderungsresistent erwiesen. Der »alte Wein« patriarchaler Herrschaft mußte im Zuge der Wandlungsprozesse in der politischen, sozialen und ökonomischen Struktur im Lauf der Jahrhunderte zwar mehrfach in »neue Schläuche« gegossen werden, aber er hat diese Wechsel im großen und ganzen unbeschadet überstanden.

Dabei ist auf der einen Seite bemerkenswert, wie konstant bestimmte Charakterisierungen des weiblichen Geschlechts (wie z. B. Schwäche, Passivität etc.) über die Zeiten hinweg geblieben sind – ganz gleich, ob sie nun aus einem theologischen oder aus einem naturwissenschaftlich fundierten Herrschaftswissen abgeleitet worden sind. Auf der anderen Seite zeigt sich, daß die Beurteilungen des Weiblichen auch vollkommen entgegengesetzt ausfallen können, ohne daß sich Wesentliches ändern müßte. (Das beste Beispiel bietet die weibliche Sexualität, hinsichtlich derer die Einschätzungen sich von der Behauptung einer angeblich wilden und bedrohlichen Sinnlichkeit der Frau im Spätmittelalter und in der frühen Neuzeit bis zur Behauptung des gänzlichen Fehlens weiblicher Sexualität im 19. Jahrhundert, vollkommen umkehren, und dessen ungeachtet zum selben Resultat führen: aus beiden »Gründen« gleichermaßen ist die Minderwertigkeit der Frau und die Notwendigkeit ihrer Unterordnung als logische Folge abgeleitet worden. In keiner anderen wichtigen gesellschaftlichen Fragestellung dürften sich einerseits Argumente über so lange Zeiträume hinweg konstant durchgehalten haben und andererseits gleichzeitig so widersprüchlich gewesen sein, ohne indes ihre Glaubwürdigkeit einzubüßen.)

Aber nicht nur im Kontext von Ideologien, die der Legitimierung des jeweiligen Status quo der Gesellschaft dienen, kommen die Frauen schlecht weg. Auch Theorien oder Bewegungen, die das Wohl, die Freiheit und den Fortschritt der Menschheit auf ihre Fahnen geschrieben haben, haben sich in der Vergangenheit mit der Frage des Geschlechterverhältnisses in der Regel eher schwer getan. Auf das Wohl und die Freiheit der Frau sind Heilsbotschaften und Fortschrittslehren besonders spät, besonders zögerlich und besonders unvollständig in Anwendung gebracht worden.

Sogar ganz handfeste Einbrüche im Hinblick auf die gesellschaftliche Stellung der Frau hat die patriarchale Ordnung erstaunlich problemlos überlebt: so hat sich z. B. die Zwei-Sphären-Lehre des 19. Jahrhunderts, die ursprünglich den Zweck hatte, die Frau ans Haus zu binden, später (und de facto bis auf den heutigen Tag) dem fait accompli weiblicher Berufstätigkeit mühelos angepaßt. Was zunächst dazu geeignet war, die Frau auf den häuslichen Dienst an Mann, Kind und Greis zu verpflichten, erwies sich auch dann noch als wirksam, als es darum ging, sie auf die helfenden und dienstleistenden Berufe zu beschränken. Dieselbe Ideologie, die den Ausschluß der Frau von der Sphäre der Politik legitimierte, sorgt, nachdem dieses Ziel längst aufgegeben werden mußte, immer noch dafür, daß sie vorzugsweise Familienminister wird statt Finanzminister.

Wen kann es angesichts all dessen wundern, daß die historische Frauenforschung der letzten Jahre begonnen hat, die Anwendbarkeit der Fortschrittsideologie und sogar die Geltung der geläufigen Epocheneinteilung, bzw. die Akzentuierung besonders fortschritts- und emanzipationsfreundlicher Perioden wie Renaissance und Aufklärung, für die Geschichte der Frauen in Zweifel zu ziehen?[9] Wen kann es wundern, daß in der feministischen Diskussion vielfach ein tiefes Mißtrauen gegenüber der Zukunft spürbar ist[10], sogar dann – oder sollte ich lieber sagen: ganz besonders dann –, wenn es um oberflächlich betrachtet »verheißungsvolle« Zukunftsaussichten geht (wie die Erleichterung der traditionell weiblichen Arbeiten oder gar die Entlastung von den »natürlichen Aufgaben« der Frau)? Viel mehr als irgendein anderer Teil der Gesellschaft sind es die Frauen gewesen, die wieder und wieder die Erfahrung machen mußten, daß sich alles verändern kann, ohne daß wirklich etwas anders wird. Der Mann, der die nachfolgend zitierte Aussage vor fast hundert Jahren gemacht hat, hat den in ihr behaupteten Sachverhalt – selbstverständlich – den Frauen zur Last legen und gegen sie verwenden wollen, aber wenn wir davon einmal absehen, stimmt die Feststellung »... that among people progressing in civilisation, men are in advance of women«.[11]

Jenseits von Verbitterung und Anklage muß festgestellt

werden: was die Frage der Veränderung des Geschlechterverhältnisses und des Fortschritts für die Frauen anbelangt, gehen die Uhren anders. Wenn wir nach der Zukunft der Frauen fragen wollen, müssen wir dieses Faktum in Rechnung stellen – und nach seinen Ursachen fragen.

Der utopielose Raum

Es versteht sich von selbst, daß es für ein so komplexes Phänomen wie die langsame Entwicklungsgeschwindigkeit des Emanzipationsprozesses der Frau mehr als eine Ursache gibt und mehr als einen Gesichtspunkt, von dem aus diese Ursachen betrachtet werden können. Eine mögliche Erklärung scheint mir darin zu liegen, daß die Frau in der patriarchalen Gesellschaftsordnung einem Bereich zugeordnet wird, der dem Prozeß der Veränderung entgegengesetzt ist und vom Zugriff auf die Zukunft ausgeschlossen bleibt: dem Bereich des Hauses, der Privatsphäre.

Zum Bereich des Hauses rechnen die sozialen Nahbeziehungen zwischen den Geschlechtern und den Generationen und die damit verbundenen Tätigkeiten der physischen und psychischen Reproduktion anderer, ebenso wie die eigene Regeneration und Rekreation. Zur Erfüllung all dieser Funktionen ist einerseits Dauer die Voraussetzung, andererseits ist Dauer, Dauerhaftigkeit das Ergebnis dieser Tätigkeit. Das Haus ist der Ort der Beharrung, der Hort, der Ort des Hortens (selbstverständlich auch von Gütern, da diese eine wesentliche Rolle in dem Bestreben der Herstellung von Dauer spielen), des Be-sitzens und Be-wahrens. Der Frau, als der zentralen Figur an diesem Ort werden seine Merkmale als psychische Eigenschaften beigelegt: sie gilt als Hüterin und Bewahrerin; die Rede vom »natürlichen Konservatismus« der Frau hat hier ihren Ursprung.

Mit ihrer traditionellen Einschließung in den häuslichen Bereich ist die Frau nicht nur – wie es im Vordergrund der Aufmerksamkeit steht – von der aktiven Partizipation am Gegenwärtigen, an der »Welt«, an Gesellschaft und Politik, an der Sphäre der Öffentlichkeit ausgeschlossen, sondern gleichzeitig auch von der Gestaltung der Zukunft. Der Ausschluß von der Macht in der Gegenwart und von der Gestaltung der Zukunft gehen miteinander einher – ein Zufall?

Die hier skizzierte Beschreibung gilt in ihren Grundzügen für jede patriarchale Gesellschaftsordnung. In vollem Umfang gültig ist sie erst für die Zeit etwa von der Mitte des 18. Jahrhunderts an, d.h. für die Epoche, in der im Zuge von Industrialisierung und Urbanisierung der häusliche Bereich seine Bedeutung für die gesellschaftliche Produktion verliert und daher mehr als je zuvor auf die (nun ihrerseits immer wichtiger werdende) Ausgestaltung des sozialen Mikrokosmos festgelegt wird. Es ist kein Zufall, daß es dieselbe Zeit ist, in der sich das Entwicklungstempo aller anderen Bereiche – seien es Wirtschaft, Politik und Verwaltung oder Wissenschaft, Technik und Industrie – erheblich beschleunigt. Mit der sich verschärfenden Funktionsteilung zwischen den verschiedenen Sphären, namentlich zwischen den unter dem Begriff der Öffentlichkeit zusammengefaßten Bereichen und dem der Privatsphäre, geht auch eine Differenzierung des Entwicklungstempos einher. Je dynamischer die »Welt« wird, desto eindeutiger wird das »Haus« auf die ihm grundsätzlich immer schon zugewiesene Beharrung und Bewahrung festgelegt. Der häusliche Bereich erscheint nunmehr geradezu als eine Enklave, als Relikt der traditionalen resp. »natürlichen« Lebensordnung in der Moderne. Dementsprechend wird auch die Frau (mehr noch als es bereits früher der Fall war) zum Naturwesen stilisiert, und dem in den Prozeß der Zivilisation und der Kultur eingebundenen Mann gegenübergestellt.

Am besten läßt sich die Behauptung, daß der in besonderer Weise der Frau zugeordnete häusliche Bereich vom Zugriff auf Zukunft ausgeschlossen und dem Prozeß von Veränderung entgegengesetzt ist, an der Art von Literatur illustrieren, die auf die Beschäftigung mit Zukunft spezialisiert ist: an der utopischen Literatur und ihrer modernen Spielart, der Science-fiction-Literatur.

So vielfältig und variantenreich sich die utopische Literatur von Platon über die großen Sozialutopien der frühen Neuzeit (die den eigentlichen Beginn der Utopie als literarischer Gattung markieren) bis ins 19. und 20. Jahrhundert hinein darbieten mag, was die Entwürfe für die Familie der Zukunft bzw. für die Zukunft der Familie, des häuslichen und privaten Bereichs und seiner Funktionen, anbelangt, ist ihr Repertoire an Ideen dürftig. So dürftig, daß sich die ganze große Tradition der utopischen Literatur umstandslos in zwei Kategorien einteilen läßt.

Auf der einen Seite stehen die Zukunftsentwürfe, in denen die ideale Gesellschaft ohne so eine Einrichtung wie die Familie auskommt, in denen die Privatsphäre bzw. die Dualität von öffentlich und privat abgeschafft ist. Diese Richtung kann sich auf Platon als erste Autorität berufen, und – wenn L. T. Sargents Darstellung Glauben geschenkt werden darf – die gesamte Frühgeschichte des utopischen Denkens ist durch eine deutliche antiprivate, anti-familiale Tendenz charakterisiert: »For many ancient Greek and Roman writers, the family symbolized the intrusion of the private on the public. Public life was more important and private life should be kept hidden. ... The emphasis on public rather than private continues throughout medieval utopianism ... Thus, the tradition up to 1516 when More wrote ›Utopia‹ was one that stressed public life and de-emphasized the private and, particularly, the family.«[12]

Die Vorstellung der vollständigen Beseitigung von Familie und Privatsphäre mag unrealistisch sein, aber um eine echte Utopie im Hinblick auf die Rolle und Funktion dieses Bereiches handelt es sich nicht. Im Gegenteil: es handelt sich um die Abwesenheit jeglichen utopischen Moments, um die schiere Leugnung und Negierung eines ganzen Lebensbereichs, um seine Auflösung in und zugunsten eines Gesellschaftskonzepts, das sein ausschließliches Maß und Ziel an den Kategorien des Öffentlichen und des Politischen (im Sinne der Ordnung der sozialen Makrostruktur) hat. Der Impuls zur Abschaffung von Familie und Privatsphäre entspringt auch weniger aus der Erfahrung des Leidens und der Bedrückung, die das Individuum (und insbesondere die Frau) in diesem Bereich erfährt. Jedenfalls in den älteren auf die Abschaffung der Familie zielenden Utopien spielt dieser Gesichtspunkt so gut wie keine Rolle. Vielmehr wird die Beseitigung der Privatsphäre für notwendig erachtet, um einer bestimmten politischen Konzeption universelle Geltung zu verschaffen. Das bedeutet übrigens, daß eine gewisse Sensibilität dafür vorhanden ist, daß dieser Bereich in irgendeiner Weise über eine Eigengesetzlichkeit verfügt, und diese Eigengesetzlichkeit wird als potentielle Bedrohung der idealen Einrichtung der Gesellschaft wahrgenommen. So fordert Platon und in seiner Nachfolge viele andere, auf das »Gemeinwohl« als höchstes Ziel hin denkende Utopisten, die Abschaffung der Familie, weil diese den Eigennutz und Eigensinn der Menschen befördere und damit von den Zwecken und Idealen der Gemeinschaft ablenke.

Auf der anderen Seite stehen Zukunftsentwürfe, die keine prinzipielle Disharmonie zwischen den Gesetzmäßigkeiten, nach denen die Privatsphäre funktioniert, und denen einer »guten« Gesellschaft annehmen und die der Familie einen hohen Stellenwert im gesellschaftlichen Gefüge einräumen. Dies gilt mehrheitlich für die Utopien, die zwischen dem 16. und 19. Jahrhundert entstanden sind. Der Haken dabei ist nur, daß in diesen Entwürfen für die Gesellschaft der Zukunft keine Familie der Zukunft gedacht wird, sondern die Familie der Vergangenheit wird einfach in die Zukunft projiziert. Mit anderen Worten: die Familie der Zukunft ist genauso strukturiert wie die der eigenen Zeit, nämlich patriarchalisch und autoritär. Ich kann daraus nur den Schluß ziehen, daß selbst die Geister, die so kritisch oder so phantasiebegabt waren, daß sie die Energie aufbrachten, eine ganz andere als die jeweils bestehende Welt zu entwerfen, am autoritären und patriarchalen Geschlechterarrangement so wenig auszusetzen hatten, daß sie sich auch für die Gesellschaft ihrer Wunschträume nichts Besseres und Schöneres denken konnten. »Without overemphasizing the point, it is fairly clear that authors of most eutopias up to 1887 believe that woman's position would be exactly the same in an ideal society as it is in contemporary society. In other words, women are already living in eutopia, and in that eutopia they serve men.«[13] Ich würde es freilich umgekehrt formulieren: was die Gestaltung des Geschlechterverhältnisses und des ihm zugeordneten Bereichs der Privatsphäre anbelangt, so haben offenbar Männer in der Geschichte des Abendlandes wie in einer

Art Eutopia gelebt, aus der sie sich auch in alle Zukunft nicht vertreiben lassen mochten.

Es scheint zwar, als ob kaum ein größerer Gegensatz denkbar wäre als zwischen Utopien, die auf die Abschaffung der Familie zielen und solchen, die die traditionelle patriarchalisch-autoritäre Familie auch noch bis in die fernste und idealste Zukunft hinein fortschreiben wollen. Aber letztlich läuft beides auf dasselbe hinaus: Die auf die Zukunft gerichtete gedankliche Kreativität hat in beiden Fällen ihr Zentrum in den Ordnungskonzepten für den gesellschaftlichen Makrokosmos, und den für diesen entwickelten Vorstellungen wird der private Bereich jeweils unterworfen. Trotz des Gemeinplatzes von der Familie als Keimzelle der Gesellschaft wird diese nicht von jener her gedacht und bestimmt, sondern ausschließlich umgekehrt. D.h., die Familie ist Objekt von politischen Zukunftsentwürfen, diese werden auf die Familie angewandt und ausgedehnt; bzw. wenn das politische Konzept so beschaffen ist, daß das nicht möglich erscheint, wird die Einebnung dieses Bereichs gefordert. Die Frage, ob für die Beseitigung der Privatsphäre votiert wird oder für ihre weitgehend unmodifizierte Beibehaltung, hängt ausschließlich davon ab, ob ihre Existenz mit dem jeweiligen Gesellschaftsmodell für kompatibel erachtet wird oder nicht. Aber in keinem Fall wird eine eigene und echte Zukunftsvorstellung für den häuslichen Bereich entwickelt; in keinem Fall trifft diesen auch nur ein Funke der utopischen Phantasie. Kurz und grob gesagt, gibt es in der utopischen Literatur nur zwei Möglichkeiten: entweder soll die Familie verschwinden, oder sie soll so bleiben wie sie ist. Weder die eine noch die andere Alternative kann für sich in Anspruch nehmen, ein utopisches Konzept zu sein. Daher gilt für beide die Feststellung: die Familie, die Privatsphäre, die Sphäre der Frau ist in der utopischen Literatur ein Nicht-Ort, ein Nirgendwo; sie ist damit quasi im ganz wörtlichen Sinne der »ou topos« der Utopie.

Natürlich gilt diese Regel nicht ohne Ausnahme und nicht gänzlich invariant für alle Phasen der Geschichte. Sobald und soweit Utopien nicht mehr vorrangig auf den Entwurf einer künftigen *Ordnung* abzielen, sondern mehr auf die Kritik, die Subversion der bestehenden und darüber hinaus jeder möglichen Ordnung gerichtet sind, d. h., mittels der Terminologie einiger Utopieforscher ausgedrückt: wenn wir es weniger mit *systematischen* als mit *kritischen* Utopien zu tun haben[14], dann nimmt die Tendenz ab, die Konzeption der Privatsphäre einzig auf die Gewährleistung eindeutiger Herrschaftsverhältnisse und auf die Sicherung männlich-patriarchaler Autorität als oberstem Ziel auszurichten. Wenn die Hoffnung auf Veränderung der Gesellschaft nicht mit der Hoffnung auf mehr Herrschaft und Autorität verbunden wird, sondern mit der Hoffnung auf mehr Freiheit, dann fällt wiederum ein sehr negatives Licht auf die traditionelle familiale Ordnung. Naheliegend erscheint es, aufgrund des in jeder Hinsicht repressiven Charakters der Familie ihre Beseitigung zu verlangen (z. B. Fourier). Ebenso naheliegend erscheint es, vom Ausbruch der Frau aus der häuslichen Gefangenschaft und von ihrem Eintritt in den Bereich der Öffentlichkeit eine entscheidende Verbesserung ihrer Situation zu erhoffen.

Trotz dieser neuen Motivation bleibt das Repertoire der Zukunftskonzeptionen das alte. Denn auch wenn das utopische Ziel der Abschaffung der Familie nun weniger oder wenigstens nicht allein wegen der Durchsetzung eines politischen Dogmas angestrebt wird, so bleibt doch der Weg zur Bewältigung dieser Problematik der altbekannte: Abschaffung der Familie, Auflösung des privaten Bereichs im öffentlichen. Die Problematik der Privatsphäre wird auf dem Wege ihrer Negierung und nicht durch eine wirkliche Neugestaltung dieses Bereichs zu lösen versucht.

Selbst unter der Voraussetzung, daß die radikale Beseitigung der Institution Familie eine verständliche und sogar richtige Forderung wäre, so sind doch auch utopische Entwürfe nicht der Pflicht enthoben, Überlegungen darüber anzustellen, was an ihre Stelle treten könnte und sollte. Denn vielleicht kann die Beseitigung einer bestehenden Einrichtung dekretiert werden, es verschwinden damit aber nicht die Bedürfnisse und Anforderungen, die durch diese Einrichtung erfüllt wurden. Eine Utopie, die es bei der einfachen Negierung des Gegenwärtigen bewenden läßt, erschöpft sich in einer polemischen Haltung gegen das Bestehende, sie bietet als solche aber kein tragfähiges Konzept für die Zukunft. Zukunftsentwürfe, die nicht die im patriarchalen Denken verankerte Tendenz fortschreiben wollen, die Funktionen des privaten Bereichs für die Gesellschaft und damit in erster Linie die Leistung der Frauen herabzusetzen bzw. für nichtig zu erachten, können nicht davon ausgehen, daß die einfache Negation der Familie keine Lücke hinterließe. Sie müssen die Überlegung auf sich nehmen, wodurch der von ihr in der Vergangenheit eingenommene Raum in der Zukunft zu füllen sein wird.

Entsprechendes gilt im Hinblick auf die Stellung der Frau. Selbstverständlich ist der Ausbruch aus der ihr zugeordneten häuslichen Sphäre ein ganz und gar legitimer und im Einzelfall möglicherweise der einzig gangbare Weg zur Befreiung. Er steht mithin jedem Individuum offen. So gesehen besteht keine zwingende Verbindung zwischen der Frage nach der Zukunft der Frau und nach der Zukunft des häuslichen Bereichs. Im Gegenteil, es liegt sogar viel daran, diese patriarchal erzwungene Verbindung zu lösen. Ungeachtet der Tatsache, daß ich mich dem Verdacht aussetzen kann, diese unselige Verbindung zu betonen und damit zu verstärken, wage ich die Prognose, daß von der Befreiung der Frau in einem umfassenden Sinne erst dann gesprochen werden kann, wenn eine Neuordnung des privaten Bereichs samt all seiner Funktionen in Sicht käme. Die schlichte Verweigerung ihrer traditionellen Rolle bleibt individuell ein möglicher und ehrenwerter Weg, wenngleich er meist um einen hohen Preis erkauft ist (Verzicht auf soziale Nahbeziehungen, insbesondere Kinder), auf die Gesamtheit der Frauen bezogen ist es ein partikularer und minoritärer Ausweg.

Nicht zuletzt sind es Überlegungen dieser Art, die mich veranlassen, der bereits an früherer Stelle angesprochenen Tendenz der bürgerlichen Ideologie, die familiale Privatsphäre als Relikt einer vergangenen bzw. als überzeitlich-natürlich empfundenen Ordnung aufzufassen, einige utopische Elemente zuzuerkennen – mit dem Zusatz freilich, daß es sich um eine rückwärts gerichtete, an der Vergangenheit sich orientierende und in mehr als einer Hinsicht regressive Utopie handelt. Je mehr das Unbehagen an der männlichen Kultur wächst, desto mehr verliert die Gleichsetzung von Frau und Natur ihre ursprünglich intendierte herabsetzende Konnotation; je mehr die Fortschritte der Zivilisation als entfremdend und bedrohlich erfahren werden, desto mehr gewinnt der zurückgebliebene und rückständige Bereich des Hauses die Bedeutung eines Zufluchtsorts. Seit dem späten 18. Jahrhundert und eigentlich bis in unsere Zeit sind Weiblichkeit und die ihr zugeordnete Sphäre mit stark idealisierenden und überhöhenden Zügen ausgestattet worden, so daß es nicht ganz unberechtigt erscheint, dem

»cult of true womanhood« und dem damit eng verbundenen bürgerlichen Häuslichkeitsideal partiell den Status einer Utopie beizumessen.[15] Denn während manche kritische, auf die Liberalisierung der Lebensformen und auf die Befreiung der Frauen zielende Utopie mit ihrer deutlichen Tendenz diese Befreiung als Befreiung *vom* häuslichen Bereich aufzufassen, letztlich die Tradition seiner Negierung fortsetzt, haben wir es bei der Idealisierung der häuslichen Privatsphäre wenigstens ansatzweise mit einer positiven Utopie zu tun. Sie wäre damit die einzige positive Utopie, die für diesen Bereich im Rahmen des patriarchalen Denkens je entwickelt worden ist – was übrigens geeignet ist, die erstaunliche Lebensfähigkeit zu erklären, durch die sich diese Vorstellungen auszeichnen. Um eine »echte« Utopie handelt es sich trotz des schönen Anscheins nicht. Das Konzept der Privatsphäre als Zufluchtsort, des Weiblichen als Antidot gegen das Leiden an der Moderne ist vielmehr eine Lebenslüge, um die gegebenen Verhältnisse erträglich zu machen und dadurch aufrechtzuerhalten, als eine Antizipation einer besseren, glücklicheren und gerechteren Zukunft.

Für die zweite Hälfte des 20. Jahrhunderts ist häufig eine Krise, wenn nicht gar das Ende der utopischen Literatur bzw. des utopischen Denkens, diagnostiziert worden.[16] Das heißt nicht, daß die Menschen aufgehört hätten, über die Zukunft nachzudenken, zu spekulieren und zu phantasieren. Aber der Inhalt und der Fokus der Zukunftskonzeptionen haben sich entscheidend gewandelt. In der neuen Gestalt der literarischen Auseinandersetzung mit der Zukunft, in der Science-fiction-Literatur, liegt der Akzent auf der Veränderung der Welt durch technologische und wissenschaftliche Fortschritte, während die Frage nach der Zukunft der politischen und sozialen Verhältnisse in den Hintergrund tritt. »What strikes the eye in all of contemporary scientific utopias is their rejection of the ideal political order as the principal subject of inquiry, even as once the divine order was eliminated from utopia.«[17]

Durch diese Verschiebung des Interesses vom Gesellschaftlich-Praktischen zum Technologisch-Instrumentellen gerät die Frage nach einer Zukunftsvision für die Einrichtung der Privatsphäre, für die Geschlechterbeziehungen, für die Stellung der Frau, vollends ins Abseits. Mochten diese Fragen im Kontext der klassischen Utopie zweit- oder drittrangig sein, mochten die Antworten auf diese Fragen dürftig und diskriminierend sein, so wurden diese Fragen doch wenigstens gestellt und Antworten gesucht. In der Science-fiction-Literatur ist nicht einmal das mehr der Fall. Wo das Interesse für die politischen und sozialen Makrostrukturen in den Hintergrund tritt, da tendiert die Aufmerksamkeit für die gesellschaftlichen Nahbeziehungen erst recht gegen Null. Das »Versagen der Phantasie außerhalb der exakten Wissenschaften«[18], das für die Science-fiction allgemein konstatiert wird, erhält im Hinblick auf die Themen Frau, Familie, Privatsphäre noch eine erhebliche Verschärfung.

Oder anders gesagt: der Niedergang der utopischen Kreativität wird gerade an der Behandlung, die diese Themen erfahren, besonders deutlich spürbar. In ihrer großen Monographie über das utopische Denken in der westlichen Welt verzeichnen Frank und Fritzie Manuel mit Verwunderung: »Just when magnificent new scientific powers have become available to us, we are faced with a paucity of invention in utopian modalities. There is a discordance between the expansion of revolutionary techniques in manipulating nature and the persistence of old-fashioned utopian wishes. ... What distresses a critical historian today is the discrepancy between the piling up of technological and scientific instrumentalities for making all things possible, and the pitiable poverty of goals. We witness the multiplication of ways to get to space colonies, to manipulate the genetic banc of species man and simultaneously the weakness of thought, fantasy, wish, utopia. Scientists tell us that they can now outline ... the procedures necessary to establish a space colony in a hollowed comet or an asteroid. But when it comes to describing what people will do there, the men most active in their field merely reconstruct suburbia ... in a new weightless environment. In the twentieth century the fantasies of science-fiction have been largely derived from hard scientific knowledge supplemented by a few imaginative concepts. The social and psychological content of these fantasies, however, is generally threadbare. In the midst of a catalogue of the most breathtaking inventions there is emotional sameness ... Intricate technical procedures are outlined for the colonization or humanization of the universe, but the utopian institutions proposed for the society are hacknayed.«[19]

Besonders von seiten einer feministischen Science-fiction-Kritik ist der Mangel an sozialer Phantasie zum Gegenstand gemacht worden: »Die Erforschung der geschlechtsspezifischen Rollen ist kein Thema, das für männliche SF-Autoren einen besonderen Reiz ausstrahlt. Der Großteil der SF-Literatur basiert auf der Annahme, daß die Kernfamilie und die Wechselbeziehungen zwischen Mann und Frau dieselben bleiben werden, auch wenn sich alles andere ändert.«[20] Dieser allgemeinen Aussage fügt Joanna Russ noch eine Nuance hinzu, indem sie feststellt, daß sich die Qualitätsunterschiede in der Science-fiction-Literatur auch in dem Bild niederschlagen, das diese von den sozialen Beziehungen zeichnet. »Die intelligentere, gebildetere Fiction überträgt die heutigen Werte und Richtlinien in die galaktischen Imperien der Zukunft. ... Im allgemeinen sehen die Autoren, die leidlich anspruchsvolle und literarische Science-fiction schreiben ..., die Beziehungen zwischen den Geschlechtern, wie sie sich heutzutage in weißen Mittelklasse-Vororten abspielen. ... Im Gegensatz zur gehobenen Science-fiction ... kehrt die Weltraumoper für *ihre* Modelle in die Vergangenheit zurück und noch nicht einmal in die wirkliche, sondern in eine idealisierte und vereinfachte Vergangenheit.«[21]

Ähnlich wie es in der klassischen utopischen Literatur gelegentlich Ansätze zu einer gleichberechtigteren Behandlung der Frau gibt, läßt sich das auch an der Science-fiction – etwa seit den sechziger Jahren – beobachten. Dies geschieht in der Science-fiction weniger auf dem Wege programmatischer Forderungen nach der Abschaffung der Familie als vielmehr durch die schlichte Nichtbeachtung dieses Bereichs. Ein wirkliches Konzept für die Zukunft wird in der Science-fiction-Literatur mit der Ignorierung der Privatsphäre genausowenig entworfen wie in der klassischen Utopie mit der Idee der bewußten Abschaffung der Familie.

Natürlich gibt es auch in der Science-fiction-Literatur einige Ausnahmen von der Regel der Vernachlässigung dieses Bereichs.[22] So existiert eine ganze Reihe von Texten, die den Gedanken einer Umkehrung der Geschlechterrollen durchspielen. Ganz allgemein scheint die Umdrehung der Verhältnisse offenbar der naheliegendste Gedanke, wenn es um ein anderes als das bestehende Geschlechterarrangement geht. Der befreiende Effekt solcher Versuche beschränkt sich auf eine gewisse parodistische Verfremdung der bestehenden Situation, deren lächerliche und paradoxe Züge durch die simple Umkehrung so viel sichtbarer werden als in langatmigen Analysen. Wenn eine Welt entworfen wird, in der Frauen Männern jegliche Art von intellektueller Kapazität bestreiten und ihren Platz in der Gesellschaft allein aufgrund ihrer (relativ geringen) Bedeutung für die Reproduktion der Gattung bestimmen, dann wird schlagartig klar, welche Monstrosität die patriarchale Wesens- und Funktionsbestimmung des Weiblichen darstellt. Nicht selten allerdings dienen solche Rollenumkehrungsgeschichten männlichen Autoren lediglich dazu, die Geschichte der Rückeroberung der Macht durch die Männer, also die Wiederherstellung patriarchaler Herrschaftsverhältnisse nach einer in den düstersten Farben gemalten Zeit der Frauenherrschaft zu erzählen.[23]

Jede Überlegung über die Zukunft lebt davon, daß es so, wie es war oder ist, nicht bleiben muß. Daß der der Frau zugewiesene Bereich so einseitig und ausschließlich auf die Funktionen des Beharrens und Bewahrens fixiert wird, ist eine Folge des Geschlechterarrangements, namentlich der »Arbeitsteilung« zwischen Privatheit und Öffentlichkeit, wie sie unter dem Vorzeichen patriarchaler Herrschaft entstanden ist. Sollten wir uns mittlerweile tatsächlich auf dem Weg in eine post-patriarchale Gesellschaft und Kultur befinden, dann würde das bedeuten, daß sich die beschriebene Situation wesentlich ändern könnte. Oder anders herum: eine grundlegende Änderung dieser Situation könnte ihrerseits einen großen Schritt auf dem Weg in eine post-patriarchale Gesellschaft bedeuten. Es gibt mehr als einen Grund, der für die Richtigkeit dieser Vermutung spricht.

Da sind *erstens* die Frauen, die (aufgrund der massenhaften Integration ins Berufsleben, aufgrund der einschneidenden Veränderungen in der Struktur der Familie usw.) längst nicht mehr in die ihnen zudiktierten Muster passen und die auch längst nicht mehr bereit sind, sich mit der patriarchalen Ordnung der Dinge abzufinden. Die Konjunkturen, die die Organisierung von Fraueninteressen in Gestalt von Frauenbewegung bzw. Feminismus durchläuft, mögen erheblichen Schwankungen ausgesetzt sein, die Erscheinungsformen, die der Kampf um die Durchsetzung der Interessen von Frauen annimmt, mögen wechseln, aber es kann mit einiger Sicherheit vorausgesagt werden, daß die Frauen einzeln und kollektiv und auf vielerlei verschiedenen Wegen dafür sorgen werden, daß das traditionelle Geschlechterarrangement mittel- bis langfristig endgültig außer Kraft gesetzt wird.

Zweitens ist der in der Vergangenheit relativ stabile häuslich-private Bereich von den Veränderungen betroffen, die ihm durch die Entwicklungen (ich wage nicht zu sagen: Fortschritte) in anderen Bereichen aufgezwungen werden. Selbstverständlich ist es immer schon so gewesen, daß sich der Wandel in anderen Bereichen der Gesellschaft auch auf die Privatsphäre niedergeschlagen und Veränderungen in ihrer Stellung und Funktion bewirkt hat; die Idee von der Familie als einer »natürlichen«, jedem historischen Wandel entzogenen Institution ist – wie bereits gesagt – eine Fiktion. Aber erst jetzt haben die Eingriffe anderer Bereiche in den des Privaten eine Dimension erreicht, die seinen innersten Kern betrifft. Denn es sind nicht mehr nur die Wandlungsprozesse des ökonomischen, sozialen und politischen Bereichs, die sich auf die Privatsphäre auswirken; es sind nunmehr in erster Linie die Entwicklungen von Wissenschaft und Technik, die auf sie Einfluß nehmen und deren Impact für ihre Struktur viel unmittelbarer und umwälzender ist. Das gilt vornehmlich für die Auswirkungen der Gen- und Reproduktionstechnologie.

Vielfach werden diese Entwicklungen freilich als so bedrohlich erfahren, daß gerade sie den Wunsch verstärken, daß möglichst alles so bleibt, wie es war. Es entbehrt nicht einer gewissen Ironie, daß ausgerechnet an dem Punkt der Geschichte, da das Ende der patriarchalen Herrschaft in greifbare Nähe gerückt scheint, sich für die Zukunft Aussichten abzeichnen, denen gegenüber sich die Verhältnisse der Vergangenheit nahezu freiheitlich und human ausnehmen. Das ändert nichts daran, daß die Frage nach der Zukunft des häuslich-privaten Bereichs und nach der Rolle der Frau auf der Tagesordnung steht. Die bestehenden Verhältnisse haben ihre Selbstverständlichkeit verloren, so daß sogar der Wille an ihnen festzuhalten, sich als explizites Konzept für die Zukunft entwerfen muß und damit letztlich genau das nicht mehr bleiben kann, was er sein möchte.

Einerlei, ob die Ursachen, die die Entwicklung auslösen, positiv oder negativ zu werten sind, ob die Aussichten auf die Zukunft dazu angetan sind, Optimismus oder Pessimismus hervorzurufen, fest steht, daß hinsichtlich des privaten Bereichs für die Zukunft ein enormer »Gestaltungsbedarf« entstanden ist, daß dieser Bereich zum Guten oder zum Schlechten radikal vor die Zukunft gestellt ist, radikaler vielleicht als je zuvor in seiner Geschichte.

Die nächste Frage ist nun, ob dem Bedarf auch ein Angebot entspricht, d. h., ob mit einer Freisetzung der sozialen Phantasie zur Gestaltung dieses Bereiches gerechnet werden kann. Offensichtlich ist die utopische Kreativität nicht zu allen Zeiten gleich groß und vor allem nicht gleich geartet. So hat z. B. die Entfaltung der wissenschaftlich-technischen Gestaltungskraft erst in der Neuzeit eine so explosionsartige Entfaltung erlebt. Könnte es sein, daß für die Zukunft mit einer ähnlichen

Entwicklung für den bisher im Schatten stehenden Bereich der sozialen Nahbeziehungen zu erwarten ist? Könnte es sein, daß wir in näherer oder weiterer Zukunft vor einem Wandel in unserem Begriff von Modernisierung stehen, daß nach den Modernisierungsschüben der rechtlich-sozialen Institutionen und vor allem der instrumentellen Rationalität mit der Revolution einer anderen Art von Vernunft zu rechnen ist, einer Denkungsart, die ihr Modell eher an den sozialen Nahbeziehungen finden könnte?[24]

»Feminism, today, is the most utopian project around«[25]

Wenden wir uns mit dieser Frage nach der Zukunft wiederum an die Art von Literatur, die auf einen phantasiegeleiteten, freien und kreativen Umgang mit ihr spezialisiert ist. Etwa seit Ende der sechziger Jahre haben Frauen (wieder) begonnen, verstärkt eigene und eigenständige Zukunftsvisionen in literarisch-fiktionaler Gestalt zu entwerfen. Diese Tendenz, deren Beginn mit dem Erscheinen der Romane von Joanna Russ, Monique Wittig und Ursula Le Guin verbunden wird[26] und die im Verlauf der siebziger Jahre an Umfang und Bedeutung gewinnt, steht in ebenso eindeutigem Zusammenhang mit dem (Wieder)Erstarken des Feminismus in dieser Zeit[27] wie die von Frauen am Anfang des Jahrhunderts verfaßten Utopien mit der Frauenbewegung ihrer Zeit.[28]

Es ist hier weder der Ort noch bin ich die geeignete Person, eine umfassende Darstellung und Würdigung der feministisch inspirierten Science-fiction-Literatur zu geben.[29] Es kann sich an dieser Stelle nur um einige wenige Bemerkungen handeln, die sich um die Frage zentrieren, ob es in den Zukunftsentwürfen von Frauen gelingt, den Bann der Utopielosigkeit der ihnen zugeordneten Sphäre zu brechen.

Tatsächlich leistet die feministische Zukunftsliteratur das, was wir von ihr erwarten: sie rückt die Problematik des Geschlechterverhältnisses, der Rolle der Frau, der Aufgaben des häuslichen Bereichs usw. in den Mittelpunkt des Interesses. »Women's dreams of a ›good‹ society, a eutopia[30] ... do have a different focus from men's. Women more than men imagine Utopias where the intangible features of human existence receive more prominent consideration. Consequently, where United States Utopias by men stress as *ends* in themselves matters of public policy, be they political, economic, or technological, women's Utopias are more likely to include these matters primarily as they provide *a means to the social end* of fully developed human capacity in all people. Typically, women make issues of family, sexuality, and marriage more central than do men.«[31]

Indem sie die Frage nach den sozialen Nahbeziehungen stellt, was dann natürlich sogleich die Frage nach der Konstruktion der Gesellschaft überhaupt nach sich zieht, richtet die feministische Zukunftsliteratur zum ersten Mal seit dem vielzitierten »Ende der Utopie« das Augenmerk wieder auf gesellschaftliche und politische Verhältnisse.[32] Gleichzeitig lassen sich aber die meisten feministischen Utopien recht eindeutig der Gattung Science-fiction zuordnen. So gesehen stellt die feministische Zukunftsliteratur eine Verbindung dar zwischen der klassischen Utopie und der Science-fiction. Eigentlich ist es bemerkenswert, daß trotz der extrem autoritären Orientierung der klassischen utopischen Literatur und dem oft kritisierten Desinteresse der mainstream-science-fiction an dieser Problemstellung die Autorinnen nicht müde werden, die Vorzüge der beiden Gattungen zu preisen. Der Grund, der dafür genannt wird, lautet so oder so ähnlich: »Unlike realistic fiction, fantastic literature can leave behind the nightmare of our contemporary reality ...«[33]

Es fällt auf, daß so gut wie alle Begründungen, warum der Horizont einer fernen Zeit und einer fremden Welt besonders geeignet ist, um den Konzeptionen von Frauen für die Gesellschaft ihrer Wünsche einen Rahmen zu geben, eigentlich nur darlegen, warum die Gattung *Utopie* diesen Erfordernissen entspricht. Obzwar sich die Aussagen in den meisten Fällen explizit auf die Science-fiction beziehen, gehen sie doch wenig ein auf deren spezifische Eigenschaften, durch die diese sich von der klassischen Utopie unterscheidet. D. h., es wird plausibel gemacht, warum Frauen den Rahmen der utopischen Literatur wählen, aber der Beitrag der auf Wissenschaft, Technik und instrumentelle Rationalität bezogenen Gattung Science-fiction bleibt unklar, selbst wenn sich die Autorinnen bewußt zu ihr bekennen.

Eine mögliche Antwort auf die Frage, worin die spezielle Leistung des Science-fiction-Elements für die feministische Utopie liegen könnte, eröffnete sich mir erst durch Raymond Williams' allgemeine Unterscheidung zwischen klassischer Utopie und Science-fiction: »While the utopian transformation is social and moral, the Science-fiction transformation, in its dominant Western modes, is at once beyond and beneath: not social and moral but natural ... not so much, in the old sense, but as a new life as a new species, a new nature.«[34]

Die Tatsache, daß in der Science-fiction eine andere als die uns umgebende Natur, und vor allem eine andere als die uns auferlegte menschliche Natur, in den Horizont des Denkbaren rückt, ist gerade für das in der feministischen Zukunftsliteratur so vorrangige Interesse an der Auflösung der Geschlechterrollenfixierungen überaus bedeutsam. Mehr als jedes andere Herrschaftsverhältnis von Menschen über Menschen ist das des Mannes über die Frau mit dem Hinweis auf die »Natur« begründet worden. Daß die Frau »von Natur aus« anders sei als der Mann, hat von jeher als Legitimation dafür herhalten müssen, sie für die meisten menschlichen Tätigkeiten für ungeeignet zu erachten, um sie dafür auf bestimmte andere, ihr von der »Natur« zugedachte, bzw. ihrer eigenen »Natur« entsprechende Aufgaben festzulegen. Schwer zu entscheiden und im Grunde bis heute noch ziemlich umstritten ist die Frage, welcher Anteil der anderen »Natur« der Frau tatsächlich an ihrer Nachrangigkeit dem Mann gegenüber (wenn schon nicht mit »Natur«notwendigkeit, so doch in der Geschichte) zuzuschreiben ist, oder ob »Natur« lediglich als Argument in der Legitimierungsstrategie des Patriarchats figuriert.

Ganz gleich, ob die Geschlechterrollen tatsächlich so tief in der Natur verankert sind oder nur als so tief in ihr verankert angesehen werden, jedenfalls evoziert der Gedanke an eine Veränderung in den Geschlechterrollen beinahe notwendig den Gedanken an eine Veränderung der menschlichen Natur. Nur wenn es der Frau gelingen könnte, der Zwangsläufigkeit zu entrinnen, die sie an ihre natürlichen Aufgaben bindet, wird ihre wirkliche Befreiung realisierbar. Es scheint, als ob die Veränderung der rechtlichen, sozialen, ökonomischen, politischen Gegebenheiten nicht ausreichen würde, um die Fixierung der Geschlechterrollen aufzubrechen.[35] Es scheint, daß aus diesem Grund die feministische Zukunftsliteratur den Rahmen der klassischen Utopie sprengen und sich der Mittel und Möglichkeiten der Science-fiction bedienen muß.

Das relativ geringe Vertrauen, das Science-fiction-Autorinnen in die Veränderbarkeit des Geschlechterverhältnisses auf dem Wege »bloß« rechtlicher, sozialer oder politischer Maßnahmen setzen, hat indes noch eine andere Ursache: es ist dies der Argwohn gegen die spezifische Natur des Mannes. Nicht wenige Feministinnen sind davon überzeugt, daß die Allgegenwärtigkeit von Vormachtstreben und Gewaltanwendung über alle sozialen, kulturellen und sonstigen Ursachen hinaus, letztlich in der männlichen Natur selbst begründet liegt. Diese Überzeugung findet ihren Ausdruck in dem Sachverhalt, daß auffallend viele *Eu*topien als reine Frauengesellschaften konzipiert sind.[36]

Während in den Zukunftsvisionen von Männern Frauen zwar – und zuweilen in krasser Weise – mißachtet und mißhandelt werden, gibt es (soweit mir bekannt) keinen Gesellschaftsentwurf, der vollkommen ohne Frauen auskäme. Umgekehrt werden in den Utopien von Frauen Männer selten unterdrückt (mit Ausnahme einiger role-reversal-Geschichten), dafür scheinen sich die Frauen ohne allzu große Mühe eine Welt ohne Männer vorstellen zu können. Die Ursache dafür liegt meines Erachtens weniger in den persönlichen Wunschvorstellungen lesbischer Autorinnen als vielmehr in der tief verwurzelten Schwierigkeit, sich das Verhältnis zwischen den Geschlechtern als frei von Hierarchie und Repression vorzustellen. Es stimmt bedenklich, daß offenbar nicht wenige Frauen sich eher dazu in der Lage sehen, sich eine Welt ohne Männer vorzustellen als eine Welt, in der das Verhältnis zwischen den Geschlechtern ohne Unterdrückung und Zwang geregelt ist. Die männerlosen Gesellschaften führen uns wiederum auf die Veränderung der menschlichen Natur als Voraussetzung feministischer Utopien. Sowohl für die Vorstellung eines grundlegend anderen Geschlechterverhältnisses als auch für die einer reinen Frauengesellschaft (bzw. für deren Fortbestand) erscheinen Eingriffe in die Natur zwingend geboten.

Dadurch, daß die Science-fiction-Literatur – anders als die klassische Utopie – die Konstitution der Natur umfaßt, bietet sie ein ideales Spielfeld für Gedankenexperimente feministisch orientierter Autorinnen. Dabei gibt es zwei Varianten, sich eine andere als die gegebene Natur der Geschlechter vorzustellen. Beide Varianten sind übrigens auf beide Arten der Defizienz der gegebenen menschlichen Natur anwendbar. D. h., es spielt keine Rolle, ob die *weibliche* Natur als veränderungsbedürftig gedacht wird, um die Benachteiligung der Frau aufzuheben, oder ob die *männliche* Natur verändert werden soll, weil in ihr die Ursache von Aggressivität und Dominanz vermutet wird. Beide Probleme finden nach denselben beiden Mustern ihre Lösung. Entweder, indem außermenschliche Lebewesen in außerirdischen Welten als mit einer anderen Natur ausgestattet gedacht werden, oder indem Eingriffe wissenschaftlich-technischer Art in die menschliche Natur für die Zukunft imaginiert werden. Beider Alternativen hat sich die feministische Science-fiction bedient, um die Möglichkeiten eines ganz anders gearteten Geschlechterverhältnisses durchzuspielen. Als Beispiele können zwei besonders bekannte Romane angeführt werden: Ursula Le Guin besiedelt den Planeten Gethen mit Lebewesen, die keine feste Geschlechtszugehörigkeit kennen, sondern statt dessen periodisch für einige Tage in einen geschlechtlichen Zustand eintreten, in welchem sie sich – und zwar nicht vorhersehbar und auch jeweils verschieden – als weiblich oder männlich erweisen, so daß alle Lebewesen dieses Planeten sowohl Mutter- als auch Vaterschaft erleben können.[37] In Marge

Piercys Geschichte von der »Frau am Abgrund der Zeit«[38] haben wir es in einer fernen, imaginären Zukunft mit biologisch veränderten Menschen zu tun. Dabei sind es nicht die Frauen, die einen physischen Wandlungsprozeß durchgemacht hätten, sondern die Männer, die Piercy mit der Fähigkeit zum Stillen ausstattet, so daß eine andere Art des Eltern-Kind-Verhältnisses konstruierbar wird.

In feministischen Utopien wird aber nicht ausschließlich mit der Vorstellung einer anderen Natur experimentiert. Bei vielen Autorinnen steht vielmehr der andere Umgang mit derselben Natur im Vordergrund. Dies betrifft dann auch nicht nur die Natur der Frau resp. die menschliche Natur, sondern analog dazu den Umgang mit der äußeren Natur. Die Aufmerksamkeit für die ökologischen Gegebenheiten und Probleme durchzieht die Zukunftsentwürfe von Frauen wie ein roter Faden. Damit entsprechen sie einem Trend, der sich nicht auf sie beschränkt; der ökologische Gesichtspunkt findet sich verstärkt seit den siebziger Jahren auch bei männlichen Autoren.[39] Es dürfte aber nicht übertrieben sein, zu behaupten, daß Frauen an der Spitze dieser Entwicklung stehen, und zwar nicht nur, weil sie sich besonders häufig und besonders intensiv mit dem Thema Ökologie befassen, sondern weil sie dies auf eine besondere Weise tun, indem sie nämlich eine enge Verbindung (wenn nicht gar die völlige Entsprechung) zwischen dem Schicksal der Frau und dem der Natur unter patriarchaler Herrschaft sehen. In demselben historischen Augenblick, in dem die als Naturwesen betrachteten und auf Naturfunktionen reduzierten Frauen ihren Einzug in Geschichte und Gesellschaft halten, haben die traditionellen Formen des Umgangs mit der Natur, d. h. die Naturbeherrschung, eine Dimension erreicht, die diese als gesellschaftliches und politisches Problem sichtbar werden läßt. Von beiden Richtungen her gerät damit der Begriff des Politischen unter Druck. Es ist nach einem Begriff von Politik gefragt, der nicht mehr von einer Dichotomie von Natur und Gesellschaft/Kultur ausgeht. Diesem Begriff sind die Zukunftsentwürfe von Frauen mit einer Intensität auf der Spur, die sich aus ihrem eigenen Schicksal erklärt: »Feminist utopias are not only ecologically conscious, they assume a partnership between the natural and the social world.«[40]

Ebenso einhellig wie in der Zurückweisung der Dichotomie von Natur und Gesellschaft/Kultur sind die feministischen Utopien in der Ablehnung der strikten Trennung von Privatsphäre und Öffentlichkeit. Denn ebenso wie die Reduzierung der Frau zum Naturwesen bildet ihre Einschließung in den häuslichen Bereich einen Grundpfeiler ihrer Diskriminierung und Unterdrükkung. Beide Aspekte gehören aufs engste zusammen. Beides verursachte die Ausgrenzung der Frau aus dem Bereich des Politischen bzw. verlieh dem Begriff des Politischen eine Gestalt, gegen die die Frauenbewegung seit den siebziger Jahren und in Übereinstimmung mit ihr auch die feministische Zukunftsliteratur opponiert. Gesucht wird nach einem Konzept des Gesellschaftlichen, das die Natur miteinbezieht und nach einem Konzept des Politischen, das das Private nicht ausgrenzt, sondern beides umfaßt. Diese Bestrebungen nach der Überwindung von Dualismen, die das abendländisch-patriarchale Denken tief geprägt und an denen Frauen schwer gelitten haben, verleiht den feministischen Zukunftsvisionen vielfach einen holistischen und organizistischen Grundton.[41]

Aus dem Versuch, den Dualismus von Öffentlichkeit und Privatsphäre zu lösen, folgt als erstes, daß einerseits die Familie weniger eingeschlossen und abgeschlossen erscheint. Ich kenne keinen einzigen eutopischen Zukunftsentwurf, der am Modell der bürgerlichen Kleinfamilie festhalten würde. Nicht nur die Bindungen zwischen Liebes- oder Geschlechtspartnern erscheinen weniger eng und beengend, auch die Eltern-, namentlich die Mutter-Kind-Beziehung erscheint gelöster (in jedem Sinne des Wortes), entweder indem die Verantwortung für das Kind auf mehrere Schultern verteilt wird[42] (allerdings nie auf eine anonyme Großinstitution), oder indem das möglicherweise ohnehin nicht im herkömmlichen biologischen Sinne gedachte Kindschaftsverhältnis als verkürzt dargestellt wird.[43] Daß diese Tendenz dennoch nicht wie in den patriarchalen Utopien auf die Auflösung des privaten Bereichs im öffentlichen hinausläuft, hat damit zu tun, daß auf der anderen Seite die öffentliche Sphäre nach dem Modell der Familie konzipiert wird: »Feminist utopias do away with the division between the inhumane marketplace and the humane hearth. This is not accomplished by moving both men and women out into a brutal public world. Instead, the entire society is patterned after the principles which (ideally) govern the home. Herland[44], for example, is ›like a pleasant family – an old established, perfectly-run country place‹.«[45]

Fast allen feministischen Utopien ist gemeinsam, daß sie ihre Idealgesellschaft als klein, überschaubar, auf wechselseitigen persönlichen Beziehungen beruhend und als dezentral organisiert beschreiben. Die politische Struktur ähnelt daher viel mehr der einer Familie oder einer Stammesgemeinschaft als der eines Staates. Joanna Russ faßt das Gesellschaftskonzept feministischer Zukunftsvisionen unter folgenden Stichworten zusammen: »Classless, without government, ecologically minded, with a strong feeling for the natural world, quasi-tribal in feeling and quasi-family in structure.«[46] Als Folge dieser Gesellschaftskonstruktion und gleichzeitig als Konsequenz des veränderten Naturverhältnisses handelt es sich um ländliche, bäuerliche Gesellschaften. Der »Country place« in der oben zitierten Aussage ist nicht beliebig gewählt. Dementsprechend sind sowohl die ökonomischen als auch die rechtlichen Strukturen von denen der modernen Industriegesellschaft sehr weit entfernt: Geld, Konkurrenz und Wettbewerb im ökonomischen Sinne spielen eine ebenso geringe Rolle wie formale Rechtsverhältnisse. Die Gesellschaft beruht auf gegenseitiger Fürsorglichkeit und Gemeinschaftlichkeit; Sitte und Brauch werden als zur Regulierung des Umgangs miteinander ausreichend angesehen. Fast eine Selbstverständlichkeit, daß diese Gesellschaften – zumal dann, wenn es sich um reine Frauengesellschaften handelt – jedenfalls nach innen keine Gewalt kennen. Überredung, Diskussion und Konsens sind die Charakteristika ihrer politischen Kultur.

Während manche Züge feministischer Zukunftsvisionen an die Verhältnisse der vormodernen, vorindustriellen Vergangenheit erinnern, fehlt in ihnen das hierarchische Element, das die Gesellschaften der realen Vergangenheit geprägt hat. Dagegen ist in den Utopien von Frauen die anarchistische Komponente so prominent, daß sie gelegentlich sogar als das wesentlichste Merkmal feministischer Science-fiction bezeichnet worden ist: »Für mich ist das ›weibliche Prinzip‹, oder zumindest war es das historisch gesehen, im wesentlichen anarchistisch. Es schätzt Ordnung ohne Zwang, Richtlinien aus Tradition, nicht durch Gewalt.«[47] Der anarchistische Zug bezieht sich nicht nur auf den Inhalt der feministischen Utopie, er bezieht sich auch auf ihr eigenes Selbstverständnis, auf ihren Status als Zukunftskonzeption. »Keine der Autorinnen verzichtet ... auf Konflikt, Uneinigkeit, Auseinandersetzung, keine phantasiert ihre Utopia als nicht mehr verbesserungsbedürftig oder veränderungsfähig. Aus einem solchen Konzept spricht eine der Utopie bisher fremde Offenheit, die auf eine ganz spezifische feministische utopische Konstruktion verweist.«[48]

Auf der Suche nach einem Fazit, das aus meinem kursorischen Streifzug durch das Land der feministischen Utopie gezogen werden könnte, komme ich auf eine Feststellung von Carol Pearson zurück, die sich ebenso trivial anhört, wie sie zutreffend ist: »Feminist utopian visions come out of women's experience, both negative and positive.«[49]

Aus den negativen Erfahrungen von Frauen resultiert einerseits die Idiosynkrasie gegen Gewalt- und Dominanzverhältnisse, gegen Herrschaftsansprüche aller Art und auf allen Ebenen (einschließlich der des eigenen utopischen Entwurfs). Aus den negativen Erfahrungen mit den verschiedenen Dualismen des abendländisch-patriarchalen Denkens resultiert andererseits die Sehnsucht nach einem ganzheitlichen Denk- und Lebenskonzept. Beides steht durchaus in einem gewissen Spannungsverhältnis zueinander.[50] Während mit dem ersten Punkt der Akzent auf Offenheit, Differenz und Diversität gelegt wird, liegt er beim zweiten Punkt auf Einheit und Totalität.

Spannungsvoll bleibt auch das, was laut Pearson aus den positiven Erfahrungen von Frauen abgeleitet wird. Dies betrifft die Versuche, die positiven Eigenschaften und Werte des häuslich-familialen Bereichs, resp. die traditionell weiblichen Tugenden, zur Grundlage der gesellschaftlichen Gesamtkonstruktion zu machen. Diese

Ansätze stehen in der Gefahr, zu einer Art von »role-reversal« Geschichte zu werden (wenngleich auf einer anderen Ebene als die der Umkehrung des psychologischen Verhaltens der Geschlechter): An die Stelle der Tendenz, den privaten Bereich den Gesetzmäßigkeiten des öffentlichen zu unterwerfen bzw. zu opfern, tritt umgekehrt die Tendenz zur Auflösung des Politischen, Gesellschaftlichen, Ökonomischen, Rechtlichen usw. zugunsten des Intimen und Familialen. Unter dem Hinblick ihrer eventuellen Realisierungsaussichten in einer mehr als nur imaginären Zukunft betrachtet, sind solchen Versuchen äußerst enge Grenzen gesetzt, da sie sich nicht auf größere politische Einheiten, geschweige denn auf die Massengesellschaften des Industriezeitalters anwenden lassen. Diese Unbrauchbarkeit ist durchaus eine eingestandene, insofern als die utopischen Entwürfe sich ausdrücklich auf kleine Gesellschaften beziehen. Zwischen den kleinen Gesellschaften in den Wunschträumen und den riesigen Gesellschaften der Realität klafft ein von der utopischen Phantasie unausgefüllter Sprung.

Aber auch abgesehen vom Aspekt der Realisierbarkeit enthalten die Tendenzen zur Übertragung der Gesetze des familialen auf den öffentlichen Bereich einige Probleme, insofern als die Werte und Ideale, die da auf den öffentlichen Bereich übertragen werden sollen – wie Liebe, Vertrauen, Vertrautheit, Fürsorglichkeit, Wechselseitigkeit, Friedfertigkeit, Gewaltlosigkeit usw. –, sich in solcher Reinkultur nur unter den Bedingungen der strikten Abtrennung des Privaten vom Politischen entfalten konnten, bzw. nur als so positiv erscheinen, weil die Tatsache ihres Eingebettetseins in einen ganz gegensätzlich gearteten politischen Kontext verdeckt bleibt und verdrängt wird. Generell ist das Anknüpfen an den positiven Erfahrungen der Frau problematisch, weil diese positiven Erfahrungen bislang letztlich immer unter dem negativen Vorzeichen patriarchaler Herrschaft gestanden haben. Das kann und soll nicht heißen, daß ein Anknüpfen an traditionell weiblichen Erfahrungen, Eigenschaften und Werten ausgeschlossen wäre, es bedeutet aber, daß das Anknüpfen immer auch ein Transformieren einschließen muß. Das gilt auch für den Versuch, die Gesetzmäßigkeiten des häuslich-privaten Bereichs zu übertragen; vergessen wir nicht, daß diese Tendenz in einem Spannungsverhältnis steht zu dem Bestreben der feministischen Zukunftsentwürfe, die als klaustrophobisch empfundene Situation der Familie zu überwinden, die fatale Enge ihrer Bindungen zu lockern, sie offener und gleichsam öffentlicher zu machen.

Lassen wir einmal beiseite, daß es überhaupt eine offene Frage ist, ob die Leiden, die in der Geschichte den Frauen aus der Trennung zwischen öffentlich und privat erwachsen sind, durch die Abschaffung dieses Dualismus (und nur durch sie) geheilt werden können.[51] Aber selbst unter der Voraussetzung, daß am Ziel der Überwindung der Dichotomie beider Sphären festgehalten werden soll, dürfte klar sein, daß die einseitige Unterwerfung des Politischen unter die Gesetzmäßigkeiten des Privaten dazu ein ebenso wenig gangbarer Weg sein dürfte wie die (traditionsreichere) Unterordnung des Privaten unter das Politische. Wenn die Annäherung des Privaten und des Öffentlichen überhaupt eine Verheißung für die Zukunft darstellen kann, dann wohl nur auf der Grundlage der Wechselseitigkeit des Annäherungsprozesses.

Utopische Zukunftsentwürfe haben schon viel geleistet, wenn sie die richtigen Fragen stellen (oder doch wenigstens einige davon). Die richtigen Antworten sind Sache der Zukunft und können in den seltensten Fällen vorausgesehen oder gar vorweggenommen werden. Von dieser Regel bilden die Zukunftsvisionen von Frauen keine Ausnahme.

Was sich in der feministischen Science-fiction als Spannungsverhältnis zeigt, das sind gleichsam Quadraturen für die Kreise der Gegenwart, die zu finden unser aller Aufgabe für die Zukunft sein wird: wie Differenz gedacht und zugelassen werden kann, wie Differenz anders denn als Dualismus und Dichotomie verstanden werden kann; wie gleichzeitig auch eine Idee von Einheit und Ganzheit bewahrt oder (wieder)gefunden werden kann und wie sich Einheit und Totalität denken lassen, ohne sich – wie herkömmlich – über Ausgrenzungen zu konstituieren; wie anarchistische und holistische Elemente in einem Gesellschaftsentwurf zu vermitteln sind; wie sich die für Frauen so wenig ideale Situation der Familie verändern läßt, ohne daß dabei aber noch die wenigen Ideale verlorengehen, die unter den Voraussetzungen dieser Situation (wie verkrüppelt und verkümmert auch immer) gedeihen konnten – das alles sind Fragen, die zu stellen das Verdienst der feministischen Zukunftsliteratur ausmacht.

Trotz allem ein Schwanengesang?

Die Feststellung, daß die feministische Utopie einen Beitrag zur Formulierung wichtiger Zukunftsfragen zu leisten in der Lage ist, impliziert noch keine Aussage über die Zukunft der feministischen Zukunftsliteratur selbst. Was das anbelangt, so scheinen die Aussichten wenig rosig. Die Blüte der feministischen Zukunftsvisionen ist bereits Sache der Vergangenheit. Obwohl es vielleicht ein

Jahr vor Ende des Jahrzehnts zu früh ist, um zu einer abschließenden Beurteilung zu gelangen, ist gleichwohl eindeutig feststellbar, daß sich gegenüber dem enormen Aufschwung in den siebziger Jahren[52] die Entwicklung eutopischer Zukunftsvisionen von Frauen abgeschwächt hat.[53] Die Entwicklung der feministischen Utopie erweist sich damit wiederum als getreues Spiegelbild der allgemeinen Entwicklung der Frauenbewegung.

Angefangen von der ökonomischen Krise bis zu den verschiedenen politischen Tendenzwenden, sind es viele Faktoren, die gemeinsam für die Rückläufigkeit des Feminismus verantwortlich gemacht werden. Die Zuversicht, mit der in der gesellschaftlichen Aufbruchsstimmung seit den späten sechziger Jahren nach neuen Lebensformen gesucht wurde, hat viele Rückschläge hinnehmen müssen. Gerade hinsichtlich der Veränderbarkeit der sozialen Nahbeziehungen ist das Gewicht des Überkommenen wieder stärker spürbar geworden. Offensichtlich geht in diesem Bereich nichts so schnell, so reibungslos, wie es vor kurzem noch den Anschein hatte und vor allem: keine von den bei Lichte besehen gar nicht geringfügigen Wandlungen, die sich vollzogen haben, geht so eindeutig zum Besseren, daß dem Gewinn nicht auch ein Verlust gegenüberstünde.

Aber der wichtigste Grund für die Abschwungbewegung der feministischen Science-fiction dürfte in der Perspektivenveränderung im Hinblick auf das Naturverhältnis zu suchen sein. Zwar haben wir bereits für die feministischen Zukunftsvisionen der siebziger Jahre feststellen können, welch zentrale Rolle das Thema Natur resp. Ökologie spielt. Wir haben aber auch festgestellt, daß mit Bezug auf die menschliche Natur große Skepsis verbreitet war, genauer: die das Geschlecht betreffenden Herrschaftsverhältnisse und die Rollenverteilungen zwischen den Geschlechtern galten als so tief in der Natur verwurzelt, daß die Andersartigkeit bzw. die Veränderung der Natur als Voraussetzung für die Abschaffung dieser Art von Herrschaftsverhältnis und für die Veränderung der Rollenverteilung als unabdingbar notwendig angesehen wurde. Es bestand daher ein Spannungsverhältnis zwischen dem Traum von einer anderen Natur und dem Wunsch nach einem anderen Umgang mit derselben Natur. Im Verlauf der letzten Jahre hat sich dieses Spannungsverhältnis – vor allem unter dem bedrohlichen Eindruck der jüngsten Entwicklungen der Gen- und Reproduktionstechnologie – ganz zur letztgenannten Seite hin aufgelöst. Die Bedrohung der Natur in ihrer Gesamtheit ist so vordringlich geworden, daß die Frage nach der Bedrohung durch Natur bzw. durch in ihr begründete Verhältnisse nachrangig geworden zu sein scheint.

Mit Blick auf die allgemeine feministische Diskussion gesehen, läßt sich dieser Prozeß als Verblassen der radikalfeministischen Richtung beschreiben. Denn ihrer Grundthese zufolge liegen die wichtigsten Ursachen für die Unterdrückung des weiblichen Geschlechts in der Natur – sei es der des Mannes, sei es der der Frau – selbst. Aussicht auf Befreiung bietet nur der Weg der Kontrolle, wenn nicht gar der Veränderung der Natur. Wie wir gesehen haben, entsprachen weite Teile der feministischen Science-fiction dieser Richtung, indem sie die Vorstellung von einer anderen Natur und zwar insbesondere, was die Reproduktion der menschlichen Rasse anbelangt, in den Phantasien von fernen Planeten und Zeiten anschaulich werden ließen.[54] Mit dem Verschwinden der radikalfeministischen Strömung im Feminismus korrespondiert der Niedergang der feministischen Science-fiction oder besser gesagt: das Zurücktreten der Science-fiction-haften Elemente in der feministischen Utopie. Diese Elemente waren nie dominant, wissenschaftlich-technische Gegebenheiten und Fortschritte haben in den von Frauen verfaßten Geschichten nie dieselbe herausragende Rolle gespielt wie in den Geschichten von Männern, aber in den letzten Jahren sind sie noch weiter zurückgetreten.

Signalisiert das Erlahmen der feministischen Zukunftsvisionen das Ende des Feminismus als »most utopian project around«? Ist der Niedergang der radikalfeministischen Richtung gleichbedeutend mit dem der Frauenbewegung überhaupt? Droht dieser vielleicht wieder einmal das völlige Verschwinden, und sei es nur, um dann im gebührenden Abstand einiger Jahrzehnte als »ganz neu« aufzuerstehen? Unterliegt die Sache der Frauen damit einmal mehr und immer noch dem Gesetz des periodischen Auf- und Abtauchens, das ihre Geschichte gekennzeichnet hat? Und schließlich: ist die erwartete Revolution der sozialen Nahbeziehungen und ihres Bereiches damit abgesagt bzw. auf unbestimmte Zeit verschoben?

Es kann nicht in Abrede gestellt werden, daß die Entwicklung des letzten Jahrzehnts für die sozialen Emanzipationsbewegungen im allgemeinen und für die der Frauen im besonderen viel Negatives, viel als katastrophisch Hereinbrechendes, als aufgezwungen Empfundenes mit sich gebracht hat und entsprechend enttäuscht, resignativ, kleinmütig, verschüchtert waren viele Reaktionen. Aber um die Frage richtig und vor allem vollständig zu beantworten, ob und warum Feminismus und Frauenbewegung sich wieder einmal auf dem Rückzug befinden, scheinen mir grundsätzlichere Überlegungen geboten zu sein.

Für den innovatorischen Impact des Feminismus gilt

wie für jeden innovatorischen Ansatz: es geht nicht nur darum, einen bestimmten Gegenstand, einen bestimmten Teil der Realität oder die Realität überhaupt *anders* zu gestalten, sondern das kann nur gelingen, indem die jeweilige Realität (bzw. der betreffende Teil davon) *neu* definiert wird. Konkret: der feministische Ansatz entwickelt nicht nur eine »andere« Politik, Gesellschaft, Rationalität, Wissenschaft usw., sondern er muß, um das zu erreichen, einen anderen *Begriff* von Politik, Gesellschaft, Rationalität, Wissenschaft usw. entwerfen. Dasselbe gilt für die feministische Utopie. Diese hat nicht nur einen anderen Inhalt, sondern stellt auch ein anderes Konzept von Utopie in Aussicht. Die Art und Weise, in der über Zukunft nachgedacht wird, verändert sich. Das betrifft *erstens* die Art des Zugriffs auf die Zukunft. Wie wir gesehen haben, stehen die Utopien von Frauen quer zu einem Begriff von Utopie, der darauf angelegt ist, Zukunft auf dem Wege eines systematischen und lückenlosen Ordnungskonzepts beherrschen und in den Griff bekommen zu wollen. Es betrifft noch darüber hinausgehend *zweitens* die Frage des Zeitbewußtseins, des Zeitbegriffs als solchen.

Erinnern wir uns: Die traditionale »Arbeitsteilung« zwischen öffentlicher und privater Sphäre, zwischen dem Bereich des Mannes und dem der Frau, entsprach nicht nur dem Dualismus von Gesellschaft/Kultur und Natur und der Verteilung von Vorrang und Unterordnung, sie enthielt auch – so wenigstens die These am Beginn dieser Überlegungen – eine Aussage, die das Verhältnis der so eingeteilten Bereiche zur Zeit betrifft: nämlich die Zuordnung von Dynamik an den öffentlichen und von Statik an den häuslich-privaten Bereich. Das impliziert, daß die Begriffe von Veränderung, Fortschritt, Zukunft, usw. bislang partial konzipiert gewesen sind. Sie wurden in den Bereichen der gesellschaftlichen Normen, der politischen Institutionen, des wissenschaftlichen und technischen Verstandes so gedacht, daß das, was ihnen voraus- und zugrundelag, nämlich das individuelle wie kollektive Verhältnis zur Natur beiseite gelassen und seine Bearbeitung gleichsam an den Bereich des Privaten delegiert werden konnte. Die Fortschritts- und Zukunftsorientierung der verschiedenen Bereiche des Öffentlichen konnte so ungebrochen, so eindimensional und linear in Erscheinung treten, weil die Sorge um die Wahrung des Zusammenhangs mit der Vergangenheit, mit der Natur, dem Bereich des Privaten zugewiesen war.

Wenn nun aber der Bereich, der traditionell als Reservat der Vergangenheit, als Reservoir von Dauer und Kontinuität und als Ressource der Natur gedient hat, diese Aufgabe nicht mehr wahrnehmen kann oder will oder beides zugleich, dann gibt es keinen anderen Bereich, dem diese – gesellschaftlich wie individuell dennoch notwendigen – Aufgaben übertragen werden könnten. Das bedeutet, daß die Modernisierung dieses Bereichs schlechterdings nicht nach dem Muster der anderen erfolgen kann. Wenn wirklich von einer Revolution dieser Sphäre gesprochen werden soll, dann muß diese viel mehr eine Revolution unserer Vorstellung von Revolution betreffen als das Losreißen vom Vergangenen, das diese Vorstellung bisher geprägt hat. Es bleibt daher nur die Möglichkeit, die Begriffe von Fortschritt, Zukunft und Zeit so zu modifizieren, daß sie nicht mehr auf die stillschweigende Voraussetzung des Vorhandenseins eines nach gegenläufigen Regeln funktionierenden Bereichs gegründet sind.

Um dem Veränderungsanspruch der Frau und der ihr zugeordneten Sphäre gerecht zu werden, wäre ein Zeitbegriff gefragt, in dem Vergangenheit, Gegenwart und Zukunft weniger scharf voneinander geschieden sind, als es uns geläufig ist. Der Begriff von Zeit selbst und mit ihm der von Utopie, Fortschritt und Zukunft würde weniger ausschließlich dadurch definiert, wie er in den Bereichen des Öffentlichen bestimmt ist, sondern er würde mitgeprägt durch die Art von Zeiterfahrungen, die im privaten Bereich gemacht werden: Erfahrungen der Wiederholung, des Zyklischen, in denen Vergangenheit, Gegenwart und Zukunft stärker konvergieren.

Solchen Vorstellungen kommt übrigens gerade die Science-fiction mit ihren Möglichkeiten der Zeitreise, der Relativierung der Weltzeit durch die Berührung mit anderen Welten sehr entgegen, und bereits die feministischen Utopien der siebziger Jahre experimentieren vielfach mit einem anderen, nicht-linearen Zeitbegriff.[55] Mehrere Romane spielen mit der Gleichzeitigkeit von Gegenwart und Zukunft bzw. von verschiedenen Welten[56]; bei Doris Lessing wird in der canopäischen Perspektive die lineare Zeit des Planeten Shikasta aufgehoben[57]; Ursula Le Guin stellt die Entwicklung einer Theorie der Simultaneität, die es erlauben würde Gleichzeitigkeit zwischen Planeten herzustellen, die Hunderte von Lichtjahren voneinander entfernt sind, nicht umsonst in den Mittelpunkt einer Geschichte von zwei Welten mit widersprüchlichen, unvereinbaren und jeweils defizienten Gesellschaftsordnungen.[58] Dabei greift der Physiker Shevek, der diese Theorie entwickelt, – nicht umsonst – auf die vom main-stream der männlichen Wissenschaft als Mystizismus verachteten Erkenntnisse seiner Lehrerin Gvarab zurück.

Es scheint, daß in den utopischen Entwürfen von Frauen in den achtziger Jahren der Gesichtspunkt, daß jede Reise eine Heimkehr ist[59], daß jeder Weg in die Zukunft auch den Aspekt der Rückkehr in die Vergangenheit enthält, daß jeder Entwurf einer zukünftigen Gesellschaft auch die Reflexion auf die Natur umfassen muß, noch stärker hervortritt. Der Titel von Le Guins 1985 veröffentlichter Zukunftsvision, die eher die Züge einer neuen Mythologie als die einer Science-fiction trägt (obwohl sie ausdrücklich in der Zukunft angesiedelt wird), beinhaltet ein Programm: *Always Coming Home*.[60]

So wie ein umfassenderer und qualitativ vollkommenerer Begriff des Politischen und Gesellschaftlichen erst dann zu gewinnen ist, wenn die aus ihm ausgegrenzten Erfahrungen des Privaten integriert werden, so muß ein angemessener Begriff des Zukünftigen und Utopischen so beschaffen sein, daß er den Zeiterfahrungen des privaten Bereichs gerecht wird, und damit das Zyklische und Rückläufige, das diesem zwangsweise auferlegt war, mit umgreift. Es mag diese Anforderung sein, die letztlich hinter dem sonst so schwer begreiflichen und durch Schwäche und Niederlagen nur so unvollständig erklärbaren Zurückscheuen vor der Zukunft steht, das Frauenbewegung und Feminismus charakterisiert.

Analog zum Verhältnis von Öffentlichem und Privatem in bezug auf den Begriff des Politischen gilt selbstverständlich auch für den Begriff der Zeit, daß nun nicht etwa die Unterwerfung des Öffentlichen unter die Gesetze des Privaten an die Stelle der Unterwerfung des Privaten unter das Öffentliche treten soll. Die der privaten Zeiterfahrung entsprechende Idee der ewigen Heimkehr, die dem modernen Fortschrittsdenken so sehr fehlt, darf ihrerseits nicht die Dimensionen des Unerschlossenen, Noch-Nie-Dagewesenen eliminieren. Übrigens sind es an erster Stelle die historischen Erfahrungen der Frauen, die uns vor dem Fehler bewahren sollten, Rückkehr ins Haus mit Heimkehr zu verwechseln.

Was wünschbar wäre, klingt wieder ganz einfach: »Unless the past and the future (are) made part of the present by memory and intention, there (is) in human terms, no road, nowhere to go.«[61]

Anmerkungen

1 Alexander Lernet-Holenia, *Die Frau aller Zeiten,* in: *Die Frau von Morgen – wie wir sie wünschen,* hg. v. Friedrich M. Huebner, Leipzig 1929, S. 107.

2 Abgesehen von den vollkommen wirren Ideen von Arnolt Bronnen.

3 Leo Matthias, *Sei nicht tüchtig!*, in: *Die Frau von Morgen*, a. a. O., S. 67.

4 Es wäre ein Mißverständnis anzunehmen, daß (Selbst-)Zweifel an der männlich-patriarchalen Ordnung quasi zwangsläufig zu einer Aufwertung eines »weiblichen Prinzips« führen müßten. Das kann zwar der Fall sein; aus derselben Haltung kann aber auch eine verschärfte Frauenfeindlichkeit erwachsen, die alle traditionellen Erscheinungsformen von Misogynie in den Schatten stellt. Vgl. hierzu Michael S. Kimmel, *Men's responses to Feminism at the turn of the century,* in: *Gender and Society* 1/3, 1987, S. 261–283. In diesem Sinne nimmt Kimmel eine Unterscheidung zwischen einer »antifeminist response« und einer »masculinist response« vor. – Im vorliegenden Zusammenhang bietet Lernet-Holenia ein gutes Beispiel für die Kombination von Frauenfeindlichkeit und männlichem Selbstzweifel.

5 So der Titel des Beitrages von Emil Lucka zum zitierten Band.

6 Stefan Zweig, *Zutrauen zur Zukunft,* in: *Die Frau von Morgen,* a. a. O., S. 8.

7 Vgl. Cornelia Klinger, *Déjà-vu oder die Frage nach den Emanzipationsstrategien im Vergleich zwischen der ersten und der zweiten Frauenbewegung,* in: *Kommune. Forum für Politik, Ökonomie und Kultur,* 4/12, 1986.

8 Silvia Bovenschen, *Die imaginierte Weiblichkeit. Exemplarische Untersuchungen zur kulturgeschichtlichen und literarischen Präsentationsform des Weiblichen,* Frankfurt 1979, S. 65 f.

9 Vgl. z. B. Joan Kelly-Gadol, *The Social Relation of the Sexes. Methodological Implications of Women's History*, in: *Signs. A Journal of Women in Culture and Society* 1/4, 1976, S. 809–823; Joan Kelly-Gadol, *Did Women Have a Renaissance?*, in: *Becoming Visible. Women in European History*, Ed. by Renate Bridenthal/Claudia Coonz, Boston 1977, S. 137–164.

10 Vgl. u. v. a. die Beiträge zum von Christine Kulke herausgegebenen Band *Rationalität und sinnliche Vernunft. Frauen in der patriarchalen Realität*, Berlin 1985.

11 James McGrigor Allan, *Women Suffrage Wrong. 1890*, hier zitiert nach Eva Figes, *Patriarchal Attitudes. Women in Society*, London 1970, S. 104.

12 Lyman Tower Sargent, *Utopia and the Family. A Note on the Family in Political Thought*, in: *Dissent and Affirmation. Essays in Honor of Mulford O. Sibley*, ed. by A. L. Kalleberg, J. D. Moon, D. Sabia. Bowling Green, Ohio 1983, S. 109.

13 Lyman Tower Sargent, *An Ambiguous Legacy: The Role and Position of Women in the English Utopia*, in: *Future Females. A Critical Anthology*, ed. by Marleen S. Barr, Bowling Green Ohio 1981, S. 90.

14 In Übereinstimmung mit M. H. Abensour und R. Williams unterscheidet Tom Moylan zwischen systematischen und kritischen Utopien. Während systematische Utopien einen geschlossenen und vollständigen Gegenentwurf darstellen, sind kritische Utopien offen. Diesen Unterschied sieht Moylan als historisch bedingt an; während die frühmodernen Utopien dem systematischen Typus zuzuordnen sind, entstehen nach 1850 eher kritische Utopien: »For example, the organizationally oriented ›Staatsroman‹ of eighteenth-century Germany which plotted out the perfect state was no longer a useful sort of text at a time when the structures of domination where firmely set in place. Instead, utopias from 1850 on tended to adopt a stance more concerned with teaching and exposing... the still unrealized potential of the human project...« (S. 6). Die systematischen Utopien werden in der Aufstiegsphase des Bürgertums gebraucht, um die vollständige Durchsetzung seiner neuen Ordnung zu imaginieren, die offenen Utopien behandeln das, was die bürgerliche Ordnung nach ihrer Durchsetzung zu wünschen übriggelassen hat (vgl. Tom Moylan, *Demand the Impossible: Science-fiction and the Utopian Imagination*, New York/London 1986).

15 Vgl. Kirk Jeffrey, *The Family as Utopian Retreat from the City. The Nineteenth-Century Contribution*, in: *Soundings. An Interdisciplinary Journal*, Vol. LV, No. 1/1972, S. 22.

16 Vgl. Tom Moylan, a. a. O., S. 9: »Even though bibliographer L. T. Sargent has demonstrated that utopian novels have been published in every year of this century, the general impression, especially in postwar industrial societies, is that utopia is now unnecessary either because it has already arrived in daily life or because it represents a dream incapable of attainment.« Zur These vom Ende der Utopie vgl. die Beiträge Judith Shklar und Adam Ulam in: *Utopias and Utopian Thought*, ed. by Frank E. Manuel, Boston 1965.

17 Frank E. Manuel/Fritzie P. Manuel, *Utopian Thought in the Western World*, Cambridge/Mass. 1979, S. 812.

18 Joanna Russ, *Das Frauenbild in der Science-Fiction*, in: *Feministische Utopien – Aufbruch in die postpatriarchale Gesellschaft*, hg. v. Barbara Holland-Cunz, 2. Aufl. Meitlingen 1987, S. 15.

19 Frank E. Manuel/Fritzie P. Manuel, *Utopian Thought in the Western World*, a. a. O., S. 811.

20 Joanna Russ, *Das Frauenbild in der Science-Fiction*, a. a. O., S. 14–16.

21 A. a. O., S. 19.

22 Das Werk, das in diesem Zusammenhang am häufigsten genannt wird, ist Samuel Delanys *Triton*, New York 1976.

23 Science-Fiction-Geschichten, die die Umkehrung der Geschlechterrollen zum Thema machen, werden von Autoren beiderlei Geschlechts geschrieben. Vgl. z. B. Marion Zimmer Bradley, *The Ruins of Isis*, Norfolk VA 1978/London 1980; dt.: *Die Matriarchen von Isis*, Bergisch Gladbach 1979; neuerdings wieder: Pamela Sargent, *The Shore of Women*, Toronto/New York 1987; Geschlechterrollenumkehrungsgeschichten von Männern sind gesammelt in dem Band: *When Women Rule*, ed. by Sam Moskowitz, New York 1972; vgl. dazu die kritische Analyse von Joanna Russ, *Amor Vincit Feminam. The Battle of the Sexes in Science-Fiction*, in: *Science-Fiction-Studies*, 7/1980, S. 2–15.

24 Vgl. die Überlegungen von Jean-Marc Ferry über eine mögliche Verschiebung im Begriff von Modernisierung und Modernität, die weg von »le domaine des faits et de l'objectivité scientifique« und »le domaine des normes et de la légitimité juridique« und hin zu »le domaine des valeurs et de la signification symbolique« führt und dem Begriff der Kulturrevolution einen neuen Sinn und neue Bedeutung gibt (Jean-Marc Ferry, *Modernisation et consensus*, in: *Esprit*, Nr. 101, Mai 1985, S. 13–28.

25 Daphne Patai, *Beyond Defensiveness: Feminist Research Strategies*, in: *Women and Utopia. Critical Interpretations*, ed. by Marleen S. Barr/Nicholas D. Smith, Lanham/New York/London 1983, S. 151.

26 Monique Wittig, *Les Guérillères,* 1969; dt. *Die Verschwörung der Balkis,* München 1980. Ursula K. Le Guin, *The Left Hand of Darkness,* New York 1969; dt. *Der Winterplanet,* 3. Aufl. München 1980; Joanna Russ, *The Female Man* (verfaßt 1968, publiziert:) New York 1975; dt. *Planet der Frauen,* München 1979.

27 Den Beziehungen zwischen der feministisch inspirierten Sciencefiction und der Entwicklung der Frauenbewegung in den siebziger und achtziger Jahren geht besonders Barbara Holland-Cunz in einem Aufsatz zum Thema *Politische Struktur und Machtverhältnisse in der feministischen Utopie* nach. In: Dies. (Hg.) *Feministische Utopien – Aufbruch in die postpatriarchale Gesellschaft,* a. a. O., S. 61–101.

28 Zwischen den damals geschriebenen Utopien und den in den siebziger Jahren entstandenen besteht keine direkte Kontinuität. Die Vorläufer waren in Vergessenheit geraten, bis sie in den siebziger Jahren ausgegraben und neu verlegt wurden. Um so auffälliger sind die inhaltlichen Übereinstimmungen zwischen den Utopien von Frauen damals und heute. Vgl. dazu Carol Pearson, *Four Feminist Utopias and Patriarchal Experience,* in: *Future Females,* a. a. O., S. 63–70.

29 Das wird an anderer Stelle in reichem Maße getan. Es ist erstaunlich, wie viele Analysen und Kommentare die feministische Sciencefiction-Literatur in Relation zu ihrem doch recht geringen Umfang in den letzten Jahren hervorgerufen hat. Neben den in dieser Arbeit sonst zitierten bzw. erwähnten Arbeiten seien hier noch folgende selbständige Publikationen (die Fülle der teilweise an entlegener Stelle erschienenen Aufsätze ist fast unübersehbar) genannt: Natalie Rosinsky, *Feminist Futures – Contemporary Women's Speculative Fiction,* Ann Arbor UMI Research Pr. 1984; *The Feminine Eye: Science-fiction and the Women Who Write It,* ed. by Tom Staicar, New York 1982; dem Thema Fantasy and Futures ist ein Heft der Zeitschrift *Frontiers* (vol. 2/3, 1977) gewidmet. Anthologien utopischer Texte von Frauen haben herausgegeben: Pamela Sargent, *Women of Wonder. Science-Fiction Stories of Women about Women,* New York 1974; dies., *More Women of Wonder. Science-Fiction Novellettes by Women about Women,* New York 1976; dies., *The New Women of Wonder. Recent Science-Fiction Stories by Women about Women,* New York 1978; Jen Green/Sarah Lefanu (eds.), *Despatches from the Frontiers of the Female Mind. An Anthology of Original Stories,* London 1985.

30 Übrigens sind beileibe nicht alle Zukunftsvisionen von Frauen Eutopien. Im Gegenteil, sehr viele tragen ausgesprochen dystopischen Charakter und entsprechen damit dem Bild, das die utopische Lite-

ratur des 20. Jahrhunderts im allgemeinen bietet. Nach Carol F. Kesslers Rechnung handelt es sich bei 54 von 137 (oder 40%) utopischen Entwürfen von Frauen zwischen 1836 und 1983 um Dystopien. Unter den neueren seien erwähnt: Suzy McKee Charnas, *Walk to the End of the World,* New York 1974; dt. *Tochter der Apokalypse,* München 1983; Zoe Fairbairns, *Benefits,* London 1979; dt. *Der Frauenturm. Eine Apokalypse,* Berlin 1981; Suzette H. Elgin, *Native Tongue,* New York 1984; dt. *Amerika der Männer,* München 1987; Margaret Atwood, *The Handmaid's Tale,* London 1986; dt. *Der Bericht der Magd,* Düsseldorf 1987.

31 Carol F. Kessler in ihrer Einleitung zu *Daring to Dream, Utopian Stories by United States Women: 1836–1919,* hg. von C. F. Kessler, Boston 1984, S. 7.

32 Vgl. Elaine Hoffman Baruch, *Suchen und Fragen. Einleitung,* zu: *Weder Arkadien noch Metropolis. Frauen auf der Suche nach ihrer Utopie,* hg. v. Elaine Hoffmann Baruch/Ruby Rohrlich, München 1986, S. 11; Thelma J. Shinn, *Worlds Within Women: Myth and Mythmaking in Fantastic Literature by Women,* New York 1986, S. 7.

33 Thelma J. Shinn, *Worlds Within Women,* a. a. O., S. 12.

34 Raymond Williams, *Utopia and Science Fiction,* in: *Science Fiction Studies,* Vol. 5/3, 1978, S. 212.

35 Vgl. Susan H. Lees, *Mutterschaft in feministischen Utopien*, in: *Weder Arkadien noch Metropolis,* a. a. O., S. 188 f.: In keinem der von Lees untersuchten Zukunftsentwürfen »wird die Lösung der Problematik allein durch Sozialreformen erreicht; biologische Eingriffe sind notwendig, entweder um Frauen die Fortpflanzung ohne Herrschaft der Männer zu ermöglichen oder um allen die Möglichkeit der Mutterschaft zu geben. Daraus geht hervor, daß die Autorinnen soziale Ungerechtigkeit im Sexismus verwurzelt sehen, die wiederum mit unserer Art der Fortpflanzung zu tun hat. Viele andere Sozialprobleme sind mit Sozialreformen lösbar; Sexismus anscheinend nicht.« Damit soll nicht behauptet werden, daß es nicht auch andere Auffassungen gäbe. Ausdrücklich warnt Joanna Russ in einem Aufsatz unter dem Titel *Science-Fiction and Technology as Mystification* vor dem Versuch, soziale und politische Probleme mittels technologischer Phantasievorstellungen zu lösen: »Tinkering with the genitalia when the social structure is the problem is like the common science-fiction device of ›solving‹ the quality of life by giving people immortality.« (In: *Science-fiction Studies* 5/3, 1978, S. 259.)

36 Vgl. Sally Miller Gaerhart, *Künftige Visionen und die Politik von heute: Feministische Utopien im Überblick,* in: *Weder Arkadien noch Metropolis,* a. a. O., S. 228 f.

37 Ursula K. Le Guin, *The Left Hand of Darkness*, New York/London 1969; dt. *Winterplanet*, München 1974.
38 Marge Piercy, *Woman of the Edge of Time*, New York 1976; dt. *Die Frau am Abgrund der Zeit*, München 1986.
39 Vgl. z. B. Ernest Callenbach, Ecotopia, New York 1975; dt. *Ökotopia*, Berlin 1978.
40 Carol Pearson, *Women's Fantasies and Feminist Utopias*, in: *Frontiers. A Journal of Women Studies* II/3, 1977, S. 56.
41 Vgl. besonders Barbara Holland-Cunz, *Feministische Utopien – Aufbruch in eine postpatriarchale Gesellschaft*, a. a. O., S. 9, 82 f., 85. Sarah Lefanu, *In the Chinks of the World Machine*, a. a. O., S. 90.
42 Vgl. z. B. Mary Bryant, *The Kin of Ata Are Waiting for You*, New York 1971; dt. *Die Insel der Ata*, München o. J.; Marge Piercy, *Woman on the Edge of Time*, a. a. O.
43 Vgl. Mary Staton, *From the Legend of Biel*, New York 1975.
44 Charlotte Perkins Gilman, *Herland*, 1915, Neuauflage New York 1979.
45 Carol Pearson, *Four Feminist Utopias and Patriarchal Experience*, in: *Future Females*, a. a. O., S. 65.
46 Joanna Russ, *Recent Feminist Utopias*, in: *Future Females*, a. a. O., S. 76.
47 Ursula K. Le Guin, *Brauchen wir das Geschlecht?*, in: *Feministische Utopien – Aufbruch in eine postpatriarchale Gesellschaft*, a. a. O., S. 171.
48 Barbara Holland-Cunz, *Politische Struktur und Machtverhältnisse in der feministischen Utopie*, a. a. O., S. 80; dieselbe Auffassung vertritt Lyman T. Sargent, *A New Anarchism: Social and Political Ideas in Some Recent Feminist Eutopias*, in: *Women and Utopia*, a. a. O., S. 3–33.
49 Carol Pearson, *Four Feminist Utopias*, a. a. O., S. 52.
50 Speziell zur eigentlich paradoxen Synthese von matriarchalen (=holistischen) und anarchistischen Elementen in der feministischen Science-fiction vgl. Barbara Holland-Cunz, *Politische Struktur und Machtverhältnisse in der feministischen Utopie*, a. a. O.
51 Die Frage, ob die Trennung von privat und öffentlich, häuslich oder politisch ganz zum Verschwinden gebracht werden soll oder ob sie doch eine wichtige Funktion erfüllt, so daß es lediglich darum geht, die einseitige Festschreibung der Frau auf den häuslichen Bereich zu beseitigen, nicht jedoch diesen selbst, ist in der feministischen Theorie bis heute nicht völlig geklärt.
52 Anhand ihrer Zusammenstellung von 137 Utopien von Frauen zwischen 1836 und 1983 gelangt Carol F. Kessler zu folgender Aussage:

»During these five years (1975–1979) more Utopias were written by United States women than during any previous period. The average rate of output is one feminist Utopia every third year before 1920; one such work every fifth year, 1920–1970; and thereafter, one feminist Utopia every 10 months!« (*Daring to Dream*, a. a. O., S. 9; vgl. die graphische Darstellung der zeitlichen Verteilung feministischer Utopien S. 236.)

53 Vgl. Barbara Holland-Cunz, *Politische Struktur und Machtverhältnisse in der feministischen Utopie*, a. a. O., S. 62; Sarah Lefanu, *In the Chinks of the World Machine*, a. a. O., S. 6.

54 Auf die Korrespondenz zwischen der radikalfeministischen Position und der feministischen Science-Fiction weist, wenn auch ganz beiläufig, Alison Jaggar hin (*Feminist Politics and Human Nature*, Totowa/New Jersey 1983, S. 119, Anm. 22); ihre Darstellung empfiehlt sich darüber hinaus als beste Übersicht über die Thesen des Radikalfeminismus (a. a. O., S. 83–122; S. 249–302).

55 Vgl. Carol Pearson; *Zeit und Revolution: Theorien sozialen Wandels in zeitgenössischen feministischen Zukunftsromanen*, in: *Weder Arkadien noch Metropolis*, a. a. O., S. 205–213; Thelma J. Shinn argumentiert für eine besondere Nähe zwischen Science-fiction und Mythos aufgrund bestimmter Ähnlichkeiten in der Zeitauffassung: »Science Fiction is just as capable of a speculative timelessness as is myth, and its place is still ›where the Actual and the Imaginary may meet‹, whether the surface is designated as our world in 2110 or in the Pleocene era.« (*Worlds Within Women*, a. a. O., S. 3.)

56 Z. B. Joanna Russ, *The Female Man;* Mary Staton; *Legend of Biel*, Marge Piercy, *Women on the Edge of Time*.

57 Doris Lessing, *Canopus in Argos: Archives. Re: Colonised Planet 5, Shikasta*, London 1979; dt. *Betr.: Kolonisierter Planet 5: Shikasta, Canopus im Argos*, Frankfurt 1983. (Die »Canopos in Argos«-Reihe ist inzwischen auf fünf Bände angewachsen.)

58 Ursula K. Le Guin, *The Dispossessed*, New York 1974; dt. *Planet der Habenichtse*, München 1981.

59 So lautet die Inschrift auf dem Grab der Begründerin der anarchistischen Lehre, auf deren Grundlage das Siedlungsunternehmen des Planeten Anarres aufbaut (Ursula K. Le Guin, *The Dispossessed*, a. a. O., S. 68).

60 Ursula K. Le Guin, *Always Coming Home*, New York 1985.

61 Ursula K. Le Guin, *The Dispossessed*, a. a. O., S. 148 f.

Clément Rosset
Kurze Anmerkung zur sogenannten »Post-Modernität«

Eine heute sowohl unter Laien als auch unter Fachleuten weit verbreitete Auffassung geht davon aus, daß die Zeit, in der wir leben, in Hinblick auf die Philosophie (und damit auch für die Zukunft dessen, was man unsere Kultur nennt) eine Zeit der Infragestellung und der Krise sei. Wenn ich recht verstehe, was darüber da und dort geschrieben wird, dann wäre unsere Gegenwart eine Art kritischer Augenblick: denn von nun an ist sie unfähig, sich den großen Glaubensinhalten der Vergangenheit anzuschließen, auf denen die früheren Kulturen beruhten, und darüber hinaus ist es ihr bisher nicht gelungen, neue Glaubensinhalte an die Stelle der alten zu setzen. Wie bei einer Passage zwischen zwei stillen Wassern würde unsere Gegenwart ein unsicheres *no man's land* darstellen, das zwischen den beruhigenden Sicherheiten der Vergangenheit und der der Zukunft verlorengeht.

Ich persönlich halte diese Analyse für vollkommen illusorisch, und im übrigen impliziert sie selbst eine Illusion, die nicht nur für unsere Gegenwart, sondern wahrscheinlich gleichermaßen für jede Art von Gegenwart charakteristisch ist. Die Glaubensinhalte von gestern scheinen mir nämlich nichts von ihrer vergangenen Gültigkeit verloren zu haben, selbst wenn sie sich heute zum Teil an Formen und Ausdrucksweisen leicht modifizierter Natur bewähren müssen. Und andererseits ist es ein Charakteristikum jeder Modernität, sich auf ihre Weise und entsprechend ihren eigenen Bedürfnissen der großen *Credos* der Vergangenheit anzunehmen und sie nicht etwa aufzulösen – aus dem einfachen Grund, daß es sich mit dem Glauben ebenso verhält wie mit dem Schilfrohr, das »sich beugt, aber nicht bricht«, von dem La Fontaine in seiner berühmten Fabel spricht. Da es wesensgemäß nicht zu entwurzeln ist, läßt es sich hier nur schneiden, um woanders um so besser wieder zu sprießen.

So wollen die zeitgenössischen Theoretiker der »Postmodernität« in allen ihren Schattierungen (Postmaterialismus, Posthistoire, nachmetaphysische Epoche, Nachfreudianismus) uns heute lediglich durch einen puren Mystifikationseffekt – deren erste Opfer sie im übrigen selbst sind, da sie nicht nur die ersten Verblender, sondern auch die ersten Verblendeten sind – glauben machen, daß sich ein universaler Zweifel überall dort ausgebreitet hat, wo früher Sicherheit und Glaubensinhalte herrschten. Ohne Zögern erklären sie, wir könnten an nichts mehr glauben: weder an Gott, noch an den Fortschritt, noch an die Moral, noch an den Menschen, noch an das Begründungsdenken oder die Idee eines dem Dasein zugewiesenen Zwecks. Das sind Aussagen, die die Aufmerksamkeit eines wahrhaft skeptischen Ohrs auf sich ziehen könnten, wenn es da nicht diesen störenden Umstand gäbe, daß sie alle unterschiedslos von Personen vorgebracht werden, deren Vorleben bezeugt, daß es sich stets um bedingungslos der Verteidigung einer beliebigen Sache hingegebene Gläubige handelt, um Ex-Priester, Ex-Integristen, Ex-Führer der kommunistischen Jugend, Ex-Gewerkschaftsaktivisten etc., kurz um Personen, die, wenn sie vielleicht vorübergehend tatsächlich unfähig sind, an etwas Genaues zu glauben, nichtsdestoweniger um nichts in der Welt auf ihr dringendes Bedürfnis verzichtet haben, an irgend etwas zu glauben, und im Grunde ist es gleichgültig woran. Zusammenfassend möchte ich sagen, daß diese ständig auftretende Halluzination, mit dem Glauben abgeschlossen zu haben, auf einer Illusion beruht. Diese entsteht, wenn man die ewige Natur der Glaubensinhalte, die in nichts als schlichtem Glauben besteht, mit ihrer bedingten Natur verwechselt, die darin besteht, sich auf dieses oder jenes besondere Objekt zu richten. Denn, um es mit Hume schematisch zu wiederholen, die Tatsache (und das Bedürfnis) zu glauben beruht auf dem Phänomen des Glaubens und nicht auf den Gegenständen, an die er sich tatsächlich bindet oder zu glauben vorgibt, die er aber ebensogut von heute auf morgen widerrufen kann, ohne daß ihm daraus wirklich Schaden erwächst.

Alles, was heute den Begriff der »Post-Modernität« für sich beansprucht, scheint mir von der alt überlieferten Illusion und derselben mangelnden Einsicht in die reale Natur des Glaubens herzurühren: verschwommen gehen diese Denker der »Post-Modernität« davon aus, daß es alles in allem genüge, an *etwas zu glauben,* um aufzuhören zu *glauben.* Aber es war niemals nötig, an etwas zu glauben, um zu glauben; niemals nötig, leichtgläubig einem bestimmten Grund zu vertrauen, um allgemein ein Gläubiger zu sein. Als Beispiel nehme man Kant, der für sich beansprucht, als erster intellektuell den Gültigkeitsanspruch von Gründen in Zweifel gezogen zu haben, die er nichtsdestoweniger weiter verteidigt. Und er findet sogar durch einen außerordentlichen Überraschungseffekt, der den Geniestreich seines sogenannten »Kritizismus« ausmacht, eine Möglichkeit, die Tragfähigkeit des Glaubens gerade auf seinem unglaubhaften Charakter zu begründen (»Ich mußte also das Wissen aufheben, um zum Glauben Platz zu bekommen« / Vorrede zur zweiten Auflage der *Kritik der reinen Vernunft*). So daß nichts den ungläubigen Lehrling von heute von dem Gläubigen früherer Zeiten unterscheidet und nichts ihn je von ihm hat unterscheiden können – tatsächlich nichts, *sogar nicht die Tatsache, ungläubig zu sein.* Wie Jacques Bouveresse richtig bemerkt: »Die näheren Bestimmungen des Typus ›post‹ (post-modern, post-philosophisch, post-historisch etc.) haben im allgemeinen zum Zweck, einen Zustand der Kultur und der Gesellschaft zu charakterisieren, in dem ein bestimmter Typus von Begründung, Rechtfertigung, Zweckgerichtetheit oder Entwurf, der für die vorausgehende Periode als konstitutiv angesehen wird, von nun an als illusorisch gilt, ohne daß die Art der Modifikation, die man von der Bewußtwerdung dieser neuen Situation erwarten könnte, im Augenblick sehr deutlich oder sehr bedeutsam wäre. Lyotard nennt den Zustand ›postmodern‹, der aus ›der Skepsis gegenüber den Metaerzählungen‹ resultiert (vgl. *Das postmoderne Wissen,* 1979, S. 14). Die postmoderne Epoche, der wir uns von nun an zurechnen müssen, sieht ›den großen Heroen, die großen Gefahren, die großen Gefahren und das große Ziel‹ (ebenda) verschwinden. Sie repräsentiert darüber hinaus das Ende der ›großen Theorie‹ und das Verschwinden der klassischen Gestalt des ›Intellektuellen‹, der als der anerkannte Produzent von Meta-Erzählungen über die Legitimation betrachtet wird. Aber das Faktum, daß die großen philosophischen Erzählungen über den Geist, den Sinn, die Geschichte, den Fortschritt, die Emanzipation etc., sich von nun an an einem allgemeinen Skeptizismus stoßen, impliziert nicht zwangsläufig, daß wir etwas Wichtigeres verloren haben als die Möglichkeit, einen bestimmten Legitimationsdiskurs zu führen, der vielleicht niemals vollkommen glaubwürdig war, noch wirklich geglaubt wurde von anderen als denen, deren Funktion gerade auf seiner Produktion beruhte.« (Jacques Bouveresse: *Rationalité et cynisme,* 1984, S. 125)

Es scheint mir, daß das Unterfangen von Jacques Derrida, der vorgibt, die Metaphysik nicht auf dem Weg des »Post-Modernismus«, sondern auf dem Weg des »Dekonstruktivismus« zu kritisieren, ebenfalls dem Untergang geweiht ist. Es gehorcht nämlich demselben Illusionsprinzip, das darauf beruht, sich von etwas emanzipiert zu glauben, von dem man dennoch vollkommen abhängig bleibt, ohne sich dessen bewußt zu werden. Das stimmt im übrigen auch mit dem Gefühl von Jacques Bouveresse überein, so wie er es in dem eben zitierten Buch artikuliert: »Es scheint mir unbestreitbar, daß die Kritik von Derrida in Hinblick auf die traditionelle fundamentalistische Perspektive, die sie dekonstruiert, eine Form von impliziter Abhängigkeit besitzt. (...) Ohne es zu wissen, teilt Derrida mit der von ihm kritisierten Tradition den Glauben an die Notwendigkeit einer Begründung.« (ebenda, S. 123f.)

Mit folgender Bemerkung möchte ich schließen: wenn es in meinen Augen sehr leicht ist, sich zur Modernität oder zur »Post-Modernität« zu bekennen, so scheint es umgekehrt sehr schwer, skeptisch zu sein, und zwar zu allen Zeiten. Mag den Skeptizismus ablehnen, wer will: um skeptisch zu sein, genügt es nicht, auf diesen oder jenen Gegenstand des Glaubens zu verzichten; ebensowenig, wie es zum Atheismus hinreichen würde, nicht mehr an den Weihnachtsmann zu glauben. Die Preisgabe eines Glaubensinhaltes geht in den häufigsten Fällen mit einer gerade umgekehrten Wirkung einher, ich meine mit einer Verstärkung des Fanatismus. Ein ungläubig Gläubiger ist kein Ungläubiger, sondern eher ein außer sich geratener Gläubiger: niemand ist zum Beispiel frömmelnder als ein ehemaliger Priester oder stalinistischer als ein bußfertiger Stalinist. Wie bemerkt Gilles Deleuze mit Recht: »Im allgemeinen hat man um so häufiger recht, als man sein Leben mit Irrtümern verbracht hat, denn dann kann man immer sagen: ›das habe ich alles hinter mir‹. Darum können auch einzig die Stalinisten anti-stalinistische Lehren erteilen.« (*A propos des nouveaux philosophes et d'un problème plus général*, in der Beilage zur Nr. 24 der Zeitschrift *Minuit*.)

Wenn man also, wie heute beansprucht wird (und wie man es wohl immer schon beansprucht hat), Zweifel und Modernität koinzidieren läßt, so ist das an sich bereits eine Hochstapelei: diese Koinzidenz ist nicht nur vollkommen unmöglich, sondern sie tritt auch nur ganz selten ein. Denn in der Regel läßt eine Modernität bei denjenigen, die sie als die ihren anerkennt, keinen grundlegenden, sondern nur einen oberflächlichen Zweifel zu. Ihre offensichtlich verheerenden Kühnheiten sind stets bestrebt, wenn sie auch durch Veralterungsprozesse einige Formen des Gehorsams verletzen, das ewige Gebäude der Glaubensinhalte unangetastet zu lassen.

(Aus dem Französischen von Renate Hörisch-Helligrath)

V. Reduktion von Komplexität – Steigerung von Wagnissen

Paul Virilio
Die Automatisierung der Wahrnehmung
Über die Zukunft des Krieges und des Bildes

»Nun nehmen die Gegenstände mich wahr«, schrieb einst der Maler Paul Klee in seinen *Heften.* Diese doch zumindest überraschende Behauptung scheint neuerdings eine objektive, ja wahrheitsgetreue Feststellung zu werden. Denn spricht man nicht bereits von der bevorstehenden Produktion einer »Seh-Maschine«, die, über die Wiedererkennung der Formumrisse hinaus, eine vollständige Interpretation des Sichtfeldes, d. h. in naher oder ferner Zukunft die Inszenierung einer ganzen vielschichtigen Umwelt, gewährleisten soll? Und ist nicht überdies die Rede von einer neuen technischen Disziplin, der sogenannten »Visionik«, als der Möglichkeit, ein gleichsam *blickloses Sehen* zu erreichen? – Eine Videokamera wird an einen Computer angeschlossen, der nun die Aufgabe übernimmt, das Umfeld zu analysieren, und zwar nicht mehr im Dienste irgendeines Fernsehzuschauers, sondern »für die Maschine«. Diese wäre somit imstande, den Sinn der Ereignisse automatisch zu interpretieren – sei es im Bereich der industriellen Fertigung, der Lagerverwaltung oder auch der Militärrobotik.

Während sich also zur Zeit mit der technischen Erneuerung eines künstlichen Sehvermögens die *Automatisierung der Wahrnehmung* anbahnt und die Analyse der objektiven Realität an eine Maschine delegiert wird, scheint es erforderlich, auf das Wesen des virtuellen, d. h. des scheinbaren Bildes (*1) zurückzukommen. – Jene Bilderwelt, welche sich auf keine sichtbare Grundlage stützt und keine andere Beständigkeit kennt als die des visuellen

Gedächtnisses, sei es geistiger oder instrumentaler Natur. Tatsächlich kann man heutzutage nicht über die Entwicklung der audiovisuellen Technik sprechen, ohne auf die Entwicklung der virtuellen Bilderwelt und ihren Einfluß auf die Verhaltensweisen hinzuweisen. Betrachtet werden muß auch die neuartige *Industrialisierung des Sehvorgangs,* die Ausbildung eines regelrechten Marktes der synthetischen Wahrnehmung, die zudem eine Reihe von ethischen Fragen mit sich bringt. Gemeint sind hier nicht bloß die Kontroll- und Überwachungsprobleme mit ihrem inhärenten Verfolgungswahn, sondern vielmehr das philosophische Problem jener *Verdoppelung des Blickpunktes:* die Aufspaltung der Umweltwahrnehmung zwischen dem beseelten, lebendigen Subjekt einerseits und dem seelenlosen Objekt, der Sehmaschine andererseits.

All diese Fragen führen aber letztendlich auf das Problem der »künstlichen Intelligenz«, da es ohne das Vermögen der Apprehension und Apperzeption (*2) des Umfeldes kein *Expertensystem* (*3), keinen Computer der fünften Generation geben könnte.

Wir hingegen werden in Zukunft endgültig von der (sei es direkten oder indirekten) Betrachtung der synthetischen Bilder, wie sie die *Maschine für die Maschine* produziert, abgeschnitten sein; ähnlich der Gedankenwelt eines fremden Gesprächspartners müssen nun auch jene instrumentalen virtuellen Bilder für uns ein Rätsel bleiben.

Anders gesagt: in ihrer Funktionsweise wäre diese Prothese automatischer Wahrnehmung, die keinerlei graphischen oder videographischen »Ausgang« hat, mit einem maschinellen Imaginären zu vergleichen, von dem wir diesmal tatsächlich vollständig ausgeschlossen sind.

Wie kann man aber angesichts dieses Tatbestandes den *faktischen* (*4) Charakter unserer eigenen geistigen Vorstellungsbilder leugnen? Denn auf diese müssen wir doch gerade zurückgreifen, um zumindest zu erahnen bzw. annäherungsweise einzuschätzen, was die Sehmaschine wahrnimmt.

Demnach verweist uns die bevorstehende Verwandlung der kinemato-, bzw. videographischen Aufnahmekamera in eine infographische (*5) Sehmaschine tatsächlich auf die Debatten über die geistigen Bilderwelten und ihren subjektiven bzw. objektiven Charakter zurück.

Wie wir gesehen haben, wurden die Vorstellungsbilder fortschreitend in das Gebiet des Idealismus, des Subjektivismus, ja sogar des Irrationalen verwiesen. Sie sind darum der wissenschaftlichen Betrachtung lange Zeit entgangen, obwohl gleichzeitig der Aufschwung der Photographie und Kinematographie zu einer beispiellosen Flut neuer Bilder führte, die mit unseren üblichen Phantasiewelten in Konkurrenz traten. Es galt, erst die Arbeiten über die Elektronenoptik und Infographie abzuwarten, bis in den sechziger Jahren, namentlich in den Vereinigten Staaten, ein neuartiges Interesse an der Psychologie der visuellen Wahrnehmung entstand.

In Frankreich haben nun insbesondere die Untersuchungen auf dem Gebiet der Neurophysiologie zu einer Verschiebung im Status der mentalen Bilderwelt geführt: So spricht J.-P. Changeux in einem neueren Werk nicht mehr von »Bildern«, sondern von *mentalen Objekten,* die sogar bald schon, wie er erläutert, vor unseren Augen auf einem Bildschirm auftauchen werden. So hat sich im Laufe zweier Jahrhunderte (auch) die philosophische und wissenschaftliche Diskussion von der Frage der Gegenständlichkeit bzw. der *Objektivität* der Vorstellungsbilder zu der ihrer Wirksamkeit, ihrer *Aktualität* verlagert. Problematisch sind dann aber nicht mehr nur die Vorstellungsbilder des Bewußtseins, sondern in erster Linie die instrumentalen virtuellen Bilder der Wissenschaft und ihr paradox faktischer Charakter.

Meiner Ansicht nach ist dies einer der wichtigsten Aspekte der neuen Technologien numerischer Bilderfabrikation und des synthetischen Sehvermögens, das die elektronische Optik ermöglichte: die Fusion/Konfusion des Faktischen (oder wenn man will: des Operationellen) und des Virtuellen. Der »Wirklichkeitseffekt« erhält Vorrang gegenüber einem Realitätsprinzip, das im übrigen, namentlich in der Physik, bereits weitestgehend angefochten wird.

Wie konnte auch übersehen werden, daß die Entdekkung der Nachbildwirkung (*6), die die Chronophotographie von Marey und der Kinematographie der Brüder Lumière zu entwickeln erlaubte, uns ein neues Gebiet eröffnete, das durch die geistige Beständigkeit der Bilder charakterisiert ist?

Wie konnte man einerseits dem Photogramm einen faktischen Charakter zugestehen und gleichzeitig dem virtuellen Bild des Kinozuschauers jegliche objektive Realität verweigern? – Jene visuelle Beständigkeit nämlich, die nicht bloß, wie man früher annahm, ein Phänomen der Netzhaut, sondern unseres Nervensystems, des Sehzentrums ist. – Wie kann man also, formuliert man die Frage genauer, das Prinzip der Fortdauer der Gesichtsempfindung akzeptieren, ohne im gleichen Schritt auch die Rolle des Gedächtnisses in der unmittelbaren Wahrnehmung anzuerkennen?

In Wahrheit stellte sich das Problem des paradox aktuellen Charakters der »virtuellen« Bilderfabrikation bereits seit der Erfindung der Momentaufnahme, die die Realisierung des Kinofilms begründen sollte.

Denn jede (sei es geistige oder instrumentale) optische Aufnahme nimmt zugleich eine gewisse Zeitspanne, wie winzig klein auch immer, in Anspruch. Diese *Expositionszeit* hat einen (bewußten oder unbewußten) Gedächtnisakt zur Folge, der je nach Aufnahmegeschwindigkeit variiert und die allseitig anerkannte Möglichkeit subliminaler, d. h. unterbewußter Effekte begründet, sobald das Photo- oder Videogramm die Bewußtseinsschwelle von 60 Bildern pro Sekunde überschreitet.

Damit stellt sich das Problem der Objektivierung des Bildes nicht mehr so sehr in bezug auf irgendeine *Oberflächen-Stütze* aus Papier oder Zelluloid, d. h. auf einen Raum materieller Referenz; es bezieht sich vielmehr auf die Zeit, *jene Belichtungszeit, die etwas zu sehen gibt oder aber der Sicht entzieht.*

Der Sehvorgang wäre also gleichsam ein Akt vor der eigentlichen Handlung, eine Art Vor-Aktion, wie sie uns Searle in seinen Arbeiten über die »Intentionalität« teilweise erläutert hat. Ist Sehen demnach als Vor-Sehen zu begreifen, so läßt sich auch besser verstehen, warum die Vor-Sicht seit kurzem zu einer regelrechten Industrie geworden ist, die mit einem Aufschwung der professionellen Simulation und der organisierten Antizipation einhergeht – bis hin zu jenen »Seh-Maschinen«, die nun an unserer Stelle sehen bzw. vorsehen sollen: den Maschinen synthetischer Wahrnehmung, die uns auf bestimmten Gebieten übertreffen und verdrängen können. Denn zu gewissen äußerst schnellen Operationen ist unser Sehvermögen nicht imstande; allerdings geht es bei dieser Grenze nicht mehr um die Beschränktheit der räumlichen Tiefe unseres Sichtfeldes, wie früher im Falle des Teleskops bzw. des Mikroskops, als vielmehr um die unzureichende *Zeittiefe* unserer physiologischen »Aufnahme«.

Wenn die Physiker üblicherweise zwischen den beiden Energieformen der potentiellen Lageenergie (*7) und der kinetischen Bewegungsenergie unterscheiden, wäre dem heutzutage möglicherweise noch die *kinematische Energie* hinzuzufügen, die als dritte Energieform aus der Wirkung der Bewegung und ihrer (mehr oder weniger großen) Geschwindigkeit auf die (elektrisch-)optischen bzw. okularen Wahrnehmungen entsteht.

Erinnern wir im übrigen daran, daß es niemals einen »feststehenden Blick« gibt. Die Physiologie des Blickes hängt von den Augenbewegungen ab, die zugleich ununterbrochen und unbewußt (Motilität) wie beständig und bewußt (Mobilität) vor sich gehen können. Auch der instinktivste, unkontrollierteste Blick ist eine Art von »Sichtung«, die das Wahrnehmungsfeld gleichsam vollständig durchkämmt und in der Auswahl des Blickobjektes endet.

Nach der Auffassung Rudolf Arnheims kommt das Sehen aus der Ferne. Es ist gewissermaßen eine Zeitreise, eine Wahrnehmungsaktivität, die von der Vergangenheit aufbricht, um die Gegenwart zu erhellen, oder genauer gesagt: um den Gegenstand der unmittelbaren Wahrnehmung gleichsam »scharfzustellen«.

Der Blickraum stellt also nicht einen Newtonschen absoluten Raum dar, sondern einen relativen Raum im Sinne Minkovsk. Es gibt nicht nur jene dunkle Helligkeit künftiger Sterne, die aus der vergangenen Ferne einer Nacht der Zeiten kommt; vielmehr entspringt die schwache Beleuchtung, die uns erlaubt, das Wirkliche zu erfassen bzw. unser gegenwärtiges Umfeld zu sehen und zu begreifen, ihrerseits einem fernen visuellen Gedächtnis, ohne das schlechthin kein Sehakt existierte.

Nach den *synthetischen Bildern,* wie sie eine infographische Software produziert – der computergesteuerten Aufbereitung numerischer Bilder –, ist nun das Zeitalter des *synthetischen Sehens* angebrochen, die Zeit der Automatisierung der Wahrnehmung. Doch welche Auswirkungen, welche theoretischen und praktischen Konsequenzen folgen aus der neuen Entwicklung, in der die Eingebung Paul Klees Wirklichkeit wird? Denn der Vergleich mit der Ausbreitung der Überwachungskameras, die sich seit mindestens einem Jahrzehnt zunehmend auf den öffentlichen Plätzen vermehren, kann dieser neuartigen *Aufspaltung des Blickpunktes* nicht genügen: Die Überwachung der Videobilder, wie sie die Kameras in den Bankfilialen und den Supermärkten aufzeichnen, ist uns bekannt, auch die Wachmänner mit dem Blick auf den Kontrollschirmen können wir uns vergegenwärtigen; doch mit der Visionik, dem Eintritt in die computergesteuerte Wahrnehmung, wird es geradezu unmöglich, die Bildgestalten noch zu erahnen und die Interpretation dieser gleichsam *blicklosen Sicht* zu erraten. Man müßte schon Lewis Carroll sein, um sich den Blickpunkt eines Westenknopfes oder eines Türknaufs vorzustellen. Und es sei denn, man wäre Paul Klee, vermag man kaum, sich die synthetische Betrachtung auszumalen, ... den Wachtraum einer Bevölkerung von Dingen, die dabei sind, Euch anzustarren ...

Hinter der Mauer sehe ich das Werbeplakat nicht mehr; vor der Mauer zwingt sich das Plakat mir auf: das Bild nimmt mich wahr.

Diese Umkehrung der Wahrnehmung, diese Suggestivkraft der Reklamephotographie findet sich auf allen Ebenen, auf den Plakaten wie in den Tageszeitungen oder Zeitschriften; nicht eine ihrer Darstellungen entgeht diesem »suggestiven« Charakter, der geradezu der Daseinsgrund der Reklame ist.

Denn die graphische oder photographische Qualität dieses Bildes, seine *hohe Auflösung*, wie es so schön heißt, stellt hier nicht mehr den Garanten irgendeiner Ästhetik der Präzision bzw. der photographischen Schärfe dar. Sie offenbart lediglich die Suche nach einer Tiefe als dritter Dimension, die gleichsam die Projektion der Botschaft selbst wäre. Eine Projektion der Werbebotschaft, die durch unsere Blicke hindurch jene Tiefe, jene Sinndichte zu erreichen sucht, die ihr gleichsam unerbittlich ermangelt. Machen wir uns also bezüglich der Erfolge der Werbephotographie keine Illusionen mehr: das sich der Aufmerksamkeit aufzwingende, sich dem Blick aufdrängende phatische Bild[2] ist nicht mehr als »mächtiges« oder wirksames Bild zu begreifen. Es ist vielmehr ein Klischee, welches sich nach dem Vorbild des filmischen Photogramms in eine zeitliche Abfolge einzuschreiben sucht, in der sich Optik und Kinematik von nun an vermengen.

Oberflächlich betrachtet hat die Werbephotographie gerade durch ihre Auflösung Teil am Verfall der *Fülle* und des *Aktuellen* in jener durchsichtigen Welt der Virtualität, in der die Re-Präsentation mehr und mehr einer regelrechten *öffentlichen Präsentation* weicht. Träge und unbeweglich, trotz manch überholter Kunststücke, verkündet die Reklamephotographie letztlich nur noch ihren Niedergang angesichts der glänzenden Heldentaten einer wahren »Telepräsenz« der Gegenstände in Echtzeit (*8), wie sie uns der Bildschirmeinkauf ankündigt. Sieht man denn nicht schon förmlich die geschlossenen Reihen der »publiphilen« LKWs vorüberziehen gleich jenen unzähligen Werbespots der Automobilindustrie, welche die üblichen audiovisuellen Sequenzen in geradezu lächerlicher Weise vervollständigen?

Zwar vermag die Reklamephotographie durchaus noch Leser und Passanten zu beeindrucken, und scheint insofern, bedingt durch die schwache Auflösung des Videobildes, ihrer öffentlichen Nützlichkeit versichert zu sein. Doch wird sie wahrscheinlich auch diesen Vorteil einbüßen, sobald die hochgradige Auflösung des Direktfernsehens ein Schaufenster eröffnet, dessen kathodische Transparenz in Kürze die Durchsichtigkeitseffekte der klassischen Auslage ersetzt. Natürlich liegt es mir fern, der Photographie jeglichen ästhetischen Wert abzusprechen. Zugleich existiert aber eine Logik, eine Logistik des Bildes, dessen Geschichte, wie wir gesehen haben, durch bestimmte Verbreitungsepochen geprägt ist.

Während nämlich das Zeitalter der *formellen Logik* des Bildes dasjenige der Malerei, Gravur und Architektur bezeichnet, welches im 18. Jahrhundert zu Ende ging, ist die *dialektische Logik* des 19. Jahrhunderts durch die Photo- und Kinematographie – oder wenn man will: das Photogramm – gekennzeichnet. Die Ära der *paradoxen Logik* des Bildes setzt hingegen mit der Erfindung der Video-, der Holographie (dreidimensionales Laserbild), und der Infographie ein ... so, als ob das Ende der Modernität im ausgehenden 20. Jahrhundert selbst dadurch geprägt sei, daß die Logik der öffentlichen Repräsentation zu Ende geht.

Nun ist uns zwar die *Realität,* im Sinne der formellen Logik jener traditionellen malerischen Darstellung, ziemlich genau bekannt, wie auch, in abgeschwächterem Maße, das *Aktualitätsprinzip* der dialektischen Logik, welches die photo- bzw. kinematographische[1] Repräsentation anleitete. Im Gegensatz dazu sind aber die *Virtualitäten* jener paradoxen Logik des Video- und Hologramms bzw. der numerischen Bilderwelt nur sehr schwer einzuschätzen.

Hierin mag auch der regelrechte journalistische Interpretationsrausch begründet sein, der die neuen Technologien heutzutage noch umgibt, wie auch die geradezu wuchernde Ausbreitung zugleich veralteter informatischer und audiovisueller Materialien.

Das in Frage stehende *logische Paradox* meint aber letzten Endes das Paradox des Bildes in Echtzeit, welches die dargestellte Sache überblendet und beherrscht. Das Paradox jener Zeit, die von nun an den Sieg über den wirklichen Raum davonträgt; oder jene Virtualität, welche die Aktualität beherrscht und selbst den Realitätsbegriff erschüttert. Hieraus erklärt sich auch die Krise der traditionellen öffentlichen (graphischen, photo- oder kinematographischen) Repräsentationsformen bzw. ihr Niedergang zugunsten der Präsentation, die aber eine gleichsam *paradoxale Präsenz* bezeichnet: jene distanzierte Fernseh-Präsenz des Gegenstandes nämlich, welche selbst das Dasein des Seienden, hier und jetzt, ersetzt.

Damit betrifft aber die hochgradige Auflösung letztlich nicht mehr das (Photo- oder Fernseh-)Bild, als vielmehr die Wirklichkeit selbst.

Waren das Photomaterial, die Platten und Filme in der vorangehenden Epoche der dialektischen Logik einzig von der zeitlich verschobenen Gegenwart, d. h. der Gegenwart der Vergangenheit dauerhaft grundiert, so löst sich nun mit der paradoxalen Logik tatsächlich die Realität des Gegenstandes – als Realität seiner Gegenwart in Echtzeit verstanden – endgültig auf. Das paradoxale Bild erhält somit einen Status, der dem der Überraschung oder, genauer gesagt, der akzidentiellen »Übertragungsstörung« zu vergleichen wäre.

Der Aktualität des Bildes bzw. jenem Gegenstand, wie er vom Objektiv einer Aufnahmeapparatur eingefangen wird, entspräche dann hier die Virtualität seiner Gegenwart, wie sie von einer regelrechten Überfall-Apparatur im Modus der Echtzeit in Bild und Ton erfaßt wird. Dieser gleichsam übergreifende Apparat ermöglicht über das

Fernsehspektakel der ausgestellten Objekte hinaus auch die Bildschirm-Aktion, die Bestellung und den häuslichen Einkauf per Bildschirm.

Doch kehren wir zur Photographie zurück: Entwirft das Klischee der Reklamephotographie eine grundlegende Umkehrung des Abhängigkeitsverhältnisses zwischen demjenigen, der wahrnimmt, und demjenigen, der wahrgenommen wird – die den anfangs zitierten Satz von Paul Klee aufs schönste veranschaulicht –, so weil das phatische Bild nicht mehr genau einem Kurzzeitgedächtnis entspricht oder, anders gesagt: der photographischen Erinnerung an eine mehr oder weniger entlegene Vergangenheit. Vielmehr ist es ein *Wille*; jener Wille, der (auch hier), über die Repräsentation des Vergangenen hinaus, die Zukunft in die Pflicht zu nehmen sucht; jener Wille, den bereits Ende des letzten Jahrhunderts erstmals das Photogramm enthüllte – lange, sehr lange Zeit, bevor er sich im Videogramm vollendete.

Weitaus mehr noch als das Dokumentarbild, wäre somit das Werbephoto als Vorläufer des audiovisuellen phatischen Bildes anzusehen, jenes öffentlichen Bildes, das heute die Nachfolge des traditionellen öffentlichen Raumes antritt. Auf Straßen und öffentlichen Plätzen, auf denen sich ehemals die soziale Kommunikation abspielte und die nun der Bildschirm, die elektronische Plakatwand überragt – gleichsam in Erwartung der baldigen Ankunft jener »Sehmaschinen«, die morgen schon an unserer Stelle sehen und wahrnehmen können.

War nicht im übrigen erst vor kurzem das Auftauchen einer neuen Meßapparatur zur Erfassung der Fernsehzuschauerschaft namens MOTIVAC zu beobachten? – Diese Art Blackbox ist in das Fernsehgerät eingebaut und begnügt sich nicht mehr damit, wie ihre Vorgänger nur das Einschaltmoment anzuzeigen, sondern gibt diesmal sogar die tatsächliche Anwesenheit der Personen vor dem Bildschirm an ... eine primitive Sehmaschine zwar, die jedoch angesichts der kürzlichen Schandtaten des *zapping*, mit denen die wirkliche Zuhörerzahl der Werbeanzeigen ausgekundschaftet werden sollte, ziemlich genau auf die Tendenz in Sachen Medienmeßkontrolle hinweist.

Tatsächlich mußte man ja bereits von dem Augenblick an, wo der öffentliche Raum dem öffentlichen Bild Platz machte, damit rechnen, daß sich die Überwachung und Durchleuchtung ihrerseits schrittweise von den Straßen und Avenuen hin zu jenem häuslichen Plakatterminal verlagern würden, der nun denjenigen der Stadt ersetzt. Dabei wird die Privatsphäre übrigens weiterhin an (relativer) Autonomie verlieren.

Auch daß vor kurzem Fernsehapparate in den Zellen und nicht wie früher in den Gemeinschaftsräumen der Häftlinge aufgestellt wurden, hätte uns eine Warnung sein müssen. Diese zwar letztlich kaum analysierte Entscheidung stellt eine charakteristische Veränderung in der Sittengeschichte der Einkerkerung dar. Seit Bentham war es üblich, das Gefängnis mit einem Panoptikum zu vergleichen, oder anders gesagt: mit einem zentralen Überwachungssystem, in dem sich die Verurteilten ständig unter dem Blick bzw. im Sichtfeld ihrer Wärter befinden.

Heutzutage können die Häftlinge ihrerseits die *Aktualität in den Nachrichten überwachen* und die ferngesehenen Ereignisse beobachten. Es sei denn, man kehrt diese Feststellung um und weist darauf hin, daß vielmehr alle Zuschauer, seien sie Häftlinge oder nicht, sobald sie ihre Empfangsgeräte einschalten, sich ihrerseits im Sichtfeld des Fernsehers befinden. Ein Sichtfeld, das ihnen offenkundig keinerlei Eingriffsmöglichkeiten läßt ...

»Überwachen und Strafen« gehen Hand in Hand, schrieb Michel Foucault. Um welche Strafe handelte es sich dann im Falle dieser imaginären Ausdehnung der Haft, wenn nicht um die Reklamestrafe schlechthin, nämlich die *Begehrlichkeit*. So erklärte ein Häftling zu dieser Neuerung: »Das Fernsehen macht das Gefängnis noch härter. Man sieht alles, was einem fehlt, all das, worauf man kein Recht hat.« Diese veränderte Situation betrifft übrigens nicht allein die kathodische Einkerkerung, sondern genauso die Fabrik und den postindustriellen Städtebau.

Tatsächlich war es ja seit jener fernen Zeit, in der das öffentliche Fenster, das *Schaufenster* erfunden wurde, nur noch ein Schritt von der Stadt – dem Theater menschlicher Tätigkeiten mit seinem (fast schon paradiesisch anmutenden) Vorplatz, dem von ebensoviel *anwesenden* Akteuren wie Zuschauern bevölkerten Marktplatz – über die CINECITTA bis hin zur TELECITTA, die von lauter *abwesenden* Fernsehzuschauern bevölkert ist. Die zunehmende Verglasung von Gegenständen und Personen, die in den letzten Jahrzehnten eine gesteigerte Transparenz herbeiführte, mußte notwendigerweise, über die photo- bzw. kinematographische Optik hinaus, bei der elektronischen Optik der Teleübertragungsmittel enden. – Jene Fernseh-Medien, die imstande sind, nicht nur Schaufenster-Häuser, sondern ganze Städte und Schaufenster-Nationen herzustellen: regelrechte Medien-Megalopolen, ausgestattet mit der paradoxen Macht, die Individuen um bestimmte Meinungs- oder Verhaltensstandards *auf Distanz* zu *vereinen*.

Man mag sich hier an den Ausspruch Bradburys erinnern, »die Leute seien von allem möglichen zu überzeugen, wenn man nur die Details intensiviert«. Denn nach dem Vorbild der Voyeure, die sich nur an die suggestiven

Details halten, wird auch mit dem öffentlichen Bild nicht mehr die räumliche Ausdehnung des Bildes erkundet; das Interesse richtet sich vielmehr vorzugsweise auf die eindringlichen Einzelheiten bzw. auf die Intensität der Botschaft selbst.

»Im Gegensatz zum Kino«, wie Hitchcock noch meinte, »hat das Fernsehen keine Zeit für den *suspense*. Hier kann es nur den *Überraschungseffekt* geben.« Darin ist genau die paradoxale Logik des Videogramms bezeichnet: eine Logik, die im Gegensatz zur dauerhaften Substanz der Botschaft den Zufall, den akzidentiellen Zwischenfall und die Überraschung bevorzugt, während umgekehrt gestern noch, in der Epoche jener dialektischen Logik des Photogramms, die Extensivität der Dauer und die Ausdehnung der Repräsentationen in ihrem Umfang aufgewertet wurden.

Von daher diese plötzliche Verschwendung augenblicklicher Direktübertragungsmittel in den Städten, den Fabriken oder bei den Privatleuten. Von daher jene Fernseh-Überwachung in Echtzeit, die unablässlich das Unerwartete, das Unvorbereitete belauert: das, was unvermutet eintreten könnte, hier oder dort, an diesem oder an einem anderen Tage, in den Banken, den Supermärkten oder sogar auf den Sportplätzen, wo neuerdings eine Videoanlage den Schiedsrichter vom Feld verdrängt.

Es vollzieht sich eine Industrialisierung der Vorbeugung, der Vor-Sicht, gleichsam eine Art panischer Vorwegnahme, die das Zukünftige in die Pflicht nimmt und die »Industrialisierung der Simulation« fortsetzt. Eine Simulation, die im übrigen zumeist die Pannen, die möglichen Betriebsunfälle des jeweiligen Systems betrifft. Um es noch einmal zu wiederholen: diese Verdoppelung der Kontrolle und Überwachung zeigt ziemlich genau die allgemeine Tendenz auf dem Gebiete der öffentlichen

Repräsentation an. Allerdings betrifft diese Veränderung nicht nur die Bereiche des zivilen Lebens und der polizeilichen Kontrolle, sondern auch die militärischen und strategischen der Verteidigung.

Maßnahmen gegen einen Feind zu treffen, heißt oftmals, Gegenmaßnahmen angesichts seiner Bedrohung zu ergreifen. Im Gegensatz zu den reinen Verteidigungsmitteln, den sichtbaren, ostentativen Befestigungen, unterliegen diese Gegenmaßnahmen der Geheimhaltung, der größtmöglichen Verschleierung. Somit ist ihre Macht wesentlich an ihre scheinbare Nicht-Existenz gebunden.

Die erste Kriegslist wäre demnach keineswegs eine mehr oder weniger erfinderische Strategie; sie besteht vielmehr in erster Linie darin, die *Sichtbarkeit der Phänomene* aufzuheben. Darin setzt sich fort, was Kipling in dem Satz »Das erste Kriegsopfer ist die Wahrheit« ansprach. Es handelt sich auch hier weniger darum, ein neues Manöver, im Sinne einer originellen Taktik einzuführen, als vielmehr die Informationen strategisch zu verbergen. Dieses Verfahren der Fehlinformation meint aber weniger einen Schwindel, eine erwiesene Lüge, als die Aufhebung des Wahrheitsprinzips selbst. Wenn der moralische Relativismus von jeher das Bewußtsein schockieren konnte, so, weil er an dem gleichen Phänomen teilhat: Als reines Repräsentationsphänomen, ist er nämlich in der sichtbaren Erscheinung der Ereignisse, der gegenwärtigen Dinge insofern bereits ständig am Werke, als die Wiedererkennung der Formen, Gegenstände und Szenen, deren Zeuge wir sind, unabdingbar der subjektiven Interpretation bedarf.

Genau an dieser Stelle spielt sich von nun an die »Strategie der Abschreckung« ab. Sie wird zu einer Strategie der Köder oder Trugbilder, der elektronischen (und anderer) Gegenmaßnahmen, die die Wahrheit nicht mehr verschleiern, sondern aufheben. Gemeint ist die Wahrheit des »reellen Bildes«, d.i. *das Bild des Gegenstandes in seiner wirklichen räumlichen Dimension* bzw. der Waffe, die nun zugunsten einer »live«-Aufnahme, oder genauer gesagt: zugunsten eines ferngesehenen Bildes *in Echtzeit* beobachtet wird.

Doch ist es nicht mehr in erster Linie der Raum der Dinge, der hier verfälscht wird. »Falsch« ist vielmehr die Zeit, die gegenwärtige Zeit jener militärischen Objekte, welche eher dazu dienen, den Gegner zu bedrohen, letzten Endes aber nicht mehr dazu, tatsächlich zu kämpfen.

Heimlich werden die drei Zeiten der Entscheidungstat – Vergangenheit, Gegenwart und Zukunft – von den beiden Tempora der »Echtzeit« und der »verschobenen Zeit« verdrängt. Die Dimension der Zukunft ist einerseits in den Computerprogrammen verschwunden wie andererseits in der Fälschung jener vermeintlichen »Echt«-Zeit, die zugleich einen Anteil Gegenwart und einen Teil der unmittelbaren Zukunft umschließt. Betrachtet man nämlich auf dem Radar- oder Videoschirm ein schußbereites Waffensystem in Echtzeit, so enthält die von der Terminalanzeige vermittelte Gegenwart tatsächlich bereits jene zukünftige Dimension, d.h. den bevorstehenden Einschlag des Projektils in sein Ziel.

Gleiches gilt für die Wahrnehmung in der Dimension der »verschobenen Zeit«: Auch hier schließt die Vergangenheit der Repräsentation einen Teil dieser mediatisierten Gegenwart, der »Tele-Präsenz«, in Echtzeit ein, indem die Liveaufzeichnung die reale Gegenwart des Ereignisses gleichsam wie ein Echo bewahrt.

Der Begriff der »Abschreckung« wäre unter dieser Perspektive zu untersuchen: seine Bedeutung liegt darin, daß die Wahrheit des tatsächlichen Krieges ausschließlich zugunsten des Abschreckungsterrors der Massenvernichtungswaffen aufgehoben wird.

Tatsächlich stellt die Abschreckung eine der Hauptformen der Fehlinformation, oder genauer in Anlehnung an die englische Terminologie gesagt: der Ent-Täuschung *(deception)* dar. Diese nun soll, wie die Mehrheit der Politiker übereinstimmend meint, der Wahrheit des wirklichen Krieges vorzuziehen sein, gilt doch der *virtuelle* Charakter des Rüstungswettlaufes und der Militarisierung der Wissenschaften, trotz aller ökonomischen Verschwendung als »günstig«, verglichen mit dem *wirklichen* Charakter eines Zusammenstoßes, der zu einer unmittelbaren Katastrophe führte.

Doch selbst wenn dem gesunden Menschenverstand die Wahl des »Nicht-Atomkriegs« stichhaltig erscheinen muß, kann doch niemand umhin zu bemerken, daß die sogenannte »Abschreckung« kein Friede, sondern eine gleichsam relativistische Konfliktform ist: *Der Krieg wird von der aktuellen in die virtuelle Dimension übertragen,* ein weltweiter Vernichtungskrieg vorgetäuscht, während die Bereitstellung und unablässliche Perfektionierung der erforderlichen Mittel die politische Ökonomie verderben und unsere Gesellschaftssysteme in eine umfassende, verallgemeinerte Entwirklichung ziehen, die alle Aspekte des zivilen Lebens umgreift.

Im übrigen ist besonders erhellend, daß die Atomwaffe, die Abschreckungswaffe schlechthin, aus den theoretischen Entdeckungen einer Physik hervorging, die sich (fast) gänzlich dem Relativismus Albert Einsteins verdankt. Selbst wenn Einstein nicht die Erfindung der Atombombe verschuldet hat, wie die öffentliche Meinung behauptet, ist er doch einer der Hauptverantwortlichen für die Verallgemeinerung der Relativität.

Wissenschaftlich kommt das Ende der Absolutheit (hier) der klassischen Raum- und Zeitbegriffe ein und derselben Enttäuschung hinsichtlich der Realität der Beobachtungstatsachen gleich.[3] Dieses zentrale, den Augen der Öffentlichkeit indes verborgene Ereignis wird nicht ohne Konsequenzen für die Strategie wie auch die Philosophie, die Ökonomie oder die Kunst bleiben.

Weder mikro- noch makrophysisch scheint die heutige Welt noch der Realität der Tatsachen oder selbst der Existenz irgendeiner Wahrheit versichert zu sein. In der unmittelbaren Nachkriegszeit hat nach dem Niedergang der offenbaren Wahrheit unvermittelt der Verfall der wissenschaftlichen Wahrheit eingesetzt, eine Verwirrung, die im Existentialismus deutlichen Ausdruck fand. Letztendlich ist diese Unbestimmtheit jedoch im *Gleichgewicht des Schreckens* selbst begründet. Die Krise des Determinismus betrifft demnach nicht allein die Quantenmechanik, sondern ebenso die politische Ökonomie. Daher der Interpretationstaumel zwischen Ost und West, jenes große Abschreckungsspiel bzw. die künftigen Szenarien, wie sie die Verantwortlichen der Vorsehung im Pentagon, im Kreml und anderswo veranstalten werden. Wenn Heraklit einst schrieb, man müsse »eher die Maßlosigkeit auslöschen als den Brand«, so wird das Abschreckungsprinzip, einmal von den Protagonisten anerkannt, diesen Satz genau umkehren: die Auslöschung des Nuklearbrandes wird die exponentielle Entwicklung der wissenschaftlichen und technischen Maßlosigkeit begünstigen. Deren erklärte Zielsetzung aber lautet, die Einsätze der Konfrontation ständig zu erhöhen, unter dem tugendhaften Vorwand, dafür diese selbst zu verhindern und für immer zu untersagen.

Angesichts des unauffälligen Wertverfalls des Territorialraumes, der mit der Eroberung des globalen, weltweiten Raumes verbunden ist, gehen nun Geostrategie und -politik vereint in die List einer Herrschaft der gefälschten Zeitlichkeit ein. Wahres und Falsches geraten gleichermaßen außer Kurs und werden fortschreitend durch das Aktuelle und das Virtuelle ersetzt – sehr zum Nachteil der Weltwirtschaftssphäre übrigens, wie der informatische Börsenkrach von Wallstreet 1987 deutlichst zeigte.

Die *intensive Zeit*, die die Zukunft in der äußerst kurzen Zeitspanne einer telematischen Direktaufnahme verschleiert, wird jene *extensive Zeit* ablösen, in der das Zukünftige noch in der langen Dauer kommender Wochen, Monate und Jahre vorlag. Der uralte Zweikampf zwischen Waffe und Panzer, zwischen Offensive und Defensive verliert seine Aktualität. In Zukunft verschmelzen beide Gegensätze ununterscheidbar in einem »technologischen Gemisch«, einem paradoxen Objekt, in dem sich die Trugbilder und Gegenmaßnahmen unaufhörlich entfalten und bald einen vorrangig defensiven Charakter annehmen werden. Damit verwandelt sich das Bild in eine weitaus schlagkräftigere Munition als diejenige, die es darstellen sollte.

Angesichts dieser Fusion des Gegenstandes mit seinem gleichrangigen Abbild, angesichts dieser Konfusion zwischen Präsentation und Fernseh-Repräsentation werden die Enttäuschungsverfahren in Echtzeit über die Waffensysteme der klassischen Abschreckung triumphieren. Ebenso werden die Prämissen der atomaren Abrüstung allmählich jenen Interpretationskonflikt, welcher die Realität der Abschreckung zwischen Ost und West selbst betrifft, wesentlich verändern.

An die Stelle der traditionellen Fragestellung *Abschreckung oder Verteidigung* tritt dann der Gegensatz, ob man durch die ostentative Zurschaustellung eines apokalyptischen Waffensystems *abschrecken* oder sich mittels der Ungewißheit über die Wirklichkeit, ja selbst die Glaubwürdigkeit der bereitstehenden Mittel *verteidigen* soll – wie z. B. das berühmte amerikanische SDI-Programm veranschaulicht, das in seiner Wahrhaftigkeit keineswegs gesichert ist.

Erinnern wir daran, daß es in der Tat drei Haupttypen von Waffen gibt, nämlich die Zielwaffen, die Funktionswaffen und die »zögernden« Waffen, wobei diese letzteren die oben angesprochenen Köder, die Gegen-Maßnahmen ankündigen.

Wenn nämlich die nukleare Abschreckung der ersten Generation zu einer zunehmenden Verfeinerung der Waffensysteme (größere Reichweite, Präzision, Miniaturisierung der Ladungen, künstliche Intelligenz usw. ...) führte, so hat diese Ausgefeiltheit tatsächlich selbst mittelbar dazu beigetragen, die Sophistik der Lockmittel und anderer Gegen-Maßnahmen zu steigern. Daher auch die Dringlichkeit, die Zielobjekte rasch auszumachen, d. h., nicht mehr in erster Linie zwischen wahren und falschen Raketen zu unterscheiden, sondern zwischen wahrscheinlichen oder falschen Radarzeichen, wahrscheinlichen oder unwahrscheinlichen »Bildern«, seien sie akustischer, optischer oder thermischer Art ...

Somit treten wir in der Ära der »verallgemeinerten Simulation« militärischer Missionen (zu Wasser, Luft oder Land) zugleich übergangslos in das Zeitalter der *uneingeschränkten Verschleierung* ein. Tendenziell wird der Krieg der Projektile aus dem Arsenal der atomaren Abschreckung von einem Krieg der Bilder und Töne abgelöst.

Geht das lateinische Wort *secretus* (geheim) auf *secernere* zurück, das »absondern«, »trennen«, d. h., dem Erkenntnisvermögen »entrücken« bedeutet, so meint dieser Abstand heute weniger eine räumliche als eine zeitliche Distanz. Die Täuschung über die Dauer bzw. das Bild der Flugbahn zu verheimlichen ist zweckdienlicher geworden, als die Flugzeug- oder Raketenträger zu frisieren, wie die neuentstandene ballistische Disziplin der *Trajektographie* zu dokumentieren scheint.

Ebenso ist es notwendiger geworden, den Gegner über die Virtualität der Durchgangsbahn der Waffe, sogar über die Glaubhaftigkeit ihrer Präsenz irrezuführen, als ihn über die Realität ihrer Existenz zu täuschen. Von daher auch die neue selbstgesteuerte Waffengeneration STEALTH, jene gleichsam unauffälligen Tarnkappen-Waffen, »verstohlene« Vehikel, die (fast) unaufspürbar sind...

Damit treten wir in ein drittes Zeitalter der Bewaffnung ein. Nach dem prähistorischen der »Zielwaffen« und dem historischen der »Funktionswaffen« gelangen wir nun in die posthistorische Ära des Arsenals, das mit *ungewissen*, gleichsam *zaudernden*, d.h. solchen unauffälligen Waffen bestückt ist, die nur durch das endgültig ungewisse Wechselspiel zwischen Wirklichem und Bildlichem in Aktion treten. Das unidentifizierbare virtuelle Objekt, die objektive Lüge, kann aber ebensogut von klassischen Atomwaffenträgern verkörpert werden, die durch ihre Form, ihren gewissermaßen parasitären Schutzanstrich unaufspürbar geworden sind, oder aber von Geschossen, die sich allein ihrer kinetischen Energie, ihrer Einschlaggeschwindigkeit bedienen (KKV), als auch von jenen Waffen *kinematischer Energie*, den elektronischen Ködern, regelrechte »Bilder-Projektile«, die als Munition neuer Art den Gegner gefährlich zu bannen und irrezuführen vermögen – bis hin zu jenen *Strahlenwaffen*, die künftig sogar in Lichtgeschwindigkeit agieren werden.

Reines Täuschungsmaterial, ein ganzes Arsenal der Verstellung, das weit über dasjenige der Abschreckung hinausgeht, insofern dies letztere nur dank seiner Bekanntgabe wirksam wird, dank der Verbreitung der Zerstörungsleistung. Ein unbekanntes Waffensystem wäre wohl kaum imstande, den Gegner/Partner im strategischen Spiel abzuschrecken: Denn dieses bedarf unabdingbar der Ankündigung, der Öffentlichkeit der Mittel – worin sich übrigens auch die Zweckdienlichkeit der Militärausstellungen und der berühmten »Aufklärungssatelliten« als Garanten des Abschreckungsgleichgewichts begründet.

»Wenn ich die aktuelle Diskussion über die Präzisionsflugkörper und die Saturationswaffen (*9) in einem Satz zusammenfassen wollte«, erklärte W. J. Perry, ein ehemaliger Unterstaatssekretär des amerikanischen Verteidigungsministeriums, »würde ich sagen: sobald ihr ein Ziel sehen könnt, dürft ihr hoffen, es zerstören zu können.«

Dieses Zitat bringt die neuartige Lage zum Ausdruck und erläutert teilweise die Gründe der laufenden Abrüstung. Denn wenn das, was wahrgenommen wurde, bereits verloren ist, müssen heutzutage tatsächlich die Mittel in die Verstellung investiert werden, die zuvor allein für die Bereitstellung des Kräftepotentials verwendet wurden. Von nun an nimmt die Suche nach Ködern und deren Entwicklung einen beherrschenden Platz im Unternehmen der Militärindustrie ein. – Eine ebenso verschwiegene Stelle allerdings, insofern das Ausmaß der über die »Enttäuschungstechniken« verhängten Nachrichtenzensur weit über das Militärgeheimnis hinausgeht, das gestern die Erfindung der Atombombe umgab.

Die Umkehrung der Abschreckungsstrategie ist offenkundig: im diametralen Gegensatz zu solchen Waffensystemen, die gerade bekannt sein müssen, um wirklich abschreckend zu wirken, funktionieren die »verstohlenen« Ausrüstungen nur durch die Verheimlichung ihrer Existenz. Diese Umkehrung führt ein beunruhigendes Rätsel in die Ost/West Strategie ein und stellt das Abschreckungsprinzip selbst in Frage. Umgekehrt begünstigt sie nun eine SDI-Politik, die allerdings weniger auf der Ausbreitung neuer Waffen im Weltraum beruht, wie Präsident Reagan glaubte, als vielmehr auf dem Prinzip der Unbestimmtheit, der unbekannten Größe eines relativistischen Waffensystems, dessen Glaubwürdigkeit nicht mehr gesichert scheint als seine Sichtbarkeit.

Auf diesem Hintergrund ist nun die neuartige entscheidende Rolle der oben angesprochenen »Logistik der Wahrnehmung« besser zu verstehen, wie auch das Geheimnis, das sie nach wie vor umgibt[4]: Es geht um einen Krieg der Bilder und Töne, der denjenigen der Dinge und Gegenstände ersetzt und in dem der Sieg schon dadurch zu erringen ist, daß man sich nicht mehr aus den Augen verliert. Es geht um den Willen, alles zu sehen, alles zu wissen, jeden Augenblick, an jedem Ort. Ein Wille zur umfassenden Ausleuchtung, eine weitere wissenschaftliche Version des göttlichen Auges, die jede Überraschung, jeden Zwischenfall, den Einbruch des Unzeitgemäßen für immer untersagte.

Parallel zur industriellen Neuerung der »Repetier«-, später dann der automatischen Waffen, existierte somit die Erfindung von »Repetier-Bildern«, wie sie anfänglich das Photogramm ermöglichte. Nachdem hernach das Radiosendezeichen durch das Videosignal ergänzt wurde, setzt sich dieser Wille zur Klarsicht nun im Videogramm fort. Dieses bringt darüber hinaus die Möglichkeit mit sich, eine wechselseitige, und zwar Tag und

Nacht dauernde Fernsehüberwachung in Echtzeit einzurichten. Das letzte Stadium dieser Strategie wird aber schließlich die *Sehmaschine* (das Perceptron) sichern, die sich des synthetischen Bildes, d.h. der automatischen Wiedererkennung der Gestalten, und nicht mehr bloß der Umrisse und Silhouetten bedient. Somit scheint sich gleichsam spiegelbildlich die Chronologie der Ereignisse zu wiederholen, die zur Kinematographie führte: Abermals wiche die Ära der laterna magica vor der Aufnahmekamera zurück – um den Ausblick auf die numerische Holographie freizugeben.

Angesichts einer solchen Ausschweifung der Repräsentation werden die philosophischen Fragen nach dem »Wahren« oder »Falschen« durch die der Wahrscheinlichkeit bzw. Unwahrscheinlichkeit verdrängt. Indem sich das Zentrum des Interesses von der Sache auf ihr Abbild verschiebt, wird letztendlich die scharfe Alternative: »wirklich« oder »bildlich«, durch die relativistischere Wahl zwischen *aktuell* oder *virtuell* ersetzt.

Es sei denn... es sei denn, wir erlebten zur Zeit das Aufkommen eines Gemischs, einer Fusion/Konfusion der beiden Begriffe bzw. die paradoxe Ankunft einer gleichsam eingeschlechtlichen Wirklichkeit jenseits von Gut und Böse. Diesmal bezöge sie sich auf die zweifelhaft gewordenen Kategorien von Raum und Zeit bzw. auf die ihrer relativen Dimensionen, wie es bereits zahllose Entdeckungen auf den Gebieten der quantischen Unteilbarkeit und der Supra-Leitfähigkeit nahelegen.

Betrachten wir nun die neuesten Entwicklungen auf dem Gebiet der »Strategie der Enttäuschung«. Wenn heutzutage die Generalstäbe vom »elektronischen Environnement« sprechen und von der Notwendigkeit einer neuen Meteorologie, um den Stand der Gegenmaßnahmen über dem feindlichen Territorium genau einzuschätzen, bringen sie die Verschiebung des Begriffs der »Umgebung« und der »Realität« der Ereignisse, die sich in ihr abspielen, deutlich zum Ausdruck.

Jene Gegenmaßnahmen, in Form elektromagnetischer Wellen, die ein Gebiet zu verteidigen erlauben, sind dadurch gekennzeichnet, daß sich die Ungewißheit und schnelle Evolution, die alle atmosphärischen Phänomene charakterisiert, gleichsam verdoppeln.

Wenn tatsächlich »aus dem nächsten Krieg derjenige als Sieger hervorgehen wird, der das elektromagnetische Spektrum am besten auszunutzen verstand«, wie Admiral Gorschkow meint, muß man von nun an berücksichtigen, daß das wirkliche Umfeld der militärischen Einsätze nicht mehr die sicht-, berühr- und hörbare Umgebung ist, sondern das Environnement der elektronischen Optik. Dank der radioelektrischen Aufnahmen in Echtzeit spielen sich nämlich bestimmte Operationen schon jetzt *jenseits des optischen Gesichtskreises* ab, wie es im Militärjargon heißt.

Um diese Verwandlung des Handlungsfeldes genauer zu erfassen, müssen wir noch einmal auf das relativistische »Beleuchtungsprinzip« zurückkommen. Sind die Kategorien von Raum und Zeit relativ (oder kritisch) geworden, so weil der Absolutheitscharakter von der Materie auf das Licht, und d.h. namentlich auf dessen Geschwindigkeitsgrenze übergegangen ist. So dient weniger das Licht zum Sehen, Hören oder Messen, bzw. zum Begreifen der Wirklichkeit als vielmehr seine Schnelligkeit. Und umgekehrt hat nun die Geschwindigkeit weniger die Funktion der mühelosen Ortsveränderung, als (mehr oder weniger) scharf zu sehen und zu begreifen.

Dadurch, daß die Lichtzeitfrequenz auf Kosten der Raumfrequenz der Materie zu einem bestimmenden Faktor für die Apperzeption der Phänomene geworden ist, wurde genau in jenem infinitesimalen Augenblick, in dem sich Virtuelles und Aktuelles für den Detektor oder den menschlichen Betrachter vermischen, die Möglichkeit zu bislang beispiellosen Tricks in Echtzeit geschaffen. Diese Köder betreffen aber weniger die Natur des Gegenstandes (eines Flugkörpers beispielsweise) als vielmehr das Bild seiner Gegenwart.

So z. B. die *Trugbilder mit zentroidem Effekt,* der in erster Linie darauf beruht, daß ein in jedem Detail erfundenes Bild über das Radarbild, welches die Rakete »sieht«, gelegt wird, ein ungleich attraktiveres, doch für die feindliche Rakete ebenso glaubwürdiges Bild wie das des wirklich angezielten Schiffes. Ist diese erste Phase der Ent-Täuschung gelungen, so rastet die automatische Steuerung der Rakete auf den Schwerpunkt des Ensembles »Trugbild-Bild des Schiffes« ein und man braucht nur noch die »enttäuschte« Rakete jenseits des Schiffes auszulösen – wobei sich der ganze Vorgang in wenigen Bruchteilen von Sekunden abspielt. Wie der Leiter der Raumfahrtgesellschaft »Aérospatiale«, Henry Martre, bemerkte, wird »das Material von morgen ... durch die Entwicklung der Komponenten und die Miniaturisierung der Bilder bedingt. Vor allem die Elektronik droht die Glaubwürdigkeit der Waffen zu zerstören.«

Im Anschluß an die atomare Zertrümmerung des *Materieraums,* die letztendlich zur Entfaltung einer Strategie planetarischer Abschreckung führte, ist somit schließlich der Zerfall der *Lichtzeit* gekommen; höchstwahrscheinlich wird er eine erneute Veränderung des Kriegsspiels mit sich bringen, in der die Enttäuschung die Abschreckung verdrängt.

So folgt der »extensiven« Zeit, die das unendlich Große der Zeit in seinem ganzen Wesen zu erforschen suchte, heutzutage eine »intensive« Zeit, die sich ihrerseits in das unendlich Kleine der Dauer versenkt. Diese gleichsam mikroskopische Zeit wäre die letzte Gestalt einer wiedergefundenen Ewigkeit – jenseits der Vorstellungen extensiver Unendlichkeit der vergangenen Jahrhunderte.[5]

Eine intensive Ewigkeit, in der die Augenblicklichkeit, die von den neuesten Technologien ermöglicht wird, ungefähr das Gleiche enthielte wie das unendlich Kleine des Materieraumes: einen Zeitkern, ein zeitliches Atom, das in jedem gegenwärtigen Augenblick verortet ist. Indem sich von diesem unendlich kleinen Wahrnehmungspunkt her Ausdehnung und Dauer je verschieden ausnehmen, stellte diese *relativistische Differenz* nun eine neuartige Generation des Wirklichen wieder her. – Eine entartete Wirklichkeit allerdings, in der die Geschwindigkeit über Zeit und Raum triumphiert, ähnlich wie bereits das Licht über die Materie oder die Energie über das Unbewegte gesiegt haben.

Wenn aber alles, was »im Lichte erscheint«, eigentlich in Lichtgeschwindigkeit erscheint – als universeller Konstante gewissermaßen –, wenn die Geschwindigkeit nicht mehr, wie bislang angenommen, der Ortsveränderung oder dem Transport dient, als vielmehr in erster Linie zu sehen bzw. die Phänomene in ihrer Wirklichkeit zu begreifen, so muß die Natur der Dauer und der Ausdehnung unbedingt »ans Licht gebracht« werden. Dann würde jede Dauer, von der winzig kleinsten bis zur schier maßlosesten, dazu beitragen, die enge Verbundenheit von Bild und Gegenstand, von Raum und Zeitdarstellungen zu enthüllen, wie einem Vorschlag der Physik zu entnehmen ist. Denn gegenwärtig wird dem bislang binär verstandenen Begriff des *Intervalls* eine dritte Bedeutung zugeordnet: den bekannten Raum- (negatives Zeichen) und Zeitintervallen (positives Zeichen) tritt als neues das *Lichtintervall* (Nullzeichen) zur Seite, wie es das Interface des Direktfernsehbildschirms und die infographische Monitoranzeige aufs genaueste veranschaulichen.[6]

Die relativistische Apperzeption der Phänomene und demnach das *Realitätsprinzip* selbst werden also wesentlich durch die Lichtzeitfrequenz bestimmt. Auf dieser Folie stellte sich die Sehmaschine genau als eine *Maschine der absoluten Geschwindigkeit* dar, welche die aus der geometrischen Optik überlieferten Begriffe des Wahrnehmbaren bzw. Nichtwahrnehmbaren in Frage stellt. Während die Photo-Kinematographie durchaus noch in die Ordnung der extensiven Zeit gehörte und mit dem *suspense* die Erwartung und Aufmerksamkeit bevorzugte, schreibt sich von nun an die Video-Infographie in Echtzeit in die »intensive Zeit« ein. Sie gibt mit dem Überraschungsprinzip ihrerseits dem Unerwarteten, der flüchtigen Unachtsamkeit den Vorzug.

Somit wäre die Vorrichtung der künftigen »Sehmaschine« zentral durch die Schnelligkeit bedingt. Denn die Produktion einer gleichsam *blicklosen Sicht* ist selbst nichts anderes als die Reproduktion einer gewaltigen Blindheit. Eine Erblindung, die nun zur neuesten und letzten Form der Industrialisierung würde, als *Industrialisierung des Nicht-Blicks* gewissermaßen. Standen Sehen und Nicht-Sehen tatsächlich immer schon in einem Wechselverhältnis, waren Licht und Schatten in der passiven Optik der Linsen photo-kinematographischer Objektive miteinander verbunden, so verschiebt die aktive Optik der Video-Infographie den Bedeutungsgehalt dieser Begriffe: »Verschattung« und »Beleuchtung« meinen nun eine (mehr oder weniger starke) Intensivierung des

Lichtes; eine Intensivierung, die ihrerseits mit der positiven oder negativen Beschleunigung der Photone zusammenfällt. Deren Durchgangsbahn im Objektiv ist aber mit der (mehr oder weniger großen) Geschwindigkeit der Rechenoperationen gepaart, die zur Numerisierung der Bilder nötig sind. Somit funktionierte der Computer des *Perceptron* nach Art eines elektronischen Sehzentrums *(Cortex occipital).*

Vergessen wir jedoch nicht, daß die Rede vom »Bild« hier ein leerer Begriff ist. Die Interpretation der Maschine hat nichts mit der gewöhnlichen Sehweise zu tun. Das elektrisch-optische Bild stellt für den Computer lediglich eine Reihe von verschlüsselten Impulsen dar. Wir hingegen vermögen uns selbst deren Konfiguration nicht mehr vorzustellen, da gerade der Bildrücklauf in dieser »Automatisierung der Wahrnehmung« nicht mehr gesichert ist.

Dennoch ist darauf hinzuweisen, daß der Sehvorgang unserer Augen selbst nichts anderes als eine Reihe von Licht- und Nervenimpulsen darstellt, die unser Gehirn in kürzester Zeit (20 Millisekunden pro Bild) entziffert. Trotz der Erkenntnisfortschritte auf dem Gebiete der psychischen oder physiologischen Erblindung ist indessen die Frage der »Beobachtungsenergie« bis heute unbeantwortet geblieben.

Ob von der Geschwindigkeit des Lichtes oder aber vom Licht der Geschwindigkeit zu sprechen wäre – diese Frage muß hier, und zwar ungeachtet der Möglichkeit einer dritten Energieform, völlig offenbleiben. Gemeint ist die oben angesprochene kinematische oder *Bild-Energie,* eine Fusion der Wellenoptik und der relativistischen Kinematik, die den beiden offiziell anerkannten Energieformen zur Seite träte. Neben der potentiellen Lageenergie und der aktuell wirklichen Bewegungsenergie ermöglichte die *Bildenergie* indessen, den Bedeutungsgehalt eines wissenschaftlich umstrittenen Begriffs zu erhellen, den der »beobachteten Energie«.

Beobachtete Energie oder Beobachtungsenergie? Obgleich sich auch diese Frage erst am Horizont abzeichnet, dürfte sie mit dem Aufstieg jener zahlreichen Prothesen computergestützter Wahrnehmung aktuell werden, deren logische Folge das *Perceptron* sein wird, – die Folge einer paradoxen Logik jedoch, insofern uns diese »objektive Wahrnehmung« für immer untersagt bleiben wird.

Angesichts dieser neuesten Automatisierung erweisen sich die gebräuchlichen Kategorien der energetischen Wirklichkeit in der Tat als unzureichend. Wenn die Echtzeit über den wirklichen Raum siegt, wenn das Bild den Gegenstand, ja sogar das gegenwärtig präsente Seiende, wenn das Virtuelle das Aktuelle verdrängt, muß man zu analysieren versuchen, wie sich diese Logik der *intensiven Zeit* in den verschiedenen physikalischen Vorstellungen »niederschlägt«. Während die Epoche der *extensiven Zeit* scharf zwischen Potentiellem und aktuell Wirklichem unterschied und noch eine dialektische Logik rechtfertigte, verlangt das Zeitalter der *intensiven Zeit* nach einer genaueren »Auflösung« des Realitätsprinzips. Hierbei stände auch der Begriff der Virtualität zur Überprüfung und Berichtigung an.

Darum haben wir vorgeschlagen, das logische Paradox einer wahrhaften »Beobachtungsenergie« anzuerkennen, und zwar auf der Grundlage der Relativitätstheorie. Indem diese die Lichtgeschwindigkeit als neues *Absolutes* einsetzt, führt sie eben dadurch, neben den klassischen Raum- und Zeitintervallen, als dritte Intervallart die des Lichtes ein. Ist nämlich der Lichtweg absolut, wie sein Nullzeichen nahelegt, so weil die Kommunikation, die noch einer gewissen Zeitspanne bedurfte, bereits durch das Prinzip des augenblicklichen *Umschlagens* von Sendung/Empfang abgelöst wurde.

Dem dritten Energietypus Rechnung zu tragen würde also dazu beitragen, die Definitionen des Wirklichen und Bildlichen selbst zu modifizieren. Die Frage der WIRKLICHKEIT meinte dann nicht mehr so sehr das OBJEKT bzw. die Raum- und Zeitintervalle; sie verwandelte sich in die Frage nach dem WEG des Lichtintervalls. Als gleichsam unzeitige Überschreitung der »Objektivität« brächte nun das Lichtintervall, im Anschluß an das Sein des Subjekts und des Objekts, das *Sein des Weges* ans Licht. Insofern dies letztere die Erscheinung oder, genauer gesagt, das Aufscheinen, die *Transapparenz* des Seienden definiert, lautete die entsprechende philosophische Frage nicht mehr, in welcher räumlichen und zeitlichen Distanz sich die betrachtete Wirklichkeit befindet, sondern welche *Potenz* oder, anders gesagt: welche Geschwindigkeit der wahrgenommene Gegenstand hat.

Das Intervall dritter Art führt demnach notwendigerweise auf die dritte Energieform, die Energie der kinematischen Relativitätsoptik. Stellt die Lichtgeschwindigkeit ein Absolutes dar, das die relativierten Newtonschen Zeit- und Raumbegriffe ersetzt, so hat der Weg Vorrang vor dem Gegenstand. Wie anders wären demnach »Wirkliches« und »Bildliches« zu verorten, wenn nicht durch einen »Abstand«, der sich mit einer »Belichtung« vermengt. Denn die raumzeitliche Distanz ist für den aufmerksamen Betrachter nichts anderes als eine besondere Gestalt des Lichtes, oder noch genauer gesagt: des Lichtes der Geschwindigkeit.

Mit anderen Worten: Wenn die Geschwindigkeit kein Phänomen, sondern die *Relation zwischen den Phänomenen* ist (bzw. die Relativität selbst), läßt sich die angesprochene Frage der Beobachtungsdistanz, in der die

Phänomene erscheinen, tatsächlich in der Frage nach der (geistigen oder instrumentalen) Wahrnehmungsenergie zusammenfassen. Daher auch die Dringlichkeit, die Lichtsignale der Wahrnehmungsrealität einzuschätzen, und zwar nach Maßgabe ihrer Intensität, d. h. nach ihrer »Geschwindigkeit«, und nicht mehr in den Begriffen »Licht und Schatten«, »Reflexe« oder einer anderen überholten Terminologie.

Wenn die Physiker heute noch von einer *beobachteten Energie* sprechen, so handelt es sich um ein Mißverständnis, einen Widersinn, der die wissenschaftliche Erfahrung selbst in Mitleidenschaft zieht. Denn es ist weniger das Licht als die Geschwindigkeit, die zum Sehen, zum Messen oder anders gesagt: zur Erfassung der Wirklichkeit dient.

Vor einiger Zeit bereits stellte die Zeitschrift *Raison présente* die Frage: »Schafft die heutige Physik das Wirkliche ab?« – »Abschaffen« sicher nicht – doch gewiß löst sie das Reale auf, in dem Sinne, wie man heute von einer besseren »Bildauflösung« spricht. Denn tatsächlich ist die zeitliche und räumliche Auflösung des Realen seit Einstein, Niels Bohr und einigen anderen gleichsam in stetiger Beschleunigung Wirklichkeit geworden!

Erinnern wir hier daran, daß die Relativität ohne die relativistische Optik des Betrachters (die Wellenoptik) undenkbar wäre. Dies mag übrigens Einstein zu der Überlegung bewogen haben, seine Theorie eine *Theorie des Blickpunktes* zu nennen. – Jener »Blickpunkt«, der notwendigerweise mit der relativistischen Fusion von Optik und Kinematik verschmilzt und eine andere Bezeichnung für die »Energie dritter Art« darstellt, die meinem Vorschlag nach die beiden anderen ergänzen sollte.

Wenn also jedes (visuelle oder akustische) Bild tatsächlich die Offenbarung einer Energie, einer verkannten Kraft ist, so hat die Entdeckung der »Nachbildwirkung« weitaus mehr als nur eine Verzögerung bemerkt (den Abdruck des Bildes auf der Retina). Es handelt sich vielmehr um eine Feststellung, eine Arretierung des Bildes, die uns vom Verstreichen der Zeit kündet, von jener Zeit, die nach den Worten Rodins »niemals anhält«, der intensiven Zeit des menschlichen Scharfblicks.

Kommt es nämlich wirklich an einem bestimmten Punkt des Blickes zu einer Stillstellung, so weist diese auf die Existenz einer optischen Energetik hin: auf jene »kinematische Energetik«, die letztlich nichts anderes als die Manifestation einer dritten Kraftform ist, ohne die es offenbar keine Distanz und keine räumliche Tiefe gäbe. Denn eben dieser »Abstand« ist nicht ohne eine gewisse »Frist« denkbar, so daß also die Entfernung nur dank der Erhellung der Wahrnehmung erschiene – wie früher bereits, auf ihre Weise, die antiken Denker das legten.

(Aus dem Französischen von Kathrina Menke)

Anmerkungen der Übersetzerin

*1. Als *virtuell* wird in der Optik ein Bild bezeichnet, das i. U. zum *reellen* Bild nicht projiziert werden kann, wie etwa ein Dia auf eine Wand, sondern sich im (selbst nur vorgestellten) Brennpunkt der *gedachten* Verlängerung der Lichtstrahlen befindet. Beispiel wäre das Spiegelbild, bei dem sich der gespiegelte Gegenstand gleichsam auf der anderen Seite des Spiegels zu befinden scheint – wobei dieses zwar (mit den Augen) wahrnehmbare Bild aber auf keinem »hinter« dem Spiegel installierten Schirm abgebildet würde. In diesem Sinne spricht man auch von einem »scheinbaren Bild«.

*2. *Apprehension* meint das Vermögen, etwas (als Gegenstand) zu erfassen, *Apperzeption*, etwas als etwas bestimmtes aufzufassen. Dieses Unterscheidungsvermögen (auf der Folie eines Hintergrundwissens) steht in der Erkenntnistheorie (seit Leibniz) im Zusammenhang mit der Reflexion des Bewußtseins. »Sich einer Vorstellung bewußt sein, ist wissen, daß man diese Vorstellung hat, d. h. diese Vorstellung von anderen unterscheiden.« (Kant)

*3. *Expertensysteme* sind solche Programmsysteme, die auf der Basis eines bestimmten eingespeicherten Fachwissens Aufgaben erfüllen, die bisher menschlichen Spezialisten vorbehalten waren, z. B. werden sie in der Medizin zur Erstellung der Diagnose und von Therapievorschlägen eingesetzt, wobei der Arzt in eine Art »Pseudo-Dialog« mit der Maschine tritt. Eines der »Probleme« dabei ist, daß der Rechner zwar aus den Daten das Krankheitsbild »konstruieren« kann, aber nicht zu entscheiden vermag, *ob* eine solche Krankheit überhaupt vorliegt.

*4. Der Begriff *faktisch* bezeichnet hier (im strengen Sinne) den Charakter einer objektiven Tatsache, die im Unterschied zur »Gegebenheit« das Resultat eines gleichsam technischen Herstellungsverfahrens darstellt.

*5. Die *Infographie* bezeichnet die numerische Bilderfabrikation. Hierzulande bekanntestes Beispiel wäre die »1« des Ersten deutschen Fernsehens, die kein Vorbild hat, kein Abbild eines Urbildes ist, sondern das Ergebnis einer aufwendigen Rechnung, in der jeder Rasterpunkt mathematisch bestimmt und vom Computer in ein Bild umgesetzt wird.

*6. *Nachbildwirkung* oder »Fortdauer der Gesichtsempfindung«: Physiologische Grundlage des Films. Lichtreize wirken eine kurze Zeit im menschlichen Auge nach, bestehen also eine Weile, so daß Bilder, die in genügend schneller Bildfrequenz aufeinanderfolgen, im Gehirn zu einer durchgehenden Bewegung verschmelzen.

*7. Die *potentielle Energie* bezeichnet jene Energie, die z. B. beim Heben eines Körpers aus der gegen die Schwerkraft der Erde gerichteten Arbeit entsteht und die z. B. den Fall bewirken kann. Die *kinetische Energie* kommt aufgrund der Beschleunigungsarbeit in der Bewegung zum Ausdruck. Anschauliches Beispiel dieser beiden mechanischen Energiefor-

men ist das Pendel, bei dem quasi die eine Energieform in die andere umgesetzt wird.
*8. In der Computertechnologie spricht man von *Echtzeit*, wenn der Computer so schnell ist wie das Ereignis, zu dessen Steuerung er eingesetzt wird – d. h. wenn Analyse, Berechnung und Steuerung eines Prozesses ohne zeitliche Verzögerung ineinandergreifen. Virilio nennt das Gegenteil die Dimension der »verschobenen Zeit«.
*9. *Saturationswaffen* sind alle flächendeckenden Waffen, vom Maschinengewehr bis zum Bombenteppich.

Anmerkungen

1 Siehe z. B. die beiden Bücher von Gilles Deleuze: *L'image mouvement*, Paris 1983 (dt.: *Das Bewegungs-Bild*, Frankfurt/M. 1989) und *L'image-temps*, Paris 1985. Verwiesen sei auch auf das kürzlich erschienene Buch von J.-M. Schaeffer, *L'image précaire*, Paris 1988.
2 Der Fachausdruck des »phatischen Bildes« wurde von Georges Roques in *Magritte et la publicité* verwendet.
3 Wie Céline erkannte: »Im Augenblick zählen nur die Fakten, und selbst diese nicht auf lange Sicht.«
4 Cf. Paul Virilio, *Krieg und Kino. Logistik der Wahrnehmung*, München 1986.
5 Siehe zu diesem Thema: Ilya Prigogine und Isabelle Stengers, *Entre le temps et l'éternité*, Paris 1988.
6 Cf. Gilles Cohen-Tanudji und Michel Spiro, *La matière-espace-temps*, Paris 1986, S. 115, 116, 117.

Martin Roda Becher
Trink mich oder trink mich nicht
Notizen aus dem Delirium präsens

Über Zukunft zu sprechen war niemals ganz ungefährlich, besonders aber in jenen dunklen Zeiten, in denen die Weissagung mit starkem Charisma verbunden war. Das Charisma ist gottgesandt, der Weissager stand mit der göttlichen Wahrheit in Verbindung. Das machte jede Weissagung bedrohlich: »Der Gatte ehrt die Gattin nicht mehr und geht zu den Buhlerinnen, und die Gattin, ihres Gatten nicht achtend, verbindet sich dem, der sie begehrt. Die Kirchen werden nicht mehr geehrt und jede Ordnung geht unter« (zitiert aus der *Vita Merlini* des Geoffrey von Monmouth aus dem Jahr 1150). Der Prophet des Untergangs verkörpert selbst das Chaos, das er verkündet. Deshalb durfte Merlin erst wieder in die Gemeinschaft der Menschen zurückkehren, als er sich von der Gabe der Prophetie kuriert, heute würde man sagen: resozialisiert hatte. Platon bemerkt im *Timaios*: »daß Gott dem menschlichen Unverstande die Seherkraft verlieh, dafür dient zu einem ausreichenden Belege, daß niemand mit Überlegung die gottbegeisterte und wahrhafte Seherkraft übt, sondern entweder, indem der Schlaf die Kraft seines Nachdenkens fesselt, oder vermöge eines Fiebers oder einer durch Verzückung erfolgten Umwandlung.« Noch in Nietzsches Zusammenbruch und nachfolgendem Verstummen scheint sich dieses Verdikt über die Sehergabe zu transkribieren.

Es erfordert keine besondere Gabe, um das Desaströse des Weltenlaufs heutzutage zu erkennen, solche Prognosen gehören inzwischen längst zur öffentlichen Kultur.

Untergänge sind für uns zur Routine geworden. Wir tun eigentlich nichts anderes, als uns auf Untergänge hin zu entwerfen. Auch wer kein berufsmäßiger Prognostiker ist, weiß um seinen Untergang als Vater, Mann, Autor etc. Diese Untergänge haben an und für sich nichts Beängstigendes mehr an sich, in der sicheren Erwartung, daß es sich nicht um globale und finale Untergänge handelt, sondern um Brüche, Umgestaltungen, Transformationen. Als kalkulierbare Risiken sind Untergänge zum festen Bestandteil des Zukunftsszenarios eines jeden geworden. Die alltägliche Apokalypse ist ein bevorzugtes Rauschmittel, dessen Entzug fatale Wirkungen auf unsere Psyche zeitigt. Uns Abendländern, die wir die Lektion des realen Untergangs nicht nur theoretisch mit Spengler aufgearbeitet, sondern am eigenen Leib erfahren haben, ist die erneuernde, verjüngende Wirkung des Untergangs nur zu gut bekannt. Daß wir ihn mit Aplomb hinter uns gebracht haben, verleiht uns die Kraft, an unseren Szenarien weiterzuschreiben und uns in dem Dauerprovisorium der Gegenwart einzurichten, ohne den Anschluß an den nächsten Untergang zu verpassen, der so sicher kommt wie das Amen in der Kirche. Mehr denn je scheinen die individuellen Lebenschancen von der Fähigkeit abzuhängen, uns an das unverhofft Neue zu adaptieren, um so noch als Untergegangene an einer Zukunft zu partizipieren, die wir in unseren Szenarien bereits modellieren, nicht nach unserem Ebenbild oder, schlimmer noch, nach dem Bild eines verbrauchten Prinzips Hoffnung, sondern nach Maßgabe des schöpferischen Potential zur Selbstaufgabe. Die Weissagung des Untergangs verleiht dem Prognostiker freilich ein vergleichsweise schwaches Charisma, weil die Bilder, die er empfängt, ihm nicht von Gott gesandt werden, sondern Teil des Universums technischer Bilder sind, in dem wir uns befinden. Dem Medientheoretiker Vilém Flusser zufolge leben wir »in einer eingebildeten Welt technischer Bilder, in deren Funktion wir erleben, erkennen, werten und handeln«. Unsere Ordnung, unser Wertsystem, unser Weltbild sind von diesen technischen Bildern geprägt, so daß ich, wenn ich mich gewohnheitsmäßig auf meinen Untergang als Mann, Vater, Autor etc. entwerfe, dies bereits in der Funktion des Mediums technischer Bilder tue. Wie Alice gedankenlos von der Flasche mit der Aufschrift »Trink mich!« trinkt, um durch den mauselochgroßen Gang ins Wunderland schlüpfen zu können, greifen auch wir gierig nach jeder Flasche, trage sie nun die Aufschrift »Transformation« (für die mehr Esoterischen unter uns) oder die Aufschrift »Perestroika« (für die, die mehr fürs Politische sind).

Wenn ich die Bilder, die mir tagtäglich über die Medien zugespielt werden, als Teil einer eingebildeten Wirklichkeit begreife, ist mir jeder Blick in die Zukunft faktisch verstellt, erweisen sich auch die aktuellen apokalyptischen Diskurse als zugehörig jenem Delirium präsens, aus dem heraus Aussagen über die Wirklichkeit bzw. Zukunft zu machen, völlig sinnlos ist. Wie im Freudschen Unbewußten gibt es auch in der eingebildeten Welt technischer Bilder weder Vergangenheit noch Zukunft.

Jeder Schritt ist angesichts des Supremats technischer Bilder ein sinnloser Schritt, und auch das Schreiben scheint in einer von digitalen Codes beherrschten Welt, die auf absurden, allein mathematisch auskalkulierbaren Zufällen beruht, eine zunehmend fragwürdige Tätigkeit. Das ist nichts Neues, die Vorstellung, einer möglicherweise aussterbenden Spezies anzugehören, ist jedem, der schreibt, vertraut, längst gehört zum Überlebenstraining im Bereich der Literatur die Vorstellung, daß Autoren in vielleicht nicht allzu ferner Zukunft auf die Privilegien der Autorschaft verzichten müssen. Im »schöpferischen Rausch« eines telematischen Spieles, wie es Flussers Fabel *Ins Universum der technischen Bilder* entwirft, findet künstlerische Produktion einzig im Austausch anonymer Gruppen statt.

Es führt kein Weg aus der deliranten Gegenwart – »Trink mich!« oder »Trink mich nicht!« ist eine Scheinalternative, wo wir doch in Wahrheit, wie Alice gefangen im Brunnenschacht der Zeit, gar keine andere Wahl haben, als die Flasche anzusetzen, je rascher, desto besser; so geht es schneller vorbei. Daß uns der für die Abenddämmerung angesagte Abflug der Eule der Minerva einfach entgangen ist, ist nicht auszuschließen. Dem Vernehmen nach flattert sie irgendwo über der Akropolis herum und droht bei ihrem Irrflug in die Turbinen eines Düsenjets zu geraten, den sie dadurch zum Absturz brächte. Dies nur eine Variante des Endes der Geschichte. Es gibt andere.

Daß das Sprechen über die Zukunft wieder seine Gefährlichkeit zurückerhält, wäre zu wünschen. Das allumfassende Delirium präsens macht das freilich unwahrscheinlich. Die Gilde der Propheten, die im *Timaios* zu Richtern über »gottbegeisterte Weissagungen« bestellt sind und die als »Verkünder des Vorhergesehenen« fungieren, hat sich aufgelöst. In einer delirierenden Gesellschaft ist die Unterscheidung zwischen dem »mantisch Besessenen« und dem »Richter« sinnlos geworden, die Weissager benötigen keinen Dolmetscher mehr, weil alle Rätsel gelöst sind.

Aber nicht nur die Weissager dolmetschen sich selbst, auch die Dinge haben wieder zu sprechen begonnen, orakeln vor sich hin, ohne eines Kommentars zu bedürfen: ein Blick auf die gerodeten Urwälder genügt, um uns künftige atmosphärische Veränderungen, den Anstieg der Meere etc. zu signalisieren. Wir sind – eine Gesellschaft von kleinen Kassandren, kleinen Merlins – so klug geworden, daß wir annehmen, die Propheten nicht mehr zu brauchen. Dies könnte ein Trugschluß sein. Das Sprechen über die Zukunft müßte hier ansetzen, indem es wieder klar unterscheidet zwischen der »Raserei des seherischen Wegseins«, von der Heidegger in *Holzwege* spricht, und einer nüchternen Kartographie möglicher Entwicklungen, wie sie sich in den kursierenden Prognosen und Versprechungen abzeichnen. Den Möglichkeitssinn zu fördern, gelänge nur über gezielte Absenzen, die aber in einer Gesellschaft, deren oberstes Gebot die Präsenz ihrer Mitglieder ist, nicht tolerierbar sind. Das Delirium präsens duldet keine Absenzen.

Caroline Neubaur

A Good Enough Future

Der Pessimismus von *Freuds Unbehagen in der Kultur* ließ kaum theoretischen Spielraum für die Bearbeitung der Frage, wie wirkungsvoll die psychische Arbeit an so etwas wie »Zukunft« beteiligt ist. Freud war an einer positiven Bestimmung psychischer Gesundheit nicht interessiert. Das ändert sich einschneidend erst bei dem britischen Psychoanalytiker D.W. Winnicott. Im Zentrum seiner theoretischen Konzeption steht ein Begriff von psychischer Normalität, der bei seiner Rekonstruktion der Ontogenese eine bedeutsame Rolle spielt. Das Kind hat demnach den Spielraum für seine Entwicklung und das heißt Zukunft, wenn seine Mutter »good enough«, d.h. normal ist. Normalität ist hier nicht in einem moralischen, klinischen oder sonst normativen Sinn zu verstehen, sondern bedeutet im Grunde genommen die Fähigkeit, innere Konflikte beim Kind wahrzunehmen, einzuschätzen und sie angemessen zu beantworten. Die Frage, wie sich Einsichten, die aus der Beobachtung von Individuen gewonnen wurden, auf kollektive Gefühlslagen übertragen lassen, steht bei Bion, wie Winnicott ein Schüler Melanie Kleins, der als Gruppentherapeut begann, eher im Vordergrund. In seinem Ansatz liegt die Möglichkeit, kollektive Seelenzustände auch ohne den Umweg über die Ichpsychologie zu erklären. Das hängt damit zusammen, daß er Zweck und Verfassung einer Gruppe (z.B. des Militärs) ohne Ableitung aus dem autonomen Ich gelten lassen kann. Es geht ihm um die Bestimmung von Spielraum und Balance der psychischen Mechanismen, die bei der Bildung von

Gruppen natürlicherweise ins Spiel kommen. Vom Standpunkt der Ichpsychologie aus sind sie psychotisch. Die Zukunftsoffenheit der Gruppe hängt davon ab, ob sie ihre psychischen Mechanismen soweit bearbeiten kann, wie es zur Aufrechterhaltung des Realitätsbezuges notwendig ist.

Die Anspielung auf Winnicotts »good enough mother« im Titel dieses Beitrags zielt auf die Frage nach der kollektiven Fähigkeit zur Wahrnehmung und Balancierung psychischer Konflikte. Die Vergangenheit und das Nachleben des Nationalsozialismus scheinen Lähmungen der kollektiven psychischen Arbeit hervorgebracht zu haben, die wiederum die Zukunft bedrohen. Mit moralischen Beschwörungen ist ihnen nicht beizukommen. Vielleicht geht es zunächst einmal um nichts anderes als um eine genauere Diagnose.

Seit Freud ist zwar unendlich viel sagbar geworden, was vorher unsagbar war, aber Freuds szientifische Befangenheiten haben notgedrungen auch Beobachtungen »unsichtbar« gemacht, weil für sie noch keine Sprache gefunden war. Der Prozeß des Bedeutungsfindens ist ja nicht fixierbar. Winnicott und Bion hatten beide den Mut, der nötig ist, um im Rahmen ihrer Profession neue Wahrnehmungen zu machen und für diese eine Sprache zu schaffen. Beide haben die Freudsche Grundregel für die psychoanalytische Behandlung, alles zu sagen, was einem durch den Kopf geht, die ja ein fulminantes Plädoyer für die Sagbarkeit des Ausgestoßenen, Verfemten, Tabuierten war, modifiziert zugunsten einer korrektiven emotionalen Erfahrung, dies wiederum eine Modifikation des Freudschen »Durcharbeitens«.

Man kann das Ziel einer kollektiven Selbstanalyse, das sich von dem einer individuellen Behandlung nicht unterscheiden müßte, so ausdrücken: der »Patient« soll seine psychischen Zustände beobachten und seine Beobachtungen mitteilen können.

Zukunft bedeutet, daß in den Fakten etwas ist, was in ihnen nicht aufgeht. Es kommt etwas auf mich zu – ganz ohne schicksalsträchtigen Tenor gesagt –, das auch den Augenblick nicht ungeschoren läßt, eine Veränderung bedeutet auch für die Erinnerung, die ja das Zukunftsvehikel par excellence ist. Daß die Erinnerungen genötigt sind, sich ständig zu verändern, daß die Fakten in ihrem Rahmen ins Wanken geraten, das eigentlich ist die Hauptqualität von Zukunft. Deswegen haben Kinder, deren faktische Welt sich ständig verändert, so unglaublich viel Zukunft. Sie wissen nämlich, daß sie ständig unerhörte Erfahrungen machen werden, daß das, was sie im Augenblick an der Welt, in der sie sich bewegen, nicht ganz verstehen, schon ein Indiz für solche Erfahrungen ist. Wer an Orte der Kindheit fährt, fährt nicht hin, um bestätigt zu finden, was er einmal dort gesehen hat, sondern in der Erwartung, es werde mittels des Ortes, den er kennt, etwas mit ihm passieren, was er sich jetzt noch nicht ausrechnen kann. Zukunft ist in dem Moment weg, wo sie eine vorweggenommene Faktenreportage ist. Die Faktizitätsszenarien, in denen Zukunft per definitionem nicht stattfindet, weil alle Elemente bekannt und ausgemacht sind, aus denen sie konstruiert wird, gehören für mich zur falschen Zukunftsalternative. Die Versuchsanordnung ist vorgegeben.

Zukunft ist in allen Religionen identisch mit Neuwerden. Wenn Tillich den Christus als das neue Sein definiert, entwirft er eine Zukunftstopologie. In keiner antiken Religion kann auf Erneuerung verzichtet werden – an der Hoffnung hängt's nicht, das ist eine Deutung des Johannesevangeliums durch Bloch, die tatsächlich unhistorisch gedacht ist, aber auf Erneuerung kann in keiner

Religion verzichtet werden. Selbst in realhistorisch »hoffnungslosen« Zeiten wie der der Gnosis – ein bleiernes Himmelsgewölbe macht aus der Welt ein Gefängnis –, in der man auf das vollständig Andere hofft, eben weil es nie kommt, die Zukunft noch mehr versperrt, selbst in einer solch verewigten Gefängniswelt ist das, was wir Zukunftsdimension nennen, nicht gänzlich eliminiert, sondern in die Initiationshoffnung hineingewandert.

Es wandern die Orte, wo die Zukunftsvisionen angesetzt werden, es wandern die Medien, in denen die Zukunftsdimension öffentlich institutionalisiert wird. Auch in einer Stammesgesellschaft, die nach einem schönen Wort von Rosenstock-Huessy, wie ein Zeitenfloß durch die Jahrtausende treibt und in der ein starrer Ritualzusammenhang bis in unvordenkliche Zeiten nach rückwärts und vorwärts alles festzulegen scheint, ist in den Erneuerungsritualen, wenn auch nur in sehr homöopathischen Dosen, Zukunftsdimension vorgegeben.

Das große Problem, das Religionen und Institutionen bis zur Besessenheit beschäftigte, ist: was kann ich mitnehmen, was kann mittransportiert werden? Ein realitätsloses Subjekt wie im Deutschen Idealismus, bei Mystikern und Spirituellen, oder kann die ganze Gesellschaft mitgeschleppt werden? – Aber das führt zu großen Enttäuschungen und gelingt meistens nur in Schreckensherrschaften auf Zeit – oder wird es eine auserwählte Gruppe sein, oder wird es eine stellvertretende Person sein, die den Funken schlägt und für alle Ziel sein wird, auf die dieser Funke übergreift?

Die Katastrophe wird heute nicht nur von denen verschleiert, die sie als Faktizitätspropheten geradezu predigen, nicht weniger symptomatisch wird sie von den Jüngern der psychodelischen Subkultur verschleiert, die wie die Sektierer aller Zeiten der Meinung sind, sobald sie mit einem bestimmten Heil in Berührung kommen, die Geschichte schießen lassen zu können; sie müssen sich nur diesem irgendwo in der Überlieferung dingfest gemachten Heilsmoment gleichzeitig machen, und alles andere ist dann nur Schein oder Folie oder Verblendung – ob diese Fantasy-Orgiasten mehr mit Vampirzahn oder Flügelchen operieren, spielt dabei keine Rolle. Nach ihrer Meinung liegt die Zukunft, in Parallele zu den Stadtindianern, bei den Weltindianern.

Innerhalb einer Gnadenerwartungssphäre ist Zukunft das, was das Kind am Heiligen Abend vor der Bescherung erwartet. Die Erwartung dessen, was auf einen zukommt, wird unter den depressiven Futurologien der letzten 150 Jahre, also post Hegel, sozusagen umgedreht: was braut sich da als nächstes Verhängnis zusammen, wodurch wird dich das Schicksal als nächstes beuteln? Heidegger lädt das Wort dann wieder auf, indem er es als Spezialität des gewährenden und nicht gewährenden Seins ausgibt, das, was einem jeweils zukomme, und wenn man sich die Zukunft verbaue, indem man sozusagen innerontische Prognosen macht, statt die ontologische Zukunft zu beachten, dann verbaue man sich die eigentliche Haltung, die man einnehmen müsse, nämlich das Sein gewähren lassen. Das ist die sehr hilflose und ohnmächtige Wiederinthronisation einer solchen Erwartungshaltung, gewissermaßen im Futur II ausgesprochen und damit eigentlich im Plusquamperfekt, denn wo immer Sätze in vollendeter Zukunft auftauchen, sind es im Grunde plusquamperfektische Formulierungen.

Neulich war einem Artikelchen der *FAZ* zu entnehmen, es habe im frühen Christentum gar keine »Hoffnung« gegeben, denn, wie schon Aischylos wußte, Hoffnung trügt. Ich glaube, daß solche nominalistischen

Tricks – es gab in der Antike gar keine Hoffnung! – mehr über die Enttäuschungsverarbeitung der Hegel/Marx-Tradition als über die tatsächliche Position von Hoffnung in den Evangelien besagt. Natürlich gab es immer Hoffnung, allerdings könnte man behaupten, daß das, was man später rationalisierend Hoffnung nennt, im Neuen Testament mit seiner äußerst intrikaten Eschatologie gar nichts anderes war als ein eigentümlich prägnanter Realitätssinn, der sich in den Gleichnissen ausdrückte. Fast wie beim Turandot-Textverfahren entscheidet sich dein Leben an der Art, ob du das Gleichnis verstehst oder nicht verstehst, entscheidet sich nicht nur dein Anteil an der künftigen Seligkeit, sondern entscheidet sich, ob du zum Agenten der Zukunft wirst. Wenn du nämlich das Gleichnis mißverstehst – wofür vieles spricht –, dann gibt es keine Zukunft, jedenfalls keine qualifizierte Zukunft. Derjenige allerdings, der das Gleichnis versteht, hat hinterher den Eindruck: es war doch ganz einfach. Zwischen diesem eschatologischen Prinzip und dem Geschichtsprinzip Hoffnung, das es erst seit dem 18. Jahrhundert gibt, liegt jedenfalls eine unglaubliche Entfernung. Die Frage müßte lauten: Wann fängt man eigentlich damit an, Gegenwart und Zukunft in ein logisches Verhältnis zu setzen? Erst, sobald man das pädagogische Prinzip zur Geschichtsphilosophie erhebt, nach welchem die Geschichte die sich entfaltende menschliche Gattung ist, erst im 18. Jahrhundert also, kann man in unserem Sinn »Hoffnung« oder »Hoffnungslosigkeit« diagnostizieren und zu noch immer virulenten neuralgischen Fragen kommen wie dieser, ob wir unter Umständen durch diesen geschichtsphilosophischen Zukunftsbegriff, der seit Vico im Umlauf ist, zu einer entfesselten Technologie gekommen sind. Die Präokkupation jedenfalls, daß da irgendein Zusammenhang bestehen könnte, kann man nicht so schnell von der Hand weisen. Die Hoffnung wiederum, die in Goethes *Wahlverwandtschaften* wie ein Stern vom Himmel fällt, ist keine christliche Hoffnung, sondern eher eine bestimmte Form mythisierenden Selbstbewußtseins, eine Fortuna-Figuration.

Ich würde denken – eine Hypothese, die nicht denunziatorisch gemeint ist –, daß die Flut von zukunftsprognostischen Papieren, die uns überschwemmt, durchaus damit zu tun hat, daß man nicht so sehr eine Zukunftsprognose stellen, als sich von der blind mitgeschleppten Zukunftssperre freimachen will, so daß man sich deshalb ständig mit »Zukunft« beschäftigt. Wie der Hürdenläufer, der seine Hürde immer vor sich herträgt, kann der Zukunftsprognostiker Zukunft überhaupt nicht mehr anders wahrnehmen als unter dem Eindruck dieser nicht bewußtgemachten Blockaden. Freuds Diktum, Neurotiker litten an Erinnerungen, ist nicht weniger wahr als das Diktum von Bion, sie litten an »Ahnungen« und seien getrieben, diese Ahnungen, Voraussagen, Extrapolationen der Erinnerung, in die Tat umzusetzen.

A Good Enough Mother

Was steckt in uns drin? Um das zu ergründen, schlagen wir nicht den Freudschen Weg des psychischen Erbes ein, der bis an den Anfang der Menschheit führt, sondern den zu den »Müttern«, den Traditionsbildnern par excellence, weil sie nach Winnicott das »Sein« überliefern, die elementare Bedingung der Selbstbejahung. Winnicott läßt sich die zentrale Position der Mutter für die Ontogenese von Melanie Klein vorgeben, deren Perspektivenwechsel vom »Vater« auf die »Mutter« in keiner Weise das Ambivalenzproblem suspendierte, sondern gerade ermöglichte, in der Mutter die materialistische ambivalenzbedingte Basis aller Idealisierungen vorzufinden. Während Melanie Klein sehr stark die innere Mutter betont und damit gewissermaßen die Unerbittlichkeit des Gegensatzes von gutem und bösem Objekt, interessiert sich Winnicott viel mehr für die reale Mutter, die dann ›gut genug‹ ist, wenn sie sich als Vorlage der inneren Bilder immer wieder zur Geltung bringen kann. Er will der Mutter nicht vorschreiben, was sie zu sein hat, um gut genug zu sein, denn dadurch würde das »Sein«, die moralische Offenheit, schon verstellt. Mit dem realistischen Blick auf die Mutter hängt unmittelbar das Interesse an der Frage zusammen, wie das Kind Distanz zur Mutter gewinnt, und hier hilft Winnicott seine pädiatrische Beobachtung dessen, was er später das Übergangsobjekt nennen wird: ein Stoffetzen oder ein Teddy, der zum Repräsentanten des Ichs des Kindes, aber auch seiner Mutter wird, zu etwas Drittem, etwas Vermittelndem.

Während für die orthodoxe Psychoanalyse naheliegt, die Normalität als zutiefst neuroseerzeugend zu sehen, hat Winnicott einen neuartigen Respekt vor der Normalität, der darin besteht, sie auf sich beruhen zu lassen und geradezu argumentativ auf die Normalität, die »gut genug« ist, zu verweisen. Zu dem Begriff von der Mutter, die gut genug ist, gehört ihr Sinn dafür, daß die Entwicklung des Kindes in erster Linie von ihm selbst gemacht wird – dafür steht das Übergangsobjekt als das, was das Kind macht, und somit erschafft es sich in gewissem Sinne selbst. Der Terminus »good enough« hat bei Winnicott das Pathos eines gewissen Theorieverzichts; es ist nicht sein Interesse, die Determinanten dessen, was zu »good enough« führt, anzugeben. Es liegt nicht in seinem wissenschaftlichen Interesse und auch nicht in der Reichweite seiner Theorie, mehr zu tun, als einfach darauf hinzuweisen, daß »good enough« das »Normale« ist. Wie die notwendige Bedingung einer »normalen« Entwicklung die normal gute Mutter als Rahmen der Vergangenheit ist, so ist es für den »Normalen« möglich, sich die Zukunft nicht verstellen zu lassen, sie, die »normal gute« Mutter »vorn«, im Künftigen zu erwarten.

»A good enough future« bedeutet also übersetzt: die normal gute Vergangenheit, zu der Zukunft einmal werden muß, nicht eine totalisierende Zukunftsvorstellung, keine Zukunftsutopie, sondern eine lebbare Zukunft. Ich muß die Selbstverständlichkeit des Seins gegen Formen der Zukunftsbeschwörung verteidigen, die genau das, worauf es ankäme – nämlich etwas auf sich zukommen zu lassen –, verstellen.

Ein pragmatischer, kein ontologischer Ansatz, der mit Enttäuschungen rechnet, von denen dieses Sichverlassen auf »good enough« immer auch mitbetroffen ist. Wer allerdings zunächst nicht etwas von der mütterlichen Funktion des »holding« verkörpert, kann noch so glühend prophetisch von Zukunft sprechen, es bleibt Papier oder, genauer gesagt: seine Rede stimuliert nicht Entwicklung und Einsicht, sondern die Neigung zu Perversionen. Die Katastrophenprophezeiung ebenso wie die Fröhlichkeit des Partikularen sind insofern »pervers«, als sie nicht erlauben, das Unbekannte, die moralische Offenheit zu denken und fühlen, sondern nur das Gegenteil des Bekannten anbieten und damit die Fixierung ans Bekannte. Perversion ist im Grunde eine Antwort auf ein Zuviel, eine falsche, sozusagen paranoische Genauigkeit der Mutter, sie ist damit ein Plädoyer für die Distanzierungsmöglichkeiten, die eine Mutter, die gut genug ist, von vornherein eröffnet. Im ganzen Konzept von »good enough« steckt ja eine eindringliche Warnung vor einem falschen Präzisionsbegriff von »maternal care« und damit vor der Grundidee der antiautoritären Erziehung: das Kind meldet ein Bedürfnis an, ich muß es befriedigen – eine Vorstellung, die eine Totalisierung des Konsumbegriffs bedeutet. »Zukunft« hat sich seit den psychosozialen Vorgängen, die mit der antiautoritären Erziehung zusammenhängen, verändert. Einerseits gibt es unglaublich viel Zukunftsbedrohung, und andererseits ist eine tradierte Art von Zukunftsangst überhaupt nicht mehr vorhanden oder doch in den Hintergrund getreten.

Wo ist die Zukunft noch die Verlängerung des Projekts, daß ich in der Auseinandersetzung mit meinen Eltern den Spielraum entdecken muß, worin sich mein moralischer Wert entscheidet? Dieser Spielraum ist angst-, aber auch hoffnungsbesetzt, und vielleicht wirklich eine Bedingung für so etwas wie Zukunftsgefühl. Es könnte ja auch sein, daß die Bilder der realen Bedrohungen – die nicht verharmlost werden sollen – psychisch mit den Faktoren zu tun haben, die gegen die Erstreckung der Zeit im moralischen Sinne wirken, eine traumatische Dimension an sich haben, eine überflüssige allerdings, insofern einfach nur faktische und psychische Faktoren nicht mehr unterschieden werden. Natürlich kann man die Frage nicht vermeiden, wovon die »good enoughness« der Mutter abhängt. Daß sie die Zukunft schaffen müssen, damit wären die Mütter ja vollkommen überbeansprucht, handelt es sich dabei doch nicht um ein Ideal, sondern um eine Vermittlung, die von historischen Umständen abhängig ist.

In der Parallelisierung zu Winnicotts Figur gesehen, wäre lebbare Zukunft nur dann möglich, wenn es einem gelingt, nicht in der Vergangenheit, sondern aus der Vergangenheit heraus zu leben. Die »good enough future« ist das, was wir der nächsten Generation als Vergangenheit überliefern müssen.

Mit seinem Konzept von psychischer und sozialer Normalität hat Winnicott den theoretischen Spielraum für die Interpretation psychischer Spaltungsprozesse erweitert und damit auch einen Aspekt von Zukunftsverlust erscheinen lassen. Bemerkenswert daran ist, daß er ohne Idealisierung oder Harmonisierung der Normalität auskommt. Die von Melanie Klein geschaffene Tradition, der auch Winnicott angehört, hatte das psychoanalytische Bewußtsein des Zusammenhangs von Normalität und Störung radikalisiert. Nach Freuds Auffassung haben die psychischen Störungen in der Regel ihre Wurzel in der ödipalen Phase, die den entscheidenden Schritt der Ichbildung voraussetzt. Sie können als unzulängliche Lösung des Ambivalenzkonflikts bezeichnet werden. Melanie Klein arbeitete demgegenüber heraus, daß die Ichbildung selbst schon als eine Reaktion auf das Ambivalenzproblem interpretiert werden muß. Sie formuliert es als Problem des Verhältnisses zwischen guten und bösen inneren Objekten. Am Anfang der psychischen Entwicklung steht bereits eine Pluralität, und es wäre absurd anzunehmen, daß das Gelingen der Ichbildung in der Erledigung dieser Pluralität bestünde. Ichintegration ist nichts anderes als Balancierung der inneren Objekte. Jeder Mensch, gestört oder »normal«, ist mit der inneren »gang« konfrontiert. Von dieser Annahme ausgehend, entwickelt Bion eine Theorie der Entstehung des Denkens, die das Gedankenschema einer substantiellen Unterscheidung zwischen dem Normalen und Gestörten aufhebt und daran eine sehr viel genauere funktionelle Diagnose psychischer Zustände erlaubt. Diese Konzeption verspricht einen Beitrag zur Interpretation von sozialen Bewußtseinslagen, in denen Normalität und psychotische Störung so nahe beieinanderliegen, daß die sozial integrative Funktion des Normalen fraglich oder scheinhaft wird, wie das im Nationalsozialismus der Fall zu sein scheint. Wir lernen durch Bion, daß katastrophische Veränderungen zur Normalität der Bewußtseinsentwicklung gehören. Wir lernen einige der Bedingungen kennen, unter denen die katastrophischen Veränderungen zur Gesundheit oder zu psychotischen Symptomen führen. Wir lernen weiterhin von Bion, daß jeder Schritt zu einem höheren Niveau psychischer Integration durch ein psychotisches Risiko belastet ist. Dieser Gesichtspunkt scheint uns für die Interpretation des zukunftsbedrohenden Nachlebens des Nationalsozialismus deshalb produktiv zu sein, weil wir im NS die Tendenz zur Ritualisierung eines Verbots psychischer Arbeit beobachten. Das ist deshalb so signifikant, weil ja die Ritualisierung des Verbots im Grunde genommen das Eingeständnis einschließt, die eigene Position sei nicht gültig.

Bion hat die zentrale Rolle der »thinking mother« (die denkende Mutter – die Mutter des Denkens), die das Baby in die Lage versetzt, selbst mit dem Denken anzufangen und schließlich durch Verinnerlichung eines »denkenden Objekts« darin autonom zu werden, nach allen Regeln seiner Kunst immer wieder durchbuchstabiert. Er behält zwar die Begrifflichkeit von »schizoid-paranoid« und »depressiv« bei, rückt aber von Melanie Kleins Vorstellungen der »Position« ab, indem er beide Positionen lebenslänglich instabil ineinander übergehen läßt. Das Wechselspiel von Projektion und Spaltung auf der einen und Introjektion auf der anderen Seite garantiert die Lebendigkeit des Denkens. Die Einnahme des paranoischen Blickwinkels, »vertex«, bedeutet dann nicht Verfolgungsphantasie und pure Destruktivität – das bedeutet sie nur bei seiner Radikalisierung und Fixierung durch den Psychotiker –, sondern ganz einfach »Geduld«. Was der Säugling in der paranoid-schizoiden Position »leisten« muß, ist, Geduld zu entwickeln, keine Denkfehler zu machen, den Sprung von der bösen präsenten zur guten absenten Brust zu schaffen, nicht Absenz mit angstbesetzten »bizarren« Objekten zu vermischen. Der Erwachsene soll der Zukunft gegenüber eine Haltung einnehmen, die als »patience« gerade nicht Dumpfheit, sondern Schärfung der Sinne meint. Die Empfehlung, die »unerhebliche Vergangenheit« nicht überzubetonen, ist kein Plädoyer für Verdrängung, sondern die Pointe dabei ist, daß wir uns, indem wir zu definiert fühlen und denken, was die Zukunft ist, die relevante, die »unbekannte Zukunft« verstellen, und zwar gerade aus Angst um die Zukunft, für die wir uns in einem fatalen Sinne verantwortlich fühlen, in dem Sinne nämlich, daß wir sie definieren müßten. Aus diesem Anliegen heraus – *omnis determinatio est negatio!* – betont Bion weniger die vermittelnde Natur von Objekten, wie Winnicott das tut, als ihre trennende. Um der Wahrheit willen kann nichts je gesichert sein, muß immer wieder neu begonnen werden. Denken, das »hat«, ist schon Denkstörung.

Nach Bions Denktheorie gibt es Denkinhalte, die früher sind als das prozessierende Denken, ja, man muß noch weiter gehen: das Funktionieren des Denkens setzt diese Gedanken schon voraus. Das hängt mit der Urgeschichte des Denkens zusammen: der Gedanke, daß die Brust absent ist, setzt den Gedanken der bösen Brust voraus, doch ist deren Evakuation eigentlich noch kein Denken, sondern wenn ich die böse Brust ohne Befriedigungserlebnis evakuierte, entsteht ein »bizarres Objekt«, ein Objekt, das man nur halluzinieren, nicht gebrauchen kann. Wenn die »reverie« (Steigerung der sympathetischen Fähigkeiten durch die tagtraumgleiche Herabsetzung der Realitätskontrolle und die mütterliche Souveränität, die den Aggressionen des Kindes nicht aufsitzt) der Mutter nicht da ist, bleibt der psychische »Komfort« unvollkommen, die Inhalte der »reverie« sind Liebe zum Kind und zu seinem Vater. Wenn diese Liebe im Tagtraum nicht vorhanden ist, dann ist das Kind gezwungen, Sättigung gegen psychische Sättigung auszuspielen, mit dem Ergebnis von Gier und Unersättlichkeit.

In der psychischen Entwicklung des Kindes wird es notwendigerweise zu dem Moment kommen, wo die wechselseitige Abhängigkeit von »contain« und »project« als Quelle psychischer Risiken erfahren wird, nämlich dann, wenn ein Gefühl eine neue Idee produziert, in Bions Worten, wenn »catastrophic change« begleitet von »catastrophic anxiety« stattfindet. Die »Katastrophe« Bions ist nicht mit dem Lacanschen »transzendentalen« Trauma gleichzusetzen, da es sich ja nicht um Einbrüche einer erratisch hereinragenden, völlig fremden Realität handelt, die weiter nicht qualifizierbar ist, sondern um Verdichtungen der emotionalen Realität, die viel differenzierter beschrieben werden können als durch das sozusagen senkrecht von oben einschlagende zentrale Symbol Lacans. Das »splitting« ist einerseits funktional notwendig für die Entwicklung von Denken und andererseits die Weichenstellung für die psychische Krankheit. So ist »catastrophic change« in gewissem Sinne rein technisch gemeint und heißt dann nichts anderes als der Einbruch der emotionalen Realität, der noch inkommensurabel ist; damit ist natürlich latent die Möglichkeit des Traumas gegeben, aber der Einbruch muß nicht traumatische Spuren behalten, es kommt auf seine Verarbeitung an. Mit der Empfindung der Risiken des Denkens hängt dann das schockhafte Aufgehen des Raumbegriffs zusammen. Raum wird nicht zuerst als äußerer, sondern als innerer Raum erfahren, das war auch schon Konsens in der Kleinschule, für Bion aber ist eine bestimmte erkenntnistheoretische Zuspitzung dieser Einsicht typisch: er rekonstruiert den »Moment« in der Entwicklung des Kindes, wo ihm der psychische Raum als unendlicher Raum aufgeht. Das ist notwendigerweise mit katastrophischer Angst verbunden, die der folgenden psychischen Entwicklung die entscheidende Herausforderung vorgibt. Ein wichtiges Mittel, mit der Entdekkung des in einem selbst vorhandenen unendlichen Raumes fertigzuwerden, wird die Konstitution der äußeren Erfahrung. Von diesem Punkt her läßt sich begründen, daß Bions Blick mit gleicher Intensität auf die Verhältnisse der Psychose gerichtet ist wie erkenntnistheoretisch oder entwicklungspsychologisch auf die Entwicklung des Bewußtseins. Die Psychose nimmt ihren Ausgang nämlich ebenso von dem traumatischen Aufgehen des unendlichen inneren Raumes wie die Entwicklung des normalen Bewußtseins. Die Psychose ist geradezu zu bestimmen als Scheitern des Versuchs, den traumatischen Effekt dieser fundamentalen Entdeckung zu bewältigen. Mit einiger Vereinfachung gesagt: Psychose ist entweder dies, daß man der Unendlichkeit des inneren Raumes nichts entgegensetzen kann, sondern sich daran verliert, oder dies, daß man die Präsenz der Unendlichkeit des inneren Raumes sozusagen in sich selbst vernichtet hat. Psychische Gesundheit wäre demnach der Zustand der Balance, die es einerseits ermöglicht, mit der Angst, von diesem unendlichen Raum aufgesogen zu werden, und andererseits ermöglicht, mit der Angst davor fertigzuwerden, durch zu große Nähe zu inneren Objekten die Beziehung zum inneren Raum zu verlieren.

Erwartungen werden möglich in ständigem Hin und Her von Stillstand im inneren Raum und Fixierung an ein Objekt. Wenn »alles gut geht«, ist »development happiness«.

Abstraktionen, sagt Bion, sind im Prinzip flexibler als »Modelle«. Die Abstraktheit ist nämlich die bewußte Leerstelle, in die zukünftige Erfahrung eintreten muß. Ich könnte Liebe natürlich auch im Sinn eines Modells verstehen und dann nach Prädikatenlogik verfahren; das könnte als Interpretation von Vergangenheit funktionieren, wenn auch nur grosso modo, denn an die wirklichen »Realisationen«, die Betätigung einer psychischen Funktion, kommt man immer nur annäherungsweise heran. Für die Zukunft aber wird das Verfahren nach Prädikatenlogik unflexibel, deswegen brauchen wir um der Zukunft willen die Unterscheidung von Modell und Abstraktion. Die zukunftsorientierte Qualität von »Abstraktion« ist ihre Möglichkeit des Transports von Erfahrungen in eine offene Situation. Dem Argument der Freudianer, daß die gesellschaftliche Realität im Innern der Subjekte repräsentiert ist, würde Bion gar nicht widersprechen. Sein Interesse geht aber auf eine klinische Sprache, die wirklich offen sein kann für Beobachtungen. Ich halte den Begriff »phänomenologisch« für die Theorie des Denkens für glücklich, denn er umfaßt im Grunde eine uralte materialistische Tradition. Der Witz des antiken Materialismus bestand ja darin, nicht von vornherein platonische Ideen anzunehmen, die sich in irgendeiner metaphysischen Setzung die Materie untergeordnet haben, sondern Partikel anzunehmen, die zu Figuren zusammentreten. Diese Figuren, »constant conjunctions«, sind zwar mehr als die Summe der Teile – hier tritt dann Bions Pathos von »naming« ein –, aber der

Sache nach taucht das gleiche Phänomen bei Lukrez auf: die »constant conjunctions« sind bei diesem die »foedera naturae«.

Bion macht sich lustig über den Denker vom Typus »morgens geht die Sonne auf«, also einen Denker, der Tautologien von sich gibt und sich dabei auch noch für unersetzlich hält. Die Tautologie, auf der – die deutsche Rasse ist die deutsche Rasse – solche Suggestion beruht, stiftet ein parasitäres Verhältnis zwischen Denker und Gruppe. Ein Denker, der glaubt, daß er für seine Gedanken wichtig ist, steht nach Bion in einem Ausbeutungsverhältnis nicht nur zu Gruppen, sondern auch zum Gedanken. Ein Gedanke, der wahr ist, würde den Denker nicht erfordern. Offenbar ist Bion der Meinung, daß unsere gegenwärtige Zeit mit solchen Denkern reichlich gesegnet ist. Während Baudrillard diesen Typ des Denkers zum Prinzip erhebt, will Bion bei dieser Verleugnungsdemarche gegen »mental growth« nicht mitspielen, obwohl er vor plakativen Statements zurückscheut – natürlich –, denn er muß ja aufpassen, nicht selbst zu so einem »Denker« zu werden. Er könnte sich gewiß, so gut wie jeder andere Kleinianer auch, beispielsweise Gedanken darüber machen, wo die Realität der Atombombe zum Projektionsschirm wird oder wo die Gründe für ihre Entstehung schon selber projektiver Natur waren. Aber er ist kein Leitartikler, er hält nichts von »angewandter Psychoanalyse«, schon deshalb nicht, weil angewandte Psychoanalyse einen Zweckbegriff voraussetzt, der der Psychoanalyse zuwider sein muß. Den Tenor »die Psychoanalyse muß aber wirklich ihren Beitrag zu den anstehenden Problemen leisten« lehnt er ab, weil man sich bei einer solchen moralischen Haltung den »vertex« nicht klarmache, von dem aus man agiert – daß die Energie, die ihn von einem Blickwinkel zum nächsten führte, so etwas wie Wahrheitsliebe ist, wird man allerdings nicht ausschließen können.

Entwirklichung

Der Nationalsozialismus parodiert die Religion. Ein Verbrennungsofen von Auschwitz war durch drei Tore zu schließen, die nach oben durch Rundbögen abgeschlossen waren. Die Rundbögen wirken nicht archaisch, sondern verweisen auf die Sphäre der vertrauten christlichen Tradition. Sonst distanziert die Inszenierung den Schein, den sie erzeugt, von der Wirklichkeit, hier läßt die Inszenierung die Hölle zur Wirklichkeit werden. Die Hölle, die mythische Projektionsmasse, wird reifiziert. Nicht nur sieht man die Juden als der Hölle zugehörig, sondern diese Sicht muß als solche reifiziert werden, man muß der Projektion zu Hilfe kommen. Das ergibt einen Fingerzeig auf die psychische Lage: man ist nicht blind in der Projektion befangen, sondern erzeugt Motive zu ihrer Verstärkung, nicht etwa zu ihrer Aufhebung. Das Ich als Instanz von Autonomie ist verschwunden, es wird, da es Konflikte mit der Autorität schafft, verabschiedet und – eine ungeheuerliche Vorstellung – selbst projiziert. Die Projektion des Ich, das ist zunächst nur eine paradoxe essayistische Formel, die ich nicht klinisch präzisieren kann. Es gibt aber einen Typus ödipaler Idealität, der für den Nationalsozialismus charakteristisch ist und der auf die Verneinung der Geschlechterdifferenz zielt und die These einer Projektion des Ich stützen könnte. Nach dieser Projektion wird das »Ich« mit den Autoritäten gleichgesetzt, mit denen es sonst zwar in Konflikt geriet, aber auch verbündet war; es gehört nun in dieselbe Sphäre. Voraussetzung dafür ist, daß eine gelingende Verarbeitung des Ödipuskonflikts im klassischen Sinne nicht in Reichweite scheint, und zwar scheint besonders der Effekt verbannt, wonach das Ich eine Repräsentanz der Mutter, der Weiblichkeit einschließt. Genauer gesagt, das »männliche« Ich verhält sich dem »weiblichen« Blick der Mutter gegenüber phobisch, es kann sich mit dem Medium dieses Blicks nicht zusammendenken, Ich und Geschlechterdifferenz als Spaltung können nicht zusammen gedacht werden. Warum nicht? Die Entdeckung der mütterlichen Weiblichkeit ist traumatisch, weil – diese Hypothese müßte sich als historisches Urteil bewähren – »reverie« nicht mehr möglich war. Nach Bion kann das Kind nur dank der »reverie« der Mutter das böse interne Objekt in sie projizieren. Die »reverie« ist die Form, in der die Mutter diese Projektion auf sensible Weise toleriert. Mit der Toleranz solcher Projektion muß eine spezifische Qualität von Erotik einhergehen. Übt nicht ein solches Objekt erotischen Reiz auf mich aus, das zwischen gutem und bösem Objekt changiert? Insofern gehört die Empfänglichkeit für den erotischen Reiz ins Zentrum des Ich. Die »reverie« bedeutet dann auch die Gewißheit, dem bösen Objekt überlegen zu sein. Ich möchte die »reverie« fast als die Fähigkeit bezeichnen, das böse Objekt durch Introjektion zu verwandeln, und diese Gewißheit – das paßte auch auf den enterotisierenden Zug des Nationalsozialismus – wird mit der Entstehung des Nationalsozialismus erschüttert. Es entsteht der angstvolle Schein einer Ohnmacht gegenüber dem bösen inneren Objekt. Die Mutter wird diese Angst ihren Kindern weitergeben – es findet von der Seite der Mütter eine allgemeine Weigerung statt, die Ambivalenzen darzustellen und auszutragen. Das wichtigste Mittel zur Entlastung vom psychischen Druck, der vom bösen inneren Objekt ausgeht, verschwindet, die Gewißheit der Mütter schwindet, weil die Autorität privatisiert wird. Die Privatisierung der gesellschaftlichen Autorität bedeutet, daß ihre reale Verbindung mit der Macht zertrennt wird. Diese Verbindung wird nurmehr imaginär aufrechterhalten. Eine rein imaginäre Verbindung mit der Macht aber, eine imaginäre Repräsentation, nimmt einzig in einem Angst-Motiv die Ambivalenz der Macht auf. Sie kann diese Ambivalenz nicht mit irgendeinem Maß von Selbstmächtigkeit in sich fassen, so daß sie dort, wo sie ein böses inneres Objekt antrifft, nur phobisch, das ist allemal die Introjektion verweigernd, reagiert. Doch die Macht bleibt ambivalent wie eh und je. Wie nun das böse innere Objekt »enthalten«? Die seelische Lage entbindet immer größere Destruktivität. Dieser zugegebenermaßen schwierige Punkt, die Projektion des Ich, wäre an der inneren Struktur des Antisemitismus zu beschreiben. Wenn das Ich nicht mehr liberal sein kann – die verzerrte Repräsentanz von Autonomie, die verzerrte Figur des liberalen Bourgeois als Stichwort –, wird es zum Fremdbild. Dieses »Ergebnis« verknüpfe ich mit einer Mutter, die nicht mehr »good enough« ist, die die Projektion des bösen Objekts nicht mehr akzeptiert. Das bringt uns vor die Nötigung, den Funktionsverlust von Familie zu erklären, der seit 1900 behauptet werden kann. In dem Maße, wie die Gesellschaft ihre Geschlossenheit verliert – Stichwort Privatisierung der Autorität, innere Veränderung der Repräsentation –, kann ein realer Vater die Macht nicht mehr repräsentieren, die Mittel schwinden, die Ambivalenzen zu balancieren, und damit wird die psychische Integrationskraft der Kinder überfordert. Statt dessen bietet der Nationalsozialismus die fixe Idee eines allgemeinen Libidoobjektes an, von dessen Imago eine hypnotisierende, bannende Wirkung ausgeht. Was ist das für ein Triebobjekt? Wahrscheinlich könnte dessen perverse Verfassung mit Mitteln der herkömmlichen Psychoanalyse – analsadistische Fixierung beispielsweise – erklärt werden, doch scheint das nicht in genügendem Maße dessen massenhypnotisierende Wirkung einerseits, die Substitution der Autonomie andererseits zu berücksichtigen. Die Imago dieses allgemeinen Libidoobjekts konvergiert mit der der unbedingten Homogenität des Volkskörpers. Die Imago verhält sich feindselig, man möchte sagen traumatisierend zum Impuls des Ich, sich zu verallgemeinern. Dieser Impuls muß erstickt werden, denn er erinnert die Triebe, der die Imago entsprechen, an einen unlösbaren intrapsychischen Konflikt. Welcher ist es? Von der Gedächtnisspur dieses Konflikts geht die Drohung einer tödlichen Explosion der Psyche aus. Zu diesem Gedächtnis gehört die Erinnerung an die eigene Destruktivität. Der Konflikt ist der zwischen dem ursprünglich im Gedächtnis festgehaltenen Ichimpuls einerseits und einem »Gefühl schlechthiniger Abhängigkeit« von der Mutter andererseits, ihrer Introjektion, die der Ichimpuls doch voraussetzen muß. Man bringt es nicht zu der für das Ich konstitutiven Introjektion der Mutter, sondern nur zu einer präödipalen Imago einer übermächtigen Mutter, die einen eben noch »hält«. Dies »containing« ist aber unsicher geworden, die Mutter droht einen auszuscheiden, dann hat man nur noch das Sein von Faezes, und die Geschlechterdifferenz kann sich mit dem Gegensatz von Körper und Kot kontaminieren. Gegen diese Imago einer übermächtigen Mutter richtet sich die destruktive Energie, in diesem Zustand wäre Destruktion von Selbstvernichtung nicht zu unterscheiden. Die für das Realitätsbewußtsein konstitutive Rolle der Aggression kommt nicht zum Tragen. Die Destruktion muß ausfallen, sie bringt sich nur mehr im Schreckensbild der Explosion zur Erinnerung. Die angenommene analsadistische Imago eines Triebobjekts muß einige Züge des Konflikts an sich tragen, dessen Aktualität sie unterdrückt. Es ist bezeichnend für sie, daß der Körper in dieser Imago nicht als signifikantes Ich figuriert, sondern im Sinne des archaischen Gegensatzes von mütterlichem Corpus und Faezes eher auf die Seite der Ausscheidung gerät. Die Imago stellt, indem sie ein drittes Neutrales zwischen dem mütterlichen Corpus und den Faezes imaginiert, den Konflikt zwischen Ichimpuls und »schlechthinigem Abhängigkeitsgefühl« still. Die Neutralität jenes Dritten und der mit »Heftigkeit« stagnierende Konflikt sind sexualisierbar.

Vermutlich bleibt niemand von jener Imago einer übermächtigen Mutter, die ihr Kind entweder »enthält« oder ausscheidet, ausgenommen. Die Bedeutung der Imago ist allerdings historisch variabel, und man darf vermuten, daß sie in Zeiten, in denen die Familie an Funktion verliert, zunehmen muß. Für den Zusammenhang mit dem Antisemitismus dürfte jedoch wichtiger sein, daß die Bedeutung der faschistischen Objekt-Imago zunimmt, wenn die Attraktion des Ichimpulses schwindet. Diese Objekt-Imago scheint den Menschen, Klassendifferenzen nivellierend, näherzukommen als der Klassendifferenzen verschärfende Ichimpuls. Sie ist der Atmosphäre, die Triebkonflikte als unlösbar, selbst unartikulierbar hinnimmt, näher.

Die Thematik des Nationalsozialismus ließe sich auch auf Bions Erläuterung von Religion beziehen. Was würde es für die Psychopathologie bedeuten, den Nationalsozialismus als Idolatrie zu bezeichnen? Hier wäre an das Motiv der verordneten Faszination anzuknüpfen. Niemand glaubt die Faszination, in ihr ist der Hohn auf Enthusiasmus immer impliziert. Der Hohn zielt gegen das Moment der Vermittlung im Enthusiasmus. Wenn die

Vermittlung abgeschnitten ist, kann die Veranstaltung statt auf eine religiöse auf eine psychotische Bewußtseinslage setzen. Wenn Vermittlung nicht mehr im Zentrum der Gesellschaft gedacht wird, wird Angst entbunden, die das öffentliche Klima bestimmt. Der Fanatismus bringt es zu keiner Verarbeitung von Angst. Er bedeutet Eintauchen in einen »manischen« Raum.

Wenn man von einer psychotischen Bewußtseinslage im Nationalsozialismus spricht, dann heißt das nicht – das wäre ein plumpes Mißverständnis –, daß alle Nationalsozialisten Psychotiker gewesen wären; die meisten sind allem Anschein nach 1945 mit stabiler Psyche aus dem Nationalsozialismus hervorgegangen. Es heißt, daß es veranstaltete Milieus gab, in denen das Ich sich dissoziiert, wenn es in sie eintritt, und wenn es sie wieder verläßt, ist sein Ich wieder da, natürlich nicht unbeschädigt.

Der Nationalsozialismus ist ebenso vernunftkritisch wie religionskritisch. Es stört ihn an der Religion ihre Funktion der Vermittlung, ihre Dialektik des Negativen im Unbedingten, er will ein Unbedingtes, das von Negation absolut frei ist. Seine unbedingte Affirmation zieht dann freilich ein unbedingt Negatives nach sich, das über die simple Struktur von Paranoia hinaus ins rein Psychotische geht. Das Hin und Her zwischen den Sphären von psychotisch und normal funktioniert, weil der Faschismus die Verweigerung von konkreter Übertragung ist (Adorno sprach von seiner »Unansprechbarkeit«). Es gibt ein mechanisch geltendes Ichideal, und das Vermögen ist erloschen, das Risiko einer Übertragung überhaupt einzugehen, an die Stelle von Übertragung und Gegenübertragung tritt das Einverständnis mit dem »Zeichen«, mit dem man nicht einverstanden sein kann, weil es den Verzicht auf Verständigung bedeutet. Der Nationalsozialismus, der die Tradition beansprucht, ist in Wirklichkeit traditionslos. Die implizite Einigung lautet »Nicht-Verständigung«.

Geht man mit Bions eigenartig modifiziertem Begriff von Autonomie an den Faschismus heran – eine Balance herzustellen, zu halten –, dann sieht man, daß er gerade die Autonomie in einem radikaleren Sinne verwehrt, als derjenige, der mit Vernunftglauben und ichzentrierten psychologischen Deutungen an ihn herangeht, erkennen kann. Das erschreckende Phänomen der Ichlosigkeit nicht nur der Individuen, sondern der Gesellschaft, bedeutet den Bruch des Faschismus mit der Geschichte. Der Faschismus kann die Angst des Individuums nicht balancieren und verwandeln, sondern sie nur kontrollieren – das wäre sein irreligiöser, sein psychotischer Zug. Wo vorher Religion im Sinne der Balance war, herrscht mit dem Faschismus ein Fanatismus, eine nicht verläßliche Umwandlung von Angst in kollektive Bindeenergie, und diese Angst wird nicht verwandelt, sondern schlägt in Fanatismus um und wieder zurück in Angst.

Zur Faszination des Faschismus gehört der zuvor erwähnte Mechanismus der Reifikation, anders gesagt, das »bad object« muß endlich einmal erscheinen. Sein leibhaftiger Auftritt ist die Kehrseite des mörderischen Ausagierens. Psychotisch daran ist das sofortige Vergessen: drei Tage nach der »Reichskristallnacht« ist die Normalität wieder hergestellt. Dabei hat sich Goebbels bei einem diesbezüglichen Befehl, der alle Aktionen wieder stoppte, nicht auf den psychischen Mechanismus selbst verlassen, sondern umgekehrt, so exakt gemanagt, daß Management und psychischer Mechanismus ununterscheidbar wurden.

Ein Schlüssel zum psychotischen Zug des Nationalsozialismus liegt in dem Umstand, daß seine Ideologie (ich lasse es auf sich beruhen, ob man im Fall des Nationalsozialismus wirklich von einer Ideologie sprechen kann. Tatsächlich schafft der Nationalsozialismus die Ideologie ja ab, Ideologie ist nach Marx notwendig falsches Bewußtsein, der Nationalsozialismus trägt dieses falsche Bewußtsein ab, weil es nicht mehr notwendig ist. Wenn es zutrifft, daß zur Ideologie ein Moment von Illusion gehört, so gehört zum Nationalsozialismus ein halluzinogenes Moment. Das wäre ein diagnostischer Unterschied. Illusion ist nach Winnicott ein wichtiges Mittel zur Ichbildung, d. h., solange ich noch von Illusion sprechen kann, habe ich noch Kontakt mit beispielsweise bürgerlicher Ideologie, die eine Ich-Ideologie ist, nämlich die des freien Subjekts, während die Halluzination eine Gegenkraft gegen die Zentrierung auf das Ich darstellt) das – sei es religiös, philosophisch oder rechtlich formulierte – Problem der Wahrheit umzustürzen beansprucht. Es gibt nicht nur keine Wahrheit, sondern es gibt – gemäß dem Vulgärnietzscheanismus des Nationalsozialismus – kein Problem von Wahrheit. Der psychotische Zug des Nationalsozialismus ist ja mit dem Erweis der Unwahrheit seiner Ideologie nicht erschlossen. Das Problem der Wahrheit ist per se auf Wachstum bezogen. Die Imagines des Nationalsozialismus behaupten, »growth of the personality« ein für allemal zu sistieren, nicht ohne die Bedrohung unbedingter Regression.

Das Absolutsetzen eines öffentlichen Mythos im Nationalsozialismus (etwa Rosenbergs Mythos vom 20. Jahrhundert) ist die Kehrseite einer Enteignung der privaten Mythen im Sinne Bions, einer massenhaften psychischen Verarmung. Alle Züge privater Mythen mit ihrem Anspruch auf psychisches Gleichgewicht werden eliminiert. Die Entwicklungstendenz der Nationalsozialismus-Mythologumena ist inhibiert, und sie können so als Zeichen eines primordialen Konflikts erläutert werden.

Bions Konzentration auf eine psychoanalytische Theorie des Denkens gestattet die Anwendung auf einen solchen Komplex wie den Nationalsozialismus, weil der Nationalsozialismus eine Reihe von Angriffen auf das Denken und seine Entwicklung durchgeführt hat, einen Komplex von »mutilated thinking« überhaupt darstellt. Die psychische Funktion der Topoi der NS-Ideologie läßt sich erläutern. Andeutungsweise so:

Wenn der Begriff der Rasse politisch so benutzt wird wie im Nationalsozialismus, so wird meine Identität, das Ziel der psychischen Integration, bereits vor der Entwicklung von Gedanken und Gefühlen für entschieden, für erreicht erklärt. Damit ist Entwicklung als solche als nutzlos betrachtet. Meine Identität ist unpersönlich – darin liegt die penetranteste Pointe des faschistischen Rassenbegriffs. Dahinter steckt die ideologisch zu spezifizierende Angst, daß, überläßt man dem Individuum die personale und soziale Identität der Entwicklung von Denken und Fühlen, das Risiko von »catastrophic change« zu groß ist. Aktionen werden ausgedacht, die die vorhandenen Entwicklungsimpulse im Sinne des von Bion aufgestellten Bann-Motivs der Mythen bannen sollen. Vielleicht ist der faschistische Rassenbegriff das Vehikel einer Veröffentlichung und zugleich Sistierung des Konflikts, der durch offenbar schon zuvor massenhaft auftretende Dysfunktion der mütterlichen »reverie« entsteht. Unter der Direktion des Rassenbegriffs soll klargemacht werden, daß das, was sich in der mythischen Mutter, der mythischen Allgemeinheit spiegelt, die progressive Tendenz des individuellen Denkens verurteilt. Zurückhaltender gesagt: eine Unbezogenheit von Öffentlichkeit und Individuum übt noch auf intimstes Verhalten wie »reverie« Wirkungen aus.

Auch in Verhältnissen des Kultes kann es eine Megalomanie geben, die sich als Indifferenz gegenüber Ja oder Nein zum Zweck des Kultes – und der Zweck des Kultes ist die Erneuerung der Wirklichkeit – erweist. Mit diesem innerkultischen Kriterium könnten wir den Nationalsozialismus konfrontieren. Wenn der Nationalsozialismus ein Kult ist, dann ist ihm der Zweck des Kultes, die Erneuerung der Wirklichkeit, »mental growth«, gleichgültig, beziehungsweise die Begriffe, mit denen er diesen Zweck formuliert, werden äquivok, sind ebenso produktiv wie vernichtend.

Die Einsicht, daß es sich bei der faschistischen Veranstaltung um »Halluzinose« (die »hallucinosis« des Patienten hat eine Entsprechung beim Psychoanalytiker, sie ist dann eine generelle Disposition, fast so etwas wie die »freischwebende Aufmerksamkeit«, der Humus, aus dem sich die »Halluzination« entwickelt bzw. das Medium, in dem über sie kommuniziert werden kann, in gewissem Sinne eine Analogie zur »reverie« der Mutter) handelt, wäre kein Einwand für denjenigen, der sie mitveranstaltet, sondern er würde das kühl einräumen: Jawohl, auf die Veranstaltung kommt es an! Diese Veranstaltung repräsentiert im Unterschied zu einer religiösen nicht mehr Totalität, sondern sie *ist*, solange sie dauert, Totalität, dies in wirklichem Bruch zu einer Religionsgeschichte, für deren Kult eben die Repräsentation von Totalität charakteristisch ist. Es gibt in der faschistischen Veranstaltung keine Totalität mehr, auf die man sich urteilend beziehen, sich mit ihr identifizieren könnte, es gibt nur noch die Veranstaltung, die Totalität halluziniert: die Veranstaltung hat Analogien zu einem psychotischen Ablauf, neutralistisch gesagt. Die Halluzination ist genau die Beschwörung dessen, gegen das die Illusion immer noch ein bißchen Widerstand leistet. Die Illusion schafft immer noch eine Insel gegenüber den psychischen Urkatastrophen, die Halluzination hingegen ist deren Wiederholung. Das macht dann denjenigen, der vorher in illusionärer Ideologie befangen war, so wehrlos gegen die faschistische Veranstaltung, weil sie gerade betont, es ginge um das Abräumen von Illusionen: wenn ich an Kultur denke, greife ich zum Revolver...

Wenn es eine gemeinsame Atmosphäre von Faszination zwischen einer Massenveranstaltung und dem Krieg gibt, dann deshalb, weil ein Stück frühkindlicher Katastrophe in beiden wiederholt wird. Etwas von der frühkindlichen Angst, daß die mühsam erworbenen Vermittlungen alle zerbrechen, wird wieder aktualisiert. Das Vermittlungsobjekt, das ich mir nach Winnicott selbst geschaffen habe, ist entmachtet, damit die Mutterimago, damit die Beziehung zwischen Ich und Mutter, statt dessen tritt mir eine formlose Gewalt gegenüber, die »Formlosigkeit« beschützt das Individuum nicht mehr von »hinten«, sondern tritt ihm von »vorn« entgegen. Weil die Angst Identitätsangst ist, kann sie in Fanatismus, der nichts ist als verschobene Angst, umschlagen.

Wenn wir behaupten, für den Faschismus sei kennzeichnend, daß da, wo vorher Religion im Sinne der Balance war, jetzt Fanatismus als nicht verläßliche Umwandlung von Angst in kollektive Bindeenergie ist, so entspricht das Freuds Schreckbild der unorganisierten spontanen Massenbildung, das er in *Massenpsychologie und Ichanalyse* zeichnet. Der Fanatismus ist substantiell Angst, der Faschismus hat sie, nicht balancierend, nicht verwandelnd, sondern kontrollierend, in der Hand und bewahrt das Individuum durch die Kontrolle gewissermaßen vor seiner persönlichen Angst, die es zu überschwemmen droht – das wäre sein psychotischer, sozusagen auch irreligiöser Zug. Die Funktion, die den lügenhaften Totalisierungen des Nationalsozialismus insgeheim auf der Stirn geschrieben stehen wie nach der Offenbarung Johannis der Stadt Rom ihre Funktion als Hure Babylon, ist – das Moment von »preconception« ist nach Bion das Moment von Erwartung in einer Begriffsbildung –, daß sie Erwartungen niederschlagen. Es soll nicht mehr erwartet werden, es ist alles schon da, die Eroberungen sind nicht Progressionen im psychischen Sinn, nicht Erfahrungszugewinne, sondern nur Wiederholungszwang. Der Volksbegriff wird virulent als der Operator der Unmöglichkeit, die Gesellschaft im allgemeinen auch nur noch denken zu können.

Totalisierung ist kein Bionscher Begriff, sondern eine Vorstellung von Hegel. Hegels Anspruch ist, daß das konkrete Allgemeine, eben die Totalisierung, aus negativen Erfahrungen gewonnen wird. In Bions Sprache: aus korrigierten »preconceptions«, aus »preconceptions«, die schon ein bestimmtes Niveau von Enttäuschungen hinter sich haben. Hegel meint, man könne einen Balancezustand von Bewußtsein, also auch von gesellschaftlichem Bewußtsein, durch einen Zusammenhang solcher korrigierter »preconceptions« erreichen. Im Faschismus fungiert Totalisierung nicht mehr im antizipativen, sondern nur noch im totalitären Sinn, er bedeutet den massenhaften exekutierten Kollaps einer Gesellschaftstheorie nicht im akademischen Sinn, sondern im Sinn einer möglichen Balance gesellschaftlichen Bewußtseins. Es wird nicht mehr zwischen besonderen und allgemeinen Sätzen unterschieden, sondern es gibt eigentlich nur noch allgemeine Sätze, die aber alle im bestimmten Sinne mythisch sind, die alle die negative Funktion haben, die Entwicklung zu unterbinden oder zu verbieten. Eroberungen für das »Volk ohne Raum« – das ist der negative nationalsozialistische Modus von »antizipativem« Denken, der dann entsteht, wenn die Übermacht des »bösen« Objekts, verbunden mit Katastrophenangst, den inneren Raum okkupiert (was für historisch gesellschaftliche Erfahrungen dafür ausschlaggebend sind, steht auf einem anderen Blatt, eine rein psychologische Erklärung kann für die Sozialdiagnostik des Faschismus, für die Beantwortung der Frage, auf welche gesellschaftlichen Erfahrungen er reagiert hat, niemals ausreichen; am ehesten dürfte diese Vorstellung von psychotischen als kollektiven Zuständen die Frage zu beantworten helfen, warum Widerstand nicht möglich war).

Wir stellen heute fest, daß die politischen und ökonomischen Verallgemeinerungen über den Wertbegriff nicht mehr das zentrale Paradigma sind. Es gibt immer mehr Randzonen – wenn man das Wertgesetz als Zentrum annimmt –, die erwiesenermaßen über den Mechanismus des Marktes nicht mehr zu erreichen sind – etwa das Ressourcenproblem, das Verhältnis zur Natur. Immer mehr irrationale Wirklichkeitsfelder zwingen dazu, uns nicht mehr weiterhin an bewußtseinsphilosophische, humanistische, anthropologische Prämissen zu klammern und statt dessen zu einer neuen Art von gesellschaftlicher Erkenntnis zu gelangen.

Vielleicht ist es in dieser Lage nicht verwunderlich, daß wir das gedankliche Verhältnis zur Öffentlichkeit in Analogie zu frühkindlichen Bewußtseinszuständen sehen können. Der öffentliche Zusammenhang erscheint uns mindestens ebenso verworren wie der Weltzusammenhang für das Kind. Warum sollten wir uns nicht vorstellen, daß diese Zustände von Verwirrung und Angst eine ähnliche rituelle Darstellung und Bändigung erfahren, wie sie auch das Kind bewerkstelligt, nur daß das dann gesellschaftliche Rituale wären. Es irritiert uns, daß Probleme, die sich nicht eingrenzen lassen, dann doch dadurch gewissermaßen »gelöst« werden, daß sich gesellschaftliche Sphären bilden, die sich z. T. vollkommen abdichten. Das wäre eine »frühkindliche« Verhaltensweise der Abspaltung: *die* sind dafür zuständig! Vergeblich wird man allerdings nach dem Ich suchen, das die Abspaltung wieder integrieren könnte, zumindest scheint sich die zur paranoid-schizoiden Spaltung dazugehörige »depressive Position« zu verbergen.

»Basic-assumption«-Gruppen, Gruppen, bei denen der Zweck ihrer Arbeit zugunsten eines dominierenden psychischen Mechanismus in den Hintergrund getreten ist, entstehen nach Bion ausschließlich durch Regression. Wenn eine faschistische Bewegung in ihrem Kern die Beschwörung der Substantialität der »gang«, der Gruppe, hat, in der das Individuum zum Appendix des Gesamtorganismus wird, dann ist die Regression scharf affirmiert. Das Niveau einer militärischen Gruppe wird immer vom Dümmsten bestimmt, die Klügsten sind geradezu die, die die Dummheit des Dümmsten einzuschätzen und noch zu unterbieten verstehen (für politische Hierarchien dürfte das gleiche gelten). Diese Dummheit könnte noch eine Funktion der Arbeitsgruppe sein. Bei der faschistischen »gang« scheint der Arbeitsaspekt nahezu völlig ausgeblendet. Das macht ihren archaischen Charakter aus. Freud selbst gab gegen Ende seines Lebens die Annahme der Einheit der Psyche (mittels »Schichten« des Bewußtseins formuliert) auf und konnte sich nun vorstellen, daß abgespaltene Segmente der Psyche so isoliert nebeneinander hausen, daß Krankheit und Gesundheit in ein und demselben Individuum gleichzeitig existieren.

In ähnlicher Weise haben die Menschen im Angesicht der Drohung, die vom NS-Staat ausging, ihre »Normalität« aufrechterhalten – die Normalität selbst war sozusagen ein Segment der allgemeinen Psychose. Unter dieser Spaltungsannahme wäre die Normalität, die nach 1945 wieder hergestellt wurde, nach wie vor Teil der allgemeinen Psychose. Die faschistische Totalisierung von Volk, Rasse etc. hätte in Spaltungsprozessen »überlebt« und die Funktion der Neonazis bestände darin, das, was unsichtbar gemacht wurde, wieder sichtbar werden zu lassen. Die Ideologie der Bundesrepublik hat die faschistische Totalisierung amputiert, die Neonazis reklamieren die *»ganze«* kollektive Psychose.

»Entwirklichung« charakterisiert die NS-Realität, von ihr hat sich die Nation nach 1945 nicht erholt. Der Realitätsverlust setzte sich fort. Die Realität hätte nach 1945 in Form einer Depression als »Wiedergutmachung« der manischen Begeisterung einkehren müssen, statt dessen gab es eher eine, wenn auch sehr schwache Wiederauflage des Hochgefühls: Jetzt machen wir etwas ganz Neues! Selbst Tillich sprach nach 1945 davon, daß, im Gegensatz zu 1918, nun »heilige Leere« eintreten könne. Die schnelle Positivierung einer vollkommen negativen Erfahrung muß zumindest befremden, so wie heute in anderer Weise die wahre Freude über die »neue Unübersichtlichkeit« ausbleibt, weil in solchen »Beschreibungen« die Euphorie lauert, anstatt daß Ambivalenzen festgehalten werden.

Daß dann erst die jüngere Generation, die Studenten, die Depression stellvertretend erlebte, ist prekär, denn der, dessen Stelle da vertreten wurde, ließ sich das nicht gefallen und der andere gab, um die Aggression zu parieren, nicht zu, daß er die Stelle vertrat, sondern gab vor, aus eigenem Elan zu handeln. Es kam nicht zu einer therapeutischen Wirkung von »Urteil« – das Urteil wurde vielmehr unerträglich dadurch, daß jeder und niemand sich getroffen fühlte. Das deutsche Volk hat versagt, oder die Jungen klagen ihre Väter an: Ihr habt versagt. Das Urteil greift nicht, weil es zum einen jedem unerträglich nahekommt, zum anderen sofort externalisiert wird – eine gelungene Distanzierung, die ein erlösendes historisches Urteil bewirkt, scheint außer Reichweite.

Für die Entstehung der »deutschen Psychose« ist nicht die Institution des Führers das Erste, sondern der Antisemitismus. Zur Entstehung eines derart radikalen Antisemitismus gehört allerdings die Katastrophentendenz des Establishments dazu. Die ist heute nicht vorhanden, das Establishment ist stabil; konstant geblieben ist subkutan (in Österreich nicht ganz so subkutan) eine allgemeine Psychose, die paradoxerweise ihrerseits das Establishment weiter stabilisiert. Der faschistischen Totalisierung als ritualisierender Wiederholung einer »catastrophic change« entspricht heute auf symbolischer Ebene eher das Gegenteil, nämlich die Ambiguität des Partikularen als Resistenz und Abschließungsmotiv. Partikel, Reminiszenzen des NS-Mobiliars tauchen bei meist pubertären Gruppen auf, nicht mit dem totalisierenden Pathos, sondern zum Zeichen ihrer Exklusivität.

Der überlebende psychotische Zug, das Erbe der NS-Zeit, kann auch als Zusammenbruch von Sichverlassen auf Zukunft interpretiert werden, als absolute Regression oder »negative growth«. An »negative growth« arbeitet unermüdlich die Institution, die Adorno und Horkheimer »Kulturindustrie« nannten: Den Verfechtern der Simulation zufolge geht es »nur« um die Erzeugung von Gleichgültigkeit, Indifferenz. In Wirklichkeit geht es auf vertrackte Weise um die Erzeugung von Gewalt. Ein Film wie *Rambo* macht das mit wünschenswerter Deutlichkeit klar: es geht in ihm nicht um die Verwirrung des Verhältnisses von Realität und Film-Realität in identifikatorischem Sinne mit dem »Lernziel« Gewöhnung an Völkermord – niemand identifiziert sich mit Rambo. Sondern die Gewalt, die Rambo verkörpert, steht – verschoben – für die Herrschaft des Mediums Kulturindustrie.

Institutionen, die gut genug wären...

Die Konzentration auf frühkindliche Katastrophenerfahrungen, wobei Erfahrungen in Anführungsstrichen zu schreiben ist, führte zu einer neuen Aufmerksamkeit auf die Rekonstruktion der Identitätsbildung. Katastrophensucht als ein sich verselbständigendes Symptom, als die »Angst vor dem Zusammenbruch« (Winnicott) in der Zukunft, der in Wirklichkeit in der Vergangenheit stattgefunden hat, gehört möglicherweise zum Nachleben des Faschismus. Der zweite Topos, der Nervus rerum der Psychogenese, die Identitätsbildung, würde zu einer Theorie der Therapie gehören – Bion betont immer wieder, daß sein metapsychologisches Interesse klinische Gründe hat. Klärungen in der Metapsychologie erleichtern ihm die therapeutische Arbeit.

Wo hätte das deutsche Volk kollektiv und nicht nur in der Sozialtherapie eine Entsprechung zu dieser spezifischen Funktion der »Realisierung von Bedeutung« gehabt? Woran hat es gefehlt? Eben an institutionellen Medien, die denken helfen, wie die »thinking mother«. Die deutsche Psychoanalyse war nach 1945 zunächst nicht in der Lage, diese Funktion auszufüllen, das war nach Sachlage der psychischen Verhältnisse wohl kein Versagen, sondern eine »normale« Reaktion – wer ihr das heute moralisierend vorwirft, verharmlost selber das Krankheitsbild des deutschen Faschismus.

Im Zuge der Nachkriegsbewältigung war die Suche nach dem Leitbild sozusagen die idyllische Wiederholung der ekstatischen Führeranbetung des Nationalsozialismus. Heute könnte man u. U. für die Subkultur von einem Wiederaufleben ekstatischer Bilder sprechen. Das Gefühl, aus dem heraus solche Ekstasen agiert werden, ist nicht »Hoffnung« zu nennen, sondern deren manische Simulation: »elation«, die Regression, aber keine Progression, kein »Lernen«, zuläßt.

In der psychotischen Hemisphäre ist der »Augenblick« der Katastrophe, d. h., technisch gesprochen, der Einbruch der emotionalen Realität, der traumatisch ausgehen kann, aber nicht muß, sozusagen auf Dauer gestellt. Wenn ich »zum ersten Mal« projiziere, weiß ich nicht, wo ich lande, es könnte die Vernichtung sein, ebenso wenn ich »zum ersten Mal« introjiziere. Diese Art von Risiken meint Bion mit dem Terminus Katastrophe. Da es nur über Projektion und Introjektion zum Denken kommt, ist die Katastrophe absolut unvermeidlich. Winnicott kennt diese ursprünglichen Risiken von Projektion genauso, er betont allerdings mehr den intentionalen Aspekt an dieser »Katastrophe«, und er kennt genauso wie Bion die »Geduld« als Bürgen für die zukünftige Integration. Diese Geduld, die das kleine Kind in der »Verfolgungszeit« seines Lebens, der schizoid-paranoiden Position, lernen muß und die dann, wenn ihm das gelingt, den dürren Terminus »Frustrationstoleranz« erhält, hat Keats als »negative capability« gerühmt, die Fähigkeit, Negatives auszuhalten, ohne zu projizieren und zu halluzinieren. Die Gesellschaft von heute ist mit wenig »negative capability« begabt, sie neigt dazu, ihr Nichtzurechtkommen in »wilder« Psychoanalyse zu

»behandeln«. Das gehört zu ihrer inneren Geschichte der Selbsttäuschung so sehr wie zur Geschichte der Entmachtung potenter gesellschaftlicher Institutionen zur »Erzeugung von Bedeutung«. Hohe Professionalität, wie sie manche Psychoanalytiker vor allem der angelsächsischen Tradition demonstrieren, ist nicht per Mimikry erwerbbar, wie ja auch niemand – Hamlet hat es uns eingeschärft – auf einer Flöte spielen kann, wenn er die Griffe nicht beherrscht. Professionalität im Nachdenken über die Psyche und bei der Ermöglichung einer »korrektiven emotionalen Erfahrung« ist ein gesellschaftliches Gut, das nicht ungestraft verschleudert wird, zumal wenn keine anderen potenten Institutionen vorhanden sind, die die gesellschaftlichen Probleme von Übertragung und Gegenübertragung, von projektiver Identifikation stellvertretend übernehmen. Die »Als ob«-Propheten aber ersparen sich den »Schmerz«, und ohne den Begriff des Schmerzes, das würde ich immer gegen Baudrillard einwenden, kann man keine sinnvolle Theorie machen.

Institutionen, die gut genug sind, um Zukunftsoffenheit zu erhalten, müssen die konstruktiven und die destruktiven Kräfte im Individuum und in der Gruppe in Balance halten, sie verlängern die Funktion der »normal guten« Familie: Liebe hervorzurufen, Hoffnung zu bestärken, depressive Gedanken in sich aufzunehmen. Zukunftshoffnung und Zukunftsoffenheit läßt sich nicht erzwingen, glaubwürdig kann an sie nur appellieren, wer in gewissen Maßen die Mutter selbst repräsentiert, die gut genug war. In einem solchen Medium, in einer Gesellschaft mit normal guten Institutionen ist die Erinnerung an die eigene Vergangenheit ebenso möglich wie die Sehnsucht nach einer Zukunft, in der das »verlorene Objekt« wiedergefunden und »ewig« präsent sein wird.

Sofern wir jetzt diese individuellen psychologischen Ergebnisse auf kollektive Situationen übertragen können, ergibt sich die Aussicht, freizukommen von dem gebannten Starren auf die moralische Katastrophe des Nationalsozialismus und – wahlweise davon entlastend und zugleich neubelastend – auf aktuelle Katastrophen, als wären sie das Unheil schlechthin. Gerade die Tatsache, daß das moralische Urteil von der traumatischen Erinnerung an diese Katastrophen nicht loskommt, zeigt, daß es um eine diagnostische Dimension erweitert werden muß. In ihr dürfte man unterscheiden zwischen der auch psychischen Katastrophe einer geradezu implosiven Regression und einem progressiven Moment. Vielleicht kommt man auch deshalb mit der nationalsozialistischen Vergangenheit so wenig weiter, weil in die Erinnerung an deren traumatischen Charakter die traumatischen Wirkungen aktueller Katastrophen und Katastrophenängste einfließen, und vielleicht kommt man deshalb mit aktuellen Katastrophenängsten so wenig weiter, weil man sie in Verkennung ihres progressiven Moments immer nur für eine Wiederkehr jener Traumata hält, die der Nationalsozialismus als Komplex zusammenfaßte.

Jean-Pierre Dubost

Die Zukunft des Textes

Für Jean-François Lyotard

1. Literale Zukunftsmaschinen

Wer heute etwa glauben würde, daß die maschinelle Simulation von Zukunft eine Erfindung unserer Gegenwart sei, würde zweifelsohne von historischer Vergeßlichkeit zeugen, kannten doch die Araber schon im 6. Jahrhundert n. Ch. jene auf Buchstabenkombination beruhende *Za'iridscha-el-alám* (etwa »universelle Rundscheibe«), die zu nichts anderem diente als zur Erkenntnis unsichtbarer Dinge mittels einer hochkomplizierten Buchstabenkombinatorik. Ibn Chaldun, der in seiner *Muqaddima* deren hard- und software recht ausführlich beschreibt[1], vergleicht sie mit traditionellen geomantischen Techniken und ähnlichen »Zukunftskalkülen« und hebt dabei ihr einwandfrei rationales Regelsystem hervor: »Das Verfahren beruht auf einer kohärenten Methode und erfolgt aufgrund von gültigen Regeln.«[2] Was man solchen Maschinen vorwerfen könne, so Ibn Chaldun, sei also nicht ihre immanente Irrationalität. Und wenn er letzten Endes ihren Gebrauch verwirft, dann nicht etwa wegen der Irrationalität der Antizipation, sondern eher weil wir es mit einem System zu tun haben, das die Antwort in der Frage schon enthält: »Es liegt auf der Hand, daß reziproke Relationen, die zwischen allen Daten bestehen, uns ermöglichen [beim Gebrauch der Za'iridscha] das Unbekannte aus dem Bekannten zu gewinnen. Nun gilt dies jedoch nur für die Fakten der physischen Welt und im Bereich der Wissenschaften.

Künftige Dinge sind aber Geheimnisse, von denen wir keine klare Kenntnis haben können, solange wir deren Ursachen ignorieren und uns keine klare Begriffe von ihnen machen können. Wenn dies nun klar ist, so folgt daraus, daß alle Operationen der Za'iridscha lediglich dazu dienen, die Wörter der Antwort aus den Wörtern der Frage zu gewinnen. Wie man sieht, geht es darum, eine bestimmte Anordnung von Buchstaben aus einer anderen hervorzuholen. Das Geheimnis besteht hier in einer Relation zwischen den beiden Anordnungen. Einige mögen dessen gewahr sein, andere nicht. Für denjenigen, der die existierenden Beziehungen zwischen den Buchstaben der Frage und denen der Antwort schon kennt, erhellt sich das ganze Mysterium von selbst.«[3] Für Ibn Chaldun war ein solcher circulus vitiosus der rationalen Antizipation aus letzlich theologischen Gründen nicht legitim. Die Wissenschaft der historischen Kausalität, um deren Fundierung sich die Muqaddima gerade bemüht, konnte in seiner Sicht mit solchen prospektiven Maschinen nicht vereinbar sein. Es sei eine menschliche Anmaßung, sich auf diese Art des göttlichen Wissens ermächtigen zu wollen: »Eine solche Kenntnis kann nicht durch solche Operationen erreicht werden. Sie bleibt dem Menschen verborgen. Nur Allah kann die Ganzheit seines eigenen Wissens beanspruchen. ›Allah weiß und ihr wißt nicht‹ (Koran, Sure II, Vers 213).«[4] Die Gabe, »auf alle Seinskategorien einzuwirken, so oft er sich auf sie zuwendet und sie kombinieren möchte«, habe nämlich der Allwissende den Propheten allein verliehen, erinnert uns Ibn Chaldun ein paar Kapitel früher.

Eine solche Trennung zwischen göttlichem und profanem Wissen aufzuheben, war hingegen gerade das Anliegen von Raimundus Lullus. Der »doctor illuminatus«, der sich vorgenommen hatte, im Zuge der reconquista die arabische Welt zu missionieren, und den Glauben aus den Prinzipien einer christlichen Universalwahrheit (Ars Magna genannt) abzuleiten intendierte, hatte selbst in seinen *Artes Memoriae* ähnliche »Zukunftsmaschinen« entworfen. Seiner Lehre entsprechend übertritt sein Vorhaben die von Ibn Chaldun (der der Lehre der »doppelten Wahrheit« des Averroes ganz verpflichtet war) gesetzte Grenze: die Buchstaben, mit denen seine Maschine operierte, waren justament theologische Attribute.[5]

Wir werden heute, als Zeugen einer unerhörten Explosion in der Erfindung und Anwendung von künstlicher Intelligenz und Simulationstechniken, angesichts solcher vergangener Zukunftsmaschinen uns kaum des Lächelns erwehren können, und wenn wir schon mit Leib und Seele der digitalen Barbarei huldigen, werden wir sie sogar verachten. Zu glauben, daß eine Kombination von Buchstaben irgendeine Art von prophetischer Effizienz haben könnte (daß sie also »auf Seinskategorien einzuwirken« und sie »kombinieren« vermochte), hieße nicht nur auf prä-galileische Begründungsregeln rekurrieren, sondern auch die Differenz zwischen literaler Virtualität und mathematischer Probabilität gänzlich ignorieren. Als Raymond Queneau, der nicht nur Schriftsteller, sondern auch ein kundiger Mathematiker war, seine Sonett-Maschine konzipierte *(Cent mille milliards de poèmes)*, siedelte er nicht nur die poetische Operation in jenem paradoxalen Zwischenraum an, der die Besonderheit der literarischen Zukunftskategorie definiert, er deutete auch auf die unendliche Distanz hin, die zwischen textueller Simulation und jeder Form von Aktualisierung liegt und liegen muß. Mit subtiler Grausamkeit erinnerte er in seiner »Gebrauchsanweisung« seinen Leser an die beschränkte Zeitreihe, die diese Textmaschine eröffnet: »Es handelt sich letzten Endes um eine Maschine, um Gedichte – aber nur eine beschränkte Zahl von Gedichten – herzustellen; diese Zahl bietet allerdings, obwohl sie beschränkt ist, etwa zweihundert Millionen Jahre Lektüre, vorausgesetzt, daß man rund um die Uhr mit Lesen beschäftigt sei.« Sind Queneaus Sonette etwa nicht nach einer »kohärenten Methode« und »aufgrund von gültigen Regeln« gebaut? Die Gebrauchsanweisung definiert sie sehr genau. Hier respektiert die literarische Ironie physische und mathematische Möglichkeiten, sie verbietet sich jede Schwärmerei und überschreitet die Grenzen ihrer immanenten Regeln nicht. Sie produziert eine rational antizipierbare Endlichkeit, die auf das Pathos der existentialen Endlichkeit mit mathematischer Grausamkeit antwortet. Diese inhumane Textmaschine kalkuliert nämlich mit Zeitgrößen, die jede Art von »hermeneutischem Zirkel« im voraus vereiteln. Erst ein 1 333 333 × 75 (eine milliondreihundertdreiunddreißigtausenddreihundertdreiunddreißig mal fünfundsiebzig) Jahre lebender Sterblicher würde, zur Lesemaschine ganzzeitlich verdammt, mit der Lektüre des »ganzen« Textes fertig werden (d. h. mit der Erschöpfung aller möglichen Satzkombinationen) – von der Zeit der »Interpretation« (die erst die textuelle Zeitsphäre definieren könnte) ganz zu schweigen. Diese Zahl transzendiert so sehr das übliche Maß eines »Seins zum Tode«, daß das zeitliche Instrumentarium der existentialen Dimension auf jene »Bauernuhr« zurückgewiesen wird, die Heidegger (nicht ganz von ungefähr) in *Sein und Zeit* als Beispiel für das »Gewärtigen« der Zeit, für die im Dasein verankerte existentiale Zeitmessung nimmt.[6]

Nun könnte sich der digitale Barbar allzuschnell der Schadenfreude hingeben: diese Textmaschine ist ebensowenig im circulus vitiosus des puren Verstands eingefangen wie jede poetische Todesnähe. Ihre literarische Seite ironisiert ihre mathematische und umgekehrt. Denn die Zeitlichkeit der informatisierten Zukunftserkundung erweist sich wiederum, angesichts der Sonett-Maschine Queneaus, als viel humaner und weitaus existenzgebundener. Wir würden heute einem Zukunftsforscher, der mit derartig monströsen Zeitspannen operieren würde, berechtigterweise nicht viel mehr Glauben schenken als dem Doctor Illuminatus selbst. Wenn die Textmaschine Queneaus eine »Effizienz« haben soll, dann nur in indirekter Weise. Sie präsentiert sich weniger als »Zukunftsmaschine«, als daß sie uns über das Maß an Humanität und Inhumanität, die die literarischen »Maschinen« im weitesten Sinne zeitigen, zu denken gibt. Dadurch fordert sie uns auf, den Status der textuellen *Virtualität* zu reflektieren.

2. »Es wird also im nächsten Jahrhundert keine Bücher mehr geben«

Diese Reflexion scheint mir heute und angesichts der sich abzeichnenden technologischen Entwicklung unumgänglich zu sein. Es wäre jedoch ein Mißverständnis, wenn man dies im Sinne der Ablösung verstehen würde. Das Problem des politischen Engagements der Literatur stellt sich nach wie vor, und nichts scheint darauf hinzudeuten, daß das Maß an Elend und Gewalt, das mit dem technologischen Prozeß unweigerlich verbunden ist, in Zukunft abnehmen könnte. Das literarische Engagement fällt aber nicht in die Kategorie der Zukunft, sondern in die der Gegenwart – des Aktes, der Aktion und der Aktualisierung. Die Legitimität der Revolte und der menschlichen Ehrenrettung tangiert die literarische Zukunftskategorie keineswegs. Wenn dies der Fall wäre, dann wäre die Gerechtigkeit keine Idee, sondern letzten Endes nur eine politische Konjunktur. Die Zeitlichkeit der textuellen Virtualität scheint mir jedoch mit der ethischen und politischen Dimension nicht vereinbar zu sein. Ebensowenig ist ein Text denkbar, der sich in der Aktualisierung seiner Antwort erschöpfen könnte. Nicht um die Zukunft der ethischen Dimension der Literatur brauchen wir uns also Sorgen zu machen, sondern um den Platz, den die technologische Entwicklung der literarischen Zukunftskategorie künftig überhaupt einzuräumen bereit ist. Diese Frage scheint mir paradoxerweise dringender und aktueller als die des Engagements zu sein.

Zu einer Zeit, in der in »hochentwickelten Gesellschaften« das Lesen von Jahr zu Jahr immer mehr an Boden verliert, ist diese Sorge berechtigt. Daß nun diese planetarisch ausgeweitete »Krise der Lektüre« ihren Ursprung in einem Unbehagen an der *Zeitlichkeit* von Schreiben und Lesen hat, scheint mir außer Frage zu stehen. Die Isolation des Denkers, die langsame Wirkung ungewohnter Denk- und Ausdrucksweisen ist sicherlich nichts Neues. Neu ist allerdings die Radikalität, mit der heute der unaufhaltsame Siegeszug der Medien dazu tendiert, die Zeitlichkeit der Schrift zu maßregeln, sie einzuschränken und aus dem allgemeinen kommunikationellen Prozeß zu verdrängen. Der Vorwurf der »Unverständlichkeit« bekommt dabei immer mehr eine moralische Färbung. Wer heute ein »unverständliches« Buch schreibt (bzw. einen »unverständlichen« Artikel oder Aufsatz), begeht in den Augen der Kommunikationstechnokraten aller Schattierungen einen Kardinalfehler. Mehr noch: er wird bezichtigt, das kollektive Werden zu sabotieren; er macht sich also angesichts eines abstrakten gesellschaftlichen Zeitvolumens schuldig. Kurzum: wer den Fluß der Sätze (und den ihn auslösenden, begleitenden und folgenden Geldfluß) hemmt, muß (und zwar der Quantität von Zeitverlust entsprechend) bezahlen. Eine nicht lokalisierbare Stimme verlangt eine unbezahlbare kollektive Arbeitsausfallentschädigung. Wie Jean-François Lyotard in *Der Widerstreit* schreibt: »Schon seit langem hält (...) die Vereinsamung an. Dennoch hat sich etwas geändert. Und zwar das Verhältnis zur Zeit, man ist versucht zu schreiben: der ›Zeitgebrauch‹, der heute im ›Raum der Öffentlichkeit‹ herrscht. Nicht weil sie gefährlich oder störend wäre, weist man die Reflexion zurück, sondern einfach deshalb, weil sie Zeit verschlingt, ›zu nichts taugt‹, jedenfalls nicht zum Zeitgewinn. Erfolg besteht aber darin, Zeit zu gewinnen. Ein Buch etwa hat Erfolg, wenn die erste Auflage rasch vergriffen ist. Diese Zweckbestimmung entspricht der ökonomischen Diskursart. Die Philosophie konnte ihre Reflexionen im Gewande vieler Diskursarten (künstlerischer, politischer, theologischer, wissenschaftlicher, anthropologischer) veröffentlichen, sicher um den Preis von Mißverständnissen und gravierenden Fehlurteilen, aber immerhin... – während ihr der wissenschaftliche Kalkül verhängnisvoll erscheinen muß.«[7] Was für den philosophischen, reflexiven Text gilt, gilt erst recht für den literarischen, weist doch der *literarische* Text, im Gegensatz zum philosophisch-reflexiven, eine andere Form von Zeitgebrauch auf. Bevor wir aber die Zeitlichkeit der literarischen Virtualität selbst reflektieren, müssen wir uns zunächst die Zeit geben, über die Zeit der Reflexion etwas zu reflektieren.

Die Reflexion verlangt, mit den Anforderungen einer durchschnittlich »verständlichen« – d. h. medienhaft unmittelbar assimilierbaren – Diskursart verglichen, nicht nur viel (zuviel) Zeit, sie verlangt auch, so J.-F. Lyotard weiter, »Aufmerksamkeit gegenüber dem Vorkommnis«, sie verlangt, »daß man nicht weiß, was geschieht. Sie läßt die Frage offen: *Geschieht es?* Sie versucht, das Jetzt zu bewahren (welch mißliches Wort!). Im ökonomischen Diskurs gilt die Regel, daß was geschieht, nur dann geschehen kann, wenn es bereits beglichen, also geschehen ist. Der Tausch setzt voraus, daß die Abtretung im voraus durch eine Gegen-Abtretung wettgemacht wird, die Auflage des Buchs durch ihren Verkauf. Je schneller desto besser.«[8] Dieses Offen-Lassen der Reflexion perpetuiert eine An-Archè, eine diversive und subversive Ent-Gründung, die die Kommunikation jeder Selbstgegenwart beraubt, den Zeitpunkt des kommunikativen Vertragsabschlusses ins Unbestimmte aufschiebt. Die zeitliche Ökonomie der Rede, und erst recht die zeitliche Ökonomie der telematischen Behandlung von Sätzen, tendiert per se zum ökonomischen Nirwana, zur Ek-Stase des Austauschs. Ihr Ideal ist die reine Ankunft der Botschaft, das Polieren des Opaken, die Übersetzung des Geschehens zum Datum. Das Plädoyer für die Schrift – für ihre grundsätzlich zeitaufschiebenden Ver-Führungen – heißt also etwa nicht, eine uralte und zunehmend inadäquate Technologie der Kommunikation aus einem letztlich unbegründbaren konservativen Bedürfnis heraus zu verteidigen, sondern der Ökonomisierung der Sprache Widerstand leisten. Die Zeit der Unterschrift – die Zeit des letzten Wortes – fällt nicht in die Kategorie des Möglichen, sondern der Festigung. So wie der Unterschrift gewordene Eigenname als fortlaufende Garantie für die personale Identität gilt, begleicht die Ökonomie des letzten Wortes das schon Geschehene. Sie besiegelt die reziproke Äquivalenz der Einschätzung im diskursiven Tauschprozeß bzw. garantiert das Versprochene. In diesem Sinne ist die Zeitlichkeit der Unterschrift (des letzten

Wortes) wahrhaftig »unter der Schrift« – eine ihr untergeschobene, sekundäre Schrift. Ihre Funktion ist, die Zukunft in der idealiter zeitlosen Gegenwart und Präsenz der Kommunikation einzukapseln, solange der Tausch gegenseitig anerkannt bleibt. Die Ökonomie der Reflexion schiebt nicht nur diesen künstlichen Träger beiseite, sie verschiebt und vereitelt seinen Gebrauch. Der letzte Satz der Reflexion ist nicht nur, wie der letzte Satz eines wissenschaftlichen Textes, grundsätzlich provisorisch und revidierbar, er bewegt sich auf das Offene zu, das ihn bearbeitet und schließlich opfert. Das lebendige Denken entgeht nur um den Preis dieses Todes seiner jederzeit drohenden Erstarrung.

Diese wenigen und sicherlich noch allzu schematischen Erinnerungen an die ökonomische Unbrauchbarkeit der Reflexion sollten nicht als magere Glosse zur Negativität verstanden werden, sie sollten lediglich die im wahrsten Sinne des Wortes »anarchische«, also »entgründende« Natur des Denkens betonen. Denken ist nicht stiften, fundieren, initiieren, es heißt weder beginnen noch abschließen, sondern »zum Denken denkend sterben«, wenn Denkspiegel und -bilder ihre Konsistenz verlieren. Mehr noch: es heißt, sich vom historisch wandelbaren, immer vergänglichen, jedoch immer unterschiedlich dauerfähigen »Bild des Denkens«[9] abwenden, um ohne Leitfaden, ohne vorgezeichneten Weg im Labyrinth einer flachen allseitigen Offenheit herumzuirren. Der Nomadismus ist grundsätzlich jene Suche nach einem »Nomos« des Denkens, das den Nomaden unaufhörlich abweist und ihn in die Wüste zurückschickt. Die Schrift, die diese Suche ist, verdammt seit jeher den Schreibenden, seine unbrauchbaren Prophetien »in der Wüste« zu verkünden.

Dieses Gesetz des Unökonomischen (das weniger die

»Negation der Ökonomie« ist als die Tatsache, daß es deren institutionalisierte Währungen und die Abgründe ihrer abstrakten Gründungen ex negativo »erscheinen läßt«) gilt, wie schon gesagt, nicht nur für den philosophischen, reflexiven Text, sondern noch mehr für den literarischen. Der Unterschied zwischen beiden besteht nicht in der Disposition dem Möglichen und dem »Vorkommnis« gegenüber, sondern im zeitlichen Gebrauch von Formen und Sätzen. Literarische Zukunftsmaschinen entgründen nicht begründend, im Gegensatz zur diskursiven Reflexion. Ähnlich wie die Za'iridscha schöpfen sie ihre Antworten aus ihrem literalen Bestand. Wie können aber aus der Beständigkeit einer Anordnung Zeitfiguren entstehen, die nicht »die Wörter der Antwort aus den Wörtern der Fragen« gewinnen? Wie kann ökonomische Unbrauchbarkeit auf dem Gebrauch von Formen bestehen?

3. Die Zeit der Form

Jeder Text ist eine Zeitmaschine, und zwar in mehrfacher Hinsicht. Wenn das *Jetzt* der ständig vom »Strom der Zeit« mitgerissenen Rede immer fehlen wird – wenn die *Rede* also immer zu spät oder zu früh sein wird[10] –, dann ist ein Text, der per definitionem wiederholbar ist und sogar immer erst nachträglich (d. h. in der Zeit seines Gebrauchs) als Form zu existieren beginnt, von vornherein von der Illusion einer realen zeitlichen Entsprechung von Aussage und Referent befreit. Er kann gedruckt, vervielfältigt oder vorgelesen werden, dies ändert an dieser grundsätzlichen zeitlichen Inadaequatio nichts. Seine Zeiten sind immer Quasi-Zeiten, simulierte Zeitfiguren und wirken nur als solche in der Zeit, auf ihre Zeit und auf die Zukunft. Aristoteles hob es schon in der *Poetik* hervor, als er daran erinnerte, daß die »Länge« (megethos) der Tragödie mit der physisch meßbaren Zeit (der »Zeit der Wasseruhren«) nichts zu tun habe.[11] Was die textuelle Pseudozeit aber wiederum von der Zeitökonomie des Diskurses unterscheidet, ist die unverkennbare Tatsache, daß im Text die »Zeit des letzten Wortes« eine ganz andere ist als im Diskurs – einschließlich dem reflexiven. Ein Text, der nicht bei seinem letzten Wort »für ewig enden« würde, wäre eben kein Text. Nach dem letzten Wort eines Textes hört die Welt wie eine unterbrochene Straße auf. Zwar gibt es für die Lektüre des Textes und für seinen Gebrauch im weitesten Sinne keinen Anfang und kein Ende: man kann immer an beliebigen Ecken und Enden hinein und heraus, und diese Freiheit ist um so größer, je »pluraler« (in der Sprache von Barthes) oder »multipler« (in der Sprache von Deleuze) der Text selbst ist. Und dennoch: die Beliebigkeit des Ein- und Ausstiegs dementiert keineswegs die formale Endlichkeit, die den Text vom Diskurs unterscheidet. Ein Text ist nicht revidierbar, er ist nur »variierbar«; aber diese Variation bedeutet keine immanente Korrektur, sie ist schlichtweg die Bedingung der textuellen Form selbst, die nie etwas anderes war, solange unser Gedächtnis in Raum und Zeit die intertextuelle Galaxie erforschen kann, als eine bestimmte Variation textueller Möglichkeiten. Die Wiederholung des Textes (und das heißt zuerst: die Aktualisierung seiner Potentialitäten durch seinen Gebrauch – wobei die textuelle Variation ein möglicher Gebrauch unter unendlich vielen anderen ist) wird einerseits dadurch »eingeengt« und andererseits dadurch erweitert und angeregt, daß die Zeitlichkeit der textuellen Ökonomie vom jeweiligen »Gang im Gebäude« abhängt. Borges war konsequent genug, um die *Bibliothek von*

Babel (die, weil unendlich, kein maschinelles Kalkül mehr benötigt, so daß jede zugleich notwendige und zufällige Kombination von Buchstaben früher oder später [hier oder da] alle Texte und alle Diskurse potentiell enthalten *muß*) mit dem Satz enden zu lassen: »Wenn ein ewiger Wanderer sie in irgendeiner beliebigen Richtung durchmäße, so würde er nach Jahrhunderten feststellen, daß dieselben Bände in derselben Unordnung wiederkehren (die, wiederholt, eine Ordnung wäre: die Ordnung).«[12] Aber die *Bibliothek von Babel* verwischt gerade den Unterschied zwischen Text und Diskurs: wenn jeder neuer Text – jede neue textuelle Variation – einmal (irgendwo) in der Bibliothek existieren kann und daher existieren »wird«, dann gibt es logischerweise keinen Unterschied mehr zwischen Text und Diskurs. Das Prinzip der Variation innerhalb textueller »Grammatiken« – die Tatsache, daß Texte nicht nur unterschiedliche Modalitäten sind, sondern die immer selbstindikative und immer simulativ erfolgende »Einfaltung« von Sprachen und Diskursen in Formen, diese monadeartige Einkapselung der Sprache zu Gebilden – alle diese Merkmale der textuellen Differenz verschwinden selbstverständlich, wenn die Bibliothek unendlich ist. Es gibt dann nur noch »Texte«, d. h. diese oder jene Buchstabenkombination: Schwitters *Anna Blume* und Kants *Kritik der reinen Vernunft*, dhcmrlchtdj, Wittgensteins *Philosophische Untersuchungen*, Axaxaxas mlö, Flauberts *Education Sentimentale*, Heideggers *Sein und Zeit* und so ad infinitum. Dies ist aber nur möglich, weil die *Bibliothek von Babel* eben nicht *möglich* ist, sondern *virtuell*, weil sie eben keine diskursive, sondern eine textuelle Idee ist. Wenn sie *möglich* wäre, dann müßte sie sich als Potentialität einmal aktualisieren können – eine Aussage, die mit dem Text inkompatibel ist, da die Bibliothek nicht in der Zeit ist, sondern die literarische Quasi-Zeit ins Unendliche »schon« potenziert »hat«. Diese Zeitmaschine hat also die »absolute Nicht-Zukunft« erfunden, die restlose Raumwerdung des Werdens. Die Ironie dieser literalen Entzeitlichung beruht, anders als Queneaus *Mille milliards de poèmes,* nicht auf dem Prinzip einer monströsen Ausdehnung der textuellen Gebrauchszeit, sie entwirft mit möglichst hoher logischer Stringenz eine radikale Allegorie der textuellen Virtualität, dem Borgeseschen Prinzip des »agotamiento«, der »Erschöpfung« des Textuell-Möglichen entsprechend. Das Szenarium dieser virtuellen Erschöpfung der Zeit läßt das Ausmaß des Abstandes erahnen, den der Text heute in der Lage ist sowohl zur archaischen textuellen Zeitbehandlung als auch zur modernen, rationalen Antizipation (in ihrer ökonomischen und in ihrer technologischen Form) zu behalten. Was die erstere betrifft, hat Aristoteles in der *Poetik* ihre Gesetzmäßigkeit schon erschöpfend dargestellt. Es hieße nicht, ihn verraten, sondern lediglich ihn in eine andere Sprache übersetzen, wenn wir sagen, daß der Ablauf des Erzählens in der Zeit die *expositio* in der Zeit des narrativen Schemas – der *systasis ton pragmaton* sei. Diese *systasis* hat, als Synthese von Handlungen, notgedrungen transzendentalen Charakter. Sie ist keine physisch meßbare Zeit, gehört also nicht zur »Zeit der Wasseruhren«, sondern zur narrativen Teleologie. Die Logik des *mythos,* so wie Aristoteles sie beschreibt, besteht darin, die Synthese aller narrativen Quasi-Zeiten mit der rein physischen Zeit des realen textuellen Ablaufs und mit der zu erzielenden Wirkung des Textes auf eine funktionale Art miteinander in Einklang zu bringen. Es geht also darum, ein optimales Verhältnis zwischen der Intensität des dargestellten Affekts und der gesamttextuellen Synthese aller narrativen Quasi-Zeiten zu erreichen.

Die sich daraus ergebende textuelle Zeitresultante hat also nicht nur Zeit in Form schon übersetzt, sie ermöglicht die Exposition des Gesetzes in der Zeit, den »Reim« seines »Rhythmus« und deren quasi rituale Wiederholung. Die gemeinschaftliche Anschauung des *mythos* wird, solange die Vorführung dauert, dieser »Zeitform« (dieser Zeit gewordenen Form und dieser Form gewordenen Zeit) begegnen und somit an die Macht und Notwendigkeit des Gesetzes erinnert werden. Wir werden in dieser Äquivalenz ohne Mühe das Modell der traditionellen Textökonomie wiedererkennen. Als textuelle Form erweckt sie die Erinnerung an die Notwendigkeit und die Rätselhaftigkeit einer gemeinschaftlichen Anamnese. Als soziale Technologie vollzieht der *mythos* die Zeit-Werdung von Wert-Bildern, die die Gemeinschaft braucht, um das Bild ihres Seins, ihres Schicksals anschauen zu können; er normiert den Nomos und läßt den blinden Takt des Gesetzes verspüren. Es gibt keinen Grund, diese *Wertform* nicht als *narrative Währung* zu bezeichnen. Die »Einheit mit dem Sein«, die jede politische Ökologie definiert, würde ohne dieses »zweite Geld«, ohne seine Produktion, seine Zirkulation und seinen Konsum nicht bestehen können. Mehr noch: die traditionellen textuellen Schemata (Mythen, Märchen und Legenden im genuinen Sinne, aber auch weit über die Grenzen traditioneller Gesellschaften hinaus) garantieren nicht nur die kollektive »Anschauung« von Wert-Bildern, sie erzählen (und dies seit jeher) die Geschichte des Begehrens, des Verlustes und des Wiederfindens von Wertobjekten. Sie dramatisieren auf narrativer Ebene – und namentlich mittels der Intrige – jene andere Ökonomie, die zu anderen Zeiten und Zwecken gehört als die Ökonomie im engeren Sinne und aus diesem Grunde das Aussterben traditioneller ökonomischer Bedingungen überlebt hat. Die Perpetuierung archaischer narrativer Schemata durch die modernen Medien beweist es millionenfach. Gerade diese lange Dauer narrativer Schemata ist das Zeichen, daß die traditionellen Zeitformen zur Zirkulation anderer Wertobjekte dienen als das Geld selbst. Und wenn das Überleben solcher archaischer Zeitformen sich heute noch so gut verkaufen läßt, dann heißt es eben, daß auch innerhalb der »hochentwickelten« Gesellschaften immense Enklaven traditioneller Begehrensformen weiterhin bestehen. Die Mutationen der Literatur in Form und Funktion und der Komplexifizierungsprozeß der textuellen Form (ihre immer komplexere Implexität) haben zur Genüge erkennen lassen, daß zwischen dem trägen Widerstand traditioneller Schemata und einem immanenten Komplexifizierungsprozeß textueller Grammatiken, der dem wissenschaftlich-technologischen Komplexifizierungsprozeß adäquat ist, eine unendliche Kluft liegt – die der Erfindung neuer textueller Virtualitäten.

Es stellt sich also die Frage, worin der Unterschied zwischen der technologischen und der literarischen Innovation besteht. Die Zukunft der Literatur kann sicherlich nicht allein darin bestehen, die Science-fiction als alleiniges Modell textueller Erfindungen zu nehmen. So wie die traditionelle Zeitform weniger die Textualität der Vergangenheit definiert, als daß sie die Insistenz textueller Wertformen dokumentiert, bedeutet die Science-fiction eher den phantastischen Paroxysmus rationaler Konjunkturen als die Zukunft der Literatur selbst. Wenn die Literatur eine Zukunft haben soll, dann sicherlich nicht in diesem Sinne. Die Science-fiction simuliert nämlich die Zukunft so, *als ob* die literarische Simulation *wie* die wissenschaftliche *wäre*. Die Schrift hingegen (deren Überschuß an Phantasie die besten Werke des Genres durchaus bearbeitet und verführt) simuliert nicht die Zukunft der Welt (d. h. der rational antizipierbaren Zukunft der rationalen Antizipation), sondern die Zukunft ihrer eigenen simulativen Potenz. Ihre »Authentizität« beruht gerade in der Beibehaltung dieser (Selbst-)Täuschung. Im *Denken des Draußen* erinnerte uns Foucault daran, als er in einem Kommentar zu Blanchots *Gesang der Sirenen* folgendes schrieb: »Ihre Musik ist das Gegenteil der Hymne: in ihren unsterblichen Worten schimmert keine Abwesenheit; nur die Verheißung der künftigen Melodie durchzieht ihre Melodie; das, wodurch sie verführen, ist nicht so sehr das, was sie hören lassen, sondern das, was von fern in ihren Worten aufleuchtet, die Zukunft dessen, was sie gerade sagen. Ihr Zauber geht nicht aus von ihrem augenblicklichen Gesang, sondern von dem, was er einmal sein wird. Was nun die Sirenen Odysseus zu singen versprechen, ist die Vergangenheit seiner eigenen Unternehmungen, die für die Zukunft in Epos zu verwandeln sind. ›Wir kennen die Leiden, all die Leiden, die die Götter auf den Feldern von Troja den Leuten aus Argos und Troja zugefügt haben.‹«[13] In der Tat: jede Zukunftsmusik bleibt dem Text unhörbar. Er ist es, der sich die Ohren mit Wachs stopft, um nicht zu hören. Würde die textuelle Erfindung phänomenologisch als ein Akt des Horchens beschreibbar sein, dann müßte man wahrlich sagen, daß die Literatur seltsame Ohren hat. Sie kann den Schall und Wahn der Gegenwart vollkommen überhören und Nadeln auf den Boden fallen hören, die erst in Jahren oder Jahrhunderten fallen werden. Diese seltsame Fähigkeit hat nicht zuletzt damit zu tun, daß die Erfindung neuer Formen ein besonderes Hörorgan voraussetzt, das imstande ist, jenes »Grundgeräusch« zu vernehmen, jenes »Murmeln des Intertextes«, das nicht die chaotische Gesamtheit aller *Sprachen* und auch nicht aller Diskurse, sondern die Möglichkeit des Virtuellen ist (und nicht allein die Möglichkeit des Möglichen). Ihre Aktualisierung war aber niemals etwas anderes (und dies ungeachtet allen Unterschieds im jeweiligen Zeitgebrauch literarischer Techniken) als ihre eigene Ankündigung, die Ankündigung der textuellen Differenz in actu, ihre »Afferenz«. Denn die Textualität beruht nicht allein auf Mimesis, auf Simulation, sie ist auch jene Bahnung, die sich selbst voraus ist. Wenn dem nicht so wäre, dann würde sich die Textualität, um unter grundsätzlich anderen sozialen Technologien der Zeitbehandlung weiterhin bestehen zu können, im Sinne der Repräsentation, der Vergegenwärtigung an sich selbst erinnern können. Die blinde Retention, die die literarische Innovation ermöglicht, bedeutet kein passives Verfügen über ein unendliches Reservoir von Daten (von Themen, Schemata, Techniken). Textformen, die zu anderen möglichen (vergangenen oder noch nicht realisierten) Formen in einem nur repräsentativen Verhältnis stehen (analog etwa zum Verhältnis von Vorstellung und Gegenstand), haben literarisch keine Zukunft. Formen, die »ganz neu« wären und gar keinen Bezug zum »unendlichen Gemurmel« der Texte haben würden, gibt es einfach nicht. Die »Zukunft der Literatur« besteht also nicht darin, zukunftsgerichtet rationale Konjunkturen intuitiv zu überbieten oder den »Vorschein der Zukunft« textuell zu aktualisieren, sie besteht darin, unter der Bedingung des Vergessens sich an die Potentialität der Formen zu erinnern. Die ethische Dimension der Literatur entgeht paradoxerweise diesem Gesetz nicht.

Vom 1. März bis zum 19. April 1965 sendete France Culture Gespräche mit J. L. Borges. Ein Thema durchzog diese acht Sendungen: die Diskussion um die Fabrikation der Fiktion. Auf die Frage seines Gesprächspartners Georges Charbonnier, ob man die Literatur »aufgrund von logischen, mathematischen, linguistischen Kriterien etc.« herstellen könne, antwortete Borges zuerst mit folgenden Worten: »Nun, ich werde Ihnen auf eine sehr unfranzösische Art antworten, daß dies eine sehr artifizielle Tat wäre. Ich glaube, daß die Emotion natürlicher ist – die gegenwärtige Emotion, oder die Emotion, an die man sich erinnert, wie Wordsworth sagte. Das alles erzeugt Poesie. Ansonsten dächte man an eine Maschine, um Verse herzustellen, oder z. B. an etwas, das zur Denkmaschine von Raymundus Lullus analog wäre, der uns sagt, daß wir nicht denken müssen, daß wir die Wortkombinationen erschöpfen müssen, bis zu dem Augenblick, wo die Wörter Ideen hergeben. Ich glaube, daß es einfacher ist, zu denken oder Verse zu machen, als auf so künstliche und so mühsame Methoden zu rekurrieren, die zudem nicht zufriedenstellend wären, da sie Ihre Emotion nicht erklären würden.«[14] Im Laufe des Gesprächs bringt ihn sein Gesprächspartner dazu, diese allzu strenge Dichotomie zu revidieren. Während Borges zu Beginn des Dialogs bemüht war, das »Vergessen der Form« als Erinnerung an die Form zu betonen (»Wenn ein Dichter mit Varianten spielt, erkennt man das«), gibt er später zu: »Jedes Mal, wenn man eine Form respektiert, muß man sich ein bißchen auf Variationen einlassen; sagen wir also, da Sie diese Geschichte anscheinend mögen, daß man sich ein bißchen mit der *Bibliothek von Babel* abfinden muß (...); jedes Mal. Auch wenn man

Blankverse schreibt, auch wenn man nicht Victor Hugo, sondern Walt Whitman sein möchte, haben diese Blankverse ihre Gesetze. Tatsache ist, daß für uns diese Gesetze noch geheimnisvoll sind, wie die Gesetze der Prosa auch ... Vielleicht werden sie eines Tages entdeckt, wie Pierre Ménard es getan hatte, glaube ich, in einer Geschichte, die ich geschrieben habe. Pierre Ménard hatte entdeckt, was die geheimen Gesetze der Prosa sind. Man schreibt einen Vers. Man schreibt einen anderen Vers. Man richtet sich ein bißchen nach dem Klang. Sicherlich wundert sich unser Ohr; man erblickt diese verborgenen Gesetze. Man spürt, daß dieser Blankvers nach jenem anderen möglich ist und daß ein anderer unmöglich ist. Das heißt also, daß es immer etwas mit der *Bibliothek von Babel* zu tun hat.«[15] Die Bescheidenheit dieses Schlusses wird wohl nicht die einzige List von Borges gewesen sein. Kurz bevor hatte er nämlich auf die gleiche Frage eine ganz andere Antwort gegeben. Als sein Dialogpartner seine Frage noch präzisiert hatte (»Lassen wir die Frage beiseite, ob dies wünschenswert ist oder nicht und stellen wir die nackte Frage: ist es möglich oder wird es einmal möglich sein?«), erwiderte Borges: »Ja, ich glaube, daß es möglich ist. Wir sind alle in der Situation des Roulett-Spielers, der über ein unendliches Kapital verfügen würde. Er kann nicht verlieren. Es genügt nämlich, wenn er jedes Mal seinen Einsatz verdoppelt. Irgendwann wird er wohl gewinnen. Das ist dermaßen hypothetisch! Übrigens: würde man über ein unendliches Kapital verfügen, dann würde man nicht auf die Idee kommen, Roulett zu spielen. Wenn das Kapital unendlich ist, kann man weder gewinnen noch verlieren. Beides ist, so glaube ich, prinzipiell unmöglich.«[16] Auch wenn wir uns also immer »mit der *Bibliothek von Babel* ein bißchen abfinden müssen«, ist das Schreiben doch nur um den Preis einer ontologischen *Wette* möglich: der Hersteller darf nur über einen beschränkten Einsatz verfügen.

Die andere Seite der gleichen Frage ist aber (Borges erwähnt sie nicht, sie ergibt sich aber aus der gleichen Logik): das Kapital selbst ist rationale Antizipation. Es ist schon geschehene Zeit, oder, nach den Worten von Lyotard, »im voraus gelagerte Zeit«. Es ist also gerade, im Gegensatz zur Literatur, in essentia aktualisierte Zukunft.[17] Wenn dies der Fall ist, dann verlagert sich der Widerspruch von Arbeitszeit und kapitalistischer Zeitbehandlung auf eine ganz andere Ebene, da die Zeit als »Primärstoff« jede denkbare konfliktuelle Situation transzendiert. In dieser Hypothese erscheint der »Widerspruch« am Horizont des ökonomischen Kriegs selbst, und zwar unter der Form einer *absoluten* Beherrschung der Zeit. Würde dieser Zustand erreicht sein, dann müßte jede Möglichkeit, den Krieg weiterzuführen, per definitionem ausgeschlossen sein: eine absolute Gegenwart – die *reine Entsprechung zum literarischen Alptraum der Bibliothek von Babel* wäre nämlich die Folge (aber die letztmögliche Folge, das Ende) des modernen Kriegs gegen die Zeit. Das Kapital, das endlich mal die *absolute* Macht erreicht hätte, wäre Gott geworden und müßte, als ewig ruhende Monade, nicht mehr intervenieren.[18] Was Borges hier für die Literatur formuliert (»Übrigens: würde man über ein unendliches Kapital verfügen, dann würde man nicht auf die Idee kommen, Roulett zu spielen«) gilt also nicht nur als ferne Analogie. Vielleicht hat der letzte Börsenkrach, bei dem der Übereifer der Computer (und das heißt: ihr Vorsprung in der rationalen Antizipation eines planetarischen Wahnsinns) keine geringe Rolle gespielt hat, eine kleine Vorahnung dieses – selbstverständlich rein utopischen – kapitalistischen Eschatons. Borges' Geschichte *Funes el memorioso* in

Ficciones liefert dessen literarischen Gegenpart: Funes stirbt an der unerträglichen Qual, nichts mehr vergessen zu können. Vielleicht helfen uns auch solche extreme Hypothesen, deren phantastischer Charakter lediglich darin besteht, die ontologische Struktur der rationalen Antizipation ad absurdum zu führen, den weißen Fleck zu umreißen, den dieser Text von Beginn an nur anzudeuten vermag.

Es ist aber schon an der Zeit, »zum Schluß zu kommen«. Die »Zukunft des Textes« kann nicht als Forderung oder Prognose gedacht werden. Wir wissen schon, daß die Illusion der Avantgarden, die Vergangenheit textueller Formen radikal zu verabschieden und eine »absolut neue Form« von Literatur zu entwerfen, nunmehr zur Vergangenheit gehört. Die Zukunftslosigkeit dieser Radikalität verurteilt keineswegs die literarischen Ergebnisse der »historischen Avantgarden«, sondern nur ihr Fehlurteil über die Essenz der literarischen Zukunft. So wie die deutsche Frühromantik am Versuch gescheitert ist, den Mythos zu entwerfen, der die unerträgliche Distanz, die zwischen Text und Diskurs liegt (und liegen muß), hätte aufheben sollen, wird in Zukunft jeder Versuch scheitern müssen, den Ausgang der Wette durch einen einmaligen, maximalen Einsatz im voraus entscheiden zu wollen. Dies bedeutet allerdings nicht, daß die Literatur angesichts der sich unweigerlich ausbreitenden digitalen Barbarei und ihrer Auswirkung auf die Produktion, die Zirkulation und den Gebrauch von Texten untätig bleibt oder untätig bleiben sollte. Der Widerstand der Literatur besteht sicherlich weiterhin darin, an die Immensität des Vergessenen und des Verdrängten zu erinnern – und er wird nicht ausbleiben. Er würde nur in dem Maße verschwinden, wie das Kapital selbst das Analogon der *Bibliothek von Babel* geworden wäre: die totale Gedächtnislosigkeit seiner erreichten absoluten Gleichzeitigkeit. Was diese Eventualität aber im voraus zur *literarischen Virtualität* verwandelt (zum Zukunftsmärchen also), ist der letzten Endes nicht reduzierbare Anteil an Menschlichkeit, der seiner Inhumanität innewohnt – nämlich der *Wille* zur Macht. Die Gegenwart, schrieb Bergson, sei »eine Gesamtheit von Bewegungen und nichts anderes«.[19] Die Zukunft, als aktualisierte oder aktualisierbare Zukunft, kann nichts anderes sein als die Transposition einer »Aktualität des Gegenwärtigen« (und das heißt eine Handlungswerdung des Werdens selbst, seine Auto-Mobilität) in eine schon vorgestellte bzw. simulierte Zeit – eine auto-mobile Raumwerdung der Zeit also. Diese »immobile Automobilität« möchte uns tagtäglich ihre Virtualität unter der Verpackung der Möglichkeit verkaufen. Etwas hindert uns jedoch daran, dem Bann dieser Zauberei zu verfallen, nämlich die Intuition, daß die Sirenen der technologischen Zukunft nichts anderes als ein »Scheinvorgang« sein könnten: die Simulation also, daß die maschinelle Simulation der Zukunft deswegen *möglich* sei – und nicht allein virtuell –, weil die Maschine selbst auf »kohärenter Methode« beruhe und »gültigen Regeln« gehorche. Wir erinnern uns aber nicht nur an Ibn Chalduns Bemerkungen, sondern auch an Kafka, dem ich einfach das letzte Wort geben möchte: »Odysseus, sagt man, war so listenreich, war ein solcher Fuchs, daß selbst die Schicksalsgöttin nicht in sein Innerstes dringen konnte. Vielleicht hat er, obwohl das mit Menschenverstand nicht mehr zu begreifen ist, wirklich gemerkt, daß die Sirenen schwiegen, und hat ihnen und den Göttern den obigen Scheinvorgang nur gewissermaßen als Schild entgegengehalten.«[20]

1 Ibn Chaldun, *Muqaddima,* I, 213, s. Ibn Khaldûn. *The Muqaddimah. An Introduction to History.* Translated from the arabic by Franz Rosenthal in three volumes, Bollingen Series XLIII, New York 1958, Bd. 1, S. 238 ff.
2 Op. cit. S. 244.
3 Ebenda S. 245.
4 Ebenda.
5 Zu den *Artes Memoriae* von Lullus s. Frances Yates, *The Art of Memory,* London 1966, S. 173–198. Lullus' *Artes Memoriae* und der *Zohar* entstehen in Spanien zur gleichen Epoche. F. Yates erinnert daran und verweist auf die Buchstabenkombinationen von Abraham Abulafia. Zur Lochmath-ha-Zeruf (Wissenschaft der Kombination) dieses Zeitgenossen von Lullus s. G. Scholem, *Die jüdische Mystik in ihren Hauptströmungen,* Frankfurt a. M. 1967, S. 144 ff.
6 Zur »Bauernuhr« s. Heidegger, *Sein und Zeit,* 1927 ff., S. 415–416.
7 J.-F. Lyotard, *Der Widerstreit,* München 1987, S. 15–16.
8 Ebenda.
9 Den Ausdruck »Bild des Denkens« (»image de la pensée«) entnehme ich Gilles Deleuze. Das unsichtbare Paradigma des Denkens, von dem Deleuze spricht, hat weder mit platonischen Archetypen noch mit dem Unbewußten im Sinne Freuds zu tun. Vielmehr geht es hier um die grundsätzliche Unbestimmbarkeit eines historisch wandelbaren »Bildes«. Die Fragestellung könnte heideggerianisch sein, wenn dieses »Sein« nicht schon Sprache wäre – wie für Foucault. Zur Konfrontation von Foucaults und Heideggers Ansätzen s. Deleuze, *Foucault* 1986, S. 115 ff.
10 Bekanntlich weist schon Aristoteles in seiner *Physik* auf die Aporie des Zählenden, der nur in der Zeit die Zeit teilen kann. In *Der Widerstreit* (S. 128 ff.) kommentiert J.-F. Lyotard die aristotelischen Analysen im IV. Buch der *Physik* (namentlich in 219 a ff.). Die »Situierung« des Jetzt und seine »Darstellung« finden nicht im gleichen Universum statt. Jede Darstellung ist »Darstellung von einst«. Ein Satz (»jetzt«) stellt nicht das Jetzt dar, sondern ereignet sich, jetzt. Um »das Jetzt« darzustellen, sind andere Sätze nötig, die eine Darstellung darstellen. Für die Zeit ist also jeder Satz »zu früh« oder »zu spät«. Führt die Reflexion dieser Aporie, von Augustinus bis Husserl, zu theologischen oder phänomenologischen Bewußtseinsanalysen, so verdeutlicht ihre sprachliche Analyse die Komplexität ihrer Artikulation. Die zeitlichen Simulationen des Textes

weisen aber, wie wir hier anzudeuten versuchen, einen zusätzlichen Grad an Komplexität auf. Oder mit anderen Worten: die mimetische Artikulation von Zeit*figuren* ist keine Artikulation im ersten Grade. Die nicht nur diskursive, sondern textuelle »Darstellung einer Darstellung von Zeit« präsentiert keine Zeitfiguren, sondern eine Konfiguration von Zeitfiguren.

11 Vgl. Aristoteles, *Poetik*, insb. Kap. VII, 50b ff.

12 J. L. Borges, *Gesammelte Werke*, München 1981, Bd. 3/I, S. 154.

13 M. Foucault, *Schriften zur Literatur*, Berlin 1979, S. 146–147.

14 Georges Charbonnier, *Entretiens avec Jorge Luis Borges*, Gallimard 1967, S. 46.

15 A. a. O., S. 54–55.

16 A. a. O., S. 52.

17 Zum Kapital als »gelagerte Zeit« s. J.-F. Lyotard, *Der Widerstreit*, S. 285 ff. sowie *L'inhumain*, Paris 1988, S. 77 ff.

18 Vgl. hierzu J.-F. Lyotard, *Le temps aujourd'hui*, in *L'inhumain:* »Die Computer sind in der Lage, immer mehr Zeit synthetisieren zu können, so daß Leibniz von diesem Prozeß hätte sagen können, daß er dabei sei, eine Monade zu erzeugen, die viel ›vollständiger‹ ist, als die Menschheit je sein konnte.« (a. a. O. S. 76) Diese Problematik steht im Zentrum des sound-track von Chris Makers Film *Sans soleil* (s. hierzu J. P. Dubost, *Wiederholter Anlauf zu einer unabschließbaren Rede über das Verschwinden der Welt*, Stuttgart [2]1987, S. 25 ff., 39, 51 ff.).

19 H. Bergson, *Œuvres. Edition Centenaire*, [4]1984 S. 281.

20 F. Kafka, *Das Schweigen der Sirenen*, in: *Sämtliche Erzählungen*, Hg. P. Raabe, Frankfurt a. M. 1975, S. 305.

Christina von Braun
Die Schatten werden kürzer

Es ist Nacht. Ich nähere mich einer Laterne. Mein Schatten liegt hinter mir. Er ist riesig, wird kleiner, verschwindet schließlich. Wenn ich an der Laterne vorbeigegangen bin, beginnt der Schatten erneut zu wachsen. Dieses Mal liegt er vor mir. Er wird größer als ich. Nun bin ich es, die verschwindet.

Laternen haben etwas Beruhigendes. Auf einer dunklen Straße auf eine Laterne zugehen, verleiht ein Gefühl von Sicherheit. Das Dunkel und die Überraschungen, die es birgt, scheinen gebannt.

Geschichte gleicht den Schatten, die die Straßenlaternen werfen. Es erweist sich heute als eine Illusion, daß Geschichte nur nach hinten blicken bedeutet. Auf den Standort der Laterne kommt es an. Oder genauer: auf meinen Abstand von der Laterne. Das Licht dieser Laterne ist die Stätte der Gegenwart. Ich kann mich selbst nicht sehen, aber ich kann den Schatten sehen, den meine Gegenwart wirft; und dieser Schatten fällt manchmal nach vorne und manchmal nach hinten. Das eine Mal finde ich meine Geschichte in der Vergangenheit, das andere Mal muß ich sie mir in der Zukunft suchen.

Eben das ist aber auch das Fatale: Manchmal verschwindet der Schatten ganz. Er wird aufgesogen von meinem Leib. In dem Moment, in dem ich mich ganz nah an der Laterne befinde, wird der Schatten identisch mit meinem Körper. Er wird ganz Gegenwart. Oder ich werde ganz Gegenwart. Ich kann mich nicht mehr sehen, wenn kein Schatten da ist, der mich meiner Gegenwart vergewissert.

Laternen haben etwas Beunruhigendes. Sie lassen mich verschwinden. Sie lassen meinen Schatten in meinem Körper aufgehen; und meinen Körper zu seinem eigenen Schatten werden. Die Nähe zur Gegenwart ist schrecklich: Ich verschwinde in ihrem Lichtkegel. Ein Lichtkegel, der eigens zu diesem Zweck geschaffen scheint: meine Gegenwart auszulöschen.

Warum gab es in den letzten 200 Jahren so viele, die den Verlust des Schattens beklagten? Lag es an den Gaslaternen, die an den dunklen Straßenecken auftauchten? Lag es an der Glühlampe, die die Nacht zum Tage machte? Lag es an der Gegenwart, die so schrecklich gegenwärtig wurde und alle Schatten verschwinden ließ? Immer kürzer wurden die Schatten, je näher das Licht, je näher das Jetzt kam – und immer größer, so scheint es, wurde die Sehnsucht nach dem verlorenen Schatten. Aber: Hat sich nicht in der Laterne selbst der Schatten der Vergangenheit eingenistet? Verbirgt sich nicht gerade hinter dem Drang zum Licht die Sehnsucht nach dem Unsichtbaren? Als es Licht ward, erkannte man, daß jede Sehnsucht an ihrer Erfüllung leidet.

Sciomancie: Ein kleiner Exkurs in die Vergangenheit (weil er den Blick auf die Schatten der Zukunft richtet und weil ich es nicht lassen kann).[1] Das Schattenmotiv ist alt. Aber in den letzten zweihundert Jahren hat es sich gewandelt. Einst war der, der über keinen Schatten verfügte, ein Verdammter, einer, der seine Seele dem Teufel verkauft hatte, ein Todgeweihter. Dann kam Schlemihl. Er verkaufte seinen Schatten und war dennoch kein Seelenloser, kein Todgeweihter. Schlemihl war ein Heimatloser. Es gab keinen Boden, auf dem sein Schatten hätte verweilen dürfen. Dafür erhielt er aber Siebenmeilenstiefel. Der Ausgestoßene, der Heimatlose, der sich schämen mußte, ins Licht zu treten, weil er über keinen ordentlichen Schatten verfügte, wurde zum Weltenbummler. Noch eines war neu am Schlemihl: Er selbst erzählte vom Verlust seines Schattens. Ein Ich berichtete über die eigene Geschichte, über das Verschwinden der Schatten, die die Gegenwart wirft. Das heißt: Schlemihl konnte sich nicht sehen und behauptete dennoch: Es gibt mich – auch ohne Schatten. Sein neuer Schatten: Der Schriftsteller, Chamisso, der alte Freund, der zwanzig Jahre später dichtete: »Die wir dem Schatten WESEN sonst verliehen, / Sehn Wesen jetzt als SCHATTEN sich verziehen.«[2]

Seit Schlemihl hat sich das Motiv erneut gewandelt: Die Schatten, die zunächst verlorengingen, kehren wieder. Der Schatten, der Doppelgänger wird zum Alptraum. »Soll ich grüßen oder soll ich nicht?« fragt sich Herr Goljädkin, »soll ich ihn erkennen oder soll ich tun, als wäre ich gar nicht ich, sondern irgendein anderer, der mir nur zum Verwechseln ähnlich sieht? (...) Jawohl, ich bin einfach nicht ich – und damit basta.«[3] Die Schatten kehren wieder, und sie verdrängen das Ich, zu dem sie einst gehört hatten. Bei Dostojewskij. Oder auch bei Andersen zum Beispiel: Der Schatten kehrt zu seinem Herrn, einem »gelehrten Mann«, der ihn einst im Scherz verabschiedet hatte, zurück. Ein wohlhabender Mann ist aus dem Schatten geworden. Er möchte, daß sein alter Eigentümer nicht mehr du zu ihm sagt. Er möchte ihn mitnehmen, den gelehrten Mann, auf eine Reise: als Reisebegleiter, als Kurschatten. »Sie verstehen sich nicht auf die Welt«, sagt der Schatten zum gelehrten Mann, der erfolglose Werke über das Gute und Schöne schreibt, »Sie werden krank dabei.« Ich hingegen, so sagt der Schatten weiter, »werde dick und fett und das muß man zu werden versuchen«. Die Geschichte endet damit, daß der gelehrte Mann aus dem Weg geräumt werden muß, damit die Ordnung im Staat aufrechterhalten bleibt. Er hat sich geweigert, dem Schatten, der eine mächtige Königstochter heiraten will, auf dem Altan zu Füßen zu liegen, wie es einem Schatten gebührt. »Denk Dir«, so sagt der Schatten zur Königstochter, »mein Schatten ist verrückt geworden; er bildet sich ein, daß er Mensch geworden ist und daß ich – denke Dir nur! – daß ich sein Schatten bin.« Die Hochzeitsfeiern erlebt der gelehrte Mann nicht mehr, denn er wird hingerichtet.[4] Die Verdrängung des Wirklichen durch den Schatten, durch das Spiegelbild taucht in vielen Texten der neueren Zeit auf. Schlehmils Trauer über den Verlust des Schattens ist einer übermächtigen Angst vor der Wiederkehr der entlassenen Schatten gewichen. – Ende des Exkurses über Sciomancie.

Wir, heute, ich, jetzt stehen an dem Punkt, wo es keinen Schatten mehr gibt. Daher die Sehnsucht nach Geschichte: Wenn es mich schon jetzt nicht gibt – weil sich mein Ich im Jetzt aufgelöst hat –, so will ich mich zumindest vergewissern, daß es mich gab. Oder genauer: Ich will wissen, wie es zu meinem Verschwinden kam. Geschichte: die Suche nach dem verlorenen Schatten, der Blick in eine Zeit, in der meine Gegenwart nicht identisch war mit DER Gegenwart.

Laternen haben etwas Beruhigendes: Wenn sie meinen Schatten nach hinten zu werfen vermögen, so können sie ihn auch nach vorne werfen. Wenn es mir gelänge, mich von der Gegenwart, von der übergroßen Nähe zum Licht, wieder zu entfernen, müßte meine Gegenwart auch wieder spürbar werden, müßte ich mich selbst sehen können. An meinem Schatten. Soll das heißen: Am besten stehle ich mich unmerklich an der Laterne vorbei? Oder: Ich versuche, durch eiligeres Gehen den Schatten, der mit meinem Körper verschmolzen ist, zum Vorschein zu bringen? Kann ich meine Gegenwart durch ein beschleunigtes Übergehen DER Gegenwart zurückgewinnen?

Vielleicht ist das die Antwort: den Blick von der Vergangenheit direkt in die Zukunft richten. Ohne den lästigen Umweg über die Gegenwart. Oder anders ausgedrückt: mit verschlossenen Augen an dem Punkt vorbeigehen, an dem ich mich nicht sehen kann. Dazwischen gibt es mich nicht – ich kann mich nicht sehen und weigere mich, meine Unsichtbarkeit wahrzunehmen.

Freilich, mir wird schon klar: Die Sache ist komplizierter. Ich bin nämlich eine Frau. Das kann man sehen. Jedenfalls ich kann es sehen. Und was die anderen angeht, so mögen sie hinschauen oder auch nicht, es ist nicht so wichtig. Denn ich kann mich sehen: Als Frau bin ich per Definition ein Schatten. Ein durch Geschichte gewordener Schatten. Ich bin der Schatten, den sich die Gegenwärtigen – jene, die über keinen Schatten verfügen; jene, die freiwillig oder unfreiwillig auf ihr Selbstbild verzichtet haben – als Ersatzschatten zugelegt haben. Ich bin die Leib gewordene Projektion ihrer Scheinwerfer, dieser Laternen, deren Nähe sie suchen. Mal werfen mich ihre Lichter nach vorne, mal nach hinten. Das hat für mich freilich den Vorteil, daß ich mich selbst sehen kann. Ich bin zwar nicht, aber mein Verschwinden ist deutlich sichtbar. In meinem Schattendasein nimmt Geschichte noch immer Gestalt an.

Was geschieht nun aber, wenn ich, dieser Schatten, an der Straßenlaterne, an der allgegenwärtigen Gegenwart vorbeigehe? Was geschieht, wenn der Schatten keinen Schatten mehr wirft? Wenn er selbst so nah an der Laterne, an der Gegenwart steht, daß er weder über Vergangenheit noch über Zukunft verfügt? Ich frage so dumm, aber ich vermute, wir stehen tatsächlich vor einem historisch völlig neuen Phänomen. Laternen hat es schon einige gegeben: Orte der Gegenwart, an denen der Blick auf die Zukunft den auf die Vergangenheit ablöst. Aber gab es schon eine Gegenwart, in der sogar die Leib gewordene Projektion der Gegenwärtigen – der Schattenlosen – mit dem Licht, mit der Gegenwart verschmilzt?

Ich spreche von den Schatten, die sich als »Frauen« verkleiden: Nichtvorhandene im Kostüm von realen Menschen. Diesen Schatten, die, immer wieder in alle Richtungen geworfen, die Gegenwart der Gegenwärtigen sichtbar machten. Eben diese Schatten sind verschwunden: verschmolzen mit dem Leib der Gegenwärtigen. Erinnern Sie sich an Lili Marleeeeeen? Wenn die beiden unter der Laterne steeeeehen, ist nur noch EIN Schattenriß zu seeeeehen? Der Schatten ist aufgegangen im »Wir«: Du und ich oder Du wie ich. Ununterscheidbar.

Immerhin hat diese Ununterscheidbarkeit zwei unterschiedliche Konsequenzen gehabt. Die eine wurde schon erwähnt: Der eine Teil der Gegenwärtigen hat keinen Schatten mehr. Er muß sich – vorausgesetzt der Schatten fehlt ihm überhaupt – einen neuen suchen oder fabrizieren. Die anderen Gegenwärtigen hingegen – jene, die ohnehin nur noch Projektionen der ersteren waren – verschwinden völlig. Anorektische Schatten sozusagen, deren Seinsberechtigung höchstens darin bestehen kann, den eigenen Untergang zu beobachten. (Das bedeutet keineswegs, daß diese Schatten nicht im Lichte stünden. Ganz im Gegenteil: Je greller der Scheinwerfer, desto deutlicher die Umrisse. Denn alle wollen den Untergang mit eigenen Augen sehen. Ein Teil der schattenlosen Gegenwärtigen will das Schauspiel des Verschwindens genießen; der andere Teil möchte noch, solange es geht, seinen Schatten genießen. Die Schatten selbst aber – jene, die zum Verschwinden verurteilt sind – wollen wenigstens durch genaues Hinsehen teilhaben an der Schattendämmerung.)

Es geht noch weiter: Da ist einerseits der schattenlose Gegenwärtige, der seinen Schatten verschlingt, um daraus ein Wir entstehen zu lassen. Sein Wir ist, weil er ißt. Dann gibt es die gegenwärtigen Schatten, die sich gerade im Schattendasein eingerichtet haben. – Übt auf letztere der Spurt vorbei an der Laterne, der Sprung mit geschlossenen Augen über die Gegenwart hinaus, eine sonderliche Anziehungskraft aus?

Daß ein solcher Blindflug die Gegenwärtigen verlockt, die ihren Schatten verloren haben, liegt nahe. Aber wie wirkt er auf jene, für die ein neues Schattendasein beginnt, sobald sich ihr Schatten wieder verselbständigt hat? Die Eigentümer dieser Schatten sind nur, weil sie nicht sind. Weil sie Schatten sind, können sie sich wahrnehmen. Ihre Existenz besteht aus Wahrnehmung – aus der Wahrnehmung des eigenen Verschwindens. Das heißt: Gerade in dem einen Moment, in dem sie völlig verschwunden sind – symbiotisch verschmolzen mit der Gegenwart des anderen –, gehören sie sich selbst. Für die anderen sind sie unsichtbar geworden; sich selbst können sie aber hier am deutlichsten wahrnehmen.

Doch dort hinter der Laterne, dort, wo die Zukunft ihre Schatten nach vorne wirft, da beginnt wieder das Elend: das Elend, zwei zu sein. Zwei, das heißt: Ein Schatten, der den anderen gehört – oder genauer: auf den die anderen Urheberrechte beanspruchen können – und ein anderer Schatten, der diesen Vorgängen zusieht. Kann dieses doppelte Schattendasein Anziehungskraft ausüben?

Das war jetzt wieder ein Blick in die Vergangenheit. Doch sieht es für die, die ein Schattendasein führen, hinter der Laterne notwendigerweise so aus wie davor? Besagen die Schatten der vergangenen Geschichte etwas über die Schatten der künftigen? Bedeutet das Zwei-Sein notwendigerweise, daß meine Gegenwart – oder das, was sich als das Andere des Schattens darstellt – erneut in den Untergrund gehen muß? Was würde zum Beispiel passieren – reines Gedankenspiel –, wenn ich bei meinem Schattenleben bliebe und dabei vorsichtig an der Laterne, an der Gegenwart vorbeizuschleichen versuche? Also mutig in die Zukunft schreite. Wird sich mein Schatten wieder von mir lösen oder wird er an mir klebenbleiben? Das ist es, was ich mit dem historischen Wendepunkt meine. Ich glaube, er wird an mir hängenbleiben. Ich werde ihn nicht mehr loswerden, so sehr ist er mit mir verwachsen. Ich werde mein Schatten und mein Schatten wird ich bleiben. Gemeinsam werden wir in die gleiche Richtung blicken. Unsinn: gemeinsam. Einsam werden wir sein, mein Schatten und ich. Ein einziges fest umrissenes Schattenbild – den Blick unverwandt auf uns selbst gerichtet.

Unverwandt? Mein Schatten, mein Bruder, mein Selbst. Du bist ich und dennoch kann ich dich sehen. Du bist ununterscheidbar und dennoch das Ziel meines Begehrens. Meines Begehrens? Wie kann ich begehren, wenn es mich nicht gibt? Wenn ich nur ein Schattendasein führe? Wie soll ich den Anderen begehren, wenn ich sein eigener Schatten bin? – Es gibt nur noch diesen einzigen Anderen in mir – die Geschichte meines Verschwindens – und dieser Andere ist bedroht. Die Fremdheit, der Zustand der ständigen Abreise, die Erkenntnis des Schattendaseins: Sie verschaffen sonderbare Empfindungen, auch Lust. Vor allem die Lust, in der Erkenntnis der eigenen Inexistenz das Sein zu finden. Will heißen: Jedesmal wenn ich abreise, kann ich mich selbst am Bahnhof stehen sehen. Meine Fremdheit im Jetzt ist mir zugleich Beweis meiner Lebendigkeit. Aber erstens: Ist es das, was Begehren ausmacht? Und zweitens: Wie lange kann der Andere in mir überleben? Wann höre ich auf, mich selbst als Schatten wahrzunehmen? Die Schatten werden kürzer, auch für die, die ein Schattenleben führen.

Zweites Gedankenspiel: Ich beschließe, kein Schattenleben mehr zu führen. Ich will leben und einen Schatten haben, wie alle normalen Leute. Sofort stellen sich unüberwindliche Hindernisse ein. Woher nehme ich einen Schatten, wenn ich selber zum Schatten geworden bin, und sich mein Schatten in mir materialisiert hat? Wie teile ich mich, ohne mein einsames Wir abzumurksen?

Um es gleich vorauszuschicken: Von allen möglichen Gedankenspielen erscheint mir dies das unwahrscheinlichste. Es bedurfte einer solchen Gewalt der Geschichte, um aus mir ein materialisiertes Schattenbild werden zu lassen, daß mir jede Hypothese ein wenig lächerlich erscheint, laut der mein Schatten wieder zu meinem Schatten und mein Körper wieder zu meinem Körper werden können. Ebensowenig wie man die Unio mystica der beiden Geschlechter wieder in einen säkularen Geschlechterkampf überführen kann, läßt sich meine Verwandlung in ein beleibtes Symbol aufheben. Leib und Symbol lassen sich nicht mehr voneinander trennen.

Drittes Gedankenspiel: Ich schließe mich der Partei der Gegenwärtigen an und versuche, mich auf ein künftiges Leben ohne Schatten einzustellen. Ich versuche, jeden Schatten des Schattens auszutilgen. Ebenso die Lust an ihm und die Sehnsucht nach ihm. Das kann geschehen, indem ich, wie schon anderweitig vorexerziert, meinen Schatten auf Reise schicke, oder aber, indem ich den Schatten ganz nach innen nehme. Soweit nach innen nehme, bis nur noch ich, ein kolossaler Schatten ohne

Schatten, übrigbleibe. Beides hat fatale Folgen. Wie in Andersens Erzählung kehren die ausgesetzten Schatten wieder zurück. Von denen, die auf der Gnade der Schattenlosigkeit beharren, fordern sie beharrlich einen Tribut. Die ausgesetzten Schatten der Geschichte werden übermächtig. Ihre Heimatlosigkeit verleiht ihnen Kräfte, denen niemand gewachsen ist. Sie beschatten die Gegenwart ihrer alten Eigentümer, bis diese, gleich hypnotisierten Kaninchen, nur noch gebannt auf das Heer der abgelegten Schatten blicken können.

Mit den Schatten, die ich aufzusaugen versuche, verhält es sich nicht besser. Sie lassen das gefräßige Ich wachsen – ins Uferlose. Dorthin, wo dem Leib, dem Ich, keine Grenzen mehr gesetzt sind. Die Gegenwart ist und ißt und ißt – nie erreicht sie die Stelle, an der sie sagen kann: Hier bin ich gesättigt. Hier hört die Vergangenheit auf und hier beginnt die Zukunft. Die Gegenwart wird allgegenwärtig, und weil sie allgegenwärtig ist, erfährt sie nichts vom eigenen Sein. Ihre Unendlichkeit gereicht ihr zum Nichts.

Noch ein kleiner Exkurs in Sciomancie: Seltsamerweise wird diese schattenlose Gegenwärtigkeit heute mit Gesundheit und Normalität gleichgesetzt. War in der Vergangenheit einer, der über keinen Schatten verfügte, todgeweiht, so gehört heute nur der dem Leben an, der nicht im Schatten der anderen steht und über den eigenen Schatten zu springen vermag. Schon gar nicht darf ein Körper, der als gesund gelten will, Schatten auf den Röntgenschirm werfen. Mens insana in corpore sano.

Er wächst und wuchert, der Körper, der seinen eigenen Schatten verschlungen hat. Mein Zuhause kann er nicht werden. Denn zu den vielen Schatten, die er verschlungen hat, gehörte einst auch meine Wirklichkeit.

Viertes Gedankenspiel: Ich führe weiterhin ein Schattenleben, bleibe also Leib gewordener Schatten, und versuche, mir einen neuen Schatten zuzulegen. Sozusagen den Schatten zum Schatten. Diesem Gedankenspiel räume ich eine gewisse Chance ein, weil es mit der Realität des Imaginären spielt.

Der imaginäre Schatten braucht mir nicht ähnlich zu sehen. Er kann groß sein, wenn ich klein bin, und klein werden, wenn ich wachse. Er kann Schattenkämpfe mit mir ausfechten und mich in den Schatten stellen. Alles, was er will, kann er tun – vorausgesetzt, er hält sich an die Regeln des Spiels. Die Regel lautet: Dieser Schatten ist meine Erfindung. Er kann sich unabhängig gebärden oder das häusliche Glück mit mir teilen; er kann sich sinnlich geben oder asketisch; er kann sich vor mich werfen oder mir auf dem Fuße folgen – nur eines muß er immer wissen: Alles, was er ist, ist er durch mich. Aber woher soll er das wissen?

Christoph Meckel erzählt die Geschichte vom Geschichtenerzähler, der sich im Schattenhandel versucht. Zunächst mit großem Erfolg. Die gestohlenen Schatten finden reißenden Absatz. Aber dann beginnen die Schatten, ein Eigenleben zu fordern. Sie verwandeln ihren Träger nach ihrem Ebenbild: der Besitzer eines Tigerschattens knurrt, faucht und würgt unmäßig Fleisch herunter. Eine Frau, die den Schatten eines Vogels am Fuße trägt, wird zerschmettert auf dem Dachgarten eines Hochhauses gefunden. Ein Händler, der sich den Schatten einer Pappel verschaffte, wird vom Blitz erschlagen. Christoph Meckels Geschichte ist ohne Ende. Es sieht so aus, als ob es den neuen Eigentümern nie mehr gelingt, sich von ihren Schatten zu befreien. Überdies sucht der Übeltäter, der ihnen mit seiner Erzählung das Malheur eingebrockt hat, das Weite.[5]

Der Erzähler verhielt sich zwar unfein, aber die Geschichte leuchtete mir dennoch ein. Dann aber fragte ich mich: Warum ein fremder Schatten? Statt einer Pappel oder einem Monument den Schatten zu klauen, könnte ich mir doch einen eigenen, sozusagen maßgeschneiderten Schatten zulegen. Das Resultat dieser Überlegungen war ernüchternd. Denn, ob geklaut oder selbstgebaut, alle synthetischen Schatten haben einen unvermeidlichen Konstruktionsfehler: Der Konstrukteur darf nie vergessen, daß der Schatten SEIN Konstrukt ist. Er darf ihn nie beurlauben und somit auch niemals Urlaub von seinem Schatten nehmen. Er muß ihn bewachen, stetig erneuern, den neuen Gegebenheiten anpassen. Denn wenn der Schatten erfaßt, daß er nach eigenen Gesetzen zu leben vermag, wird der Konstrukteur zu seinem Sklaven. Siehe oben. Der Schatten muß im Schatten bleiben – und so muß der Eigentümer ihm immer Schatten spenden. Bis er eines Tages leer und ausgeblutet dasteht – ein Schatten seiner selbst.

Das fünfte und letzte Gedankenspiel: Ich schaffe mir viele Schatten. Widersprüchliche Schatten; Schatten, die miteinander konkurrieren; Schatten, die einander in den Schatten stellen, Schatten, die einander hervorbringen und wieder auslöschen; Schatten, die Verbindungen eingehen oder Verbindungen auflösen. Ich gestehe, dieses Gedankenspiel übt große Anziehungskraft auf mich aus. Es ist sogar mehr als ein Gedankenspiel. Beinahe wie eine Überlebensstrategie erscheint es mir: die unendliche Vielzahl der Schatten als letzter Versuch, die Einheit herzustellen. Ich meine wirklich: Einheit. Nicht verrückt werden. Schutz vor dem Wahnsinn, den die Vereinigung mit der Gegenwart hereinbrechen läßt.

Wenn es viele Schatten gibt, brauche ich nicht Meister des Schattenspiels zu bleiben. Ein Schatten bezähmt den anderen. Die Arena dieses Schattenboxens wird zum

Schauplatz meiner Gegenwart. Kein Schauplatz, an dem ich bin, sondern ein Platz, an dem ich schaue. Ein Platz im Schatten der Schatten – ein Ort, von dem ich mich auch verabschieden kann, ohne daß es sonderlich auffällt. Utopisch? Ich glaube nicht. Mein langes Schattendasein hat mich mit der Skepsis viel zu vertraut gemacht, als daß nicht auch der Zweifel eines Schattens in mir Wurzeln geschlagen hätte. Schon gar nicht habe ich die Illusion, daß dem Verschwinden meines Schattendaseins Einhalt zu bieten ist. Meine Hoffnung nährt sich vielmehr aus dem Vakuum, das das Verschwinden hinterläßt. Dieses Vakuum könnte zum Ort der Niederlassung meiner Gespenster werden. Keiner geklauten Gespenster, keiner ausgesetzten Schatten, gottbewahre. Ich spreche von den Gespenstern der Geschichte, den unzähligen Projektionen, die mein Schattendasein angenommen hat – egal, ob es sich um die Gespenster der Vergangenheit oder die der Zukunft handelt. Alle diese Schatten finden hier ihren Platz. Gegenwart als die Gleichzeitigkcit aller Schatten der anderen Zeit, des anderen Orts, des Anderen schlechthin.

Meine Schatten, mein Ich. Oder in der kodierten Sprache der Gegenwärtigen: Ich suche mein Begehren nicht in der Vielfalt der Liebesobjekte, sondern in der Vielseitigkeit des Ichbildes. Narziß mit unzähligen Spiegelbildern, unzähligen Schatten, keiner wie der andere – aber in eben dieser Zerstückelung auch die Sicherheit des Seins wiederfinden.

Noch ein kleiner Exkurs in die Sciomancie der Vergangenheit: 1934 veröffentlicht Joseph Roth seinen großen Aufsatz *Der Antichrist*, in dem er Hollywood als den »Hades des modernen Menschen« bezeichnet und das Grauen schildert, einem Schauspieler zu begegnen, dessen Gesicht und Körper ihm aus den Schaustücken des

Kinos bekannt sind: »... so scheint es mir, daß ich nicht ihm selber sondern seinem Schatten begegne; wo es doch gewiß ist und meine Einsicht es mir sagt, daß er der Urheber jenes Schattens ist, den ich von der Leinwand her kenne. Dennoch wird er also, wenn er mir begegnet, wie er leibt und lebt, der Schatten seines eigenen Schattens.« Er nennt ihn auch den Doppelgänger seines eigenen Schattens: eines Schattens, von dem er, der Schauspieler, der lebendige Mensch, in den Schatten gestellt werde. Doch es kommt noch schrecklicher, so fährt Roth fort. Denn während das Original, der lebendige Mensch, irgendwann einmal sterben müsse, führe der Schatten auf der Leinwand eine unsterbliche Existenz: Die Leinwand wird zur einzigen Realität, auf der sich sein echtes Leben abspielt. »Das heißt also: es gibt eine Art Menschen, die nicht als Menschen gelebt haben, sondern als Schatten: und es sind auch Menschen, die nicht sterben können. Sie können nicht sterben, weil sie niemals gelebt haben. Sie wurden Schatten. (...) Und sie verkauften nicht nur ihr Leben: sie verkauften auch ihren Tod. Sie bekamen Honorar von Hollywood. Dafür war die Seligkeit dahin. Man war nicht nur sein Leben lang ein Schatten, MAN BLIEB ES AUCH NACH DEM TOD.«[6] So sieht Roth im Kino das Werkzeug des Antichristen.

Nun mag man darüber streiten, ob es wirklich der Antichrist ist, der mit der Unsterblichkeit, die die Leinwand dem Schatten verleiht, sein Unwesen treibt; ob das Kino nicht vielmehr die perfekte Inszenierung christlicher Lehren ist, die dem Unsterblichkeit verheißen, der sich »von den Fesseln des Fleisches löst«, wie es bei Augustinus so schön heißt. Aber lassen wir diese Frage (die mich nichtsdestoweniger brennend interessiert) hier beiseite. Ich möchte statt dessen die Frage aufwerfen, ob sich diese (mehr oder weniger freiwillige) Verwandlung in einen

Schatten nicht sogar als denkbare Überlebensstrategie erweisen könnte: eine Überlebensstrategie, die darin bestünde, unendlich viele Reproduktionen unserer selbst zu schaffen, bis wir, das Original, gewissermaßen überflüssig werden und uns in aller Ruhe verabschieden können. Urlaub nehmen und die Schatten schuften lassen. (Übrigens frage ich mich, ob nicht dies das Geheimnis jener wachsenden Sehnsüchte ist, die sich heute an den Beruf des Schauspielers knüpfen: die Flucht aus der eigenen Haut, DIE DEM ORIGINAL DAS ÜBERLEBEN SICHERN SOLL. Sicherheitsverwahrung besonderer Art: Sich wegstehlen, unter Hinterlassung einer angemessenen Anzahl von Duplikaten, damit das Ich an einem anderen Ort – dort, wo es unsichtbar ist – seine Ruhe hat.)

So »tun, als wäre ich gar nicht ich, sondern irgendein anderer, der mir nur zum Verwechseln ähnlich sieht...« Aus der Beklemmung, die Dostojewskijs Helden überfiel, wird Rückzugsmöglichkeit.

Es bleiben die technischen Fragen des Schattentheaters. Viele Spiegelbilder, viele Schatten haben, ist leichter gesagt als fabriziert. Lampen braucht es, unendliche Inszenierungen des künstlichen Lichts, damit die Scheinwerfer immer neue Schatten werfen. Ich muß mich viel bewegen, unentwegt unterwegs sein, wachsen, schrumpfen. Gelegentlich die Schatten auch ganz verschwinden lassen. Oder ich muß das Licht bewegen, den Blickpunkt meiner Betrachtung immer wieder neu bestimmen: Die Schatten nach vorne, nach hinten werfen. Sie dürfen nie verharren, sonst ist alles verloren. Eben das ist neu an der Zukunft: Die Frage, wohin ich blicke, ob in die Zukunft oder in die Vergangenheit, ist unerheblich. Wichtig ist nur, daß ich für Schatten sorge. Will sagen: Daß ich mich selbst wegdenken kann. Woandershin. Als Fremde.

Es ist schon seltsam: Jahrtausendelang haben sie den armen Ahasveros durch die Welt gejagt. Haben mit dem Finger auf ihn gezeigt, weil er ohne Heimat war und wie ein Schatten über die Erde der anderen zog. Nun stellt sich heraus, daß das Fatale nicht das Schattenleben, sondern die Heimat ist: dieser Ort, an dem der Schatten durch die Gegenwart, das Mögliche durch das Hier und Jetzt, die Zukunft, das Unwirkliche durch die Realität selbst ausgelöscht wird.

Zum Ahasveros werden, zum wandernden Schatten, der nie zur Ruhe kommt. Will heißen: nie identisch wird mit seiner Gegenwart. Das Vorbild ist da. Und dennoch: Da auch der ziellose Wanderer im Zeitalter der Gegenwärtigkeit eine Heimat gefunden hat (oder gefunden zu haben scheint) – wie kann er mir heute für mein gezieltes Fremdsein das Vorbild liefern? Noch eines mehr unterscheidet mein erträumtes Schattendasein von dem seinigen: die Künstlichkeit. Mein Schattentheater, die Scheinwerfer, das Rampenlicht haben nichts gemein mit den Schatten, die seine Existenz geworfen hat.

Der alte Ahasveros war kein Schauspieler. Es war keine Drehbühne, die ihn im Kreis bewegte. Die »Ewigkeit«, zu der er verdammt war, konnte er nicht an einen Schatten auf der Leinwand delegieren. Er mußte mit seiner ganzen Existenz für den Schatten, den er warf, einstehen. Meine Wanderungen aber, die vielen Schatten, die ich werfen werde, sind Wanderungen des Imaginären, Bewegungen des Nicht-Daseins. Das Schattendasein des Ahasveros fand nicht im Imaginären statt, sondern in der erbarmungslosen Wirklichkeit. Mein Schattendasein hingegen, meine Wirklichkeit kann nur im Imaginären überleben.

Ahasveros also, aber ein Ahasveros mit vielen Schatten, mit gleichzeitigen Schatten, mit übermächtigen

Schatten und kleinen Schlagschatten. Statt der Frau ohne Schatten eine Frau mit unzähligen Schatten. Wanderschatten, die übereinander herfallen, einander verstärken oder überlagern. Schatten, die einander im Licht stehen. Schatten mit Schattierungen.

»ich bin ein schatten / den andere schatten / der zukunft entgegenwerfen ...«, schreibt Hans Magnus Enzensberger.[7]

Ich bin? Zwischen all den Schatten ein Ich? Ich denke, nein. Die Inszenierung meiner vielseitigen Schattenexistenz wird meine Existenz an sich überflüssig machen. – Aber: Das Hinsehen, das lasse ich mir nicht nehmen.

Bei dieser nächtlichen Wanderung bin ich unversehens wieder an einer Laterne vorbeigekommen. Sie möchten vielleicht wissen, wie sich mein Schatten verhält. Ich hätte es Ihnen gerne gesagt, aber leider sind gerade die Lichter ausgegangen. Laternen haben etwas Beruhigendes.

Anmerkungen

1 Den Ausdruck »Sciomancie« habe ich aus einer Erzählung von Guillaume Apollinaire übernommen. Er existiert, soviel ich weiß, nicht einmal im Französischen, aber er gefällt mir. Vgl. Guillaume Apollinaire, *Der verlorene Schatten*, in: ders., *Der gemordete Dichter*, übers. v. Walter Widmer und Paul Noack, Wiesbaden 1967.

2 Adalbert von Chamisso, *An meinen alten Freund Peter Schlemihl*, in: *Der Schatten. Ein Lesebuch vom verlorenen Schatten*, hg. v. Hanne Kulessa, Darmstadt und Neuwied 1984, S. 132.

3 Fjodr M. Dostojewskij, *Der Doppelgänger. Eine Petersburger Dichtung* (1846). Aus dem Russischen übertragen von E. K. Rahsin, München 1986, S. 16.

4 Hans Christian Andersen, *Sämtliche Werke*, Bd. 1, Leipzig 1853.

5 Christoph Meckel, *Die Schatten,* in: *Der Schatten. Ein Lesebuch vom verlorenen Schatten,* a. a. O., S. 215 ff.
6 Joseph Roth, *Der Antichrist,* in: *Werke in drei Bänden,* Köln, Berlin 1956, Bd. 3, S. 702 f.
7 Hans Magnus Enzensberger, *schattenbild, schattenreich, schattenwerk,* in: *Blindenschrift,* Frankfurt/Main 1967.

Bernd Guggenberger

Zwischen Postmoderne und Präapokalyptikon: Zurück in die Zukunft oder Nach uns die Maschine? Zur Dialektik von Arbeitsorganisation und Daseinsgestaltung

»Ich lehne es ab zu glauben, daß die Menschheit natürlich verschwinden wird, und daß die ihr vom Entwicklungsprozeß aufgetragene stolze Aufgabe darin besteht, unsere Nachfahren, die nächsten Intelligenzträger im Universum, hervorzubringen. (...) Ich bestehe darauf, daß es einen Unterschied zwischen menschlichen Wesen und Maschinen gibt.«

Joseph Weizenbaum

Euphemismus »Sachzwang«

Es gibt philosophische Fragen, die unabweisbar sind; denen wir uns unweigerlich immer wieder stellen müssen. Jede Epoche erkennt und anerkennt solche unverfügbaren Reflexionspflichten. Viele dieser Fragen sind »ewige« Fragen, Fragen, die in jeweils zeitgerechter Eingewandung immer wiederkehren.

Aber es gibt auch »erste« Fragen; Fragen, die historisch neu sind, beispiellos und unvergleichlich, Fragen, welchen die denkende Menschheit erstmalig begegnet, Fragen, bei denen wir im unerschöpflichen Schatzhaus des Vorgedachten vergeblich nach Antwortmustern suchen oder auf heuristische Handreichungen durch Vordenker hoffen.

Die Frage, wo wir stehen und was vor uns liegt, ist von eben dieser Qualität. Die Antworten, die wir seit Darwin, Marx und Einstein auf die Frage gefunden haben, woher wir kommen, haben vor allem eins bewirkt: sie haben die Frage danach, wohin wir gehen, immer dringlicher und unabweisbarer werden lassen. Wohin sind wir unterwegs, was wissen wir über Ziel und Route der Reise, auf der wir uns befinden? Und: Welche Rolle spielen dabei unsere Hoffnungen und Sehnsüchte, unsere Ängste und unsere Besorgnisse, unsere Entscheidungen und Optionen, unsere Entschlossenheit und unser Wille?

Man kann die Technisierung als jenen Prozeß beschreiben, in welchem sich, Stück für Stück, der einstige Naturzwang in sozialen Organisations- und technischen Funktionszwang wandelt. Technik, die optimal funktionieren soll, muß optimal »bedient« werden. Dem kontinuierlichen Funktionszwang, der von der entfalteten Technostruktur ausgeht, entspricht der Funktionsgehorsam der an sie angepaßten Benutzer. Auch gegenüber dem »Plan« müssen wir gehorchen, soll er denn aufgehen. Die Freiheit des »Plans« liegt im Entwurf, nicht in der Erfüllung. Der Funktionszwang schließt auch diese Lücke. Die funktionale Einbindung, d. h. die zwingende Festlegung auf die Erfordernisse, die Notwendigkeiten und die »innere Logik« eines technischen Systems beendet auch diese Form der Freiheit: der Freiheit des Entwerfens und Verwerfens, der Auswahl und des bewußt kalkulierten Risikos.

Wir sprechen euphemistisch vom »Sachzwang«, wenn wir die Formen eines neuen Determinismus meinen, welche sich von der kontinuierlichen Präsenz der technischen Strukturen in unserer Lebenswelt ableiten. Hierbei ist zunächst an die Tatsache der »externen Determination« zu denken: daran, daß jeder Plan immer eindeutiger zum zu berücksichtigenden Planungsfaktum des nächsten Planes wird; an die Erfahrung, daß wir mit jeder »neuen Entscheidung« letztlich nur den einmal eingeschlagenen Weg bestätigen; daß Planungsentscheidungen nicht mehr in der Form von Richtungsentscheidungen möglich sind, daß wir uns vielmehr, im Großen zielwandlungsunfähig, im Horizont vorangegangener Entscheidungen weiterbewegen.

Bedrückender indes als die äußeren sind die inneren Festlegungen, welche mit der Technisierung der Welt einhergehen, diese zugleich bestätigend wie in ihrem Zwangscharakter verbrämend. Es ist vor allem die Macht der Gewöhnung, welche »die Seele im technischen Zeitalter« (A. Gehlen) modelliert. »Die Macht der Gewohnheit ist enorm«, schrieb Samuel Butler in seiner Satire *Erewhon,* »und die Veränderung wird so allmählich sein, daß das Gefühl des Menschen für das ihm Gebührende zu keiner Zeit grob verletzt sein wird. Die Knechtschaft wird uns lautlos und unsichtbar befallen; und es wird auch nie zu einem offenen Zielkonflikt zwischen Mensch und Maschine kommen ...« Niemand wird der Technik den Krieg erklären, weil jeder sie für irreversibel hält. Die Pforten des einstigen »Paradieses« sind verschlossen, es gibt kein Zurück in den Frühzustand der Menschheit vor der Technik. Gerade aber die allgemeine Verbreitung dieser Einsicht in die technologische Irreversibilität des »Fortschritts« beweist für Butler nur, »daß das Unglück schon geschehen ist, daß unsere Knechtschaft in allem Ernst begonnen hat, daß wir ein Geschlecht von Wesen aufgezogen haben, das zu vernichten nicht mehr in unserer Macht liegt, und daß wir nicht nur versklavt sind, sondern uns auch gänzlich mit unserer Sklaverei abgefunden haben«.

Ganz unzweifelhaft scheint jedenfalls, daß wir uns

mitten in einem sich beschleunigenden Prozeß mit unübersehbaren kumulativen, sich kreuzenden und sich wechselseitig beeinflussenden Wirkungen befinden, die wir weder im Vorgriff berechnen noch außerkraftsetzen können; und daß dieser Prozeß, in dem wir uns fortwährend selbst verwandeln, nach seiner Geschwindigkeit wie nach seiner Eingriffstiefe ohne Beispiel in der Menschengeschichte ist.

Natürlich ist unsere Epoche nicht die erste, in welcher der Mensch sich in der Umgestaltung seiner Lebensverhältnisse selbst tiefgreifend verändert. Er hat dies immer schon getan. Vom Herdfeuer bis zum täglichen Brot, vom Faustkeil bis zum Automobil – jede Erfindung, jede Neuerung hat nicht nur die äußeren Lebensbedingungen und unser Verhältnis zur umgebenden Natur verändert, sondern immer auch uns selbst. Der Jäger und Sammler ist ein anderes Wesen als der Mensch des Hochofen-Zeitalters oder der Mondflugära. Die kumulativen Wirkungen des technischen »Prozeßprogresses« hinterlassen ihre Male und Druckstellen nicht nur auf dem Körper der Natur, sondern auch in der Landschaft unserer Seelen. Diesem Aspekt des Fortschritts: der unbemerkten technologischen Selbstkolonialisierung, ist bislang viel zu wenig Aufmerksamkeit zuteil geworden. Zwar haben einige der großen sozialphilosophischen Autoren wie Max Weber oder Norbert Elias, Lewis Mumford oder Hannah Arendt für die Deutung dieses Vorgangs unverzichtbare Grundlagen geliefert und uns für einige der wichtigen Fragen die Augen geöffnet – doch ist diese für die weitere Existenz des Menschen wohl schicksalhafte Entwicklung im Ganzen noch längst nicht begriffen und perspektivisch gedeutet; so, daß klar zutageläge, was sich denn für unser Selbstbild wie für unser Verhalten aus einer solchen Deutung ergäbe.

Max Weber, der beides war: leidenschaftlicher Bewunderer und schneidender Kritiker des »abendländischen Rationalisierungsprozesses«, hat am eindringlichsten die unausweichliche Logik und das folgenreiche Formierungsprinzip jener »lebenden Maschinen«, wie er die bürokratischen Großorganisationen nannte, aufgezeigt.

Gerade weil er von der Alternativlosigkeit dieser Entwicklung im Großen überzeugt war, fragte er sich verzweifelt, was denn dieser »Maschinerie« lebendiger Wesen entgegenzusetzen sei, um wenigstens »einen Rest des Menschentums« zu erhalten und freizustemmen »von dieser Parzellierung der Seele« unter der »Alleinherrschaft bürokratischer Lebensideale«.

Das »Aufregendste« am Prozeß der Zivilisation ist ja, daß er der Rationalität gesellschaftsweit zum Durchbruch verhilft, selbst aber keineswegs »rational« veranlaßt oder geplant ist. Wenn aber die »Rationalisierung« selbst gar keine Hervorbringung der menschlichen »Ratio« ist, wem verdankt sich »Rationalisierung«, das »Vernünftigwerden« der Welt, dann? Vielleicht am Ende eben dem, was sie in der Konsequenz geradezu in den Rang ihres Hauptgegners erhebt: dem Irrtum?

Norbert Elias deutet den Prozeß der Zivilisation vor allem als eine allmähliche Veränderung des »inneren Menschen«: seines Empfindens und Verhaltens in einer ganz bestimmten Richtung. Wie aber kommt es zu einer solchen neuen Richtungsuniformität, wenn die personenhaften Substrate, deren Handlungen diesem Prozeß zugrundeliegen, ohne jeden gemeinsamen Plan, ohne Absprache und Anleitung handeln? Was bewirkt die »rationalistische Überformung« dieses durch und durch irrationalen, aus unterschiedlichsten Handlungsmotiven gespeisten Prozesses? Was disponiert und dramatisiert

Geschichte als Summierung disparater Handlungsakte zum universalen Fortschrittsprozeß?

Wie gelangt etwas zur säkularen Geltungsmacht, für das sich, auf der Ebene der sozialen Akteure, kein bewußter, entwerfender und veranlassender personenhafter Urheber ausmachen läßt? Wie ist es denkbar, daß ein so hochgradig »intentionales« gesellschaftliches Großgeschehen sich ohne intentionale Entsprechung auf der individualpsychologischen Ebene durchzusetzen vermag? Wie kommt zustande, was keiner gewollt hat?

Genese der Arbeitsgesellschaft

Einen Teil dieses »sozialen Mysteriums« (Georg Simmel) vermag uns möglicherweise der Blick in die Geschichte der Arbeit zu offenbaren.

Die Geschichte der Arbeit ist so alt wie die Geschichte der Menschen überhaupt. Will man mit einem Bilde sprechen, kann man sagen, sie sei das Bett, im welchem der Strom der Menschengeschichte sich bewegt. Die Entwicklung der Arbeit wie die Entwicklung des ihr zugehörigen »Überbaus«: unseres Bewußtseins, unserer Einstellungen, unseres psychologischen Verhältnisses zu ihr, bilden den »Untergrund« allen Geschehens – auch dort, wo wir sie als »Grund« hinter der sichtbaren Außenfläche der geschichtlichen Bewegung, der Ereignisse wie der Parolen, oft nicht zu identifizieren vermögen.

Das erste Buch Mose läßt im dritten Kapitel, 19. Vers, die irdisch-außerparadiesische Geschichte der Menschheit mit dem göttlichen Bannfluch beginnen: »Im Schweiße Deines Angesichts sollst Du Dein Brot essen!«

Was wissen, was ahnen wir heute noch (oder wieder?) von dieser »dunklen« Abkunft der Arbeit? Ist die spezifisch-moderne Arbeitsbesessenheit nicht gleichsam der Beweis für die erbärmliche Kraftlosigkeit göttlicher Flüche? Oder bestätigt sie nur das unheroische Arrangement, das wir auf Dauer wohl stets mit dem einsehbar Unvermeidlichen treffen: daß wir umarmen, was wir nicht ändern können? Saint-Simon jedenfalls, einer der ersten Propheten der neuen Religion der Arbeit, scheint den Vorwurf der feigen Schicksalsergebenheit förmlich zu antizipieren, wenn er den Spieß umdreht und für den Fleiß der Erwerbsfrommen auch noch die stolze Tugend des Mutes reklamiert: »Die Feiglinge der Zukunft sind die Müßigen.« Die Helden der Arbeit, allen voran der normenbrechende Stachanow, lassen grüßen!

Könnte es nicht sein, daß wir aus Not so sehr Tugend gemacht haben, daß wir heute, ohne Not, noch immer einer immer fragwürdigeren Tugend anhängen?

Es scheint so, als sei am Beginn der Industrialisierung, am Beginn jener Epoche, in welcher die Arbeit zur sichtbaren Universalität gelangt, die tatsächliche Selbstbedeutung jener tiefgreifenden Veränderung den Menschen noch deutlicher bewußt gewesen. Anders nämlich ist die verblüffende Tatsache kaum zu erklären, daß uns als Epochenbezeichnung ein Begriff geläufig ist, der weder den eigentlichen Produktionsprozeß selbst noch sein fertiges Ergebnis als signifikantestes Merkmal exponiert, sondern vielmehr die menschliche Eigenschaft, welche diesen Prozeß begleitet und möglich macht: »industria«, den Fleiß.

Nicht allerdings den schicksalhaften Lastfleiß, den es als Not- und Brotfleiß aus Überlebensgründen immer schon gab, sondern den neu entdeckten Lustfleiß der Akkumulation, der sich selbst Zweck ist. Zuerst mußte die genußfeindliche Rastlosigkeit der Verfleißigung sich als sozialdominanter Verhaltensmodus durchsetzen, um den industriefremden Rhythmus müßiger Bedächtigkeit aufzubrechen.

Triumph der Nützlichkeit: Die Trennung von Arbeit und Vergnügen

»Industrialisierung« im wörtlichen Sinne von »Verfleißigung« bedeutet zunächst nicht mehr und nicht weniger, als daß der Mensch sich im Wege des vorauseilenden Gehorsams dem sich ankündigenden Maschinenrhythmus anpaßt. Die progressive Verfleißigung des Menschen ist die anthropologische Voraussetzung der Industrialisierung und zugleich, wie es die Begriffsverwendung nahelegt, der eigentliche Kern dieses Prozesses. Die Steigerung des Arbeitsertrags verdankt sich in erster Linie der Selbstdisziplinierung: der Bereitschaft, die eigene Arbeitskraft beständiger und rationeller einzusetzen und zu erschöpfen. Erst die systematische Übertragung dieser neuerworbenen »Eigenschaft« der *industria*, des zum Prinzip gesteigerten Erwerbsfleißes, auf die Maschinen und die spezifische *ratio* ihres Einsatzes bringt hervor, was uns als »Industriegesellschaft« geläufig ist: eine vollständig durch die Wissenschaft, die Technik und den vom ökonomischen Nutzenkalkül bestimmten Technik*einsatz* geprägte Gesellschaft. In der Industriegesellschaft »tendiert der Produktionsapparat dazu, in dem Maße totalitär zu werden, wie er nicht nur die gesellschaftlich notwendigen Betätigungen, Fertigkeiten und Haltungen bestimmt, sondern auch die individuellen Bedürfnisse und Wünsche« (Herbert Marcuse).

Die Wahrheit ist also wohl: Wir haben die Arbeit hart, allzuhart vom »Vergnügen«, oder allgemeiner: von allem, was nicht unmittelbar zu ihr gehört, getrennt. Wir haben ihr mit dem Seziermesser des rationalen Effektkalküls alles amputiert, was sie einst affektiv so reich erscheinen ließ. Und nun geht's uns, in der Zwangsjacke der »reinen« Arbeit, wie der fiktiven Möwe, die zwar an beiden Elementen, dem Wasser und der Luft, teilhat, die jedoch keineswegs von einem Augenblick zum anderen ins jeweils andere Element überwechseln darf: sich emporschwingen und wieder herabstoßen wie die wirkliche Möwe, sondern im strengen 8–Stunden-Rhythmus ihre Aktivitäten nacheinander auf beide Elemente verteilen muß. (Vgl. C. und E.-U. von Weizsäcker.)

Wir haben, was einst selbstverständliche Einheit war, weit, allzuweit auseinandergelegt. Der Prozeß der Rationalisierung läßt sich auch als Prozeß der Bornierung und emotionalen Verarmung beschreiben. »Rationalisierung« bedeutet, im konkreten Wortsinn, »Vernünftigmachen«, bedeutet, daß Arbeit unter das Diktat der Ratio gebracht wird; daß nichts, was geschieht, ungeplant, unkalkuliert, unbemerkt geschieht. Die Zweckhaftigkeit wird um so drückender, je enger und präziser der Zweck gefaßt ist, der einer Tätigkeit zugrunde liegt, je definitiver sich damit »Abweichungen« verbieten und je rigider sie sanktioniert werden.

Der Prozeß der Rationalisierung hat das große Heer der arbeitenden Menschen an den Rand der Produktion abgedrängt, auf die von der Maschine übriggelassene Restarbeit beschränkt – einen kargen, armseligen, immer dürftiger werdenden Rest an den Nahtstellen einer heute überwiegend computergestützten Fertigung. Der beinahe totale Bedeutungsverlust des Menschen in und während vieler Arbeiten und die »Bornierung« seiner kommunikativen Bedürfnisse auf den – makabererweise so geheißenen – »Dialog mit der Maschine« sprechen eine eindeutige Sprache.

Es gibt eine Form der Herrschaft der Vernunft, die, im Sinne des Wortes, in »Sprachlosigkeit« abdrängt. Dies war wohl der überzeugendste Einwand wider das Habermassche Modell des »herrschaftsfreien Diskurses«: daß auch er den Gesetzen herrschaftlicher Formierung nicht entginge, weil er Jargonvirtuosität und spezifische Diskurskompetenz besonders prämiere. Jedes etablierte Diskursmodell wird zu einem »herrschenden«, welches ein- und ausschließt. Deshalb ist Lyotards Konzept einer vollständigen »Freigabe der Sprachspiele« so überzeugend, und deshalb erscheinen auch sein Hegemonieverdikt und seine »Ethik des Widerstreits«, die er in seinem philosophisch wohl strengsten Werk, im *Différend* von 1983 entfaltet, auch so plausibel.

Der enge Zusammenhang zwischen dem hier skizzierten Arbeitsverständnis und der neuzeitlichen Vernunftkonzeption ist vor allem darin begründet, daß Vernunft in ihrer rigidesten Form – als »Rationalisierung« – sich in der Arbeit konzentriert. Vernunft verengt sich zur *Arbeitsvernunft.* Die Arbeit »vernünftig« machen – rationalisieren – heißt in diesem Sinne immer, sie ganz und ausschließlich auf Arbeit zu *reduzieren,* alles wegzuamputieren, was ihr nicht unmittelbar zugehört. Die ganze Weite der Vernunft zieht sich in den Vernunftzwecken der Arbeit zusammen. Mit der Vernunft vermag man zu »arbeiten«, weil alle Arbeit im letzten darauf zielt, Vernunft in die Prozesse menschlicher Produktion einzuarbeiten. Vernunft fusioniert umstandslos mit Arbeit, weil sie ihr beides ist: Zweck *und* Mittel. Alle Bewegung, die wir Fortschritt zu nennen gewohnt sind, besteht in diesem beständigen »Hin- und Hergang« zwischen Zweck und Mittel, zwischen der immer schärferen Reduktion auf Nur-Arbeit, dem säkularen Vernunftprogreß, und dem Einsatz rationeller Techniken und Verfahren in der Produktion.

Nur wenn Arbeit in diesem Sinn gleichzeitig Ausgangspunkt wie Ziel bezeichnet, wenn wir sie neuzeitlich nicht mehr als statische Größe, sondern als dynamische Universalstruktur angemessen begreifen: Arbeit also als Arbeit am Fortgang der Arbeit – dann in der Tat ist das Recht auf Arbeit »das Menschenrecht schlechthin« (A. Baruzzi). Es gibt eine für Gesicht und Selbstsicht der Arbeitsgesellschaft höchst bezeichnende etymologische Begriffskarriere: die des lateinischen Wortes für Arbeit – »labor«. Wir kennen dieses Wort, groß geschrieben, als eingedeutschtes Fremdwort: Labor. Die dieser Entwicklung zugrundeliegende semantische Übertragungsstrategie ist eine Umkehrung der geläufigeren »Pars-pro-toto«-Prägungen: die ursprüngliche Bezeichnung für den eher »leidend«-passiv gedeuteten Gesamtkomplex der Arbeit wird wortgleich zum Spezialbegriff für Arbeitsplatz und Forschungsstätte eines hochrangigen Spezialisten der arbeitsteiligen Industriegesellschaft mit entsprechender Schlüsselfunktion. Was der Forscher tut, wird als paradigmatische Form des Arbeitens unter industriegesellschaftlichen Bedingungen betrachtet.

Das Labor ist zunächst der Ort, an dem Arbeit ist; sodann aber auch der Ort, an dem die Arbeit »Junge kriegt«; der Ort, an welchem die »Arbeitsarbeit« geleistet wird, also diejenige Arbeit, die in der Konsequenz fortlaufend neue Arbeit hervorbringt.

Das Labor, welches die Arbeit verewigt, wird uns zum Bild der Welt. Es ist jedoch längst mehr als nur eine Metapher. Der umfassenderen Herkunftsperspektive des ursprünglich zugrundeliegenden Begriffs durchaus angemessen, ist das Labor heute faktisch zu einer Arbeitsbehausung ohne Dach und Wände geworden. Tschernobyl hat, neben vielem anderen, das wir seither schärfer erkennen, vor allem eben auch dies deutlich gemacht: Der

Ernstfall ist allgegenwärtig, es gibt die fehlerfreundliche, weil risikominimierende Laborsituation nicht mehr; unter modernen Forschungs- und Anwendungsbedingungen wird die ganze Welt zum Labor, und Mensch und Natur werden ausnahmslos und unentrinnbar zu »Versuchskaninchen«.

Nach uns die Maschine?

Über unser Verhältnis zur Arbeit nachzudenken bedeutet vor allem über unser Verhältnis zur Maschine nachzudenken. Solches Nachdenken muß allerdings ebenso notwendig wie – absehbar – fruchtlos erscheinen. Dies hängt mit einer menschlichen Eigenschaft zusammen, der wir nicht zuletzt einen Teil unserer evolutionären Überlegenheit verdanken: der Adaptivität, der Fähigkeit, uns rasch an wechselnde Situationen und Umstände zu gewöhnen. Wer vermag sich heute vorzustellen, daß es vor wenigen Jahrzehnten noch ganzen Familien möglich war, ihre freie Zeit auch ohne kommerzielle Hochrüstung: ohne Fernsehen und Fernreisen, ohne Tennisrakket und Surfbrett sinnvoll und erfüllt zu erleben? Was haben wir eigentlich damals getan an langen Winterabenden in jener fernsehfreien Vorzeit? Weil unser kollektives Gedächtnis so kurz ist, deshalb können neue Gewohnheiten so schnell mächtig werden und Veränderungen, auch wenn sie noch so tief greifen, sich nahezu unbemerkt vollziehen.

Und so ist auch zu befürchten, daß kaum jemand bemerkt und wahrhaben will, wie sehr wir uns schon zu Anhängseln der Maschine selbstentfremdet haben.

Wir begreifen das Problem, welches mit den Begriffen der Arbeits- und Erfahrungsbornierung angedeutet ist, nur, wenn wir das, was sich mit uns vollzieht, als Bestandteil eines umfassenderen, weit über die Verarmung und Zerstörung der Einzelpersönlichkeit hinausgehenden Wandlungsprozesses sehen lernen. Der Mensch, jahrtausendelang gewohnt, sich als Erbe und ewig jungen *Nachfolger* zu sehen, könnte genötigt sein, umzulernen: Die Irreversibilität seines eigenen maschinenintelligenten Entwurfs, könnte ihn selbst bald endgültig zum *Vorläufer* degradieren.

Vielleicht haben wir bereits Anlaß, die Darwinsche Evolutionstheorie prognostisch weiterzudenken: Wenn der Mensch nicht Endglied, sondern Zwischenglied einer Kette naturhaften Geschehens ist, das wir, mit Grund, als Entwicklung lesen, und für welches sogar biologisches Leben vielleicht nur eine Form des Daseins unter anderen schon bekannten und noch gänzlich unbekannten ist – warum nur sollte der äonendauernde Prozeß der Entwicklung der Arten ausgerechnet bei jener Art zum Stillstand gelangen, die erstmals einige der in ihm wirksamen Bedingungen, Prinzipien und Verlaufsgesetzmäßigkeiten erkannt und gedeutet hat? Warum sollte dieser Wellenschlag der Jahrmillionen gerade jetzt abebben, warum eine Bewegung plötzlich innehalten, die als machtvolle Grundtendenz vom Reich des Anorganischen über die Pflanzen- und Tierwelt ins Reich des Menschen geführt hat? Was kommt nach uns, was kommt nach dem Menschen? Für was oder wen in der Sukzession des Werdenden sind wir das evolutionäre Zwischenglied?

Kann es Desillusionierenderes geben als *diese* Erwägung: daß wir Übergang sind, Vor-läufiges zum Gültigeren hin, Unschlüssiges hin sind zu Schlüssigerem, Unvollkommenes zum Vollkommeneren? In jedem Fall aber weit davon entfernt, Endgültiges zu verkörpern in dem, was wir tun und lassen, was wir erkennen und an Prinzipien heiligen, was wir für wichtig erachten und was für nichtig? Kann der Mensch existieren ohne die Gewißheit, daß es Bleibendes gebe und bis zum Ende Gültiges, an dessen Erzeugung oder Entdeckung er selbst Anteil habe? Und was bedeutet es, solche Gewißheit zu beschädigen?

So sei die Frage gestellt: Was kommt nach dem Menschen? Für welches nachmenschliche Sein ist der Mensch das unverzichtbare »missing link«? Was »erzeugt sich«, indem wir es erzeugen, »hinterrücks« und ohne zu bemerken, was wir gleichwohl vor aller Augen tun?

Das Bild vom Menschen als »Zwischenglied« in einer Entwicklungskette bedeutet, daß sich die nachmenschliche Daseinsform nicht unabhängig vom Menschen, nicht irgendwo neben oder jenseits von ihm formiert, sondern in ihm selbst und durch ihn hindurch. Der Mensch »erarbeitet« sich seinen Sukzessor, er ist dabei, systematisch den eigenen Nachfolger zu erzeugen.

Dieser Nachfolger ist – die Maschine. Nicht daß die Maschine hier und heute den biologischen Menschen verdrängte. Dem widerspricht schon – zumindest auf den allerersten Blick – die Tatsache der historisch beispiellosen menschlichen Artvermehrungsrate. Diese besagt als punktueller Fortpflanzungserfolg, für sich genommen, nicht allzuviel. Die Evolutionsgeschichte liefert reichlich Anschauungsmaterial dafür, daß abruptes Populationswachstum durchaus auch als Indikator einer tiefen Populationskrise gedeutet werden muß, die im äußersten Fall in den Artentod mündet. Das Dramatische dieser Perspektive aber ist ja nicht einmal der Artentod: das als bevorstehend befürchtete biologische Verschwinden des Menschen; nicht also, daß die Maschine hier und heute den biologischen Menschen einfach verdrängte; schlimmer, sie ist dabei, ihn sich adaptiv »einzuverleiben«: Die vollelektronisierte, individualisierbare Technik der Fühler, Sensoren und automatisierten Regelkreise rückt uns »auf den Leib«, weil sie uns »auf den Leib geschnitten« wurde. War Technik das unmenschliche Gegenüber, wird sie nun immer mehr Teil von uns selbst. Längst betreiben wir ihre psychosoziale Eingemeindung und anthropomorphe Heimholung. Symptomatisch verrät sich dieser Vorgang dort, wo technische Dysfunktionalitäten mit Ausdrücken benannt werden, die dem Therapiejargon des Alltags entlehnt sind. Wenn der Computer »spinnt« oder eine »Macke hat«, ist eine »Diagnose« fällig, die sagt, »was ihm fehlt«; das Automobil, »auf den Leib geschnittene Technik« par excellence, hat »Mukken«, kann »sauer« gefahren werden oder läßt den Fahrer im Pannenfall »im Stich«, indem es »seinen Geist aufgibt«.

Die Technik in ihrer heroischen Periode – paradigmatisch: die Dampflok – hatte die Menschen durch ihre beherrschende Anwesenheit, ihre visuelle und akustische Präsenz, ihre Größe und Gewaltförmigkeit zugleich geängstigt und zur Bewunderung getrieben. »Tremendum« und »fascinans«, zudem die Erfahrung des »Übermächtigen« (majestas) und »Ungeheuren« – Elemente, die das Erleben des »Numinosen« auszeichnen – prägten das Verhältnis zu den Ungetümen des frühen Maschinenzeitalters. Heute dagegen bestimmen Faszinationsverlust und Nüchternheit, ja Gleichgültigkeit die Beziehung der Benutzer zu einer Technik, die ihren Wunderbonus verloren hat, damit aber nicht wirklich »wirklicher«, weil verständlicher geworden ist.

Sollte gar schlicht dies am Ende des Weges stehen: die Maschine als – der »bessere Mensch«? Die Maschine, die irrtumsfrei und unbeirrbar die ihr zugehörigen Funktionen erfüllt; die Maschine, die sich immer mehr die einst spezifisch »menschlichen« Vermögen aneignet und dabei in den allermeisten dieser Vermögen den Menschen nicht bloß um ein Vielfaches überbietet, sondern einen zusätzlichen Vorzug aufweist: den einer perfekten Identität?

Die Maschine ist reine Funktion. Sie verfolgt keinen geheimen Nebenzweck. Das größte Hemmnis für die schließliche Menschwerdung des Menschen ist seine Zerrissenheit. Sein Streben und Trachten gehört nie einer Sache ganz und gar. Sein Eifer kommt nie verläßlich und ungeteilt einem eindeutigen Zweck zugute. Die Selbstkontrolle, welcher die Menschen sich im Wege der lebenslang mühsamen Moralanstrengung anzunähern suchen, ist der Maschine unverrückbares Wesensattribut.

Im Zweckpurismus, dem Äquivalent der moralischen Eigenschaft der Selbstkontrolle, ist zweifellos jene Überlegenheit der Maschine begründet, welche den Menschen zu ihr aufblicken läßt »als dem Gipfel all dessen, was der beste und weiseste Mann je anzustreben wagte. Keine bösen Leidenschaften, keine Eifersucht, kein Geiz, keine unreinen Wünsche [können] die ruhige Macht jener herrlichen Wesen stören. Sünde, Schande und Sorge [haben] keinen Platz unter ihnen...« Dies sind die Worte des viktorianischen Satirikers Samuel Butler, der, hellsichtig wie kaum einer seiner Zeitgenossen, die unmenschlichen Konsequenzen einer konsequenten »Vermenschlichung« der Maschine zu Ende gedacht hat. Für ihn ist ausgemacht, daß wir uns mit der Zeit »als die unterlegene Rasse erweisen werden«: »Tag für Tag gewinnen die Maschinen uns gegenüber an Boden. Tag für Tag werden wir abhängiger von ihnen, täglich werden mehr Menschen als Sklaven verpflichtet, sie zu bedienen, täglich widmen mehr Menschen ihre gesamten Lebensenergien der Entwicklung des mechanischen Lebens. Der Erfolg ist einfach eine Frage der Zeit...«

Um es unmißverständlich auszusprechen: Entgegen einer wohlfeilen Menschenrechtsrhetorik ist dies nicht die Epoche der Vollendung »des Menschen« im Rahmen differenzierter sozialer Ordnungen, welche Schritt für Schritt die Hindernisse einer progressiven »Vermenschlichung« beseitigten. Der Prozeß, in den wir uns handelnd unweigerlich verstricken, ist nicht der einer »Menschwerdung des Menschen«, sondern der der »Menschwerdung der Maschine«. Wir schmeicheln uns mit der Vorstellung, wir machten uns durch den technischen Fortschritt unabhängiger, intelligenter und mächtiger, wo wir in Wahrheit bloß dazu beitragen, überflüssig zu werden.

Daß Maschinen »menschlich« werden (Joseph Weizenbaum), ist allerdings der eher unproblematische Aspekt des Problems; problematisch ist, daß Menschen »maschinlich« werden; daß sie, ohne diesen Vorgang als Veränderung an sich selbst zu registrieren, »wie Maschinen« agieren, reagieren und funktionieren.

Was geschieht, läßt sich zunächst, zugespitzt, so ausdrücken: Zuerst verändert der Mensch die Technik, dann verändert die veränderte Technik den Menschen. Und das bedeutet auch: Je mehr wir tatsächlich die Wirklichkeit gestalten, desto unvertrauter wird uns die Vorstellung ihrer tatsächlichen Gestaltbarkeit und deren Bedingungen. »Die Technik ist auf dem Wege, eine solche Perfektion zu erreichen, daß der Mensch ohne sich selber auskommt«, so hat Stanislaw Jerzy Lec einmal bewußt pointierend dieses Phänomen kommentiert.

Was hier vorgetragen wird, kulminiert in der paradoxen Pointe einer Theorie, die nur durch den eigenen Erfolg: das Echo, welches sie auslöst, widerlegt werden kann. Nur eine hinreichend große Zahl jener, die in die Furcht vor der Mechanisierung des Menschen durch die progressive Vermenschlichung der Maschine einstimmen, könnte diese Befürchtung falsifizieren.

Was kann es Entlarvenderes geben als die Anrufung der »technischen Sachzwänge« oder den Hinweis, eine ungeliebte – weil unabsehbare oder absehbar schädliche – Entwicklung sei »sowieso nicht aufzuhalten«?

Um eben diese Entlarvung ist es Samuel Butler zu tun, wenn er – in ironischer Überspitzung – vorschlägt, den Maschinen den Krieg »bis aufs Messer« zu erklären: »Laßt uns zum Urzustand der Menschheit zurückkehren. Sollte jemand behaupten, dies sei beim gegenwärtigen Stand der menschlichen Verhältnisse unmöglich, so beweist dies nur, daß das Unglück schon geschehen ist, daß unsere Knechtschaft in allem Ernst begonnen hat, daß wir ein Geschlecht von Wesen aufgezogen haben, das zu vernichten nicht mehr in unserer Macht liegt, und daß wir nicht nur versklavt sind, sondern uns auch gänzlich mit unserer Sklaverei abgefunden haben.«

Längst erkennen Computer zuverlässiger, rechnen schneller, folgern logischer, prüfen gründlicher, haben ein viel besseres Gedächtnis, verknüpfen weit Auseinanderliegendes mit größter Präzision, filtern und selektieren Daten und Merkmale, erkennen Gemeinsamkeiten und Unterschiede in Sekunden und Minuten, wozu menschliche Arbeitskraft von Wochen und Monaten nicht in der Lage wäre.

Legen wir die herkömmlichen Kriterien für Intelligenz zugrunde, so gibt es, am Standard der intelligenten Maschinen gemessen, eigentlich heute bereits keine intelligenten Menschen mehr – gerade wie es, an der Leistungskraft des Hebekrans und des Flugzeugs bemessen, längst keine »starken» oder »schnellen« Menschen mehr gibt. Mit den Kraftmaschinen haben wir längst unseren überlegenen Nachfolger hervorgebracht; und die kulturelle

Evolution hat uns im letzten Jahrzehnt nach der Maschinisierung der körperlichen nun auch die Maschinisierung der geistigen Arbeit beschert und den Menschen damit aus Zuständigkeitsbezirken vertrieben, für die er als unersetzbar galt.

Mehr als Theorien und Prognosen belehren uns manche Bilder darüber, welche Stunde es im säkularen Wettlauf zwischen Mensch und Maschine geschlagen hat. Nehmen wir die gelegentlichen Bilder von Großmeistern, die gegen den Computer Schach spielen: Solche Bilder werden ganz schnell rar werden, ebenso rar wie die Bilder vom Anfang der Geschwindigkeitsära, auf denen Menschen sich zu Fuß oder zu Pferd mit dem Zug oder gar mit dem Flugzeug messen. Wer beim Computerschach nicht das unfreiwillig Komische solcher Situationen mit sieht, hat nichts begriffen von der Dimension der Herausforderung, welche die »Zweite industrielle Revolution«: die Technisierung und maschinelle Substitution der geistigen Arbeit, mit sich bringt. Es ist längst zwingend geworden, daß wir uns, im Sinne einer schonungslos realistischen Humanbilanz, auf's Genaueste darüber Rechenschaft geben, worin wir schon ersetzbar geworden sind, was die Maschine ebenso gut kann oder vielleicht sogar schon unvergleichlich besser.

Wie nah ist die Wirklichkeit schon an, wie fern ist sie noch von der Realisierung des Traumes, respektive Alptraumes vergangener Tage, die Maschine könnte sich als der »bessere Mensch« erweisen? All das, was der Mensch an sich selber als nicht vervollkommnungsfähig erfahren mußte, könnte sein Nachfolger, die Maschine, sich nun an spezifischen Attributen zueigen machen: punktgenaue Präzision, situationsunabhängige Zuverlässigkeit, fehler- und irrtumsfreies Funktionieren, getreueste Pflichterfüllung, Stetigkeit, Berechenbarkeit, kurzum:

alle jene Tugenden, an deren Fehlen bislang noch jeder Versuch einer vollkommenen Menschenwelt zerbrach. Die Maschine ermüdet nicht, ist ohne Laune und Eigenheiten, frei von Ehrgeiz, Geltungssucht, Neid und Haß, sie ist genau und pünktlich, gleichermaßen aufmerksam und (funktions-)gerecht gegen jedermann. Läßt sich mit ihr aber jenes Utopia, jene soziale und humane Idealbehausung errichten, welcher Menschen seit Jahrtausenden vergeblich nachträumen?

Modell Maschine

In der Idee des Computers erkennen wir die »phantastische Transformation (...), die wir mit der Welt vorgenommen haben« (Joseph Weizenbaum). Der Computer gehört mit vielen anderen »intelligenten Maschinen« zu jener Phalanx neuer Geschöpfe, die angetreten sind, den Menschen, nach seiner Entmachtung als überlebensstarkes Körperwesen, nun auch als sinnstiftendes Geistwesen zu beerben.

Längst ist der Mensch in den schönen neuen Welten, die er schuf, selbst das antiquierteste Requisit: er ist dabei, ein Fremdling zu werden inmitten der eigenen Hervorbringungen, ein geduldeter Sonderling, wo nicht ein ärgerlicher Störenfried, dem die technischen Systeme das Hand- und Denkwerk legen, den sie »ausstoßen« und, auf Zeit vorerst, »unschädlich« machen: umsiedeln und umschulen, unter den Boden schicken und in Schutzanzüge stecken, kontrollieren und dekontaminieren. Können wir uns eine Technik leisten, die sich den Menschen nicht mehr leisten kann? Den Menschen, der lustlos ist und leidenschaftlich, übermütig und übel gelaunt, der vergißt und versagt? Können wir eine großtechnische

Entwicklung fördern, die immer unverblümter den »technikgerechten Bürger« fordert, den auto- und atomgerechten Zeitgenossen?

Was wir in Verkennung unserer eigenen biologischen und psychologischen Ausstattung häufig als »menschliches Versagen« bezeichnen, ist in Wahrheit stets Versagen einer nicht menschengemäßen Technik, d. h. einer Technik, die den Irrtum nicht honoriert, sondern bestraft. Solches Reden zeigt, wie sehr wir uns selbst schon im Modell der Maschine sehen und bewerten: der Maschinen-Automat, der uns das »Maß« vorgibt, weil er absolut kalkulierbar, fehler- und irrtumsfrei funktioniert. An dieser Meßlatte bemessen müssen menschliche Fähigkeiten hoffnungslos minderwertig bleiben.

Es kann nicht schaden, wenn wir dies einmal zu Ende denken: das Optimum an Zuverlässigkeit bietet nur die weitere »Autonomisierung« der Technik, die progressive Abkoppelung vom »Störfaktor« Mensch: zum einen durch *Aussperrung von der Technik* und zum anderen durch *Anpassung an die Technik*.

Anstatt die Technik für den Menschen unschädlich zu machen, gehen wir in vielen Fällen genau den umgekehrten Weg: Wir machen den Menschen »unschädlich« für die Technik. In vielen Fällen reagieren wir schon ganz »automatisch«, ohne dies noch eigens wahrzunehmen, mit freiwilliger Selbstaussperrung aus den besonders sensiblen Kernbereichen technischer Prozesse. Das »Optimum« wäre hier unverkennbar die auf höchstem Niveau sich selbst planende, organisierende und regenerierende Technostruktur. Die einzig technikgemäße Welt ist, auf lange Sicht, die menschenlose Welt.

Gewiß wohl garantiert die menschenlose Fabrik weitgehend störungs- und irrtumsfreie Funktionsabläufe. Doch ist sie ein Modell für das Gesamtgebäude unserer

Wirklichkeit? Muß wirklich erst der Mensch mit seinen »antiquierten« physischen und psychischen, ästhetischen und affektiven Bedürfnissen verschwinden, damit die technisch determinierte Welt fehler- und irrtumsfrei funktioniert?

Neben einer Vielzahl ganz alltäglicher Eingriffe in die Lebenswelt, die alle betreffen, erfolgt die Anpassung an die Technik vor allem über die durch Ausbildung, Schulung und systematische Gewöhnung vorbereitete und vorangetriebene »Mutation« eines Teils der Menschen zum »Techniker« mit exakt beschreibbaren Eigenschaften, eigener Sprache und eigenen Vorlieben, einem eigenen Rollen- und Selbstverständnis, einer eigenen »Moral« und einem Weltbild, welches sich deutlich abhebt von jenem der übrigen Gesellschaftsmitglieder.

Präventivkollaboration

Der Techniker ist ein Mensch, der daran mitwirkt, den Menschen überflüssig zu machen. Mag er gelegentlich auch von seinem Tun in erheblichem Maße wirtschaftlich profitieren – im Grund ist er bis zur Selbstpreisgabe selbstlos. Er hat nicht selten etwas Missionarisches an sich, d. h., er ist nicht so sehr »auf eigene Rechnung« tätig, sondern sieht sich in Diensten einer großen Sache, eines alles überragenden transhumanen Auftrags, an dessen Sinn kein Zweifel erlaubt ist; einer Aufgabe, die ihn von der lästigen Pflicht entbindet, sich immer wieder vor Menschen zu rechtfertigen.

Seine unerbittliche Parteinahme für das transhumane Projekt der Maschine läßt sich in einem sehr strikten Sinn als *Präventivkollaboration* beschreiben: Noch ist der neue Macht- und Rechthaber gar nicht in vollem Umfang durchgesetzt; noch werden die Prinzipien seiner Herrschaft durch die Umstände vielfältig dementiert, und dennoch fühlt er sich ihm bereits unauflöslich verpflichtet.

Sind wir dabei, zu einer Art nützlicher Haustiergattung im Dienste der nächsten Intelligenzträger zu werden? Vieles – am meist nur indirekt greifbaren – Ethos und Leitbild des Technikers läßt ihn in gewisser Weise schon als Dissidenten des Projekts »Menschheit« erscheinen. Mindestens die Konturen einer von Grund auf neuen, mit der »menschheitlichen« prinzipiell konfligierenden Loyalität sind zu erahnen. Joseph Weizenbaum, einer der »Väter« des Computerzeitalters, deutet die Konflikte dieser Epoche vor eben diesem Hintergrund: »Einige Wissenschaftler«, sagte er, »(Robert Jastrow kommt mir in den Sinn) und einige meiner Kollegen haben erklärt, daß sie bei einer Entscheidung zwischen Loyalität zur menschlichen Rasse und Loyalität zur ›Intelligenz‹ auf der Seite der Intelligenz stehen werden.« Weizenbaum dramatisiert hier gewiß nicht unnötig. Kann man denn die völlige Unbekümmertheit von Gentechnikern, Chemikern, Atomwissenschaftlern, Medien- und Kommunikationstechnologen bei ihren unabsehbar folgenreichen Unternehmungen anders deuten und verstehen als in den Kategorien eines solchen längst vollzogenen heimlichen oder offenen Loyalitätswechsels? Warum leisten sie einer kritischen Diskussion der zu gewärtigenden Folgen ihres Tuns so hinhaltend Widerstand? Warum sind sie, stets und ausschließlich, unbeirrt von Zweifeln und Besorgnis, an der Front der jeweils neuesten technologischen Möglichkeiten engagiert? Irritationsfest und verstörungsimmun bis zur Halsstarrigkeit einer lückenlos selektiven Wahrnehmung (»eine ernstzunehmende Gefahr hat zu keiner Zeit bestanden«; »nennenswerte

Probleme gibt es keine«; »Störfälle hat es hier nie gegeben«; »wir haben alles im Griff«), wirken sie längst wie die Statthalter einer fremden Macht, deren Interessen sie sich mit Haut und Haaren verschrieben haben – ohne Rücksicht auf die eigenen und die Lebensbedingungen ihrer Menschengenossen.

Gewiß ist die »Liquidation des Menschen« nicht das primäre Ziel dieser menschlichen Maschinenallianz; doch tun wir gut daran, nicht allzuviele Skrupel in Rechnung zu stellen, wenn es an einem Punkt der Entwicklung tatsächlich einmal zu unausweichlichen Zielkonflikten kommen sollte. Im Zweifel werden die technologischen Weichensteller glauben tun zu müssen, was sie zu tun imstande sind, skrupellos und ohne Rücksicht auf Verluste.

Die bislang unüberboten makaberste Hervorbringung dieser Geisteshaltung ist die »saubere« Neutronenbombe. Sie schont die technischen Anlagen, die Gebäude und die wirtschaftlich nutzbaren Güter – lediglich dem Leben in ihrem Einsatzgebiet bereitet sie den Garaus. Und das Beispiel »par excellence« einer Technik, die nur sich selber feiert, die unabhängig vom Menschen, ohne Vorsicht und Rücksicht auf ihn konzipiert und aktualisiert wurde, war der berüchtigte »Starfighter« F 104 G. Über diesen zumindest in den Anfängen Mitte der sechziger Jahre von Menschenhand nahezu nicht beherrschbaren, ebenso formschönen wie »funktionellen« Flugzeugtyp machte der von Piloten immer wieder vorgebrachte Satz die Runde: »Die Rakete mit den Stummelflügeln vergibt keinen menschlichen Fehler.« Ein wahrer Blutzoll war denn auch der Preis, den das hochgezüchtete Waffensystem, Abfangjäger, Aufklärer und Atombomber in einem, dem Zauberlehrling Pilotenmensch auferlegte: Im Verlauf von 27 Jahren stürzten von 916

»Starfightern« nicht weniger als 269 ab, 110 Piloten kamen zu Tode. Der im Pilotenslang »Witwenmacher« oder auch »fliegender Sarg« geheißene Flugzeugtyp galt als »technische Herausforderung«, an welcher der Mensch sich zu bewähren hatte oder vor welcher er für »untauglich« befunden und gnadenlos wegselektiert wurde. Die Empfehlung, mit welcher der seinerzeitige Luftwaffeninspekteur Johannes Steinhoff, selbst Jetpilot im Weltkrieg II, seinen verängstigten Piloten aufwartete, enthält in aller nur wünschenswerten Offenheit die Kapitulation vor dem feuerspeienden Drachen der Technik, der in zeitgemäßer Fortschreibung nun, statt des Körpers schöner Jungfrauen, Leib und Leben der geschwindigkeitsbesessenen Formel-I-Piloten des Himmels einforderte: »Ihr müßt fliegen und nochmals fliegen. Viel fliegen, sichereres Fliegen.« Man tut dieser Aussage keinerlei Gewalt an, wenn man sie, mit eigenen Worten, so faßt: »Ihr müßt fliegen, bis *Ihr* sicher seid; d.h., bis ihr Euch so verändert habt, daß Ihr zu dieser Technik paßt und ihr sie so bedienen könnt, wie sie es von Euch fordert.« Die Blutspur, welche die bei Mach 2 gezogenen Linien und Kreise des Starfighters am Firmament begleitet, ist das Menetekel einer Technik, die sich nicht im mindesten müht, menschengerechte Technik zu sein; die umgekehrt den Menschen nötigt, sich selbst ohne Vorbehalte zum technikgerechten Bestandteil der Maschine zu modeln. Gelingt ihm diese Umstellung nicht perfekt und ausreichend rasch, wird er ausgemustert, oder drastischer: Er wird an Berghängen zerbersten, im Meer versinken oder irgendwo im Wiesengrund zerschellen.

Der um mehr als das Zehnfache teurere Nachfolgetyp des Starfighters, der MRCA-Tornado, kommt dem hoffnungslos zurückgebliebenen menschlichen Zweibeiner ein Stück weit entgegen: Er leistet sich ein zweites Triebwerk und duldet gar einen zweiten Piloten. Über die Motive mag man mutmaßen. Vom Zielwert der zu fordernden Fehler- und Irrtumsfreundlichkeit allerdings ist auch dieses Waffensystem trotz mehrfacher Schallgeschwindigkeit noch Lichtjahre entfernt.

Großtechnische Systeme, und keineswegs nur die der militärischen Zweckbestimmung, sind ihrer Logik nach im höchsten Maße »intolerant«. Sie beschneiden lebbare Alternativen und Gegenentwürfe und zwingen uns, im Großen zielwandlungsunfähig in die »Versteinerung« hineinzuwachsen. »Unsere Zivilisation nimmt die Struktur und die Eigenschaften einer Maschine an«, schrieb Paul Valéry schon 1925. »Diese Maschine wird sich mit nichts Geringerem als der Weltherrschaft abfinden; sie wird keinem Menschen gestatten, zu überleben außerhalb ihrer Kontrolle und ohne in ihre Funktionen einbezogen zu sein. [... Denn] sie kann sich mit unbestimmten Lebensweisen innerhalb ihres Funktionsbereiches nicht abfinden. Ihre Präzision, die ihr Wesen ist, kann keine Vagheit oder gesellschaftliche Sprunghaftigkeit ertragen, und ungeregelte Situationen sind mit gutem Funktionieren unvereinbar.« Die »vollkommene« Gesellschaft, die niemals fehlt und irrt, ist nur denkbar, wenn auf das menschliche Verhalten die nämlichen Prinzipien angewandt werden, die für die physikalische Welt verbindlich sind. Mit anderen Worten: Die vollkommene Gesellschaft besäße die Attribute der Maschinenwelt. Nur diese verbürgten den hohen Grad an Gewißheit und Präzision, der all ihre Aktionen auszeichnet.

Einmal gänzlich unter der Herrschaft des Verstandes, gäbe es auch keinen Grund mehr für Wandel und Fortschritt: Beide sind Kinder des Irrtums, nicht der Lösung! Warum sollte der Verstand, der Aufbau und Funktionsweise der Gesellschaft planhaft entwirft und konstruktiv begleitet, seine eigene Lösung widerrufen? Unter der einseitigen Ägide des Verstandes würde eine Gesellschaft entstehen, ähnlich den Insektenstaaten, die seit sechzig Millionen Jahren ihrer Struktur treu geblieben sind.

Weder die Gewißheiten des Instinkts noch die Gewißheiten des Verstandes lassen den Irrtum zu und gestatten Veränderung. Die Gefahr ist heute schon ablesbar, daß ein »instinktiver« Verstandesabsolutismus die Vielfalt des Lebens mit seinen überbordenden Möglichkeiten erschöpfen und in der Schwerkraft eines einzigen Entwurfs versteinern könnte.

Das Denken, welches ein Zweckhaftes ganz und gar einkreist und dieses für verbindlich erklärt, vergibt die Chance, sich einer neuen Wahrheit zu öffnen; das Denken, welches zum Türsteher der eigenen Gewißheit wird, stellt eine Gefahr dar für's Leben.

In vielen Bereichen der Arbeit hat der Mensch in der Maschine bereits endgültig seinen Nachfolger gefunden; Daniel Bell drückt nichts anderes aus, wenn er über die Wirkungen der Automation schreibt, als eben dies: »Automation im weitesten Sinne bedeutet im Effekt das *Ende* der Messung von Arbeit. (...) Bei der Automation kann man die Arbeitsleistung eines einzelnen Menschen nicht messen; man muß jetzt einfach die Nutzung der Anlage messen.« (1958) Industrialisierung als progressive Verfleißigung entstand ja einst aus der Messung der Arbeit. Zuerst mußte man die Arbeit messen können, um die Arbeitsleistung des einzelnen »nach Stück oder Stunde« zu entlohnen.

Herren sind wir, die sich zu Sklaven ihrer Sklaven gemacht haben: wir haben die Maschine und ihre »Bedürfnisse« in den Mittelpunkt allen Tuns gerückt, wir versammeln uns um sie, wir stellen nach ihrem Takt unsere Uhren. Sie, das ist: ihre »Kapazität« und deren »Auslastung«, ist das Ziel unserer planenden Anstrengungen. In den allermeisten Fällen ist der Ausfall eines Arbeiters, der eine Maschine »bedient« (!), viel leichter zu verschmerzen als der Ausfall der Maschine selbst. Der Weg der Automatisierung, den wir beschritten haben, hat uns nicht stärker und geschickter gemacht, er hat uns an den Rand des eigentlich bedeutsamen Produktionsgeschehens geführt: Die Arbeit übernehmen die mechanischen Sklaven, und diese wiederum bedienen wir.

Kultur der Effizienz. Die zweckhafte Engführung des Daseins

Kaum eine Aktivität ist denkbar, die nicht entwertet würde, wenn man sie nur als Mittel zur Erreichung eines bestimmten Zweckes betrachtete. Das gilt für die Liebe und für die Party, für die Politik und für die Arbeit. Wenn wir als »Zweck« der Liebe ausschließlich die Erzeugung von Nachkommenschaft ins Visier nehmen oder als »Zweck« der Politik allein die Steigerung des Sozialprodukts, so reduzieren wir das Potential der Liebe wie das der Politik auf eine jeweils höchst willkürliche Weise. Politik und Liebe gehören, wie eigentlich alle menschlichen Tätigkeiten, einer Sphäre an, in der stets auch das Nicht-Zweckhafte »mitbezweckt« ist, in der das Unplanbare, Nicht-Vorhersehbare, ja das Ungewollte das Bedeutsame und Unvergleichliche ausmacht, das wir den Handlungen in diesen Bereichen verdanken. Gerade das, was die ungeheure Effizienzsteigerung bewirkt: die Konzentration auf den rational bestimmten Zweck, ist zugleich ursächlich für Verarmung und Verkümmerung unserer Tätigkeitsmotive. Der allzu kurze Zügel der eindeutigen Zweckorientierung bringt uns um die Chance, bei unseren Tätigkeiten Entdeckungen zu machen, dazuzulernen und uns auch auf ungeplante Weise zu vergnügen. Daß wir die Daseinssphären von Arbeit und Spiel, von zweckgeleitetem und zweckfreiem Tun so hermetisch auseinanderlegen, »hat schwere Folgen. Der Mensch, der nach getaner Arbeit frei ist, zu tun, was er will, ist nicht derselbe wie der, der Freude in seiner Arbeit erlebt» (B. de Jouvenel).

Am entschiedensten haben wir das Ungeplante und den Irrtum aus der Arbeit verbannt. Den fast vollständigen Sieg über den Irrtum, den wir in der Arbeit errungen haben, verdanken wir zunächst, jenseits aller technisch vermittelten Disziplinierungen, einer mit aller Konsequenz vorangetriebenen *geistigen* Disziplinierung: dem Zwang, immer genauer zu bestimmen, was wir eigentlich wollen; immer exakter zu definieren, was der Zweck der produktiven Anstrengung ist, und deshalb: immer trennschärfer zu unterscheiden zwischen dem, was zur Arbeit gehört und was nicht. Weniger die Arbeits*teilung*, die in diesem Zusammenhang meistens genannt wird, als vielmehr die *zweckhafte Engführung* der Arbeit hat jenen Prozeß der Routinisierung und Rationalisierung angestoßen, der uns mit einer Vielzahl im einzelnen gar nicht mehr wahrgenommener Irrtumsvermeidungszwänge wie mit einem immer schwerer und enger werdenden Panzer umgibt.

Mit der zweckhaften Engführung der Arbeit werden alle jene Fehlerquellen ausgeschaltet, die Verzögerungen, Irrtümer und Abweichungen verursachen könnten. Übrig bleibt nur der immer präziser gefaßte, immer eindeutiger bezeichnete und »gewußte« Produktionszweck. Hauptmerkmal dieser »Vereindeutigung« ist der mechanische Arbeitsvollzug. Die Persönlichkeit des Produzenten als Hauptquelle für Fehler und Abweichung muß neutralisiert werden, soll sie den minutiös festgelegten Produktionszweck nicht gefährden. Die *Suspendierung der Persönlichkeit* ist nicht nur eine bedauerliche Begleiterscheinung arbeitsgesellschaftlicher Zwänge, sie ist die Voraussetzung für das Gelingen eines planhaften Produktionskonzeptes schlechthin.

Was für die zivilisatorische Entwicklung insgesamt, gilt für den Fortschritt der Arbeitsorganisation im besonderen: Die Vermehrung von Eindeutigkeit und die Steigerung von Gewißheit sind Kampfansagen an den Irrtum; zugleich aber haben sie die Arbeit zu jenen beispiellosen Höhen des Erfolgs geführt, der es den Kritikern der Arbeitsgesellschaft so schwer macht, mit ihren Bedenken Gehör zu finden. In diesem Erfolg finden wir wohl auch die Erklärung für das, was ansonsten so schwer begreiflich ist: Warum die Zumutungen der Zivilisation zu allen Zeiten so wenig Widerspruch gefunden haben.

Die Kultur der Effizienz, die Durchsetzung jener Geisteshaltung, die Europa seit dem 18. Jahrhundert zum Zentrum des technischen Fortschritts werden ließ, opponierte erfolgreich einem der ältesten Tüchtigkeitsmerkmale der menschlichen Spezies: der Fähigkeit, durch Versuch und Irrtumskorrektur zu lernen. So sehr diese Fähigkeit selbst zum technischen Fortschritt beigetragen hat, so wenig scheint der »Geist« des technischen Fortschritts: die »libido dominandi«, einmal zur Herrschaft gelangt, bereit, auch künftig die Fesseln und Hemmnisse des Irrtumsweges hinzunehmen: Vielfalt und Unvollkommenheit, Verzögerung und Gemächlichkeit. Im Kult des Bewirkens wurden wir zu hocheffizienten Barbaren. Unsere Weise des Begreifens zielte einzig auf Raub: »Nehmen, ohne zu begreifen – das ist die Tat des Barbaren. Begreifen, nur um zu nehmen – das ist die

Rationalisierung der Barbarei, der Geist unserer Zivilisation« (B. de Jouvenel).

Arbeit, Leben und Natur – Katastrophen der Vollkommenheit

Die Parzellierung des menschlichen Daseins in »Arbeit« und »Leben« stellt gewiß hinsichtlich der Effizienz der Arbeit einen Fortschritt dar; psychologisch aber entwertet sie die Arbeit, indem sie sie gegen die sinnhaften Tätigkeiten isoliert. Für Charles Fourier war die »attraction industrielle« der Gradmesser für wirkliches Wohlergehen unter den Bedingungen der Industriearbeit, nicht allein Effizienzsteigerung und Produktivitätsfortschritt, für die sein historischer Widerpart Saint-Simon sich begeisterte. Die meisten seiner Vorschläge zur Humanisierung der Arbeit zielen auf das innere Verhältnis des Menschen zur Arbeit. Er entwirft ein Programm, welches sich vor allem der »psychologischen Proletarisierung« widersetzt: Er betont die Bedeutung des Produktionsumfeldes, der Zusammensetzung der Arbeitsgruppen, des Wechsels im Was und Wie des Arbeitsauftrags. Mit der Re-etablierung von Teilhabechancen und mit der Berücksichtigung persönlicher Belange in der Organisation der Produktion versucht er, dem Leben die Pforten der Arbeit zu öffnen. Fourier war nicht bereit, als Preis für eine irrtumsfreie Produktionssphäre den uns heute so vertrauten Lebenszwiespalt zwischen einem entfremdeten Arbeitsdasein und einer kompensatorischen Freizeitexistenz zu akzeptieren. Der Irrtum, den wir aus dem Bereich der Arbeitsorganisation und Arbeitstechnik so sorgsam ausgeschlossen haben, bedrängt uns, in potenzierter Form und gesteigerter Größenordnung, in vielen anderen Bereichen. Ein Entrinnen gibt es nicht. Technische »Errungenschaften« entpuppen sich bei genauerem Hinsehen allzuoft als »Verschlimmbesserungen»: Sie verlagern die Kosten und Probleme – um den Preis eines vielfachen Anstiegs der Kosten- und Problem»masse« – auf nachgeordnete Bereiche: das Soziale, den Menschen, die Natur. Wie immer wir den Problemtransfer im Dreieck zwischen Arbeit, Leben und Natur organisieren, wir entkommen solange nicht der Dialektik von Arbeitsorganisation und Daseinsgestaltung, als wir nicht erstere bewußt zu einem Bestandteil der letzteren machen. Solange wir auch in unserer analytischen Betrachtungsweise nicht zusammenbringen, was in Wahrheit zusammengehört: Arbeit, Leben und Natur, solange werden wir als Fortschritt feiern, was in Wahrheit Selbstzerstörung ist.

Nicht allein die Häufigkeit der Erkrankung macht den Krebs zur »paradigmatischen« Art des Krankseins und Sterbens in unserer Epoche; es ist auch das Wie und Was des Krebsleidens, das uns erahnen läßt, es könnte sich hier, im Maßstab der singulären Existenz, das Drama unserer Zivilisation ereignen. Vom Standpunkt der Zelle betrachtet, ist der Krebs ja ein Triumph ohnegleichen: die gelungene Programmierung der Zelle auf »Unsterblichkeit«, die endgültige Herstellung von Ordnung und Vollkommenheit. Vom Standpunkt des Gesamtorganismus ist er eine einzige Katastrophe: die Überlagerung und Vernichtung der Vielfalt, die Erstickung differenzierter Organfunktionen im einseitigen, unkontrollierten Zellwachstum und schließlich der Tod, das Erliegen lebensnotwendiger Versorgungsfunktionen des Gesamtorganismus. Der unkontrollierte Vermehrungserfolg der Zelle führt auf der Triumphstraße äußerster »Tüchtigkeit« geradewegs in den Untergang alles am Gesamtorganismus beteiligten Lebendigen – auch der Zelle selbst. Diese feiert den Höhepunkt ihres Sieges im Augenblick des eigenen Untergangs: Sieg und Selbstvernichtung fallen in eins. Welch ein Bild tödlicher Ironie: Der Untergang ist nicht etwa die *Folge* des Totalerfolgs, nein, der Höhepunkt des Erfolgs *ist* der Untergang. Die Vernichtung des Ganzen ist der Triumph des Teils, der für sich das balancierende Versuchs- und Irrtumsspiel beendet hat. Die Rückkehr des Seins aus der äußersten Extensität ins Nichts, die äußerste Steigerung partieller Ordnung bis zur »Vollkommenheit« der Selbstvernichtung.

Nur wenig, was uns im Persönlichen schicksalhaft widerfährt, eignet sich besser als Gattungsmenetekel. Krebs ist der Einfaltstriumph einer Zelle, die für ihr Binnenwachstum systematisch den geschmeidig regulierenden »Irrtum« suspendiert und damit, ohne dies zu »wollen«, die lebenserhaltende Balance zwischen der Vielfalt am Leben partizipierender Funktionen zerstört. Alle »Wucherungserfolge« sollten die Alarmglocken schrillen lassen. Ganz gleich, ob von fast-food-Ketten die Rede ist, vom Bevölkerungswachstum, von Übertötungskapazitäten in der Hochrüstung, vom »Siegeszug« der wissenschaftlichen Rationalität, von der Steigerung des Bruttosozialprodukts, von der »Entfesselung der Produktivkräfte«, von der »industriellen Massenfertigung« oder von der Auto-, Beton- und Kommunikationsgesellschaft – stets, wenn ein Teil seine Funktionen unkontrolliert auf Kosten aller anderen Teilfunktionen erweitert, steht die Lebensfähigkeit des Ganzen auf dem Spiel. Im Imperialismus des Partiellen liegt der Keim des »großen« Untergangs.

Droht uns im ungebremsten »Chauvinismus der Art« das Gladiatorenschicksal der sich zu Tode siegenden Kreatur? Die irrtumsfeindliche Großgesellschaft leidet längst an vielen Stellen unter Wucherungserfolgen der Zivilisation. Unser Schicksal ähnelt dem der Seerose auf einem überdüngten Teich: Auch hier ist der Augenblick des Triumphes: wenn die Seerose die Teichoberfläche erschöpft, eins mit dem Moment des Untergangs. Das Lebendige des Teichbiotops stirbt und mit ihm die Seerose. Sie hatte in ihren Vermehrungsrausch einfach »vergessen«, daß ihre Lebenschancen von den Lebenschancen alles anderen beteiligten Lebens nicht zu isolieren sind.

Unser notwendigerweise »parteiischer« Eingriff in einen Balance-Zustand, der sich oft erst in erdgeschichtlichen Zeitdimensionen eingespielt hat, durchkreuzt den aufwendigen Kampf des Lebens gegen die »Entropievermehrung«, jener Zunahme der – tödlichen – Unordnung im Ganzen, entgegen dem Augenschein einer primären Ordnungssteigerung, welchen die konkurrenzlose Ausbreitung der Zelle oder der Seerose, des Automobils oder des Fernsehens erwecken könnte.

Die neue Endlichkeit – Neue Zentralität des Menschen?

Der amerikanische Wissenschaftskritiker Jeremy Rifkin hat im Anschluß an die Arbeiten seines Lehrers Nicholas Georgescu-Roegen in seinem Buch *A New World View* den von Rudolf Clausius entworfenen Zweiten Hauptsatz der Thermodynamik, das sogenannte Entropiegesetz, sowohl für die Erklärung aktueller Phänomene der Unordnung, Auflösung und Nicht-Beherrschbarkeit in unserer natürlichen und sozialen Umgebung nutzbar gemacht als auch für die Gewinnung eines neuen, von Grund auf anderen Bezugssystems zur Organisation unserer gesamten Lebensaktivitäten. Mit Hilfe des Entropiegesetzes versucht er zu deuten, weshalb Verfall, Krisen und Zerstörung in vielen Bereichen zunehmen, weshalb wir mit »Reparieren« nicht mehr nachkommen, weshalb schneller neue Löcher entstehen, als wir die alten stopfen können, kurz also: weshalb das so erfolgreiche und mit soviel Vorschußlorbeeren bedachte »Projekt der Moderne« notwendig in die Krise geraten mußte, und wieso es letztlich scheitern wird.

Erstmals werden auch Eindeutigkeit, Struktur und Ordnung als »Ressourcen« begriffen und damit als etwas prinzipiell Endliches, das nicht beliebig zu vermehren ist. Die neue Endlichkeit der Welt relativiert den Anspruch menschlicher Gestaltungskompetenz, in welcher Form immer er angemeldet wird: Der Mensch handelt nicht nur im Rahmen der erkannten Naturgesetze in einem nicht erschöpfbaren Zeithorizont; er ist nicht nur in der Dimension des menschlichen Einzelschicksals ein endliches Wesen, auch das *Gattungswesen* Mensch ist ein *endliches,* den Grenzerfahrungen von Anbeginn und Ende unterliegendes Wesen. Wie die Anfänge menschlichen Lebens, so ist auch das Ende prinzipiell unverfügbar: Weitsicht, Klugheit und lebensschonendes Wohlverhalten dieser und aller künftigen Generationen vorausgesetzt, gibt es dennoch eine alleräußerste Grenze des Lebens, ja sämtlicher Aktivitäten im Kosmos, einen definitiven Abschluß in der Zeit, den wir lediglich, analog der individuellen Lebensspanne, *einseitig* »sabotieren« können, indem wir ihn schon vor seiner Zeit herbeiführen. Der vorzeitige »Untergang« der Welt kann »verschuldet« sein – wie das abrupte Ende des einzelnen Menschen auch. Er ist aber im letzten ganz und gar unvermeidlich, da er in gesetzmäßigen Vorgängen der biosphärischen Wirkgesamtheit wurzelt, die als raumzeitlich vorgeordnete Determinationsmacht auch die Determinationsmacht des intelligenten Lebens unaufhebbar determinieren. Die Entropie rückt in die Leerstelle des »toten Gottes«: Auch der nachaufklärerische Kampf wider das Schicksal ist nicht zu gewinnen. Wir sind und wir sind unvermeidlich »zum Tode«.

Was aber die logische und psychologische Struktur des »Entropiesatzes« für unser Thema vor allem interessant macht, ist die Einsicht in den unvermeidlichen Preis der großen Ordnungslösungen. Jede Ordnungsleistung wird mit einem überproportionalen Anwachsen der »Unordnung« bezahlt. Jede bewußte Ordnungsleistung verschlingt einen zusätzlichen Teil des gestaltbaren materiellen und energetischen Formvorrats. »Das Entropiegesetz zerstört die Vorstellung von Geschichte als stetigem Fortschritt. Es zerstört die Vorstellung, daß Wissenschaft und Technologie eine geordnete Welt schaffen.« (Rifkin)

Was immer wir tun und wie erfolgreich wir immer sind – wir produzieren unausweichlich stets auch das nicht gewollte »Gegenteil« dessen mit, auf das es uns eigentlich ankommt. Wo immer wir eine geordnete Struktur errichten, ist dieser Ordnungszuwachs ein nur scheinbarer. In Wahrheit vergrößern wir nämlich zugleich überproportional die weniger leicht sichtbare »Unordnung« in der jeweiligen Umgebung: Je mehr wir tun, um so mehr stoßen wir unvermeidlich auf »Altlasten« dieses Tuns: auf Löcher im Boden und (Ozon-) Löcher im Himmel, auf kumulative und synergetische Effekte, auf ungewollte Nebenfolgen und Folgefolgen solcher ungewollter Nebenfolgen.

Wie beim Roulette über alle spektakulären Großgewinne einzelner Glücksritter hinweg auf Dauer ausschließlich die Bank aufgrund ihres strukturellen Risikovorteils gewinnen kann, so arbeiten auch alle unsere spektakulären großtechnisch flankierten »Ordnungserfolge« von der Landwirtschaft über die Verkehrssysteme, die Produktion und den Tourismus bis hin zur Währungs- und Beschäftigungspolitik letztlich nur dem großen Widersacher, der sprengenden Kraft sozialer Desintegration, in die Hand.

Bei allem, was wir tun, tun wir *mehr* als das, worum es uns jeweils zu tun ist. Wir setzen ungewollt und zunächst auch meist unerkannt Handlungsketten in Gang, die in ihren Folgen gravierender sind als das absichtsvoll Veranlaßte. Die Zweit-Natur aus ungewollten und unbeherrschten Handlungsfolgen dementiert die hehren aufklärerischen Absichten, dementiert vor allem die Planungskompetenz der Moderne. Was als aktive Selbstbewegung gedacht war, wird umstellt und überlagert vom unbegriffenen Eigensinn einer Bewegung jenseits aller planhaft beherrschten und willentlich kontrollierten Projekte. Das Selbst-Gewirkte der Geschichte schiebt sich vor unseren Entwurf, der Eigenwillen des Nicht-Gewollten triumphiert über unsere Freiheit und unsere moralischen Initiativen.

Gewiß kommt, was kommt, durch uns. Ebenso gewiß aber ist, was durch uns kommt, nicht, was wir geplant, entworfen und bedacht haben. Zum Vexierspiel eines entropischen Katastrophenwachstums gehört, daß nicht nur wächst, was wachsen soll. Kein Kraut ist gewachsen wider jenes Kraut, das unversehens mitwächst. Wir vermehren in einem gewissen Sinn auch die Ordnung; um ein Vielfaches der jeweiligen Ordnungssteigerung, aber die regelwidrige, unfreiwillige, tödliche Unordnung. Weil wir die mitproduzierte Unordnung oft nicht sehen, genauer: weil wir sie mit unseren Ordnungsleistungen nicht in einen Zusammenhang von Ursache und Wirkung setzen, deshalb produzieren wir unbeirrbar jene enge, bornierte, aber gerade deshalb so »offensichtliche« Ordnung: Naturschutzgebiete etwa, die in allen Erdteilen aufblühen, weil wir die ungeschützte Natur überall erschöpfen, sie aushaucht, erstarrt.

Alle unsere Utopien gewinnen ihre Strahlkraft durch ein Versprechen: sie versprechen, uns »ein für allemal« und »endgültig« vom jeweils identifizierten Hauptübel der Zeit zu befreien. Kehrseite dieser Befreiung ist stets ein mehr oder weniger gewaltsamer Liquidationsvorgang – ein Abstreifen, Beseitigen, Vernichten dessen, was der Harmonie des utopischen Idealzustands entgegenwirkt: der Fremde, der Klassenfeind, der Ungläubige, der Böse und Ungerechte, aber auch die feindliche Natur, der Hunger, die Not, der Schmerz, das Leid, Knechtschaft und Erniedrigung, Krankheit und Tod. Orientieren wir das Befreiungswerk am Maßstab der aufklärerischen Vernunft, so gilt der Ausrottungsfeldzug vor allem der Unwissenheit und dem Irrtum. »Aufklärung« ist vor allem auch dies: Kampf gegen den Irrtum; ihr Versprechen vor allem ein Ausrottungsversprechen, welches auf ein »Erbübel« des Menschen zielt: den Irrtum. Die Aufklärung ist dann zu ihrem »guten Ende« gelangt, wenn unsere Fehleinschätzungen und Irrtümer besiegt sind.

Zum Selbstverständnis der abendländischen Aufklärung gehört diese Universalisierung der Vernunftidee, die keine fremden Götter neben sich duldet, schon gar keine, die ihre Existenz widerleglichen Irrtümern verdanken. Wenn aber mit der Vernunft wirklich ein *allgemeines* Prinzip erkannt würde, so dürfte sie auch nicht begrenzt sein, kein singuläres Evolutionsprodukt auf einem einsamen Planeten. Die »Einsamkeit« der Vernunft beschädigt ihre Allgemeinheit. Vielleicht hat, wie Hans Blumenberg dies einmal ausdrückte, den Verbindlichkeitsanspruch der Vernunft nichts mehr beeinträchtigt als das Schweigen des Universums. Daß die Stimme der Vernunft bislang, trotz allen aufwendigen Hinaushorchens ins All, für uns hörbar nur auf diesem singulären Planeten sich erhob, scheint ja die aufklärerische Vision vom vernunftdurchwirkten Kosmos zu widerlegen. Die Allgemeinheit der Vernunft, die sich noch nicht einmal unter den vernunftbefähigten Erdenwesen als geschichtsmächtige, schicksalsbeendende Kraft verbindlich zu behaupten weiß, scheint vor den lebensleeren Weiten kosmischer Planetensysteme und der Trostlosigkeit unwirtlicher Sternenhaufen endgültig zu kapitulieren.

Bereitet sich hier – unversehens – die Wende jener Wende vor, die durch die Entdeckung des Kopernikus vollzogen wurde und von der Goethe meinte, sie sei »die größte, erhabenste, folgenreichste Entdeckung, die je der Mensch gemacht hat... wichtiger als die ganze Bibel«?

Wendet sich also unversehens das Pendel der postkopernikanischen Welt und des ihr zugehörigen Bewußtseins und schwingt zurück in jenen vorkopernikanischen Zustand entschiedener eigener Bedeutungsgewißheit? Heftet sich das Auge, welches unerwiderten Blicks die kosmischen Horizonte betastet, nun mit gesteigerter Wahrnehmungsbereitschaft wieder auf die Erde als dem Zentrum der einzig legitimen Vernunftinteressen? Entdecken wir auf dem Umweg über das All die Erde wieder? Streben wir geradewegs auf eine nachkopernikanische Ära eines neuen Geozentrismus zu, welcher natürlich nicht die physikalischen Grundlagen des neuzeitlich heliozentrischen Weltbildes, wohl aber seine psychologischen Folgen korrigiert?

Soviel ist jedenfalls gewiß: Der Ausgriff aufs All, ob mit Raketen oder Radioteleskopen, hat uns der Erde und ihren Problemen eher wieder näher gebracht. Je weiter wir in fernste Fernen vordrangen, um so unabweisbarer wurde die – vorläufige – Tatsache: daß wir allein sind im All, daß wir niemanden zu fürchten, aber auch von keinem etwas zu erwarten haben! Die Erde mit ihren vielfältigen Formen des Lebens und ihrer einzigartigen Hervorbringung der Vernunft ist das erklärungsbedürftige Exzeptionelle, so scheint es; die große Ausnahme im All, Trägerin intelligenten Lebens – eine fulminante Einsicht, welche ihr als tellurischer Oase im grenzenlosen Sandmeer vernunftleerer kosmischer Weiten auf neue Weise »Zentralität« verleiht. Die Unwahrscheinlichkeit der eigenen Daseinsbedingungen könnte unsere abschweifenden Interessen wieder zurück auf uns selber richten. Die »kopernikanische Wende« – eine Episode nur im Formierungsprozeß des menschheitlichen Bewußtseins?

Erfahrungsbornierung und kollektive Wirkungssteigerung

Erfolge sind vor allem ein Wahrnehmungsphänomen: Wir können auf den Mond fliegen! Wir können Herzen verpflanzen! Wir können – mit dem Radioteleskop – bis in die Ur-Anfänge des Universums »zurückblicken«! *Können* wir? Und können *wir*? Die beispiellose Steigerung des sozialen bzw. »menschheitlichen« Kompetenzniveaus ist mit einer ebenso beispiellosen Steigerung des sozialen Differenzierungsniveaus erkauft, oder, despektierlicher, mit dramatisch anwachsender Erfahrungsbornierung. Nur ein verschwindender Prozentsatz dessen, was »wir« können, ist durch die Erfahrung *eigenen* Könnens, Wissens und Begreifens beglaubigt: Je mehr *wir* können, um so weniger, relativ gesehen, kann *ich*; je mehr *wir* wissen, um so weniger – relativ gesehen – weiß *ich*. Das aber bedeutet: Je mehr »wir« *wissen*, um so mehr müssen wir *glauben;* um so mehr ist jeder einzelne vom Wissen vieler anderer abhängig; je mehr »wir« können, um so bedeutsamer, ja (über-)lebenswichtiger wird die Erfahrung vieler anderer; denn relativ zum Anwachsen der gesellschaftlichen Wirkkompetenz schrumpfen die persönlichen Erfahrungskompetenzen. Nur ein Bruchteil dessen, was die objektiven Lebensbedingungen aller ausmacht, ist dem einzelnen durch eigene Erfahrung und Anschauung vertraut. Und eben weil das allermeiste erfahrungsmäßig nicht belegt ist, unvertraut, ist Vertrauen auf allen Ebenen und in allen Bereichen einer arbeitsteilig zusammenwirkenden Gesellschaft so unverzichtbar.

Vertrauen ist nicht nur ein ebenso alter wie soziologisch allgemeiner »Mechanismus zur Reduktion von Komplexität« (N. Luhmann); Vertrauen ist auch ein – spezifisch moderner – Mechanismus zur Kompensation von Erfahrungen und Vertrautheits-Verlusten: Wer seinem eigenen Urteil nicht mehr trauen kann, weil er mit dem entsprechenden Sachverhalt nicht mehr vertraut ist, dem bleibt nur, sich dem Urteil des zuständigen Experten anzuvertrauen. Vertrautheitsschwund ist nur durch Vertrauen kompensierbar.

Dieser Zusammenhang macht erst verständlich, weshalb der Fachmensch, der »Experte« oder »Profi«, wie wir ihn mit neudeutschem Diminutiv zärtlich-respektvoll heißen, sich in unseren zeitlichen Breitengraden eines so hohen Ansehens erfreut. Wo immer es etwas zu entscheiden gibt und uns die fraglos »guten Gründe« für das So-und-nicht-anders unserer Entscheidung fehlen, ist er beratend und gutachtend zur Stelle und gleicht diesen Mangel durch seinen ebenso überlegenen wie begrenzten Sachverstand aus. Mit der progressiven Abhängigkeit von Experten kompensieren wir die progressive Unzuständigkeit im Bereich der elementaren Lebensbedingungen: vom Brotbacken über das Erkennen von Kinderkrankheiten bis zur Autoreparatur und der Abfassung der Steuererklärung. Je mündiger die Menschheit, um so sprachloser und urteilsenteigneter der einzelne. Die beispiellose Macht unserer Zivilisation ist auf der Ohnmacht ihrer Subjekte errichtet.

Man mag die vorstehenden Sätze als wohlfeile zivilisationskritische Entrüstungsrhetorik abtun; sie haben indes einen sehr genauen – und präzis benennbaren – Sinn: Die Steigerung des gesellschaftlichen Gesamtvermögens, die Vermehrung der Bestände des Wissens und Könnens, welche einer Gesellschaft (oder heute wohl schon in erheblichem Maße der Menschheit) verfügbar sind, verdanken sich vor allem einer einzigen, in ihren Konsequenzen selten beleuchteten Tatsache – der Tatsache der Differenzierung der Gesellschaft und der (beruflichen) Spezialisierung vieler einzelner Mitglieder. Daß die moderne Gesellschaft so viel kann – und so viel mehr als die »alte« –, hat seinen Grund vor allem darin, daß die einzelnen Mitglieder dieser Gesellschaft so viel *Unterschiedliches* können, und dieses jeweils Unterschiedliche so viel exakter, effektiver und präziser beherrschen. Auch wenn man sich, was die Gesellschaft im Ganzen vermag, nicht einfach als Aufsummierung dieser ebenso engen wie um vieles genaueren Einzelvermögen vorstellen darf, so hat diese drastische Anhebung des gesellschaftlichen (Wirk-)Niveaus doch ihren ersten Grund in der Anhebung des (Wirk-)Niveaus vieler einzelner in vielen, immer enger spezialisierten Bereichen – sowie natürlich im sinnvollen Zusammenwirken dieser vielfältigen, höchstgesteigerten und höchstspezialisierten Einzelvermögen. Um die Republik von Flensburg bis Friedrichshafen mit effektiven mechanischen Schneeräumgeräten auszustatten, genügen wenige Dutzend auf die Entwicklung, Verfeinerung und schließliche Massenproduktion dieser Technologie spezialisierter Ingenieure und Fachleute.

Der Differenzierungsvorgang, dem wir den Fortschritt in der Steigerung des gesellschaftlichen Gesamtvermögens verdanken, wird vor allem deutlich im Vergleich: Noch am Beginn des 19. Jahrhunderts waren vermutlich mehr als drei Viertel der Gesamtbevölkerung in der »Urproduktion«, also vorwiegend in der Landwirtschaft, tätig. Das aber bedeutet: Die große Mehrheit der Menschen kannte »das Leben«, weil sie im Arbeitsprozeß auf der Basis anschauungsgesättigter Erfahrung an den für alle verbindlichen, allgemeinen Lebens*bedingungen* teilhatte. Sie wußte, jedenfalls ungefähr, wie aus Körnern Brot wird und aus Milch Käse, wie aus Bäumen Dächer und Möbel entstehen, und aus Häuten Schuhe, Kleidung und Zaumzeug. Auch wer es sich leisten konnte, seine Klinge beim Spezialisten in Damaskus schmieden zu lassen, wußte aufgrund seiner vergleichsweise dichten und ungebrochenen Teilhabe am ländlich-agrarischen Lebens- und Produktionskreis im Prinzip recht genau, wie ein Messer oder Schwert gefertigt wurde. Wer weiß heute schon, wie man eine Rakete baut oder auch nur eine Zahnbürste fertigt, ganz zu schweigen von der Fähigkeit, als einzelner dergleichen selber herzustellen?

Kurzum: Die Mitglieder der alten, agrarisch-feudalen Gesellschaft verstanden von fast allem, was sie umgab, etwas, ohne indes, gemessen an modernen Wirk-Standards, etwas wirklich zu »beherrschen«; und die Mitglieder der modernen, hochgradig spezialisierten Arbeitsgesellschaft verstehen fast nichts mehr von dem, was auf vielfältige Weise für ihr Leben Bedeutung hat; das wenige aber, in dem sie sich jeweils auskennen, beherrschen sie mit professioneller Perfektion auf dem Niveau höchstmöglicher Wirksamkeit.

Das vertikale Anwachsen des gesellschaftlichen Kompetenzniveaus im Bereich der wissenschaftlich-technischen Naturbeherrschung ist mit horizontalen Verarmungs- und Bornierungseffekten auf seiten der einzelnen, spezialisierten Funktionsträger erkauft. Und genau dies ist das Dilemma der fortgeschrittenen Arbeitsgesellschaft: Was die *Gesellschaft* voranbringt, muß noch lange nicht den *einzelnen* fördern oder gar glücklich machen!

Bei vielen Jägervölkern existierte ein strenges Tabu, welches auf ein formelles »Autarkieverbot« hinausläuft: Der einzelne Jäger darf das von ihm selbst erlegte Wild nicht verzehren. Diese Regel bindet ihn um den Preis des Hungertodes an die Gemeinschaft zurück. Er, der sich im Normalfall, solange er jung und gesund ist, selbst ernähren könnte, wird unter die Abhängigkeit von den anderen gezwungen, die ihm seine Nahrung liefern. Und dies schon zu einem Zeitpunkt, zu dem er durchaus noch für sich selber sorgen könnte. Durch das Verbot, die eigene Jagdbeute zu verzehren, wird die soziale Verbindung unauflöslich. Es ist ein kulturanthropologisch bedeutsamer Schritt, der den einzelnen zur Eingliederung in die Gesellschaft zwingt: Es ist die Gemeinschaft der anderen, der der einzelne sein Dasein dankt.

Wir wissen, daß die Entwicklung weiterging. Wir haben uns heute ganz und gar aus der persönlichen Abhängigkeit vom anderen gelöst. Wir haben Unabhängigkeit zu einem autonomen Wert vereinseitigt. Doch freier und unabhängiger sind wir schwerlich geworden. Wir haben nur die Schicksalsfee getauscht. Unsere Abhängigkeit hat ein anderes Gesicht. Es ist nicht mehr der personenhafte Nächste des mitjagenden Stammes, dem wir vertrauen müssen – es ist überhaupt niemand mehr mit Namen, Vornamen und individueller Biographie. Es ist das personenneutrale System der Lebensmittelversorgung, der Abendnachrichten, der Rentenversicherung und der Fernzüge, von dem wir abhängen. Je mehr wir uns voneinander gelöst haben, um so abhängiger sind wir alle vom Ganzen geworden. Die ideelle und existentielle *Individuation* geht Hand in Hand mit der realen *Vergesellschaftung*. Die Unabhängigkeit, welche uns der neuzeitliche Individualismus verspricht, ist eine Fiktion, die schon an der nächsten Straßenkreuzung widerlegt wird.

Im Kern müssen wir uns wohl entscheiden, welche »Ebene der Vollkommenheit« wir uns wählen: die des Individuums oder die der Gesellschaft; welche »Macht« gesteigert werden soll: die konkrete Lebenskompetenz des einzelnen oder die abstrakte, weil prinzipiell maßfremde, ja maßfeindliche Wirk-Macht des gesellschaftlichen Ganzen. Optieren wir für einen substantiellen Pluralismus mit der Chance, eine Vielzahl voneinander unabhängiger und abweichender Lebensentwürfe zu realisieren, oder entscheiden wir uns für den Scheinpluralismus eines hochgradig binnendifferenzierten Zusammenwirkens aller in einem System technisch perfektionierter Naturbeherrschung, dessen frühestes Modell uns Francis Bacon in seiner Vision der »Nova Atlantis« vor Augen stellt?

Es scheint indes, als hätten wir den hier problematisierten Zusammenhang: die Reziprozität von Rationalisierung und Entmündigung, noch längst nicht wirklich verstanden. Wir beschreiben noch immer das gesellschaftliche Rationalitätsaufgebot progressiver Professionalisierung in erwartungsschwangeren Bildern und Metaphern des »Fiat lux«: Geradeso, als würde mit der Heraufkunft und Durchsetzung des überlegenen Fachmenschentums endlich das strahlende Licht der Vernunft in eine bis dato dunkle Welt gebracht. Das Bild, welches den wahren Sachverhalt wiedergibt, ist aber ein radikal anderes: Nachdem er selbst durch Umlegen des Hauptschalters das Panorama des Lebens ins Dunkel getaucht, entzündet uns der Fachmensch nun allenthalben flakkernde Notlichter. Daß sein Tun uns in solcher Situation gleichwohl als nützlich, ja als unverzichtbar erscheint, besagt wenig bis gar nichts über den tatsächlichen Nutzen, den wir aus ihm ziehen, viel indes über unsere offenkundige Bereitschaft zur Selbsttäuschung und optimistisch-aufschönenden Verstehens-Illusion. Wir weigern uns beharrlich, zur Kenntnis zu nehmen, daß eben das, was wir als Arznei schlucken, unsere Beschwerden verursacht; wir verschließen die Augen vor der offenkundigen Tatsache, daß es jener Prozeß immer weiter getriebener Differenzierung selbst ist, auf den wir in unserer Not konkurrenzlos vertrauen, obgleich er einstmals erfahrungshelle, lebenspraktisch erschlossene und verbürgte Welt bis zur Unkenntlichkeit zergliedert und zerteilt.

Der Differenzierungsprozeß gesellschaftlicher Arbeit und die Erfahrungsverluste einer zweckhaft überdeterminierten Welt haben den einzelnen, wohl unwiderruflich, den realen Bedingungen seiner Existenz so sehr entfremdet, daß ihm das eigene Dasein zur großen »Dunkelkammer« wurde, das expansive System der alltäglichen äußeren Lebensvoraussetzungen eine gigantische »Black Box«, über die er mit dem großen Unbegriffenen der gesellschaftlichen Realität scheinvertrauten Umgang pflegt. Die Stückwerksexperten dieser rational aufwendigen Verdunkelungsveranstaltung kompensieren ex-post im Kleinen, was der von ihnen getragene Prozeß zuvor im Großen anrichtet: Sie installieren hastig, stets zu spät, oft an der falschen Stelle ihre immer viel zu schwachen Scheinwerfer.

Dieser *Kompensationszusammenhang* ist es, der immer wieder gründlich mißverstanden wird. Die Institutionalisierung des Fachmenschentums beschert der Menschheit ja nicht die langersehnten Flügel, welche die Natur ihr vorenthalten hatte, sie liefert lediglich die Krücken, für die in einer »eigenständigen«, urteils- und erfahrungskompetenten Lebenswelt einst noch gar kein Bedarf war. Wir bekommen durch Fortschritt und Rationalität ja nicht bloß etwas, über das vergangene Generationen noch nicht verfügten; wir bekommen vor allem etwas, was sie gar nicht brauchten!

Auch durch noch so gesteigerten Professionalisierungsaufwand sind ursprüngliche Sinnevidenz und Befriedigungswirkung der unmittelbar erfahrungsverbürgten Weltübereinkunft nicht wiederherzustellen. Die Arbeitswelt hochspezialisierter Tätigkeiten enthält uns jene affektiven Gratifikationen zunehmend vor, um deretwillen man vielleicht einmal, das Leben bilanzierend, sagen konnte: »... wenn's köstlich gewesen ist, so ist es Mühe und Arbeit gewesen« (90. Psalm, 10. Vers in der Luther-Übertragung). Die soziale Reichweite der eigenen, auf

Erfahrung gegründeten Urteilskraft, welcher frühere Tätigkeiten, ihrer äußeren, romantisch gewiß nicht zu verklärenden Mühsal zum Trotz, einen Teil ihrer befriedigenden Wirkung verdanken mochten, ist kein konstitutiver Bestandteil moderner Identität. Unsere prägende Erfahrung ist die einer geradezu beklemmenden Enge und Begrenztheit der eigenen Zuständigkeit und der damit verbundenen progressiven Urteilsenteignung: der überwältigenden Abhängigkeit von Wissen und Können, Kompetenz und Erfahrung vieler anderer auf Schritt und Tritt. Wie sollte der ultimative Spezialist, der über Nichts alles und über Alles nichts mehr auszusagen weiß, gegenüber diesem fremdgewordenen Ganzen eine eigene Identität behaupten? Wenn die elementaren Entscheidungen in und außerhalb der Arbeit fast exklusiv auf der Basis nicht mehr der eigenen, sondern der Erfahrung vieler anderer getroffen werden, muß dann nicht »Identität« angesichts solcher entfremdeter Grundbefindlichkeit überhaupt als ein hoffnungslos vorsintflutliches Konzept erscheinen? Doch stets bringt uns der Fortschritt, was er wegräumt, kompensatorisch wieder. Es ist kein Zufall, daß gerade jetzt der »Identitätsdiffusion« auf der personalen Ebene das Konzept betrieblicher Identifikation, »Corporate identity« geheißen, antwortet: Wenn im Maßstab des einzelnen die Zusammenführung der diffundierenden Rollen und Merkmale und ihrer Integration zur Persönlichkeit nicht mehr gelingen will, dann ist es kompensationslogisch durchaus konsequent, auch auf der Firmen- bzw. Produktebene suggestive Surrogatidentäten zu synthetisieren. In diesen Kompensationszusammenhang gehören auch Phänomene der progressiven Alltagsverwissenschaftlichung. Das Wissenschaftliche wird – als das Unbegreifliche schlechthin – zum Neomagischen. Dieser Vorgang wird beispielhaft deutlich, wo wir mit dem Unbegriffenen vertrauten Umgang pflegen – in der neumagischen Sprachmimikry der »Millirem« und Nanosekunden, der Formaldehyd und Becquerel. Die Verstehens-Illusionen eines medieninduzierten Allerweltexpertentums eröffnen, wenn schon kein Begreifen, so doch die Chance »psychistischer Meisterung« des in handhabbare Alltagsformeln eingegossenen großen Unvertrauten: der publikumsfernen Sekundärwelten, die von hermetischen Expertenkulturen aus Wissenschaft und Technik verwaltet werden. Die notorische Angstverwissenschaftlichung gehört längst zu unserem Alltag. Sie hält die Stelle der animistischen Geisterbeschwörung archaischer Zeiten unter den Bedingungen der medienbegleiteten Wissenschaftsära.

Die Entdeckung der Gestaltbarkeit

Die unkontrollierte Überformung der sozialen Lebenswelt durch Technik und Ökonomie ist eine direkte Folge unserer Abstinenz in den großen Fragen der Lebensoption. Nur deshalb konnte die Technik mehr und mehr in die »Leerstelle der menschlichen Persönlichkeit« (Lewis Mumford) einrücken. Technik (und technischer Wandel) ist kein Dämon – solange wir sie unter die Kontrolle bewußter Optionen stellen. Wir müssen den »Strukturwandel« stets zu unseren »Lebensoptionen« in Beziehung setzen. Dafür aber ist vor allem erforderlich, *daß wir welche haben*, daß wir sie uns bewußt machen und daß wir sie immer wieder auf ihre humane Zuträglichkeit hin prüfen und befragen.

Schon lange nicht mehr ist hierzulande so gebetsmühlenhaft »die Zukunft« beschworen worden: »Zukunft statt Rot-Grün!«; »Mit uns die Zukunft gewinnen!«; »Ja zum Programm des Neuen Fortschritts!«; »Die Technik der Zukunft«; »Zukunftstechnologien«; »Arbeitsplätze mit Zukunft« ... Auch die inflationierende Zukunftssemantik der Stunde ist wohl eher ein Indiz unserer chronisch chronologischen Verlegenheit.

Allein die Anrufung des Begriffs wiegt fehlende Argumente in der Sache gleich reihenweise auf: Alles wird hoffähig, wenn es sich nur mit »Zukunft« kombinieren läßt. »Zurück in die Zukunft« klingt längst nicht nur für eingefleischte Cineasten plausibel. Es könnte geradezu der Wahlspruch dieser Dekade sein. Gegenwartsflüchtig und zukunftsängstlich gleichermaßen, üben wir uns in rhetorischer Not- und Unsicherheitsbewältigung; Zeitreisende, die es, ihren demonstrativen Optimismus dementierend, in der eigenen Zeit nicht mehr richtig hält. Es gibt wohl eine Form des Rückzugs, die sich beharrlich mit Offensive tarnt. Und so sprechen wir denn noch fortschrittsoffensiv von »Rückbau«, wenn Löwenzahn wieder durch den Asphalt sprießen darf, oder wir rufen nach den »Intelligenzverstärkern«, wenn die eigene Intelligenz nicht mehr ausreicht, statt nach dem menschlich zuträglichen Maß unserer Unternehmungen zu fragen.

Statt beharrlich zu fragen, was unsere Bedürfnisse sind, statt auf dem zu beharren, was uns wünschbar und wünschenswert erscheint, fragen wir viel zu sehr danach, was für die Zukunft technologisch zu erwarten ist. Diese Sicht unterstellt einen Selbstlauf der Entwicklung, den es nur gibt, weil er nicht von einer ausreichenden Zahl von Menschen in Frage gestellt wird. Wir müßten uns viel stärker daran orientieren, wie wir leben, und deshalb auch: wie wir arbeiten wollen, statt immer bloß daran, was die »neuen Technologien« bringen! Nichts verändert die Gesellschaft in all ihren Äußerungsformen und auf allen Ebenen so sehr wie die Technik. Deshalb dürfen wir sie nicht den Technikern und den Ökonomen überlassen; deshalb müssen wir sie politisch gestalten! Deshalb ist es so wichtig, daß wir uns fragen, was wir wollen, und daß wir, ausgestattet mit dem Mut, auch mal »Nein« zu sagen, Optionen für unsere Zukunft entwickeln. Wir dürfen uns auf den sich abzeichnenden Strukturwandel im Bereich der neuen Kommunikationstechnologien und der rechnergestützten Produktion, der Gentechnologie und der neuen Wirkstoffe nur einlassen, wo er uns willkommene Lebensoptionen eröffnet; und wir müssen Nein-Sagen lernen, wo er solche Möglichkeiten gerade abschneidet, wo er unser Wesen verbiegt, unsere Sinne abstumpfen läßt, das soziale Leben verödet – und dies unabhängig davon, ob sich mit dem Aufgreifen neuer Technologien kurzfristige ökonomische Interessen verbinden oder nicht.

Jede menschliche Kultur ist Ausfüllung eines Freiraums, d.h., jede Kultur ist dadurch gekennzeichnet, daß sich der Mensch in ihr dank seiner Reflexivität gegenüber den Naturzwängen einen Freiraum erschließt. Dieser Freiraum ist Spielraum: Raum für spielerisches Erproben unterschiedlicher Möglichkeiten. Dies eben gilt es wiederzuentdecken: daß die Regeln unserer Zivilisation – unseres Lebens, unseres Wirtschaftens, unseres Umgangs mit der Natur – unsere eigenen Spielregeln sind und damit – änderbar; daß Rollen, die wir spielen, eben nur »Rollen« sind, für die es immer auch ein anderes Drehbuch geben könnte; daß Computerprogramme »Programme« sind (W. Siebker); Setzungen mehr oder weniger willkürlicher Art, die immer auch anders hätten ausfallen können; daß es mithin nicht Naturgesetze sind, die uns die industriezivilisatorischen Imperative des blinden Wachstums, des himmelstürmenden Fortschritts und des Wagnisses à tout prix auferlegen, sondern die selbstgesetzten Handlungsbedingungen. Entdecken wir also aufs neue, daß *wir* machen, was wir immer gemacht haben, daß die Welt gestaltbar ist, weil sie uns selbst immer schon als Ergebnis von Gestaltung entgegentritt!

Zur Entdeckung und Wiedergewinnung der Gestaltbarkeit gehört vor allem der richtige Umgang mit unserer – unvermeidlichen – Unsicherheit. Die Versuchung ist groß, sich der allgemeinsten Fluchtbewegung unserer Zeit: der Flucht in die Gewißheit, in die vermeintliche Sicherheit der großen Strukturen, anzuschließen.

Der Mensch hat immer schon die Welt gestaltet. Doch er hat ebenso beharrlich den Modus dieser Gestaltung und seine Bedingungen verkannt: Wir haben uns nicht emporgeplant und emporgedacht, wir haben uns emporgeirrt! Und doch ist der neuzeitlichen Wissenschaft »more geometrico« nichts anderes eingefallen, als dem Irrtum den Krieg zu erklären. Wollen wir die Bedingungen unseres Wirkens in der Welt erkennen und damit – behutsam – Gestaltbarkeit zurückgewinnen – dann geht es vor allem um die »Entübelung des Übels« (Odo Marquard), also darum, den Irrtum wieder in sein Recht zu setzen.

Adaptiv – und damit auf Dauer überlebensfähig – ist eine Gesellschaft, die Abweichung nicht nur zähneknirschend duldet, sondern sie systematisch ermutigt und zielstrebig fördert in dem Bewußtsein, damit in eine Zukunft mit ungewissen Anforderungen zu investieren. Das Kapital einer wirklich »reichen« Gesellschaft sind die utopischen und phantastischen Überschußkapazitäten, die sie über das Niveau des jeweiligen historischen Lebensbewältigungssolls hinaus »erwirtschaftet«. Die Potentiale der Abweichung und der Kritik, des Rückzugs und des Ausbruchs, des Scheiterns und des Irrens verkörpern das Mutationspotential einer Gesellschaft. Wie die angestoßene Billardkugel nur die Bewegung der Hand verlängert, vermögen auch die Impulse, die sich allein den Zweckvorgaben der Technostruktur verdanken, die Gesellschaft nicht grundlegend zu verändern.

»Fortschritt« in eine »geglückte Zukunft« ist nie das Ergebnis eines rationalen Entwurfs oder einer geplanten Konstruktion. Das Wissen, das wir als Menschen von der Wirklichkeit haben *können*, bleibt stets weit hinter jenem Wissen zurück, das wir haben *müßten*, um die Zukunft planend und konstruierend wirklich »in den Griff« zu bekommen. Wir wissen als Handelnde notorisch zu wenig für den ganz großen »Plan«. Die »Konstruktion der Katastrophe« ist damit viel wahrscheinlicher als die »Konstruktion des Fortschritts« (Müller-Reißmann). Der gesellschaftliche »Gesamtfortschritt« läßt sich nicht im direkten Zugriff konstruktiv, durch Entwurf und Plan, veranlassen und verwirklichen. Wir können ihn allenfalls umwegig fördern, indem wir die Rahmenbedingungen für eine nicht-katastrophische Entwicklung günstig gestalten.

Die Evolution, die sich Zeit läßt und sich im Wege von Versuch und Irrtum höchst gemächlich vorantastet, könnte hier Vorbild sein. »Behutsamkeit, Gemächlichkeit und Vielfalt« (P. Kafka) könnten als Leitprinzipien fungieren. Eine möglichst große Zahl verschiedener kleiner Schritte ist dem einzigen »großen Sprung nach vorn« eindeutig vorzuziehen, weil sie das ganz große Risiko vermeidet, vor allem aber, weil sie den unmenschlichen Zwang von uns nimmt, uns um den Preis des Gattungsmenetekels nicht irren zu dürfen.

Wie wenig wir um diesen Zusammenhang wissen – die Steigerung unserer Adaptivitätschancen durch Irrtumslernen –, zeigt exemplarisch das gedankenlose Reden vom »menschlichen Versagen«, welchem auch Harrisburg und Tschernobyl, Biblis und Ramstein nicht die Sprache zu verschlagen vermochten. Den allenthalben sichtbaren Umweltschäden entsprechen die weniger leicht sichtbaren psychischen und sozialen Schäden beim Menschen selbst. Die Natur- und Umweltkrisen sind nur der sichtbare Ausdruck einer Krise der sozialen Gemeinschaft und des menschlichen (Selbst-)Bewußtseins. Unser gestörtes Denken und Fühlen hat die Zerstörungen in der Umwelt und die groteske Gefahren- und Risikenballung in unseren technischen Strukturen hervorgebracht.

Was durch den Geist entstanden ist, kann auch durch ihn vernichtet werden – auch durch sein allmähliches Versiegen. Eine Epoche, welche das Werkzeug (in seiner erweiterten Form als Technostruktur) in die Leerstelle der menschlichen Persönlichkeit einrücken läßt, schneidet sich von den Quellen ihrer eigenen Kreativität ab.

Kapituliert der Artefaktor vor der Unduldsamkeit seiner Artefakte? Erleben wir in den Zwängen und Nötigungen der fehler- und irrtumsfeindlichen Großtechnik die pseudonyme Wiederkehr des Fatums?

Unsere Chance liegt darin zu erkennen, daß die Maschine nur ein »Mythos« (Lewis Mumford) ist, ein sterblicher Gott, der allein von Gnaden des erkennenden menschlichen Geistes existiert – jedenfalls solange wir nicht zulassen, daß er selbst sich an die Stelle dieses Geistes setzt.

Fernando Savater
Die Zukunft der Ethik

»Don Quijote redete mit dem Willen und, wenn er sagte ›Ich weiß wer ich bin!‹, sagte er nichts anderes als ›Ich weiß, wer ich sein will‹. Dies ist der Kernpunkt des menschlichen Lebens überhaupt: daß der Mensch weiß, was er sein will. Es sollte dir nicht wichtig sein, was du bist; die Hauptsache für dich ist das, was du sein willst.«

(M. de Unamuno, *Vida de Don Quijote y Sancho*)

In Zusammenhang mit der Ethik von einer »Zukunft« zu sprechen, birgt mehrere Schwierigkeiten. Zunächst wegen des Charakters der Ethik selbst, die nichts mit den wunderbaren oder schlimmen Dingen, die uns in der Zukunft erwarten, zu tun hat, sondern mit dem, was unter keinen Umständen aufgeschoben werden darf: dem gegenwärtigen Gebrauch der Freiheit. Die Moral kann wie das Leben, dem sie dient und dem sie seinen Sinn gibt, niemals auf *später* verschoben werden. Die Politik beispielsweise ist eine Investition auf mehr oder weniger lange Sicht, die das gegenwärtige Handeln bestimmten zukünftigen Vorteilen unterordnet: Das heute notwendige Opfer oder der momentane Gebrauch von Gewalt beziehen ihre Rechtfertigung aus dem Morgen, das wir allmählich als Ergebnis aus all diesem erringen. Doch die Ethik handelt vom zweckmäßigen Eingreifen im kritischen Augenblick *(kairós)*, von der Wahl, die die Angebote der Gegenwart abwägt und aussondert, nicht, um das Morgen zu gewinnen, sondern, um dem Heute Sinn zu geben: Nicht das zählt, was man später haben wird, sondern das, was man jetzt will. Das freie Individuum sucht in dem sittlichen Handeln nichts von sich selbst Verschiedenes und ihm Nachfolgendes, sondern es geht ihm darum, weiterhin das Vertrauen und die vernunftgemäße Eigenliebe zu verdienen, die es sich zuerkennt. Keine zukünftige Institution wird es davon lossprechen, weiterhin die unbedingte Dringlichkeit der gegenwärtigen Wahlmöglichkeit zu verspüren.

Andererseits scheint die Rede von der »Zukunft« der Ethik selbstverständlich vorauszusetzen, daß sich neue grundlegende Werte einstellen und man eine neue Art der Moralvorstellung zu erwarten hat (sei es mit Furcht oder Hoffnung). In gewissem Sinne wird sich diese Erwartung zwangsläufig erfüllen, wenn wir uns nur auf die *mores*, die Sitten und Gebräuche, beziehen. Die erotischen Verhaltensweisen, die politischen Ideologien, die familiären Beziehungen, das erneuernde oder zerstörerische Potential der angewandten Wissenschaften – die sich alle immer schneller verändern – werden zu Verhaltensregeln führen, die von denen abweichen, die für unsere Väter, geschweige denn für unsere Großväter galten. Das, was gestern noch schockierte, ist heute eine Modeerscheinung, die ohne Skrupel ausgekostet wird; Verhaltensweisen, die gestern als normal und sogar als vorbildhaft galten, erscheinen heute ungehörig oder grob. In diesem Sinn könnte eine Untersuchung über die Zukunft der Ethik eine Art Zukunftssonde sein, die versucht, diejenigen Gebräuche zu ermitteln, deren Wertschätzung einen Aufschwung erfahren wird, und jene, die allmählich in der öffentlichen Beurteilung abfallen werden. Doch diese Argumentation läßt außer acht, daß die Grundfesten der ethischen Sichtweise nicht in dem beschleunigten Rhythmus schwanken, in dem sich die Sitten ändern: Zwar wandelt sich mehr oder weniger der Kodex, doch nicht dasjenige, worauf dieser beruht. Der Sinn und die Rechtfertigungsbasis der ethischen Haltung bleiben wahrscheinlich von den ziemlich auffälligen Veränderungen der Normen unberührt. Leider wirkt es schon als leere Floskel, wird jedes Mal, wenn sich die Einstellung der Gesellschaft zu Fragen wie der außerehelicher Beziehungen oder der Todesstrafe wandelt, nach der Sanktionierung einer neuen moralischen Werteskala gerufen.

Doch die grundlegende Schwierigkeit für denjenigen, der die Zukunft der Ethik ergründen will, beruht eben gerade auf der Gewißheit, daß es in der Zukunft eine Ethik geben wird. Hören wir nicht ständig, daß die Ethik einfach ein von der Tradition übernommenes Element des Überbaus ist, das der Volkswirtschaft, der Psychoanalyse, der Biologie oder der Staatsräson zum Opfer fällt? Die Sprache der Ethik scheint nur noch ein bloßes rhetorisches Zugeständnis zu sein, mit dem Ziel, verunsicherte Menschen, die besonders leicht zu manipulieren sind, zu überzeugen oder – wie in den meisten Fällen – die Rivalen in irgendeinem Machtkampf in Mißkredit zu bringen. Die größten ethischen Engagements rekrutieren sich aus den schönen Seelen mit einem Hang zur Frömmigkeit, die nicht auf die Sonntagspredigt verzichten. Was die weltlicheren Ethiker angeht, so gehören diese im allgemeinen in den Bereich des Kommunikationswesens: Sie sind wie Telephonvermittler, aber heilige. Im Moment ist der Rückgriff auf die sittliche Sprache und die Moralpredigt (in der Variante *light*) als Ersatz für die alten politischen Ideologien, die sich gegenwärtig in einer offenen Krise befinden, besonders aktuell. Darüber hinaus leben wir, wie die Waghalsigsten verlauten lassen, in einer *zynischen* Epoche. Wie der *Western* im Kino scheint die Ethik nur eine Zukunft in der Art der von Mal zu Mal artifizielleren *Remakes*, die der Krankheit der Nostalgie frönen, zu besitzen, bis sie endgültig als praktische Vernunft der Gegenwart ausstirbt und als seltsames historisches Produkt zum Museumsstück erstarrt.

Um den Stier auf sehr spanische Weise bei den Hörnern zu packen, ist vielleicht das Problem des gegenwärtigen Zynismus der geeignetste Ansatzpunkt. Bejaht man die Vorrangigkeit des Zynismus oder sogar seine Zweckmäßigkeit, scheint man in subversiver Absicht mit einer Reihe wirksamer traditioneller Legitimationen zu brechen, die von der süßlichen Weichlichkeit der schönen Seelen gepflegt werden. Doch vielleicht beruht diese Provokation in Wirklichkeit auf einem Mißverständnis. Im allgemeinen ist der Zynismus nichts als ein Versuch der Arglosen, ehrlich zu sein. Doch die Ehrlichkeit ist für den Arglosen unerreichbar, denn nur derjenige kann ehrlich seine Meinung sagen, der sich vorher bemüht hat, sich selbst etwas mehr als nur oberflächlich kennenzulernen, eine Aufgabe, die den Arglosen (um so argloser, je boshafter er sich wähnt) bald langweilt. In Wirklichkeit ist der Zyniker nicht die zerstörerische Geißel der schönen Seele, sondern ihre natürliche Ergänzung, und in den meisten Fällen ihr biographisches Los; der Zyniker ist die schöne Seele einige Jahre später: Er hat nichts dazugelernt, interpretiert dafür aber das, was er schon immer wußte, im umgekehrten Sinn. Auf dem Gebiet der Moral, um es ohne Umschweife zu sagen, hat die schöne Seele immer geglaubt, um authentisch zu sein, müsse jede tugendhafte Tat ein Akt der Loslösung sein. Später gelangt sie zu dem Ergebnis, daß die einzige Loslösung, zu der der Mensch spontan fähig ist, die Hornhautablösung ist, woraus sie schließt, daß die Tugend ein Farce ist, auf die man verzichten sollte. Was die ethische Bewertung des Politischen betrifft, hat die schöne Seele stets angenommen, der angemessene Kompromiß mit der Allgemeinheit impliziere die Suche nach einem Nutzen, der nur dem Gemeinwohl dienen dürfe. Da sie später zu der Überzeugung gelangt, das sogenannte allgemeine Wohl bestehe alleine in der institutionellen Feindschaft gegenüber dem Wohl des einzelnen, beschließt sie, daß die unverhohlene Niedertracht die am wenigsten inkonsequente politische Übung sei. Mit einem Wort: Die schöne Seele war stets in dem Glauben, sie hielte den Egoismus für schlecht und den Altruismus für gut; wenn sie dann bemerkt, daß es unmöglich ist, nicht egoistisch zu sein, schickt sie sich an, es mit der unbeholfenen Begeisterung des Neulings zu sein, wobei es ihr jedoch lediglich gelingt, ihren alten altruistischen Glauben umzukehren. So bringt es also der Zyniker nicht zum konsequenten Egoisten und bleibt ein verbitterter Altruist.

In der Tat hat die Ethik der schönen Seelen wenig Zukunft. Wenn das Moralische Loslösung bedeutet, Pflichterfüllung aus reinem Respekt vor dem moralischen Gebot, Verzicht auf das Eigeninteresse zugunsten des Interesses der anderen oder des einfachen Desinteresses ... Wenn das politisch Makellose nur über die Verabscheuung von Eigentum und Konsum erreichbar ist und dabei die Zerstörung jeglicher Hierarchie verlangt, die nicht unmittelbar und eindeutig aus dem leidgeprüften Volk hervorgeht, und autormatisch auch die institutionalisierte Verherrlichung eines jeden Erniedrigten ... Dann muß man allerdings zugeben, daß die Ethik eine Krise erleidet, die schon bald nicht mehr rückgängig gemacht werden könnte. Sind ihre religiöse Garantie und ihr bürgerliches Fundament erst einmal zur Illusion oder zum Konfliktstoff geworden, hat sich die Tugend der edlen Seele zu einer verborgenen, unverständlichen Eigenschaft gewandelt, etwa in dem Sinne einer *virtus dormitiva* des nutzlosen Arztes bei Molière. Doch es ist sicher, daß das Opium in der Tat eine bestimmte Wirkung auf den menschlichen Organismus ausübt, auch wenn der Rückgriff auf die *virtus dormitiva* nicht gerade dienlich sein sollte, um diese zu verstehen; auf die gleiche Weise besteht und funktioniert die Tugend, soweit die ethische Sichtweise bei den bedeutsamsten unserer Handlungen eine Rolle spielt, selbst wenn ihre bewährtesten Rechtfertigungen inzwischen wenig glaubhaft wirken. Um also auf die Frage nach der Zukunft der Ethik einzugehen, werde ich einen Weg beschreiten, der uns um einiges von den traditionellen Moralisierungen im Sinne der *virtus dormitiva* wegführt. Wir sprechen drei Themenkomplexe an: die Eigenliebe als Fundament der Ethik; die Tugend als Individualismus; die aktive Bejahung der Menschenrechte.

Die Eigenliebe als Fundament der Ethik

Zunächst muß klargestellt werden, daß die Gesamtheit der Werte, Motive, Gebote, des Stolzes und der Reue, die das Umfeld des Sittlichen prägen, weder auf irgendeiner übermenschlichen (göttlichen) Autorität noch auf unpersönlichen Instanzen (genetischen, vorbewußten ...) basiert, sondern auf der Dimension des Bewußtseins und der schöpferischen Kraft der menschlichen Persönlichkeit. Diese Dimension der Persönlichkeit, die gleichzeitig beobachtet und ersehnt, klassifiziert und erstrebt, in einem Wort, die *erforscht* im doppelten Sinn des Lernens und des Begehrens, ist das, was wir als den menschlichen *Willen* bezeichnen werden. Das Sittliche ist direktes und alleiniges Resultat des Willens: Es ist Wollen und Ablehnung, doch niemals Desinteresse. Daher ist es nicht möglich zu sagen, sie sei ein desinteressiertes oder ein nicht pathologisch interessiertes Interesse, wie Kant folgert, denn der Wille steht vor der Unterscheidung zwischen Körper, Seele und Geist, der Wille interessiert sich dort, wo es ihn selbst betrifft, gleichzeitig rational, psychisch und physisch. Den Willen bringt nichts zum Handeln außer ihm selbst, er beachtet nur sich selbst, niemals verzichtet er auf etwas, außer um besser zu gedeihen, er will sich nicht mehr als sich selbst. Daher vergißt er auch nie das Sein (weder sein eigenes noch das *Seyn*), denn sein Wollen ist die schärfste Form, das zu *berücksichtigen,* was es tatsächlich gibt, sowie die Tatsache, daß es dies gibt. Dieses Sich-Selbst-Wollen des Willens, dieser Wunsch, sich zu erhalten und fortzubestehen, sich weiterzuentwickeln, die Palette von Möglichkeiten auf der Suche nach der höchsten zu ergründen, sich mitzuteilen und zu verweigern, dies ist das, was man als *Eigenliebe* zu verstehen hat.

Das Sittliche ist nicht die Verpflichtung, die Eigenliebe einzuschränken, sondern die konsequente Kunst, ihrem freien Spiel zu folgen. Die Bezeichnung »Eigenliebe« ist anderen, gleichartigen vorzuziehen, wie etwa »rationaler Egoismus« oder »aufgeklärter Egoismus«, denn tatsächlich beziehen wir uns auf etwas, das vor der psychosozialen Institution des »Ego« besteht, dieser zugrunde liegt: Das Ich entsteht aus der schöpferischen Energie der Eigenliebe, nicht umgekehrt. Oder um es auf eine notwendigerweise verschlüsselte Form zu sagen, die Eigenliebe ist »eigen«, bevor sie »mein« ist. Andererseits bestärken uns die Invektiven Rousseaus gegen den *amour propre* zugunsten des *amour de soi* (ersterer wäre durch die Eitelkeit und das Konkurrenzdenken der Gesellschaft korrumpiert, während letzterer direkt aus den Bedürfnissen der Natur hervorginge) *a contrario* in der Wahl dieses Terminus. Die menschliche Eigenliebe kann nicht nichtsozial sein, genauso wie sie nicht nicht-körperlich sein kann oder nicht nicht-reflexiv. Gerade die am meisten der Ethik entsprechende Dimension der Eigenliebe ist das *Erkennen* des Menschlichen durch das Menschliche, das Erkennen des Menschen *im* Menschen, entscheidendes Merkmal der allen gemeinsamen *Herkunft*. In der Tat beinhaltet die Eigenliebe ein Bestreben, nicht in der Achtung des anderen zu sinken (wenngleich diese essentielle Suche nach Zustimmung nicht mit bloßem Konformismus zu verwechseln ist, müssen doch jene »anderen« nicht zu jedem bestimmten historischen Zeitpunkt die einfache statistische Mehrheit bilden, sondern diejenigen – der Vergangenheit, Gegenwart oder Zukunft –, in denen wir die verpflichtende Ähnlichkeit moralischen Ursprungs wiedererkennen). Das Streben nach Auszeichnung und die Furcht vor den Vorhaltungen der Besten sind keine eitlen Zugeständnisse an den Herdentrieb, sondern Teil einer überlegten Hinnahme unserer *Soziogenese,* außerhalb derer wir nicht nur ein momentanes Wohlbefinden aufgäben, sondern jegliche Genealogie der Identität und der Sinngebung. Schließlich eignet sich der Begriff »Liebe« in seiner traditionellen platonischen Ausdeutung als dialektischer Zusammenschluß von Überfluß und Mangel sowie aufgrund seiner Konnotationen emotionaler Intensität in besonderem Maße zur Charakterisierung des zielgerichteten und entwerfenden Charakters der willentlichen Wurzeln der Ethik.

Der tiefere Sinn der menschlichen Eigenliebe – das heißt, dasjenige, was wir Menschen wollen, und das, was wir wollen, wenn wir uns wollen – ist die *Unsterblichkeit*. Dabei handelt es sich nicht einfach um die zornige Verneinung des Todes, sondern um die kämpferische Bejahung des Lebens gegenüber der unausweichlichen Stabilität des Scheins. Sie besteht auch nicht ausnahmslos aus dem religiösen Versprechen eines ewigen Lebens nach dem Tod, obgleich dieses unglaubwürdige Versprechen und sein ritueller Pomp zweifelsohne aus der Eigenliebe entspringen, die Unsterblichkeit verleiht. Die gesamte Kultur verschwört sich gegen den Tod, und die vorrangige Funktion jeder Gesellschaft besteht darin, ihren Mitgliedern eine gewisse Unsterblichkeit zu ermöglichen. Sie beschränkt sich nicht nur darauf, das Überleben zu garantieren, sondern strebt vielmehr danach, dem Vormarsch des Todes Einhalt zu gebieten: Erinnerung dort zu schaffen, wo der Tod Vergessen schafft, Sinn zu geben, wo er Absurdität aufzwingt, Ordnung zu schaffen, wo er Chaos signalisiert, Unverwundbarkeit zu verleihen, wo er alle Wunden aufreißt, Freude zu schaffen, wo er Gefühllosigkeit auslöst, eine Hierarchie zu errichten, wo er endgültig Gleichheit verordnet, Unterhaltung und Zerstreuung zu bieten, wo er Eintönigkeit auferlegt, Sicherheit zu erreichen, wo er Untergang mit sich bringt, Schönheit zu präsentieren, wo er Verwesung zur Schau stellt, Neuheiten zu schaffen, wo auf ewig Routine herrscht, Verschwendung zu schaffen, wo er einem alles nimmt, Geschlechter abzusichern, damit die Zerstörung jedes einzelnen kein Tod ohne Hinterlassenschaft sei ... Man kann sagen, daß Gesellschaft und Kultur stets *reaktionär* sind, denn sie haben nichts, was nicht eine Reaktion gegen die terroristische Subversion des Todes bedeutet. Dergestalt wird der Tod schließlich nicht verbannt, sondern bestätigt, doch als polemische Aufgabe des Lebens: Der Tod ist der Gegensatz und zugleich die Bestätigung des menschlichen Lebens, denn dieses ist, kulturell betrachtet, nichts anderes als die Gesamtheit von Institutionen und Symbolen, die dem Tod auf die gleiche Art widerstehen, wie man es früher für das biologische Leben verkündete. Der wesentliche und bedeutendste Punkt dieses Widerstands ist, dort *Freiheit* zu schaffen, wo der Tod *Notwendigkeit* diktiert. Eben dies ist die Aufgabe der Ethik als Umsetzung der Eigenliebe in die Tat.

Die Moral ist demnach die *energischste* Konsequenz der Endlichkeit. Seit ihren Anfängen bestand sie darin, die innerste Kraft des Widerstands und der Opposition gegen den Vormarsch des Todes zu feiern: Stärke und Ruhm dort, wo Schwäche und Angst anwachsen, Mitleid gegenüber etwas, das keins mit uns hat, gegenseitige Unterstützung angesichts der unausweichlichen Zersetzung, Transzendenz gegen die ewige Banalität, Kommunikation statt sterilen Schweigens ... Die Eigenliebe ist nicht nur der Wille, nicht zu sterben, sondern auch, sich unsterblich zu machen, das heißt, sich dem Tod zum Trotz einzurichten und zu handeln, mit der Hoffnung, daß dieser eines Tages durch die Berufung des Menschen zum Leben bezwungen werden könne. Abgesehen von diesem äußerst mutigen Ziel, das vielleicht so alt ist wie der Mensch selbst, gilt es in der sogenannten Ethik nichts als überflüssigen Aberglauben. Man wird sagen, daß so alle Menschen überaus moralisch sein müßten, da niemand sterben oder den Tod begünstigen möchte. Wo bleibt das lobenswerte *Streben* nach Tugend? Allerdings ist sicher, daß die entmutigende Neigung, sich angesichts des Todes zu ergeben, so tief verwurzelt ist wie der moralische Impuls selbst. Plinius der Ältere überlieferte uns, daß unter den Menschen *nullum frequentius votum* – kein Wunsch weiter verbreitet sei als der zu sterben. Selbst der spasmodische Trieb der Eigenliebe erschlafft bis zur Ermüdung und Komplizenschaft mit dem Tod, wenn sie es nicht schafft, sich selbst durch das Beispiel, die Praxis und die Reflexion aufrechtzuerhalten. Neben der jeden persönlich aufmunternden Stimme der Leben spendenden Liebe zu sich selbst verschwindet niemals das entpersönlichende Raunen des betäubenden Todes. Wozu...? Was soll es...? Und danach...? Aus diesem Grund spricht man nicht zu Unrecht von sittlicher »Pflicht« und »Schuldigkeit«: Denn auch das Leben ist Pflicht und Schuldigkeit oder, besser gesagt, Widerstand gegenüber der Trägheit, die unser innigstes Wollen untergräbt. Und da man nicht aufhören kann zu wollen, wünscht derjenige, der des Wollens müde wird, das Nichts, wie Nietzsche bemerkte.

Die unmoralische Versuchung besteht immer darin, einen Großteil der todbringenden Notwendigkeit zu akzeptieren, um irgendeinen ausgeblichenen und haltlosen Rest von Unsterblichkeit zu retten. So geht die allumfassende Geltung, die die Tugend beansprucht, verloren, und es wird eine fatale Konzession in der Art gemacht, die es gerade zu vermeiden gilt. Denn der Tod unserer sittlichen Vernunft (selbstverständlich nicht das willentliche Ausscheiden aus dem biologischen Leben, das in manchen Fällen die höchste Bestätigung der Unsterblichkeit verleihenden Eigenliebe, d. h. des Sinns des Lebens, sein kann) wird niemals um seiner selbst willen angestrebt, sondern gerade gegen ihn, als Lösung eines Konflikts, den man nicht richtig erfaßt oder den weiter auszutragen man nicht genug Mut besitzt. Deshalb könnte man demjenigen, der auf seine sittliche Eigenliebe verzichtet, am besten jene traurige Frage stellen, die Rilke in seiner Elegie an den Grafen von Kalkreuth, diesen jugendlichen Selbstmörder von neunzehn Jahren, richtete:

War das so
erleichternd wie du meintest, oder war
das Nichtmehrleben doch noch weit vom Totsein?

Heutzutage wird von nichts so häufig gesprochen wie von dem herrschenden Individualismus, sei es, um ihn als schwierige und erst kürzliche Errungenschaft zu feiern oder um den zersetzenden Mangel an Solidarität als Bedrohung zu beklagen. Der in beiden Fällen benutzte Begriff des Individualismus ist im allgemeinen unzureichend und geht von falschen Prämissen aus. Es gibt keinen wirklichen Gegensatz zwischen Individuum und Gesellschaft, wie es ihn eigentlich geben müßte: Das Selbstbestimmungsrecht des einzelnen ist eine Erfindung der sozialen Evolution, wenn auch so »gemeinschaftsstiftend« wie jedes andere für die kollektive Vorstellung geschaffene Konzept. Das Individuum entwickelt sich weder *am Rande* der Gesellschaft noch gar *gegen* diese, sondern entsteht als ihr subtilstes und fortschrittlichstes Erzeugnis. Was die Solidarität betrifft, sind ihre wahren Feinde jene, die sie für nicht realisierbar halten, es sei denn mit Zwang oder durch Fusion: Ganz im Gegenteil, nur das autonome Individuum vermag tatsächlich solidarisch zu sein, denn nur dieses kann entscheiden, es zu sein oder nicht. Tönnies sprach vom Übergang von der Gemeinschaft zur Gesellschaft, von einer organischen Solidarität zu einer neuen, mechanischen; ich ziehe es meinerseits vor, vom Wechsel von einer Logik der Zugehörigkeit zu einer Logik der Teilnahme zu sprechen.

Der Individualismus bedeutet die theoretische und praktische Erkenntnis, daß der *gesellschaftliche Mittelpunkt* des Handelns und der Sinngebung, der Legitimierung und Entscheidung das autonome Individuum ist, das heißt: alle zusammen und jedes einzelne Individuum, aus denen sich das soziale Gefüge zusammensetzt. So gibt es also keinen Gemeinsinn, der über die Summe oder das Höchstmaß der Interessen eines jeden einzelnen hinausginge, noch entsteht eine historisch transzendente Einheit – Nation, Volk und Klasse –, deren Recht, Beständigkeit zu fordern und Opfer aufzuerlegen, über dem größtmöglichen Maß an Wohlstand und Freiheit für die Gesamtheit der Mitmenschen stünde (d. h., sich von diesem tatsächlich lossagen könnte). Im Bereich der Ethik, der hier von vorrangigem Interesse ist, bedeutet der Individualismus die sittliche Begründung des *Selbstbestimmungsrechts* und der *Eigenverantwortung* des einzelnen, über seine Zugehörigkeit zu einer Gruppe oder Institution, seine Loyalität dieser gegenüber, sogar über seine Stellung als von der stillschweigenden oder auferlegten Einstimmigkeit anderer Individuen abweichender Minderheit hinaus. Im Bereich der Tugend ist jeder *unersetzlich,* und keine Institution, so vollkommen und überzeugend sie auch sein mag, kann uns in jedem Fall das Risiko abnehmen, unsere eigene Entscheidung zu treffen. Die Tugend kann viele oder auch die Mehrheit begünstigen, doch jeder ist für sich allein tugendhaft. Die Auszeichnung durch die Tugend, das, was zu ihrer Bewunderung führt, ihren Ruhm und ihre Würde ausmacht, ist die Tatsache, daß im entscheidenden Moment (*kairós*) niemand für den anderen tugendhaft sein kann oder genauso tugendhaft zu sein vermag wie ein anderer. In diesem Sinne habe ich mich ausführlich bei anderen Gelegenheiten über die sittliche Figur des *Helden* geäußert (»Die Aufgabe des Helden«, »Der Inhalt des Glücks«), der allerdings wenig mit einem Fierabras zu tun hat, der arrogante Schwerthiebe austeilt. Ich habe vielmehr versucht, den ursprünglichen Sinn des Begriffs wiederzufinden, so wie ihn Hannah Arendt deutet: »Der Heros ist ursprünglich bei Homer nur der freie Mann, der als solcher teilhat an dem Krieg um Troja und von dem daher eine Geschichte zu erzählen ist. Der Mut, den wir heute als unerläßlich für einen Helden empfinden, gehört bereits [...] zum Handeln und Sprechen als solchen, nämlich zur Initiative, die wir ergreifen müssen, um uns auf irgendeine Weise in die Welt einzuschalten und in ihr die uns eigene Geschiche zu beginnen.« (*Vita activa*, Kap. 5, § 25) *Der Held ist das autonome Individuum, das bei der Achtung oder Erfindung der höchsten Sittlichkeit beschließt, sein persönliches und gesellschaftliches Schicksal als ein unwiederholbares Abenteuer zu leben.* Er sucht weder die Originalität um jeden Preis noch die Verletzung oder Einhaltung der Norm, sondern die Anerkennung seiner Geschichte als die eigene, als Ergebnis der individualisierenden Liebe.

Wer sich nun fragt, warum es besser sei, ein autonomes Individuum zu sein als ein Unfreier, ein Rädchen im Getriebe oder ein Weichling, verdient nicht, daß man ihm ernsthaft antwortet, sondern daß man ihm ohne Zögern ins Gesicht speit: Schon seine Frage bestätigt das, was in Frage zu stellen er vorgibt... Doch es ist auch offensichtlich, daß die Selbstbestimmung eine schwierige und schuldigmachende Lust und von Kurzschlüssen bedroht ist, die durch unsere Mutlosigkeit und auch von der Heteronomie des herrschenden politischen Systems ausgelöst werden. Solche Kurzschlüsse entstehen aus unserer atavistischen Angst davor, für unsere Entscheidung jeweils persönlich *verantwortlich zu zeichnen*, statt sie Gott oder einem absoluten Herrscher aufzubürden (auch die bürokratische, die ökonomische und die totalitäre Entfremdung führen zu derartigen Kurzschlüssen). Es ist unbequem, überlegt und verantwortungsbewußt der Errichtung oder der Erhaltung von künstlichen Gebilden des gemeinschaftlichen Zusammenschlusses zuzustimmen, statt einfach die Tatsache als von der Natur gegeben und vorbestimmt zu akzeptieren, daß wir einen notwendigen Teil von diesen bilden. Zur Erleichterung desjenigen, der unter eine solchen Bürde leidet, oder des Ignoranten, den die Oligarchen von dieser Last bewußt fernhalten, sieht der heutige Staat kollektivierende Mechanismen vor, die den Verzicht auf individuelle Selbstbestimmung entweder zulassen oder zuweilen gar erzwingen. In einem seiner posthum publizierten Texte *(Omnes et singulatim)* unterscheidet Michel Foucault zwischen *pastoraler* Macht und staatlicher Macht im eigentlichen Sinne. Diese letztere reguliert die Beziehungen zwischen Bürgern mit gleichen Rechten und ungleichem Eigentum, das heißt die öffentliche Szene der überindividuellen Transaktionen. Doch die pastorale Macht – beschämende Ergänzung der staatlichen Macht, die vom Staat selbst nicht selten, je nach seiner Propaganda, gar bis zur Unkenntlichkeit mit der anderen vermengt wird – reaktiviert die *unbegrenzte Fürsorge,* die der gute Hirte mit seinem Auftrag, sie sich niemals allein und orientierungslos zu überlassen, seinen Schafen zuteil werden läßt, darin der gütige Diktator ihrer Wünsche, der die Aufgabe hat, Gefahren abzuwehren, ihnen in ihrer Mußezeit den Weg zu weisen, auf daß sie sich nicht dem Laster hingeben oder skrupellosen Händlern in die Hände fallen, und der schließlich für die *Rettung* eines jeden einzelnen von ihnen die oberste Verantwortung trägt ... Diese antiindividualistische und heteronome pastorale Macht des Staates (sie wird auch durch die noch so demokratische Form seiner Legitimation nicht weniger heteronom), die ein neues gemeinsames Schicksal stiftet und alle Mitglieder lückenlos mit theokratischen oder medizinischen (vgl. den Fall des Drogenverbots) Argumenten oder nur aus Gründen der funktionalen Rationalisierung zusammenschließen wird, ist nicht auf den

Totalitarismus beschränkt: Viele derer, die sich heute in demokratischen Regimen über die arbiträre Isolierung der Individuen und über die Gefahr für so viele Einsame beklagen, multinationalen Händlern ins Netz zu gehen, reklamieren, ohne sich dessen bewußt zu sein, eine »gute« pastorale Staatsmacht, das heißt den Verlust der Selbstbestimmung und Eigenverantwortung der Individuen, der für uns »gesünder« sein soll als die Risiken, die jene mit sich bringen.

Das System politischer Mitbestimmung des einzelnen (letztendlich untrennbar von der sittlichen Tugend des einzelnen) ist konfliktreich, von Agonie bedroht (im Sinne des kooperativen Wettbewerbs) und medienwirksam: Es erfordert Anschaulichkeit und Transparenz. Führt der Individualismus so beim Staatsbürger zu einem Verlust seines Willens zur Mitbestimmung? Diese Diagnose geht auf niemand anderen als Tocqueville zurück (»in den demokratischen Gesellschaften ist jeder Staatsbürger gewöhnlich mit der Betrachtung eines sorgfältig gehüteten Objektks beschäftigt, nämlich seiner selbst«) und wird heute von zahlreichen Stimmen wiederholt. Einige, wie Benjamin Constant und heutzutage – auf seine Weise – Baudrillard, betrachten dieses Desinteresse an einer direkten Mitsprache bei öffentlichen Angelegenheiten als eine typische, jedoch nicht bedauernswerte Erscheinung der »Freiheit der Modernen« im Gegensatz zum klassischen Konzept der Staatsbürgerschaft; hingegen erfordert bei Hannah Arendt und auch Agnes Heller, Cornelius Castoriadis etc. ... jedes wirkliche Konzept der Freiheit eine *vita activa*, das heißt eine Beteiligung an der Führung der Gemeinschaft. Meines Erachtens ist es wichtig zu unterstreichen, daß die politische Mitbestimmung (nicht die vage Zugehörigkeit zu einer Gruppe oder einer Partei) ein alleiniges Attribut des demokratischen Individualismus ist: daher sein differenzierterer und selektiverer, weniger automatischer und – in gewisser Weise – auch elitärerer Charakter. Andererseits nimmt unsere Zeit vielleicht auch am (bisher noch sehr zaghaften) Versuch teil, Formen der *vita activa* zu erproben, die von den traditionellen, doch deshalb nicht weniger geltenden abweichen. Auf jeden Fall liegt die Eigenart des Individualismus nicht im Auseinanderklaffen von Politik und privater Zurückgezogenheit, sondern in der Art der Beteiligung an öffentlichen Angelegenheiten: das heißt in seinem Antikollektivismus. Der *Kollektivismus* wird nicht als eine Art der Produktion von Gütern bzw. deren Verteilung oder ihres Besitzes charakterisiert, sondern durch den praktischen Verzicht auf die individuelle Selbstbestimmung zugunsten der Ziele der Allgemeinheit als einer Größe, der etwas mehr Bedeutung und Verdienst zukommt als der Summe ihrer Teile. Im kollektivistischen Sinn »Politik betreiben« bedeutet gleichzeitig, die Individuen auf der Basis von Überzeugung und Disziplin zu zähmen, um eine »bessere« Gesellschaft im Sinne einer Einheit mit gemeinsamem Ziel zu schaffen. Der Individualist kann (und muß, wie ich meine) sich aktiv an der Politik beteiligen, auch mit der Absicht, eine »bessere« Gesellschaft zu erreichen, das heißt aber eine Gesellschaft, die die Entwicklung möglichst vollkommener (möglichst autonomer und verantwortungsbewußter, in geringerem Maße durch ihre Abhängigkeit von der Autorität schuldiger) Individuen fördert. Der Kollektivist wirkt auf die Individuen ein, um sie der gewünschten Gesellschaft anzupassen, und der Individualist nimmt an der gesellschaftlichen Führung teil, um den Individuen zu weiteren Freiräumen und stärkerer Lebenskraft zu verhelfen.

Die Menschenrechte, die bis vor einigen Jahren von den radikalen Politikern (die sie für ehrenwerte, jedoch sinnlose und den revolutionären Kampf aufweichende Wünsche hielten) unterschätzt, von den Diktaturen (die sie als das trojanische Pferd ansehen, das auf heuchlerische Weise der kommunistischen bzw. der kapitalistischen Infiltration, je nachdem, dienlich war) verschmäht und verfolgt und von dem scharfen Mißtrauen der Rechtsgelehrten und der für die Moral zuständigen Philosophieprofessoren abgelehnt (den einen sind sie zu moralisch, um im eigentlichen Sinne als »recht« angesehen zu werden, den anderen ähneln sie zu sehr dem positiven Recht, um sich anmaßen zu können, eine allgemeingültige Morallehre zu vertreten), sind heutzutage der effektivste axiologische Beitrag zum Recht auf freie, im vernünftigen Sinn emanzipierte Selbstbestimmung der Gesellschaft. Der ideologische Erfolg – ich lege nichts Pejoratives in dieses Wort – der Menschenrechte hat dazu beigetragen, sie in Mißkredit zu bringen. Da sie ihren Ursprung in der Durchsetzung des Selbstbestimmungsrechts des einzelnen gegenüber der Staatsräson haben, färbte die Mehrdeutigkeit dieses Begriffs auf sie ab und führte sie ad absurdum. Die Regierungen haben die Angewohnheit, vor ihren Nachbarn oder Rivalen damit herumzufuchteln wie mit einer Steinschleuder, während sie sie innerhalb ihrer Grenzen als so selbstverständlich und widerspruchslos etabliert verstehen, daß sie keine Überprüfung mehr nötig haben. Einige ihrer staatlichen Fürsprecher rufen uns den Anlaß des alten Ausspruchs von Samuel Johnson ins Gedächtnis: *»How is that we hear the loudest* yelps *for liberty among the drivers of negres?«* Die Menschenrechte verlaufen *quer* durch Politik, Recht und Moral, da sie keinem dieser Bereiche strikt untergeordnet, aber auch aus keinem einfachen getilgt werden können. Alleine für sich machen sie keine Politik aus, sondern dienen als Maß, um jede einzelne für sich zu beurteilen; sie bilden keinen Teil eines positiven Rechts, nicht einmal dann, wenn sie in der Präambel der jeweiligen Verfassungen aufgeführt sind, bewahren aber den unbürokratisch funktionalen oder repressiven Sinn eines jeden Rechts; sie kehren auf zu normative Weise die moralische Absicht hervor, tragen jedoch viel eher dazu bei, dieser Fleisch und Blut zu verleihen, als sie zu entkräften. Kann man, wie es hier versucht wird, von einer Zukunft für die Ethik sprechen, so führt diese unweigerlich über die Menschenrechte.

Worin bestehen sie? Selbstverständlich handelt es sich nicht darum, eine neue Charta aufzustellen, oder die alte auf einen aktuellen Stand zu bringen. Noch besteht das Problem darin, diese oder jene anerkannte Satzung besonders anerkennend hervorzuheben, da alle notwendiger- und unabänderlicherweise konkreten Umständen unterworfen sind. Menschenrechten zuzustimmen, bedeutet die aktive Entschlossenheit, daß die Anerkennung des Menschlichen durch das Menschliche der Anerkennung von Rechten durch einen anderen Inhaber eben jener Rechte entsprechen soll. Das heißt weniger, daß der Mensch diese oder jene Rechte genießt, sondern vielmehr, daß *das Recht, Mensch zu sein* (womit der Rechtsinhaber gemeint sein soll), ein bewußtes und willentliches Grundrecht darstellt, das die Menschen sich aus sittlichen Gründen gegenseitig einzuräumen haben. Die historische Umsetzung dieses Rechts artikuliert sich in einem Katalog, der sich auf die *Bedürfnisse* des Menschen bezieht, die universell nachprüfbar sind, sowie auf seine *Freiheiten*, die sich aus dem Selbstbestimmungsrecht und der Eigenverantwortung des einzelnen als Mitglied der Gemeinschaft ergeben. Wie jede sittlich verbindliche Idee gehen die Menschenrechte von einer Voraussetzung aus, die nie völlig bewiesen werden kann, da sie als Voraussetzung für den Beweis dient: in diesem Fall dafür, daß das, was alle Menschen als Individuen in allgemeinem Einvernehmen einander näherbringt, höher zu schätzen und sicherer zu bewahren ist als das, was sie als Mitglieder verschiedener politischer oder kultureller Gemeinschaften unterscheidet. Diese Verschiedenheit wird nicht in jedem Fall als irrelevant angesehen, sondern nur dort, wo sie mit der Wahrung irgendeiner der wesentlichen Gemeinsamkeiten unvereinbar ist. Natürlich ist dieser Standpunkt – und daran kann man nicht oft genug erinnern – nicht selbstverständlich, unwiderlegbar oder gar allenthalben anerkannt, sondern eine Errungenschaft (auch ein Diktat) *revolutionären* Charakters. Aus diesem Grund fragt er nicht jeden einzelnen Diener des alten Regimes, ob er der Veränderung sein Placet gibt, sondern kämpft, um sich den Weg zu bahnen. Rémy de Gourmont sagte, daß »die Zivilisation nichts sei als eine Reihe von Rebellionen«, und die Forderung nach den Menschenrechten ist die letzte und möglicherweise nicht die unwichtigste derselben: eine Rebellion gegen die Theokratie, das irrationale und transzendente Fundament der Gemeinschaft, die Hierarchie der Abstammung oder der Herkunft, die kollektivistischen Vorurteile, die Staatsräson, die Unterschiede in den alltäglichen Verhaltensweisen, die den Verzicht auf das Besondere in seinem universalen Charakter festschreiben, etc. ...

Die entschiedensten Gegner der Menschenrechtsdoktrin kommen ideologisch von rechts und von links. Die einen erklären sie zu einem idealistischen Possenspiel, das der bürgerliche Staat aufführt, um seine Klassenherrschaft zu legitimieren. Jene, die so denken, sind nichts als etwas rückständige Priester – und das nicht nur im zeitlichen Sinn des Wortes – der unheilvollsten Ideologie dieses Jahrhunderts, die das Patent für die Erfindung des Totalitarismus beanspruchen kann: des Leninismus. Unter dem Vorwand, daß jeder Staat eine versteckte Diktatur sei, betreiben sie – oder betrieben sie zu ihrer Zeit – unverhohlen den Sieg des diktatorischen Staates; die Rechte, die der Untertan – hier wäre es nicht angebracht, von Staatsbürger zu sprechen – vom Machtapparat fordert, bedeuten entweder eine Art des Widerstands gegen denselben, verkörpern später dann nichts als den zersetzenden Egoismus des Kleinbürgertums, oder entsprechen eben dem, was die Macht vorschreibt, nicht mehr als Recht, sondern als Pflicht eines jeden einzelnen: In beiden Fällen wird die Forderung schließlich abgelehnt. Im Laufe der Zeit hat sich mit aller Deutlichkeit gezeigt, welche Erfolge die praktische Umsetzung des Leninismus zu erzielen vermochte, eine Tatsache, die seinen Argumenten einiges an Überzeugungskraft genommen hat.

Doch der gewichtigere Einspruch gegen diese Rechte kommt aus einer anderen Ecke, nach deren Auffassung die sogenannte *nouvelle droite*, auf spanische Verhältnisse übertragen die parafaschistische Rechte, und der Antiimperialismus einer bestimmten – wenn auch mit einem etwas mehr nach links tendierenden *Flair* behafteten – nicht minder reaktionären Form von Dritte-Welt-Ideologie zusammentreffen. Nach ihrer Argumentation bedeutet der Anspruch der Menschenrechte auf Allgemeingültigkeit eine eurozentrische Vergewaltigung des kulturellen Gleichgewichts anderer, von der europäischen Tradition verschiedener Gruppen. Die Rechte eines jeden Menschen hängen nicht von seiner individuellen Zugehörigkeit zu einer abstrakten Universalität der menschlichen Rasse ab, sondern sind nicht zu trennen von der Anwendung auf ein bestimmtes Volk – mit seinen Traditionen und seiner Form des Weltbilds –, die ihm seine Identität und seine Zweckbestimmung verleiht. Die individuellen Menschenrechte schaffen durch ihren ostentativen Vormarsch den Zusammenhalt von unterschiedlichen, mehr organisch gewachsenen und weniger zerstörerisch rationalen Völkern. Darüber hinaus wollen sie eigentlich unter dem Vorwand, die Menschenrechte in anderen Breiten einzuführen, eine Homogenität der multinationalen Ausbeutung erreichen: mit einem Wort, den neuen Imperialismus. Daher fordern die Schlauesten – und sie finden bei höchsten internationalen Instanzen Gehör – das Selbstbestimmungsrecht für die Völker als Ergänzung oder sogar Voraussetzung der Menschenrechte des einzelnen. Despotische Herrschaftsformen der Dritten Welt der einen oder anderen Couleur erhalten generöse Wirtschaftshilfe von den hochentwickelten Ländern im Namen der Nichteinmischung in die inneren Angelegenheiten von Völkern, deren politische »Eigenarten« so zu respektieren sind wie die kriminellen Extravaganzen eines Caligula. Vom ethisch-politischen Standpunkt aus gesehen scheint mir, daß die Antwort auf diese Behauptungen klar und ohne falsche Scham oder späte Gewissensbisse, die heute die Übel des schlimmsten Kolonialismus von gestern neu aufleben ließen, auszufallen hat. Es ist nicht gewiß, daß die institutionelle Beachtung der Menschenrechte gefordert wird, um den Handel der multinationalen Konzerne zu begünstigen, hingegen hat sich bis zum Überdruß gezeigt, daß diejenigen, die für einzelne Völker das Recht fordern, sie zu verletzen, einzig und alleine beabsichtigen, eine Autokratie zu errichten, die für ihre Opfer weitaus schwerer zu ertragen wäre als die Omnipräsenz von MacDonald's. Und der von der Forderung nach diesen Rechten Betroffene ist immer das Individuum, in dessen Beschaffenheit die universalen Züge und die einmaligen Zufälligkeiten zusammenlaufen, nicht das Volk oder irgendeine kollektive Einheit mit der Berufung zum Staat.

Verurteilen wir so die Welt zur Monotonie des Homogenen, wenn wir solche Bräuche und Traditionen unterbinden, die das mißachten, was der aufgeklärte bürgerliche Individualismus als »human« ansieht? Leider liegt nun eine derartige zivilisierte Monotonie noch in weiter Ferne ... selbst für die vermeintlich am weitesten demokratisierten Länder. Bevor wir uns über Langeweile beklagen, sollten wir lieber hoffen, uns langweilen zu können. Es wäre zu wünschen, daß einst der Tag kommt, an dem eine Art Ökologie der menschlichen Grausamkeit es angebracht erscheinen läßt, Folterer, religiöse Fanatiker oder Nationalisten, Befürworter der Körperstrafe, Rassisten, leidenschaftliche Anhänger der Geißelung seiner selbst und anderer etc. ... in Reservate zu verbannen! Augenblicklich sind solche Demonstrationen von »Unterschiedlichkeit« derart verbreitet, daß wir genug damit zu tun haben, für ihre Ausmerzung zu kämpfen: Das Überleben der Wölfe wird aus ästhetischen und kulturellen Überlegungen heraus nur dann in Erwägung gezogen, wenn die Wölfe aufgehört haben, das Überleben der menschlichen Herden zu bedrohen. Welches Recht haben wir jedoch in der »westlichen Welt«, unsere Ansprüche den übrigen Völkern aufzuzwingen? Das Recht, sich zu erheben: Vergessen wir nicht, daß die Verwirklichung der Demokratie eine revolutionäre Bewegung bedeutet, die nicht kleinlich sein kann und darf. Außerdem lehrt die Geschichte, daß es in allen Teilen der Welt, so »exotisch« sie auch sein mögen, Individuen mit der Berufung zum Menschen mit »westlicher Kultur« gibt, die nicht so »anders« sein wollen, wie ihr Volk ärgerlicherweise nun einmal ist. Helfen wir ihnen. Das *Recht auf Unterschiedlichkeit* ist zweifellos zu respektieren, doch sowohl mit der Aufgabe, die Unterschiedlichkeiten zu bewahren, als mit der Notwendigkeit, ein Recht zu garantieren, das alle schützt.

Die Menschenrechte umfassen vielleicht den Filigranentwurf der allgemeinen Ordnung – »Verfassung«, wenn man so will – der universalen Organisation, die früher oder später das momentan ungehinderte Bandenwesen der Nationen in eine zivilisierte Herrschaft verwandeln wird. Dann wird eine der Dimensionen des vernunftbestimmten Freiheitstraums realisiert werden, der sich gegen die Staaten und ihr kriegerisches Gebaren richtete, über das sie niemandem Rechenschaft ablegen. Die Menschlichkeit, angesichts von fünf Milliarden Wesen, dem endemischen und unentschuldbaren Hunger, der nuklearen Bedrohung, den ökologischen Katastrophen, verlangt dieses einheitliche Gesetz, bevor es zu spät wird. Sinn dieser Maßnahme politischer Kontrolle wird das sein, was Hans Jonas (in *Das Prinzip der Verantwortung*) über die »Ethik der weittragenden Verantwortung« sagt, die »das kollektive technologisch akkumulative Verhalten« berücksichtigt. In einem Punkt muß der bewunderungswürdigen Hanna Arendt widersprochen werden, nämlich da, wo sie meint, daß »eine universale Gesellschaft nur eine Bedrohung für die Freiheit bedeuten kann« *(Das Interesse für die Politik)*, denn, obwohl die Gefahr der Überwachung besteht (die Science-fiction hat dies zur Genüge auf ihre Weise ausgemalt), erweist sich die heute aufgrund des Fehlens einer übernationalen Autorität herrschende Willkür bereits als schädlicher als das, was die glaubhafte universalistische These verspricht. Der einzige ernst zu nehmende Einwand dagegen betrifft die Schwierigkeiten, die die praktische Realisierung mit sich bringt, nicht die vermeintliche Gefahr der Versklavung. Augenblicklich scheinen die ideologischen Differenzen zwischen den Blöcken von einem allgemeinen Pragmatismus entschärft, der häufig noch unerbittliche Züge bewahrt, doch zweifellos der radikalen, unversöhnlichen Konfrontation vorzuziehen ist. Hingegen gibt es Anzeichen (sogar mehr als Anzeichen) für eine weniger rationalisierte, tiefer verwurzelte Feindschaft: neue rassische oder theologische Animositäten, gefährlicher als der kalkulierbare Interessenkampf, da es sich hierbei nicht mehr eigentlich darum handelt, etwas Faßbares zu gewinnen, sondern vor allem darum, den Gegner zu vernichten. Es steht zu befürchten, selbst wenn die so geschmähten egoistischen Interessen immer mehr – obgleich zugegebenermaßen konfliktreich – die Menschen zusammenführen sollten, daß die blutigen Auseinandersetzungen aufgrund bestimmter atavistischerer Animositäten wieder aufflammen, ein grauenvolles und vielleicht definitiv unausrottbares Vermächtnis dafür, was die alte Weisheit unsere *Erbsünde* nannte.

Die Ethik ist eine freiwillige Stellungnahme, ein überlegtes und stilisiertes Ergebnis der menschlichen Eigenliebe: Ich setze auf die vitale Unsterblichkeit der Menschen, tausendjährige Teilhaber eines Gemeinschaftsunternehmens der Selbstverewigung, deren hochentwickeltes Ergebnis das selbstbestimmte und eigenverantwortliche Individuum ist, mit der Fähigkeit zur gegenseitigen Achtung und Gemeinsamkeit mit seinesgleichen. Alles in der Ethik ist Immanenz und Humanismus, außer der Aberglaube: Und gerade dieser ist nichts anderes als Verdunkelung durch Heteronomie oder Verrat der Immanenz und des Humanismus. Das Problem der Ethik für heute und für morgen besteht, wenn sie einmal ihr Refugium in der Transzendenz verlassen hat, darin, wie vermieden werden kann, daß sie in Intranszendenz verfällt, also in *Banalität*. Hannah Arendt sprach in Zusammenhang mit den Greueln der Nazis von der Banalität des Bösen, und wir könnten sogar auf die Banalität als Böses verweisen oder letztendlich darauf, daß das Böse die emphatische Form der Banalität verkörpert, das heißt, den zerstörerischen Sog beim Verlassen der Transzendenz. Entgegen der Meinung der Notstandsmoralisten besteht die Schwierigkeit der gegenwärtigen Ethik nicht im Zynismus (denn dieser ist ohnehin nur das, was jegliche Moral verdient, die sich noch schwachsinnigerweise desinteressiert gibt), sondern in der Banalität, dem absichtlich oder willkürlich Intranszendenten. Hier kommt der Funktion der *Einbildungskraft* als neue Ideen, Formen und Werte (deren Wirken Nietzsche mit unvergleichlich provokativer Klarsicht postulierte und später Castoriadis und in Spanien Victoria Camps thematisierten) erzeugende Kraft wesentliche Bedeutung zu, denn Ethik ist *Sein-Wollen*, und seit dem aristotelischen *De Anima* wissen wir, daß »kein Wesen ohne Einbildungskraft will«. Obwohl der fundamentale Werterahmen bereits festgesetzt und von Voraussetzungen bestimmt ist, die wir weder gewählt haben noch zurückweisen können, erlauben die Formen, die der sittliche Stil einer jeden Person allmählich in jeder Epoche erkennen läßt, weder ein Ende der Litanei noch den Formalismus der Gesetzestreue. Nichts bleibt also in Hinblick auf die Ethik der Zukunft, um unserer Gegenwart Mut zu machen, als sich auf den noch unbefangenen Spruch Ortegas rückzubesinnen: »Also wird jegliche Moral unmoralisch sein, die nicht unter ihren Pflichten vorrangig diejenige erfüllt, stets für die Reform, die Korrektur und die Verschärfung des ethischen Ideals bereit zu sein. Jede Ethik, die die Einengung unseres freien Willens in ein geschlossenes Bewertungssystem verfolgt, ist *ipso facto* entartet« *(Meditationen des Quijote).*

(Aus dem Spanischen von Petra Strien-Bourmer)

VI. Fortsetzungseschatologie oder: Bedenke das Nicht-Ende

Jürg Laederach
Der Zukunft ein Dach
Ein Exkurs

Frage: Angenommen, man hat eine Gruppe von zwei, drei Menschen, die bereits Szenen hinter sich haben, und einen Falken und vielleicht einen Schwarm Falken. Was tut man mit der Gruppe Menschen und der Gruppe Jagdfalken? Was geschieht? Und wenn es geschieht, ist es entwickelbar, steigerbar? Man kann die Falken, Jagdfalken weglassen, doch dann fehlt der Szene ihr Scharf-Bezeichnendes, sie wird nur eine Szene unter anderen mit namenlosen Schemen. In jeder Hinsicht ist von den Annahmen »Geht sie unter?« und »Geht sie nicht unter?« Nummer zwei die interessantere.

Wert-, Setzung-, Beurteilungssysteme auf der Töpferscheibe: jedesmal wenn man sich auf einen kategorischen Imperativ beziehen will, ist der weitergerutscht. Anzunehmen, daß das Rutschen nicht irgendwie, mithin anarchisch, sondern in einer Art Wertschub-Kurve, in etwa kreisförmig, nicht wieder in sich einmündend, aber immer wieder in der Nähe an sich selber, am eigenen status pristinus, vorbeikommend (als zyklisch gestörte, spiralige viconische Kurz-Epochen-Progression) geschieht. Das absolut Böse ist nicht möglich, weil die Kriterien seiner Feststellung sich während seiner Ausübung ständig verschieben. Ich kann jemanden ermorden, indem ich einen Wechsel auf die Zukunft der Mord-Rezeption aufnehme: im Augenblick, da mein Beil ihm den Kopf spaltet, wird Mord bereits allgemein erlaubt sein: Ich kann also Wertsysteme vorwegnehmen, lebe in der Prophetie dessen, was erlaubt sein wird, und was abgeschafft sein wird. Flaubert haßte, verachtete die ihn umgebende Gesellschaft, und es ist, nach allem, was man darüber lesen kann, erlaubt, »Haß« wie »Verachtung« in ihrer ganzen, hundertgrädig kochenden Konnotation anzuführen. Er schrieb lange Bücher fast ausschließlich darüber (vordergründig gab er andere, literarische Themen vor, er fabrizierte geradezu »Stories«, die mich, ich gebe es zu, wenig interessieren; wen interessiert, Hand aufs [prosaische] Herz, Madame Bovary ohne die Erzähl-, mehr noch, die Versetzungs-Technik, die sie generiert?); Flaubert gründete einen ganzen, engen, durch genaue Beobachtung dicht und über die berüchtigte »pars pro toto«-Vergrößerung universal gemachten Diskurs auf seiner Verachtung für die Gesellschaft, die es – leise Ironie – nie so recht schaffte, ihn zu verachten, ausgenommen vielleicht damals, urvordenklich, als er frühkindlich psychisch kodifiziert wurde. Eins behielt er bei: er glaubte an ihre Langjährigkeit, er sah ihr Aufhören nicht voraus als etwas, dessen präsumtive Antizipation sein gegenwärtiges Leiden leichter machen könne. Bei Ibsen, einem der perfektesten Soziologen einer bestimmten, ebenfalls engen, bürgerlichen Schicht, sagen die Aussteiger, welchen mit wechselndem Erfolg der Griff nach der Klinke des sozietären Exit gelingt, sinngemäß: Was soll ich mich auf eine Gesellschaftsform einstellen, die in vierzig Jahren (der Dichter sagt: in einem Menschenalter) vorbei sein wird. – Theaterfiguren denken bereits in Zeiträumen, also epochal, simultan lassen sie die Zeiträume auf das neue, von ihnen als sehnsuchtstolerabel empfundene Maß schrumpfen: Die Heraufkunft einer erträglicheren Gesellschaft wird in einem mittelfristigen Zeitraum angesiedelt, jedenfalls nach dem eigenen Tod, der noch immer eine Thriller-Schranke war, jenseits welcher sich Zukunftsvorstellungen ungehemmter entfalten konnten (das eigene Grab als der Auslöser aller Science-fiction): noch immer wirkt die Zukunftsverlegung der Ibsenschen Figurinen aufs Posthume auf uns als eine zutiefst geschichts-demütige Haltung, und übrigens verlegen die von zynisch bis brünstig reichenden Sehnsüchtler, rechnet man Autor Ibsens Vorstellungen nach, diese Heraufkunft des besseren sozialen Environments etwa auf die Jahre nach dem Ersten Weltkrieg. Ibsen hat nicht ganz getroffen, und übrigens wünscht einer, der die Zeit nach dem Tod bewundert, immer auch dieser Zeit den Tod. Nora tut das Richtige zu ihrem Glück, *und* Nora wird nicht glücklich; beides gilt. Heute nun ist eigene Verachtung der umgebenden Gesellschaft, gar der Griff nach der Klinke und der immanente Exit, schlicht nicht mehr notwendig. Sie verändert sich unter den Händen (unter anderen Händen), und auf das neue Schlechte, was da entstehen mag, hat man schon darum keine Zeit einzugehen, weil man ständig mit der eigenen Anpassung beschäftigt ist, insbesondere wenn man darüber schreibt, was ja kaum etwas anderes heißt, als: man versucht es mit einigermaßen zusammenhängenden und von alter Kontinuitätsgarantie zehrenden Setzungen zu fassen. Das Problem stellt sich dem neugierigen Mathematiker und erpichten Behandler unfixer Größen, Klammerausdrükken, unaufgelöster Gleichungssysteme darin, daß der literarische Diskurs, der selbstverständlich, wie alles, leicht zurückblieb, will er als solcher anerkannt, überhaupt noch verstanden werden, für das Verschiebe- oder Drehmoment der Grundsetzungen, also für die Töpferscheibe, worauf sich die Festwerte drehen, keinen Diskurs bereithält: literature is simply off the track or else it has to show rotation as a principal theme. Nicht nur kein Diskurs, auch keine überzeugende Story-Fortschreibung ist da. Geschichte wird kurzatmig, erhebt ihre grundsätzliche Wiederholung in überschaubaren Zeiträumen zum Prinzip, fügt aber den Wiederholungen ein randomisierendes Zufallsmoment bei, indem sich verschiedene Parameter mit verschiedenem Zyklustempo wiederholen. Steve Reichs oszillierende Ewig-Musik mit der minimalen Wellenlänge kommt in den Sinn, in die gelegentlich, allem feinen Kalkül zum Trotz, ein paar alte Beethovensche Schicksalspaukenschläge fallen, die allerdings sogleich ausbleichen und ins feine Kombinationsnetz aller übrigen Parameter eingegliedert werden. In jeder Hinsicht ist von den Annahmen »Geht das unter?« und »Geht das nicht unter?« Nummer zwei die interessantere.

Ich fuhr mit dem Wagen einen See entlang, sah einige erleuchtete Heimathaus-Fenster, Häuser am Ufer, Abend, in den Häusern eine Einrichtung jenes Stils: altes Wagenrad, Kerzen drauf, die Kerzen elektrifiziert, das war, inmitten behaglicher Kunstharzplatten, das Zimmerlicht. Friede, vielleicht. Vielleicht, neben dem brennenden Kamin, etwas Abendfernsehen, geriffelter Blauschimmer der Schweizer Häuser. Ich dachte, plötzlich kommt eine hydraulisch bediente schwere Schaufel aus dem Uferwald, fährt gegens Ufer und schiebt die friedlichen Häuser ins Wasser, sie schwimmen eine Weile, gehen dann mit Gurgeln unter. Dann dachte ich an die technischen Verwirklichungsmöglichkeiten der Szene, die mir, selbst in kollektiver Dimension, nämlich: alle Häuser an einem Ufer werden von einem einzigen Schaufelschub ins Wasser gedrückt, durchaus gegeben schienen. Es war ein Maschinentraum, lassen wir mal seine mögliche Ursache weg. Ich hatte, zur Verwirklichung einer Fantasie, eine einfache hydraulische Schaufel zu

Hilfe genommen, die sich sodann vergrößerte, deren Bedienung aber leicht blieb. Eine technische Vergewisserung des (Fantasie)-Ablaufes ergab: die Funktion duldete in der Vorstellung keinen Unterbruch; was immer die Schaufel tat, sie tat es reibungslos, es wurde, egal wie groß die Widerstände waren, rucklos durchgezogen. Das See-Ufer war von Menschen gereinigt, die Fantasie war nicht angenehm, wenn sie auch einiges für sich hatte. Sie, die Fantasie, war allerdings zu einfach: das Ziel der Schaufel, die Bereinigung des Erdreichs, das Wegschaffen der Auswüchse, war von vornherein klar, Enttäuschung, es gab dazu nichts zu fragen; die einfachste Konzeption einer Maschine ergibt eine, die destruiert. Was an liegengebliebener Bedeutung im Wort »Maschine« steckt, wenn man keine Maschine denkt, nur »Maschine«, meinetwegen als Metapher, ist »Komplexität«, sodann »Zusammenspiel«, »Organisation« und, so seltsam es scheinen mag, »freundliche Macht«, »Hilfe«. Das Bedeutungs-Residuum im Wort Maschine hat seit dem Frühkapitalismus (und einigen Stücke-Titeln im Expressionismus) eine unter Euphoriebefehl stehende Entwicklung durchgemacht: Maschine steht eher auf meiner Seite, erleichtert mir – wozu immer ich sie benütze – und muß sicher nicht gestürmt werden. Im Gegenteil habe ich davon in meinem Alltag zu wenig und suche mehr auf, brauche für jede ungewöhnliche Verrichtung eine Maschinenkonzentration, die mir bereitwillig für kurze Zeit zur Verfügung gestellt wird. Ich konstruiere keine Flugzeuge, ich brauche keine Fabrikhallen, aber ich kriege kleinere, eng aufeinander abgestimmte, freundlich zusammenarbeitende Systeme, womit ich fast alles, was semi-alltäglich so anfällt, das nicht gerade ganz Banale, ausführen kann. Ich kann noch selbst spazierengehen, aber man erinnert sich, daß ich die hydraulische Schaufel, die die Erde reinigte, im Auto dachte. In diesem Auto saß ich unbequemer, als ich zu Fuß gegangen wäre, doch es verhalf mir zu etwas Aberwitzigem: dank ihm war ich in kürzerer Zeit an einer weiter entfernten Stelle angekommen, selbstverständlich wollte ich an dieser Stelle gar nicht sein, es war eine reine Auto-Stelle, zu der man hinfährt und auch hinkommt, weil man einen Wagen und nicht etwa das Bedürfnis nach einer Reise hat; nahebei, unweit von mir wäre es landschaftlich interessanter, alle Bücher sprechen davon, von dieser Landschaft in meiner Nähe, sie liegt nebenan, hat nur einen Nachteil: ich komme mit dem Auto nicht hin, weil sie zu nah ist und weil das Besteigen des Wagens, eigens dahin, seltsam wirkte, gesellschaftlich unter Verdacht stände. Ich kann nicht mit dem Auto in meine Nähe reisen; so kenne ich sie nicht. Nicht daß mich der Verdacht drückte, ich bin bloß bemüht, aus mir jemand Durchschnittlichen zu machen, der »einfach so« reagiert und, sagen wir mal, den Aggressionsschub seiner breiten, hydraulisch geträumten See-Ufer-Schaufel mit einer Sanftheitsmechanik koppelt, die zur Schmerzvermeidung aller führt. Es scheint nun, unter dem Aspekt der allgemeinen Entwicklung, daß diese Lebens-Erleichterung, weil es sehr viele gibt so wie mich, millionen-, ja milliardenfach genutzt wird, und da darf ich etwas Auffälliges berichten, das gleichzeitig schrecklich unauffällig ist: Im Handschuhfach meines Wagens steht eine exakte Gebrauchsanweisung für jedes Teil, womit ich jeden Wagen dieser Marke, fast jeden Personenwagen bedienen könnte. Mit etwas abstrahierendem Vermögen kann man von einer Gebrauchsanleitung auf den Inhalt einer anderen, eines anderen Modelles, schließen. Die Präzision dieser Gebrauchsanweisung macht eine entscheidende und, wie ich meine, geringfügige Auslassung um so auffälliger: es wird nirgends multipliziert. Die Multiplikation müßte – keine reine Mathematik – aussehen: ein Auto ist ein Auto, zehn Autos sind zehn Autos, tausend Autos sind tausend Autos; bis dahin ist es eine Übung mit Symmetrien rechts und links des Gleichheitszeichens. Vergrößert sich die Zahl der Modelle, dann tritt eine eindeutige Unschärfe zu den Symmetrien hinzu. Eine Milliarde Autos sind sicher eine Milliarde Autos, dazu kommt ein Summand, der, man ahnt es, in der Zahl »Milliarde« irgendwie angelegt sein müßte. Nähme man eine Billion Autos, so hätte man, weitere Ereignis-Symmetrien vorausgesetzt – sie wären mathematisch tragbar und, wenn unwahrscheinlich, so nicht ganz unplausibel –, eine Billion Menschen, sehr viele Seeufer entlangfahrend, und eine Billion hydraulischer Schaufeln, die eine riesige Fläche Erde freischaufeln, womöglich die ganze Erde. Daß sich in diese Fantasie eine zusätzliche Unschärfe einschleicht, nun doch bedrohlicher Art, liegt an der Multiplikation. Die Gebrauchsanweisung meines Wagens verschwieg in bezug auf den Wagen nichts, will sagen: ein Kleines, nur das Ergebnis, was denn eine Milliarde Wagen sei. Fährt man in der Geschichte der Gebrauchsanweisungen von Maschinen zurück, so wird deutlich, daß die Forderung, die Gebrauchsanweisungen möchten den Anwendern immer auch ihre jeweilige Maschine mit einer Milliarde multiplizieren und per Zeichnung, Aufriß, Zahl oder kurzer Prosa andeuten, was das sei – daß diese Forderung nur jüngeren, ja jüngsten Datums sein kann. Deren stanzende Vervielfältigung reüssiert nun auch bei Geräten höchster Sensibilität; die Mühsal der Kopulation, womit alles sich reproduzierende höhere Lebendige sich herumschlägt, entfällt bei der Mechanik, wenn erst einmal der Beton und Shed-Dach gewordene Dauer-Zeugungsakt, die Produktionsstätte, erekt steht. Mit der Unschärfe hoher Zahlenwerte gerät in die emsige Vervielfältigung beinah schon wieder etwas Vegetatives: Wer hohe, höchste Stückzahlen von etwas herstellt, der fabriziert ebenso emsig an einem Mehrwert der dritten Art, dessen mathematische Unkontrollierbarkeit vorweggenommen ist in Kurven, deren Funktionsargument wiederum eine Funktion ist, deren Argument aber wiederum eine solche. Man hat, als es noch langsamer lief, die grundsätzliche und im Prinzip der mega-numerischen Reproduktion selbst angelegte Zerstörungsneigung des Fließbandes für das Fließband, für die ganze Produktionsstätte nicht gesehen.

Nur in der Milch der theoretisch-frommen Denkungsart von Bankiers ist eine Billion sowas wie ein Mehrfaches von Tausend. Dabei ist jedem, der den Blick einmal von der reinen Addition auf die konkrete Stückzahl richtete, deutlich: eine Billion ist etwas qualitativ ganz anderes als die Tausend. Große Zahlen tarnen sich als widerstandslos ersteigbare Everest-Summits im Rechenfeld, »eine Chiffre wie du und ich«, doch unter ihresgleichen webt sich ein Netz eigener Gesetzmäßigkeiten. Qua Masse durchbrechen sie jede gubernatorische Leitbildvorgabe. Die Ur-Maschine war zweifellos ein Luxusgerät, für wenige da, ein Snob oder eine Reihe Techno-Snobs leisteten sich die erste Eisenbahn, die vielleicht in ihrer unschuldigen Form, als Techno-Hobby, nur wenige Tage existierte, ehe ihr wirtschaftlicher Nutzen erkannt wurde, sie somit in die Mühle der Vervielfältigung geriet. Eins ist sicher: der oder die Erfinder der Eisenbahn waren zu Recht von ihrer Erfindung angetan, konnten nicht wissen, daß sie sich jemals mit solchen Multiplikationsproblemen würden herumschlagen müssen. Eine Kanone ist gefährlich, tausend Kanonen sind Krieg, eine Bombe ist Untergang usw. – die Multiplikation offen destruierender Maschinen ist banal, jeder sieht oder fühlt das Ergebnis, es ist eine Art emotionaler Schlager, was sich schon gleich beim lauten Aussprechen von »tausend Kanonen!« oder »tausend Bomben!« ergibt. Interessanter und heimtückischer ist das Denken in Maschinen-Serien bei friedlichen Geräten, die inzwischen einen tadellosen Ruf genießen und dem möglicherweise Angsterweckenden ihrer Frühzeit entwachsen sind. Man kann es nicht oft genug wiederholen: Am Auto gibt es nichts Schlechtes, alle wissen, was sie tun, bloß wächst mit der Zahl auch die merkwürdige Unschärfe, die ja nun tatsächlich – so weit darf man abstrahieren – mit hohen Zahlen, also langen stattgehabten Vervielfältigungen untrennbar verbunden ist. Es braucht die spezifische Maschine gar nicht, allein die Tatsache einer sehr großen Anzahl von irgendwas bringt eine zusätzliche Größe in die Gleichung. Diese Größe wird, da sie bei der Erfindung der Maschine nicht bestand und auch keine Eigenschaft der einzelnen Maschine ist, sondern nur die Eigenschaft *aller zusammen*, im allgemeinen spät erkannt (bei Kanonen, Bomben etwas früher). Ist sie erkannt, herrscht eine längere Zeit Unsicherheit, was sie sei, woraus sie bestehe. Diese Verzögerungsfrist nützt sie, so unbekannt sie ist, zur mählichen Entfaltung. Sie ist von der zehnten Maschine an da und wirkt still, ein Früh-Leiden, ein degeneratives Langzeit-Leiden, das Krebs heißen kann; gleichzeitig ist nur zu verständlich, ja höchst plausibel, daß noch Jahrzehnte lang nichts entdeckt wird. Niemand wird je zu tadeln sein. In jeder Hinsicht ist von den Annahmen »Geht es unter?« und »Geht es nicht unter?« Nummer zwei die interessantere.

Gott nochmal, die Funktionen des Lebens!: A(x) sei die Administrationsfunktion. V(x) ist die Vergessensfunktion, R(x) ist die Regressionsfunktion, W(x) ist die Wettbewerbsfunktion, D(x) ist die Dementi-Funktion, d. h. die subjektive Behauptung, etwas, das stattfindet, finde nicht statt, und gemäß W(x), der Wahrheitsfunktion, glaube ich entweder mein Dementi, was es zur I(x) Ignoranz-Funktion macht, oder ich lüge bewußt mittels Des(x), der Lügen, Desinformationsfunktion. S(x) ist die Sexualisierungsfunktion, NS(x) ist die Normalitätsschutz-Funktion, P(x) ist die Parteienfunktion, Vd(x) ist die Verdrängungsfunktion, Rz(x) ist die Reziprozitätsfunktion, d. h., wie wird mein Verhalten gesteuert, wenn ich weiß, andere verhalten sich so und so.

Das Prinzip von Funktionen ist: sie können aufeinander angewendet, geschachtelt werden, eine wird zum Argument der anderen, stellt sich also in deren Klammer. So ist D(V[x]) die Verlaufsbeschreibung sämtlicher *Dementis*, daß in bezug auf x ein *Vergessen* stattgefunden habe. Neonazis benützen bei der D-Funktion zum Beispiel das Argument: D(GaKa), demen*t-ier*en also, daß es Gaskammern gegeben habe; wem das aber sauer aufstößt, der kann von weiteren Altnazis gleich mit dem Dementi getröstet werden, daß es je ein Dementi gegeben habe: D(D[GaKa]) besagt, daß es nie Neonazis gab, die die Existenz von Gaskammern leugneten. Die Funktionsargumente »Gaskammer« in f (GaKa) gibt es demgemäß nur als D(GaKa) oder als D(D[GaKa]). Es ist zweifellos eine ästhetisierte Existenz, wenn das reale Ding, nämlich Gaskammer, aufhört zu sein zugunsten des Dementis seiner Existenz, oder gar des Dementis, daß es das Dementi je gegeben habe. Den Rest der Deutschen, na, der Schweizer, na, der Welt stört der Streit um Existenz oder Nichtexistenz von (GaKa), sie machen den Disput zum Argument einer weiteren Funktion: Verdrängung: Die neue Funktion, das Verdrängen, z. B. des Bestreitens, daß es für die Realrepräsentation von (GaKa) je ein Dementi gab, steht mit: Vd*(D(D[Gaka]))* schon ordentlich unfaßlich da. Wer will denn diese Funktionsschachtelung genau im Kopf behalten? Das Ur-Argument (GaKa) im Wust versteckt wie der harte Kern inmitten ineinander verschachtelter russischer Babuschka-Puppen, von welchen jede Innere das Herz der Äußeren? Man weiß beim Zuende-Schreiben nicht einmal, wieviele Klammern man korrekterweise setzen muß. Die Funktion Vd*(D(D[Gaka]))* kann geradezu eine kognitive Desinformationsfunktion genannt werden, worauf sich die Notation verkürzt auf: D(GaKa). Will sagen, dank einer lateral eingeführten und mit der leidigen D(D[GaKa]) immer kompräsenten *Normalitätsfunktion* N(x), welche nur besagt, daß kein Mensch ein allzu komplexes Argument x überblicken kann, kann jede Schachtelung von Funktionen, wie sie im Pathologiezwang des Alltagslebens oder dessen Notation leicht auftritt, gerafft werden. Geradezu philosophisch denkt man eine Gedankenreihe lieber erst zum System aus, wenn, auf Meta-Ebene, ein klarer Blick auf das *Fortschreiten* von Punkt zu Punkt besteht. Bereits die Entwicklungstendenzen unserer lokker entworfenen Funktionsschachtelung – anhand eines einzelnen, zufällig gewählten Arguments (GaKa) – müssen in einer neuen Funktion vom Stamme der U(x) gefaßt werden: der allgemeinen Unsicherheitsfunktion. Ich sprach anderswo von der sich drehenden Töpferscheibe, worauf der, nein Plural, die kategorischen Imperative zu liegen gekommen sind. Liegt ein mit »kategorisch« immerhin fest-gesetzter, nämlich als unwandelbar prätendierter Imperativ einmal auf der Rotations-Fläche, dann schmilzt seine Referenzwertqualität, und der nächste Festwert muß in der Mittellinie der Töpferscheiben-Senkrecht-Achse gesehen werden, weil bei der Rotation sie als einzige nicht mitvagiert. Theorem: Bei Fest-Werten, deren einzige Sicherheit plötzlich darin besteht, daß sie sich ständig wandeln, werden die gesuchten Dennoch-Fest-Werte (ihre Dennoch-Suche hat Selbstverständlichkeitscharakter, ist stark erschwert) zu einer Art von hoch-artifiziellen, wenn auch an sich untadeligen geometrischen Orten: dies einmal *literarisch*, metonymisch verstanden. Selbstverständlich wird, bei gesteigerter Änderungstendenz, die Debatte des Kurvenverlaufs hitziger, anstrengender, erschöpfender, gleichzeitig erzeugt diese Hitzigkeit ein gesteigertes Bedürfnis nach eigener (und fremder) Prophetiefähigkeit: wo läuft das Ganze hin, wo wird es in zehn Minuten stecken, laß mich eine Ahnung davon kriegen, dann kann ich zehn Minuten Kaffeepause machen und finde das Ding nach meiner Rückkehr am erwarteten Ort. Es sind nicht alle Subjekte bereit, eine Unsicherheitsfunktion U(x) als Unsicherheitsfunktion anzunehmen; warum? Weil das U der Funktion, das für Unsicherheit steht, selbst Argument einer I- oder M-Funktion werden kann, nämlich einer Ideologie- oder Moral-Funktion: die Leute fürchten, aufs Kreuz gelegt zu werden oder, soviel haben sie vom Tempo bereits mitgekriegt, nach den Moralmaßstäben einer vergangenen Epoche, also von gestern, beurteilt zu werden. Sagt einer: »Zukunft ist eine U(x), mit höchster Probabilität!«, dann schreien die Leute, auch die unbedarftesten gleich: »Quatsch! Zukunft ist eine M(U[x]), du alter Spießer!« Wendet man eine I- oder M-Funktion auf das Argument (u) (= Unsicherheit) an, dann ergibt sich: es ist moralisch verwerflich, die Zukunft als völlig ungesichert, unvorhersehbar, regelhaft aber unentschlüsselbar zu sehen.

Wir fangen noch einmal beim Argument (GaKa) an, um einen etwas anderen Weg einzuschlagen. Man mag uns vorwerfen, dies beschäftige sich mit Vergangenheit; es ist insofern in die Zukunft reichend, als es zunächst einmal um die Vermeidung jedweder diesbezüglichen Iteration geht: diese Sachzeugen sollten nicht wiederkehren. Es ist bereits unerträglich, in einer Gesellschaft zu leben, worin es Leute gibt, die die (bereits vergangene) Existenz von Gaskammern anzweifeln. Die Philosophie geht weiter mit der Anwendung einer Mh-Funktion, womit sich Demokraten auszeichnen, womit sie sich aber auch eine Ohrfeige holen können: In der Mh-Funktion stellt man Vermutungen über die Mehrheitsverhältnisse in puncto Meinung zu einem bestimmten Sachverhalt an: Es wird schon eine solide Mehrheit geben, die glaubt, die Gaskammern hätten existiert. Dies wird zur *Psi-Funktion*, nämlich zur gliedernden Bewußtseins-Funktion, und übt eine sedierende Wirkung aus. Eine Behandlung von (GaKa) ist von einer anderen Seite her möglich. Wir sagen, es gibt eindeutige Beweise oder Dokumente für die Existenz dieser Gaskammern, die also zum Argument einer klaren B-(Beweis-) oder Dk-(Dokumentations-) Funktion werden. Wir wissen aus dem Studium der Vd-Funktionen (Verdrängung), daß ein dokumentarisch belegter Tatbestand, wenn er sich allzu unerträglich als wahr erweist, auf natürlichste Weise nicht mehr wahrgenommen, verdrängt, bzw. umgebogen wird. Das war eine psychologische, ist nun eine mathematisch präzise Regel, womöglich ein kategorischer Imperativ des sich stets als gut setzenden Bewußtseins, das beim Untergang seiner Setzung in einen Unerträglichkeitsnotstand gerät und die infirme Setzung qua schierem Willen immer wieder intakt macht. Als Argument einer M-(Moral-)Funktion können wir das verwerflich finden, per Psi-Funktion wissen wir allerdings, es ist der untadelige, mathematisch gesicherte Normalfall. Wir müssen also einerseits als völlig normal anerkennen, daß die Dokumentation von Gaskammern diese für viele Leute nicht wirklich macht; und wir bringen uns damit ganz natürlich in Verlegenheit: Einen anderen Beweis als den dokumentarischen haben wir dafür nicht. Solange die Welt auf realistischen Grundlagen beruhte (die Einführung der RG*[x]* angebracht), wog der Dokumentarbeweis zumindest soviel, daß alle, die ihn nicht akzeptierten, zumindest einen Kampf mit jenen in Kauf nehmen mußten, die ihn akzeptierten. Die Partei der vereinigten Non-Accepi gegen die Partei der Accepi, gewissermaßen. Es ist unmöglich, heute Gaskammern zu bauen, bloß als Beweis dafür, daß es sie einmal gab: dieser nachträgliche beigebrachte Dokumentarbeweis würde nicht anerkannt. Mit zunehmender Einsicht des Stammes der Accepi, nämlich der »Ich weiß, daß es das gab«, nicht etwa in die Existenz der Gaskammern, die ist dort anerkannt, sondern mit zunehmender Einsicht dieses Stammes in die natürliche und selbstverständliche Unfähigkeit der Non-Accepi zur Validation des Realbeweises, kommen diese Non-Accepi immer strafloser weg: die Welt läuft von der Gewichtigkeit des Tatbeweises weg in die Fiktion: die Moral verschwindet auf natürliche, unschmerzhafte Weise. Ihr Fehlen drückt sich nur noch in der Verlegenheit darüber aus, was denn als Regulativ an ihre Stelle treten könnte. War nicht auch sie, die Moral, eine A-(Auxiliar-)Funktion, eine Art geronnener *common sense,* eine gewissermaßen kategorial verhärtete Macht-Agilität, die die jeweiligen Moral-Haber und die zu Moralisierenden gleichermaßen mit einband? Nun *auftritt,* lateral oder durch die backdoor, die E- oder Ü-Funktion. Sie ist so banal wie elementar: Existenz-, Überlebens-Funktion. Klappt Moral beweglich im Scharnier, so der krude Schluß, muß mein Mörder nicht in jedem Fall mit einer Strafe rechnen. Er kann mich nicht auf jede Weise morden, sondern muß sich an einen bestimmten Zukunfts-Code halten. Die Kurve der Bestrafungs-Funktion Bstr(x), *wo (x) das Argument (Mord an Menschen), weist Unterbrüche auf,* kann immer wieder Unterbrüche aufweisen; jeder kennt diese Funktions-Kurve, die über weite Strecken aus der Argumenten-Bahn verschwinden, auf mathematisch zwar berechenbare, aber auf mich unkalkulierbar wirkende Weise bald zum Vorschein kommen, bald verschwinden. Meine Theorie: Sämtliche denkbaren Funktionskurven sämtlicher denkbarer Argumente, schon wenn einzeln genommen, und a fortiori wenn ineinander geschachtelt, weisen immer stärkere Unregelmäßigkeiten auf, generieren zunehmende Widersprüche, können ausfallen für längere Zeit, wieder einsetzen, bleiben auf einer hohen Ebene unberechenbar, auf einer tieferen über kürzere Zeit vorhersehbar. Hin und wieder erhält eine Kurve ungeheurer Komplexität, welche, bildlich gesprochen, während jedem Zehntelmillimeter ihres Verlaufs die ungeheuerlichsten rechnerischen Verlaufs-Debatten hervorruft, die Chance, auf irgendeine Weise zu Null zu werden; sie stürzt ab, verpufft oder vollzieht einen klar nachvollziehbaren Sprung ins Nichts. In der großen Stadt Zürich rechnete ich einmal, als ich die Ausdauer noch aufbrachte, ein Gebilde mit fünfzehnfach verschachtelten Winkelfunktionen, oberhalb und unterhalb des Bruchstrichs, es handelte sich um einen auf die äußerste Regelhaftigkeit gebrachten Wahn, weit unkomplexer als das universale Gesamtgeschehen, in der Nähe knirschte die Straßenbahn um eine enge Windung den steilen Berg hoch, meinem Professor, der nur ein Bein hatte und die gesamte Mathematik, stand der triumphierende Schweiß auf der Stirn: Bei dem mir in seinen unzähligen Babuschka-Hüllen vorgesetzten Funktionsgebilde handelte es sich um eine Art »Mann ohne Eigenschaften der y-Achse«. Eine erste, kleinere Debatte füllte acht große Blätter und ergab: in der Nähe von Null ergaben sich einige Sättel, dann hörte die Linie eine Weile ganz auf, dann nochmals zwei Sättel, dann Unterbruch, dann schoß das Ding steil nach oben, sprang tief in den Minusbereich und löste sich dann, in einer wahnwitzigen Verkrampfung der Kurvengleichungsglieder, auf wie ein verrückt gewordener Meteorit. »Sie haben's als einziger gefunden!« brüllte der Professor und fiel vor mir auf das Knie. Ich hatte gerechnet wie vom Gleichungstrieb besessen, nahm meinen Sieg befriedigt zur Kenntnis, hatte aber davon rein nichts verstanden. Rückblickend würde ich alles »Zufall« nennen, von der Kurve bis zu ihrer Auflösung. In einer Erzählung, die mit größerer Präzision als die Historie, aber völlig erfunden, den Ersten Weltkrieg begründet, schreibt Thomas Pynchon einmal: »Die Glockenkurve ist die Funktion, die eine Gauß'sche Normalverteilung beschreibt. Unsichtbar hängt ein Klöppel unter ihr. Er schlug Porpentine (der es erst dunkel ahnte) das Totengeläut.« – In jeder Hinsicht ist von den beiden Komplexfunktions-Annahmen »Klöppelt er weiter?« und »Klöppelt er nicht weiter?« Nummer zwei die interessantere.

Die Zukunft hat schon aufgehört. Die heutigen Wahrsager lesen uns ausschließlich die Vergangenheit. Ob etwas, was noch nicht eingetreten ist, zu wissen sich lohnt bzw.

gelohnt haben wird, das steht in den Sternen, die wiederum eine Metapher für dieselbe, nämlich die Zukunft, sind.

Um 1900 hatte der Satz »In Zukunft wird man . . .« einen extensiven, um 2000 hat er einen restriktiven Tenor. Auf das Euphoriegebot zur Jahrhundertwende Nr. 19 folgt ein extensives psychisches Depressionsversprechen für Wende Nr. 20. Um 1900 hoffte man auf eine Erweiterung der Möglichkeiten, um 2000 fürchtet man deren radikale Beschränkung. Beschränkung ist mit Trübnis, narzißtischer Kränkung besetzt, und die Plus-Besetzung, die, von 1900 aus gesehen, fast ein ganzes Jahrhundert lang hielt, könnte von ebenso dauerhafter Minus-Besetzung abgelöst werden. Das Zwanzigste war das Automobil, das Einundzwanzigste ist die Schlammspur, die es hinter sich zurückläßt (und die, räumlich gesehen, auf es zu folgen scheint). Die Welt ist ein Dorf, die Stimmung im Dorf darf nicht sacken. Zu ahnen, daß die zunächst nicht fungibel wirkenden Neokapazitäten: a) die Rotation der Werte, b) die Beschleunigung der Rotation ins vage Spiralige – einer Muntermachungsabsicht dienen werden: Mit der positiven Progreß-Setzung des 20. Jahrhunderts wird einer im 21. Jahrundert schon um das Jahr 2003 oder 2004 herum gescholten: »Gott, hör doch auf mit deinem Schlurf, du Weltuntergeher, du weißt nicht, wie alt das schon ist!« Die neue, wiederum jahrhundertspezifische, negative Progreß-Besetzung wird also zum Argument sämtlicher vorher diskutierten Redefunktionen. Es ist, als ob die Welt, als sie sich und alles in immer raschere Rotation versetzte, geahnt hätte, daß alles irgendwie gemütstrüb würde. Sie unterwarf die Trübnis gleich der Rotation, die sie eigens dafür eingeführt hatte: Und schon war der Kurz-Pessimismus (short-term-pessimism, le pessimisme courte durée, il pessimismo piccolo) erfunden, der, metaphorisch gesehen, einem grundsätzlich sehr langen, finsteren Fernsehfilm ähnelt, der in immer kürzere Streifen geschnitten und immer öfter von Werbeblöcken durchbrochen wird. Eine Art Auskunft über den Zustand vermittelt, da kaum feste Referenzwerte bleiben, fast nur noch das Verhältnis zwischen dem, was einer für den finsteren Ur-Film hält, und dem, worin er die Werbeblöcke zu erkennen glaubt. In dieser Metapher wäre dann, wenn der Finster-Film immer nur ganz kurz, quasi sekundenlang dauerte und die fröhliche Werbung dazwischen lange Monate, objektiv die Position der größten Untergangsnähe erreicht; das Ende zeigt kein Diktator, doch der organisierte, dazwischengeschobene Frohsinn an.

Um 1965 hatten wir, säuretechnisch gesprochen, die Zukunft hinter uns. Physiologisch waren die Wälder zum Tode verurteilt, es wußte nur noch niemand.

Die Natur schlägt mittels Gleichungssystemen zurück. Sie ist eine vertraute Bastlerin und wird brav an ihrer Untergangsverhinderung werkeln. Sie betreibt Überleben als Hobby, und nachts hört man sie, wie sie's mit Licht im Keller tut: dabei entsteht ein gigantisches, laubgesägtes, semikalkulierbares Steckenpferd mit echter, dann ausfallender, Naturhaarmähne.

Das Aufhören der gubernatorischen, kybernetischen Funktionen kann auf einem Nebenschauplatz, oberste Schicht Überbau, verfolgt werden: gute alte, solide Diktatoren hochkapitalistischer Systeme beschweren sich über die »zunehmende Unübersichtlichkeit« des Fernsehprogramms, die wachsende Zerstückelung aller Beiträge durch Werbeblocks: die Entropie wird ihnen auf den Kanälen zu groß, und in ihrer Eigenschaft als Regierende müssen sie ihrer Eigenschaft als Marktantörner widersprechen: die Inhaltsstruktur der schamlos zerrütteten Konsumkanäle (die gerade knapp noch Konsum verbreiten können, informationell selbst diesbezüglich vor dem Kollaps stehen) läßt die Verbreitung gubernatorischer Leitlinien nicht mehr zu: gerade Diktaturen sind auf Eindeutigkeit angewiesen, das vom Markt aufoktroyierte Sizzeln und Fizzeln auf der Scheibe verstört sie. Ihre Angst heißt Rieseln. Man stelle sich vor: Die allabendlich um 19.30 Uhr gesendeten Befehle des Diktators werden vier Mal durch Reklame für Seifenlauge unterbrochen; allein daß sie das theoretisch, d. h. der Programmstruktur nach, unbedingt werden, genügt für die Entropie-Ängste jeder Macht. Ganze Staaten schaufeln den Kleinschneide-Schutt aus den Kanälen, während sie ihn um die Ecke mit den PR-Spot-Scheren wieder reinschneiden. Das universelle öffentliche Mitteilungskoma auf den völlig unkanalisierten Kanälen preßt Demokraten zu quikkem Quieke-Brei, und die quasi als Kontinuitätsbürgen-quer-durch-die-Zeiten amtierenden Diktatoren könnten zum Schluß ausgerechnet von ihrem hypertrophsten Feind, der Entropie des entfesselten Marktgeschehens, ereilt werden. Dies, sofern ihnen nicht rechtzeitig – vieles spricht dafür – die Schaffung einer allgemein anerkannten Diktaturen-Unordnung gelingt. Die wäre dann: es mag in den Kanälen drunter und drüber gehen wie es will, der oberste (geißelnde) Festwert bleibt gesetzt, und alles am Gewimmel schraubt ihn fester. Beides, die Abschaffung der Diktatoren durch die Unordnung, wie auch ihre festere Einsetzung, ist plausibel. Eine fifty-fifty-Gewißheit: das in entropischen Feldern übliche Resultat.

Les lumières bizarres. Die Philosophie wird sich fast wöchentlich der neuen naturwissenschaftlichen Grundlagen versichern müssen, um einigermaßen jeweils für ein paar Wochen von dieser Welt zu sein. Steigt z. B. die Meereshöhe substantiell an, dann schreibt der Philosoph plötzlich in ganz anderer Höhe. Bei Rückverlegung der Steigung des Meeresspiegels in frühere Zeit hätte z. B. Kant seine *Kritik der praktischen Vernunft* in Königsberg zwei Meter unter Wasser geschrieben. Man darf sagen: die Flut wäre dann bis zu Hegel gekommen.

Der stabilste Philosoph darf, im Lichte dieser Entwicklung, im Eisberg gesehen werden, an dem die »Titanic« sich brach: Wie immer die Meereshöhe sein mag, er zeigt eine kleine Spitze, ist aber tief verborgen, und sowas wie Höhe ist ihm egal, und man merkt lange nichts, weiß aber plötzlich, daß er dagewesen ist. Von ihm geht die diskrete Untrüglichkeit alles Unsichtbaren aus, und man kann nicht über ihm sein, ohne bald tief unter ihm zu liegen.

Ist der Eisberg aber ein Philosoph, dann kann er, was der Eisberg niemals konnte: Er wird sogleich mit der »Titanic« darüber zu streiten anfangen, wer nun die Rettungsboote zur Verfügung gestellt habe. Unser im kalten Nordmeer treibender Philosoph will ein mit Booten behängter Untergrund-Berg sein, bei welchem, wer da aufläuft, Rettung findet. Der muß dann nur selber rudern, und das gesuchte Festland wäre wiederum der Berg.

Zufällige Setzung. Man kann nicht konkludent philosophieren, wenn man die jährliche Durchschnittstemperatur seines Landes nicht kennt. Und gerade die wird aus den Fugen sein. Sie täglich neu zu wissen, ist nicht interessant, fügt dem Wissenskanon nichts Neues hinzu, bringt morose Realitätsnagelung ins Denken, und doch findet Philosophie fast nur noch an Frühstückstischen statt, wo sie darüber nachdenkt, was sie zum Essen kriegt und ob ihr während des Essens der angemorschte Baum neben dem Tisch aufs Haupt stürzt, sie kann den Baum auch weglassen, und das Essen auch, aber dann kommt der sie denkende Körper um, eher tragisch. Andrerseits kann einer, der sich mit der jährlichen Durchschnittstemperatur beschäftigt, eigentlich kein konkludenter Philosoph sein, denn man war in den Themen auch schon mal weiter; nun wird man wieder elementarisiert, und es schadet; das eine tun, das andere lassen, welches tun?, ist das Dilemma. Kein neuer kategorischer Imperativ ist zu irgendwas zu gebrauchen, irgendeine Befolgung von irgendwas sichert das Überleben, doch weiß die praktische Vernunft, daß sie's eben nicht sichert. Alles einer neuartigen Terminlogik unterworfen.

Die sukzessiven Elementaria-Änderungen muß die Philosophie unentwegt in ihr System einfüttern, sie wird den Ereignissen reaktiv hinterherhinken müssen, so wie übrigens sämtliche Disziplinen, einschließlich jener der Science-fiction, welche mit den Lassos ihrer Fiktion die Zukunft in die Gegenwart schleppen wollte und die, ohne daß sie ganz ins Leere geworfen hätte, in ihren eingeholten Seilschlaufen nichts länden wird.

Überlegung zum milden Spott: man stelle sich eine Pariser Weltausstellung hundert Jahre nach der letzten, kurz nach Anfang des neuen Milleniums vor! Die Themen! Die Pavillons! Was die versammelte Welt sich in Groß-Fotos, Kurz-Kommentaren, Leistungs-Graphiken, im Design der Rückblicke und Vorausschauen alles zu sagen hätte! Es ist nicht auszudenken, und an zuviel Hohn ist mancher schon vor seiner Zeit krepiert. Der internationale Ausstellungs-Direktor wäre Ozon-Asthmatiker und hätte während seiner Eröffnungsansprache einen Band des Wiener Fin-de-siècle-Lyrikers Ernst Jandl unter den Arm geklemmt. »Meine Damen und Herren (er wird immer wieder von kurzem Husten geschüttelt), bitte eintreten, wir zeigen Ihnen jede Menge Erhust-rungenschaften, pardon, Errung-hust-enschaften, pardon, Errungen-hust-schaften, pardon, Errungenschafthusten...« – usw., Ende des Werbe-Spottes.

Das Expositions-Motto wäre ein gigantisierter Beuys: »Laßt uns eine Milliarde Bäume säen.« England und Schottland protzen ihre Schwerindustrie ab, stellen sich als Saatgrund zur Verfügung. – Die Krähen sagen ihren Besuch der Saat ab: krank, flugbehindert, verstorben. »Unsere flügelschlagende Gemeinschaft«, so krächzt das Wozzecksche Absageschreiben, »ißt nur noch weiche Erbsen, drei Tage in Wasser gelegt.«

An diesem Punkt würde ich die Terminologie einer Terminlogik zu entwerfen versuchen – und lasse es aus Zeitmangel sein. Man nehme dazu Becketts *Endspiel* und filtere den darin enthaltenen Tractatus heraus: der wäre ganz in der Beckettschen Topologie; sodann Projektionsgesetze entwerfen, womit diese Verortung auf einen universalen Schirm geworfen würde. Der Termin, das Terminlogische, alles mit »nur kurz«, »nicht lange«, »nur wenig noch«, »nicht mehr«, »übrig«, würde ins Zentrum der Betrachtungen gesetzt. Gott!, auch Theorien können den Skizzierwünschen der Concept Art unterworfen sein!

Dem Ende die Ödnis nehmen, worin es sehr zu Unrecht west. Samuel Johnson, entsetzlich pragmatisch und gemütlich-grausam: »When a man is to be hanged in a fortnight, it concentrates his mind wonderfully.« Gerade die Terminlogik bringt die größten Taten des menschlichen Geistes hervor, zumindest deren Anfang: für die Ausführung reicht die Zeit (auch wieder terminlogisch!) meist nicht ganz. Doch zweifellos erreicht jeder unter dem Druck seines baldigen Aufhörens IQ-Werte, wovon er in seinen unbefristeten Momenten nicht zu träumen gewagt hätte.

2000: neues Saeculum oder Millenium? Fetischistennumerik sagt: 2000 ist bloß ein neues Jahrhundert, das sich als Jahrtausend tarnt: eine numerische Camouflage; es soll sozusagen der Untergang nicht die alte Zeitrechnung beflecken, sondern nur die neue, die eigens des Countdown wegen eingeführt ward. Die wahren Posthistoriker, nämlich die »Geschichtsschreiber nach dem großen Coup«, werden in etwa sagen: »Bis 2000 blieb alles Funktionale zirka sauber, von 2000 an müssen wir ganz neu rechnen bis X. Wir teilen das im Werk jetzt so ein: Buch eines geht von Null bis Zweitausend. Buch zwei geht von Zweitausend bis X. Dieser Ordo erleichtert Ihnen das Mitschreiben unserer rückblickenden, sozusagen antediluvianischen, Analysen und Vorstellungen.«

Und doch: das Dezimalsystem als Erzeuger von Fetischzahlen. Ich dachte mir oft, daß von meiner Epoche, der zweiten Hälfte des 20. Jahrhunderts, aus gesehen die Schriftsteller – einmal abstrahiert von der ganzen Literaturgeschichte –, die das Pech hatten, von 1875–1900 zu schreiben, von vornherein ungleich viel altmodischer wirken als jene von 1900–1925. Ich brauche gar nichts über sie zu lesen: bestände eine imaginäre Bibliothek aus nichts als dem Kollektivwerk dieser beiden Epochen und wären sie je in einem Schrank eingeordnet, ich griffe zu den 1900–1925, wenn mein Hirn mir sagte: »Such was Zeitgenössisches« und zu den 1875–1900, wenn es befähle: »Nun greif zum Alten«. Ich behaupte, die schiere Jahresnumerierung in immer neuen Dekalogen benachteiligt die einen und bevorzugt die anderen. Ich spreche für uns alle: Wie sehen wir denn zahlenmäßig aus, wenn erst mal 2060 ist? Old stuff, Staub, 1 Schrank.

List, als kurzzeitiger Siegeswille, läßt sich nicht töten: Wer sich selber eine Lebenserwartung über 2000 hinaus gibt, sagen wir, bis etwa 2020, der könnte 1988 seine gesammelten Kräfte zusammennehmen, um – nichts mehr zu publizieren die nächsten 20 Jahre, denn keine Wissenschaftshistorie wird jemals den Werken, die er von 1988 bis 2000 allenfalls schriebe, eine gestaltende Wirkung auf das 20. Jahrhundert zuschreiben können. Nicht daß er etwas dafür könnte, aber: sie kommen in der Zentenar-Rechnung zu spät. Hingegen, wie wir rückblikkend wissen, Proust, Joyce, Musil: sie waren präzise Zahlen-Timer, hatten bereits den Augenblick ihrer eigenen Zeugung geplant, standen gebückt in den Startblökken, als peng! der Schuß fiel: 1910 ist vorbei. Jekami, und wer kann, der beeinflußt jetzt das 20. Jahrhundert. Eine um 1988 undenkbare Möglichkeit: der schiere Zahlenfetisch läßt sie scheitern. Darum: alle bitte schweigen, 12 bis 20 Jahre, Manuskripte sammeln, lange auf dem Himalaya bleiben, und sodann: die Vergessens-Stufe des 20. Jahrhunderts, 2000, ist erreicht. Dann publizieren, geschmackvoll, z. B. 2001 Seiten im Jahre 2001, und der eigene Einfluß ist für die nächsten hundert Jahre gesichert. Der physische Tod um 2020 ist ein zusätzlicher Bonus: das Jahrhundert ist noch nicht ganz schal; noch amüsiert man sich.

Eine Schlacht verlief bisher immer, mit wechselndem Erfolg, so: die beiden Gegner greifen einander auf dem Boden an, mehr oder weniger waagerecht. Nun plötzlich bizarrer Wechsel der Schlachtrichtung: Man greift den Boden selbst, das Schlachtfeld an. Der Einbezug des Schlachtfeldes als Gegner, ein möglicher Sieg über es, vielleicht seine Zerstörung, könnte ja Friede, nämlich Unmöglichkeit der Schlachtweiterführung bedeuten. Aber das Schlachtfeld, nun einbezogen, gereizt und beschädigt, schlägt zurück. In einer solchen, gegen ihren eigenen Boden gerichteten Schlacht gewinnt, wenn es sich einmischt, immer das Schlachtfeld. Sein Sieg ist unblutig. Am Schluß ist nur noch Erde. Gewonnen! Das Schlachtfeld errichtet sich ein Siegerstandbild aus ebendem Stoff.

Elementaria drängen sich in die Debatte, die für sie nicht gemacht ist, die aber am schlechten Gewissen zugrunde geht, daß sie sich mit den Elementaria nicht okkupieren darf, weil sie sonst über sie nicht hinauskommt (oder dies nur fürchtet). Eine Philosophie zum Klima oder irgendeinem Wetterschock riskiert auf ewig, im Klima steckenzubleiben. Eine Philosophie zu der Qualität des Wassers ist schlechthin nicht möglich. Der Philosophie bleiben die Themen erhalten, aber sie geraten unter Druck von der Themenbasis her. Wir werden eine Menge Elementarphilosophen kriegen, Elementarphilosophien sind aber grundsätzlich zur bedeutungslosen Wuselei verurteilt, also ist vieles an der Philosophie im Kleid von Elementarphilosophien zum Wuseln verurteilt. Nicht unsympathisch, evtl. deprimierend.

Die Philosophie wird sich übers Klima und die Viren unterhalten, bzw. sich diesem und jenem verweigern. Sie wird für kurze Zeit einen rasanten Popularitätsgewinn verzeichnen, der den Nachteil mit sich bringt, daß man auf sie aufmerksam wird. Sodann richten sich erneut totale Hoffnungen auf sie, welche sie redlich aber nur teilweise erfüllt; damit ist ihre Verdammung gegeben, sie spaltet sich auf in Philosophen, die sich, vernünftigerweise, in die Unpopularität zurückziehen, und in Philosophen, die weiterhin den in sie gesetzten, nunmehr entflammten Überhoffnungen gerecht werden wollen. Cave canem.

Das Jahr 2000: verrückt viel Zeit hinter sich, wenig Zeit vor sich; im Vergleich zu der Zeit, die schon verging, ist die Zeit, die bleibt, so gering, daß sie nur Thema werden kann, wenn einer zufällig in ihr lebt. Was aber sollte er anderes tun, als in seiner Zeit zu leben?

Die Aktionen des Menschen haben knallharte Übergröße erreicht. Seine Angriffsrevolver sind so groß, daß beim ersten Schuß die Erde zerspringt. Das war bei der Erfindung der Gattungsaggression nicht vorgesehen. Oder doch? Was dachte, damals im Keller uns zurechtsägend, die Bastlerin? Ein Hinweis: Sie und ihr Denken waren natürlich auch schon gebastelt, von – na ja.

»Das Wesen der munteren Festlichkeiten im Hause besteht darin, daß zum Schluß vor Feiern allen das Haus zerbricht.« Der Satz des imaginären Theaterkritikers im Feuilleton des West-Aachener Quartieranzeigers zu einer Brecht-Aufführung in Ost-Aachen zeugt von klarem Einblick in die galaktische Perspektive: auf dieser unserer Erde findet eine permanente, kontinentüberspannende Kleinbürgerhochzeit statt, die nur auf den endgültigen Dachstockbrand mit kaltem Büffet, und den anschließenden Hauszusammenbruch wartet. Dann sinnt man und steht kurz still, um die Requisiten zu verräumen und auf Tournee in die Niederlande zu gehen, wo es um das Publikum und seinen seltsamen Dialekt ohnehin nicht schade ist: Der Eintritt ist jetzt frei.

Was, im Rückblick gesehen, war die abstrakte Leistung des 20. Jahrhunderts? Sicher die, eine lange Reihe von Perspektiven des 19. erfolgreich eingelöst, bzw. eine weitere Reihe weiter in die Zukunft verlängert zu haben.

Die meisten positiv besetzten Progresse des 19. Jahrhunderts mußten tödlich ausgehen, falls ihnen totaler Erfolg beschieden sein würde. Die meisten Progresse wurden zum totalen Erfolg geführt.

Zwei Ereignisse, woran ich mich anläßlich meines letzten Jahrhundertwechsels erinnere: Erstens, vor der Jahrhundertwende, Ibsen sagt sinngemäß oder läßt sagen: Was soll ich mit Regeln, die bereits in fünfzig Jahren keinen Bestand mehr haben werden? Zweitens, Oscar Wilde, dem Viktorianismus – den er für seine Karriere funktionalisierte – unangenehm dicht auf den Pelz gerückt, tritt eine zweijährige Reise durch englische Gefängnisse an, die mörderische Strafseverität ist die eines Gulag, und er stirbt genau 1900 in Paris, beziehungsweise sein syphilis- (und Syphilis-Antidot-) zerfressener Körper explodiert kurz nach seinem Tod und ergießt seinen Inhalt in das Zimmer; ein geräuschvolles Ende, die letzten Freunde wischen auf. Der Viktorianismus, als zähe, festbegründete anale Bewegung, stand natürlich mit seiner eigenen Kehrseite auf so gutem Fuß, daß auch das ihm egal war. Ein paar literarische Feingeister, immerhin, waren erschüttert und ehrten den Toten, einen der hervorstechendsten Repräsentanten ihrer Kehrseite, die bei ihm nur Glitzern war, auf ihre Weise: sie besprachen von da an seine Bücher besser; was sie etwas besser machte.

Irgendwie ist das Denken anorektisch, denn ohne gesicherte Existenzversprechung fällt zwar nicht es, aber sein wichtigster Antrieb aus.

Es ist verrückt, wegen lächerlicher siebzig Jahre überhaupt mit Denken anzufangen. Man stirbt so oder so; aber dann auch noch *daran* zu sterben!

Es kann auch nicht Untersuchungsgegenstand der Kultur sein, ob das Wasser noch gesund ist, ob die Bäume morgen noch stehen. Kultur lebt legitimerweise davon, daß sie gewisse Fragen ausklammert. Gras ist kein Debattenthema, es wirkt, in den Rang eines Symposiumsgegenstandes erhoben, irgendwie verächtlich, ohne daß sich auch nur ein einziger Teilnehmer finden ließe, der explizit Gras verachtete, ganz im Gegenteil. Die in Zukunft wichtigen Gegenstände haben in unserem bisherigen Erfahrungsverlauf eine Garantiedichte ihrer Existenz erreicht, die sie mit Fug uninteressant macht; und geschähe eine Änderung, nämlich, hin zu ihrer Interessantwerdung, so könnte diese nur unendlich langsam geschehen, und unter dem permanenten Vorbehalt, daß Gras auch da, wo die Wichtigkeit seines Weiterbestehens in Symposien festgehalten wird, nicht wirklich interessant bzw. kognitiv elaborationsfähig werden kann. Nach meinem augenblicklichen Kenntnisstand setzt uns, sollten diese Gegenstände sich nach vorn drängen – wofür wiederum alles spricht –, nichts in die Lage, unser Diskussionsniveau zu halten. Wir sind zum Stammeln verurteilt, womöglich zu einer extremen Anthropozentrizität, die zum Schluß jeden Quadratzentimeter Naturvorkommnis gegen jeden Quadratzentimeter eigener Haut hält und dessen Wohl- bzw. Übeltaten »auf mich jetzt direkt« registriert; alles so notwendig wie Überdruß verursachend. In der Zukunft wird das Wichtigste knapp sein und schließlich fehlen, also wird vom Wichtigsten unentwegt gesprochen werden müssen, doch das Wichtigste zeichnet sich dadurch aus, daß es das in der Debatte absolut Uninteressanteste ist. Man kann es, mit polemischem Unterton, den alltäglichen Stuhlgang nennen, der als Krankheitsindikator gar nicht wichtiger sein könnte, ganze Fachgebiete wie Medizin brächen ohne ihn zusammen, doch er ist für uns kein Thema, er kann, seiner Wichtigkeit wegen, allemal eines werden, aber die Chance ist gering, da er, als Terminus, offensiv besetzt ist, offensiver als das Gras, doch auch das Gras wüchse sich, wenn ernsthaft behandelt, zu einer Beleidigung unserer Geistesfähigkeiten aus; was seiner Vergiftung, seinem quasi hohnvollen Verschwinden, keinen Abbruch tut. Valérys gegen die Philosophie gerichteter grämlich-präzisionistischer Fundamentalismus stellte fest, wirklich sei just das, was von Fragen, Betrachtungen, Untersuchungen sich nicht anfechten lasse, beliebig viele Optik-Verschiebungen erlaube und nach allen vorgenommenen Operationen noch genauso dastehe wie zuvor. Ob er damit der Philosophie den entscheidenden Todesstoß versetzte, oder ihr auch bloß, in der supponierten *corrida,* eine den Todesstoß präfigurierende widerhakige *banderilla* in den Nacken setzte, bleibe dahingestellt. Jedenfalls spricht aus seinem Dictum die mediterrane Leichtigkeit dessen, der sich auf die Grundbausteine der Wirklichkeit wie Steine, Bäume, Wasser, Grund und Boden felsenfest verläßt. Der Philosophie wird hohnvoll entgegengehalten, du magst denken und dich verrenken, wie du willst, deine eigentlichen Betrachtungsgegenstände stehen und fallen auch morgen und übermorgen noch genauso wie jetzt: So wisse denn auf ewig, du affizierst das Wesentliche nicht. Es wäre unredlich, dem beizustimmen, ohne auch darin wieder die ominöse Festwert-Suche zu sehen, die bei einem Valéry, dessen Innen-Raum antizipierend rotierte, früh schon die Töpferscheibe der kategorischen Imperative kannte. Legt man sich, endlich doch, wenigstens auf einem Dennoch-Fest-Wert (momentanes Gebilde, in der Zeit löslich wie Pulverkaffee) kurzzeitig zur Ruhe und überschläft ihn, so sollte man sich nicht aufs Grüne Gras, d.h. aufs Gras der Grünen (patentrechtlich geschützt) legen, sondern auf Valérys Gras. Was mir Valéry angenehm, wenn auch nicht konkludent macht, ist sein »Fest-Fundament, gewonnen durch Meckern«; seinen sämtlichen Referenzen eignet ein humanes Wanken, auch sie wandern im Sinne einer gubernatorisch unerfaßten Reise, doch der Steuermann, der das Ruder so arbiträr herumwirft, überredet oder überplaudert einen mit ebenso gewinnender wie subjektiver Plausibilität, daß er unter den Insuffizienten eh der Angenehmste sei. Mit Denken hat's nicht viel zu tun, eher mit Pfeifentabak und Seemannsgarn, und letzteres war noch immer eine einzige, der Suchtverleitung dienende Anklage gegen jede Art von Festland. Gegen das Beinausstrecken unterm abendlichen Kombüsentisch und die dröge Euphorisierung durch eine kräftige Pint ist nichts einzuwenden: der Käptn ist allzu verführerisch. Valérys Steine, Bäume, Wasser, Grund und Boden: alle vorhanden, aber auf Deck eines Schiffes; der Skipper nahm Opium und hakte soeben wieder zielbewußt argumentierend nach Nordnordwest um.

I'm Lost. Who Aids Me?: Setzt der Stuhlgang massiv ein, ist es auch zu Ende, doch Stuhlgang ist kein Thema. Wird er denn eines werden, im Gefolge von Krankheitsindikatoren, die nicht nach ihrer Wichtigkeit fragen, sondern sie sich nehmen? Rasch einen Virologen fragen. Und worin kriecht Becketts Sack-Schlepper in »Wie es ist«? Wir leben recht eigentlich im Zeitalter der Prä-Merde, zum Glück ist auch die Merde, höchst elegant, kein Festwert, denn während ich, auctor mundi, dies alles sagte, sagte ich etwas bereits ganz anderes. Laterale Einführung der Funktion D(scripsi): ich dementiere, jemals etwas Derartiges geschrieben zu haben. Allein der Text ist Dementi des Dementis. Persönlich gefragt, bin ich ganz anderer Meinung. Gestern schrieb ich, heute differiere ich.

In jeder Hinsicht ist von den Annahmen »Geht sie unter?« und »Geht sie nicht unter?« Nummer zwei die interessantere. In jeder Hinsicht ist von den Annahmen »Gehen sie weiter?« und »Gehen sie noch weiter?« Nummer zwei die interessantere.

E. M. Cioran
Die negative Seite des Fortschritts

Das Dasein hätte einen Sinn haben können, wenn es uns gegeben worden wäre, dem Alptraum des Werdens zu entkommen. Da wir unfähig sind, uns die ewige Gegenwart vorzustellen, gelingt es uns auch nicht, das Paradies zu imaginieren. Diese Unfähigkeit wird immer schlimmer, je weiter wir voranschreiten. Man kann behaupten, daß die Geschichte als ganze auf eine Hypertrophie, ja, eine Perversion unseres Sinnes für die Zeit hinausläuft. Den Aberglauben an das Beste erfunden zu haben, die Vorstellung, daß jeder Schritt vorwärts einen Sieg über das Böse bedeutet, daß das Werden als solches notwendig ein positives Prinzip in sich birgt – das ist unser verderbliches Privileg.

Die Idee des Fortschritts ist unvermeidlich mit der Idee der Zeit verknüpft, aber nicht irgendeiner Zeit. Die Vorstellung der stetig wiederkehrenden Zeit, die der Antike eigen war, konnte nicht zur Idee eines unbegrenzten Fortschritts führen, wie sie sich der moderne Optimismus, insbesondere derjenige Condorcets, ausdenken sollte. Eine Parenthese sei erlaubt: Ich gehe nie durch die Rue Servandoni in der Nähe der Kirche Saint-Sulpice, ohne vor dem Haus stehenzubleiben, in dem sich einer der glühendsten Anhänger der Revolution, eben Condorcet, bei einer alten Dame einige Monate lang versteckt hielt. Unvorsichtigerweise verließ er diese Bleibe, flüchtete in einen Vorort und wurde dort festgenommen. Um der Guillotine zu entkommen, nahm er sich das Leben. Unter welchen Bedingungen hat dieser Aristokrat die Illusion aller Illusionen ersonnen! Die Faszination für die Zukunft hat immer dazu geführt, daß verführerische Systeme aufgestellt wurden. Das ganze letzte Jahrhundert hindurch war Fortschritt gleichbedeutend mit Heil. Wenn ich versucht bin, an die Zukunft zu glauben, genügt mir ein kurzer Halt vor besagtem Haus, um mir jede Anwandlung von Überschwang auszutreiben.

Zweifelsohne kommen wir voran, aber wir machen keine Fortschritte. *Zahlen* müssen wir für alles. Für jede Tat müssen wir büßen. Der geringste Schritt vorwärts wird eines Tages bereut, denn all unsere Errungenschaften wenden sich letztlich gegen uns. Der Augenblick wird sogar kommen, wo wir voller Ungeduld der alten, wunderbaren Seuchen harren, wo die unmittelbar bevorstehende Lepra den Kannibalismus wieder in Mode bringen wird. Endlich seltener geworden, werden uns unsere Mitmenschen erträglich erscheinen.

Da alles, was der Mensch erfindet, sich gegen ihn auflehnt, wird er sich um so schneller seinem Ende nähern, je mehr er sich abplagt. Keine Krankheit wird sich seiner Kompetenz, seiner Indiskretion entziehen, vielleicht nicht einmal mehr irgendein Geheimnis. Alles wird er erklärt, alles geheilt, alles bloßgestellt haben, da er aber nicht den Sinn von all dem gefunden hat, ist es nicht ersichtlich, wie er in einer Welt wird überleben können, die jeder Berechtigung und jedes Mysteriums beraubt ist.

Wir dürfen nicht vergessen, daß die Neugierde den Sündenfall verursacht hat, daß das Paradies weiterhin hätte bestehen können, wenn wir uns versagt hätten, vom Baum der Erkenntnis zu kosten. Es steht fest, daß die Neugierde etwas Morbides hat. Wir hätten die Dinge auf sich beruhen lassen sollen, haben aber genau das Gegenteil getan. Die Spuren des Menschen sind unheilvoll: Reinheit gibt es nur, wo er nicht vorhanden ist, aber er wird erst unwiderruflich verschwinden, wenn er das allerletzte Heilmittel entdeckt hat. Nach dem Besiegen aller Krankheiten wird er sich ... zu Tode langweilen, es sei denn, er würde ungewöhnliche Foltern erfinden, die ihn noch einige Jahrhunderte lang in Stimmung bringen könnten. Sicher ist, daß sein Ende ihn immer mehr beschäftigen und seinen Erfindungsgeist stimulieren wird – eine Möglichkeit, eventuell einem beispiellosen Überdruß zu entkommen.

Ein Säugetier, das ein unbedeutendes Schicksal hätte haben sollen, ist in ein Abenteuer verwickelt, das es übersteigt. Wie die Dinge nun einmal liegen, gibt es auf die Frage: wie wird sein Ende sein? nur eine Antwort: es ist unmöglich, ja unvorstellbar, daß er gut endet. Alle seine Unterfangen haben ausnahmslos eine schlechte Wendung genommen, je hervorragender sie waren, um so großartiger das Fiasko, das sie krönte. Augenscheinlich ist ein solches Wesen nicht geschaffen worden, um zu reflektieren, sondern um zu agieren, sich aufzuregen, sich zu verrenken. Von allen Tieren ist dem Affen am wenigsten Diskretion, Schamgefühl und Anziehungskraft eigen. Er ist der subtilste von ihnen und dennoch entehrt er die zoologischen Gärten. Bei solch einem Ahnen ist es kein Wunder, daß seine Nachkommen so sind, wie sie sind. Wir sollten niemals unsere Herkunft vergessen, weder bei Anwandlungen von Stolz noch bei Anwandlungen von Niedergeschlagenheit. Verwunderlich ist, daß bei solchen Vorfahren Heilige und Dichter das Licht der Welt erblickt haben. Und wie ist die verblüffende Weisheit der Verfasser der *Genesis* zu erklären?

Der Mensch hätte sich nicht der Tat verschreiben, sondern in die Passivität eintauchen sollen, er hätte das konsekrierte Nichts unverändert bestehen lassen und selber mit einer einzigartigen Gleichgültigkeit anfangen und enden sollen. Die Geschichte ist eine Sünde, seine Sünde. Diejenigen, die die Zukunft vergötzen, sind solidarisch mit den Erben Adams, deren Hochmut sich als Quelle des Unheils erwiesen hat. Die Aufklärung hat die Idee des Falles, des ursprünglichen Bösen verworfen, daher rührt ihre glanzvolle Fassade und die Anziehungskraft, die sie auf die zugleich subtilen und naiven Geister ausübt. Der rosafarbene Zynismus ist die Triebfeder aller Umwälzungen.

Die Unmöglichkeit, einen Zugang zum ewig Gegenwärtigen zu finden, ist verknüpft mit der Faszination für das Mögliche, ohne das die Fortschrittsidee keinen Sinn hätte. Unsere Eltern haben uns die Idee der Effizienz eingetrichtert, wir sind schuldig, weil wir nicht den erforderlichen Widerstand aufbringen. Es wäre weit besser gewesen, wenn wir stillgehalten hätten, ohne uns ständig übertreffen zu wollen, ohne danach zu trachten, uns zu vervollkommnen. Das Ergebnis dieses Bemühens erweist sich immer als katastrophal. Jeder prüfe sich selber, bedenke seinen Fall und lege ein Geständnis ab! Wenigstens zu einem Teil ist jeder selbst daran schuld, so zu sein, wie er ist. Ich bin am Rande der Karpaten zur Welt gekommen. Mein Dorf liebte ich innig. Als ich zehn Jahre alt war, mußte ich es verlassen, um in der Stadt aufs Gymnasium zu gehen. Das war für mich eine Schicksalsprüfung, die ich nie vergessen werde. Das Schauspiel eines Tieres, das zum Schlachthof geführt wird. Die zu Tode Verurteilten haben vermutlich vor der Hinrichtung ähnliche Gefühle. Ich *wußte*, daß ich alles verlor, daß ich aus meinem Garten Eden vertrieben wurde und daß ich eine solche Strafe nicht verdiente. Wenn ich am Ende meines Lebens daran zurückdenke, finde ich, daß meine Reaktion berechtigt war, daß die »Zivilisation« im Grunde ein Irrtum ist und daß der Mensch in enger Verbindung mit den Tieren, kaum von ihnen unterschieden, hätte leben sollen. Auf keinen Fall hätte er das Stadium des Hirten überschreiten sollen. Die Krönung eines Lebens läuft letztlich auf ein tadelloses Mißlingen hinaus.

Eine ungeheure Dosis von Blasiertheit ist nötig, um ohne Utopie leben zu können. Der Fortschrittsgedanke ist aber die Utopie schlechthin. Sogar diejenigen, die es ablehnen, daran zu glauben, stimmen ihm unbewußt zu. Man könnte meinen, daß wir seit jeher nur die Bedeutung dieses Makels, unseres Makels, bagatellisiert haben. Die Geschichte ist letztlich nur die Entfaltung und sozusagen die Betonung dieser ursprünglichen Anomalie, ohne die der Schlüssel des Werdens nicht gefunden werden kann. Vielleicht müßte man noch weiter zurückgehen, im Lebensprinzip selbst eine initiale Unreinheit anerkennen, einen Hang zum Negativen – die Originalität des Organischen im Vergleich zum Unorganischen bestünde in einem zerstörerischen, dämonischen Prinzip. Das Leben wäre also nur eine Verirrung der Materie, daher der Fluch, der allem anhaftet, was sich bewegt, allem, was atmet.

Nur um die Folgen dieser »schwarzen«, depressiven Sicht zu neutralisieren, hat sich der Fortschrittsgedanke mit solcher Eindringlichkeit unser aller bemächtigt. Man könnte sogar behaupten, daß die zwei Jahrhunderte, die uns von der Revolution trennen, einzig darauf abzielten, die erbarmungslose Vorstellung, die der Mensch sich von seinen Anfängen gemacht hat, zu untergraben. Zwei Jahrhunderte erzwungener Illusion! Der Erfolg ist unleugbar, aber alles andere als vollständig. Das, was ihn so aufsehenerregend hat werden lassen, bedroht ihn jetzt: die Höchstleistungen der Wissenschaft, die offenkundig ein ambivalentes Wunder geworden ist und allmählich die Hoffnungen unterminiert, die sie hervorgerufen hatte. Die Wissenschaft wird, wenn sie es nicht schon getan hat, der Erwartung des endgültigen Triumphes den Todesstoß versetzen. Die biblische Warnung hinsichtlich der Gefahr, die mit dem Baum der Erkenntnis verbunden ist, war also berechtigt. Um das einzusehen, brauchen wir nur abzuwarten. Die scheinbar rückständigste Prophezeiung hat ins Schwarze getroffen. Die sogenannte naive Menschheit am Anfang unseres Abenteuers hat dessen Risiken entschiedener aufgedeckt als Jahrhunderte von Nörglern. Aber es stand geschrieben, daß das Paradies von Beginn an zerbrechen sollte.

Man kann nicht vor der Zukunft fliehen. Der Mensch stürzt auf sie hin, fasziniert und entsetzt zugleich, er wird schließlich sogar Gefallen daran finden, denn der Abgrund ist sein eigenes Produkt. Was er auch anstellen mag, er muß auf seinen Zusammenbruch zueilen, und diese Komplizenschaft mit dem Abgrund bildet seine Originalität. Würde er zu den Gewinnern gehören, so wäre er keiner Überlegung wert, aber da er so offenkundig zu den Verlierern gehört, kann man nicht umhin, über sein Los nachzudenken. Jetzt wissen wir, daß das Werden mit dem Ausweglosen veschmilzt, daß die Zeit eine tragische Würde besitzt, die ihr Ansehen sogar in den Augen derer, die sie verabscheuen, wiederherstellt.

Was das Dasein erträglich macht, ist der Gedanke, daß unsere Nachkommen uns notgedrungen beneiden werden. Wie hat man so lange Zeit auf eine idyllische Zukunft setzen können, wie es derart an Einsicht und, was noch schlimmer ist, an gesundem Menschenverstand fehlen lassen können? Wären wir damit begabt gewesen, so hätte die Geschichte sich nicht ereignet, unsere Bescheidenheit hätte ihr ein Ende gesetzt, und wir wären heute, was wir zu Beginn waren, unbedeutende Geschöpfe ohne die faszinierende Zwangsvorstellung des Desasters.

Nach einer so langen Phase der Hysterie ist es unvorstellbar, daß der Wille zum Innehalten sich nicht aller bemächtigt hat. Leider gelangen die Völker nicht zur gleichen Zeit zum gleichen Stadium des Überdrusses. Eine auf ihr Ende zusteuernde Menschheit wäre im Notfall erträglich. Das ist nicht der Fall bei einer ungleich abgenutzten Menschheit. Ein allgemeines, gleichzeitiges Innehalten würde das Trugbild des Paradieses erneut heraufbeschwören. Die Ungleichheit der Abnutzung und des Widerwillens wird stets die Wiederherstellung der ewigen Gegenwart verhindern, den Sieg über den satanischen Charakter des Werdens. Aufgeben, ein ehemaliger Sterblicher sein, ein absoluter Nicht-Bürger, ein metaphysischer Asylant, das sollte der Traum eines jeden sein. Welcher Irrtum, irgend etwas angestrebt zu haben, sich abzumühen, um Spuren zu hinterlassen, im Grunde eine Identität zu haben!

Das einzig positive Zeichen unserer Epoche, der einzig wirkliche Fortschritt: in seinem Innersten glaubt kein luzides Wesen an die Zukunft, oder wenn es an sie glaubt, so aufgrund eines Automatismus, aufgrund eines ererbten Mißverständnisses. Dieses ist stärker als die Gewißheit, von der die Desillusion lebt, jenes poetische Äquivalent der Erkenntnis.

Das Werden: eine Folge von relativen Sackgassen mit der Sackgasse schlechthin als Endstation. Eine Art von Triumph gegen den Strich. Man versteht nichts von der Geschichte, wenn man darin etwas anderes sieht als die Prunkentfaltung einer namenlosen Ironie. Warum irren wir uns in unseren Mutmaßungen, warum geben sogar die Skeptiker oft den Reizen der Naivität nach? Weil es widernatürlich ist, sich vor der Allmacht des endgültigen Nicht-Sinnes zu beugen. Sollte man Pläne schmieden, während man auf dem Friedhof spazierengeht? Zweifelsohne nicht, aber genau das tun wir alle trotzdem. Das Leben ist nur möglich durch das Verleugnen des Unwiederbringlichen, durch die Ablehnung des Offensichtlichen. Die Geschichte ist das Produkt dieser Verblendung. Und der Fortschritt? Eine Lüge, die hartnäckigste und zugleich die gefährdetste von allen.

(Aus dem Französischen von Verena von der Heyden-Rynsch)

Anatolij Kim
Die Zukunft ist in uns

Die Zukunft wird so sein, wie wir sie jetzt, im Augenblick, sehen wollen. Oder es wird sie nicht geben, wenn wir uns sagen, daß es für uns keine Zukunft gibt. Ja, es wird sie nicht geben, weil wir, die Menschheit, derartige Verbrechen gegenüber uns selbst und unserer Umwelt begangen haben, daß wir mit all dem eine Fortdauer von Zeit und Raum uns nicht zu erhoffen wagen. Und, was das Wichtigste ist, mit dieser Last unserer ungeheuerlichen Taten auf der Seele verspielen wir den Wunsch selbst auf eine Zukunft.

Findet sich denn auch nur einer unter uns, der mit vollkommener Berechtigung sich selbst gegenüber sagen kann: Ich trage keine Schuld daran, daß die Menschen einander so grausam vernichten, daß unsere Habgier diese gewaltige Zivilisation bewirkt hat, die auf technologische Weise die lebendige Ordnung der Planetenwirtschaft vernichtet?

Das, was augenblicklich im Zusammenhang mit der Macht der technologischen Errungenschaften auf der ERDE geschieht, bewirkt, daß alle Anstrengungen der Politik, der politischen Doktrinen, der Philosophie hoffnungslos werden. Denn jener von uns geschaffenen Zivilisation liegt ein auswegloser Irrtum zugrunde. Aus irgendeinem Grunde glauben wir vollen Ernstes, der Mensch sei die Krone der Schöpfung und entdecken dabei nicht einmal jene gewisse diabolische Ironie, die sich hinter diesem geflügelten Wort verbirgt. Wir haben entschieden, daß ALLES auf der Welt zum Wohl des Menschen existieren müsse. Und sollte er die Krone auf dem

Haupt des Schöpfers sein, dann überragt er ihn also um ein geringes.

Solcherart ist unsere sündige und mechanische Vorstellung von unserer Bedeutung innerhalb des Systems der kosmischen Harmonie. Ein Größenwahn, der unser Schicksal in den finsteren Sack des extremen Egoismus getrieben hat. Und wir sind schon dazu fähig, nicht nur den gesamten grünen Mutterplaneten zu verderben, um des eigenen Wohles willen, wir sind auch dazu bereit, die uns umkreisenden Himmelskörper unserer Galaxis wie Knallkapseln in die Luft zu sprengen.

Ich will nicht behaupten, daß der Mensch auf die ihm von oben verliehene Fähigkeit verzichten soll, den Verstand weiterzuentwickeln. Ich spreche hier nicht von jenen raren Exemplaren der menschlichen Spezie, die eine derartige Entwicklung in sich positiv verwirklichen. Ich meine jene, deren überragende Mehrheit das egoistische WOHL höher setzt als alles und deshalb das ALL als einen Markt oder eine Fabrik versteht, wo die Objekte ihrer eigenen Bedürfnisse hergestellt werden.

Deshalb hängt unsere Zukunft von unserer höchsten Phantasie ab, von dem guten oder von dem bösen Willen, davon, wie wir sie uns im Grunde unseres Herzens vorstellen wollen. Schon heute und jetzt tragen wir die Zukunft in uns, so wie die Mutter das Kind lange vor seiner Geburt im Schoß trägt. Die komplizierte, grausame und qualvolle Existenz der Menschen unserer Zivilisation wird es bereits im 21. Jahrhundert unmöglich machen, eine ähnliche Lebensweise in weiterer Zukunft beizubehalten. Die technologische Vollkommenheit bei der Gewinnung des Wohls rettet uns nicht, sondern beschleunigt nur den ökologischen Aufstand der ERDE und des HIMMELS wider eine Vergewaltigung durch die Menschheit.

Nur in solch einem Fall wird uns die Zeit schonen und die Fortdauer in uns selbst nicht aufheben, wenn wir in uns noch eine gewisse Reserve des guten Geistes haben. Und wenn wir jetzt – gerade in diesem Augenblick – uns als fähig zur Selbst-Umgestaltung erweisen, dann entfernen wir uns eben dadurch vom Selbst-Mord.

Das Ziel unserer Existenz muß sich vollkommen ändern. Ihm darf nicht konsequenter Egoismus und maßlose Leidenschaft zugrundeliegen, allein für seinen eigenen Nutzen zu arbeiten.

Mit der Umgestaltung – mit der Veränderung der menschlichen Qualität im 21. Jahrhundert – müssen aus der gesamtmenschlichen Wirklichkeit solche Errungenschaften des 20. Jahrhunderts ausscheiden wie der Hitlerismus, der Stalinismus, der Maoismus, der Genozid in Kambodscha, die Diktatur in Haiti und vieles andere, finstere, das dem Phänomen der menschlichen Existenz unendlich feindlich ist.

Derlei Erscheinungen ist keine Dauer im Verlauf der historischen Zeit vergönnt. Sie arbeiten auf die Vernichtung des Lebens hin, und wenn sie eine allzu große Verbreitung gefunden haben, dann zerstören sie eiligst ihr Ausgangsmaterial, d.h. das menschliche Geschlecht.

Ich aber hoffe, daß schon zu Beginn des 21. Jahrhunderts folgendes Ereignis stattfinden wird. Es wird das *allgemeine Forum der Menschheit* zusammenkommen, auf dem die Vertreter aller auf der Erde existierender Staaten und Völker die Entscheidung treffen werden, für alle Zeiten jegliche Formen der Massenvernichtungswaffen zu verbieten. Dieses darf also nicht nur durch den guten Willen der USA und der UdSSR mittels arbeitsaufwendiger und schleppender Verhandlungen beschlossen werden, sondern durch den entschiedenen und schnell vereinten Willen der Menschheit.

(Aus dem Russischen von Angela Martini-Wonde)

Dietmar Kamper
Zeit gewinnen. Eine Erinnerung an die Zukunft

»Das Datum unseres Denkens ist nachchristlich.«[1]

Eugen Rosenstock-Huessy

Persönliche Vorbemerkung:

Eugen Rosenstock-Huessy, der große deutsche Soziologe und Sprachdenker[2], hat während der ersten Jahre nach seiner Immigration in die Vereinigten Staaten die Gefährdung der Zukunft aus dem Verlust von Zeitsinn und Sprachkraft der Menschen zu bestimmen versucht. Seine Grundgedanken zum Thema wurden im Jahre 1936, im Jahr meiner Geburt, schriftlich niedergelegt und später unter dem Titel *Heilkraft und Wahrheit* (1952) veröffentlicht. Ich widme ihm die folgenden Überlegungen, indem ich mich selbst mit gründlicher Aufmerksamkeit in das genannte Buch vertiefe. Es dient hier als Richtschnur eines unbeliebigen Weitersagens. Die Datierung seines Denkens als nachchristlich hatte für Rosenstock-Huessy den vor-läufigen Sinn, auch noch die Gesetze der christlichen Zeitrechnung, die er in seinen »Münsteraner Vorlesungen«[3] nach dem Zweiten Weltkrieg beschrieb und besprach, als suspendierbar zu betrachten: Heilkraft kann schwinden; Wahrheit ist vergänglich. In Anspruch genommen wird dabei eine Schnittstelle von Geschichte und Kosmologie, die auch mir, weil sie die tiefste Erinnerung erlaubt, derzeit als einzig zukunftsträchtig erscheint. Der Rückgriff auf den Außenseiter Paracelsus, den Rosenstock seinerseits vornimmt, erweist sich als Vorgriff auf ein radikales Denken der Gefahr, in die alle Gesellschaft im Übergang zum Dritten Jahrtausend geraten ist.[4]

Sachliche Vorbemerkung:

Daß die Menschen unentwegt vergessen, was um der Zukunft willen nicht vergessen werden darf, ist das größte Hindernis bei den schwierigen Versuchen, Zeit zu gewinnen. Es ist eine Störung der Erinnerung, welche die Zukunft verbaut. Denn vergessen, was nicht vergessen werden darf, bedeutet Zeiterfahrung unter dem Diktat einer unbewältigten Vergangenheit, bedeutet Wiederholungszwang, bedeutet Herrschaft der toten Zeit über die lebendige. In archaischen Zeiten lautete die Regel: Um Zeit zu gewinnen, muß Zeit en masse verlorengehen, muß Zeit buchstäblich geopfert werden. Nur durch intendierten Zeitverlust erschien ein Zeithaben überhaupt möglich. Durch die völlig andere Zeitregie der Moderne, nämlich durch den Glauben, ohne Verlust Zeit en masse gewinnen zu können, hat sich die Sachlage verdreht: je mehr Zeit gespart wurde, desto weniger gab und gibt es. Dieser nicht-intendierte Zeitverlust ist längst lebensgefährlich. Der moderne Glaube an eine Zeitbeschreibung zergeht zusehends und löst sich vor aller Augen auf. Erinnerung an die Zukunft, um Zeit zu gewinnen, heißt deshalb, in ein größeres Spiel einzutreten, als es der Nutzen, das Kalkül, der Profit je vorschreiben können. Es geht also nicht um Marginalien, sondern um das Herzstück einer zeitgenössischen Soziologie.

1. Die Frage ist – nach wie vor – die: wie Zeitgewinn und Zeitverlust im Schwinden der Gegenwart aufeinander bezogen sind, ob also im Rahmen einer beschränkten Ökonomie sich irgend etwas ändern läßt an dem durchgehend paradoxen Sachverhalt, daß um so mehr Zeit verlorengeht, je mehr gewonnen werden soll, und ob umgekehrt, in einer erweiterten Ökonomie, ein freiwilliger

Zeitverlust noch – wie in früheren Gesellschaften – zum Zeitgewinn führen kann. Die Frage betrifft auch den ökonomischen Sinn von Geschenk und Opfer.

Die mißhandelte Zeit – so schreibt Rosenstock-Huessy – äußerst sich zunächst im Entzug der Fähigkeit, gegenwärtig zu sein. Niemand kann folgenlos Zeit-Experimente veranstalten. Es gibt hier Gesetze, die auch den betreffen, der ahnungslos ist. Die Unfähigkeit zur Gegenwart, dieser Schleier des Vergessens, der zur Zeit alles Geschichtliche eindeckt, ist eine derart gesetzmäßige Wirkung. Das muß erkannt werden, bevor wieder ein Anfang gemacht werden kann.

Das Rätsel der Zeit liegt heute im Effekt einer ungeheuerlichen Paradoxie, die immer weitere Kreise zieht. Sie breitet sich insbesondere durch die geläufigen Zeitmaschinen aus. Die Technologie der Zeit, die auf Beschleunigung setzt, bringt demgemäß eine lähmende Unmöglichkeit nach der anderen hervor. Die Errungenschaften der Schnelligkeit sind im Extrem schon jetzt nur noch zu halten, wenn mit der »Todeszone Raum« kalkuliert und der nicht mehr beschleunigungsfähige menschliche Körper als Fehlkonstruktion bloßgestellt wird. Die Zeit, die von den Zeitmaschinen letztlich gewonnen wird, ist nicht für die Menschen, sondern bestenfalls – in geschlossener Referenz – für die Maschinen selbst.

Die alten Techniken des Zeitumgangs waren anders gewendet. Sie trugen Sorge, damit sie nicht ins Extrem gerieten. Verlangsamung, die lange Dauer der Kulte, inszenierte Langeweile gehörten dazu, aber auch gewollter Zeitverlust, getragene Zeremonien, feierliche Zeitrhythmen wie Sonnen- und Sternenumläufe und die pünktliche, auf das körperliche Maß reduzierte Opferhandlung. Ihre bloße Imitation wird jedoch gegenwärtig kaum gelingen. Man kann nicht wiederholen, was aus

Gründen der Irreversibilität der Zeit unwiederholbar ist. Aber es ist möglich, an Restbeständen einer gewissermaßen »unnützen« Ökonomie anzuknüpfen. Man denke an das Schenken als Form des symbolischen Tausches jenseits der Äquivalenz; man denke an das Verhältnis der Lebenden zu den Toten; man denke an überständige Strategien der Langsamkeit, die alle den Sinn der Vermeidung des Schlimmsten hatten.

2. Ökonomie des menschlichen Lebens[5], genauer: »unbeschränkte Ökonomie des Lebens« (Bataille) oder »Ökonomie des Menschengeschlechts« (Rosenstock-Huessy) sind Bezeichnungen für eine Erweiterung der menschlichen »Haushaltsführung« auf Erden: statt um Kalkül in Profit und Ausbeutung geht es um Verlusthandlungen und Rücksichtnahmen in der Schonung der Ressourcen. Sub specie der Erdgeschichte in Chaos und Kosmos muß die Menschengeschichte eine andere Logik als die des Nutzens und der Zweckrationalität des puren Überlebens verfolgen. Eine derartige Erweiterung und Umkehrung der Intention drängt sich allerdings zu einem Zeitpunkt auf, da alle Ökonomie unter dem Druck militärischer Geopolitik zur »Ökomomie der Zeit« (Marx) geworden ist.

Karl Marx hat in den *Grundrissen* zum *Kapital*, am Ende des Kapitels vom Geld, eine solche Prognose gewagt, derzufolge in der Entwicklung der bürgerlichen Gesellschaft schließlich jegliche Ökonomie zur Zeitökonomie geworden sein wird.[6] Die Prophezeiung einer derart perfekten Zukunft ist eingetreten. Sie ist historisch wahr geworden, und zwar mittels eines Extremismus der militärischen Raumbewältigung. Die bis auf menschliche Körpergröße nahegerückte Vermessung der Erde via Satellit hat jedoch das angewandte Verfahren selbst obsolet werden lassen.

Militärische Geopolitik ist nach Paul Virilio[7] zur Chronopolitik mutiert, die sich als Annullierung der Zeit vollzieht. Der Wahn besteht, die Zeitspannen, die zur Vernichtung potentieller Gegner erforderlich sind, durch Beschleunigung gegen Null zu treiben. Von daher, daß die Menschheit im Ernstfall keine Zeit mehr hätte, stammt ein neuartiger Schrecken, der – so Virilio – dafür gesorgt hat, daß »Gott« wieder in die Geschichte eingetreten ist.[8] Der lauthals verkündete Verzicht auf diese Hypothese, der mit der europäischen Aufklärung einherging, zwingt an seinem voraussichtlichen Ende zur gegenteiligen Annahme, daß nämlich die Menschen in der Form der Zerstörung etwas bewirken können, was entschieden größer ist als sie selbst.

Auch bei Georges Bataille hat das, was »unbeschränkte Ökonomie« heißt, einen zunächst katastrophischen Umriß. Katastrophen sind nachträglich erzwungene Opfer – so lautet bei ihm der Nomos der vergewaltigten Zeit. Deshalb wird die Frage nach dem Zeitpunkt der Veränderung immer wichtiger. Wann, wenn nicht im Äußersten der Gefahr, kann etwas Neues beginnen? Gibt es Ausnahmen von der Regel der Irreversibilität? Wie überhaupt ist es möglich, daß je noch etwas anfängt? – Eugen Rosenstock-Huessy in seiner Deutung der sprachlich verfaßten »Ökonomie des Menschengeschlechtes« macht auf eine Variante der Paradoxie der Zeit aufmerksam: seit Christi Geburt ist Weltgeschichte in ihrem Anfangen unsichtbar.[9] Hölderlin habe als erster in Anbetracht der christlichen Zeitrechnung auf das Gesetz der verzögerten Sichtbarkeit hingewiesen; das Neue beginnt seitdem verstohlen, unerkannt, ohne den Aplomb der Öffentlichkeit, mit einem Schlüsselwort: Alles, was wirklich anfängt, ist incognito.

3. »Gegenwart ist widerwärtig«, heißt es in *Heilkraft*

und Wahrheit[10]: die Kräfte, die zur Lösung nötig wären, erschöpfen sich zusehends. In Anbetracht der Zeit, die im Ernstfall bleibt – es handelt sich wirklich nur um die Spanne zwischen Erstschlag und Zweitschlag in der Kriegsführung der Großmächte, also momentan um wenige Minuten –, scheint es vorerst nur um Ersatzlösungen gehen zu können: um hektisch-kulturelle Vermeidung des Ernstfalles (Bazon Brock), um Verlangsamung der gesellschaftlichen Beschleunigung (Paul Virilio), um Affirmation des Nicht-Endes in jeder Form (Jacques Derrida).

Die »Lösungen«, die keine sind, haben alle etwas vom Mut der Verzweiflung an sich, obwohl im Erscheinungsbild dergleichen nur verzerrt vorkommt. Sie sind auch komisch und halten einer rigorosen Prüfung nicht stand. Allerdings sind sie Experimentierfelder eines anderen Umgangs mit der Zeit. Die gängigste Ersatzlösung, die Bazon Brock kürzlich in seiner lesenswerten Einleitung zum Documenta-Katalog 1987[11] noch einmal propagierte, ist die »Kulturgesellschaft«. Ihr Sinn bestehe – so Brock – im Entscheidenden darin, daß alles getan wird, um das politisch »Entscheidende« zu vermeiden und den herkömmlichen »Sinn« menschlicher Tätigkeit zu unterlaufen. »Kulturgesellschaft« ist eine praktizierte Gegenparadoxie. Die Richtung, die sie instinktiv einschlägt, ist Vergangenheit, welche auf vielfältige Art gefeiert, zitiert und wiederholt wird. Als Unterbrechung einer kollektiven Zwangsneurose hat sie unmittelbar therapeutische Wirkungen, wenn auch nur vorübergehend. Sie ist ein Theater der Erinnerung und lehrt, wie Ereignisse, die nicht inszenierbar sind, dennoch inszeniert werden können. Trotzdem nimmt sie immer wieder die Farbe dessen an, was sie vermeiden will.

Das zweite Beispiel einer Ersatzlösung, das wesentlich

weniger Menschen attrahiert, weil es mehr individuelle Anstrengungen in der bewußten Lebensführung fordert, ist die »Entdeckung der Langsamkeit«.[12] Gemeint ist die ostentative Verlangsamung aller Lebensprozesse, die unter gesellschaftlichem Beschleunigungsdruck stehen. Da diese längst bis zur bewußtlosen Ohnmacht aller Beteiligten fortgeschritten sind, muß hier äußerste Bewußtheit herrschen. Das reicht von der Ernährung bis zum Reisen, vom offenen Kampf gegen alles, was schnell ist (Auto, Flugzeug und die dazugehörigen Bahnen), bis zur Symptombildung, die expressiv genutzt wird (Inszenierungen ernötigter Lebensläufe und Lebensstile). Paul Virilio hat auf eindringliche Weise klarmachen können, daß Geschwindigkeit, die übertrieben wird, Waffencharakter annimmt und somit das Militärische bis in früher harmlose Körperbewegungen, bis in Bewegungen der Seele und des Geistes hineinträgt.[13] Eine dementsprechende »Entrüstung« produziert notwendigerweise Knoten, weil sie depravierte Mittel wie »Bewußtheit«, »langfristige Absichten«, »politische Macht« u. a. benutzen muß.

Noch gründlicher und seltener ist das prinzipielle Querdenken, das sein eigenes Ende, damit aber auch seinen »Sinn« hintertreibt. In der herkömmlichen System-Philosophie war alles auf Schluß gestellt, auf Geschlossenheit. Die Opposition dagegen hat eine seltsame »Un-Endlichkeit« im Gefolge. Das reicht von der Geschichtsphilosophie bis zur Logik. Das Denken soll keine Schlüsse mehr ziehen dürfen. Alles, was »Definition« und was »Terminologie« heißt, wird tendenziell außer Kraft gesetzt. Damit – so ist die Erwartung – kommt man nicht mehr ans Ende; man muß immer wieder anfangen, mit jedem Buch, mit jedem Aufsatz, mit jedem Satz. Jacques Derrida hat im Nachgang zur Bewegungsform der jüdisch-christlichen Apokalypse deren

Gesetz wie folgt bestimmt: indem sie zeigt, was ist, indem sie offenbart, was sein wird und was war, bekundet sie zugleich, daß sie selbst nicht stattfindet. Die tiefste Wahrheit vom Ende lautet, daß es ein Ende nicht gibt.[14] Bezogen auf den Schrecken, der zunimmt, ist dergleichen keineswegs tröstlich. – Ihre Übereinstimmung haben die Ersatzlösungen der Zeitparadoxie in der Karriere des Aufschubs: Dehnung der Zeit vor der Katastrophe. Der Aufschub des Entscheidenden ist eine historische Erfindung des frühen Christentums. Als die Wiederkehr auf sich warten ließ, hat man sehr bald begonnen, eine Zeit des Wartens zu beschreiben und auszuarbeiten. Das wurde mit dem griechischen Wort »katechon« oder »Katechontik« belegt. Aber niemand ahnte, daß es einmal notwendig sein würde, dieses »katechon« unendlich zu machen, den Aufschub auf Dauer zu stellen.

4. In Anbetracht der gegeneinander gerichteten Menhir-Felder der Superwaffen, die augenstarrend alle Gegenden der Erde längst in toten Weltraum verwandelt haben, ergibt sich, aus einigem Abstand betrachtet, das versteinerte Bild eines bis zur Ausführung präparierten Zeitopfers, mit dem die moderne Menschheit auf die Heilsgeschichte antwortet: das Ende der Zeiten als technisches Wunderwerk einer künstlichen Eschatologie; ein Karfreitag ohne Ostern; Christus in der Vorhölle, die keinen Ausgang hat, am Tag des Saturn.

Der dunkle Einschlag im christlichen Erlösungsgeschehen, das Verhältnis zum Tod und die Beziehung zu den Toten konnte nie vollständig aufgeklärt werden. Immer wieder kam, wie bei Übertünchungen auch sonst, ein Grundmuster von Depression und Melancholie zum Vorschein. Es handelt sich dabei um den luziferischen Vorbehalt: die Kinder der Finsternis, in die – nach johanneischer Einsicht – das Licht Gottes kam, sind die Kinder

Saturns[15], die wissen, daß die Schöpfung nicht gelungen ist, daß Entscheidendes offenblieb, daß die großangelegte Geschichte mit dem Menschen danebengehen kann. In Betracht ihres möglichen Endes taucht auch das profane Geschehen wieder ein in die Ambivalenz von Heil und Unheil, von Gott und Teufel. Es trägt nur andere Bezeichnungen.

Wer sich ein solches Bild vor Augen führt, das versteinerte, in dem gleichsam chiffriert eine unerträgliche Wahrheit wartet, muß nach und nach akzeptieren, daß die Menschheit möglicherweise von einem Todeswunsch heimgesucht wird. Man braucht es nicht einmal in der Kraßheit auszuführen wie Ulrich Horstmann, der in seiner Schrift *Das Untier* mit harter Konsequenz eine Anthropologie der Menschenflucht aus der Welt vorführt.[16] Im Grunde, so lautet die Annahme, sitzt der zivilisierten Menschheit ein perverser Wille im Nacken, der das Ziel einer Selbsterübrigung und Selbstvernichtung nicht mehr ausläßt. Der Gedankengang kursiert gegenwärtig in den Köpfen und kommt trotz Verachtung, Schimpf und Schande immer wieder.

Freud, als einer der ersten, die auf das Problem aufmerksam wurden, ist davor zurückgeschreckt.[17] Zwar könne man für einen einzelnen Menschen, für ein Individuum, eine solche Schicksalslage beschreiben. So betrachtet gebe es »höllische« Situationen, die als Determinanten des Wiederholungszwangs einer bestimmten Schmerzlust mit Krankheitsgewinn gelten können und deshalb für jede Therapie unerreichbar sind. Für einzelne Menschen komme eine Art von programmiertem Selbstmord in Betracht. Aber auf das Menschengeschlecht insgesamt ließe sich dergleichen nicht anwenden. Eine Traumatisierung der ganzen Menschheit mit zwangsneurotischen Konsequenzen bis zum Autismus und zur

Wahrnehmungsunfähigkeit sei undenkbar. Immerhin hat dann Walter Benjamin versucht, die Lähmung und Betäubung, die aus dem 19. Jahrhundert herüberstehen und die bürgerliche Gesellschaft wie Nacht und Nebel einhüllen, als Folgen einer traumatischen Selbstverletzung zu interpretieren.[18] Auch Lacan ist hier weitergegangen: er hat ausweglose Lagen im Weltmaßstab für möglich gehalten und die Geschichte, die die Menschheit mit der Technik begonnen hat, als Quellgrund unerhörter Paradoxien bezeichnet.[19]

Wenn aber ein Zeitopfer möglich ist, das durch schier endlosen Aufschub und mittels der dauernden Vermeidung des Ernstfalles zustandekommt, dann ist eine solche End-Lösung wie die Selbsttilgung von der Erde nicht von der Hand zu weisen. Dann sind vor allem Fragen unabweislich: Wie können sich die einzelnen Menschen zu dem, was sie vernichtet, eigentlich verhalten, zum Teufel, zur Hölle, zur weltweiten, weltumspannenden Katastrophe? Was kann einer tun, wenn die Katastrophenvermeidung zur Permanenz der Katastrophe führt und das Katastrophengerede nichts zu ihrer Vermeidung beiträgt? Wie soll man denken in einer Vorhölle ohne Ausgang? Worauf soll man setzen?

5. Man muß diesen extremen Sinn von Fortschritt berücksichtigen, um die Anstrengungen richtig einschätzen zu können, die von den genannten Autoren in der Erweiterung der Ökonomie investiert worden sind. Während Georges Bataille einen antithetischen Entwurf zur beschränkten Ökonomie des Nutzens vorlegte und mit seiner »Theorie der Verschwendung« auf das pure Gegenteil des Nutzens setzte, hat Eugen Rosenstock-Huessy statt bis zwei bis vier zählen und eine in sich vielfach differenzierte und gegliederte Ökonomie darstellen können.

Erweiterung der Ökonomie heißt, ein anderes Spiel mit anderen Regeln zu beginnen. Für diesen Beginn gibt es keine Regeln. Auch die ersten Sätze sind zufällig. Dann aber ergeben sich Konsequenzen, die mehr oder weniger weit führen. Hier geht es um These, Antithese, Dialektik, Differenz, Denken über Kreuz: »Vierung«. Wer am weitesten kommt, versteht die Struktur des Knotens, den die Zeit schlingt, am besten. Um den gleichen Intentionen und doch ganz unterschiedlichen Effekten Kontur zu verleihen, seien zwei längere Zitate angeführt: In dem Aufsatz *Der Begriff der Verausgabung*, der ebenfalls in den dreißiger Jahren geschrieben wurde, heißt es bei Georges Bataille: »Das menschliche Leben nicht der juridischen Existenz nach, sondern so, wie es sich tatsächlich auf einem im Weltall isolierten Erdball Tag und Nacht von einem Landstrich zum anderen abspielt, das menschliche Leben kann in keinem Fall auf die geschlossenen Systeme reduziert werden, auf die es nach rationalen Auffassungen gebracht wird. Die ungeheuren Anstrengungen der Selbstaufgabe, des Sichverströmens und Rasens, die es ausmachen, legen vielmehr nahe, daß es erst mit dem Bankrott dieser Systeme beginnt. Jedenfalls hat das, was es an Ordnung und Zügelung zuläßt, nur von dem Moment an einen Sinn, wo die geordneten und gezügelten Kräfte sich befreien und für Zwecke verlieren, die keiner Rechenschaft mehr unterworfen sind. Nur durch eine solche Insubordination, und sei sie noch so elend, kann die Menschheit ihre Isolierung im unverfügbaren Glanz der materiellen Dinge durchbrechen.«[20] Bataille kommt in der Folge auf die Formulierung einer »nichtlogischen Differenz«, die der Antithese und auch der Dialektik tendenziell entgeht.

Dementgegen steht ein Zitat von Eugen Rosenstock-Huessy aus *Heilkraft und Wahrheit*: »Die volle Wissenschaft hat mit Antithesen nichts zu tun. Durch bloße Antithesen gerät die Forschung jedesmal auf Abwege. Worte wie unnational, unsozial, unkritisch, unwissenschaftlich, unorganisch sind bloße Antithesen, aus denen wir nie mehr lernen als wir schon dank der Thesen wissen. Sie sind mithin leer. ›Prostituierte Leerlaufsprache‹, die ihre Heilwirkung verloren hat, nennt Paulus diese Begriffsbildung einer Pseudowissenschaft, die sich in Antithesen gefällt. In diesem Vakuum stellt sich eine unlebendige Wissenschaft zum Kampf gegen den Geist. Wo immer diese Un-begriffe der Antithesen etwas entscheiden sollen, kann der Leser sicher sein, daß die ungläubigen antispektralen heillosen und sphärenlosen Wächter die Fülle der Zeiten, die Not des Heils, die Vermählung der Liebe, den Weitergang der Schöpfung vernichten. In den Antithesen verrät sich immer die Unzeit. Antithesen gehören nämlich nur vor Gericht, weil da ein Mensch verurteilt werden soll. Gott hat keine Antithesen geschaffen, wohl aber Grade der Lebendigkeit. Denn er ist nicht ein Herr der Begriffe, aber ein Herr über Leben und Tod. Die Unzeitbegriffe sind Versuche des Töteren, Gottes Herrschaft abzuschütteln und aus der Fülle der Zeiten herauszufallen.«[21]

Die beiden Zitate stehen gegeneinander, obwohl die Überlegungen Batailles einleuchten und obwohl es gelegentlich nötig ist, solche Antithesen anzumelden, wenn die Thesen, die einen belehren sollen, in ihrem Sinn entleert sind. Sie stehen aber auch gegeneinander, weil Rosenstock-Huessy von Graden der Lebendigkeit und des Totseins spricht. So wie es keine einfache Gleichung zwischen Lebensarten gibt, so können auch die Todesarten nicht verglichen oder gar in eins gesetzt werden. Vor allem aber gibt es keine bloße Alternative zwischen Leben und Tod, zwischen Verschwendung und Nutzen, zwischen Spiel und Nicht-Spiel. Sondern da sind Übergänge unendlicher Feinheit, Grade des Lebens und des Todes, Differenzen in der Verschwendung und im Nutzen, Skalen, Spektren, Spannweiten von Differenzen auf beiden Seiten. Das Differenz-Denken über Kreuz (oder »im Kreuz der Wirklichkeit« – wie Rosenstock-Huessy es zu bezeichnen pflegte) steht gegen eine exklusive Vernunft, die in binärer Codierung der gesamten Welt ihr kleinliches Heil sucht. Wer hier zurückbleibt und auf dem Entweder – Oder beharrt, muß den Ansatz, die Richtung und die Weite eines Denkens verfehlen, das auf Steigerung aus ist, Steigerung des Lebendigen, Steigerung aber auch des Toten.

6. Rosenstocks Konzeption der Vollzahl der Zeiten, dem Theophrastus von Hohenheim, genannt Paracelsus – also »Gegen-Celsus« – nachgesprochen, relativiert den Spezialfall der Ökonomie, der sich historisch zum allgemeinen Muster aufgebläht hat, und setzt ihn ans Ende einer abgestuften Reihe des Toten: totes Kapital, Prinzip der Verwesung. (Was zu leben scheint, ist Zersetzung.) Die Sphären, die er zählt und benennt: Totsein-Dasein (Mineralität), Schlafen-Träumen (Vegetation), Wachen-Denken (Animalität), Lieben-Sprechen (Menschheit), ordnet er den Götterzeichen Mars, Merkur, Jupiter, Venus zu. Sie bleiben in Unruhe durch eine andere Art des Todes, die zukünftig ist.

Eugen Rosenstock-Huessy geht von der Frage aus, warum eigentlich die Namen der Wochentage diese gewohnte, dennoch seltsame Reihenfolge haben. Er demonstriert seine Antwort an der Sprache, die den Zusammenhang mit den Götternamen noch am deutlichsten zeigt, am Italienischen, also an Martedi, Mercoledi, Giovedi, Venerdi. So sind Mars, Merkur, Jupiter und Venus in eine Reihe gestellt. Dem Mars entspricht das Tote, auch der Raum, der zu beherrschen ist oder beherrschbar scheint, schließlich der tote Raum. Dem Merkur gehört das vegetative Leben, das sich unterhalb der Wachgrenze vollzieht und allgemeine Grundlage der Wahrnehmung ist, dem Jupiter das hellwache Tagesleben, das in der List der Vernunft, im Kalkül und im vorteilhaften Austausch sich äußert. Mit der Venus hat schließlich das Liebesleben zu tun, das den Menschen ihren Namen schenkt. Diese Sphären (Götternamen für Grade der Lebendigkeit) zerren aneinander, sie suchen sich gegenseitig zu verdrängen, sie kommen sich aber auch zu Hilfe. Ihre Unruhe bestimmt sich von einem Punkt jenseits der Liebe aus, nämlich von jenem sagenhaften Tag des Saturn, der immer danach kommt, nach dem Venustag, nach dem Freiastag, nach dem Freitag. Vom Samstag, Saturnstag her stammt die äußerste Gefährdung der Ordnung, genauer die tödliche Gefahr für Dasein, Träumen, Denken und Sprechen.

»Aber aus einer Sphäre jenseits der Venus tritt etwas Unermeßliches hervor.«[22] Dieses Unermeßliche ist das Zukünftige, das Zu-Kommende. Es hat Schattencharakter. Es bedroht. Es ist regellos, aber Hort aller Regeln. Es ist, philosophisch gesprochen, nachträglich transzendental. Es kommt als Zukunft, um der Vergangenheit willen. »So gräßlich bloße Astrologielehre, die uns in Himmelshäuser verzauberte, so tiefsinnig ist doch dies Erschrecken der Antike, kraft dessen sie hoch über den Umläufen der Regelmäßigkeiten etwas Maßloses, eine Unregelmäßigkeit, den Saturn walten sah. Ihr Glaube an die fünfte Sphäre des Unheils ist der Teil ihres Glaubens, der am wenigsten ›fatal‹, am wenigsten abergläubisch war. Denn er hielt einen Krater für einen noch nie geschehenen Vulkanausbruch offen. Die Welt war durch diesen Saturn noch nicht fertig; sie war noch nicht mechanischer

Kreislauf. Ihr drohte der Zusammenbruch. Der aber steht dem lebendigen Gott viel näher als die Zeitweisen der vier unteren Sphären.«[23] Und dann folgt ein Satz, der die Kenner der gegenwärtigen Katastrophenliteratur geradezu elektrisieren müßte, weil er unerwartet ist und Licht auf einen anderen Kontext wirft. »Denn die Katastrophe ist frei und gesetzgebend.«[24]

»Ohne solche Freiheit werden die Gesetze der vier anderen Sphären unhaltbar. Gerade je höher wir von diesen vier unersetzlichen Zeitläuften der Liebe, des Willens, des Schlafes, des Todes denken, desto deutlicher müssen wir auch ihre Hinfälligkeit wahrnehmen, falls sie ohne einen oberen Abschluß, und sei es den des Unheils, gelassen werden. Als Tod kennen wir ja das Unheil in jedem einzigen unserer Leben. Wäre es nicht weise, es auch anzuerkennen?«[25] Wer das Unheil als Schatten von oben, als mögliche Vernichtung dessen, was in Stufen und auf Sphären ist und west, anerkennt, findet keinen Ausweg mehr aus der Ambivalenz, aus der Doppeldeutigkeit des Todes. Aber er gewinnt Zugang zu einem größeren Spiel.

7. Denn vor den (Oster-)Sonntag schiebt sich der Tag des Saturn, die unvermeidliche Katastrophe, das »Unheil als Quelle des Heils« (Rosenstock-Huessy).[26] Diesem »Ultraviolett« des Zeitenspektrums, dieser Gefährdung aller Harmonie, die irdisch möglich wäre, korrespondiert ein »Infrarot«, dem Kriegsgott Mars gehörig, in dem die Todesherrschaft über die Schöpfung, die Thanatokratie des reinen Denkens zum klarsten Ausdruck kommt. Rosenstock hat die beiden »unsichtbaren Zeiten« des Spektrums als »Tode« bestimmt (also dieses Ultraviolett und jenes Infrarot), die ohne Einlenken auszuhalten sind.

Man kann sich die Rigorosität kaum klar genug machen, mit der der Autor das Verhängnis in der Beziehung des Lebendigen zum Toten, vor allem beim Denken, beschreibt. Das Tote taucht dabei als Prinzip und als Nadelöhr auf, als Mars und als Saturn, also an zwei Enden, gleichsam als diesseitige Fassung des außerordentlichen Glücksfalls, der »Leben« heißt. Diese doppelte Bedrohung verlangt verschiedenartige Einsätze. Man muß wissen, daß es sowohl von den Schlafenden als auch von den Wachenden her Widerstände gibt, sich den bedrohlichen Sphären auszusetzen. Dasein, Träumen, Denken und Sprechen »rollen« sich gewissermaßen ein, wollen als gerettet gelten, immer schon vor der Zeit. Dank Saturn ist das unmöglich. Wenn man an zwei Enden des Lebensspektrums Tode situiert, dann folgt daraus ein schwer erträglicher Gedanke. Es wäre nämlich anzuerkennen und zu erkennen, daß es entgegen aller Versicherung auch ein unfruchtbares Leid und einen fruchtlosen Tod gibt. Dieses Umsonst ist inkompatibel mit dem Christentum.

Die Schärfe, mit der sich Rosenstock gegenüber der Mars-Sphäre oder dem militarisierten Raum oder der Herrschaft des Gedankens in der beschränkten Ökonomie geäußert hat, ist zwieschlächtig; sie ist eine Anerkennung der herrschenden Macht des reinen Denkens und *zugleich* ihre heftige Bestreitung. Thanatokratie der Vernunft[27] – für dieses Stichwort des größten Skandals in der Geschichte des neueren Denkens gibt es viele Belege. Immer wieder kommt der Satz vor: »Jedes Wissen ist tödlich.«[28] Das hat Konsequenzen. Man muß nämlich den Lebensanschein dieses Toten, das herrscht, denunzieren. Was sich zersetzt, bewegt sich, und auch Verwesungsprozesse machen noch den Eindruck von Leben. Deshalb gehört diese Sphäre den Gespenstern[29], sie ist, genaugenommen, mit den »Un-Toten« gleichzusetzen, mit den

Wiedergängern, Zombies und jenen, die »übertünchten Gräbern« gleichen, den Schriftgelehrten.

Das Tödliche des Wissens stammt aus dem Vergessen des Abgrunds, der Unermeßlichkeit, der Regellosigkeit. Nur ein Wissen, das sich seines Nicht-Wissens vergewissert, entgeht dieser Gefahr. Deshalb hat Sokrates immer wiederholt: »Ich weiß, daß ich nichts weiß.« Deshalb verbindet der jüdische Mythos die Wissenschaft mit dem Sündenfall. Deshalb gibt es die Unerbittlichkeit Christi gegen die, die wissen. Es ist möglich, sich im Wissen über die Einfassung des Lebendigen durch die beiden Tode hinwegzusetzen. Es ist möglich, den mit dem Namen Saturn bezeichneten Abgrund durch Begründungen zu ersetzen, Maßstäbe gegen die Unermeßlichkeit zu richten und verbindliche Regeln dort einzuführen, wo die Abwesenheit von Regeln der Fall ist. Es ist möglich, auf solche Weise gegen den Tod zu kämpfen. Aber der unwiderlegliche Schatten dieser Möglichkeit wirkt sich im schleichenden Übergang des Toten auf die Form seiner Bekämpfung aus. Immer wieder tauschen die Menschen ihr Wissen des Todes gegen das Tödliche ihres Wissens und können sich – vorübergehend – dabei beruhigen.

8. Die Differenz zwischen »Verwesung« und »Gefährdung« des Lebens hat mit dessen Steigerung zu tun. Während die erste Zeit des Todes unfruchtbar bleibt, liegt in der zweiten Zeit die Chance der Auferstehung. Auch nachchristlich gibt es also eine Möglichkeit des Zeitgewinns: die radikale Unversöhnlichkeit mit dem Geschwätz. Das Geschwätz ist die Herrschaft des Todes in der Sprache. Diese Unversöhnlichkeit ist verschwistert mit dem Gegenteil aller Sphärenharmonie der Zahlen, Worte und Namen. Sie ist in gewisser Weise »überzählig«, »ohne Worte« und »namenlos«.

Der Zeitgewinn aus Unversöhnlichkeit hat mit der

Chaosnähe der Saturnalien zu tun, mit der Unentschiedenheit des großen Spiels, mit seinem ungewissen Ausgang. Nur wer in der Lage ist, diesen »gap« offenzuhalten, nimmt am Spiel wirklich teil. Jedem anderen wird bloß mitgespielt. Nur wer sich aufs Spiel gesetzt weiß, entgeht dem Geschwätz. Daraus folgt, daß niemand ausgenommen ist vom Gesetz des »suspense«, auch nicht der Autor selbst. Die höchsten Einsichten, die Rosenstock-Huessy über die inneren Differenzen des Lebens niedergeschrieben hat, hat er zugleich auch dementiert, in Anbetracht der Zeitspannen des Todes. Die höchsten Einsichten Rosenstocks sind selbst zeitlich. Die Wiederverhüllung gehört mit zur Offenbarung. So lautet das Gesetz der unbezwinglichen Zeit am Ende eines Nachdenkens über die Gesellschaft im Dritten Jahrtausend.[30]

Was im genannten Aufschub des Endes *(katechon)* auf dem Spiel steht, ist der Sinn aller Heils-Ökonomie, der es noch immer um Geschenke und Opfer geht. Die Neutralisierung der Doppelmacht des Todes fordert heute vom Sprechen eine Mimesis ans Schreckliche, wie sie bisher unbekannt war. Ehe Lebenszeit und Ewigkeit ihre verwandelnden Wirkungen im »Raum der gezählten Zeit« entfalten können, sind – nach Rosenstock-Huessy – Dysfunktion, Widersinn, Unheil des »Kultes des leeren Augenblicks« zu durchleiden, und zwar ohne den Trost, gerettet zu sein.

Die Kunst besteht darin, sich »dahingestellt« sein zu lassen, wie ein Pirat ohne Auftrag von oben in fremden Gewässern.[31] Es gibt keine Rechtfertigung vor der Zeit, durch nichts und niemand. Im Nadelöhr des Todes verliert sich alle Reputation. Das Spiel, das Saturn vorschreibt, beendet jegliche Expertokratie. Die Schnittstelle von Geschichte und Kosmologie, die eine zeitgenössische Soziologie der Zeit und ein Sprachdenken wider das Geschwätz in Anspruch nehmen, muß schmerzen, damit der immer naheliegende Verschluß der Vernunft unterbleibt, sei es im Autismus kreisender Selbstreferenzen, sei es im Automatismus einer fortschreitenden Computerisierung der Gesellschaft. Die Paradoxie der Zeit fordert den Einsatz der Namen, der Sprache, der Zahl und der Erzählung. So lautet das Menetekel. Erst dermaßen entblößt hätte der Mensch als Person eine Chance. Wahrheit ist vergänglich; Heilkraft schwindet.

»Daß das Incognito eine Vorbedingung des Heils ist, muß aber heut wissenschaftliche Wahrheit werden.«[32]

Anmerkungen

1 Eugen Rosenstock-Huessy, *Heilkraft und Wahrheit. Konkordanz der politischen und der kosmischen Zeit,* Stuttgart 1952, S. 48.

2 Seine Hauptwerke sind den großen »Weltmächten« gewidmet, wie sie sich in der Geschichte über die Jahrtausende abgelöst haben: der Kirche, dem Staat, der Gesellschaft – und der Sprache, die als leibhaftige Grammatik des Menschengeschlechtes beschrieben wird. Vgl. Eugen Rosenstock-Huessy und Joseph Wittig, *Das Alter der Kirche,* Berlin 1927ff.; Eugen Rosenstock-Huessy, *Die europäischen Revolutionen und der Charakter der Nationen,* Moers 1987 (Nachdruck der 3. Auflage 1960); ders., *Soziologie,* Bd. I: *Die Übermacht der Räume,* Stuttgart 1956, Bd. II: *Die Vollzahl der Zeiten,* Stuttgart 1958; ders., *Die Sprache des Menschengeschlechts. Eine leibhaftige Grammatik in vier Teilen,* 2 Bde., Heidelberg 1963, 1964.

3 Nach dem Zweiten Weltkrieg hielt Rosenstock-Huessy zunächst 1950 in Göttingen seinen berühmten Vortrag über *Das Geheimnis der Universität. Wider den Verfall von Zeitsinn und Sprachkraft* (veröffentlicht 1958), dann im Sommersemester 1958 an der theologischen Fakultät der Universität Münster Vorlesungen über *Die Gesetze der christlichen Zeitrechnung* (bisher nicht veröffentlicht,

es existiert aber ein Bandmitschnitt und eine schriftliche Übertragung).

4 Vor allem im II. Band der *Soziologie* ist diese Gefahr Thema. Als »millenaristischer Denker« hat Rosenstock-Huessy sie als bloß eine Zeit, als leere Gegenwart bezeichnet. Seine Devise dagegen lautet: je mehr Vergangenheit, desto mehr Zukunft.

5 Georges Bataille, *Das theoretische Werk*, Bd. I: *Die Aufhebung der Ökonomie*, München 1975, inbesondere: Der Begriff der Verausgabung, Der verfemte Teil. – Die Synopse derart unterschiedlicher Denker, wie Bataille und Rosenstock-Huessy es sind, ist überfällig. Sie kann hier nur ansatzweise geschehen. Verblüffend ist immerhin, daß beide – obwohl sie nichts voneinander wußten – der »beschränkten« Ökonomie keine Heilslehre welcher Art auch immer entgegenstellten, sondern eine andere Ökonomie, die eine offene, nichtkalkulierbare »gefährliche« Grundlage hat.

6 Karl Marx, *Texte zu Methode und Praxis*, Bd. III, Reinbek 1967, S. 45: »Ökonomie der Zeit, darein löst sich schließlich alle Ökonomie auf.«

7 Von Paul Virilio wären heranzuziehen: Paul Virilio und Sylvère Lotringer, *Der reine Krieg*, Berlin 1984, und Paul Virilio, *Krieg und Kino. Logistik der Wahrnehmung*, München 1986. Wiederum ist die strukturelle Ähnlichkeit beider Autoren, besonders ihrer spontanen Gesprächs-Kraft, verblüffend, obwohl sie völlig anderen Denk- und Sprachtraditionen entstammen.

8 Virilio und Lotringer, *Der reine Krieg*, a. a. O. S. 133.

9 Rosenstock-Huessy, *Soziologie*, II. Band: *Die Vollzahl der Zeiten*, Stuttgart 1958, S. 33 f.

10 Das hängt mit der »gespenstischen Wahrheit« der Unzeit zusammen, die – damit angefangen werden kann – durchdrungen werden muß; vgl. das I. Kapitel »Der Zeitpunkt der Wahrheit«, a. a. O., S. 12 ff.

11 Bazon Brock: *Selbstfesselungskünstler zwischen Gottsucherbanden und Unterhaltungsidioten – für eine Kultur diesseits des Ernstfalls und jenseits von Macht, Geld und Unsterblichkeit*, in: *documenta-Katalog I*, Kassel 1987.

12 So lautet der treffende Titel eines Romans von Stan Nadolny, der eine zeitgenössische, noch unterschwellige Strategie pointiert zusammenfaßt.

13 Vgl. Anmerkungen 7 und 8.

14 Jacques Derrida, *Apokalypse*, hg. von Peter Engelmann, Graz, Wien 1985, S. 86 ff.

15 Susan Sontags Buch ähnlichen Titels erinnert an ein Selbstverständnis, das die Schriftsteller mindestens seit der europäischen Renais-

sance in Anspruch nehmen. Des weiteren wäre Wolf von Niebelschütz' großer Roman *Die Kinder der Finsternis* (Düsseldorf 1959) zu erwähnen, der in einem fiktiven Land des frühen Mittelalters im Süden Frankreichs spielt und das Katastrophische ins Herz der Menschen verlegt, diesseits des Sündenfalls und jenseits der mit dem zweiten Jahrtausend aufkommenden Erlösungssehnsucht. Rosenstock-Huessy nennt Christus übrigens den »Saturn Israels«, a. a. O., S. 175.

16 Ulrich Horstmann, *Das Untier. Konturen einer Philosophie der Menschenflucht*, Wien, Berlin 1983[3].

17 Sigmund Freud, *Studienausgabe*, Band VII: *Zwang, Paranoia und Perversion*, Frankfurt/M. 1973.

18 Walter Benjamin, *Das Passagenwerk (Gesammelte Schriften Bd. V)*, Frankfurt/M. 1985.

19 Jacques Lacan, *Das Ich in der Theorie Freuds und die Technik der Psychoanalyse*, Olten 1980.

20 Bataille, a. a. O., S. 30.

21 Rosenstock-Huessy, a. a. O., S. 209.

22 A. a. O., S. 173.

23 A. a. O., S. 168 f. (Auffallend ist, daß Rosenstock-Huessy bei seiner Reklamation der Sphären den Montag nicht nennt, den anderen Tag der Frauen, nach dem Auferstehungstag und vor dem Kriegstag.)

24 A. a. O., S. 169.

25 Ebenda.

26 A. a. O., S. 168.

27 Das Stichwort stammt von Michel Serres und ist erläutert in *Hermes IV*, Paris 1977.

28 Z. B. Rosenstock-Huessy a. a. O., S. 94.

29 Bei Rosenstock-Huessy gibt es keine ausgearbeitete Theorie der Gespenster. Doch sein Werk ist gespickt mit Hinweisen auf eine gespenstische Realität, die droht, wenn das Leben des Geistes erlischt. Auch hier gilt dann das Gesetz der verzögerten Sichtbarkeit (vgl. Anm. 9 und 1).

30 Rosenstock-Huessy: *Soziologie*, Bd. II: *Die Vollzahl der Zeiten*, a. a. O., S. 739 »Mit einer Wiederverhüllung beginnt die nächste Zeit.«

31 Rosenstock-Huessy, *Dienst auf dem Planeten. Kurzweil und Langeweile im Dritten Jahrtausend*, Stuttgart 1965, insbesondere der 7. Abschnitt: Der Friede des Piraten, S. 73 ff.

32 Rosenstock-Huessy, *Heilkraft und Wahrheit*, a. a. O., S. 142.

George Tabori
Don im Himmel

Die Nacht war heiß,
die letzte vor Ende der Hundstage.
Die Stadt schien in der Kloake zu versinken.
Don John fühlte sich nicht mehr allein
in seinem Verfall.
Er erhob sich knarrend
von der gestreiften Matratze
und tastete sich zur Terrasse.
Venedig stank wie ein verstopftes Spundloch.
Zum Glück hatte sich sein Geruchssinn,
wie alle anderen Sinne, bis auf den einen,
schon lange heimlich empfohlen,
war diskret entschwunden.
Leb wohl, John, alter Junge.
Der Mond war voll, schnurrbärtig
von einem Wolkenfetzen.
Er sah nichts als eine weiße Wiese,
die auf dem Wasser des Kanals zitterte.
Ein einsamer Gondoliere umwarb
die letzten Touristen, die auf dem Balkon
ihres Hotels hockten.
Sie wußten nichts von der Pest.
Auch der Gondoliere war befallen.
Don John hörte nichts als ein nicht sehr hohes C.
Er stand vornübergebeugt und hoffte,
nicht abzustürzen,
nackt außer einem nassen Handtuch,
das von seinem geschwollenen Glied herabbaumelte,
immer noch litt er, anhaltend und ungelindert,

an Satyriasis.
Eine weitere Gondel glitt in das Mondlicht,
darin ein Leichentuch so weiß wie der Mond.
Sie winkte.
Er setzte sich in den Schaukelstuhl,
der knarrte wie seine Gelenke,
und wartete auf seine Besucherin.
Die Glocken, die er kaum hörte,
verkündeten Mitternacht.
Er fühlte, mehr als er hörte,
ihr Klopfen unten am Tor, und das Klickklack
ihrer Absätze die Treppe des Palazzo hinauf,
wo einst Wagner auf dem Stubenmädchen verschieden
war.
Ich bin es, sagte sie hinter dem Schaukelstuhl
und lachte, als das Schaukeln aufhörte.
Ihr Lachen war beinahe von der richtigen Art.
Komm näher, mein Kind, zieh dir einen Stuhl heran.
Das tat sie.
Du mußt klar und deutlich sprechen.
Ich bin beinahe taub.
Ja, Don John, brüllte sie.
Kein Grund zum Brüllen.
Er wandte sich ihr zu.
Auch bin ich blind wie ein Maulwurf.
Sie rückte näher. Sie trug weiß
und nichts darunter.
Sie roch nach frischen Austern,
ein Duft, an den er sich freudig erinnerte.
Beschreibe dich, sagte er.
Sie sprach, wie geprobt, den für Kunden reservierten
Text, die gern reden, bevor sie kniet,
Ich heiße Amanda. Alle nennen mich Lollypop.
Im vorigen Mai bin ich zwanzig geworden.

Mein rotes Haar ist echt, überall,
wie verlangt,
aber eine Auffrischung könnte nicht schaden.
Trotz alledem scheint meine Haut zu erröten.
Ich bin ein Meter sechzig.
Meine Brüste sind wie Pampelmusen mit
einer Kirsche vorn drauf.
Wie verlangt.
Sie nahm seine knorrige Hand,
damit er sie berühre, er aber ließ sie sinken.
Bin ich dir widerlich?
Im Gegenteil, protestierte sie,
und nahm seine Hand und ließ sich berühren.
Silberschläfen vermitteln mir ein Gefühl
der Sicherheit und ein Schauer durchrieselt mich.
Soll ich mich ausziehen?
Nein, mein Kind.
Sie klang noch immer wie eine Litanei
oder wie ein Kind, das den Katechismus herbetet.
Von Natur aus sinnenfroh,
bin ich offen für alle zumutbaren Wünsche,
DAS ZWEIHÖCKRIGE BIEST,
DAS MISSIONARISCHE DUCKEN,
DIE ÄGÄISCHE RASEREI.
Dreimal dürfen Sie raten, warum
man mich Lollypop nennt.
Ich habe eine Schwachstelle, versuche aber,
sie zu überkommen,
ich habe es nicht gern im Arsch,
wenn es Ihnen nichts ausmacht.
Und doch ist nichts Menschliches mir fremd.
Um meine Herzenswärme zu demonstrieren,
lassen Sie mich ein Beispiel erzählen.
Rede ich zu viel?

Schweigen ist die Sprache des Verlangens,
aber ich mag deine Stimme.
Zünde die Kerze an, bitte.
Sie schüttelte den Kopf.
Erst wenn ich das Beispiel erzählt habe.
Denn trotz meiner beträchtlichen Erfahrung
in allen Methoden und Techniken,
bin ich scheu. Also auf geht's:
Zwölf Monate lang hatte ich einen Kunden,
General im Ruhestand, der seinen Kick,
entschuldigen Sie, seine triste Sättigung
daraus zog, das ich auf seinem Nabel hockte
und schiß, ein anderes Wort dafür fällt mir nicht ein.
Letzte Woche nun litt ich an Verstopfung,
zu viele Mozartkugeln von einem Wiener Kunden,
und so gelang es mir nicht,
des Generals brennendes Verlangen zu stillen.
Er weinte und sagte,
Du liebst mich nicht mehr.
Sie lachte, und das Lachen wurde besser.
Sie zündete die Kerze an, und da sah er,
daß sie schön war, eine Barbie-Puppe hinter Schlieren.
Wie ist dein Preis?
Sie betrachtete ihn von nahem.
Findest du mich widerlich?
Soll ich mich ausziehen?
Nein, mein Kind.
Aus Steuergründen ist mir Bargeld lieber,
wenn das nicht zu viel verlangt ist.
Fünfzig Dollar für ein Quickie,
verzeihen Sie, für die flüchtige Stunde.
Einhundert für die ganze Nacht,
Frühstück inklusive.
Und ich verspreche: ich enttäusche Sie nicht.

Hast du Beschützer?
Zwei, Don John, Zwillinge, aber sehr
verschieden.
Der eine ist Fleischer und solide.
Der andere, der fünfzig Prozent meiner Einnahmen
kassiert, war Einhundertdreiundfünfzigster
bei der letzten Tour d'Italie.
Neben meinem Bett steht eine Silberschatulle.
Nimm dir das doppelte von dem, was du sonst
verlangst.
Flüchtige Stunde?
Bis ich sterbe.
Er ließ es scherzhaft klingen,
und sie lachte, als sie klickklack hineinging.
Die Touristen riefen, Encore,
und der Gondoliere, Sohn eines der Partisanen,
die Mussolini an der Gartenmauer erschossen hatten,
stimmte mit Fistelstimme Bella Ciao an.
Sie kam barfuß aus dem Badezimmer
und umarmte ihn von hinten.
Sein Vogelkopf ruhte zwischen zwei Pampelmusen.
Für Ihre Großzügigkeit könnte ich
mit einer fernöstlichen Köstlichkeit aufwarten.
Kaugummi mit Bananengeschmack ist mit im Spiel.
Kannst du Stenographie?
Sie seufzte und setzte sich.
Kann ich, wie verlangt.
Er verbeugte sich.
Du hast viele Talente.
Am Tag arbeite ich in einem Reisebüro,
aber keine Angst, ich bin kein Blaustrumpf.
Die Litanei begann wieder,
als sie Bleistift und Block zückte.
Mein Freund, das Radleras,

nennt mich eine Enthusiastische Amateurin.
Ich bin, so sagt er, Fruchtgeleekonfekt,
angenehmer als ein Fahrradsitz.
Bumsen – verzeihen Sie den Ausdruck – ist mein
Hobby,
ich brauche den Lolly, ich meine,
das Zubrot, um meine verwitwete Mutter
und zwei arbeitslose Brüder zu unterstützen,
und dann die Erfüllung meines Traumes,
ein Supermarkt,
und dann den Radler heiraten,
dessen Bizeps süß wie Wein ist,
und dann leben in keuscher Beständigkeit.
Wollen wir es uns bequem machen?
Und sie griff nach den Handtuch,
um es wegzuziehen.
»Mama mia!« sagte sie mit nicht-liturgischer Stimme.
Er drapierte das Handtuch wieder um sein
Geschlechtsteil.
Ich will jetzt meinen Nachruf diktieren.
Habe Geduld mit mir.
Ich muß es selber tun.
Die anderen würden alles durcheinanderbringen,
selbst bei fleißigster Recherche.
Frühere Enthüllungen über mich
wimmeln von Entstellungen.
Ich muß die Liste richtigstellen.
Wie du sicher weißt, bin ich
eine Legende, will sagen, eine Lüge.
Meine Feinde, krank vor Neid,
nennen mich Dirty Don.
Meine Freunde feiern mich als Wüstling
des Jahrhunderts, einer Zeit,
in der Gott, die Wissenschaft, der Sozialismus

und selbst die Wollust zu Staub geworden sind.
Ich bin, so sagen sie, der Große Verführer,
der zwanzigtausend Mägdelein
unterschiedlichster Größe und Farbe erobert hat.
Ich habe nichts und niemanden erobert,
nicht mal mich selbst.
Ich liebte sie alle,
aber ich war nie ein Liebhaber,
was auch bedeutet, lieb gehabt zu werden,
ich wurde nie lieb gehabt,
man gab mir nach.
Mein Erfolg lag nicht an meinem Aussehen,
sieh mich an, mein Kind,
nicht an meinem Charme,
dem animalischen Magnetismus, ha-ha,
sondern an meiner verfluchten körperlichen
Konstitution,
die mich zu ewigem Dürsten verdammt hat.
Es wurde – mit einer Ausnahme – nie gestillt.
Noch im achten Lebensjahrzehnt
brenne ich in dieser Venezianischen Hölle.
Die Verführungen gelangen mir nur,
weil ich stets griffbereit war,
unwiderstehlicher Beweis meiner Standhaftigkeit.
Nie habe ich eine Frau verraten,
nie bin ich gegangen, immer wurde die Tür
vor mir zugeschlagen, nachdem sich die Damen,
nein, nicht an mein Gesicht,
sondern an das ständige Aufbegehren
meines abdominalen Stehvermögens gewöhnt hatten.
Während andere Männer Krieg oder Geld machten,
war ich immer bereit und stand zu Diensten.
Ich begleitete die Damen zum Zahnarzt
oder zum Friseur,

ich holte ihre Wäsche ab,
führte ihre Hunde spazieren,
reparierte ihren Kühlschrank,
der perfekte Butler.
Nie eifersüchtig, anspruchsvoll, inquisitorisch,
niemals abwesend.
Ich war einfach da. Und, sieh mich an,
harmlos wie ein Krüppel oder eine Schwuchtel.
Sie brauchten die Bindung an eine Idylle
nicht zu fürchten, die ohne Schuldgefühl versandet.
Alle gaben sich hin, alle zwanzigtausend,
nicht aus Leidenschaft, sondern aus Ermattung,
na schön, also gut, wenn du meinst,
seufzten sie und scherten die Beine auf und zu.
In der Nachglut nicht einmal eine Zigarette,
nicht unfreundlich gurrten sie:
Geht's dir jetzt besser?
Sie lachten nie, außer einer.
Der Gondoliere war endlich verstummt.
Eine Brise rührte den Müll auf.
All dies, mein Kind, soll nicht Teil des Nachrufs sein.
Nur drei Dinge sind der Rede wert.
Meine Geburt und mein Tod,
dazwischen ein Lachen hinter der Kirche.
Don John, der geile Alte, so die Times,
wurde am ersten Tag des Jahrhunderts
im Bett einer Frau geboren.
Manche Leute vergessen, aber vergeben nicht,
daß Mütter auch Frauen sind.
Ich erinnere mich an meine Geburt,
als sei sie gestern gewesen.
Aus meiner Warte kann ich nur folgendes sagen:
Ich war warm und geliebt gewesen,
dann kalt und ungeliebt,

zweimal von der Hebamme geklapst.
Also, wenn dies das Leben sein soll,
lieber nicht, ne danke,
besser zurück, was technisch nicht machbar war.
Aber das wichtige daran war nicht
mein Erlebnis, sondern das Erlebnis der Frau.
Von den ersten Preßwehen an lachte sie,
in einer Orgie des Kicherns,
das sich zu schallendem Gelächter verdichtete
und die Welt erschütterte und das Kind darin.
Ein Lachen, das um Erleichterung bettelte,
die sie bekam,
und als das Leiden der Freude gewichen war,
seufzte sie sich in ein Lächeln hinein.
Durchtränkt von all den gesegneten Säften
ihres Körpers, vor allem von Blut,
zelebrierte sie den Überschwang des Glücks.
Nun wurde dieser schwülstige Kitsch,
bekannt aus harten und weichen Pornos,
wettgemacht durch ihr Lachen,
das vom Schoß bis zum Bauch bis zur Kehle
explodierte,
bis hinauf zu ihren Augen,
die von den geplatzten Tränenkanälen erweitert waren.
Und dieses Lächeln hinterließ mir eine Mission
und einen verfluchten Trugschluß.
Schon als Kind litt ich unter der Illusion,
daß ausgerechnet ich es schaffen müsse,
eine Frau liebend zum Lachen zu bringen.
Nichts dergleichen, ich tat mein Bestes,
und es taugte nichts.
Mit einer Ausnahme.
Die zwanzigtausend Damen haben
gequietscht, geschnaubt, gestöhnt,

gegrunzt, gejapst, sogar geschrien usw.,
aber – mit einer Ausnahme –
nicht mal ein Gluckser.
GOTTVERDAMMICH!
Vergib mir, aber diese Qualen!
Die Qual, auf eine Machomaschine reduziert zu sein,
eingelullt in den Wahnsinnstraum,
durch die Liebe in irgendeinem ernsten Loch
den Gral zu finden,
ein Geschenk darzubringen,
den Überschwang des Glücks...
Zu lieben ist nicht genug,
die Fliegen tun es,
worauf es ankommt, ist,
jemandem das Gefühl zu geben,
geliebt zu werden.
Kein Stillen eines Juckreizes, kein Aufblasen
eines Ballons, nein, es geht um das Vergehen
in einem Lachen, um die Vereinigung,
wenn eins plus eins eins ist.
IHR ARSCHFICKER! bellte er.
Das Mädchen hatte das Mitschreiben aufgegeben
und hielt seine mit den Flecken des Todes
gesprenkelte alte Hand.
Er ließ es zu.
Ich fühle, wie meine vulgäre Ader durchkommt.
Jede Sekunde jetzt könnte ich
unsere erste und letzte Nacht herabwürdigen,
indem ich dich bitte, dich auszuziehen,
damit wir uns in die Vergessenheit kitzeln.
Er hauchte einen Kuß in ihre Handfläche
und legte sie über seine vierkammrige Pumpe,
sein Herz, oder was davon übrig war.
Eines Nachts aber aß ich zu Abend

in einer Taverne gegenüber der Ruine
einer römischen Kirche.
Ich war allein und stocherte in Butterspaghetti,
als ich dieses Lachen hörte.
Der Platz wimmelte von goldbehängten Jugendlichen.
Es dauerte seine Weile, bis ich das Lachen
lokalisiert hatte. Es kam über den Gang
herüber und hüpfte wie Silberbälle,
ich setzte meine Brille auf
und sah in die pulsierenden Lippen des Lachens
und in ihre Augen.
Sie sahen mich direkt an,
funkelnd vor Wonne.
Bald schwoll ihr Lachen zu Perlen, Bläschen, Tropfen
und steckte ihre Gefährten an,
eine schnatternde Schar von Schaufensterpuppen,
kahl die ganze Clique,
überfressen, übersext und über den Gang,
ein krächzender Chor,
der die Reinheit ihres Lachens beschmutzen könnte.
Dann war der ganze Raum infiziert.
Mauern und Decke des Gewölbes verstärkten die
schenkelklatschende Fröhlichkeit,
und als sie schließlich auf mich zeigte,
als sei ich die beste Pointe des besten Witzes des Jahres,
drehten sich alle um und gafften.
Ich weiß, ich sehe lächerlich aus,
ein staubiger Geier, aber nie hätte ich gedacht,
nicht seit meiner Geburt, daß ich so komisch bin.
Ich zahlte und entfernte mich
mit einer eines Marivaux würdigen Verbeugung,
und hauchte der lachenden Dame einen
18. Jahrhundert-Kuß hinüber.
Die Nacht war heiß,

die letzte vor Ende der Hundstage,
und ich betrat die Ruinenkirche und dachte,
das beste, was ich jetzt
für mein vierzimmriges Ruinenherz tun kann,
ist – verzeih den Ausdruck –
mich selbst zu ficken,
als ich fühlte, wie ihre Arme mich von hinten
umschlangen,
so fest, als wolle sie mich nie mehr loslassen.
Und das tat sie auch nicht.
Als sie mich im ekklesiastischen Halbdunkel
herumdrehte, war die einzige Lichtquelle ihre Augen.
Sie stieg aus ihrem Schlüpfer
und ließ es geschehen, daß ich zurückkehrte,
woher ich gekommen war.
Und eins und eins wurde wieder eins.
Als sie ging, dachte ich, ich sterbe,
und sie legte die Hand über ihren Bauch
und sagte,
Hier bist du und hier wirst du sein,
bis die Kühe nach Hause kommen.
Diese Redensart hatte ich nie gehört und fragte,
Wann kommen sie?
Nie, antwortete sie und ging zurück
in die Taverne mit mir in sich.
Er blies die Kerze aus und zitierte
seinen Lieblingspropheten.
Töte mich, oder du wirst mein Mörder sein.
Sie lachte. Der Kunde hat immer recht,
sagte sie. Der Hausmeister erzählte
dem Untersuchungsrichter,
er habe eine Frau lachen hören
bis zum Morgengrauen.
Aber später am Morgen,

als er mit einer frühen Tasse Tee hinaufging,
war der Palazzo verlassen.
Ein Handtuch trieb auf dem Kanal.
In San Marcus gab es einen kurzen
Gedenkgottesdienst,
zwanzigtausend Frauen füllten schwarzgekleidet
die Piazza und lächelten nicht.
Die Times druckte keinen Nachruf,
nur eine kurze Notiz.
Don John starb in Venedig durch Ertrinken.
Aber Amanda Lollypop wußte es besser.
Als die Regenzeit kam, war ihr Bauch dick.
Gegen alles Flehen und Bitten – und der
Radfahrer zerschmetterte ihr die Nase –
weigerte sie sich, den Don abzutreiben.

Sommer 1988

(Aus dem Englischen von Ursula Grützmacher-Tabori)

Peter Sloterdijk
Nachwort
Etwas vor sich haben

1. Das modale Tier

Man kann den Menschen definieren als das Tier, das etwas vor sich hat. Die Menschwerdung ist im Gang, seit Anthropoiden, wenn sie den Kopf heben, sich nicht mehr in eine unmittelbare Umwelt eingeschmolzen fühlen, sondern von der Ahnung ergriffen werden, daß die Umwelt nur eine aktuelle und anwesende Selektion von Welt überhaupt bedeutet. Die Geschichte des Menschen ist mit diesem ontologischen Blitz ausdehnungsgleich: der Mensch – oder war es die Menschin? – hebt den Kopf und sieht die Welt aufgehen. Dieses Aufhorchen, Kopfheben und Hervorgehen sind die weltbildenden Gesten, die mit dem Heraustreten des werdenden Menschen aus der Umwelt in die Welt unzertrennbar verbunden sind. Sie sind zugleich die menschenbildenden Gesten, die einer Fortsetzung der Geburt mit anderen Mitteln dienen.

Bei diesem »Heraustreten« des Menschen ereignet sich etwas, was so unscheinbar wie folgenreich ist: die Entstehung des Horizonts. Denn nur indem das Menschentier das Offene der Welt wittert, wird der Horizont als solcher erst sichtbar. Das unmittelbar Gegebene, Anwesende, Vorhandene, Vorliegende wird hierbei zur Figur auf einem Grund von Offenheit, das heißt Andersseinkönnen. Es ist hiermit nicht nur gemeint, daß hinter dem Horizont weitere Landschaften liegen und daß hinter jeder Umwelt eine andere auftauchen könnte; das wissen die höheren Tiere vermutlich auch, sofern auch sie sich in Räumen orientieren müssen, die größer als das momentane Blickfeld sind. Entscheidend ist, daß mit der Geburt des Horizonts der Mensch zum modalen Tier wird. Wenn er den Kopf hebt, tritt das Wirkliche in Beziehung zum Möglichen. Der Horizont hört auf, nur eine geographische Sichtlinie zu sein und wird zu einer modallogischen Grenze. Von Menschwerdung im anspruchsvollen Sinn kann erst von dem Augenblick an die Rede sein, in dem der Blick auf den Horizont die Fülle des Umgebenden als Manifestation der Macht der Möglichen ansieht. Weltbewußtsein ist in diesem Sinn immer schon Überschußbewußtsein; wer in der Welt ist, ist auf die Überlegenheit des Möglichen über das Wirkliche, des Potentiellen über das Aktuelle gefaßt. Insofern ist der Mensch das Tier, das mit einem ontologischen Mehrwert rechnet. Wer angefangen hat, in der Welt zu sein, ist immer schon unterwegs zu einem Zuwachs an Welt. Der Mensch ist ein Mehrwelttier. Indem es mit dem Zur-Welt-Kommen beginnt, nimmt es seine Kolumbusfahrten ins Potentielle auf.

Vor dem Hintergrund solcher Überlegungen bekommt der zunächst harmlos wirkende Ausdruck »etwas vor sich haben« ein tieferes Profil. Als modale Tiere sind Menschen dazu verurteilt, das Gefälle zwischen dem Möglichen und dem Wirklichen so zu gestalten, daß ein Kontinuum erhalten bleibt. Weder darf Wirkliches das Mögliche so stark reduzieren, daß sich der Horizont völlig schließt, noch darf das Wirkliche vom beliebig Möglichen so überwältigt werden, daß die Wirklichkeit als solche verdampft. »Etwas vor sich haben« beschreibt das Milieu zwischen zwei Formen des Weltuntergangs: dem in der Erstarrung und dem im Chaos. »Die Welt« geht unter, wenn nichts mehr möglich ist und wenn alles möglich ist. Unmöglichkeit und Allmöglichkeit begleiten als katastrophische Grenzwerte das historische Dasein des modalen Tieres. Es hat aus sich selbst heraus hinreichende Gründe, sich vor den Extremen zu fürchten, zwischen die es durch seine spezifische Daseinsweise gestellt ist. Es fürchtet sich vor den beiden Katastrophen des In-der-Welt-Seins, vor der Vernichtung des Möglichen durch das Wirkliche ebenso wie vor der Vernichtung des Wirklichen durch das Mögliche. Beide Male bräche die Struktur des Etwas-vor-sich-Habens zusammen, im ersten Fall durch die Implosion in die tödliche Eindeutigkeit, im zweiten durch die Explosion in die tödliche Beliebigkeit. Darum lauern an den Rändern des Menschlichen die Toten und die Götter, die sichtbaren Leichen und die unsichtbaren Gewalten. Beide repräsentieren Katastrophen der Menschenförmigkeit, denn die Leiche verläßt den Raum des Menschenmöglichen in Richtung auf das Übereindeutige, die pure verwesende Körperförmigkeit, während der Gott den Spielraum des Menschlichen in Richtung auf eine allmächtige Formlosigkeit übersteigt. Die Zone des Menschlichen ist in dem unermeßlichen Milieu zu finden, wo sich unser Leben diesseits von Implosion und Explosion in einer konkreten Möglichkeitsförmigkeit bewegt. Der Mensch wäre kein modales Tier, wenn er nicht auch das Bewußtsein von der katastrophischen Löschung des Verhältnisses zwischen wirklich und möglich hätte. Insofern ist Katastrophenbewußtsein für den Prozeß der Menschwerdung mitverantwortlich. Das Menschenmögliche kann nur ermittelt werden im Zurückkommen vom Unmöglichen aufs Mögliche, vom Unerträglichen aufs Erträgliche, vom Maßlosen auf die richtige Dimension.

Was bedeutet das für den aktuellen Augenblick? Es waren bestimmte Vermutungen und Erwartungen im Spiel, als die Autoren und Autorinnen dieses Buches gebeten wurden, in ihren jeweiligen Sprachen auszudrükken, »was es heute heißt, etwas vor sich zu haben« (vgl. Vorwort S. 10). Mit dem Wort heute wird auf einen riskanten historischen Moment gedeutet. Es sollte von konkreten Erwartungsspielräumen die Rede sein, wie sie sich europäischen Autoren ein Dutzend Jahre vor der Jahrtausend»wende« darstellen. Mit der Einladung zu vielfältigen Berichten zur Lage der Zukunft schalten wir uns in die Selbstgespräche des modalen Tiers am Ende eines Jahrhunderts ein, das wie kaum ein anderes vor ihm eine Zeit der Kämpfe ums Menschenmögliche war. Fragt man heutige Zeitgenossen nach ihrem Votum in Zukunftsfragen, so engagiert man sie zum Mitstreiten um die Definition dessen, was von heute an als möglich oder unmöglich gelten soll. Einer solchen Debatte liegt selbstverständlich schon eine antikatastrophische Option zugrunde. Auch wenn wir den Satz im Ohr haben, daß die Menschheitskatastrophe von nun an im globalen Maßstab möglich sei, so läuft dieser doch nur auf die uninteressante Feststellung hinaus, daß durch eine große Katastrophe der Menschheit das Menschenmögliche vernichtet würde. Uninteressant wird dieser Satz von dem Augenblick an, wo wir wissen, daß das Wort Katastrophe von vornherein nichts anderes bedeutet als den Untergang des Möglichen entweder im Nur-Wirklichen oder im Unmöglichen; Katastrophe ist ein dramatischer Ausdruck für Entmöglichung, und insofern wir den Menschen als Möglichkeitstier definiert haben, auch für Entmenschung. Über die Katastrophe als Menschenvertilgungsmittel wäre kein weiteres Wort zu verlieren – wenn das aktuelle Denken nicht so außerordentlich fasziniert wäre von der Vertilgung des Menschen durch den Menschen als bevorstehender Menschenmöglichkeit. Aber diese Faszination begreifen heißt auch schon ihrem Zauber abschwören. Man braucht den Gedanken an die Katastrophe nur, um eine Grenze oder einen Abstoßungspunkt zu haben, an dem sich sagen läßt, was gerade jetzt und gerade für uns möglich ist. Insofern ist es von vornherein ausgeschlossen zu sagen, man habe den Tod, die Katastrophe oder das Ende *vor sich* – denn diese Ausdrücke für die absolute Grenze und Entmöglichung der Existenz benennen gerade nicht Möglichkeiten, sondern Bedingungen dafür, daß es überhaupt Möglichkeiten gibt. Wenn heutige Autoren den Kopf heben, um zu sehen, was sie vor sich haben, so interessieren sie sich für den Überschuß des heute Möglichen über das heute Wirkliche.

2. Sechs Arten von Aussicht

Was sehen heutige Autoren und Autorinnen, wenn sie sich auf den Vorschlag einlassen, über das zu reden, was sie vor sich haben? Wie gehen sie heute mit dem Mehrwert an Möglichkeiten um, die sich vom aktuellen Wirklichen aus für sie auftun? Was sehen sie auf sich zukommen, wie gehen sie dem Kommenden entgegen?

Ich habe das Spektrum der Äußerungen, die in diesem Buch gesammelt sind, in sechs Gruppen aufgeteilt, von denen jede um eine typische Geste des Ausblicks auf offene Möglichkeiten zentriert ist. Daß zahlreiche Texte ihrer Vieldeutigkeit gemäß auch in anderen Gruppen erscheinen könnten, versteht sich von selbst. Ebenso offenkundig dürfte sein, daß die gewählten Gruppierungen frei sind von jeder wertenden Tendenz.

Die *erste* Gruppe, *Unter dem Makroskop,* präsentiert Texte, die mit sehr unterschiedlichen Mitteln auf die Großformatigkeit, Großräumigkeit und Globalität dessen antworten, was die heutige Welt als Bestand und Potential charakterisiert. An ihnen läßt sich die typische und unvermeidliche Geste des Sich-Verhaltens zum unverhältnismäßig Großen studieren – eine Geste, die den einen möglicherweise noch hybride und anmaßend erscheinen mag, während sie den anderen längst als typisches Verhalten im Bereich des Globalen geläufig ist. Die Essays der ersten Gruppe haben ihrer Blickrichtung nach besonderen Anteil an dem neuzeitlichen Globalisierungsprozeß, welcher dafür sorgt, daß aus dem Planeten Erde – zunächst nur einer astronomischen Einheit – zunehmend eine demographische, ökologische, politische und historische Prozeßganzheit wird. Dieser Globalisierungsprozeß ist das Gegenteil einer harmonisierenden Vereinigung. Dies zeigt sich nicht zuletzt daran, daß die Essays der ersten Gruppe diejenigen sind, die die dramatischsten Hinweise auf die Konflikt- und Katastrophenpotentiale der unmittelbar bevorstehenden Weltprozesse enthalten: Hinweise auf mögliche ökologische Revolutionen, auf explosive demographische Tendenzen, auf weltjuristische Zerreißproben, auf epochale Selbstgefährdungen des Lebens durch Abstraktion und »Strahlung« sowie auf der Herausforderung unserer Lebenskunst durch unlenkbare Turbulenzen. Was auch immer die Leser an der Lektüre der Essays der ersten Gruppe im einzelnen besonders interessieren mag: das Motiv, sie in der vorliegenden Weise zusammenzustellen, ergibt sich ausschließlich aus ihrem gemeinsamen Zug, Einübungen in ein makrologisches, das heißt auf Großproblemlagen bezogenes intellektuelles Verhalten anzuleiten. Es liegt in der Natur der Sache, daß diese makrologische Optik in keinem der übrigen Beiträge des Bandes völlig fehlt.

Dasselbe ist von den Texten der *zweiten* Gruppe zu sagen, die unter der Überschrift *Zeitigung der Zeit* zusammengefaßt sind. Die Beiträge dieses Teils tragen dem Umstand Rechnung, daß Menschen Wesen sind, deren

Verhältnis »zur« Zeit sich von dem aller übrigen »Dinge« in der Welt unterscheidet. Menschen und Gesellschaften sind geschichtlich in dem Sinne, daß die Ereignisfolgen, die zu ihnen gehören, ihnen niemals ganz äußerlich und fremd sein können. Auf eine durchaus problematische Weise kommt ihnen zu, was auf sie zukommt. Das kann einerseits bedeuten, daß Menschen ihre »eigene Geschichte« machen (wenn auch nicht unter eigenen Bedingungen, wie Marx einschränkend bemerkte), so daß sie sich ihre Schicksale »verdienen«, es bedeutet aber auch, daß sie sich zum Unverdienten verhalten und das Nichtselbstgemachte auf sich beziehen müssen, um mit ihm zu leben. Worauf die außerordentlich verschiedenartigen Essays der zweiten Gruppe hinweisen, ist nichts anderes als jener gewaltige, die gesamte Neuzeit umspannende Prozeß, in dessen Verlauf Menschen verstehen lernen, was es heißt, geschichtemachende und geschichteerleidende Wesen zu sein. Je mehr freilich die Macht zu tun zunimmt, desto mehr tun sich Menschen selbst an, was sie können. In diesem Sinne verwandelt sich das Erleiden zunehmend in ein Sich-Erleiden, und in demselben Maß kann davon die Rede sein, daß auf uns zukommt, was uns zukommt. Daß die Rechnung niemals aufgeht und daß Verdientes und Unverdientes, Rechtzeitiges und Unzeitiges im ständigen Widerstreit miteinander liegen, darin erscheint der Ansporn zu weiterer geschichtlicher Reflexion.

Im *dritten* Komplex haben wir unter der Überschrift *Die Welt als Plädoyer und Projekt* vor allem solche Essays zusammengestellt, die mit ihrem programmatischen und unternehmerischen Ton deutlich machen, daß Menschen stets auch das vor sich haben, was sie vorhaben. Das Tier, das etwas vor sich hat, ist unleugbar auch jenes Tier, das eigene Absichten hat. Um etwas vor sich zu haben, muß man sich zugleich etwas vormachen. Ohne Projekte keine Prospekte. Wer den Zukunftsmachern bei ihrem Hand- und Kopfwerk genauer zusehen will, darf nicht versäumen, ihnen in die Werkstätten zu folgen, wo sie sich vormachen, was sie vorhaben. Wer den Ausdruck Sich-etwas-Vormachen nur als herabsetzend empfindet, dringt nicht bis zum Kern der Sache vor. Ein Stück Selbstillusionierung liegt jeder menschlichen Praxis zugrunde, und zu fragen bleibt nur, ob es sich um gutartige oder maligne Illusionen handelt. Unter malignen Illusionen haben wir solche zu verstehen, deren Verwirklichung nicht ohne die Selbstzerstörung ihrer Inhaber möglich ist. Die Scheidung der Illusionen ist daher der ideenpolitische Ernstfall. Gutartige Illusionen – man kannte sie früher unter dem weniger kompromittierenden Namen Ideale – haben hingegen die Eigenschaft, bei ihrer Verwirklichung auch ihren Trägern zu reicheren und erfreulicheren Seinsweisen zu verhelfen. Es sind Illusionen im Dienste der »Wahrheit«. Sie spielen mit dem Effekt, daß es Prophezeiungen gibt, die – einmal ausgesprochen – eine Tendenz, sich selbst wahr zu machen, kreieren, einfach deswegen, weil die Enttäuschung über ihre Nichterfüllung für uns bereits viel anstrengender wäre als die Mühe, die ihre Verwirklichung uns kostet. Das gilt insbesondere für operative Illusionen von mittlerer Reichweite, deren anspornende, selbstinduzierende Wirkung seit langem bekannt ist; an sie knüpfen die allgegenwärtigen *positive-thinking*-Programme wieder an. Anders als die absoluten und perfekten Ideale, die fast immer zum depressiven Scheitern verleiten, üben positive mittlere Illusionen eine tonisierende Selbstverführung aus. Die Störung des Vermögens, sich etwas vorzumachen, ist gleichbedeutend mit dem Verfall des Möglichkeitssinns. Nicht selten hört mit der Fähigkeit zur schöpferischen

Illusion das Hineinleben in offene Horizonte überhaupt auf. Wer sich nichts vormacht, hat oft auch gar nichts mehr vor sich. Was Fülle und Intensität von Vorhaben, Plädoyers und Projekten angeht, dafür liefern die Autoren dieser Gruppe eindrucksvolle Beispiele. Sie belegen die Tendenz der Kreativen, vom Wirklichen aus auf die besseren Möglichkeiten zu zielen.

Die *vierte* Gruppe von Texten repräsentiert eine Geste der Vorausschau, die mit gelassenem oder besorgtem Sachverstand den langfristigen *Konstanten, Trends und Zyklen* bei ihrem Auf und Ab bzw. bei ihrem beruhigenden oder empörenden Fortbestehen zusieht. Ein Element von Trendbeobachtung ist allerdings allen Formen zeitgenössischen Verhaltens zum Zukünftigen inhärent. Inzwischen rechnet jeder wie selbstverständlich nicht nur mit »unruhigen Zeiten« – das hätten mittelalterliche Menschen unter Umständen genauso vermocht –, sondern auch mit Entwicklungen und Schwankungen im Bereich der elementaren Lebensverhältnisse – Familienstruktur, Partnerschaftsformen, Mann-Frau-Beziehung, Sexualverhalten, Eliten usw. Man kann sagen, daß nicht nur die gesamte Wirklichkeit in »Gebiete« eingeteilt worden ist, sondern auch daß alle Gebiete *per se* als Entwicklungsgebiete angelegt sind. Daß sich auf einem bestimmten »Gebiet« nichts getan habe, ist daher für zeitgenössische Ohren nicht nur eine Universalformel der Wirklichkeitskritik; mit ihr verbindet sich wie automatisch eine Unterstellung von globalem Aufforderungswert: daß noch sehr viel zu tun bleibe. Allerdings entsteht für die neuzeitliche Einteilung und Agitation der »Gebiete« auch eine spezifische Kompensation. Man glaubt, da und dort eine Art von Expertenstoizismus wahrzunehmen, der gerade bei den Kennern der »Gebiete« auftritt. Der stoische Experte ist derjenige, der sich hinter seine Kenntnisse zurückzieht, um sich vor der Besetzung seines Terrains durch Engagements zu schützen. Wo dieses Manöver am wenigsten gelingt, ist das »Gebiet« der Frauenbewegung; denn die Frauen wollen gerade mit ihrem Expertentum in Sachen Aushalten brechen und aus ihrem generellen Stoizismus zur qualifizierten Ungeduld übergehen; unter solchen Bedingungen löst sich die affektive Verbindung zwischen Expertentum und Gelassenheit auf; an ihre Stelle tritt etwas, was man mit Bloch »gelehrte Unzufriedenheit« nennen könnte. Selbstverständlich sind die hier vorgelegten Beispiele für Trendbetrachtungen nur für einen kleinen Teil der heute möglichen Zukunftsextrapolationen repräsentativ. Trendverlängerung ist ja zusammen mit der Zyklenforschung eine herausragende Methode der Zukunftsprognostik. Um sie geht es in unserem Kontext gerade nicht. Wer sich für sie im engeren Sinne interessierte, kann eine unermeßliche Literatur konsultieren. Was uns im Rahmen dieser Berichte zur Lage der Zukunft interessiert, ist nicht so sehr die Expertise als die Autorschaft. Im Experten den Autor suchen, heißt einer schon gegenwärtigen Zukunft in einer persönlichen Handschrift Profil geben.

Um nichts anderes geht es, wie es scheint, auch in der *fünften* Gruppe, die unter der Überschrift *Reduktion von Komplexität – Steigerung von Wagnissen* Einblicke in das vermittelt, was man in einem spezifischen Sinn avancierte Prozesse nennen kann – Einblicke in weit vorangetriebene Zustände der Modernisierung und ihrer Selbstbeobachtung. Weil Modernisierung sowohl innere wie äußere Tatsachen umfaßt, begegnen wir in dieser Gruppe Schreibweisen, in denen sich die Autoren im Selbstexperiment wie bei der Einarbeitung in hochdifferenzierte Subsysteme präsentieren. Zeitgenossenschaft erwirbt man sich heute in einem permanenten Wahrnehmungstraining – diesen Satz könnte man als latente Botschaft unter alle hier vorgelegten Berichte zur Lage der Zukunft schreiben, freilich mit besonderem Akzent unter die der fünften Gruppe, in denen die Wagnisse der Modernisierung als Individualisierung und Spezialisierung mit existenz- und moralphilosophischen wie technik- und textphilosophischen Mitteln zur Sprache gebracht werden.

Wenn von der Steigerung von Wagnissen die Rede ist, deutet dies darauf, daß die Hintergrundrisiken, mit denen wir leben, jederzeit auf dem Sprung sind, sich in gegenwärtige Gefahren zurückzuverwandeln. Reduktion von Komplexität zur Steigerung der Riskantheit und Unwahrscheinlichkeit von Lebensformen mag zwar die politisch-technische Verfahrensform moderner Risikogesellschaften sein; und es mag zum Ethos der aktuellen Staatsbürgerkunde gehören, den mündigen Risikobürger auf mentalen Zivilschutz (AIDS, Müllbewußtsein, Energiesparen, Treibgasabstinenz usw.) zu trainieren. Aber die Zivilisierung der Modernisierung steht nach wie vor aus, vermutlich weil in der Entschlossenheit, alle Gefahren auf das Format von Risiken kleinzuarbeiten, selbst ein unzivilisiertes, vielleicht nicht zivilisierbares Motiv am Werk ist: archaische Angst im Gewand moderner Selbsterhaltungstechnologie.

Die *sechste* und letzte Gruppe von Texten bezeugt etwas, was man einen Strukturwandel der Letzten Dinge nennen könnte. Daß Eschatologie die über Jahrtausende hin maßgebliche Form von Zukunftstheorie war, ist eine nicht allzu schwer plausibel zu machende These. Der Blick nach vorn war für Menschen der hochkulturellen Ära nicht zuletzt auch ein Blick aufs Letzte. Von einer Welt, die als geschaffene gedacht wurde, mußte mit einiger Folgerichtigkeit auch angenommen werden, daß sie eines Tages entschaffen oder vernichtet werden würde.

Die Idee der Schöpfung und die des Weltendes gehören zur gleichen metaphysischen Grammatik. Sie bestimmt das alteuropäische weltanschauliche Erbe. Wer dieser Grammatik zu entgehen versucht, muß eine Art von Erbschaftsverweigerung praktizieren; diese wird um so diffiziler, je mehr wir noch in den alten Traditionen stehen und unfreiwillig Erben dessen sind, was wir aus gewissen Gründen nicht geerbt haben wollen. Wer alteuropäische Bildungsprozesse durchlaufen hat, ist schon mit eschatologischen Mustern imprägniert. Dies bleibt in der Regel nur so lange verborgen, wie gewisse intellektuelle Tabus in Kraft sind. Es gehört zur Zivilisation, daß das Erste und das Letzte keine Gesprächsthemen in Gesellschaft sein dürfen. Aber wenn Krisen zur Enttabuisierung führen, kommen die indezenten Themen wieder ans Licht – und in der ersten Runde auch in eben den Mustern, die uns in unterschwelligen Überlieferungen unter die Haut gingen. Die Krise stimmt fundamentalistisch; wo es um Grundlagen geht, kehren die metaphysischen Reflexe wieder: Ursprungsdenken für die ersten, Eschatologie für die letzten Dinge. Auch die Philosophie kennt ihren Ruf nach dem Pfarrer. Aber wenn unsere Unterstellung, daß wir in einem Strukturwandel der letzten Dinge leben, begründet sein sollte, so müßte sich ein Trend zur Laieneschatologie beobachten lassen; das ist eine Art Bürgerinitiative gegen die Expertokratie in ersten und letzten Angelegenheiten. Nicht zufällig schließt diese Sammlung von Belegen für aktuelles Nachdenken über Zukunft als Frage, Chance und Drohung mit einer Reihe von Manifesten gegen das metaphysische Monopol auf Letztprobleme.

3. Vor der Jahrtausendwende – Bemerkungen über die aktuelle *belle époque*

a

Die neunziger Jahre des 20. Jahrhunderts liegen vor uns wie eine verlängerte Silvesternacht. In solchen Nächten ließe sich etwas über das Wesen der Zeit und der Kalender in Erfahrung bringen. Es sind einerseits Nächte wie alle anderen, andererseits verzauberte Zeiten, in denen die Magie der runden Zahlen wirksam wird. Wer nüchtern bleibt, kann sehen, wer für die Verzauberung optiert. Tatsächlich wählen wir, ob wir mehr von der Magie oder mehr von der Banalität der großen Zahl angesprochen werden wollen. Man darf annehmen, daß jeder das ansteuert, was er erleben will. In den Silversternächten passiert soviel, wie man veranstaltet.

b

An französischen Bahnübergängen steht: *un train peut en cacher un autre*, ein Zug kann einen anderen verbergen. Das heißt, rechne immer mit mindestens zwei Gefahren, wo du eine siehst. Auf unser Wendezeitsyndrom übertragen, ergäbe das den Satz: eine Wende verbirgt auch immer eine Wende. Die erste Welle des Wende-Geredes darf nicht davon ablenken, die Hintergrundwelle wahrzunehmen. In Becketts *Endspiel* fragt Hamm ängstlich: »Was ist los? Was passiert eigentlich?«, und Clov antwortet: »Irgend etwas geht seinen Gang.« – Das ist das verborgene Schema sämtlicher zeitdiagnostischer Debatten. Doch haben Intellektuelle und Pragmatiker ein gemeinsames Interesse daran, ihr Unverständnis für das, was geschieht, mit klugen Formeln zu verschleiern. Darum sagen wir nicht »irgend etwas«, sondern reden von Krise, Evolution, Übergang, Lernprozeß, Wendezeit, Quantensprung, Bewußtseinswandel, Endzeit, Paradigmenwechsel, Apokalypse, Aufschub. Wir haben zu viele Wörter für das, was seinen Gang geht – aber es ist kein treffendes darunter. »Irgend etwas« ist für uns bis auf weiteres zu schwer.

c

Wem das Bild von der Silvesternacht frivol erscheint, könnte ein anderes versuchen: wir sitzen im Wartezimmer der unbekannten Zukunft, oder in der Transithalle zu anderen Zeiten, und bringen unsere Zeit damit zu, uns Vorstellungen zu machen von dem, was kommt. Wenn man seine Mitwartenden ansieht und sie bei der allmählichen Verfertigung von Zukunftsstrategien beobachtet, so drängt sich der Eindruck auf, daß wir in einer neuen Klassengesellschaft leben. Da gibt es die Eigentümer an Erwartungssteigerungsmitteln; sie bilden eine neue Oberschicht, die erster Klasse und autopoietisch in die Zukunft fährt. Ihnen steht ein neues Erwartungsproletariat gegenüber, das nichts zu verlieren hat außer der Hoffnung, daß die gegenwärtige erträgliche Misere nicht von einer kommenden unerträglichen abgelöst werden möge.

In einer solchen Gesellschaft »Zukunftspolitik« zu machen, hieße in erster Linie, die Privatisierung der Zukunft durch die Eigentümer an Erwartungsproduktionsmitteln offenlegen. Aber man sieht nicht recht, wie Erwartungsproduktionen wieder vergesellschaftet werden könnten. Liegt hier nicht die wirkliche Funktion der Literatur? Oder der Philosophie? Können wir die wilden und heimlichen Erwartungsproduktionen zähmen? Läßt sich der Weltkrieg der Erwartungen einhegen?

d

Alptraum aus der neuen Klassengesellschaft: die Zukunftsdesigner realisieren im globalen Maßstab, was sich punktuell schon absehen läßt: Selbstbeschränkungskitsch für die Kleinen, Selbststeigerungstechniken für die Großen.

e

Thematisch sind diese achtziger (und mit Sicherheit auch die neunziger) Jahre vor allem durch Krisen- und Katastrophenaufmerksamkeit zu charakterisieren. Auf der psychohistorischen Ebene aber handelt es sich um eine *belle époque.* Dieser Befund gilt für die reichen Nationen der Ersten Welt, und unter diesen besonders für die nordwesteuropäischen, wo Neokapitalismus, *lifestyle,* Sozialstaat und Unterhaltungskultur ineinandergreifen. In einer *belle époque* dominieren uneingeschüchterte Mittelschichten – früher hätte man selbstzufriedene Bourgeoisie gesagt. Dem entspricht der aktuelle Public-Relations-Existentialismus: mach was aus dir und rede darüber. Es ist ja wahr: eine Ära, in der die Klügeren sich durch multikulturelle Gesinnung und durch Plädoyers für eine Politik der Lebensstile auszeichnen, weist alles auf, was dafür nötig ist, daß man im Rückblick von einer guten alten Zeit sprechen wird. Das Besondere dieser Gegenwart ist nur, daß wir sie schon mitlaufend als gute alte Zeit erleben können – als die Zeit, in der die Katastrophen immer die der anderen waren. In einer *belle époque* wird die Nachdenklichkeit virtuos, die Enttäuschung gelehrt, die Abklärung kompendiös, die Todessehnsucht redselig. Bücher über Untergangsrisiken erleben Nachauflagen, und die dunklen Autoren genießen den Krisenbonus. Wann gab es zuletzt eine solche Koinzidenz von Sekurität und Verunsicherung? Dieses Frösteln in den

Villen, wo weiche Individuen auf harte Schläge warten? Solche Schatten über dem kalten Büffet, an dem Professoren, Therapeuten und Intendanten über Ästhetiken des Abschieds diskutieren?

f

Die Titanic im Zeitalter der Selbstreferenz: es gibt keine Eisberge; es gibt nur eine Bordkapelle, die bis zuletzt spielt, und eine Bordphilosophie, die bis zum (Nicht-) Ende Katastrophensprachspiele analysiert.

g

Die *belle époque* gewährt Aufschub, aber wer Aufschub sagt, hat den Schlußtermin nicht ganz aus den Augen verloren. Jeder dritte fordert inzwischen ein Leben vor dem Tode – welches soziale System kann damit fertigwerden?

h

Merkwürdig, dieses Nebeneinander von zwei *apocalypse-now*-Generationen zu beobachten: da sind die Älteren, die 1968 um die Zwanzig waren und die *making love* für das einzige hielten, was uns übrigbliebe, wenn morgen alles vorüber wäre; und da sind die Jüngeren, die das baldige Aus ziemlich kühl in Rechnung stellen, um vorher noch erfolgreich zu sein. Die Enttäuschten aus beiden Generationen füllen das zynische Reservoir auf. Man kann zwar ohne Zukunft leben, aber nicht ohne einen Elan für die Gegenwart. Auf der Kehrseite des *belle-époque*-Syndroms sammeln sich Bitterkeiten an, die darauf warten, militant zu werden.

i

Was tun? Die abgenutzte Fangfrage. Noch immer verstrickt sie diejenigen, die keine Antwort verdienen, in langweilige Gespräche mit denen, die keine geben können.

Eine *belle-époque* ist eine Zeit ohne nahe Wahrheiten. Die richtigen Antworten sind für das einzelne Leben zu groß. Jeder spürt, daß es vorläufig so gut wie keinen Unterschied macht, ob man das Richtige tut oder unterläßt. Zwischen mir und den großen Aufgaben liegt der Weltraum. Darum ist die gute alte Gegenwart ein »Zeitalter der Leere«, das heißt eine Ära der beliebigen Individualität. Die älteren Über-Ich-Strukturen scheinen ausgehöhlt – und um die neuen Imperative des ökologischen Mega-Über-Ichs zu inkarnieren, müßten moralische Mutanten entstehen, Paranoiker der dritten Art, die sagen können: ich und Terra sind eins und das Ozonloch tut mir persönlich weh.

Unter solchen Bedingungen entfallen überlieferte Verhaltenssicherheiten. Jedes moralische Programm gerät mit Notwendigkeit um viele Stufen zu allgemein; jedes moralische Gewand ist um so viele Nummern zu groß, daß man ohne Megalomanie nicht hoffen kann, in es hineinzuwachsen.

Wer heute einen lebenden Philosophen (das ist eigentlich eine *contradictio in adiecto*, aber nicht in allen Fällen) fragt, was tun?, riskiert, eine Antwort zu erhalten, die um eine Dimension intelligenter ist als die Frage. Ich zitiere als ein aktuelles Beispiel die drei »kategorischen Imperative der Naturphilosophie« aus Hartmut Böhmes Buch *Natur und Subjekt* (Frankfurt, 1988):

1. »Handle so, daß die materiellen Vergegenständlichungen deines Wissens jederzeit zugleich als Natur gewollt sein können.« (S. 20)

2. Handle so, daß die materiellen Vergegenständlichungen deines Wollens prinzipiell auch als Kunst gelten können.« (S. 32)

3. »Handle so, daß jede auf die Utopie der Naturversöhnung zielende Vergegenständlichung vor dem Möglichkeitshintergrund der selbstgewirkten Auslöschung des gesellschaftlichen und natürlichen Lebens entworfen wird.« (S. 35)

So steht es da für alle Zeiten. Das ökologisch-naturphilosophische Du-sollst schwebt von jetzt an über den Köpfen der Sterblichen. Es läßt sich eine ungeheure Nachfrage nach Ausreden und Entlastungen vorhersehen – moralisch steuern wir auf eine Epoche der Sondergenehmigungen zu. Die Kleinen werden sich auf Dringlichkeiten berufen, die es nicht zulassen, daß sie ökologische Engel werden; und die Großen werden auf ihre Verantwortung für die von ihnen Abhängigen verweisen, um zu begründen, warum sie nicht können, wie sie und die Imperative es eigentlich wollen.

j

Irgend etwas geht seinen Gang, das sich offenbar der Moral und der Planung entzieht. Ist es nur ein dumpfes Verhängnis? Ich stelle die Frage anders: sind selbstläufige Prozesse oder Schicksale oder Verhängnisse *per se* etwas Dumpfes – oder kann man sich auch ein kluges Verhängnis, ein intelligentes Schicksal, einen sich selbst belehrenden Prozeß vorstellen? Eine Lawine ist eine »dumme« selbstläufige Prozeßform; ein Curriculum hingegen wäre eine intelligente und organisierte. Der Menschheitsprozeß ist offensichtlich weder bloße Lawine noch reines Curriculum, sondern ein zusammengesetztes Gemischtes – eine lernende Lawine, eine sich selbst reflektierende Turbulenz. Weil die Humanlawine selbstbezüglich, also

»intelligent« driftet, gibt es die Hoffnung, sie könne ihre Drift jeweils gerade soweit selbst zu steuern lernen, daß sie sich diesseits ihrer Maximalkatastrophe zu bewegen weiß. Selbstzerstörung kann demnach nur auf der Linie einer blinden Drift liegen, niemals ein Weg der intelligenten selbstgeregelten Beweglichkeit sein.

Wer kann sich eine lernende Lawine vorstellen? Wer sich meldet, müßte etwas von »irgend etwas« verstehen. Die halbintelligenten Lawinen, die heute im planetarischen Maßstab zu Tal gehen, sind vor Allgegenwart fast unwahrnehmbar geworden – die Wissenschaften, die Kapitale, die Medien, die Verkehrsströme, die Überfälle der Verbraucher auf die Ressourcen der Erde. Was hätten diese Lawinen jetzt zu lernen? Ist eine Selbstpazifizierung der Wissenschaften möglich? Darf man auf eine Selbstzivilisierung der Kapitale hoffen? Sind expansive Medien selbstbeschränkungsbereit? Ist der totale Verkehr selbstdemobilisierungsfähig? Kann sich die systematische Schonungslosigkeit des Verbrauchens selber zu Formen des nicht-invasiven Stoffwechsels zurückrufen? – Wer keine Schöngeisterei in die Welt setzen will, muß bis hierher fünfmal mit Nein geantwortet haben. Lawinen sind als solche unbelehrbar, und ihre Mobilmachungsrichtung geht unabgelenkt ins blinde Vorwärts. Dieser Sachverhalt erzwingt eine veränderte Fragestellung: wann leistet eine Lawine sich selbst soviel Widerstand, daß sie von sich aus gezwungen wird, andere Bewegungen als die des blinden oder halbintelligenten Nach-Vorn auszuführen? Dies ist bisher nur mit Mühe vorstellbar, weil wir noch außerstande sind, die Selbsterhaltung des Fortschritts mit selbstbremsenden Mechanismen zusammenzudenken. Denn seit wann wäre Bremsen eine progressive Kategorie? Und doch wird man sich daran gewöhnen müssen, daß für einen reflexiv gewordenen Fortschritt das Sich-anhalten-Können ein stärkeres Kriterium bedeuten wird als das Weiter-gehen-Müssen. (Definition von »Lawine«: gesteigerte Fortsetzung einer Erfolgsgeschichte bis zum Mißerfolg.)

k

»Subjekte konstituieren sich erst dann, wenn eine Aufgabe sich aufdrängt, zu deren Lösung ein Träger der Verantwortung erforderlich ist« (Georg Picht, *Mut zur Utopie. Die großen Zukunftsaufgaben,* München 1969, S. 115). Daraus folgt: Subjekte sind Institutionen und müssen unter dem Druck von »Aufgaben« eingerichtet werden. Daß Institutionen somit dramatische Größen sind, ist ein Sachverhalt, den man normalerweise übersieht. Man bekommt ihn erst dann zu spüren, wenn eine »Aufgabe« schon akut ist, während man noch weit und breit kein Subjekt wahrnimmt, das als kompetenter Träger der Verantwortung in Frage käme. In solchen Zeiten neigen gerade die »politisch« sensiblen Individuen dazu, von sich selbst etwas zu verlangen, was nur ein hinreichend groß dimensioniertes Institutionssubjekt leisten könnte. Führt das nur zu einer megalomanischen Konjunktur? Es ist zugleich ein Beweis dafür, daß wenn Systeme und Subjekte ausfallen, am Ende alles an den Individuen hängenbleibt. Was hat Sting am Amazonas zu suchen? Die symbolischen Engagements der einzelnen sind plausibel und legitim, solange es keine Verantwortungsträgerschaften gibt, deren Einsicht und Kompetenz so groß ist wie das Medienprestige der Einzelkämpfer mit ihren Crews. Das scheint ein Stück *show*-Kultur in der *belle époque* zu sein: daß »Menschheitsprobleme« in der Form von moralischen Piratenstücken durch die Medien gezogen werden müssen.

m

Die *belle époque* spürt, daß sie sich auf ihren Unsicherheiten nicht ausruhen darf. Vor allem die Jüngeren fordern Zukunftsaktien, sie verlangen Anteile an Erwartungsproduktionsmitteln. Aber bräuchte man dazu nicht, unter vielen anderen Dingen, völlig andere Universitäten? – Akademien, Fakultäten, Curricula des zweiten Typs? Man wird beobachten müssen, ob nicht – um ein Beispiel zu nennen – an der Wiener Akademie für Zukunftsfragen, die sich zur Zeit konstituiert, etwas Exemplarisches im Entstehen ist.

n

Die *belle époque* dieses Jahrhunderts belohnt nicht behagliche Lebensfreude wie die des 19., sondern kühle Stilisierung. Coolness ist Hohlraumversiegelung für das Ego. Das ergibt massenhaft unnötig langweilige Menschen.

o

An manchen Tagen kann man sich dem Eindruck nicht entziehen, daß alle glücklichen Leute schon im Fernsehen gezeigt werden, während die anderen vor den Bildschirmen sitzen.

p

Warum gabst du uns die großen Blicke? – Der Historismus hat uns retrospektiv das Rechnen mit Tausenden und Zehntausenden von Jahren gelehrt. Prospektiv herrscht in der alten Welt fast überall kleinlaute Vorsicht. Wer hat Hoffnung, Aussicht oder Zuversicht, um es auf Jahrtausende ankommen zu lassen? Wer heute versucht, soweit vorauszuschauen, wie wir zurücksehen, manövriert sich leicht in die Spinnerecke. Die Kosten eines wirklichen *long-term*-Projekts scheinen so hoch zu sein, daß jemand, der darüber auch nur nachdenkt, sofort in ein Ghetto für fromme oder gefährliche Phantasten wandert. Da sitzen Teilhard de Chardin mit seiner christozentrischen Kosmologie und Ken Wilber mit seinem Atman-Projekt und die NASA-Philosophen, die der Erde eine Schlüsselrolle für den Ausgriff des Lebens ins Universum zuschreiben, und die Gen-Techniker, die der Menschheit für die Zukunft mutative Selbstzüchtungsoptionen anbieten, und die GAIA-Adepten, die eine Zwölf-Milliarden-Menschheit als zu erreichende kritische Masse für das Erwachen der Erde verstehen. – Man mag über solche Spekulationen denken, wie man will. Sie sind auf jeden Fall lehrreich, weil sie Anschauungsunterricht bieten für das, was es kostet, die Zukunft sehr langfristig offen zu lassen. Wer weniger aufwendet, kommt aus dem Sog von kurz- oder mittelfristigen Totalkatastrophenphantasien nicht heraus.

Oder man ist Amerikaner. Die USA besitzen, wie es scheint, ein unerschöpfliches Reservoir an *think-big*-Talenten, die im Plauderton über Planetarisches und Menschheitsgeschichtliches reden können, ohne unseriös zu wirken. Ein sympathisches Beispiel bietet Leon Festingers Buch *Archäologie des Fortschritts*, Frankfurt a. M.-New York 1985 (englischer Titel: *The Human Legacy*), an dessen Ende sich eine Spekulation über die biologischen Perspektiven menschlicher Evolution findet:

> »Eine neue Spezies, die von der unseren nicht verschiedener wäre als wir vom Homo sapiens [also nur geringfügig, Zusatz P. Sl.], könnte, wenn sie über mehr Einbildungskraft, eine effizientere Sprache und ein sie zum raschen logischen Denken befähigendes Nervensystem verfügte, mit den von uns geschaffenen technischen Zivilisationen fraglos sehr viel besser fertig-

werden. Die Entwicklung einer solchen neuen Spezies hinge keineswegs von umfassenden Mutationen zahlreicher Strukturgene ab. Wahrscheinlich würden einige scheinbar geringfügige Abänderungen der Aktionsmechanismen der Gene völlig genügen ... Die Frage lautet demnach, ob im Fall solcher Modifikationen genetischen Materials ein natürlicher Ausleseprozeß diese neue Gattung befähigen würde, die Herrschaft anzutreten ... Meine eigene Begrenztheit macht es mir unmöglich, diese Frage auf irgendeine mich überzeugende Weise zu beantworten. Ich vermag nicht einmal zu erkennen, ob sich derzeit überhaupt irgendwelche Ausleseprozesse in der Menschheit vollziehen und wenn ja, in welche Richtung sie tendieren. Ich hoffe jedoch, daß sie stattfinden. Ich hoffe, daß in fünf- oder zehn- oder zwanzigtausend Jahren eine neue uns an Leistungsfähigkeit überlegene menschliche Spezies existieren wird« (ibid. S. 233).

Ist das ein neuro-rassistisches Programm? Offenbar nicht, denn wenn auch die »biologische« Tonart dieser Überlegungen unüberhörbar ist, so handelt es sich doch ebenso offensichtlich um einen universalistischen und generösen Biologismus, der auf eine intelligentere Menschheit im ganzen zielt, nicht auf eine neurobiologische Apartheid oder eine Klassenherrschaft der Intelligenzmutanten über die Altmenschen heutigen Typs. Aber was geschähe in den Übergangsjahrtausenden? Das Schlimmste ist möglich, aber auf jeden Fall nichts Schlimmeres als das, was geschieht, wenn es keine Selektion von intelligenteren und generöseren Menschen gibt.

q

Es ist leicht vorstellbar, ein Datum wie 2003 nach Christus niederzuschreiben; mit einiger Mühe kann man auch noch eine Jahreszahl wie 2721 nach Christus für möglich halten. Nicht mehr vorstellbar ist ein Datum wie 11 000 nach Christus. Nicht weil das menschliche Leben bis dahin erloschen sein müßte, sondern weil es undenkbar ist, daß eine Zivilisation, die sich bis dahin entwickelt hätte, sich noch an den christlichen Weltkalender gebunden fühlte. Es ist bei der aktuellen Evolutionsdynamik unvorstellbar, daß in neuntausend Jahren nichts Epochemachendes geschehen sollte, was Serien von bis jetzt unvorhersehbaren Kalenderreformen erzwingt.

r
Die andere Zeitbombe: nach jüngeren japanischen Berechnungen muß ein Mensch mit einer Lebenserwartung von 80 Jahren 250 000 Stunden Freizeit ausfüllen. Dadurch wird absehbar, daß die Nachfrage nach Lebenssinn mit der nach Dramatisierungstechniken konvergiert. Scheinbar unaufhaltsam wachsen die psychischen Slums, wo riesige Populationen überschüssige Lebenszeiten absitzen. Die Unterhaltung wird zum Ernstfall, und die »Not der Notlosigkeit« gibt der Schwere des Lebens einen veränderten Sinn.

s
»Lebende Systeme arbeiten generell nach dem Prinzip der asiatischen Selbstverteidigung, also durch Ausnutzung bereits existierender (auch behindernder) Kräfte und deren Umlenkung im gewünschten Sinne mit geringfügiger Steuerungsenergie – anstatt vorhandene Kräfte nach Boxermanier mit gleich hoher Gegenkraft zu bekämpfen und dann noch ein zweites Mal Kraft für das aufzuwenden, was man eigentlich erreichen will.« (Frederic Vester, *Vernetztes Denken als Grundlage des Überlebens*, in: *Zukunftswerkstätte Kraftfeld – Menschwärts*,

Überlebensbeiträge von F. Vester, J. Huber, O. K. Flechtheim u. a., redigiert von Peter Oberlechner, Wien 1985, S. 23)

t

Denis de Rougemont, der sich zu einer »Politik des aktiven Pessimismus bekannte (vgl. ders., *Die Zukunft ist unsere Sache,* München 1987, S. 385), hat den Grundsatz einer »Erziehung durch Katastrophen« lanciert. In einer *belle époque* erscheint alles als Erziehung. Eine Replik hierauf habe ich angedeutet in: *Eurotaoismus. Zur Kritik der politischen Kinetik*, Frankfurt 1989, besonders in dem Abschnitt »Wieviel Katastrophe braucht der Mensch?« S. 102ff.

u

»Die Entwicklungsebene einer Kultur kann durch das Studium ihrer Helden diagnostiziert werden. Es ist das Kennzeichen einer barbarischen, kriegsbetonenden Kultur, daß ihre Helden militärische Eroberer sind. Es ist das Kennzeichen einer intelligenten Spezies, daß ihre Helden Vorbilder für Klugheit und Mut im Erforschen des Unbekannten sind. Uns wird die Ehre zuteil, in einer Zeit zu leben, in der diese neuen Superstar-Wissenschaftler das menschliche Schicksal neu schreiben« (Timothy Leary, *Wissenschaft,* in: *Wege ins dritte Jahrtausend, Millenium,* hg. v. A. Villoldo und K. Dychtwald, Basel 1984, S. 240). Man lernt von Leary, daß in den USA der zweite Hauptsatz der Thermodynamik seiner melancholischen Implikationen wegen als verfassungswidrig gilt.

v

In der *belle époque* ist die Zahl der Leute, die das Zeug zur großen Weigerung hätten, nicht kleiner als in anderen

Zeiten. Aber es haben sich Erfahrungen angehäuft, die besagen, es sei vergeblich, von der Revolte leben zu wollen. Daher zieht sich die gnostische Absage ans Ganze der Welt aus der Politik zurück und muß zur Sache einer philosophischen Psychologie werden.

w
»Es ist ein Gleichnis, wenn wir sagen, ein Volk schläft oder es träumt. Es kann beides nicht. Das, was dem Schlaf entspricht, ist der Abzug der libidinösen Besetzung an der Gesellschaft durch die einzelnen, die Erscheinung des massenhaften Passivismus. Dies entspricht in der Gesellschaft in allen Punkten dem, was individuell der Verdrängungsschlaf ist. Inmitten äußerster Aktivität und Irritation befindet sich eine solche Gesellschaft wie in einer Ohnmacht« (aus: Oskar Negt, Alexander Kluge, *Geschichte und Eigensinn,* Frankfurt 1981, S. 1139).

x
Über das neue Interesse an Philosophie in der *belle époque*: der Bedarf an unverbrauchten Selbstbetrugsformeln für die wirtschaftlichen und politischen Eliten steigt exponentiell. Diese wissen inzwischen soviel über das, was sie tun, daß sie es wenigstens anders formulieren wollen. Große Freude bei den Philosophen, daß wie über Nacht eine Nachfrage nach Haltungsmustern vom Typus »vernetztes Denken« oder »Prinzip Verantwortung« aufgetaucht ist.

y
Soviel auch über Zukunft geredet wird – es bleibt das Gefühl zurück, daß etwas Wesentliches noch nicht berührt wurde. Dieses läge in der Richtung einer Mahatma

Gandhi zugeschriebenen Äußerung: »Es gibt keinen Weg zum Frieden, der Friede ist der Weg.« Es müßte ein Augenblick kommen, wo der Satz das Bewußtsein mit katastrophischer Klarheit durchdringt.

z

»Es gibt ein Ziel, aber es gibt keinen Weg. Was wir Weg nennen, ist Zögern.« (Franz Kafka)